カンタベリーのアンセルムス　風景の中の肖像

Saint Anselm

A Portrait in a Landscape

by

R. W. Southern

Japanese translation rights arranged with
Cambridge University Press
through Japan UNI Agency, Inc., Tokyo

カンタベリーのアンセルムス

―― 風景の中の肖像 ――

R.W.サザーン 著
矢 内 義 顕 訳

知泉書館

妻に

略号表

一般的な略号

聖書の参照箇所は章・節で示される（例えばロマ 1, 6）

c circa（おおよその年代：頃）

c.(cc) 章番号

col(s). ミーニュの教父集の欄の番号

写本

個々の写本とそれらの記号については索引を参照。所蔵の場所は以下の略号で示される。

BL British Library London

Bodl. Bodleian Library, Oxford

Bnl Bibliothèque Nationale, Paris, MS latin

CCCC Corpus Christi College, Cambridge

Lamb. Lambeth Palace Library, London

TCC Trinity College, Cambridge

Vat. Vatican Library

序　文

本書は、私の若い頃の著作『聖アンセルムスと彼の伝記作者』(*St Anselm and his Biographer*)の第二版として、書き始められた。私の当初の意図は、いくつかの訂正を施し、第一版の出版から二五年間になされた研究を考慮に入れて、加筆することだけだった。ところが、すぐに私は、それが一方では過大だったこと、他方では中途半端だったことに気づいた。過大というのは、この主題に関して過去三〇年間に発表された研究をすべて考慮することなど、私には不可能だと感じたからである。中途半端というのは、アンセルムスという主題は、いったん念頭に置かれると、いくつかの細かい点に関する訂正、付加を除いては、すぐにそこから追い払われてしまうような主題ではないからである。

アンセルムスの友愛の書簡が、この注目に値する人格に関する新事実として、最初に私を魅了したのは一九三四年のことだったが、以来、程度の差はあれ、彼は私の頭の中から離れなかった。このため私は、彼の書簡集を作るつもりで、パリの国立図書館(Bibliothèque Nationale)において数か月を費やした。だが、シュミット師(F. S. Schmitt)が、彼のアンセルムス著作集に書簡を収録する予定であることを知った時、私はこの計画を放棄し、別のテーマに取り組むことにした。しかし、アンセルムスと彼の友人たちは、繰り返し講義の題目となり、それが一九六三年のエアドメルス『アンセルムス伝』(Vita Anselmi)と『聖アンセルムスと彼の伝記作者』の出版につながったのである。

後者について、常々、私は不満を抱いていた。その計画は、私が出版した『アンセルムス伝』に収録できた序論よりもさらに充実した序論と、アンセルムスの新たな「伝記」とを結合しようとしたために、混乱していたからである。これらの主題は、不完全な形でしか関係づけられないのである。にもかかわらず、エアドメルスの記録は、アンセルムスに関するわれわれの知識にとって非常に重要であるため、彼とその伝記作者は切り離すことができない。さらにこの所見は、少々ではあっても、アンセルムスの言葉の他の報告者たちにも当てはまる。この問題に完全な解決はないが、本書において私は、主題の全体を再考することによって、アンセルムスをより十分かつ一貫して中心に据えながら、エアドメルスと他の報告者たちにしかるべき場所を与えようと試みたのである。

アンセルムスは、非常に複雑な人格であるため、私としても、以下の諸章が不完全であるとの感は否めない。けれども、すべての物事には終りがなければならない。一九六三年の著作ですら、すでにそのために三〇年が費やされていた。そしてさらに三〇年近く経ってもなお、それは進行中の仕事という有様である。私は、アンセルムスを全体として見るように努力し、彼を単純化することを避けようと努めた。そうする中で、私は、かつての著作から、私が望むものを自由に採用し、残りを捨てた。むろん、残念に思うこともなかったわけではない。

数あるテーマの中でも、友愛に関するアンセルムスの理想と実践は、依然として、彼の生涯と著作の全般的な性格を理解するために、重要な手がかりである。それは、彼の教師たち、彼の弟子たち、そして修道生活における彼の実際の仲間ないし希望のうちにある仲間によって共有されていた宗教的な理想の表現として、理解されねばならない。この広範囲の集団に属する人々のために、彼は、最近の研究者たちが躊躇せずに同性愛的(homosexual)と呼ぶ、情熱的な愛情を表明した。この同性愛的という語が適切に使用されうるかどうか、そしてどのような意味で使用されうるのかという問題を、私は、彼を理解するために必要と思われる限りで論じた。しかし、いくらか甘ったるい外見を装いながらも、彼にとって友愛がもつ真の意味は、修道生活の共通の規律を厳格に共有することである。修道生活の内部、あるいはその境界にいる人々と彼が結んだ諸関係は、彼の人生の活動にとって中心的であり、また彼の神の探求は、一〇五九年に彼がベックに到着してから一一〇九年に歿するまで、彼の人生におけるすべての中心にある。

このことを理解するために、われわれは、教会の政治とこの世の政治に対する彼の態度だけでなく、彼の『祈祷』と『瞑想』、彼の自由と贖罪に関する教説を理解する必要がある。これらをすべて理解したときにのみ、われわれは、修道士、神学者そして大司教としての彼だけでなく、ひとりの人として、彼を理解し始めることができるのである。彼の全人生は、さまざまな緊張と思いもよらない統一に満ちており、私としては、これらすべての複雑性の基礎をなす経験と眺望の統一性を伝えることに成功した、などということは望むべくもない。私に言えることは、私がこれらの糸をまとめようと試みた、ということだけである。

この五五年にわたって追求されてきたアイデアは、それにほんの少ししか関係しないか、あるいはまったく関係ない種々の主題に脱線せざるをえないことも多くあったが、そうした脱線がなければ、追求されえないものである。この多様性が、利点も弱点ももたらしたが、ことによると、利点よりも弱点のほうが目立つかもしれない。とはいえ、エアドメルスの『アンセルムス伝』の刊本を準備し、さらにシュミット師と協力してアンセルムスの談話録と彼の著作の未完の断片を出版したことは、これらの脱線の中でも最も実り豊かなものであった。「無原罪の御やどりの祝日」の厳守を推進する偽書簡は、一九三四年にアンセルムスの書簡を収集していたとき私の注意を惹いたが、最終的には、この書簡がアンセルムスの弟子たちおよび彼らに及ぼしたアンセルムスの影響と複雑に結びつけられることを跡付けることによって実を結んだ。ごく最近のことでは、政治的な目的のために自分の書簡の収集を巧みに操った張本人としてアンセルムスを描こうとするいくつかの新しい試みを考察しなければならなかったとき、アンセルムスの書簡の写本の作業の初期の段階が、新たな重要性を帯びることになった。

それゆえ、全体として、ごく若い時の私の仕事のいくつかが、三〇年前に本書の前身を執筆した時に、あるいは可能性があるかもしれないと思われた以上に、アンセルムスの生涯を解釈するために、中心的な場所を占めていたことは予想外であった。これらの複雑さにもかかわらず、彼の生涯と影響の多様な側面を一貫した全体としてまとめることは、これまでよりも一層難しくなってしまった。本書で私が提示することは、よく見積もっても、キリスト教史における最も複雑で魅力的な人格のひとりに関する、暫定的な解釈でしかありえないのである。

アンドレ・ヴィルマール師（Dom. André Wilmart）の多くの論文は、彼がアンセルムスの著作の写本を発見したことを公表し、私の昔の著作に最も強力な刺激を提供した。シュミット師の版は、ヴィルマールの発見を考慮した最初のテクストを提供するものとして重要だった。より最近の仕事のうちで、G・R・エヴァンズ博士（G. R. Evans）のアンセルムス『コンコルダンス』は、非常に助けになったものの一つである。またサリー・ヴォーン教授（Sally Vaughn）とヴァルター・フローリッヒ博士（Walter Fröhlich）の著作は、考えを進めるために再三の刺激となった。ピエール・チャプル博士（Pierre Chaplais）とドナルド・マシュー教授（Donald Matthew）は、教皇ニコラウス二世がランフランクスに宛てた書簡を理解するために、いくつかの点で私を助けてくれた。この書簡は本書の第二章に印刷しておいた。ウィリアム・ニール教授（William Kneal）は、前と同じように、第三章で扱われた問題のいくつかの点について、私を啓発してくれた。マーガレット・ギブソン博士（Margaret Gibson）の仕事は、同章において欠くことのできない助けとなった。マーチン・ブレット博士（Martin Brett）は、

第一四章で扱われた問題に関して、私を助けてくれた。ジョフリー・ナッタル博士（Geoffrey Nuttall）は第一八章を改良するようにと示唆してくれた。最後に、アドリアン・バレンタイン博士（Adrian Ballentyne）は、私の作成した書簡の一覧表を訂正してくれたし、ロッドニー・トムソン教授（Rodney Thomson）は、付録におけるいくつかの問題に私の注意を向けさせ、またピーター・ミードウズ博士（Peter Meadows）は、本書横組巻末の図二を作成してくれた。多年にわたり、これらの学者たち、そして多くの他の方たちからこうむった多大な恩恵に報いるとしても、私にできることは、衷心から感謝を申し上げることだけである。けれども、私の間違いは、この方たちの責任ではない。というのも、私は必ずしも彼らの助言に従ったわけではないからである。

私は、ケンブリッジ大学出版局の職員の方たち、とりわけフランシス・ブラウンに大変お世話になった。すぐに手を入れたがる私のテクストに対処し、訂正する彼らの忍耐力と手際の良さには、感謝の言葉もない。

最後に、何よりも感謝を述べたいのは、私の妻である。彼女は、多くの間違いを訂正してくれただけでなく、書物を完成するために必要な、延々と続く印刷の工程にも責任を負ってくれた。本書の前身は彼女に献呈された。そして今、最新であり、最後となる本書も、なおいっそうの感謝を込めて、彼女に献呈される。

目　次

第Ⅳ部　友人たちと弟子たちの収穫期

カンタベリーのアンセルムス

——風景の中の肖像——

第Ⅰ部　誕生から再生まで

一〇三三―一〇七〇年

第一章　監禁からの逃亡

一　一族と地域的な背景

アンセルムスは、一〇三三年、古代ローマの都市、アルプスの町アオスタ（Aosta）で生まれた。当時、そこには数多くのローマ時代の巨大な建築物があり、そのいくつか――円形劇場、要塞、凱旋門、町の城壁と堅固な門楼――は、現在も残っており、初期中世の居留地に散在する遺跡の中にあって、偉大な過去を、もの寂しげに証ししている。この町が皇帝アウグストゥスによって建てられたとき、彼の名に因んでアウグスタ（Augusta）と命名されたことは、それがイタリアの辺境であることを示した。アルプス越えの直前の町だったからである。けれども、一一世紀には、この町はブルグント王国の前哨地であった。それがロンバルディアではなく、ブルグントに属していたことは、アンセルムスの将来にとって極めて重要なことだった。この町が見やる方向は北方であり、アンセルムス家の母方の縁故関係もローヌ渓谷にあったからである。

彼が生まれたとき、ブルグント王国は、皇帝コンラート二世（在位一〇二四―三九年）の下で帝国の所有となったばかりであり、皇帝の支配体制は磐石であるように思われた。政治的には、コンラートはヨーロッパの最有力者だった。修道生活においては、クリュニー修道院長オディロ（在任九九四―一〇四九年）が同様の最上位を占め、彼の下でクリュニーは、西欧世界が修道制において最も賞賛したすべての点を、代表するに到った。対照的に、教皇ベネディクトゥス九世（在位一〇三二―四四、復位一〇四五年、再復位一〇五七―五八年）は、汎ヨーロッパ的な人物ではなかった。彼は著名なローマ貴族だったが、彼については後代あまりにも悪評が立ったため、ベネディクトゥスという名は、一四世紀まで教皇たちのあいだで使われなかったほどであった。けれども、同時代人は、幸運にも彼の死後の悪評を知る由もなく、彼を全体の秩序の一部とみなし、取り沙汰することもなかった。ビザンティンでは、バシレイオス二世（九五八頃―一〇二五年）の偉大な治世が終ったばかりだった。彼は、ギリシア皇帝たちの覇権を、ダルマティアのアドリア海沿岸から今日のトルコの東の境界にまで拡張し、その中央集権化された広大な統治領域は、近代ロシアの勃興までヨーロッパの知らないものだった。外見上、この勝利の進撃は、アンセルムスの人生の幼少期には、なお継続していた。

七六年後、アンセルムスが死んだとき、これらの境界標識はことごとく移動させられてしまった。ギリシア帝国は、領土的にはかつての面影を残すのみだった。その南の国境には西欧の十字軍国家があった。イタリアの諸都市の海運力が地中海を支配し始めていた。西欧においては、コンラート二世の後継者、ひ孫ハインリヒ五世（在位一一〇六―二五年）は、暴君として嫌悪され、彼の冷酷なエネルギーと威光も、その権力の老朽化した体質を覆い隠すことはできなかった。対照的に、教皇ベネディクトゥス九世の後継者パスカリス二世（在位一〇九九―一一一八年）は、彼自身は軟弱で優柔不断な男だったにもかかわらず、本性においては霊的な帝国であっても、活動においては政治的な帝国を支配した。この帝国は、ますます力を増大させ、急速に拡大し、その支配者に対する忠誠は増し、将来的な発展に必要な資産もより豊かになっていった。それは、古代ローマ皇帝を含むいかなる西欧の支配者も、これまでに支配したことのないほどの帝国であった。そして、修道生活の領域では、アンセルムスが歿するまでには、すでにシトー修道院とカルトゥジア会が、クリュニー的な形態の修道制の優位に対し挑戦状をつきつけていた。また一一〇九年までには、諸学校の新しい教師たち——ランのアンセルムス（一〇五〇頃—一一一七年）、アベラルドゥス（一〇七九—一一四二年）、ギルベルトゥス・ポレタヌス（一〇八〇頃—一一五四年）、コンシュのギヨーム（一〇九〇頃—一一五四頃）——がすでに活躍していた。生活のあらゆる面で、西欧世界は、未曾有の範囲で新たな世界的変化の動きを示しつつあった。

アンセルムスの生涯が、宗教改革ないし産業革命の世紀に匹敵するような、ヨーロッパ史の最も重要な一時期を覆っていたことは、どれほど強調しても強調しすぎるということはまずなかろう。この背景に照らした場合にのみ、彼自身の新旧の釣り合い、政治的な保守主義と知的・霊的な革新との混合——これらは以下の頁の主要な研究対象となるが——は正当に評価されうる。領域は異なるとはいえ、才能に恵まれた一群の人々として、アンセルムス、グレゴリウス七世（在位一〇七三—八五年）、征服王ウィリアム（在位一〇六六—八七年）は、この時代のヨーロッパにおいて最も偉大な人物だった。アンセルムスは、あとの二人よりわずかに若かった。彼は、ウィリアムよりも二〇年そしてグレゴリウスよりも二四年長く生きたが、彼とは正反対のこれらの偉大な人物たちのあいだにあって、生き残る道を見いだすために、予期せぬ仕事を背負って生きていくことになった。それは、彼がまったく準備のなかった仕事であり、それによって彼が陥った混乱は、この物語の後の段階でわれわれの関心となろう。さしあたり、それが予期せぬことだった点を指摘するだけで十分である。

ウィリアムとグレゴリウスは、どの時代であっても稀有な行動的人物だったが、中世においては、ほとんど未知の人々だった。彼らは、混乱した諸状況に直観的に対処する創造的な人物だった。それらを上手く切り抜けるための、先例、実務的な慣例、学問的な成果も無きに等しかったからである。グレゴリウスは、この上なく高度な実務において、目的達成のためのエネルギーと見通しの明確さをもっており、それは、おそらく中世においては並び立つ者がいなかっただろう。ウィリアムは、世俗世界の諸問題を支配する不屈の力をもっており、創造的な力という点では、シャルル・マーニュ以後、他のいかなる中世の支配者にも及びがたいものがあった。アンセルムスは、人生の半分を、実務能力を必要とする地位にあって過ごしたにもかかわらず、実務を好むことも、たとえ月並みであってもそれを効率よく処理することを学ぶことも、決してなかった。彼は、大方の人々よりも、彼の人生において西欧の変貌を観察する機会に恵まれていたけれども、彼が自分自身を変化の扇動者と見なすことはおろか、支持者と見なした形跡もない。彼は広範囲に影響を及ぼそうとはしなかった。彼が語りかけていたのは、どう見ても弟子たちのグループであったが、彼らのうちで第一級の重要な学者として永続的な足跡を残した者は誰一人いなかった。だが、長期的には、他の人々の生命の一部となるような思想をもった一人として、アンセルムスは彼の同時代人とかけ離れていたのである。彼の在世中に開始したヨーロッパの精神と想像力における大きな変化において、彼が何らかの仕方で触れることも、あるいは刺激を与えることもなかった側面は一つもない。

この世界に独特の貢献を果たした彼の世代の多くの人々と同様に、彼自身も環境の束縛から逃れようと苦闘した。ウィリアム征服王とグレゴリウス七世も、出自と幼児時代の境遇という点では、置かれた境遇にまさる偉大な精神の持ち主が抱く欲求不満に苦しむ運命にあるように思われた。そしてアンセルムスの運命も、おそらくは、管区の教育の助けによって教会の高位に就くことで、傾きかけた家運を立て直すことにあるように思われた。アンセルムスが抗ったのもこうした将来だった。

彼は法律にも修辞学にも関心を示さなかったが、これらは、北イタリアの教育の基盤であり、北イタリアの学校と法廷そして教会政治においてすこぶる前途有望なものだった。アオスタは、名高い都市でも拡大していく都市でもなかったが、しかし、そこには大修道院も大聖堂もあり、彼の家族が、末は聖堂参事会員、またおそらくは司教職に就くような経歴に彼を定めたと考えたとしても、もっともなことである。(1) だが、地方的な舞台におけるこれらの好機は、彼にとって何の魅力もなかったように思われる。彼がアオスタに愛着を示すことはなく、また後年、四回もアルプスを越えたにもかかわらず、決して生まれ故郷の町を訪れることはなかった。最初の場合には、そうするいくつかの実際的な理由があった。迂回路をとれば短距離ではあったが、彼を敵国に導き入れることになってしまうからである。けれども、二回目の旅行は、年齢、疲労そして無関心だけが、彼の怠慢の理由となろう。若者だった彼は、父親との諍いの末にこの舞台から逃亡し、そして根本的に北フランスの人間となったのである。それは、この地域がヨーロッパの生命における卓抜した勢力として初めて登場してきた時だった。

アンセルムスは、アオスタについては語らなかったけれども、アオスタの山々が彼に与えた印象については、ときおり口にした。エアドメルスは、アンセルムスが南イタリアの山村に来たときに表わした喜びの感動的な印象を記録した。その地でアンセルムスは、「この先に待っている静寂な生活への希望で陽気になり」、「ここで私は休もう、ここに私は留まろう」と叫んだのだ。(2) 彼はくつろいだ気持ちになっていた。別の機会に彼がエアドメルスに語った物語から、彼の後の道徳的・知的な気質が子供のころに育まれたことが分かる。アオスタには光輝を放つ山々がそびえ、ユピテルの山と呼ばれていた。アンセルムスがその山々を神の家だと想像したのも無理はない。ある晩、彼は、夢の中で山を登り、神の宮廷にたどり着いた。山の低斜面では、女たちがおざなりに麦刈りをしていたので、彼はその怠慢を主人に訴えようと決意した。神の宮廷に到着すると、そこで彼が目にしたのは、神とその家令だけであった。使用人たちは収穫に忙しかったのである。彼は、主の足元に座り、家令が運んで来た白いパン――雑穀の混じった田舎の黒パンではなく――を食べた。翌日、目を覚ましたとき、彼は、自分が天国に行き、神のパンを食べた、と確信をもって言い張ったのである(3)。

　そのようなことが人の身に起こるはずはないなどということは、ここではさしたる問題ではない。しかし、それは明らかにアンセルムスに深い印象を与えた。彼がこの物語を五、六〇年後に彼の伝記作者に語ったからである。子供じみてはいるが、それは彼の全生涯の方向を描写しているのである。――彼の目的の明晰さと純朴さ、罪への恐怖、高みへの希求、確かで疑問の余地のない視野の正確さ、これらは歳を取っても子供時代のままだった。神の山は、後の人生においても、彼の眼前にそびえ立っており、倫理的・知的な登攀に招いた。彼は、なおも驚くほどの身体的な用語で天国を語り、非常な明晰性で天国を見ていた。いかなる形であれ不信仰は彼を困惑させた。まして、すでに信仰をもった者が、なお不従順に留まっていることなどは、彼にとって理解できなかった。彼は、人が神の存在を信じることができるのであれば、神のための業にこの世の利益を優先させることなどは信じがたいと考えた。「彼らはキリスト教徒ではないのか」と彼は言うだろう。「もしキリスト教徒なら、なぜこの世の儲けのために誓いを破るのか。あり得ないことだ(4)」。彼は、知的に捉えた真理の数々を、子供のときに見た幻の明晰性をもって見たのである。それらが他の人々にとって内容のない形だけのものかもしれない、ということを彼は忘れていたのである。

　悠久の山々は彼の記憶にその痕跡を残したが、しかし、われわれは彼の子供時代の平和な隔離状態を誇張してはならない。アオスタは、ヨーロッパへの最も重要なルートの一つに位置する、戦略的な地点だった。グラン・サン＝ベルナール峠は西アルプスの二つの主要な峠道の一つであり、アオスタはその麓にあった。このルートを通って、巡礼者と商人が往来し、彼らのもたらす巷談、風評の絶え間ない流れが尽きることなく注ぎ込んでいた。

アンセルムスは、何が起きているのかを知るのに恰好の場所にいた。たとえば、彼が後年同輩に語った、レオ九世時代におけるローマの物語の一つは、彼の少年時代に、旅行者の口を通して彼のもとに届いたにちがいない。[5] うわさ話と同様、この渓谷は、ヨーロッパの最も重要な支配者たちの何人かの野心を惹きつけたが、それらは互いに衝突し合っていた。アオスタの町自体は、ブルグント王国の南端に位置し、ロンバルディアと境を接していた。アンセルムスが生まれる前年に、ブルグントの独立した王、カロリング朝ヨーロッパの崩壊の上に成立した王家の最後の王が歿した。続く六年間、ドイツの王コンラート二世が、彼の息子と後継者をブルグント王として擁立することに成功した。以後、アオスタ峡谷はドイツ王の権威を承認したのである。だが、実際の権力は地方の貴族の手に渡っていた。にもかかわらず、それがアンセルムスの一族の手に渡ることはなかった。その一族は、彼の生涯において、没落する運命の兆候を示し続けたのである。

後年、彼がエアドメルスに自分の一族について語ることもあった。あいにく、世俗における彼らの地位について、明確な印象をわれわれに提供するようなことを、アンセルムスは十分に語らなかったし、エアドメルスも十分な記録を残さなかった。けれども、われわれは、エアドメルスの記録とアンセルムスの書簡から、多少のことを知ることができる。アンセルムスの母親エルメンベルガ（Ermenberga）は、アオスタに生まれ、父親は、ゴンドルフス（Gondulfus）という名のロンバルディア人で、妻の町にやって来てそこに住んだ。このことは、彼女のほうが夫よりも社会的には重要であったこと、おそらく相続人だったことを示唆すると思われる。[6] 彼らの子供は、アンセルムスと妹リケザだけだった。[7] ここまでの情報は、エアドメルスから収集することができる。しかし、アンセルムス一族の縁故関係に関する最も重要な事実は、後年、彼がサヴォワ伯フンベルトゥスに送った書簡の一通によって補充される。この書簡でアンセルムスは、たっぷりと敬意を払い、血縁関係を寛大に認めてくれたことに感謝し、「私の親族は、自分たちが貴殿の家臣であると言うことを喜びとしております[8]」と明言する。証拠とするにはあまりにもわずかだが、しかし、生国におけるアンセルムス一族の地位についての手がかりを提供する。

第一に、アンセルムスの書簡は、歴代のサヴォワ伯に関する重要な政治的事実に照らして読まれるべきである。ブルグント王国が、カロリング王室の衰退後、一〇三二年にドイツの王たちの手に渡ったとき、ブルグントは彼らにほんのわずかな権限しかもたらさなかった。他と同様にここでも、カロリング朝没落の真の受益者は新たな地方門閥だった。アオスタ渓谷そしてリヨンとポー川上流の渓谷とのあいだの混乱した紛争地域全体で、一一世紀を通じてしだいに支配を固めていったのが、野心的なサヴォワ家だった。伯の諸権利を蓄え、司教任命、修道院の擁護、そして臣下のきずなを築き上げることによって、サヴォワ家は、ローヌ渓谷と隣接するアルプスにおいて、持続的な政治的権威をゆっくりと自力で創出していったのである[9]。アンセルムスの一族は、血縁と主従関係の両方によってこの偉大な門閥と関係があった。

彼らがどのような関係だったのかは不明である。だが模糊とした中に、われわれは、その名前から注目すべき一族を見いだすことができる。一一世紀の初頭に短期間ではあるが、歴史家たちにアンセルムス一族（the Anselmid family）として知られる一族が、ブルグント王国の解体にさいし、サヴォワ家と実力を張り合った。このサヴォワ家の競争相手の元祖がアンセルムス某であり、彼は一一世紀の初期に三人の息子と一人の娘を残して死んだ。そのうちの一人は、アンセルムスという一族の名をもち、アオスタ司教となって一〇二六年に歿した。二人目のブルカルドゥス（Burchardus）は、一〇三〇年に死ぬまで、約三〇年間、ヴィエンヌの大司教だった。三番目のウルリック（Ulric）は、ヴィエンヌ大司教だった兄の長官だった。彼らの姉妹アンキリア（Ancilia）は、汚れなき手のフンベルトゥス伯（Humbert Whitehands 九八〇頃―一〇四七／四八年）と結婚し、サヴォワ王家の祖となった。(10) 以後のアンセルムス一族の運命に関しては不明だが、汚れなき手のフンベルトゥス伯の一族が繁栄し、西アルプスの峠道の全領域に支配権を確立したことは明らかであり、アンセルムス一族は、その優位を固めることができず、没落したのである。われわれは、ここに、斜陽化した偉大な一族の分家に関する一枚の印象的な絵を手にしている。彼らは、土地の相続財産がないために、世襲ではない教会の地位を要求することで自らを守る羽目になった。アンセルムス一族が教会的な地位に固執することでその没落を阻止しようとしている間、汚れなき手のフンベルトゥス伯とアンセルムス一族出身の妻アンキリアとの後裔は繁栄し、かつての帝国と伯の諸権利をつかんだのである。

アンセルムスの母親がこの錯綜した状況のどこに位置づけられるかは、正確に語ることができない。われわれが知っているのは、彼女が衰退していく分家に属していたにちがいない、ということだけである。結果として、アンセルムスは、一人息子だったにもかかわらず、若くしてアオスタの教会の聖職者になったと思われる。それゆえ、彼には将来的な財産相続もなく、一族の他の者たちに関してわれわれが知るわずかな情報も、同様の物語を語っている。アンセルムスが修道院長となったとき、そして大司教になってもなお、彼の一族のいろいろな人々が親族の栄達のおこぼれに与ろうとした。従兄弟の一人フォルケラルドゥス（Folceraldus）は、すでに別の修道院の修道士だったにもかかわらず、アンセルムスが修道院長だったときに、ベックを訪れ、ベックを終の住処にしようとした。だが、アンセルムスは、フォルケラルドゥスの修道院長が同意するまではと、彼の受け入れを拒んだ。この同意はすぐには与えられなかったようだが、フォルケラルドゥスもかなり執拗だった。(11) 彼は、アンセルムスがカンタベリーに去った後も、再度ベックに現れ、アンセルムスも彼を共同体に推薦した。別の二人の身内、ハイモ（Heimo）とライナルドゥス（Rainaldus）もベックを訪れ、アンセルムスも彼らを有望な入会者と見込んだようである。彼らに修道士となり、自分と一緒に生活するよう説得したからである。この説得は失敗し、彼らは視界から消え去った。(12)

これらの身内の中で、最も執拗にアンセルムスの知遇を得ようとしたのは、彼のたった一人の妹リケザの夫ブルグンディウス（Burgundius）だった。彼はカンタベリーに来たいという意向を示したが、アンセルムスはその願いをきっぱりとはねつけた。(13)この進路では失敗したので、ブルグンディウスは、エルサレム十字軍の後を追って従軍の準備をすすめた。アンセルムスはこの計画を激励したが、妹には「もしあなたの夫君が戻り、私のもとに来ることを望んでも、私は彼がそうすることをきっぱりと断ります」(14)と書き送った。明らかにブルグンディウスには、成功の見込みがまったくなかった。彼は、戻らなかったか、あるいは出征後まもなく死んだかのどちらかである。そして、アンセルムスに残された問題は、自分の妹の面倒をみることだった。彼が妹のために整えようとした手はずは、クリュニー系列のマルシニー（Marcigny）修道院に修道女として受け入れてもらうことだった。そして、準備万端整ったかに思われたとき、キウサ修道院長がその計画を妨げようと干渉したのである。(15)このアルプス山麓の偉大な修道院に、いかなる支障があったのかは定かではない。だが、彼女の一人息子が子供のときからキウサ修道士だったことから、修道院は一族の財産を受け継ぐことを期待していたのかも知れない。ともあれ、自分の妹の面倒を見ようとするアンセルムスの計画は挫折し、必要に応じて彼女の窮乏を補うことになったのである。

彼女の息子については、アンセルムスもより実質的な行動をとることができた。彼は、一〇九八年にローマへ行く途中、自分と同じ名前を持つこの若者を、キウサ修道院に訪ね、イングランドに連れて帰った。(16)彼はさして聡明な若者ではなかった。アンセルムスは、第二回目の国外追放のあいだも、とうに二五歳を過ぎていただろうこの若者に、書く練習、特に散文を書く練習を毎日するように、曖昧な文体よりも平明で論理的な文体を好むように、そして日頃からできるだけラテン語を話すようにと、励ましの手紙を書き送った。[17] これは誰に対しても適切な助言ではあるが、しかし、アンセルムスがこれと見込んだ者たちに送ることを常とした助言とは趣を異にする。とはいえ、この若いアンセルムスは、この一族の中でただ一人、そこそこの地位まで上った人物だった。一般の歴史においては、聖母マリアの無原罪の御やどりの祝日を最も早くから宣伝した人物としてその名を留めている。[18] また、死ぬまでの二六年間、かれはベリーのセント・エドマンズ修道院長（Bury St Edmunds）を務めたが、それはまったく彼の伯父の名声によるものだった。[19]

これらのばらばらな事実が明らかにする一族と地域的な背景は、錯綜し漠としているものの、つまるところ、不安定で傾きかけた運命という境遇を指し示している。おそらく、これらの一族の境遇は、われわれが今日見いだすことができる以上に、アンセルムスの発展に大きな役割を演じただろうし、残っているとおりの諸事実も、運に恵まれない高貴な家柄を維持することの困難を示している。もし彼がもっと豊かで確実な地位にいたなら、アオスタ渓谷の有力な封建領主か、少なくとも地方の司教にはなっていただろう。その場合にわれわれが手にするのは、彼がかつて存在したことを示す二、三の証書だけだっただろう。その代りに、彼は、不安定と不満に引き裂かれ、そして不確かな将来から逃避することで、ヨーロッパの歴史の創造的な時代に、最も重要な影響を及ぼす人物の一人となったのである。

二　北への逃亡

アンセルムスが彼の生まれた町の束縛から逃れたのは、一〇五六年頃だった。[20] 彼の母親は、彼が挫折したときには絶望から救い出し、彼も彼女を熱愛していたが、その母が死んだ。父親とのあいだには、相互の嫌悪と不和のほかに何も共通点はなかった。エアドメルスは、極力アンセルムスを謙遜で忠実な息子として描こうと努めるが、しかし、聖人となるべく育っていくこの若者にこれらの徳を帰することについては、慎重でなければならない。われわれが知っているのは、アンセルムスが彼の父親と仲たがいし、ほんのわずかな旅支度と自分の将来に関する漠然とした計画のみで家を後にしたということである。子供のころ、彼は修道士となることを切に願っていたが、その後、学者になるかもしれないと考えた。だが、これらの志は失せた。そして一〇五六年、彼には逃亡すること以上の目的はなかっただろう。こうした状況の若者の足跡が何かまともな計画に沿うなどということは、ほとんど期待できないが、彼が取った方向には、たぶん、しかるべき直接的な理由があっただろう。

彼は、かなり難渋し、いくらかの危険を冒してアルプスを越えたが、サン＝ベルナルール峠を越える北の近道はとらなかった。アオスタ渓谷を南に下ったのである。この行く手の最も明確な目的地は、学校があり繁栄の途上にあるロンバルディア地方の都市だっただろう。しかし、ロンバルディアにおける彼の縁故関係は父親の一族だけであり、彼らから援助は期待できなかった。彼の母親の一族は、主にアルプスの向こう側で、当時すでに分断されていたブルグント王国で生活しており、彼が最も財政的な援助を期待できる人々だった。もし――おそらく蓋然性は高いが――この一族に属する最も重要な人々がリヨンとヴィエンヌの地域にいた可能性があれば、このことは、アオスタ渓谷を下る旅路のある地点で、彼が西に方向を変えモン・スニ峠の道を通ってアルプスを越えたという事実を説明することになろう。この道は、ローヌ渓谷に入り、リヨンとヴィエンヌに通じており、そこには彼の母親の一族に属する人々がいた可能性があるからである。彼は、資金的な援助を得たにちがいない。父親の家から持ち出した分では、長くは生活できなかったからである。

彼の伝記作者が保存したいくつかの断片的な情報からは、彼のその後の旅程をいくらかでも詳細に説明することなど不可能である。エアドメルスは、アンセルムスが三年近くをあるいはブルグンディアあるいはフランスで過ごしたと報告する。このことは、年代的な点でも驚くほど正確である。地理的にもかなり正確に解釈されうる。というのも、エアドメルスが「ブルグンディア」（Burgundia）という語を使用する文脈では、ほとんど確実に、最近フランス王家領となったばかりのブルゴーニュ公領を意味しているからである。それは、同時代の修道院の中でも最も有名なクリュニーを含み、またアンセルムスが北にやって来たとき、ここを訪れ、修道生活についての第一印象を得たと考えてもよかろう。事実、彼は、自分の将来を決定する時点で、クリュニーが自分には合わないだろうという理由を、明確に知っていたからである。ブルグンディアには、かなり有名な学校もあった。オーセール、オータン、ヌヴェール、そしてその国境を越えたすぐのところがブザンソンである。アンセルムスはこれらの学校のいくつかを訪れたことだろう。だが、それらは彼が求めていたものではなく、そのどこであれ、彼が長く滞在したということはありえない。

そこで彼は、ブルグンディアから「フランス」へと移動した。この語はロワール渓谷のオイル語地域（langue d'oïl）とさらにその以北の地域を意味していた。ここにもまた実質的な名声をもつ諸学校が存在した。オルレアン、トゥール、アンジェ、シャルトルの学校、そして極最近ではパリの学校が登場しつつあった。アンセルムスがこれらの学校とその教師たちの何人かについて耳にしなかったということは想像できない。しかし、たとえ彼がそのどれかに顔を向けたとしても、そこに留まることはなかった。それらもまた、彼が探し求めているものではなかった。彼が——およそ信じ難い場所だが——ノルマンディー西端のアヴランシュに到着するまで、われわれは彼が逗留した場所については何も知らない。アヴランシュは、司教座大聖堂の都市であるから、学校が付設されていたことは確かだが、知名度はまったくなく、彼にとって文化的な世界であったものの末端にあった。(21)二〇年前になるが、もう一人のイタリア人、パヴィアのランフランクスも、よくある「学校遍歴の旅」(voyage scolaire)の末、この同じ場所で旅を締めくくり、ここに滞在して教え、いくらかの成功を収めた。その後、彼はすべてに疲れ、ベックに逃避するのである。アンセルムスが同じ北イタリア出身の先達について、どこで何を耳にしたかは分からない。しかし、たぶん、彼はアヴランシュで、波乱に富んだ過去をもつ教師、同国人でもあり、この時期のノルマンディーでノルマンディー公に次いで最も著名な人物となっていたランフランクスについて聞いたことだろう。彼が何を耳にしたにしろ、それは彼をベックに引き寄せるに十分だった。結果的には、彼がベックに到着したとき、すでにその探求の目的地に到達していたのである。それゆえ、われわれは、この時点で、彼が何を探し求めていたかを問うことはやめておくのがよかろう。

この段階では、極めて一般的な答えしかできない。アンセルムス自身が、自分が望んでいたことを、まだ発見していなかったからである。彼がエアドメルスに伝えた、若い頃についての追憶から明らかになると思われる一つのことは、彼が知的な世界で名をなすことと修道生活に献身することとの欲求に引き裂かれたということである。この二つの目的は、一一世紀の中頃には新たな表現形態が与えられる途上にあったが、しかし、それらは別々の方向に進んだ。知的な志は、北フランスか北イタリアのどちらかの発展途上の学校において最良の形で満たされることができた。このどちらの地域でも、そして特に前者には、法学、論理学、修辞学そして文法学において、新たな技法と新たな題材をもった教師たちがおり、ヨーロッパの遠隔地から学生たちを惹きつけ始めていた。アンセルムスも、旅の途上で、こうした新進の教師たちの中で誰を選ぶのが順当かを、見聞きすることもできただろう。けれども彼が足を止めようという気になる教師は一人もいなかった。ここから引き出すことのできる唯一の結論は、彼らの学校の世俗的な知的文化が、その組織的な授業と討論そしてやかましい都会の環境とともに、彼にとって魅力ではなかったということである。

他方、修道生活への献身が最良の形で満足されることができたのは、クリュニー本院かあるいはその影響の下で数を増していた子院の内のどこか一つだった。他の選択肢としては、小規模でまだほとんど名もない少数の修道院共同体が姿を見せ始め、それらはより観想的ないし慈善（病人や貧者の世話）の生活にささげられていた。後者の奉献生活の型は大部分イタリアの諸都市近郊に見いだされうるものだったが、アンセルムスの旅の方向は、この種の共同体の設立に関するより多くの情報を得るには間違っていた。後述するように、彼がこれらの目的に共感を抱いていたことは明らかである。しかし、彼の初期の『祈祷』と『瞑想』における自分自身の過去に関する報告が示唆するところによると、この時点で彼は、少年時代の修道生活への衝動を棄て去っており、自分が何を探し求めているかも分からなかった、ということである。だが、結局のところ、これは特に珍しい事態ではない。自覚的な選択はもっと後のことになる。とにかく、彼はベックに、そしてランフランクスのもとに辿りついたのである。

第二章　決断の年

一　アンセルムスとランフランクスの出会い

ランフランクスとアンセルムスほどに、二つの性格が極めて鋭い対照を見せる例を、見いだすことは難しいだろう。一方は、法律家、学者、教師、管理者、政策立案者そして論争家として、広範囲にわたる多様な活動領域においてこの上なく有能であり、しかもすべてにおいて目覚しい成功を収めたにもかかわらず、そのどれにおいても独創的な天才の閃きを発揮することはなかった。他方は、注意深く観察する者の目には、諸問題と他の人々の性質を理解し、論理学、神学、信仰の奥底を洞察することにおいて天才の特徴を示していたけれども、実際的な事柄に関してランフランクスのもつ能力をまったく欠いていた。それがいかなるときでも、ランフランクスを非常に注目すべき人物に仕立てたのだった。アンセルムスはすべての点で内なる炎の人であり、ランフランクスはすべての点で精神力と活動力の人だった。

ランフランクスは失敗を味わったことがなかった。二五歳以前の彼は、偉大な法学の町パヴィアの法廷で異彩を放つ人物だった。この経歴を放棄すると、彼はロワール渓谷の学校で同じく成功を収めた。これらの成功にうんざりすると、彼は、ベックにある貧しい無名の修道院共同体を繁栄させ、ヨーロッパ的な名声を与え、同時に、宗教的な問題に関してノルマンディー公直属の相談相手となり、またかつての学友ベレンガリウスの失脚に主導的な役割を演じた。アンセルムスが彼の元に来たとき、おそらく、彼は五〇代半ばだっただろうが、すでに三〇年間、彼はこの世界で著名な人物だったのである。

対照的に、二六歳のアンセルムスは、失敗しか知らなかった。彼は小都市アオスタで頭角を現わすこともできなかった。彼は、自分が何を望んでいるかも分からずに、そこを去った。フランスの諸学校においても自分を刺激するものを何も見いだささなかった。彼は、まったくの落ちこぼれであり、しかもこのような場ではいくらか年齢が高かった。ランフランクスは、彼を受け入れ、そして一年間かけて、彼にその後の全生涯に及ぶ方向づけを与えたのである。四年のあいだにランフランクスは、彼の将来に必要な知的な装備をすべて与えた。彼が与えることができたものは何一つ、一〇五九年に姿を現したこの内省的な変人を、彼と同様の手腕家に変えることはなかったようである。しかし、一〇六三年にこの二人が別れ、再会もまれになるまでに、アンセルムスが進もうと決意した発展の道程は、非常に多様性に富んだ成果へとつながるものだったため、本書の紙幅では、それらの多様な形態と内容の概略を辿ることしかできない。

このあらましを理解するためには、ランフランクスがアンセルムスの発展に与えることのできた貢献を考慮するだけでなく、アンセルムスが到着した時点において、強力な知的刺激を呈していた新たな諸状況も考慮する必要がある。

アンセルムスが一〇五九年にベックに到着したことはほぼ間違いなく、また彼が到着したのは、ノルマンディーとイングランドの将来全体、そしてランフランクスのこの世界での地位が、ヨーロッパ規模での重要性をもった諸事件によって変えられた、まさにそのときだったこともかなり確かである。ランフランクスの将来、そして結果的にはアンセルムスの将来も、この年に起きた諸事件によって――それらの地域的な影響とより広範囲に及ぶ結果の双方において――根本的に影響を受けた。したがって、アンセルムスの発展を理解するためには、この二人の人物の個性と生来の才能と同様に、彼らを取り囲む諸状況が考慮されなければならない。

われわれは、ランフランクスから始めなければならない。というのも、アンセルムス自身の認めるところによると、彼がベックに到着した時点とその後の数年間、彼にとってベックとはランフランクスを意味し、それ以外ではなかったからである。彼はベックに到着した。なぜなら、自分が何を望んでいるかは知らなかったが、ランフランクスについては耳にしていたからである。彼がそこに来たとき、彼が宗教的、知的な発展の道程を歩み始めるように仕向けたのはランフランクスであり、この発展が、ラテン世界のキリスト教史において傑出した人物に仕立てたのである。彼は自分自身を全面的にランフランクスの手に委ねた。「私に対する彼の影響はあまりにも大きく――後に彼の伝記作者に打ち明けたところでは――また私が彼の裁定にあまりにも強く信頼していたので、もし彼が私にベックの向こうの森に入り、出て来てはならないと言ったとしても、私はためらわずそうしただろう」(1)。後代の観察者は、この二人が気質においても考え方においても、かなり異なっていたことを知っているため、この発言を真面目に受け取ることは難しいと見なす。しかし、後で見るように、近くの森に隠遁し、隠修士となる可能性があったとしても、それは空想ではなかった。それは、彼に開かれた真に宗教的な生活の可能性の一つを提示していた。二〇年前、ランフランクス自身もまさしくこの選択をし――結果としては中止されたが――それゆえ、アンセルムスも真剣に考えるべき選択肢だった。アンセルムスの選択については、そのうち吟味することになろうが、目下のところ、彼らが表面に現われている以上に共通点をもっていたことを、この選択肢は示している。つまるところ、この両名は、成功にうんざりしたにせよ、失敗にうんざりしたにせよ、生まれ故郷の古都を離れ、ノルマンディーにある文化的世界の前哨基地にやって来た冒険家だった。どちらにも向こう見ずな傾向があり、彼らの共通の背景がアンセルムスに及ぼした影響の基盤であり、それは、彼が絶えず認めていたとおり、計り知れないものであった。

この二人の相違は明白であり、われわれは、それを彼ら自身よりもはっきり知ることができるが、これとは別に、ランフランクスの影響が過去に十分真剣に取り上げられなかったことには理由がある。最近まで、ランフランクス自身の同時代の思想への貢献については、ほとんど知られず、まして理解もされなかった、ということである。この障害を乗り越える重要な一歩を踏み出したのが、マーガレット・ギブソンによるランフランクスの著作、とりわけパウロ書簡に関する著作の概説である。以下において、私は彼女のいくつかの結論とは異なる見解を示すことになるが、しかし、彼女は将来的な道筋を示したし、私も彼女の成果に負うところが大である(2)。だが、ランフランクスの学問的な業績を考察する前に、アンセルムスが到着した時点における、彼自身の状況とランフランクスのそれとの両方に注意しなければならない。

アンセルムスがベックに到着したとき、彼は、二六歳になっていたにもかかわらず、ほとんどすべてのことを一から学ばなければならなかった。彼の教育は限られていた。小都市の知的ではない環境、彼の家族の財政的な逼迫、彼を狂気の淵にまで追い込んだ専制的な教師から教育を受けた悲惨な時期、母親の死、父親との敵対、そして見通しのつかない将来がその原因だった(3)。そして、アオスタを去って、学校と進歩的な教師たちに富んだ地方にいたときですら、彼が諸学校の教える新しい方法に関わることがあっても、それが彼を十分に惹きつけたとは思われない。ベックに来たとき、彼は、まだ新たな生き方の求道者であり、この雰囲気の中で自分自身をランフランクスの感化に委ねたのだ。一見すると、この自己放棄は、空想的な熱狂主義の行為のように思われるかもしれないが、当時のヨーロッパには、経験と業績においてランフランクス以上に、この同国人を異国の地にあって導くことのできる資格をもつ者はいなかったのである。

以下の考察は、アンセルムスが彼について何を知っていただろうか、ということだけに限ることにする。第一に、彼はランフランクスの学校教師としての評判については、何らかのことを知っていただろうし、われわれも偶然とはいえ、これについては多くのことを知っている。というのも、彼はこの世界で非常に重要な地位を占めるようになったとはいえ、西欧の史料の中でランフランクスに関する情報の大部分が、彼のベック到着以前の若い頃の名声に言及している点は、注目すべき事実だからである。若輩にしてパヴィアで法学の才能を発揮したという広く知れ渡った物語は、伝説に覆われているため、そこから真実の要素を見分けることは難しい。だが、それらの物語が真実の基礎をもっていることは確かである。当時の北イタリアで実施されていたローマ法に影響された法に関する、後の彼の知識だけでも、これを保証するに十分だろう。(4)

加えて、修道士となる前のアンセルムスが、フランスにおける自由学芸の教師としてのランフランクスの名声についても、いくらかは知っていただろうということは、さらに十分に立証される。その証拠は明白である。すなわち、トゥールのヒルデベルトゥスは、「彼（ランフランクス）は、西欧における諸学芸の明かりを再び灯した」「神は、彼をラテン人の知性を三学科と四学科の研究に導くための案内そして光とした。それらがおろそかにされ、まったく知られなくなってしまったからである。神はまた、彼を旧約聖書と新約聖書の大家そして教師とした」と記し、同様の脈絡で、ランフランクスが「哲学者と詩人が語ったことを、すべて自分のものにしていた」と記しているからである。彼の多くの礼賛者の何人かは、彼が特に培った学芸として弁証論理学を強調した。ジャンブルーのシゲベルトゥスによると、彼は何よりも「弁証論理学者」（dialecticus）であり、「弁証論理学の規則に従ってパウロ書簡を解釈し、論点を取り出し、明確にした」。同様に、『聖ニコラスの奇跡』を執筆したベック修道士は、彼を「西欧において弁証論理学の学芸を回復し新たにした教師」と記した。またマームズベリーのウィリアム（一〇八〇／九〇―一一四三年）は、いつもの持ち味で、ランフランクスを、学校を開くことによってベックに繁栄をもたらした人物とし、この学校から「弁証論理学を噴出することによって彼の弟子たちをこの世に送り込んだ」と記す。この証言のある部分は修辞的だが、われわれは教皇ニコラウス二世（在位一〇五九―六一）の的確な言明をもっており――これはまもなく検討される――これによって、弁証論理学と修辞学が一〇五九年になってもなお、ランフランクスを誰よりも有名にしていた学科であることが明確になる。明らかに、上記の著作家たちにとって、弁証論理学は評判がよかったわけではないが、誰もが、これこそランフランクスの初期の名声に最もふさわしい資格だと考えていたのである。(5) 加えて、一一世紀の図書目録は、彼に帰せられる弁証論理学の著作を記載しており、それらがもし真性の著作であれば、彼がベックに到着する前に書かれたにちがいない。(6)

アンセルムスは、たぶん、ノルマンディーに着くや否や、ランフランクスの名声を耳にしたことだろう。エアドメルスのアンセルムス伝に、十分な証拠をもった書き加えが早期になされたことは既に述べたが、それは、彼がベックに来る前、旅の最後の段階がアヴランシュで終わったことをわれわれに告げており、またランフランクスも修道士となる前にそこで教えたことは確かだと思われる。アンセルムスを刺激し、ベックに行き自分自身の眼で確かめるようにさせたのは、ランフランクスの教育活動とノルマンディー公の顧問団の中でランフランクスがもつ、現在の重要性に関する評判だったかもしれない。いずれにしても、彼がベックに到着するや否や、修道院の名声の増大と活力のためにランフランクスが莫大な貢献を果たしていることを、いたるところで目の当たりにしたことだろう。

ランフランクスの勢いと成功に関するこれらの証拠とともに、アンセルムスが到着したのは、ベックが突然、いくつかの異なる領域における知的な論争と活動の中心として、新たな重要性を獲得したときだったということを加えておこう。彼自身の将来、そしてノルマン公国の将来、さらに幾分かは教会全体、これらがみなこうした出来事の衝撃を感じとった。これはかなり大きな主張であり、実証を必要とする。このために、私は、世俗政治と教会政治という最も遠い円周から始め、しだいにベック内部へと進むことにしよう。

二　教皇の政策の衝撃

一〇五八年の暮れも押し迫った数日、新教皇が選出され、翌五九年の一月に聖別された。彼は、選出後ただちに、教皇政治の一般的な展開を変更する政治的・教会的な発展の路線を敷くことに取り掛った。ランフランクスは、この発展の一部に重要な役割を演じ、たぶんアンセルムスが到着したのは、ランフランクスの新たな重要性が最高潮に達したときだっただろう。そこで、教皇と彼の抱えた諸問題を考察しなければならない。そうすれば、ランフランクスがその解決にどのようにふさわしかったかを、理解することができよう。

まず、新教皇がニコラウス二世という名を選択したことについては、注目されてもよかろう。それが、われわれを多少なりとも彼の意図に案内してくれるからである。前代のニコラウス一世（在位八五八―六七年）がカロリング期の教皇の権威を最も活発に擁護した教皇だったことから、ニコラウスという名は、彼の足跡に従おうとする新教皇の意図を告げていた。同名の教皇の先例に加え、新教皇の目には最近のレオ九世（在位一〇四九一五四年）の先例もあった。彼は、多年にわたって北ヨーロッパを訪問した最初の教皇だった。ニコラウスも同様の意図をもっていた。彼はこの点でレオの模範に従う計画だったけれども、他の領域ではレオの先例を破ろうとした。レオは、彼の教会政策と南イタリアにおける教皇領への権力の回復という両計画の強固な後ろ盾として、ドイツ皇帝に依存したのである。しかし、少なくとも目下のところニコラウス二世にとって、この同盟には将来性を見込めない二つの理由があった。第一の理由は、レオが、皇帝の支持に依存することで、南イタリアにおけるノルマン人侵略者と交戦したことである。この行動において、彼は前の世代の因習的な知恵に従ったのだが、この世代は、南部のノルマン人侵略者を血に飢えた侵入者と見なし、もし駆逐することができないなら、阻止する必要があると見なしていた。しかし、友好的な皇帝と組んでも、この政策は失敗であった。教皇軍はノルマン人に打ち負かされ、レオ自身も一年近くをノルマン人の牢獄で過ごすことになったのである。したがって、純粋に政治的な観点からすると、旧式の教皇・皇帝同盟は空文であり、変更が求められていた。

さらにより重要なことは、ニコラウスが彼の教会政策において、教皇選挙の新しい手続きに向けて作業を進めていたことである。これは、教皇選挙における皇帝の関与を弱め、将来的には事実上の排除を目論むものだった。しかもそれは、教会組織のいくつかの領域、とりわけ司教と高位聖職者の任命、教会と十分の一税の所有権における世俗の影響を締め出すための、より大きな綱領の一部に過ぎなかった。これらは非常に大胆な計画であり、それを詳細に追跡することは、目下のわれわれのテーマの範囲をはるかに越えることになろう(7)。しかし、これらの直接的な結果として、ニコラウスは新たな同盟を必要とした。彼は、並外れた図太さと先見の明をもっていたと見え、教皇となった当初から、皇帝との政治的な同盟を、それまで忌み嫌われたノルマン人との同盟へと転換することが念頭にあったと見なすことができよう。ニコラウス二世の短い治世下におけるこの新しい政策の一般的な展開は、ここでのわれわれの関心事ではない。しかし、その現われの一つは、われわれのテーマに極めて密接に関連し、すぐに取り上げてよかろう。

それは、ランフランクス宛の書簡に表明されており、その唯一知られている写しは、ランフランクスが収集した教会法のテクストの中に保存された。この保存の前後関係については、後に詳述する必要があるだろう。さしあたり、われわれの関心はこの書簡の趣旨に限られる。それは以下のとおりである。(8)

司教ニコラウス、神の僕の中の僕が、兄弟ランフランクスに挨拶と使徒座からの祝福を送る。

最愛の兄弟よ、貴兄が私のもとにいて、教会の配慮に関して助言を提供してくれるのならば、嬉しいことである。聞くところでは、このことで貴兄は、すでに時宜を得た援助を差し伸べてくれたとのことである。〔これは、おそらく、一〇五〇年にランフランクスがベレンガリウス訴訟に陪席したことに言及しているのだろう。〕けれども、これは簡単にはできないことであるから、貴兄が現在の立場で私たちとローマの教会にとって助けとなることを望んでいる。こうすることで、ローマの教会は、この場所と貴兄のいる場所の両所に貴兄がいるという二重の益をもつことになるだろう。このことを念頭において、われわれは、これらの愛する者たち、皇帝および教皇の礼拝堂付き司祭たちを貴兄の下に送るので、彼らに弁証論理学と修辞学の学芸を教えてもらいたい。これらの学芸において――聞くところでは――神が貴兄に特別の卓越した才を与えて下さったからである。できるかぎり早く、貴兄とこれらの生徒たちにローマで会うことにしよう。あるいは、もしかしたら、われわれが貴兄の所に行くかもしれない。

われわれは、今、貴兄が聖書の研究に専心していることを聞いている。それが事実だとしても、聖ペトロと私の名において、貴兄に命じる。私が貴兄の下に派遣した二人の礼拝堂付き司祭には、彼らを派遣した目的である二つの科目を教授することによって、貴兄の従順をわれわれに示してほしい。彼らを貴兄の愛徳に委ねるので、あらゆる点で彼らを助けてもらいたい。われわれの友人である伯〔すなわちノルマンディー公〕は―神に感謝―万事において貴兄の助言に従っていると聞いている。貴兄が彼をこのように見張ってくれるのであれば、彼はこの世において、またキリストにおいて繁栄をみることになるだろう。私は彼に厚い信頼をおいており、また貴兄の助言と彼との友好関係にも大いに信頼している。貴兄に委ねられたタラントンを聖職者と貴兄の粗野な人々のあいだで豊かに増し加えてほしい。そうすれば、貴兄は最後に「良い僕だ。よくやった。」（マタイ二四・二一、二三）という言葉を聞くことになるだろう。アーメン。

この書簡の細目を検討する前に、その一般的な文脈が理解されねばならない。第一に、想起されるべきことは、南イタリアのノルマン人がまだノルマンディーと密接な関係を保っており、そこからノルマン兵力を補充する新兵が次々と到着していたことである。このことから、教皇が新たに南イタリアのノルマン人の支援を頼みとした副産物として、ウィリアム公との友好的な関係は、少なくともかなり望ましいことだったということになる。

しかし、この地域との友好関係の回復のためには、一つの突出した障害があった。一〇五〇年以来、ウィリアム公は、フランダース伯の娘マティルダとの不法な結婚生活を続けており、それが、レオ九世によって断罪され、ついでノルマンディーの教会によっても断罪されていた。この状況に終止符を打つことは、ウィリアム公にとって重要だったが、彼も困っていたのである。もちろん、政略結婚ではあったが、これがフランダース伯との盟約を確立し、その友好関係がウィリアム公にとっていくつかの理由から重要であった。しかも、その重要性は増しつつあった。彼がすでにイングランド王としてエドワード懺悔王（在位一〇四二―六六年）の後継者となることを目論んでいた証拠は十分にあり、これが戦闘なしに達成されうることなどありそうになかった。だが、もし戦闘になった場合、イングランドの王座を獲得するために、ウィリアムがどのみち直面するだろう問題を処理するあいだ、彼の前線の一つを平穏に保つために、また彼の軍隊に傭兵を供給するためにも、フランダース伯の支援が不可欠だったのである。

さらに、軍事的な理由とはまったく別に、イングランド王座を要求するために、公は教皇の支援を必要としていた。このことは、マティルダとの結婚に関して教皇権と和解して、はじめてできる相談だった。教会的な障害の性質については不明だが、しかし、この結婚に対する教会の反対の強さは十分に証明されており、その限りでローマが態度を軟化させる兆候はいささかもなかった。

それゆえ、両者の側に、いまや和解をもたらす強力な理由があったのである。そして、この状況に照らして、上に訳した書簡は読まれなければならない。書簡の中で教皇は、すでにウィリアム公を友人として語っていることが注目されよう。これは、教皇が、ウィリアムの結婚に関して、彼と和解するつもりだったということか、あるいはすでに和解が成立していたことを示している。

それゆえ、つぎの問いは、この手紙が書かれた日付についてである。その内容は、教皇がまだランフランクスと面識がないことを明らかにする。教皇が彼について述べていることはすべて伝聞に拠っている。そこで、問わねばならない。ニコラウス二世とランフランクスが最初に会ったのはいつか。この問いに対する古くからの答え、そして私もそれが正しいと信じる答えは、彼らが一〇五九年の復活祭後のローマ教会会議で会った、というものである。最近の見解は、ランフランクスがこの教会会議に出席しなかった、あるいは出席はしたが、少なくともトゥールのベレンガリウスの聖体論の断罪に関する教会会議の議題には関わらなかったと提案している。私は本章の次節でこの見解が誤りであることを論証するつもりである。しかし、たとえそれが正しいとしても、誰もが認めることは、遅くとも、教会会議が一〇五九年五月にその主要な議題を終了した直後には、ランフランクスがローマに到着したこと、それはノルマンディー公ウィリアムとマティルダの結婚を合法化する特免を、公が獲得するための諸条件について交渉するためだった、ということである。結果として、どの主張に基づいても、ランフランクスが四月末よりずっと後にローマに到着したことはありえず、またこの書簡がこの日付の後に書かれたこともありえないことになる。

したがって、本書簡は、教皇ニコラウスの教皇としての最初期の書簡だったに相違ない。そして、この書簡は、教皇がノルマンディー公との友好関係の重要性を認めたことをはっきりと確証しており、しかもそれが、ノルマンディー公も同じく教皇の支援を得たいと熱望していた、まさにその瞬間だったということである。それどころか、この書簡の到着によって、ノルマンディー公、そしていまや教会的なことに関する公の主要な助言者となっていたランフランクスは、ウィリアムの結婚に関する教皇権との交渉を、成功の期待を抱いて進めることができる好機が到来したことに気づいたかもしれない。

これらの諸状況を念頭において、いまやわれわれは、この年に起きた出来事のおおまかな年表を組み立てることができる。一〇五八年一二月の選挙のときから、教皇ニコラウスは、復活祭の教会会議の綱領を準備していたにちがいない。とりわけその主要な項目は、教皇選挙において皇帝の関与を排除することだった。皇帝が子供だったことは、この危険な革新にとって好機だった。にもかかわらず、教皇教令に対する抵抗は確実だった。だが、南イタリアのノルマン人は、皇帝派と北イタリアにおけるその同盟に対抗して、即座に支援が実行できる状態にあった。これらの諸状況において、ようやくニコラウスは、南イタリアとノルマンディーのノルマン人両方との友好関係を固めるためにできるかぎりの手段をとることに気づいたのである。南のノルマン人と教皇との関係に関するかぎり、われわれが知っていることは、四月一三日にラテラノ教会で開催された教会会議の後、ニコラウス二世が、一〇五九年の五月ないし六月にノルマンの軍隊とともにローマを離れ、その年の残りをローマと南イタリアの往復に費やしたということである。それゆえ、この日付の前にランフランクスのもとに書簡が着いているためには、それが一〇五九年の一月か、遅くとも二月には書かれていたにちがいない。

そこで、この年表に照らして書簡そのものを考えると、教皇がノルマン公に友誼と信頼を表明したことは、まだ彼の結婚が認可されていないにもかかわらず、教皇が公の支援を熱望していたことを示している。第二に、ランフランクスが学問的な関心を聖書へと移したこと、ウィリアムの顧問という立場にいることに関して、教皇が正確な情報をもっていることは、彼がノルマンディーの状況に関する情報を得るために、何らかの手間をかけたことを示している。第三に、教皇が修辞学と論理学の教師としてのランフランクスの仕事に重要性を認めたこと、最近ランフランクスが神学へ転向したことに関して極めて冷ややかであることは、彼が行政に不可欠な学芸の訓練を受けた人々を必要としていたことを反映している。

より細かいことだが、一点、教皇がこの書簡の執筆において、個人的な顔をのぞかせている証拠として注目されてもよいことがある。それは、教皇が彼自身とランフランクスに言及するさい、単数形と複数形を織り交ぜて使用していることである。教皇が自分自身の感情を個人的に語る場合には、単数を使用する。同様に、彼がランフランクスの公的な立場と職務について語る場合には、複数を使用する。だが、彼の研究について語る場合は、単数である。確かに、これらの二つの姿勢に厳密な線引きをすることができないことは認めるが、しかし、同じく呼称の変化は、ニコラウス二世がランスの大司教ゲルヴァシウス（Gervasius 一〇〇八―一〇六七年）に宛てた書簡にも見いだされる。そして、両者の場合、ともに呼称の変化が顕著に示していることは、教皇自身がこれらの書簡に関与したということである。しかし、教皇は、ランフランクスに関して多くのことを知っていたにもかかわらず、彼らはまだ面識がなく、また彼が知っていたことは、伝聞によって知っていたにすぎない、ということもはっきりしている。

これらの友好的な言及は、ノルマンディー公の結婚の件に関して満足のゆく結論をもたらす機会がありうるとしたなら、まさに恰好のときだということを、ウィリアムとランフランクスに暗に示したのかもしれない。ウィリアム公の視点からすると、イングランドの王座が空位となる前に自分の立場を固めておこうとするならば、時間が迫っていた。結婚の問題に決着がついてしまえば、彼にとってイングランドの王冠を獲得するときが到来した場合に、教皇の支援を期待できたのである。さまざまな出来事が示していることは、イングランドへノルマン人が侵入するさいに、それが成功するために教皇の支援がこの上なく重要だったことである。したがって、この時期に両者が和解するということは、両方の側が状況を正しく見極めたということだった。公も教皇も急いでいた。この点で、ランフランクスがただちにローマに出発しなければならなかったことは十分に理解できる。

彼のローマ行きは、ウィリアム公の行動とランフランクス自身の経歴において転換点となった。それはまた、偶然のようにも思えるが、復活祭の教会会議においてベレンガリウスの論敵の第一人者として彼に脚光を浴びせることにもなった。とりわけ、一〇六一年に枢機卿フンベルトゥスが歿し、ベレンガリウスがこの教会会議で強要された宣誓を破棄したとき、ランフランクス一人がベレンガリウスに対して決定的な返答を執筆することができたのである。

教皇の書簡がこれらのすべての出来事において中心的な文書であり、またランフランクスのローマ訪問に直接的な刺激を与えたという私の考えが正しいのなら、それは、アンセルムスの経歴の展開にとっても重要な位置を占めていた。というのも、この書簡によって、ランフランクスは、一〇五九年のローマ教会会議において聖体に関して下された決定の中心的な支持者となり、同じときにローマで交渉がなされたウィリアム公の結婚の承認に関する諸条件を実行するためにウィリアムの主要な代理人となったからである。それゆえ、彼は、まず一〇六三年カーンに、一〇七〇年カンタベリーに移ることになった。そして、おそらく、アンセルムスにとって何よりも重要なことは、ベックが重大な諸問題の中心にあったときに、彼がベックに到着したということだった。

それゆえ、いくつかの観点からすると、ニコラウス二世の書簡は、ベックそして後にカンタベリーにおけるアンセルムスの経歴の展開において重要な役割をもっている。ランフランクスは、明らかにその全般的な重要性を評価していた。というのも、彼は、彼が所有する教会法の中に、一〇五九年の復活祭の教会会議に関する公文書の集成と一緒にこの書簡を保存したからである。(9)

三　ランフランクスのローマ訪問

この書簡を執筆してから二、三カ月以内に、教皇はローマで彼の最初の教会会議を開催した。ここでは、教会政治から世俗の影響力を排除する政策に効力を与えるための三つの教令が可決された。第一の教令は、教皇選挙において皇帝と地方貴族たちが果たしていた伝統的な役割から、彼らを排除する選挙手続きを確立した。第二の教令は、世俗が十分の一税と教会を所有することを禁じた。第三の教令は、三つのうちで最も広範囲に及ぶもので、助祭の品級以上の全聖職者に独身を強制するために講じられた、非常に厳格な処置の概略であった。それゆえ、つぎの二世代のための、そしてアンセルムスの後の経歴全体に影響を及ぼす、教皇政策の三本の糸が、一〇五九年の復活祭教会会議でまとめられたのである。(10)

聖職者の独身を強制する教令は、大司教としての責務に関するアンセルムスの構想において重要な位置を占めることになっていた。しかし、さしあたりわれわれの関心事は、教会会議の教令よりも、たぶん教会会議の主要な議題を終えた後になされた諸決定である。これらの諸決定は、教会会議の結果を告知するためにヨーロッパ各地に教皇が急送した回勅書簡では言及されなかったが、ランフランクスとアンセルムスの生涯に深い影響を与えたのである。

第一の決定は、ウィリアム公の結婚に関わるものである。この件に関してはいかなる公式記録も残っていない。しかし、どのような教会法上の異議があったとしても、ウィリアム公は彼の結婚を合法とする特免を与えられ、その条件としてつけられたのが、男子と女子各々のために二つの修道院を創設することだった。アンセルムスの経歴にとってこの決定がもつ主な利害は、ランフランクスが、この取り決めの交渉にあたった責任から、カーンに新設された二つの修道院のうちの一つの院長となり、一〇六三年ベックを離れたことである。(11)この直接的な結果は、かつての罪深い日々の中でアンセルムスが恐れていた、ランフランクスの庇護の下でずっと生活するという運命から、彼を救い出し、彼がベックの副院長になったということである。

第二の決定も、たぶん主要な議題が処理された後になされたものだが、他の何よりもその余波は広がることになった。それはベレンガリウスの聖体論の断罪だった。ここでのランフランクスの関与は不明である。彼は、一〇五〇年のヴェルチェリ（Vercelli）において、ベレンガリウスの教説の初期の断罪に指導的な役割を果たしたけれども、一〇五九年にベレンガリウスに対する訴訟を託されたのは、明らかに枢機卿フンベルトゥスだった。この断罪にランフランクスが関与したことに関する最も古い明白な報告は、五〇年以上も後にベックで書かれた、ミロ・クリスピヌス（Milo Crispinus）によるものである。彼の報告によると、ランフランクスが教会会議に赴いたのは、ベレンガリウス裁判に出席すること、ウィリアム公の結婚に特免を獲得することという二つの目的のためだった。[12] 実際には、彼がローマに行った目的はただ一つ、ウィリアム公の結婚に教皇の承認を得るために交渉することであり、たまたまベレンガリウスの断罪に居合わせただけだというのが真相に近いと思われる。にもかかわらず、年代が下っているとはいえ、ランフランクスの出席に関するミロの証言は、彼が聖体論争に深く関わったことを物語る文書のいくつかの記事によって確証される。

第一に、教会会議におけるベレンガリウスの振舞を記すさいに、ランフランクスが用いる言葉は、目撃者のそれであると思われる。

貴兄が、理性よりも貴兄の友人たちを頼みにして、教皇ニコラウスの時代にローマに来たとき、貴兄はご自分の以前の見解を防禦せず、教皇ニコラウスとその教会会議に、ご自分が受け入れるべき信仰宣言を文書で示してくれるようにと願った。この仕事はフンベルトゥス司教に託され、貴兄はそれを受け入れ、読み上げ、確認し、ご自分の手で署名した。

貴兄の見解が、教皇ニコラウスそして一一三人の司教からなる教会会議によって吟味され、断罪されたとき、貴兄は、謙遜な心からではなかったが、身をかがめた。そして貴兄は、教会会議の真ん中で、火をつけ、そ

こに断罪された書物を投げ入れたのだ。以後、古からの教えを守るだろうことを宣誓しながら……。(13)

それゆえにまた、われわれの知るかぎり、この同意された信仰宣言の著者である枢機卿フンベルトゥスが歿したのち、ベレンガリウスに応答する責任がランフランクスの肩にかかったのは、彼がこれらの出来事に関与したからに他ならない。

最近まで、これらの事実と状況は、ランフランクスが、ノルマンディー公の結婚問題の処理に当る責任をもち、聖体論争にも出席したと考える十分な証拠を提供している、と一般に認められていた。この二件が、数週間ないし（いや、たぶん）数日間以上のあいだをおくことはありえなかったし、これらの問題の両方に関して、教会会議の主要な議題が終了した直後に取り扱われることが、通常の慣行にかなっていたのであろう。さらに、ベレンガリウスの断罪もウィリアムの結婚も、教会会議の決定を記す教皇の書簡に述べられていないことから、両方とも教会会議の主要な議題に決着がつけられた後に議論されたように思われる。ランフランクスが結婚の件に関しては同席していたことは確実である。では、聖体に関する議論にも彼が同席したことの真偽を疑う理由は何であろうか。

それは単純につぎのことである。ベレンガリウスとランフランクスの証言に食い違いがあるという一点によるのである。上の最初の引用で見たとおり、ランフランクスは、ベレンガリウスが教会会議の信仰宣言の受け入れに自分の手で署名したと主張した。この言葉のなかで、ランフランクスは、最終的な文書の文言そのものが事実として宣言していることを述べていたのである。だが、ランフランクスに答えて、後にベレンガリウスはつぎのように断言した。

私は、貴兄に伝えられた虚偽の報告のように、私の前に提示された文書に署名をしたのではない。迫ってくる死の恐怖から、同意を表明することもなく、私はあの文書を受け取ったということ、それがあの場で起きたことのすべてだ。(14)

この証拠をもとに、モンクロ教授は、ランフランクスが教会会議に出席しなかったと論じ、またギブソン博士はこれを妥当と認めた。(15) しかし、たとえベレンガリウスの反論する点が正しいとしても、ランフランクスがこれらの議事に出席していなかったことを示すわけではない。彼は、議論には出席したが、最後の場面に居合わせなかったか、あるいは、最後の場面に居合わせても、混乱のためにすべてを目撃することができなかったのかもしれない。あるいは、彼は自分が何かを見落としたと考えたのかもしれない。というのも、文書自体は、ベレンガリウスがそれに署名したことを宣言しているからである。すなわち、「私、ベレンガリウスは、……同意し……口と心で告白し……読み通した上で自発的に署名した」(Ego Berengarius ... consentio ... et ore et corde profiteor ... lecto et perlecto sponte subscripsi.) とある。こうした場合の混乱した状況の説明を読んだ者は、誰であっても、詳細を確認することがどんなに難しいことかが分かるだろう。たとえば、われわれは、一一四八年のランス教会会議におけるポワティエのギルベルトゥス（一〇八〇頃―一一五四年）の訴訟に関する二人の目撃者の説明を手にしているが、そこで何が行なわれたかを正確に知ることは、やはり不可能である。(16)

要するに、どちらがありそうかという点を秤にかけると、やはりこれまでのように、ランフランクスがウィリアム公の結婚に関する交渉、そして聖体に関する議論の両方に出席したという見解に軍配が上がるのである。しかし、いずれの場合でも、彼は、活躍の舞台から、これらの出来事の知らせを携えてベックに戻り、それらは、教理と教会政治にとっても、またランフランクス自身そして結果的にアンセルムス個人にとっても、深い影響をもつ重要な結果をもたらすことになった。

ベックに到着したアンセルムスは、小さな修道院共同体を、突然、激しい活動の中心にしてしまった出来事の最初の衝撃を目の当たりにすることになった。ベレンガリウスが聖体に関する信仰宣言をすぐに破棄したことから、ランフランクスは、彼の最も重要な神学的著作を執筆する仕事にかかることになった。ウィリアム公の結婚に関する解決の条件のために、ランフランクスは、一〇六三年にベックからカーンに、最終的には一〇七〇年、カンタベリーに移ることになった。これらの変化はアンセルムスの将来に深い影響を与えた。しかし、何よりも重要なことは、この数ヶ月でアンセルムスの周囲にもたらされた変化、そして彼に課せられた新たな義務である。

彼は、何らの出世も期待せずベックに来た。ただ学ぶためだけに到着したのだ。しかし、気づいてみると、人生において初めて彼は、大きなそして長期的な重要性をもつ出来事と知的な衝突のただ中にいたのである。これまで彼の人生に欠けていたのは、彼の全能力を発揮させ、その人生を変えるような精神の覚醒であった。この年の出来事――ランフランクスがそれらに非常に深く関わった――が意味したのは、ランフランクスとベックが、ヨーロッパの政治的・知的な地図を塗り替える大きな諸変化の中心に突然置かれたときに、アンセルムスがそこに到着したということだった。この状況だけが、修道院の知的な生活に新たな益となったのだろう。

加えて、ランフランクスは、二〇年近くベックの財産の主な収入源だった学校において、これまで以上に助けを必要とした。この点からアンセルムスの発展を理解するためには、ランフランクスが教師としてこれまで何を達成してきたか、そしてそれがアンセルムスの人生にどのように影響したかを理解する必要がある。しかし、この大仕事にかかる前にまず、修道生活に没入していくアンセルムスの第一歩をざっと見渡さなければならない。

四　アンセルムスの見習い期間

たぶん、アンセルムスがベックに到着したのは、ランフランクスの不在中か、あるいは、彼がローマから帰還してまもなくのことであろう。この間に彼は、教会会議の出来事について、また聖体に関する教会会議の教理的な声明を擁護する問題について、多くのことを耳にしたことであろう。しかし、これらの話題がただちに彼の関心の大部を占めたとは考えにくい。彼は新しい生き方を体験すべくベックに到来し、そして彼の回りに目にしたすべては、小さく、貧しく、目立つところもない修道院共同体をかなり裕福な状態にまで高めたランフランクスの驚くべき成功の証だっただろう。修道院外部の生徒のための学校は別として、修道院の評判はまだささやかなものでしかなかった。修道院長は聖性においては魅力的だったが、能力において注目に値する人物ではなかった。さらに、修道院は裕福ではあったが、まだ多くの有能な若者を修道生活に惹きつけることはなかった。修道士の大部分を占めていたのは、子供のときに近隣の家族から奉献された者たちだった。

二〇年近くのあいだ、ランフランクスは、ベックの中心的な推進力、その繁栄の増大させる中心的な源、そして共同体の唯一の学者、教師だった。彼が修道院のためになしえたほとんどすべてのことは、彼の広く知れ渡った学識と教育の結果だった。彼は、修道院を貧困から救い出すために、外部の生徒のための学校を開き、それが予想外の成功を収めた。教皇をはじめとして、ヨーロッパのあらゆる地域の著名な人々が、彼らの意欲的な身内をランフランクスの学校に送ったけれども、それは、修道士となるためではなく、文法、修辞学、論理学を学習し、これらの有益な教養を身につけて故国に帰るためだった。彼らがもたらす富によって、ランフランクスは

（一度ならず二度までも）、修道院をより広い健康的な土地に移転させ、そこで新しい建物、新しい書物、より洗練された生活様式を整えることができたのである。[17] 誰の目にもこれは十分な仕事と思われるだろうが、これらの局部的な管理に加え、いまや、彼はノルマンディの政治におけるより広い責任、そしてまもなく教義的な論争に新たな責任を負うことになった。

一〇五九年のランフランクスのように、活動範囲が広がり過ぎた人間にとって、アンセルムスの到来は思いもかけない幸運だったにちがいない。まもなく、生徒の教育と写本の訂正といったランフランクスの仕事の多くを引き継ぐ能力が、彼にあることが判明したにちがいない。事実、ランフランクスは初めて、卓越した献身的な弟子、有能な助手であると同時に、学ぶことに熱心で、論証においては末恐ろしい弟子を得たのである。アンセルムスからすると、人生において初めて、目的のある活動の中心にいることになった。目標も定まらずに彷徨した年月の末、突如として彼は、色々な領域——新しい建物、新しい書物、新しい論争、刺激的な日課——において不断の努力を求められる舞台に投げ込まれたのである。ベック到着の最初の数か月が、厳しい知的、肉体的な緊張を強いられるときだったことは彼自身の言葉から知られる。後に、彼はエアドメルスに、自分に求められたさまざまな努力によって疲れ切ったと語った。[18] そうしたことが自分をどこに導いて行くのかが分からなかっただけに、なおのこと彼を疲弊させたのである。

自分の将来に関する問題は、まもなく彼にとって悩みの種となり始めた。彼が望んだのは知的な名声だったが、この願望には後ろめたさがつきまとった。その反動から彼は、子供のときに抱いた修道士になるという願望を思い起こした。彼は、今自分に求められている労苦だけで天国の報酬を得ることができるだろうか、と純朴に思案した。こうして、彼がエアドメルスに説明したことによると、子供のときに抱いた修道生活へのさまざまな憧れが再び彼のうちに沸いてきたのである。だが、それらはどのように満たされうるのか。彼はさまざまな可能性について思い巡らした。ベックの修道士となることもできた。だが、ランフランクスがいるあいだは、彼は無名の人に留まるだろう。クリュニーに行くこともできた。だが、クリュニーでは、日々の日課に体力を消耗し尽くし、思索のための時間を彼に残さないだろう。(19)

さらに別の可能性もあった。隠修士になることもできたのである。後の彼の著作には、孤独な観想の生活のほうが修道院共同体の生活よりも彼の生来の傾向により適していたかもしれないということを示唆する多くの箇所がある。それは心地よい期待だった。この時代の何よりの特徴は、隠修生活の場が新たな脚光を浴び始めたことである。つまり、悪魔と悪霊に対する猛烈な戦いの場と見なされる代わりに、孤独の快適、心地よい泉、さわやかな微風、こうした環境が、邪魔されることのない神との交わりを提供するという声が聞こえ始める。アンセルムスは、これらの新しい熱望を十分に共有していたが、しかし、そのような場所も人々もまだ北フランスには見いだされなかった。そこで彼は四つ目の可能性に目を向けた。たぶん、彼の一族のささやかな所有地に戻り、養老院を創立し、貧者のために施しをしようとしたのだろう。(20)

彼が自分の生活の設計を立てようとするとき、アンセルムスの眼前に浮かび上がったのはこれらの理想だった。それらは、ヨーロッパにおいて今後展開する宗教的な感覚の予告編を提供している。しかし、将来をじっと見詰める他の人々と同じく、彼にとっても、どれを選択するかは難しすぎることが分かった。どの理由も甲乙つけ難く、決め手とはならなかった。「私の意志はまだ服従させられなかった」と彼は述べた。そして、自己嫌悪に駆られた彼は、ランフランクスに選択を委ねた。すると今度は、ランフランクスがこの問題をルーアン大司教マウリリウス（Maurilius 在任一〇五五―六七年）に照会した。マウリリウスは、彼自身も修道士であり、ごく最近、ゴンドルフス（Gondulfus 一〇二四頃―一一〇八年）という名の、彼の側近の不平分子に修道士となるよう助言を与えたばかりだった。当然、彼はアンセルムスにも同じ助言を与えた。こうして、アンセルムスはゴンドルフスと共にベックで修道生活に入り、ゴンドルフスは彼の最も親しい友人となった。

アンセルムスにとって、いまや回心の最初の危機は過ぎ去った。それは、アウグスティヌスが体験した信仰の回心でも、つぎの世代のベルナルドゥスが体験した知性と意志の全面的な回心でもなかった。アンセルムスがエアドメルスに語った事の成り行きとエアドメルスが報告したそれによると、彼の回心には三つの段階があり、数年間に及んだ。第一段階は一〇五九年のランフランクスとの出会いだった。これによって彼は知的な努力を傾ける日課に没頭し、そこから、これまでに味わったこともなかった深い満足を引き出したが、それは、決定の最初の分かれ目――われわれが「進路決定の分かれ目」（a career crisis）と呼ぶようなもの――つまり、修道士となるべきか、隠修士となるか、養老院を経営するかという決定の分かれ目をもたらした。

これは、彼にとってあまりにも難題だったので、ランフランクスとマウリリウスの指導に自分を委ねた。その結果、彼は修道士となった。これが彼の「回心」の始まりだった。彼は、この「回心」という用語を（彼と同時代の修道院の人々と共通に）、『ベネディクトゥスの戒律』の規律を選択し、決してそれを翻さない生活を送るという意味だけで使用するようになっていた。全面的に身を委ねても、実際には些細な意志の曲折はありうるし、それが回心の生活状態を破壊はせずとも、乱すことはあった。だが、後戻りはできなかった。いまやアンセルムスが担うことになったのは、そして後に、彼が友人たちも担うようにと願ってやまなかったことは、『戒律』の要求に自分の意志を全面的に委ねることだった。この長い努力は、つぎの十年間における彼の人生と思想に新生面を開いた。この莫大な努力については、どんなに評価しても評価しすぎるということはありえない。しかも、その努力が払われた活動の範囲を理解するためだけでも、つぎの二章における長い探求を必要とするだろう。ここで原資料のごく一部に私が付け加えるいくつかの注記は、この大変な作業の準備にすぎない。それらは、問いに対する答というよりは、今後の探求への案内である。しかし少なくとも、それは、アンセルムスが彼の回心の初期に直面した問題の多様性に関する何らかの示唆を与えるだろう。

五　ベックの知的な活動、一〇五〇―一〇六〇年に関する注記

（１）　ニコラウス二世のランフランクス宛て書簡の原文[21]

Nicolaus, episcopus servus servorum Dei, fratri Lanfranco, salutem et apostolicam benedictionem.

Satis desideratam vestram, carissime frater, libenter viderem presentiam, et in ecclesiasticis nostris curis libenter vestris recrearer consiliis, quem in Romanis et apostolicis servitiis satis opportunum audivimus. Sed quia tam facile nunc forsan fieri non potest, volumus ipsam vestram stationem nobis et Romanae matri ecclesiae esse fructuosam, ut ex fructu vestrae stationis cognoscatur et fructus desiderabilis adventus. Hoc igitur nostrae dilectionis filios, imperatorios capellanos et nostros, dialectica et rhetorica arte caritati vestrae mittimus edocendos, ut sicut te, Deo gratias, singularem in hoc bivio audivimus, sic istos singulares tecum quam cito poteris Romae, vel forte cum apud vos cito venero, videamus.

Si vero divina, ut audivimus, pagina ab huiusmodi studio vos retinet, ex parte sancti Petri et nostra vobis precipimus, et ex vera oboedientia illos edocendos vobis mandamus, quos ad hoc vestrae dilectioni mittimus, et vestre caritati in omnibus subveniendos relinquimus. Comitem autem vestrum amicum nostrum, quem vestris audivimus satis, Deo gratias, acquiescere consiliis, ita custodiatis ut hic et in Christo valere possit. Confido enim bene de illo,cuius concilium et conversationem vobiscum audio. In clero autem et fero illo populo, si potestis, fructificate, ut de talento vobis commisso mereamini tandem audire, 'Euge serve bone !' Amen.

（2）ランフランクスのパウロ書簡註解の発展

アンセルムスの知的な地平が決定された、知的な「工房」を理解しようとするならば、ランフランクスの精神の発展を理解することが肝心であり、その最も重要な特徴は、彼のパウロ書簡註解に反映された。周知のとおり、この著作は、二つの主要な形態で残っている。第一の形態は、パウロの極めて晦渋な論証を、ランフランクスが文法的、修辞学的、論理的な構造の分析によって説明するだけのもので、第二の形態は、教父の著作からの抜粋の所々にこうした説明が配置されたものである。この抜粋は、ギブソン博士が明らかにしたように、カロリング朝の抜粋集から選取されたものである。しかしながら、私は、ギブソン博士とは異なり、これらの二つの段階が一〇ないし二〇年以上に及ぶランフランクス自身の個人的な発展を示す順序に従っていると考える。つまり、彼が、三学芸の著名な教師から、教父に関する博識を有し、神学的な問題を把握する学者へと発展したということである。

すでに見たように、この発展は、とりわけ一〇五九年に教皇ニコラウス二世がランフランクスに送った書簡によって確証される。そのなかで、ランフランクスの関心の領域の変化が周知の事柄として述べられているからである。同様の線に沿った彼の註解の発展は、彼の個人史に合致するだけでなく、この註解に二種類の原本があることを、かなりうまく説明することになろう。すなわち、一方は、ランフランクスの名が付せられた文法的、論理学的な註解からなる原本、他方は、ランフランクス自身の文法的―論理学的な註解と教父からの抜粋が混在した形の原本である。

このような事後的な再構成には幾分かの疑問が常につきまとう。われわれとしては、それらが混合された後のさまざまな要素を分析することによって、相当程度の確実性に達することができよう。けれども、ベックないしカンタベリーの写本に由来するどの資料においても、たぶん、初期の段階の姿は後の発展段階の姿によって「汚染されて」しまっているだろう。たとえば、われわれは、ランフランクスがベックに残した彼の著作の唯一の写しの場合でも、彼自身の註解と教父の抜粋が混在していたことを知っている。[22] しかも、これは当然のことだろう。われわれも、普通、初期の草稿が後で書いたものによって無効となった場合、それらを破棄するからである。

結論的に言うと、執筆中の初期段階に関する最良の証拠は、早い時期にベックで講義を聴講した生徒たちがベックから持ち帰った写しに由来するということになるだろう。こう考えた場合にのみ、われわれは実際の発展のプロセスをとらえることができるのである。たとえば、アンセルムスの書簡収集の発展にも同様のケースが見られ、この場合、最終的な集成が出る前に、二段階の発展の状態を例証する写本がある。写本Nは一〇九二年における状態を例証し、MFDの写本群は一一二一―二三年頃における同様の役割を果たし、最終的な集成は、一一二五―三〇年のVCELPで達成されたのである。[23]

講義録は最も失われやすい遺稿の一つである。完成稿は一般にその中間の記録を排除する。にもかかわらず、こうした記録は残る。数年前、ベルンハルト・ビショフ（Bernhard Bischoff）は、発展の初期段階に属するサン＝ヴィクトルのフーゴーの講義録を発見し、それは、一一二五―三〇年頃のパリにおける偉大な学校の一つで行なわれた講義に関して多くの新たな光を投げかけた。この年代以降、こうした記録は豊富になるが、それ以前は究めて乏しい。しかし、私の考えでは、少なくとも一つの写本は、ランフランクスの講義が教父からの神学的な抜粋を付加され拡大されてしまう以前の記録を含んでいる。それについて述べるためには、多くの技術的な細目を、私よりもそれらを扱うことにたけた学者に任せなければならない。しかし、この写本の性質、出所、近似的な年代を概観するだけでも、われわれの当面の目的には十分だろう。

この写本は、合本 Berne Bibl. Publ. MS 334 である。このうち、二四〇―三五六葉は、もともと独立の巻で、パウロ書簡が「ローマの信徒への手紙」から「ヘブライ人への手紙」まで通常の順序で配列され、最後に「ラオデキアの信徒への手紙」(Epistola ad Laodicenses) が置かれている。聖書テクストは、たぶん一〇世紀末に書き写され、最後の風変わりな書目は、それが一一世紀中頃の予備の写しだったのではないかということを示唆する。いずれにせよ、この写本は、聖書テクストにランフランクスの註解を書き込むために、間に合わせとして手を加えずに利用されたことから、彼の註解は、頁のあちらこちらに散乱し、さまざまな大きさと形をもつ異国風の枠で囲まれている場合も散見される。要するに、この註解の筆記者は、広い欄外をもった、パウロ書簡の古い、たぶん時代遅れのテクストを所有し、ランフランクスの註解を書き込むことのできる余白を活用して、彼の器用な才を発揮したのである。彼が註解と当該の本文を関連づける方法は、それに上達するに従って、発展したように思われる。当初、彼は註解を欄外、あるいは行間に記した。つぎに彼は、各々の註解を小枠に入れ、その各々の枠を巻きひげ状の線でふさわしい本文に結びつけることを始めた。ときには、元の方式に戻ったり、本文と註解を同じ枠に入れたり、本文にふわさしい註解を結びつけるための記号を工夫することもある。要するに、この写本の頁の体裁は、一人の生徒が講義中にノートを作っている現場、あるいは講義の後でそれらを仕上げている現場を、われわれに提示しているように思われる。

これらの書き込みの外見よりもさらに驚くべきことは、註解が不揃いだということである。つまり、いくつかの書簡は非常に充実した註解が記されているが、しかし、註解が密集した箇所でも、註解がまったく欠けたり、部分的である箇所が混在し、さながら、病気、怠惰、他の用事で全講義に出席することがかなわなかった生徒のノートのようである。こうした観点から、その内容を吟味すると、以下のことが判明する。

1　「ローマの信徒への手紙」全体と「コリントの信徒への手紙一」一五章二〇節までは完全に註解が付されている。

2　そこから「エフェソの信徒への手紙」四章三〇節までは註解がない。

3　次いで、「エフェソの信徒への手紙」四章三一節から「ヘブライ人への手紙」二章五節までは比較的充実した註解が付されている。

4　その後は註解がない。

この註解を印刷版と比較すると、ただちに明らかになることは、註解が充実している箇所では、印刷されたテクストにおいてランフランクスに帰せられる註解の大部分が含まれ、さらに印刷されていない、いくつかの同類の註解も含まれているが、教父からの引用は皆無である。

ここでは、試みに私にできることは、この写本の興味深い点を指摘することだけである。すなわち、学生たちによって吸収され、ベックの環境から移し変えられた、ランフランクスの講義録が存在することを示すことであり、それらは、ランフランクスの講義の発展について、現在われわれが知っている以上のことをわれわれに教えてくれるだろう。さらに、このベルン写本は、ランフランクスが文法、論理学、修辞学の諸問題に全面的に没頭していた時期における講義の一段階に関する証拠を提供していると思われる、ということも述べておこう。

（3）　ランフランクスのより広い影響：彼が欄外に記した記号の書写

以下のリストは、諸写本に関して、かなり前に作成された散発的な覚書である。不完全ではあるが、この調査をさらに進めようとする人のための案内として、ここにそのまま印刷しておく。それは、教父テクストへのランフランクスの註釈の流布に関する、マーガレット・ギブソン（Gibson, 1971）の重要な論文を補完することに役立つだろう。

Z・N・ブルック（Brooke 1931, pp.68-71）は、トリニティ・カレッジにあるランフランクスの教会法集成（MS B. 16. 44）が多くの欄外の記号「.a.」ないし「.A.」を含んでいることを、最初に指摘した。これらは、ランフランクスが特に重視したと思われる箇所に、読者を案内するための補助手段である。これらの記号（signa）は、カンタベリーの他の多くの写本にも見いだされ、主としてイングランドの他の修道院のために作成されたテクストにも書写された。これらの記号が、確実にランフランクスのベック時代に属する教会法集成、そしてベックに関連したいくつかの他の写本にも存在していることは、この注記の方式が、ランフランクスがベックにいたときに始められ、その後カンタベリーにも持ち込まれたことを示す。それぞれの出所から作成された写しにはこうした注記も転記され、北フランスおよびイングランドにかなり広まったが、読者の中には、おそらく、それらの出所について知らない者もいただろうし、この便利な記号の意味すら知らない者もいただろう。

にもかかわらず、これらの注記が、かなり不完全な場合がしばしばあっても、一つの写本から他の写本に書き写されたという事実は、それらがある程度の権威をもつと考えられていたことを示している。どのように利用されたのかは別として、それらは、ランフランクスがそもそもベックとカンタベリーの図書館のために転写させたテクストの普及に関して一つの手引きを提供する。それらは、私が保証することができる以上に、全体として実際に注意深く精査する価値をもっている。しかし、以下に挙げるテクストのいくつかの注記は、確実にランフランクス自身にさかのぼるため、それらの研究は、彼が特に関心をもった主題、また彼がベックで作成し、後にカンタベリーで再作成したテクストの集成の普及に関して、光を投じることになろう。

これらの欄外に関する調査は、いずれにせよ、ランフランクスによる教令・教会会議記録の集成から手をつけなければならない。一九三一年にブルックが派生写本の目録を作成したので、ここでは、一つの写し、Bnl 3865だけに関して述べることにしよう。おそらく、これはランフランクスが大司教になる前に作成され、彼が欄外に記した「.A.」をいくつか含んでいる。添付するのは、同様の欄外の記号「.A.」「.a.」を記す神学的なテクストを含んだ諸巻の目録である。

アンブロシウス

『ルカ福音書講解』（Expositio Evangelii secundum Lucam）　TCC B. 3. 9　カンタベリーのクライスト・チャーチ ; Bodl. e Mus. 27　ベリーのセント・エドマンズ。

『処女について』（De virginibus）　CCCC 274.

アウグスティヌス

『告白』（Confessiones）　TCC B. 3. 25　カンタベリーのクライスト・チャーチ ; CCCC 253　カンタベリーのセント・オーガスティン。

『ファウストス論駁』（Contra Faustum） Bodl 135 エクセター。

『詩編註解』（Enarrationes in Psalmis） BL Royal 5. D. 1-3 ロチェスター・ダラム；B ii, 13-14、ダラム、TCC B. 5. 26 カンタベリーのクライスト・チャーチ；Bodl. e Mus. 7-8 ベリーのセント・エドマンズ。

『エンキリディオン』（Enchiridion） BL Royal 5 A xv ロチェスター。

『ヨハネ福音書講解』（Tractatus in Johannis Evangelium） TCC B. 4. 2、カンタベリーのクライスト・チャーチ；Balliol College MS 6; Bodl. 301; Bodl. e Mus. 6 ベリーのセント・エドマンズ；CCCC 17
『アウグスティヌス集Ⅰ』 Bnl 12211（ベック?） CUL Ff. 4. 32 カンタベリーのクライスト・チャーチ。

『アウグスティヌス集Ⅱ』 Bnl 12230（ベック?）

ベーダ

『マルコ、ルカ、公同書簡講解』（In Marci Evangelium, Lucae Evangelium, epistolis catholicis expositio）、Bodl. 217 カンタベリーのクライスト・チャーチ。

『暦について』（De Temporibus liber） CCCC 291 カンタベリーのセント・オーガスチン。

『契約の箱について』（De Tabernaculo） Bodl. 385 カンタベリーのクライスト・チャーチ。

『雅歌講解』（In Cantica Canticorum expositio） Bodl. 161 カンタベリーのクライスト・チャーチ。

『公同書簡講解』（In epistolis catholicis expositio） CCCC 62 ロチェスター。

『使徒言行録講解』（In Actuum Apostolorum expositio） Bodl. 160 カンタベリーのクライスト・チャーチ。

カッシアヌス

『霊的談話集』（Collationes） Alençon, 136 記号「.A.」その他の注記が豊富に記され、テクストの末尾に「ここまでランフランクスが校訂した」（Lanfrancus huc usque correxi）とある。

エウセビオス
『教会史』（Historia ecclesiastica）　CCC 187　カンタベリーのクライスト・チャーチ；CCC 184　ロチェスター。

リヨンのフロルス
『聖パウロ書簡註解』（In Epp. S. Pauli）　Bodl. 317　カンタベリーのクライスト・チャーチ。

グレゴリウス
『道徳論（ヨブ記講解）』（Moralia sive expositio in Job）　BL Royal 6 C vi　ロチェスター。
『書簡摘要』（Registrum epistularum）　Durham B iii 9　ダラム。

ベックにおいて、この注記が伝統的に継続した証拠として、これらの神学的テクストに、以下のテクストが付け加えられるべきである。すなわち、Bnl 14146（ベック?）、クインティリアヌス『雄弁家の教育』（Institutio Oratoris）。Bnl 16713　シャルトルのイヴォの書簡と説教、アンセルムスの弟子ボソーがベック修道院長だったときの書簡。[24]

第三章　アンセルムスとランフランクス

一　アンセルムスの将来へのランフランクスの貢献

(1)　教師ランフランクス

一〇四二年頃、ランフランクスがベックに到着したとき、彼はすでに自由学芸の教師として名を馳せていた。およそ三年後に副院長となったとき、彼は、共同体の日々の規律、そしてやがては成員となる子供の教育に責任をもつようになる。彼は、これらの義務のために、その驚くべき学問的な素養に加え、『ベネディクトゥスの戒律』とその高度に発展した聖務日課を熟知する必要があった。しかし、名声を博し、共同体に役立った主要な源は、依然として、彼が弁証論理学と修辞学という世俗の学科に熟達していた、ということだった。これらは、ベックに生徒を惹きつけ、修道院を経済的に繁栄させる科目だった(1)。政治に熟達した聖職者の必要が増大し始めていた。教皇主導による改革の野心的な綱領を携えて、教皇に選出されたニコラウス二世が、彼の聖職者をランフランクスのもとに派遣し、またランフランクスに神学よりも論理学と修辞学を教授し続けるように促したのも、この必要だったことは疑いない。他の多くの支配者たちも同様の必要性を感じていた。それゆえ、学校が増え、ランフランクスの学校もその一つだった。

この誘因にもかかわらず、ランフランクスの研究の中心的な関心は、過去数年のあいだに、神学へと転換していった。彼は、まずパウロ書簡の文法的、論理学的、修辞学的な問題の入念な考察に移り、それからしだいに教義的な問題に移っていった。こうした展開もまた一般化し始めており、ランフランクスが自由学芸から聖書へ、そして聖書の本文の問題から神学の問題へと進んだことは、将来にとってのモデルだった。それはスコラ的思想の成長の中核をなしており、より直接的には、アンセルムスの発展の中核をなすものである。

ランフランクスが『パウロ書簡註解』に着手するよう最初に促したのは、彼の弟子たちのあいだで神学への要求が増してきたことだったかもしれない。しかし、その発端が何であったにしても、たぶん、アンセルムスがベックに到着した一〇五九年までに、それは完成されていただろう。ほぼ同時代の、ジャンブルーのシゲベルトゥスは、この著作について以下のように述べている。

ランフランクスは使徒パウロの書を解説した。そして、機会をとらえては、論理学の規則に従って、パウロの論証の前提――大前提であれ小前提であれ――と結論について述べた。(2)

これは、私が最初期の形態と考える、ランフランクスの『註解』に関する、(3)正確で完璧な記述である。この形態の場合、教父からの抜粋にさえぎられることなく、パウロの論証の文法的な混乱、周知の複雑さが、以下のような熟練の技によって除かれていることが分かる。すなわち、「これが論証の順序である……」「彼が提示する証明はこれである……」「ここでパウロはいつもの流儀で、相手を論駁することによって彼の主張を立証する……」「ここで彼は三段論法を用いる論証を避ける。おそらく、論駁されることを恐れたか、あるいは三段論法によって信仰に達することはふさわしくないと考えたからだろう……」「ここで彼は事例の類似性から論証する……」「ここで彼は類似の事例から論証する……」「ここで彼は前の問題に戻る……」「ここでの論証の要点がこれである……」「ここで、読者は異論を唱えるかもしれない……」等々。どれもパウロのテクストを分かりやすくしうるものではないが、しかし、ランフランクスは、パウロの極めて錯綜した論証を説明するために、一一世紀の文法的、論理学的、修辞学的な教説によって可能なことは、何であれ実行した。そして彼は、この仕事を終始ためらうことなく遂行したのである。

もし私に間違いがなければ、ランフランクスの『註解』は、その最初期の状態では、パウロ書簡の文と論証の構造に関する註釈だけから成っており、その意味を例証するために教父からの抜粋を集めるという試みは、伴っていなかった。彼は、あらゆる時代の学校教師たちが古典の作家を取り扱った仕方で、テクストを取り扱ったが、彼以前の誰もそのように聖書を取り扱うことはなかった。もちろん、初期の註釈家たちも、パウロの場合には文法的、論理学的な説明が大いに必要だと見なしていた。特に、ヒエロニュムス（三四七―四一九／二〇年）は、パウロが三段論法の一つの前提を述べると、残りの前提を立てることは読者に任せる傾向があることを指摘した。こうした癖の例として、彼が示したのは、「もし義が律法によるならば、キリストが死んだことは無駄になる」（「ガラテヤの信徒への手紙」二章二一節）という論証である。パウロは、「ところで、キリストは無駄に死んだのではない」という小前提を補うことを読者に任せる。そして、この小前提が、三段論法の結論である「それゆえ、義は律法によるのではない」を導くのである。(4)

このような所見は、自由学芸に色濃く染まった、ランフランクス以前の学者たちに好まれた。とりわけ、九世紀の独自の文法学者で神学者の一人だったオルベのゴットシャルク（八〇六／〇八―七〇年以前）は、文法的、論理学的な註解の必要を認め、この必要を満たすための試験的な手段を講じた。それゆえ、ランフランクスは、まったく新しい土地を開きつつあったのではない。しかし、彼が、彼自身の時代のみならず、あらゆる時代の註釈家たちの中で突出している点は、パウロの使用した言葉、文、論証形式のみに集中する徹底的な註解を提供したことにある。

私がランフランクスの業績のこうした側面を強調するのは、アンセルムスがベックで見いだした知的な環境を理解しようとする場合に、ランフランクスが主要な神学的源泉の研究において執拗に言葉と論証を探索した点を、認めることが重要だからである。アンセルムスは、ランフランクス以上にこうした探索を進め、より洗練された能力を示した。だが彼は、同じ路線に沿って、さらに多くの手段を講じたにすぎないのである。

大きな違いは、われわれが今日もなおアンセルムスから啓発を受けることができるのに対し、ランフランクスの著作に価値を見いだす者は、もはや誰もいないだろうということである。彼は自分の時代のためにのみ語り、彼の著作の最初期の形態の場合、その影響は極めて短命だった。それは、彼の弟子たちのために構想されており、常に教室を念頭において読まれるべきである。そう読むならば、われわれは、ランフランクスの簡素な註解が論証にどのような刺激を与えたかを知ることができる。各々の註解はテクストに注意を集中することを求め、そのうちのいくつかは大きな問題を提起する。たとえば、「ローマの信徒への手紙」三章四節を説明するにあたり、ランフランクスは、真理と正義の関係から考え始めたが、このことは、二〇年後にアンセルムスの円熟した著作の一つにおいて、非常に明確な形で再び現われた。

この事例はしばし注目に値する。というのも、輝かしい思想の出自がいかにつつましいかを示すからである。この問題を提起するパウロのテクストは厄介な箇所である。表面上、パウロの論証は、しばしば見られる、一連の「不当推理」（non sequitur）のように思われる。

神は真実な方であるが、すべての人は偽り者である。「あなたは、言葉を述べるとき、正しいとされ、裁きを受けるとき、勝利を得られる」と書いてあるとおりである。

これは何を意味しうるのか。ランフランクスは、「真理」と「正義」を同一視することによって、このもつれた論証を通り抜ける道を見いだした。「もしこれが理解されるなら」と彼は述べる。「この文は、神が『真理』であることの証明である。というのも、真理とは言葉に表現された『正義』だからである」(5)。この説明は、それ自体では決して明確ではなく、また議論を経ずに受け入れられることはほとんどありえない。この説明は、「神は真理である」という結論を出すために、大前提として「神は正義である」、小前提として「真理とは言葉における正義である」ということを必要とする。われわれにとって主要な関心は、二五年後にアンセルムスが『真理論』において、真理を正義と同一視することの由来をたどることができるということである。さらに、アンセルムスは、この著作を執筆する少し前、一〇七九年に初めてイングランドを訪問したさい、同じ原則に基づいて聖エルフェゲ（St Elphege）の聖性を証明することによって、イングランドの修道士を大喜びさせたのである。すなわち、エルフェゲは、正義のために死んだのだから、必然的に（彼は言明する）真理のためにも死んだ。それゆえ、彼は正当に殉教者の一人に数え入れることができよう、という証明である(6)。

われわれは、ここで、アンセルムスの知的な発展における、まさに最初の衝撃に触れていると言えよう。いかなる教育現場でも、最も活気のある部分は、それが刺激となって聴衆から質問が出てくる場合である。こうした場面は、残された記録から削除される。知識の蓄えを増加させる部分だけが残るのが普通だからである。その場にいた生徒たちを刺激したものが、後代の学者を刺激することはない。したがって、講義をする者を活気づけ、聴き手に影響を与えた論証と異論のあとかたは消えてしまったのである。しかし、共感をもって見るならば、ランフランクスの指摘の中に、新たなインスピレーションの源泉を看破することができる。生徒たちは、故国でも聞くことができたようなことのために、ヨーロッパ中からランフランクスの下に来たわけではない。彼が聖書のテクストに弁証論理学の方法を適用したことは、一〇五〇年代においては斬新なことだった。しかし、この世紀末までには一般的となり、それは、聖書の難解な箇所を説明するために教父のテクストの簡便な選集を作る慣習が一般的となったのと同様である。この点でも、後に見るように、ランフランクスは革新的な人物だった。しかし、当初、彼は聖書解釈に自由学芸を導入することに力を注いでいたのである。

一〇四二年頃、ランフランクスがベックに到着したとき、そこは乏しい財産と無学な共同体であり、彼が携えて来た以上の書籍を所有していたことなどはありえない。しかし、ランフランクスの推進力によって共同体は急速に変化した。彼の教育と名声は、金銭をもたらし、それによって書籍を獲得することができたが、まもなく彼は、より神学的なテクストを手に入れる必要を感じたにちがいない。彼はそれらから『パウロ書簡註解』のために二つの補遺を編纂した。これらの補遺の一つは、アウグスティヌスの著作から収集され、もう一つは、ランフランクスがアンブロシウスと信じた著者から収集された。ギブソン博士はこれらの補遺を吟味し、ランフランクスがこの両者を原典からではなく、彼以前の詞華集から適切な取捨選択を行なって編纂したことを論証した。それゆえ、これらの補遺は、広範囲な読書の結果ではなく、必要を見極め、できるだけ経済的にそれを満たした結果だった。しかし、後述するように、彼が主要な教父のテクストを収集し、それらを入念に読んでいたという証拠もある。

アンセルムスがベックに到着した頃には、すでに図書館は少なくともアウグスティヌスの主要な著作は所蔵していただろうし、それが彼の後の発展に非常に大きな影響をもつことになった。この点を明確にするには、ランフランクスの読書の足跡と彼がベックに建てた図書館の規模を考慮する必要がある。このために、一〇五九年の出来事に戻り、この出来事がベックにもたらした論争の遺産を吟味しなければならない。

(2)　論争家ランフランクス

一〇五九年の復活節に、ベレンガリスウスは、宣誓のうえで彼の聖体論を放棄し、後にランフランクスがその主たる解説者となる教説に同意することを強制された。ベレンガリウスが舌の根も乾かないうちにその宣誓を破棄したため、教会会議で採用された信仰宣言を弁護する責任は、すべてランフランクスの肩にかかってきた。ランフランクスが彼の返答を執筆した日付に関する証拠は明確ではない。それがベレンガリウスに送付されたのは、ランフランクスがベックを去り、カーンに赴いてからだった。にもかかわらず、それは、多くの教父たちの権威を引用することによって、入念に仕上げられた著作であり、これらの引用がなされた書物についてランフランクスが詳しく知っていたことを、いくつかの点が示している。それは片手間の仕事ではなく、たぶん、一〇六〇年から一〇六三年にかけて準備されたものだろう(7)。

一〇五九年に定義された聖体に関する教理、そしてその基礎となった諸概念が、西欧の教会の将来にとってもつ重要性は、どれほど評価しても評価しすぎることはないであろう。しかし、ここでは、この教理に関するランフランクスの弁護、そして彼の著作がアンセルムスの精神に与えた影響だけを扱うことにする。この点からすると、教理よりも使用される諸概念のほうが重要である。教理については、この論争が、当時ベレンガリウスの論敵によってしばしば申し立てられ、以来、度々繰り返されたように、聖体におけるキリストの体と血の真の現存に関するものではなかったことを述べておくだけで十分だろう。どちらの側もこの点では一致していた(8)。問題は、この現存が、ランフランクスと教会会議が主張した、アリストテレス的な意味での実体のように、何ものかにおいて真で実体的な現存であるのか、それともベレンガリウスが主張したように、真ではあるが、アリストテレス的な意味での実体的ではない現存なのか、ということだった。このうち最初の選択肢が受け入れられるなら、祭壇上の新たな実体の現存は、パンの実体の崩壊を意味していた。この種の二つの実体が同時に同じ空間領域を占有することはできないからである。しかし、第二の選択肢(ベレンガリウスのそれ)が採用されるなら、排他的な空間の占有の問題は起きなかった。質料的なパンとぶどう酒は、霊的な体および血と共存できたからである。両方の側が等しく実在性を主張したが、ランフランクスは、アリストテレスの『カテゴリー論』に沿った、ある程度の説明ができる実在性を主張した。他方、ベレンガリウスは、この実在性が神にのみ知られる仕方で存在することを主張したが、確かに、それはいかなる意味でもアリストテレスの第一実体(個物)とは対応しなかった。

ランフランクスの立場の強みは、聖体の変化がどのように生じるかを、何とか説明する方向に進むことを可能にした点にある。つまり、その変化は、ある実体を他の実体で置き換えることによって生じるということである。ベレンガリウスの立場の弱みは、何が起きたかを説明できなかったことにある。彼にできたことは、啓示された真理をキリストないし教父たちが公認しなかった(彼はそう信じた)説明的な語を付け加えることによって説明しようとする試みに対して、抵抗することだけだった。自分は、「祭壇で聖別されたパンはキリストの体である」(panis sacratus in altari est Corpus Christi)という真の言明に、「実体的」(substantialiter)という公認されていない語を付加するという点に関して、ランフランクスには従おうと思わない、と彼は述べた。[9] ランフランクスは、これを付加することにまったく躊躇を覚えなかった。そうした点で、彼は、神秘の境界を後退させ、理解可能な領域を広げるために三学芸と四学芸を使用するという、スコラ的な衝動の初期の兆候を示しつつあったのである。

　神学的な問題を明確にするために文法学と論理学を使用することが、つぎの二世紀に多くの勝利を収めることになるけれども、ランフランクスの論証の成功は、そうした勝利の最初の一つだった。確かに、ベレンガリウスもまた自分の立場を擁護するために文法学と論理学を使用した。しかし、ランフランクスの説明は、自然の世界の作用を最大限に発揮した点で圧倒的に有利であった。そうすることによって、彼はこの時代の最も力強い衝動の一つを満足させた。それゆえ、ランフランクスの論考が広範囲に流布し、彼の生前に六人の著者によって展開されたのにひきかえ、ベレンガリウスの見解は、彼の論敵によって報告されたこと以外には事実上知られることもなく、彼の立場の最終的な表明も、たった一つの写本にしか残されず、それもおそらく彼自身の唯一の写しだっただろうということは、[10] 偶然ではなかった。明らかに、この論争においてランフランクスは、ごく間近な将来の精神を備えていたのである。

　これが、アンセルムスにどのような影響を与えたのだろうか。論争の重要性と評判に関して驚くべき事実は、アンセルムスがこの話題に一言も触れていないということである。それどころか、彼は、以後の四〇年間、どの著作においても聖体に関しては決して言及しなかった。たとえ聖体について語る場合でも、彼が用いた語は、この論争で展開されたどちらの見解とも一致するものである。[11] ランフランクスの弟子の何人かは、この問題に関する師の見解を擁護するために立ち上がったが、アンセルムスはそうしなかった。彼の沈黙は、すでに十分なことが語られてしまった、と彼が考えたことを意味するだけかもしれない。それ以上に、彼がランフランクスのような取り扱い方を好まなかったか、あるいはまた、彼がランフランクスの結論に同意しなかったことを意味するのかもしれない。言うなれば、これらの可能性のすべてを支持する何かがある、ということである。だが、どれが正しいとしても、ランフランクスがこの問題に関わったことが、この論争に参加させるほど十分にアンセルムスの関心を惹きつけたようには思われない。アンセルムスがこの主題について語る必要を感じなかったという単純な事実は、両者の相違を示す最初の徴候かもしれない。しかし、それは、彼がこの論争で用いられた方法と論証に無関心だったことを意味しない。それどころか、後に見るように、彼の知的な発展が開始したきっかけが、この方法と論証だったと考えることのできるいくつかの理由がある[12]。

これらの方法に関しては、二つの点が注目されよう。第一は、ランフランクスもベレンガリウスも専門的な教育を受けた神学者ではなかったことである。彼らは、本質的にも、一般の評判からしても、当時の自由学芸の最も著名な教師だった。彼らはともに、文法学と弁証論理学に徹底的に習熟していた。ただし、ベレンガリウスは文法学を、ランフランクスは弁証論理学を好んでいたように思われる、という違いはある。この相違は、聖体に関する彼らの論証の方法が拮抗している点に明らかであり、このことから、ベレンガリウスの方を文法的、ランフランクスの方を弁証論理学的とおおざっぱに区別することができよう。もしその境界を正確に理解しようとするなら、いくつかの点が明確にされなければならない。

i　文法学的な道具の使用

ベレンガリウスの決定的な論証は、「これは私の体である」（Hoc est corpus meum）という文において、文の主語、つまりパンを指し示す「これ」（Hoc）が文の末尾までそのまま保持される場合にのみ、この文は理解でき、それゆえ妥当しうるというものである。したがって，文の最初において「これ」（Hoc）が何を意味するにしろ，文末まで同じ意味でなければならない。そうでなければ，この文は意味をなさなくなる。

この見解を支持するさらなる論証は，文法理論から引き出された。すなわち，名辞の代替である代名詞は，「実体」を指し示すという理論であり，この場合，パンの実体である。したがって，「これは私の体である」（Hoc est corpus meum）という文において，主語はパンの実体であり，聖別の言葉を宣言することによって何らかの実体の変化が起こるとしたら，この文を無意味にするだろう。(13)

これが，ランフランクスによって引用されたベレンガリウスの論証であった。そしてここで注目されてもよいことは，アンセルムスが二〇年後に執筆した『プロスロギオン』において，神の存在に関する論証が，これと類似した主張を以下のように行なっているということである。すなわち，「神は存在しない」という言明は，厳密には自己崩壊している。というのも，「神」という主語は，定義によって，「実在において」（in re）も「知性において」（in mente）も存在する実体である。したがって，「神は存在しない」という言明は，「この語について考えうるあらゆる意味において，存在するものが存在しない」と言うに等しいのである。この言明については，後に吟味する必要があろう。

ⅱ　弁証論理学的な道具の使用

実体と偶有性　文法学的に基礎づけられたベレンガリウスの論証と対照的に，ランフランクスの論証は，弁証論理学の基礎的な教科書の一つに述べられた理論を援用する。彼は，パンとぶどう酒の聖別のさいに生じる変化を，アリストテレスが『カテゴリー論』において規定したような実体と偶有性の理論を用いて説明する。

ランフランクスの立場を理解するためには、彼が弁護を求められた信仰定式が粗野な表現だったことを思い起こすことから始めなければならない。それは、キリストの体が聖体に「感覚的に」(sensualiter) 現存する、すなわち、それが「司祭によって取り扱われ、信者の歯によって噛み砕かれる」[14]と宣言したのである。これらの言い回しは、後の定義から脱落するが、しかし、ランフランクスが明確に弁護しようとしたことである。これらが変化の物質的な性格を頑なに強調していることは、哲学的にも歴史的にも意義をもっている。哲学的には、この信仰宣言が招来し、おそらく必要としているのは、発見されたばかりのアリストテレスの『カテゴリー論』に提示された実体の理論にそった聖体変化の説明である。歴史的には、自然界の法則に対する新たな意識を反映しているのである。

これらの二つの影響の結合は、神学的な議論の均衡に変化をもたらした。スコラ的な理論は、司教の聖別であれ、告解の手続であれ、あるいはこの場合のように、聖体の秘跡であれ、霊的な変化を伴う物体的な出来事を明確にすることを、しだいに求めていった。聖体論争は、ヨーロッパの思想における、この強調点の変化を示す最初の重要な兆しだった。この観点から注視すると、ベレンガリウスは保守的だった。彼にとって、聖体の問題は、物質的な変化に関わるのではなく、霊的な秩序の変化に関わっていた。しかし、ランフランクスにとって、物質的な変化の本性に関する問いは、主要な問いではなくとも、少なくとも不可避的なことであった。

概括的に言うと、ランフランクスの答えは以下のとおりである。もしキリストの体が「感覚的に」(sensualiter) 祭壇の上に現存するとしたら、その実体はパンの実体と置き換わっていなければならない。パンがまだそこにあるように見えるという事実は、そこに真に存在するものを見ることによって、会衆を戦慄させることがないようにという神的な慈悲にすぎない。にもかかわらず、ときには(いくつかの報告が証言するように)その覆いが落ちることがあると、敬虔な眼差しはまさに肉体そのものを見たのである。

この立場を擁護するために、ランフランクスは、アリストテレスの『カテゴリー論』で詳述された物質的な世界の説明を活用した。これは、西欧においては、一〇世紀末の北フランスの学校で初めて知られるようになった著作である。その普及は急速だった。北フランスに由来するものだけでも、モン・サン＝ミッシェル、シャルトル、サン＝ブノワ・シュル・ロワールの一〇、一一世紀の写しが今も残っている。この時代の学校の写本が今日ほとんど残っていないことを考慮すると、この著作の普及は、その必要性が広い範囲で感じられていたことを示している。アンセルムスが『グラマティクスについて』を執筆したとき、その写しがベックにあったことは確かであり、ランフランクスもまたこの著作に精通していたにちがいない[15]。

聖体論争に関するかぎり、アリストテレスの『カテゴリー論』の関連する理論は、可視的な世界が不可視的な第一実体の基体から成っており、色、形姿、位置などの、可視的で触知可能な「偶有性」は、その感覚可能な証拠だというものである。この分析の道具を装備することによって、聖体において何が生起したかについて完璧に一貫した説明を与えることが可能になった。すなわち、キリストの体の実体が祭壇上のパンの不可視的な第一実体と置き換わるが、ただし、（神の慈悲により）偶有性は変化せずに留まったのである[16]。

聖体変化に関するランフランクスの説明は、このアリストテレスの実体論に基礎づけられている。にもかかわらず、彼は、聖体の変化に関する彼の説明とそのアリストテレス的な典拠との関連をぼやけさせるために、多少とも骨を折ったように思われる。アリストテレスの『カテゴリー論』の普通のラテン語訳が、protai ousiai（第一実体）を常に primae substantiae あるいは principales substantiae と訳すのに対し、ランフランクスがそれらについて語る場合には、常に、pristinae essentiae あるいは principales essentiae を使用するという事実は、これ以外にいかなる説明ができるだろうか。ランフランクスの語句はそれ自体では、アリストテレスの protai ousiai の完璧によい訳語であるが、一般的な訳語ではない。そこで、われわれとしては、彼が自分の理論をアリストテレスとあまりにも密接に関連づけることに躊躇したという印象を、拭い去ることができないのである。

にもかかわらず、アリストテレスの『カテゴリー論』が、聖体の変化に関するランフランクスの説明の基礎となる世界モデルを提供したことは間違いないだろう。第一に、アリストテレスのテクストだけが、ランフランクスの要求するような変化に関して、実体と偶有性の必然的な構造を提供するからである。第二に、ランフランクスは、この世界が principales et secundae essentiae から成ると記述したが、これはアリストテレスの『カテゴリー論』の primae et secundae substantiae 以外の何ものでもありえないからである。(17)

それゆえ、ランフランクスは、語彙を少し修正した上で、アリストテレスの概念を使用したのである。それどころか、アリストテレスの実体概念を使用したことによってのみ、彼は、ベレンガリウスに関してつぎのように主張することができたのである。すなわち、ベレンガリウスは、聖体のパンとぶどう酒における実体的な変化を否定することで、聖体に関する語を純粋に象徴的な意味の水準に格下げしたのである、と。ただし、ベレンガリウスは、こうした帰結を否定し続けたのではあるが。(18)

もしランフランクスがアリストテレスのカテゴリーを使用したなら、なぜ彼がアリストテレスに依拠したことを隠そうとしたのかを問うことは、理に適っているといえよう。この問いに関する決定的な答えを与えることはできないが、いくつかの可能性を示唆することはできよう。第一に、一〇五九年に、弁証論理学は神学においてまだ危険な地盤であり、それゆえ、ランフランクスは賢明な人だったということである。確かに、彼は、聖なる主題を論じるさいに世俗の学問を挑発的に振り回すベレンガリウスに、与しようとはしなかっただろう。のみならず、彼は、キリストの体の実体を、あまりにも明確にアリストテレスの第一実体と結びつけることにも躊躇したようである。たとえそれらの概念が、聖体祭儀においてパンとぶどう酒の実体に生じることに関して、理解できる説明を与える便利なものであっても、キリストの体の神秘を説明するさいに、あまりに露骨に自由学芸の言語を使用することに、彼はためらいを覚えたのだろう。

彼は、神学的な議論の術語における大きな革命の境界に立っており、分別をもった革新的な人であれば、慎重に事を進めなければならなかったのである。中世においてはそれまで、アリストテレスはどの神学的な議論においても引用されたことがなかった。それどころか、知られているかぎりでは、神学的な著作においてアリストテレスに最初に明確に言及したのは、これから約四〇年後のアンセルムスの『神はなぜ人間となったか』である。(19) これらの危険と遅延にもかかわらず、なお重要な事実は、ランフランクスの手元のアリストテレスが、中心的な重要性をもつ神学的な論争に、その最初の介入を静かに成功させたということである。神学的な問題とアリストテレスの言語との結合は、まもなく当たり前のことになった。けれども、一一世紀半ばにおいては、それはまだ仰天させるような意味を帯びていたのである。

等値命題　神学を「合理化する」点において、アンセルムスは、彼自身の高度に独自な仕方で、ランフランクスよりもはるかに先を行った。しかし、後述するように、彼は、その神学的な方法のゆえに、このことをほとんど咎められることもなく、またほとんど攻撃されることもなかった。対照的に、ランフランクスは、より広範囲な世界で、第一に弁証論理学者としてすでに知られ、またおそらくは、ベレンガリウスのかつての友人として記憶されていただろうから、慎重さを必要とすることを常に意識していた。ベレンガリウスと異なり、彼は、弁証論理学の傲慢が「姿を現わすこと」を常に避けようとした。ランフランクスはベレンガリウスに、彼が「弁証論理学に訴えることは、理性に訴えることである。そうしないことは、人間のうちにある神の似像を否定することである」[20]と主張するにまかせた。だが、ランフランクスは、以下のように謙遜な方針をとった。

たとえ論争となっている問題が、弁証論理学の規則によって非常に明確にされうるようなものであったとしても、私としては、できる限り、等値命題という手段によって(per aequipollentias propositionum)事を進めるようにしたい。このように私の学芸を隠すのは、私が聖なる教父たちの真理と権威よりも学芸に依拠していると見なされないようにするためである。[21]

この二つの言明ほどに、ベレンガリウスとランフランクスの異なる気質を見事に明らかにし、あるいはこの引用ほどに、アンセルムスへの道を適切に指し示すものはありえないだろう。それらは、ベレンガリウスが挑発的かつ大胆であり、ランフランクスが慎重かついくらか表裏があることを示している。われわれは、アンセルムスが、このどちらよりも大胆であったこと、しかし、彼に直接的に先行する者たちが過度に大声で主張したにしろ、過度に沈黙を守った革新であったにしろ、彼らを逃避させた問題に関して、明らかに無頓着だったことを見いだすだろう。

ランフランクスの言明に関しては、明らかにその態度にとまどいがある。彼が「学芸を隠す技」(ars celans artem)ということを述べるとき、彼は、謙遜と思われることを望んでいる。しかし、「学芸を隠す」ということは一般的であり、まさしく、学芸の否認ではなく、その最も高度な表現と見なされる。ランフランクスは、「等値命題」（equipollent propositions）を用いることで、弁証論理学的な傲慢が現われることを避けたいと望んだが、それは、彼が放棄したふりをした三段論法の論証と同じ弁証論理学の分枝である。それゆえ、ここでもまた、ランフランクスが、彼の弁証論理学の技術を開陳することに躊躇していることが判明する。

だが、ランフランクスの自己卑下が不誠実であると考えることは間違いだろう。「等値」（equipollency）という言葉で彼が意味しているのは、論理学者が要求する「意味の厳密な等価」（the strict parity of meaning）ほどに厳格なものではない。彼は、意味の一般的な一致で満足した。このことは、彼がパウロの論証の一つを分析するさいに提示する、等値命題の一つの例から明らかである。「コリントの信徒への手紙一」において、パウロは、すべての人がこの世のことに煩わされることを自分は望まないという理由で、結婚を思い止まらせようとする。この論証を要約して、ランフランクスは、「結婚すること」と「この世のことに煩うこと」は等値命題であると言う。まったくそのとおりではある。だが、この二つの言明は、論理学者が使用するような等値ではない。二つ目の言明は、単純に最初の言明の一般的な帰結である。つまり、それは同一の事柄の別の言い方ではない。それゆえ、ランフランクスが二つの言明を「等値」であると呼ぶ場合、この語を厳密に使用しているわけではない。[22]ランフランクスがこの術語を使用する場合には曖昧さがあったが、アンセルムスがこの点で失敗を犯すことはありえなかった。

ランフランクスの「等値」という語の使用は不正確であり、またこの不正確さは、彼の神学的な論証の方法、とりわけ教父から補助的な言明を使用するという点に深く根ざしている。このことは、彼がベレンガリウスに対して教父たちの権威をつぎつぎと繰り出すさいに、明白に見てとれる。彼がこれらの諸権威の全体的な傾向は自分の立場を支持すると考えた点において、彼は正しいかもしれない。しかし、それらは、合致するという点では支えになるというのがやっとで、反論の余地がない論理を提供するものではない。ベレンガリウスが指摘したように、いかなる教父たちの言明も、彼が同意するように強いられた信仰宣言を、厳密に命じてはいない。せいぜいランフランクスが筋を通して主張できたことは、教父たちの言明がこの信仰宣言を一般的に支持するということだった。それゆえ、ここでも再び、ランフランクスが神学的な言説の二つの世界のあいだで逡巡していることが判明する。アリストテレスのカテゴリーを使用するさいに、彼の源泉を覆い隠したのとまさしく同じように、彼は、彼の聖体論を教父が支持していると主張するさいに、一般的な合致に訴えたのであって、疑いの余地のない合意に訴えたのではない。

以上のことを要約すると、アンセルムスの発展の道筋を理解するために必要なことは、彼が一〇五九年にベックに到着したさい、彼は、論争と衝突を満載した知的な場面に関わることになったということ、しかも、そこで主要な役割を演じていたのがランフランクスの圧倒的な力だったということである。この場面の重要な部分を占めていたのは、神学的な論証における文法学と弁証論理学の使用に関して拮抗する方法の問題であった。つまり、ランフランクスは、アリストテレスの概念を使用したが、素早くそれを隠し、他方、ベレンガリウスは、弁証論理学の一般的な要求を乱暴に主張したが、彼の主要な論証は文法学に依拠していたということである。両者の姿勢は、アンセルムスという天才的な観察者に多くのものを提供し、実際、彼の後の著作において、両方がはるかに厳密な仕方で活用されたのである。

アンセルムスの論理的な思索が、ベレンガリウスとランフランクスのどちらにも勝っていたことを強調することは必要ではあるが、しかし、忘れてはならないことは、彼らもまた神学的な議論において新たな論理学的、文法学的な発見を使用する点で革新的な人々だったということ、そしてアンセルムスは彼らの仕事を数段階先に進めたということである。ランフランクスは、革新的ではあったが、そのような烙印を押されることを望まなかった。アンセルムスもまた、古い真理と新しい真理の両方を擁護するために、新しい道具を使用した。けれども、彼はそれを隠す必要を感じなかった。彼は（後に見るように）、自らの正統性を確信するに十分なだけ、確固としてアウグスティヌスに依拠していたのである。彼は古い真理に新しい明確さを与えることを目標とした。そして彼の方法が疑問視されることはあっても――特にランフランクスによるものだったが――、彼個人の正統性は、ロスケリヌスに具現化される論理学者の新たなタイプの人々が、彼を仲間の一人だと主張しようとするまでは、決して疑われることはなかった。

その攻撃の性格および彼の対処の仕方は、アンセルムスの発展段階の最後を扱うさいに、われわれの関心となろう。さしあたり、一〇五九年において、アンセルムスはランフランクスの影響に全面的に服していた。だが、それは一〇七九年までにはほとんど消滅してしまった。この間の年月について、われわれは、ランフランクスの影響をさまざまな仕方で跡づけることができる。それゆえ、われわれは、彼がランフランクスから学び、自らの方法を洗練していく足跡を辿ることにしよう。

しかし、アンセルムスがランフランクスから学んだ論証の方法をどのように使用したかを探究する前に、いかなる書籍が手に入ったのかを調査しなければならない。すべてのことが、それらに基礎をもっているからである。ランフランクスがベックで収集した書籍がなければ、アンセルムスの知的な成長に関する直接的な視界は、大幅に制限されることになろう。これらの書籍のほぼすべてが失われてしまったけれども、それらの範囲は、ある程度の確信をもって定めることができる。ランフランクスがベックで収集した書籍を、アンセルムスがどのように利用したかという問題に進む前に、この点をまず調査の課題としなければならない。

（3）　書籍収集家としてのランフランクス

いかなる知的な探求も、書物がなければ、成功することはありえない。アンセルムスは、他の人々よりは必要とする書物が少なかったが、それでも重要なことは、アンセルムスが適切な書物をもっていたにちがいないということ、そしてランフランクスがベックでそれらを提供したことである。どこにおいてもそうだが、ここでもわれわれの探究は、残存する証拠の欠如によって妨げられる。しかし、極些細なことでも――たとえ否定的なことでも――驚くほど重要なメッセージをもっていることもある。

彼がランフランクスと一緒にいたあいだ、確実にベックにあった書物が一冊だけ残った。それは、ランフランクスの精神と視野の成長に密接に関わる書物である。それは、彼の選択と将来を見通す力量、また教会の必要を理解する力量の輝かしい証拠として残っている。さらに、それは、彼とアンセルムスとを隔てた溝の証拠でもある。この書物とは、ランフランクスによる教会法の集成だった。それは、彼の指示で作成され、彼による欄外注が付され、彼にとって特に個人的に重要な文書が付加された。たとえば、一〇五九年復活祭の教会会議の文書と教皇ニコラウス二世の書簡であり、後者がおそらく教会会議へのランフランクスの出席を促したと思われる。むしろ驚くべきことは、カーンに赴くさい、彼がこの書物をベックに置いていったことである。しかし、大司教となったとき、彼は、自分が使用するために、費用を支払って、これをカンタベリーに送らせ、彼の行政に不可欠な道具となった。

意味深長なことは、アンセルムスがそれをほとんど参照しなかったように思われることである。彼は、ベックにいるあいだに、そこから一度引用するが、それに熱中したことを示す目立った形跡はない。けれども、ほとんど信じ難いことに、大司教在任中、彼がそこから引用したことは一度もなかった。したがって、この書物がランフランクスの資質を示す記念碑であるとするなら、それは二人の人物の相違を示す記念碑でもある(23)。したがって、この残存する一冊の書物は、ランフランクスの精神を探究するさい、われわれにとって最良の案内の一つであるが、アンセルムスの精神に関しては否定的な手がかりしか提供しない。彼がその師と非常に異なっていたことを示す点で、明白な事実を強調しているのである。

ベックの他の書物について、何を言うことができるだろうか。残っている書物がないために、この問いには遠回りをして接近しなければならず、また――ランフランクスがどのような書物を好んだかということに関する全般的な手引きとして――われわれは、カンタベリーにおいて彼が責任をもって収集した書物から手をつけるのがよかろう。一〇七〇年、大司教として彼が到着したとき、図書館にふさわしいと彼が考える書物はわずかしかなかった。多くの書物は、彼が到着する三年前の大火事で焼失しており、また焼け残った書物も、征服以前の修道院の学問について、あまり希望的な観測を抱かせるものではなかった。彼の最初の仕事は図書館を再補充することであり、そのための最も手っ取り早い供給源がベックの図書館だった。したがって、カンタベリー図書館、そして推測になるが、ベック図書館のための、ランフランクスの計画に関する証拠は、図書館の書籍の筆写を依頼するランフランクスの書簡に対するアンセルムスの返書の中に残った。それに加えてカンタベリー図書館に残る膨大な書物も、図書館の再補充に関するランフランクスの全般的な計画の証拠を提供している。

これらの資料を結びつけると、修道院図書館の建設者としてのランフランクスの見識と目的を示す重要な証拠を手にする。残存する書物の最も目立った特徴は、それらの中心性である。それらは愛書家の特異な好みも稀書を探し求める人の好奇心も示していない。そこに含まれている書物は、ラテン・キリスト教の基本的な著作であり、それらがランフランクスとより緊密に関係づけられうるなら、それだけ中心性も増してくるのである(24)。

ランフランクスはこれらの書籍に彼の性格を刻みつけた。それは、彼がそれらを選んだという事実によることもあるが、それ以上に、彼がそれらを丹念に読んだという証拠による。この一つの徴候が上述の注記の方式であり、これがランフランクスの関心について、ぼんやりとした輪郭を示している。この注記は、一つの原本からダラムとエクセターのような遠隔地の写本にも転写されるのだが、ベックないしカンタベリーの原本に遡ることを証明できる場合もあるし、また程度の差はあれ蓋然性をもってそう言うことができるからである。[25] この特有の記号を伴った最初期の写本がランフランクスの教会法集成であり、またそれらがカンタベリー大聖堂の図書館に所属した写本にきわめて頻繁に例証されることから、この独特な注記のしるしがランフランクス自身に遡る可能性はかなり高い。さらに、教会法集成がベックで作成され、それがベックにあるあいだに、注記を伴った写しが作成されたことから、この注記の方式がランフランクスのベック時代に遡ることは明らかである。もちろん、このような事柄においては、何も確かなことはありえない。だが、ランフランクスが彼自身の書物を念入りに利用したことの別の証拠も合わせて判断するならば、つまるところ、これらの注記に学校教師の忍耐、我慢強さ、堅実さのもう一つの徴候をみることは、あながち空想的なことではない。それらは、彼の行なったすべてのことを特徴づけていたものだからである。

ランフランクスの図書館建設の諸傾向に関するこの証拠を念頭においた上で、今度は、聖体に関してベレンガリウスに宛てたランフランクスの返答に戻ることにしよう。ここで異なる種類の証拠が見いだされるが、それは、ランフランクスが自分の著作に綿密に注意を払ったことを示すカンタベリーの証拠を十分に確証する。この著作の中では、教父たちの著作からおびただしい引用がなされるが、それらは非常に広範囲に及ぶさまざまな諸権威から成るものではない。それらの四分の三はアウグスティヌス、残りの大部分はアンブロシウス、そしてわずかに大グレゴリウス、レオ、ヒエロニュムス、そして上述の教会法集成から引用がなされている。

引用それ自体は、著者の読書に関して、必ずしも多くのことをわれわれに語ってくれるわけではない。というのも、中世の著作家の場合——現代の著作家はさておき——無名の先人から引用を借用する習慣は、一般的なことに過ぎないからである。けれども、ランフランクスの引用には、この可能性を排除する一つの特徴がある。彼は、引用する場合、しばしば元のテクストにおけるそれらの正確な箇所を注記することに、慎重を期しているのである。これだけではない。彼は、かなり頻繁に、一つの引用とつぎの引用との関係について何らかの指示を与える。その結果、彼の引用には、つぎのような語句の登場が目立っている。すなわち、「第三巻（あるいは第四巻等々）において」、「この少し先で」、「この著作の第一部（第二部ないし第三部）の終わりの方で」「いくつかの写本において、これは別の言葉で表現されている」などである。(26) 彼は、明らかに、こうした語句を伴った引用を、他の著作家の著作から採用しているのではない。彼はそれを原典、および彼が熟知していたテクストの写本から採ったのである。

彼がこれらのテクストに熟知していたことを示すものとして、さらに驚くべきことはつぎの点である。すなわち、ランフランクスが、ベレンガリウスの引用した著作から彼をしのぐ引用を行ない、あるいはその著者の意図に関するベレンガリウスの解釈に対して、本来の文脈を参照することによって、挑むことができたということである。(27) 自分の用いるテクストを熟知した者だけがこのようにできたし、直接参照できる書物がなかったら、このようなことは困難だったただろう。

ランフランクスは、いたるところで、ベレンガリウスの引用の源泉と意味に、驚くべき注意を払って応答している。彼は、法律家が厄介な中立書を処理するさい、敵対者に逐一答え、権威には権威、論証には論証をもって応じるように執筆する。もし、若きランフランクスがパヴィアの法廷でどのようにして彼の初期の名声を獲得したのかを見たいと思うならば、彼の聖体に関する論考を読むにしくはない。神学的な論証の一編として、それがどのように考えられるとしても、彼の論敵のテクストに対してテクストによって挑む、法律的な力量を見事に開陳しているのである。

もちろん、典拠の正確な箇所、これらの典拠を含む書物における正確な箇所を、ランフランクスが熟知していたからといって、彼が熟知の上で語る書物が、ベックの図書館にあったことを証明するわけではない。けれども、彼のカンタベリー図書館の建設とベックにおける書籍収集の証拠を考え合わせると、それらがベックにあった可能性は高いと思われる。数多くの複製があり、借用も容易な昨今でも、原本が手元になければ、それらを詳しく知ることはかなり困難である。一一世紀においては、写本も少なく、またそれらが図書館になければ、それらを遠隔地に探し求めねばならないのだから、なおのこと困難である。他の図書館にある書籍は、見つけ出すことが難しく、また見つかったとしても、それらは高価でかけがえのない財産であるから、しぶしぶ貸し出されるのがやっとのことだった。ランフランクスが熟知していた書籍がベックにあり、アンセルムスもそれを利用することができたという確率は高い。

このことを最も具体的な形で示すために、以下に教父たちの著作のリストを挙げることにしよう。これらは、ランフランクスの聖体に関する論考で引用されており、引用が行なわれた原本を、彼が熟知していたことを示すものである。

アウグスティヌス

『詩編註解』『ヨハネによる福音書講解説教』『神の国』[28]『三位一体論』『キリスト教の教え』『山上の説教』『洗礼について』『教えの手ほどき』『書簡』

アンブロシウス

『秘跡についての講話』『秘跡論』『信仰について』

教皇大グレゴリウス

『対話』

教皇レオ一世

『説教』『書簡』

ヒエロニュムス

『ホセア書講解』『ヨハネ福音書講解』

これらの著作は、一二世紀において、蔵書が整った修道院ないし大聖堂の図書館の核を形成し、ヨーロッパ中の多くの図書館に見いだされうるものであった。しかし、一一世紀においては、それらを見つけることは容易ではなかった。このような蔵書を実現するには、相当の努力をしなければならなかった。ランフランクスが聖体に関する論考を執筆していたときに、これらの著作がベックで閲覧できたという私の推定が正しいのなら、それらがあったことは、彼の収集家としての活動によってのみ説明できよう。彼は、ほとんど何も無かった修道院図書館から出発し、一〇六三年以前の二〇年間に、それらを収集したのである。この推定は、一〇七〇年以後にカンタベリーで彼が同じ手順を繰り返したことを知るときに、裏書される。

もしわれわれがこれらの高所から下って、個々の引用を調べるなら、それらの大部分が断然アウグスティヌスの著作からなされており、しかも、それらがアンセルムスの発展に主要な影響を及ぼしたものでもあることが明らかとなる。アウグスティヌスのアンセルムスへの影響については後述しよう。さしあたり、つぎのように言っておけば十分だろう。もしアンセルムスが聖書、アウグスティヌスの『三位一体論』『告白』『神の国』『詩編註解』しか着想を得る源泉をもっていなかったとしても、彼が執筆したすべての重要なことのために必要とされた着想を、彼はすべてもっていただろう、ということである。これらの著作はすべて、一つの例外を除いて、ランフランクスが引用した著作の目録に挙げられている。例外はアウグスティヌスの『告白』である。この著作がランフランクスの引用から脱落しているのは、それが聖体については何も述べていないことから説明できる。また一一世紀の北フランスにおいてこの著作の写本は多く存在しており、それがベックに無かったとは考えにくい。さらに、これは一〇七〇年以後、カンタベリーで書き写された最初期の著作の一つであった(29)。

われわれの主題に関する、これらのささやかな所見の重要性は、アンセルムスの初期の修道生活と学問的な経歴の知的な環境を明らかにする点にある。一〇五九年にニコラウス二世は、ランフランクスに宛てた書簡において、ランフランクスが論理学と修辞学から神学に転じたことを聞き及んだ、と述べた。彼が述べていたことは、われわれがランフランクスのパウロ書簡註解の継続的な諸段階において、詳細に跡づけることのできた事態である。われわれは、そのことを、さらに彼の聖体に関する論考においても、より詳細に跡づけることができるし、なおかつベックとカンタベリーの図書館建設に関する証拠においても、跡づけることができるのである。

ベックを離れ、カーンに赴いた一〇六三年までには、ランフランクスが当時の最も熟達した弁証論理学者から実力のある神学者へと変貌を遂げていたことは、ほぼ確実と見なしてよいだろう。アンセルムスの視点からすると、彼が弁証論理学と神学のより適切な結合を思いついたはずはなかった。弁証論理学の技術と神学的な文献において、ランフランクスは、彼が必要とするものをすべて提供したのである。アンセルムスは多くの書籍を必要とはしなかった。彼が必要としたのは、性分に合った数冊のテクストに親しみ、それらを自分のものにすることであった。必要不可欠な教父の著作は、アリストテレスの『カテゴリー論』と共に、すべてベックにあった。アンセルムスの手元にあったこれらのテクストは、ランフランクスのそれよりも広い知的な地平線を開いた。われわれは、彼が自分の師を越えて歩みを進めていく足跡を追うことになろう。しかし、この主題に取り組む前に、そしてこの教師が自分の弟子のより偉大な創造によって忘却される前に、アンセルムスがランフランクスに何を負っていたかを概観しておくのもよいであろう。これによって、アンセルムスの著作の中でも、独立した一つの著作について簡単に述べることになる。それは、彼の他の著作とはかけ離れており、おそらく、ランフランクスの指導下にあった数年間において執筆された、彼の最初の著作であろう。それによって、われわれは、師と弟子とが一つの源泉を活用することができたにもかかわらず、活用の仕方が異なっていることを比較することができる。そこに進む前に、まず、彼自身が何をランフランクスに負っていたと考えていたかを、論じることにしよう。

二　アンセルムスはランフランクスに何を負っていると認めていたか

アンセルムスの知的、宗教的な発展に関するわれわれの理解には大きな溝があり、それは、これからも常に存在することになろう。そしてわれわれは、このような溝に、まさにその最初から出会うのである。ランフランクスに負うところが圧倒的に多いことを彼が認めているにもかかわらず、そして、このことは、彼が修道誓願を行なう瞬間まで容易に跡づけることができるけれども、この時点から以後、何らかのしるしを見いだすことが非常に困難になる。彼らの人柄と賜物に大きな相違があるとしても、この二人の人物が離れていってしまうことは不可避だった。しかし、修道院における服従の義務に加えて、常識が示唆するのは、アンセルムスがランフランクスから段階的に解放されていったに違いない、ということである。一〇五九年から一〇六三年までの四年間、ランフランクスは、ウィリアム公の助言者としてその力の絶頂期にあり、またベックの副院長として新しい修道士の訓練と外部からの来る生徒向けの学校に対する責任を負っていた。たぶん、彼はベレンガリウスに対する回答の執筆にも取り掛かっていただろう。アンセルムスは修練士であり、学校においてはランフランクスの第一の助手であり、なおかつ修道生活と神学的な探究の方法について、すべてを学ばなくてはならなかった。このランフランクスと共に過ごした年月、彼の思想に関する何らかの記録を、われわれはもっているだろうか。

アンセルムスは、完成した著作の中に自分の作業場に関する多くの痕跡を残す著作家ではない。しかし、われわれは一通の書簡から手を付けることができよう。最初見ると、なんの変哲もない書簡のように思われるが、そうではない。それは、一〇七五年にランフランクス宛に執筆され、両者が別れてからおよそ一二年が経過していた。つぎのような書き出しの形式で始まり、一見したところ、われわれには何も語らないように思われる。

> 彼の主、父、尊敬すべき大司教ランフランクスに、兄弟アンセルムスは、彼のすべてを（suus quod suus）送る。[30]

これは、友愛のしるしとして書簡の執筆者が用いる誇張表現の一つと見なしたくなるようなものである。だがここで、われわれは、彼がランフランクスに宛てたそれまでの書簡全部、しかもこれらの書簡に限って、彼がこれと同じ言い回しを使用していることに気づく。つまり、一〇七七年までのことである。そして、これ以後は、再び使われることはない。これは何を意味するのか。なぜその使用は中止されたのだろうか。

これらのうち二番目の問いが、最初に答えられるだろう。彼がこの言い回しを使うことができなくなった最初のきっかけは、彼が『モノロギオン』に関するランフランクスの酷評を受け取ったときだった。彼が憤慨してこの言い回しを用いることを止めた、と考えることは馬鹿げたことである。しかし、疑いようもないことは、彼とランフランクスがもはや一つ心ではないということを、彼がいまや知ったということ、しかも初めて知ったということである。彼らのあいだにあからさまな絶交はなかった。アンセルムスは、ランフランクスの批判に対し、自分がどれだけ彼の恩顧をこうむっているかを、なおも確認することで返答した。アンセルムスは、ランフランクスに自分が「服従という点では彼のしもべ、情愛においては彼の息子、教えにおいては彼の弟子であること」を思い起こさせる。尊敬、敬意、感謝――これらすべてを思い起こさせるが、しかし、ランフランクスとの全的な一体性を示す表現が再び用いられることは決してなかった。完璧な知的一致はすでに破壊され、決して修復されることはなかった。

それゆえ、「彼のすべて」(suus quod suus)という言い回しは、実際的には、もはや適切な意味をもたなかったと思われる。これは、アンセルムスの著作の特徴の一例に過ぎないが、今後、たびたび例証されることが分かるだろう。彼は行き過ぎとも思われるような言い回しを使用するが、より詳しく調べてみると、彼が極めて真剣にそれらを用いていることが分かる。彼はそのようなことをしなかった、と思いたくなることもある。しかし、彼の言葉を額面どおりに受け取らなければ、われわれは彼の心を理解することができないだろう。

しかし、われわれは、書簡の吟味を続行しよう。この書き出しの後の文面は以下のとおりである。

預言者ゼカリヤは、すべての章句の末尾で「このように主は言われた」と繰り返すことによって、彼の預言の権威を強調します。それと同じく――私は、私が語りかける人物、語ろうとする私の気持を、私の言葉に刻印するため、常に、手紙の冒頭に「私の主、父に、すべてにおいて彼のもの（suus quod suus）である者から」という銘を記すことにしております。このように申し上げることで、私は、「巨大な糸杉を描く」ことができると主張しているのではなく、少なくとも、私はその姿を私の心に銘記し、何はさておき、そのことを表明するのです。(31) 私も度々このように閣下に手紙を書いておりますので、閣下が、私の存じております私自身には決して返信をなさらず、誰か「主そして父」である人物、私ではない誰かに返信をなさっていることに、不平を言わざるを得ません。もし閣下が、実際に閣下のしもべそして息子にお書きになっているのであれば、なぜ、「きっぱりとした否定」によって厳密にひっくり返すのではないとしても、少なくとも「関係的な対立」によって、私たちの関係をひっくり返すことをなさらないのですか。どうか、今後は、私ではない誰かにではなく、私に手紙をお送り下さいますように、お願い申し上げます。

ここには学識を必要とする二つの冗談が含まれている。一つ目は、糸杉を描く能しかなく、画題におかまいなく、どんな絵にもそれを描き込む画家を引合いに出す点である。もちろん、ここでは巨大な糸杉がランフランクスであり、アンセルムスはそれを再現する力もないと言うが、少なくとも、心の中では常にそのイメージを抱いているのである。

二つ目は、対立の二つの類型を引合いに出す冗談であり、これは、アリストテレスが『カテゴリー論』第一〇章の「対立について」で論じた「(肯定と) 対立する否定」(oppsosita negatio) と「関係的な対立」(relativa oppositio) である。この章は、ボエティウスによって長い註解がほどこされ、一一世紀と一二世紀の学校における討論に多くの材料を提供した。すなわち、事物が互いに区別されるのは、どのような仕方によるのか、本性によるのか、関係によるのか、肯定的ないし否定的価値をもつことによるのか、といった論争である。アンセルムスが述べていることは、ランフランクスがアンセルムス宛に書くさい、実際にはアンセルムスが彼の息子であるのに、彼の「父」という呼称を使用し、対立のカテゴリーにおいて論理的な誤りを犯したということである。(32)

駄弁を弄している、と言いたくなろう。しかし、この書簡は、軽い冗談の背後に明確なメッセージをもっている。すなわち、ランフランクスには二つの引用の典拠と意味が分かることが期待されており、これらの引用によって、この書簡は、変わることのない恩義を再確認し、恩義の及ぶ範囲を示唆しているのである。これらのささやかな冗談の中に、学校的な論争の世界全体があり、両者はそれに慣れ親しんでいたと想定される。学校においては、「父親」と「息子」は「関係によって」対立するものの一般的な例であった。すなわち、その父親の息子である者は、その父親の父親であることはできない。明らかに単純な真理だが、論理的な体系を確立するために重要であり、この体系の内部で、世界に関して論じることができたのである。

もちろん、まったくの冗談である以上、重要ではないと言われるかもしれない。しかしそれは間違いである。第一に、冗談は、そのポイントが両者によって難なく理解されるのでなければ、興ざめしてしまう。全部が説明されなければならないなら、くどくなってしまう。しかし、さらに重要なことは、私的な冗談が過去の親密さそして共有された体験の強力な表現だということである。加えて、この場合にアンセルムスがランフランクスと共有する知識の共通の背景は、ランフランクスに負うところのものである。それゆえ、彼の冗談は、同時に、その恩義を再確認することなのである。明らかに、アンセルムスが喚起しているのは、時がたつにつれて薄れていく、共有された過去のイメージだった。しかし、彼らのかつての学習のイメージを甦らせることで、彼は何かをわれわれに語っており、それを知る価値はある。アンセルムスがランフランクスに負っており、また彼と共有したのは、両者が熟知していることを彼が期待したテクスト、特にアリストテレス『カテゴリー論』の基礎知識だった。このことが重要であるのは、この著作がランフランクスの実体に関する理論の基礎となっただけでなく、アンセルムス自身が註解を著した唯一の著作だからである。それはスタイルと主題という点で、彼が著した他のいかなる著作とも異なり、また中世における他のいかなる註解とも本質的に異なっている。それはまた、アンセルムスがアリストテレスの『カテゴリー論』を詳細に熟知していたことを示す唯一の著作、つまり、『グラマティクスについて』(De Grammatico) である。もしわれわれが、アンセルムスの書簡で言及される共有された過去を、呼び起こそうとするなら、この著作に見いだすことができよう。

三　アンセルムスの『グラマティクスについて[33]』

この著作において、アンセルムスは、アリストテレスの『カテゴリー論』の最初の部分、つまり、「実体」とは何か、を取り扱うセクションの奥行を研究することに専心する。すでに見たように、本書のこの部分は、ベレンガリウスに対するランフランクスの応答の哲学的な基礎を提供した箇所でもある。ランフランクスの目的からすると、第一実体とその偶有性とは何かを把握し、この区別を聖体変化に適用することだけで十分だった。ところが、アンセルムスの場合、実体と偶有性、第一実体と第二実体の区別は、ほとんど触れられない。彼の関心のすべては、『カテゴリー論』のもっと後の章で発生する論理的・言語的な難問にあった。彼は『グラマティクスについて』を、これらの問題への入門として執筆したが、ランフランクスとはまったく異なる目的をもっていた。つまり、ランフランクスが、実体の概念を特定の事態に適用することに関心があったのに対し、アンセルムスは、すべての論理の主題である、言語と判断の行為に関心をもったのである。彼のささやかな註解は、それが基礎とした著作よりも、はるかに大きな主題への入門が意図されたのである。この二人の相違のあらゆる側面におけるのと同様に、これもまたさらに大きな対比の兆候に過ぎない。ランフランクスの目標は、常に、すぐ手の届く範囲にあったのに対し、アンセルムスの目標は、常に、はるか遠く、実在の構造全体とそれに関するわれわれの思惟に関する探究の方法を開くことにあった。

『グラマティクスについて』の論証過程を詳細に吟味することは、私の計画にはなく、またその能力もない。ここでは、アンセルムスの精神の発展、とりわけ、その文学的な特徴、論理的な精緻さ、そして新しい神学的な方法への移行の徴候に注目することだけで十分だろう。

すでにその文学的な特徴の中に、われわれは後のアンセルムスの発展を認めることができる。彼の文体はすでに、綿密、正確、明晰であるが、類韻や韻への嗜好は、まだ発展させていなかったように思われる。さらに、対話の相手を務める生徒は、後の対話編で質問し教示を受ける生徒とは、かなり異なっている。後者の場合、常に、聴きそして同意する心構えであるが、『グラマティクスについて』において、生徒は、質問に対する教師の見解をあまり尊重せず、受け入れることに乗り気でもなく、ほとんど攻撃的な姿勢をとる。さらにまた、アンセルムスの後の全著作と対照的に、その内容と傾向は、まったく世俗的で、修道院とは無関係である。それは、アンセルムス自身が述べているように、弁証論理学への入門であり、方法と主題が示すいくつかの点からすると、本書は、第一に、修道士ではない生徒たちのために執筆されたのである。すると、ニコラウス二世が、弁証論理学を学ばせるために——明らかに神学ではない——ベックに派遣した二人の聖堂付き司祭のことが思いあたる。このような人々がアンセルムスの生徒の中にいたのだろう。少なくとも、対話は、修道院内の学校よりも修道院外の学校にふさわしいように思われ、読者として想定された生徒は、後の対話編におけるような、教示に従う、極めて説得しやすい生徒ではない。

アンセルムスは、この著作を論理学の入門と言うが、まさにそのとおりである。「グラマティクスは、どのように実体であり質であるか」という書名が提起する問題は、明らかに狭いにもかかわらず、論理学的な諸問題に関してかなり広範囲に論じるからである。書名の提示する問題は、口火を切るに過ぎず、それによって一連の諸問題を導く。すなわち、実体とその偶有性に関して語る方法、名詞と形容詞、主語と述語の役割、そして、必然的、可能的、不可能的のいずれであれ、含意のさまざまな強度といった諸問題である。アンセルムスの提出する入門的な問題は、彼が語と文の構造そして語と文の指示する外的な対象へと深く踏み込むにつれて、彼の手によって、精神の新たな領域を開いていく。彼は生徒にきつい授業を課する。しかし、彼自身が語とその外観という表層の奥深くに分け入り、それらの指示する実在に達していないならば、彼はこの授業を進めることはできないのである。第二の段階で、アンセルムスは、神の至高の実在を観想するために、彼の探究を、言葉の形式を超え、理性の形式すらも超えて、拡張することになろう。本書において、彼は、『プロスロギオン』の論証を導くことになる旅路の一歩を踏み出したのである。

『グラマティクスについて』の一つの目的は、三段論法による推論の訓練を生徒に施すことであり、この三段論法という語が頻出する。これは、アンセルムスの他の著作には、どこにも見いだされない語である。もちろん、これにはいくつかの理由を挙げることができよう。一つは、彼が形式論理学について二度と書くことがなかったということである。だが、彼はしばしば三段論法について述べるにもかかわらず、彼の論証が三段論法の形式をとることは、あったとしてもまれである、ということも言われねばならない。この理由は、彼の後の著作は言うまでもなく、本書においてすら、彼の主要な目的が、「存在」の諸問題、そして「可能的」「蓋然的」「不可能的」「必然的」「対立的」な諸関係の論理的な含蓄をより深く探索することだからである。彼の探究は、三段論法ではなく、定義によって、また文の形式の吟味によって前進する。この定義と分析の結合は、彼の思索と著作において習慣となった。『グラマティクスについて』は、前進するための道を準備したが、それは、「いかなる仕方でも……ない」(nullo modo)、「何らかの仕方で」(aliquo modo)、「いかなる仕方でも」(quolibet modo) といった言い回しの論理的な諸帰結を探索すること、さらに「グラマティクスであることが人間であることではない」(Esse Grammatici non est esse hominis)、「これこれの事物であることは定義において示される」(Esse uniuscuiusque rei in definitione consistit)[34] といった言明を吟味することによって、なされるのである。

『グラマティクスについて』では、アンセルムスの成熟した神学的な思考を示す中心的な諸概念に関しては、何も述べられていない。たとえば、真理と正義という二つの形で登場する「正しさ」(rectitudo)、これは、創造における神の活動と世界に関する彼の理解の鍵となった概念だが、これについては何も述べられない。『グラマティクスについて』は、単純に、語と文の分析のための諸規則の探索である。しかし、語と文が実在を映しだす鏡である以上、それらの分析は、至高の実在の説明に向う第一歩である。

『グラマティクスについて』を、アンセルムスの著作のどこに位置づけるかは、これまでも大変困難な課題であったし、確信をもって語ることは不可能である。だが、もしそれが一〇六〇年と一〇六三年のあいだに起草されていたと仮定するなら、内容と論述の特有性がかなり理解しやすくなるだろう。(35) この頃、アンセルムスは、ベック修道院の外部学校でランフランクスの助手を務め、ヨーロッパの遠隔地から生徒たちを集めた諸学科を教えていた。本書は、古代のテクストに関するアンセルムスの唯一の註解、世俗的な学科に関する彼の唯一の著作、ランフランクスに最も近い著作、そして広範囲にアリストテレスを利用する唯一の著作である。

アンセルムスは、この後、『神はなぜ人間となったか』に到るまで、他のどの著作の中においても、再びアリストテレスについては触れることはない。だが、『神はなぜ人間となったか』において、彼は、再びアリストテレスを登場させ、その『命題論』(De Interpretatione) が、未来の何らかの出来事が必然的だと言われうる場合、その意味に関する議論の出発点を提供していることを指摘した。この一節が記されたのは、一〇九五年頃より以前ではありえない。ランフランクスが慎重に革新をもたらしたのち、アリストテレスを明示的に利用することは、かなりゆっくりと神学的な論争に浸透していったのである。『神はなぜ人間となったか』におけるアリストテレスへの言及は、中世の神学的な著作において、最初の言及と言われている。

四　道の分岐

一〇七八年以後、アンセルムスは、彼とランフランクスがある根本的な方向で分かれてしまったことを知った。ランフランクスは、しだいに、重要な組織者となり、あらゆる事柄に秩序を追求することに専心するようになったが、理論的な体系よりも実際的な事柄を秩序づけることに、より有能だった。対照的に、アンセルムスは、思索と内的体験の理想的な世界の偉大な創造者となった。抽象的な思索においてアンセルムスが達成することのできた影響力と一貫性を、ランフランクスは、実際的な体制においてのみ、十分に達成することができたのである。

二人は、尊敬と愛情をもって互いに呼びかけることを、決してやめなかった。アンセルムスは、相変わらず自分自身を「服従においてはランフランクスのしもべ、愛情においては彼の息子、教えにおいては彼の弟子」と語るが、しかし、これらの言い回しが体験として生きていた日々は、とうに過ぎ去っていた。にもかかわらず、それらは、アンセルムスの実際的な生活において、最後まで影響を与えた現実を表現していた。ランフランクスは、彼を修道生活、ベックの共同体、アリストテレスとアウグスティヌス——アンセルムスが明確な恩恵をこうむったことを認めているのは、ランフランクスを除くと、この二人だけである——に導いた。ランフランクスはまた、彼をヨーロッパの知的な生活の中心点に導いた。彼のためにこれほどのことができた人物は、他にはいなかった。

ランフランクスが死んだとき、今も保存されている長い称賛の墓碑銘をアンセルムスが執筆した、と考えられる十分な理由がある。彼は、ランフランクスの寛大さ、厳格さ、正義と憐れみへの愛をこの上なく十分に讃えた。彼は、ランフランクスの死によって教会がこうむった損失を認め、彼の魂のために祈るよう読者を促した。だが、教師としてのランフランクスについては、気の抜けたような一行しか割かれていない(36)。教師としてのランフランクスの力のおかげをこうむった者は、もはや誰一人いなかったのである。そして、われわれは、アンセルムスがランフランクスの主要な特質について何の記録も残さなかったことを残念に思わざるをえない。一〇八七年には、彼らの道は、あまりにも遠く隔たってしまっており、はるか昔の日々の恩義が呼び起こされることもなかったのだろう。

第四章　沈黙の年月

一　個人的な訓練と共同体の訓練

もしアンセルムスの『グラマティクスについて』の執筆が、一〇六〇年と一〇六三年のあいだの年月に属するとしたなら、続く七年間、彼は、世に問う著作を何も執筆しなかったことになるだろう。このことは、もちろん、後の彼の著作に登場する思索や論証の草稿すらも、彼が執筆しなかったことを意味するのではなく、修道院外の読者のためには何も執筆しなかったということである。日々の聖務日課以外に、彼の時間は、瞑想と祈り、研究、若い修道士の教育、共同体の宗教的な生活の監督に費やされた。こうした責任のただ中で、しだいに、彼は自分の力を発見していった。何よりもそれは、峻厳さと知的な激しさのある宗教的な生活を希求する若者を鼓舞する能力である。彼の気に入った弟子は――彼もそう言うだろうが――柔らかすぎず、固すぎず、刻印されると、それをずっと保持する蜜蝋のような者である。(1)彼は、このような素質をもつ者から、彼の弟子となるような修道士を育成した。英国において彼に匹敵する人物が思い浮かぶとしたら、ニューマン枢機卿（一八〇一―一七〇年）である。彼がオックスフォードのチューターだったときは、アンセルムスと同じ年齢だった。両者はともに、知的な光彩、独創性そして徹底的な真面目さを生活の厳格さに結びつけた。この結合は、一一世紀の若者同様に、一九世紀の若者にも魅力的に映ったのである。

この歳月に関するエアドメルスの伝記の報告は、その場に居合わせなかった者によって、三〇年後に書かれたものである。しかし、それはアンセルムス自身の回想に基づいており、逸話風でありながら、おそらくは正確な記録であろう。この時期の特徴として、聖書の研究以外にエアドメルスが強調するのは、アンセルムスの献身的な友愛と幻視体験の二つである。この二つ、特に前者は、さらに吟味される必要があるだろう。後者については、いかなる解釈がなされようとも、明らかに、この時期の彼の生活における食事と睡眠の欠乏に関係があるだろう。しかし、彼の思索がもつ幻視的な方向も示唆している。(2)

アンセルムスが彼の伝記作者に伝えた、副院長の初期の頃に関する他の細かい回想といえば、深夜に及ぶ写本の訂正の仕事である。この点で、少なくとも、彼はランフランクスの足跡に従った。しかし、他のすべての点で、彼自身が選択した路線に従った。すなわち、半ば飢餓状態の生活、霊的な緊張、若い弟子たちの要求に専念することである。

ランフランクスの全盛期に世間の注目をベックに惹きつけた修道院外部の学校は、衰退した。しかし、修道院内部では修道士の数が増え始めた。一〇七〇年までに、ランフランクスの時代には一年に二人ないし三人であった入会者数の平均が、一二人ないしそれ以上に上がった。(3)これが、志願者の増加によるのか、部屋数の増加によるのか、アンセルムスの魅力によるのかどうかは、分からない。二番目に関しては、ランフランクスによって着手された新しい建物が彼の出発後に完成し、一〇七二年、最終的に奉献されたことを付け加えておこう。おそらく、これらの三つの要素が、財源に関するアンセルムスの無頓着とあいまって、それぞれの役割を演じたのであろう。彼の財政的な切り回しは、エアドメルスの報告のみならず、アンセルムスの書簡から伺われるように、どちらかというならば、終始おぼつかないものであった。[4] しかし、いくつかの絶望的な局面があったにもかかわらず、ベックの共同体は、一〇七〇年までに、かつてないほどに繁栄し始めた。あらゆる点からして、彼に執筆の時間がなかったとしても驚くことではない。

ところが突然の変化が生じた。一〇七〇年ないしその前後で、アンセルムスは、それまでよりも広い公的な世界に目を向けて、執筆を開始した。この変化の直接的な原因は、ランフランクスがすでに一〇六三年にカーンに伴っていった修道士たち以外に、何人かのベックの修道士がカンタベリーに移ったことだった。ランフランクスは、一〇七〇年に大司教となったが、彼の前には、のっぴきならない仕事が控えていた。彼は、カンタベリーの修道院共同体を荒廃の状態から再建しなければならず、また、より広い領域として、彼が自分の仕事をそう見なしたところでは、未開国の教会を老朽化した状態から再建しなければならなかった。明らかに彼は、イングランドの未開性を誇張したが、しかし、これが彼とアンセルムスの両者が見た状況であった。[5] それゆえ、最も優秀な人々はカンタベリーに連れて行かれ、他方、ベックは必要な書籍と激励の主要な供給源となった。このことはアンセルムスの生涯に新たな要素をもたらした。この時から、彼は、『祈祷』『瞑想』と同様に、ベック共同体外部の人々のために書簡を書き始め、また多少偶然とはいえ、自分が書いたものを保管し始めたのである。[6] われわれは、ようやくこれらの材料から、まだランフランクスの教育の下にあった日々から、ここに到るまでのアンセルムスの発展を見渡すことができるのである。それとともに、これらは、この世紀において最も影響力のあった三人のうちの一人になった人物、そして不朽のメッセージをもった人物の最初の思索と体験に関して、驚くほど明確な記録を提供するのである。

彼の書簡は、彼と他の人々が保管に着手した、最も初期の作品である。そして、このすぐ後に『祈祷』と『瞑想』が続く。これらは密接に関係している。というのも、彼の初期の書簡は、個々の修道士と彼らの関係者の霊的な生活に関わっていたからである。書かれたばかりの『祈祷』に添えられ、受け手に届けられた書簡も数通あった。他は、助言、支援、訓戒、教示を伝えるために書かれた。彼の精神が『グラマティクスについて』で到達された段階を越えて発展を見せ始めるのは、これらの書簡と『祈祷』においてである。『祈祷』と書簡はどちらも非常に重要であるから、それぞれ別個の主題として論じられねばならないが、それらはともに、聖書およびアウグスティヌスの著作の読書と省察という共通の幹に依拠している。彼の基礎的な読書の大部分は、この沈黙の年月になされたに違いない。したがって、彼の著作のより詳細な研究の準備として、まず、二つの新たな影響について語られねばならない。それらは、彼の後の著作に浸透し、また彼の著作は、程度の差はあれ、それらに関する註解のようなものである。

二　聖書の影響

ランフランクスがベックを出発した後、アンセルムスが最も深く瞑想した対象としてエアドメルスが言及する唯一の著作は聖書であり、この報告は、アンセルムス自身による彼の思索の説明に基づいていると思われる。アンセルムスの著作全体の中には、聖書からの明白な引用と言える箇所がほとんどないにもかかわらず、彼の散文は、聖書的な言葉が溢れんばかりに反響している。シュミット師は、彼の刊本でそれらの索引を作成し、それは三二欄に及び、聖書のほとんどすべての書が引照されている。確かに、アンセルムスはテクストを詳細に知っていたが、それを活用する仕方は、他のほとんどすべてのことと同様に、ランフランクスとはかなり異なっていたし、それどころか、彼の同時代人の大部分とも異なっていた。

ランフランクスが聖書に関して常に抱いていた意識は、つぎのようなことだったと思われる。すなわち、聖書とは、教父の著作において、また彼と彼の同時代人がカロリング朝時代から受け継いだ、例証の抜粋の膨大な編纂物において、証拠聖句を提供するものだということである。ランフランクスの見方によると、聖書学者にとって主要な仕事は、第一に、途方もなく長い、例証のための材料を切り詰め、他方で、同時代に利用する価値があると思われる抜粋を保持することだった。そして第二は、聖書的な概念の意味を明確にし、明らかな矛盾を除去するために、それらの注意深い分析に着手することだった。ランフランクスは、これらの二つの仕事を組織的に企てた人々の中でも最初の人物だった。しかし、アンセルムスはこの模範に従わなかった。彼は、素材の収集家でも整理をする人でもなかった。彼は、聖書を彼の思索と言語の中にひたすら吸収し、そして、さまざまな水源から発した川の流れが集まって強さを増すように、彼の瞑想を成長させたのである。

われわれは、いくつかの例を彼の後の著作に見いだすことになろう。しかし、予備的な段階として、『プロスロギオン』の出発点に注目してもよかろう。それは、「詩編」一三（一四）編一節の「愚かな者は心の中で言う、『神などいない』と」という言葉の意味を瞑想したものである。アンセルムスの論証は、これが正確には何を意味するのか、このように言うことが、なぜ「愚かな者」に固有の性格なのか、という問いから生じるのである。同様に『真理について』『悪魔の堕落について』『選択の自由について』におけるアンセルムスの論証も、聖書のテクストに発し、その瞑想が拡張されたものと見なされるだろう。

『アンセルムス伝』において、エアドメルスは、アンセルムスがどのように聖書のテクストと格闘したかを示す最初期の例を書き留めた。それは、少し省略しているが、以下の言葉である。

彼の聖書に対する信仰は絶大で、確固とした真理の道からいささかでも逸れるようなことは一切聖書に書かれていないということを、揺るぎなく堅い信仰によって確信していた。それゆえ、聖書において深い霧の中に隠れていると自分に思われるようなことも、彼のこうした信仰に基づいて、精神の理性によって洞察するまで、魂を集中するよう全力で努めた。……彼は、預言者がどのようにして過去も未来も現在のことのように知り、それらを疑わずに語り、記すことができるのかということについて、思い巡らし、解決しようと努めた。このことに没頭し、何とかして理解しようとしているうちに、視線を凝らして壁を見つめていた。すると、修道院のあちらこちらでさまざまな修道士が仕事につこうとしているのが、あたかも彼の眼前の出来事であるかのように見えた。(7)

エアドメルスの報告による体験がどのように説明されるにしても、われわれは、ここで、アンセルムスが、広範囲で根本的な探究に導く瞑想的な活動として、聖書の研究に取り掛かった道筋の例を手にする。それは知的な活動以上のものだった。それは彼の全存在を傾注した活動であり、その中で精神的な活動は幻視へとしだいに変わっていったのである。このことは、彼の瞑想のすべてを考える場合に念頭におかねばならない。この独自の瞑想に付随した幻視的な体験は、認識の限界に達しようと努める彼の通常の方法の拡張に過ぎないのである。

三　アウグスティヌスの影響

聖書の他にアンセルムスの思想全体に影響を及ぼしたのはアウグスティヌスだったが、その発端は、一〇六三年から一〇七〇年の沈黙の年月に求められねばならない。アウグスティヌスとアンセルムスの思想の関係に関する徹底的な吟味は、私の能力を超えるし、この伝記的な研究の限界をも越えるだろう。しかし、アンセルムスの思考の方法を理解しようとする場合に、根本的な類似点と相違点とがあることは認められなければならない。

われわれは、すでに言及した時点、つまり、アンセルムスがランフランクスに『モノロギオン』を送った時点から出発したらよかろう。それは、すでに見たように、アンセルムスがランフランクスから知的に離反したことと彼独自の新たなアイデンティティとが、最初に両者の目に明らかとなった瞬間を明らかにした。『モノロギオン』に対するランフランクスの最初の反応は、アンセルムスに典拠を明記するよう要求することだった。アンセルムスの返答は、包括的ではあったが、不可解でもあった。すべてをアウグスティヌスに帰するという点では包括的だが、彼の主張を証拠立てるための詳細な点はまったく提示しないという点で不可解だった。アンセルムスの返信は以下のとおりである。

この議論をとおして私が意図したことは、canonica dicta ないし聖アウグスティヌスの言葉によって直接支持されえないことは何も主張しないということでした。そして、私は自分が書いたことを何度見直しても、それらの中にないことを、私が何か主張したというようなことは見いだすことができませんでした。それどころか、私自身の推論に関しては、たとえそれが決定的に見えたとしても、閣下が私の著作から抜き出した事柄について、最初に私がそれを言い出そうとしたのではないことを私に確信させましたし、その他のことについても、もし聖アウグスティヌスが彼の『三位一体論』における素晴らしい議論においてすでにそれらを証明していなかったのであれば、同様です。私は、この著作においてはそれらが紙幅を割いて論証され、

私の短い論証の連鎖においては彼の権威に依拠して簡潔に説明されていることを見いだしました。(8)

これは、ランフランクスにとってはほとんど満足できない言明である。それは、彼が明らかにすることを要求した細かい点について何も答えていない。それらをあっさりと無視しているのである。それは、権威による論証の補強はまったく提示していないが、ランフランクスは明らかにそれを望んでいたし、また彼自身がかつて聖体に関する彼の論証を支えるために行なったことでもあった。ランフランクスが明確に望んだことは、『モノロギオン』で詳述されることを支えるために、教父からの一連の引用を提示することだった。ところが、アンセルムスがしたことといえば、彼の書いたことはすべて canonica dicta か、何よりもアウグスティヌス、特に彼の『三位一体論』に見いだすことができるということを、全面的に請合うことだけだった。ランフランクスはこれに甘んずるほかはなかったのである。

われわれもまたこの程度の解明がなされたことで満足しなければならない。しかし、ランフランクスと同様、確かにわれわれにも苦情を申し立てるいくつかの理由がある。アンセルムスが canonica dicta という語で何を意味しているのかは、まったく明らかではない。アンセルムスが類似の言い回しを使用したのは、彼の生涯ではもっと後のことであり、その場合には教会法を意味している。しかし、ここではその意味ではありえない。最も可能性の高い説明は、アウグスティヌスが類似の言い回しを用いていることに従って、聖書のテクストとそれらの権威ある解釈者たちという意味で使っているというものである。自分が書いたことはすべてアウグスティヌスに見いだされるだろうというアンセルムスの主張に関しては、なおのことランフランクスにとって満足がいくとは思えなかったにちがいない。アンセルムスが彼の主張を裏書きするテクストを一つも引用しなかったからである。さらに、シュミット師がアウグスティヌスにおける類似の言明を苦心して探索したにもかかわらず、そうした類似の箇所から明確に由来するような文はアンセルムスの中にめったにない。後に見るように、明らかに、彼の語ったほとんどすべての種子は、アウグスティヌスに見いだされよう。しかし、これらは種子であって、花ではない。アンセルムスは、詞華集（florilegia）の編者ではない。彼の花は常に彼自身が咲かせた花である。それゆえ、彼とアウグスティヌスが一般的な意味でどれほど近くとも、彼らの親密な関係は——アンセルムスが使用する言葉の意味で言えば——友人関係である。

ある意味では、われわれはランフランクスよりは気楽である。彼は、アンセルムスが彼の問いをぞんざいに却下したことに、当惑させられ、おそらくは、傷つけられただけだろう。しかし、われわれは、アンセルムスの回答の中に、彼の動機と思考の方法に関するいくつかの本質的な糸口を見いだすことができる。だが、それらはランフランクスが望まなかったことでもある。アンセルムスの答えが示すことは、彼があまりにもどっぷりとアウグスティヌスに浸っていたために、彼の説を裏書きする証拠テクスト探すことができなかった、ということである。彼の結論を立証する（prove）テクストを提示するためには決して聖書を使用せず、彼の瞑想の出発点、あるいは結論の予告を提示するためだけに聖書を使用するのとまったく同じことが、アウグスティヌスの場合にもあてはまる。彼は聖書を同化吸収してしまったのと同様に、アウグスティヌスも同化吸収した。彼は、その両方を彼の体験に欠くことのできない構成要素としたのである。このことは、彼が学んだことを繰り返しただけにすぎないということを意味するのではない。まったく逆である。彼が自分の源泉を同化吸収したことは、彼を自由にした。彼は、自分自身を、聖書とその偉大な解説者であるアウグスティヌスによって開かれた土地の探検者と見なした。それらが提供したのはこの土地の地図であり、彼は、その案内に従って、自分の道を見いださねばならないのである。彼は、決して、それらのなかに見いだされた何かに挑戦したのではない。しかし、それらは、それらが含んでいる真理の新しい体験、それらの真理の新しい証明、そしてもちろん、それらの真理の新しい表現の仕方を発見するために、彼を自由にしたのである。

われわれは、このことを絶えずアンセルムスの中に見いだすだろう。聖書と同様に、彼がアウグスティヌスにどっぷりと浸かっていたことが彼を自由にしたのである。これが彼の沈黙の年月の果実だった。そして、それは、彼が自分の借用したものを詳細に提示できなかった理由を説明する。それらは、あまりにも広範囲に、自由に、深く彼自身の思想に浸透し、彼自身の必要のために適応させられていたので、借用したものとして正確に列挙できなかったのである。彼は、彼自身の言葉とアウグスティヌスの言葉のもつれをほどくために、立ち止まることはできなかった。もしわれわれがさらに知ることを要求するなら、われわれは、彼の体験を繰り返さなければならない。われわれは、出発点を見つけ、類似の言い回しを見つけることはできるが、正確な引用を見つけることはできず、それどころか、それらを見つけようとするいかなる試みも、全面的にわれわれに道を誤らせることになる。以上のことから、彼は、ランフランクスの望んだ引用を提示しなかったし、また提示できなかったのである。一般的な案内として役立ちうることといえば、結局、彼とアウグスティヌスとの深い一致、そしてほとんど同じぐらいに深い両者の思想と感じ方の対照性の徴候を挙げることしかない。そしてこの対照性は、彼らの人柄と歴史的な状況の相違を反映していたのである。

(1) 文体の類似

アンセルムスの最初期の著作では非常に顕著だが、後になるに従って薄れてゆく、アウグスティヌス的な一つの特徴は、入念に練り上げられ、韻をふみ、対句をなす文である。アンセルムスは、中世における最も優雅なラテン語著作家の一人――「優雅な」（elegant）という形容を適切に付すことのできる極少数の一人である。聖ベルナルドゥスはより力強く、ソールズベリーのヨハネスはより古典的であり、ランフランクスはより剛健である。しかし、アンセルムスは、初期の著作において、比類なく清澄、音楽的、しかも警句的である。これらの効果を得るために彼が用いた工夫は韻であり、それは同時代の著作家たちに一般的に見いだされるあらゆる文体的な装飾の中で最も頻繁に、そしてうんざりするほど使用されたものだった。しかし、他の誰も、アンセルムスのように意味を反映し、強調するために韻を使用した者はいなかった。(9)

他の同時代の著作家たちが韻をふんだ散文を用いる場合には、響きをよくするためだけの文学的な技巧であって、意味とは関係がなかった。しかし、アンセルムスの散文の場合、彼の韻は彼の論証を強化する。それらは、第一に意味を指し示すものであって、装飾は偶然に過ぎない。響きの類似性は文の構成に従い、文の構成は論証の形に従い、論証の形は宇宙的な秩序を反映し、この秩序自体が創造全体の完全な均整美（symmetry）を反映しているのである。アンセルムスの最初期の著作における韻と類韻はこの宇宙の緊張を細密画の中に再現する。すなわち、罪と義、創造と再創造、負目と償い、正義と憐れみ、永遠の悲惨と祝福との緊張である。

彼の最初期に属する瞑想の一つから引用する以下の文は、韻がどのように意味を強める働きをしているかを例証するだろう。罪人は、主に愛された弟子である聖ヨハネの助けを求め、彼に向かって語りかける。(10)

Dilectissime discipule pietatis,
cur negabis abundans egenti,

potens poscenti,
quod nulli est noxium
et tot bonis obnoxium ?
Si enim obsistunt optanti peccata sua,
Cur non potius assistunt oranti merita tua ?
An peccata mea potentia sunt ad nocendum,
et merita tua impotentia sunt ad subveniendum?

（親愛なる、慈しみ深い弟子よ、なぜ、満ち足りたあなた、力のあるあなたが、誰を害することもなく、むしろ多くの善をもたらすものに困窮し、それを懇願する者を拒むのですか。望む者の罪がその者にとって妨げとなるのならば、なぜ、祈願する者をあなたの功徳によって援助して下さらないのですか。私の罪は害を及ぼす力をもつが、あなたの功徳は助ける力がないのですか。）

つぎに引用するのは、この少し後、一〇七三年頃に書かれ、彼が最も念入りに表現を明確化した祈祷からの一文で、これも同様に響きと意味との調和の例を提供する[11]。

Deus igitur est pater rerum creatarum,
et Maria mater rerum recreatarum.
Deus est pater constitutionis omnium,

et Maria est mater restitutionis omnium.
Deus enim genuit illum per quem omnia sunt facta,
et Maria peperit illum per quem cuncta sunt salvata.
Deus genuit illum sine quo penitus nihil est,
et Maria peperit illum sine quo nihil omnino bene est

（それゆえ、神は、創造されたものの父であり、マリアは、再創造されたものの母です。神は、万物の創造の父であり、マリアは、万物の再創造の母です。そこで、神は、万物がその方をとおして創られた、その方を生み、マリアは、万物がその方をとおして救われた、その方を出産しました。神は、その方がいなければ、いかなるものも存在しない、その方を生み、マリアは、その方がいなければ、いかなるものも幸福でいることがない、その方を出産しました。）

あいにく、これらの類韻と韻は、英語に翻訳することは不可能に思われる。しかし、読者が pater rerum creatarum と mater rerum recreatarum という対照的な言い回しをよく考えてみるなら、それらの役割は明白になるだろう。それらは、精神を永遠の調和に集中させる。響きの類似性がそこに注意を惹き寄せるのである。韻をふんだ対立項は、瞑想の結果を喚起すると共に瞑想の結果でもあり、読者は、宇宙がもつさまざまな緊張の体験がそこに流れ込んでいることを認めないなら、これらの対立項を理解することができない。この実在と体験の混在が瞑想の結果である。この瞑想の性質はわれわれのつぎの主題となるだろう。目下のところ、われわれの関心はつぎの問いだけである。すなわち、誰の影響の下で、アンセルムスは、文体の効果によって天国の喜びと地獄の恐怖、喜びと悲惨の両極端のあいだに立つ人間の魂の不安定な均衡を再現する模範的な形に到達したのか、ということである。

ここで、内的な影響と外的な影響を区別しなければならない。もしアンセルムス自身の精神が主要な駆動力を備えていなかったら、外的な影響も、彼が入念に釣り合いをとった文を、生み出すことは決してないだろう。明らかに、彼は、語と響きに対してこの上なく洗練された感受性をもっており、また人間の言葉が宇宙の本来的な秩序を反映するという強い確信をもっていた。彼が沈黙を破った最初の瞬間から、言葉の秩序と創造のあらゆる部分の秩序を対応させることが、彼の中心的な原則の一つだった。彼は、自分の語を選び、構文と語が配列される順序を定めた。それは、語とそれらが再現する事物との一致を開示するためである。

われわれは、結果を望むことはできないかもしれないが、しかし、これらの文の背後にある精神は、論証を十分に意のままに操り、それを最も力強く表現することを意図していたことは、まったく疑うことはできない。彼の韻には、同時代の人々の韻をふんだ散文の大部分に見られるようなたるみがまったくない。全宇宙、そして（それについて語ることが許される限り）神自身の存在すらもが、正義と憐れみ、栄光と卑下の緊張状態におかれている。すべての正にはそれに対応する負があり、すべての赦しの行為にはそれに対応する犠牲があり、すべての負債にはそれにふさわしい償いがある。宇宙の均衡を、人間の言葉が許容する限り完璧に表現することは、それを再現しようとする散文においても対応する均衡を要求する。これらの至高の実在について書こうとする彼は、言語が最大限に許す限り、それらを表現する義務をもつのである。

アンセルムスの思想とそれらの表現を形作った内的な力についてはこれだけにしておこう。しかし、このような仕方で彼の散文を宇宙的な均衡状態に関する彼の感覚に適合させることを、彼は誰から学んだのだろうか。答えは、アウグスティヌスからというのがほぼ確実である。この発見は、百年以上も前にパリ大学の学位論文の著者によってなされており、この著者は、アウグスティヌスが彼の散文において同様の韻を使用し、またそれがアンセルムスと同様の理由であることを指摘した(12)。以下の例は、アウグスティヌスの顕現節のための説教からのものである。

Eo nascente, superi novo honore claruerunt ;
quo moriente, inferi novo timore tremuerunt ;
quo resurgente, discipuli novo amore exarserunt ;
quo ascendente, caeli novo obsequio patuerunt.(13)

（彼の誕生によって、天上のものたちは新たな栄誉によって輝き、彼の死によって、陰府のものたちは新たな恐怖によって恐れおののいた。彼の復活によって、弟子たちは新たな愛によって燃え上がり、彼の昇天によって、諸天は新たな従順による道が開いた。）

ここで、アンセルムスと同様に、文の対句的な構造は、対応する韻、強勢、語の類似性と共に、ここで祝われている出来事と相似の緊張を表現する。それゆえ、nascente … moriente という対句は、やや弱いが、それでも対照的な resurgente … ascendente という対句において、意味の点でも響きの点でも繰り返される。同様に、honore claruerunt … timore tremuerunt は、対照的な amore exarserunt … obsequio patuerunt という対句と呼応する。

これらのアウグスティヌスにおける思考と言葉の工夫は、主として彼の説教に見いだされる。けれども、説教は、アンセルムスにとって、アウグスティヌスにとってそうであったような、コミュニケーションの中心的な方法ではなかったし、それはありえないことだった。アンセルムスの中心的な方法は、瞑想と祈祷であり、また時に書簡だった。実際、われわれは、彼が苦心して韻をふんだ散文の大部分の例をこれらに見いだすのである。アウグスティヌスにおいて、均衡のとれた韻とリズムは、聴衆の注目を引くための修辞学的な目的をもっている。アンセルムスにおいて、それらは、語とそれらが表わす事物とのあいだの一致に関する彼の感覚の徴候である。より一般的に言うと、これらの文学的な道具を用いることによって、アウグスティヌスは説得の詩を作り、アンセルムスは論理的な一致と対照の詩を作ったということになろう。彼が歳をとるにつれて、それらの使用頻度は減少するが、おそらくは、彼がそれらに注意を払わなくなったか、忙しくなったからであろう。あるいは、文学的な様式に関係なく、自分の論証の力にしだいに信頼をおくようになったからであろう。かつて重きをおいた文体的な効果を、後に顧みなくなった理由がどうあれ、それらが反映していた思考の習慣は決して変ることはなかった。それらは、彼の初期の展開に関する手がかりを提供する一方、彼の神学的な思考に永続的な刻印を残した。それは、宇宙の永遠の諸緊張を論証において再生しようとする願望であり、この緊張を解き放ったのが贖い主による十字架上の犠牲だったのである。

(2)　瞑想の規律

アウグスティヌスとアンセルムスの文体的な一致は、精神と目的のより深い一致を反映するという点でのみ重要であり、このより深い一致は彼らの論証の方式にも明らかである。ここでもアウグスティヌスは模範とインスピレーションの両方を提供する。アウグスティヌスは、アンセルムスに瞑想のプログラムを提供し、それによって、彼は、典礼的な敬虔という伝統的なベネディクト会の型を脱出し、観想的な神学的論証という新たな型を創出したのである。より集中的な個人的信心の必要を感じていたのは、同時代人の中で彼一人というわけではない。けれども、アウグスティヌスの影響によって、彼は、同時代人の誰よりも、この新しい信心により強力な知的表現を与え、また言葉においてより明確に再現した。彼の生涯における唯一の重要な目的は、神の発見である。彼がこの目的を完成した、言葉という手段も瞑想の手順も、すでにアウグスティヌスによって輪郭を与えられていたのである。

瞑想は、アウグスティヌスにとって、また彼の足跡に従うアンセルムスにとって、精神の活動であり、それは、この地上の諸対象に関する知識と神の存在と属性に関する知識との掛け橋を形成するものである。継続的な精神の諸活動をとおして、神へと上昇するためのプログラム、すなわち、イメージから思考へ、思考から瞑想へ、瞑想から観想へというプログラムはアウグスティヌスのものである。これらの活動の連続全体が、すべての理性的な本性の目標である、神を永遠に見ることとの境界へと魂を運んで行くのである。

私が今使った「思考」「瞑想」「観想」という語は、これらを主要な段階とするプログラムの文脈において、さらに吟味する必要がある。このプログラムは、簡潔に、以下のように記述されよう。もしわれわれが、預言者の知のように奇跡的に神から与えられた知を除外するなら、人間の知の源泉には二つある。第一は、感覚に由来する認識、第二は、精神が自己自身についての知を内観することに由来する知である。感覚からイメージが生じる。これらは、記憶に保管されると、思考ないし瞑想という理性的な機能による吟味が可能となり、さらに、人間、動物、理性的な存在といった普遍的な実体に関する知に達する。ちょうど発言し始めたばかりの新進の論理学者たちとは異なり、アンセルムスは、普遍的な実体が真に存在することを疑わなかった。それどころか、それらの存在を疑う者たちには神とキリスト教の真理について語る資格がないと考えていた。諸感覚が霊的な生活に何らかの場所を占めるのは、諸感覚がそれらの領域を超えた偉大な実在へと精神を接近させるからにすぎない。さらにまた、諸感覚は、精神をこの地上的な事物から神の知へと導くという瞑想的な役割をもっているがゆえに、天国において永遠の場所を有する。これは、アンセルムスの体系全体の中でも、より驚くべき特徴の一つであり、彼の説教において、彼が特に強調した点である。(14)

精神の外部の実体に関する吟味は、認識の第二の路によって補われ、これは、精神の直観的な自己認識から出発し、同様の認識の過程によって、真理、正義、美、徳といった非物体的な実体の知へと導く。

最後に、内観的な知と経験的な知という二枝の結合によって、精神は、神という至高の本質の知へと上昇を開始するが、その存在は、この世においては不完全な形でしか観想されえない。瞑想は、萌芽的な観想、天国の完全な観想の準備と言うことができよう。それゆえ、観想は、天国において完全に浄化された霊によって享受されうるのみであり、瞑想の十全な達成であるが、瞑想は、この地上においては浄化された霊によって修練されうるのである。

アウグスティヌスもアンセルムスも共に、訓練された霊のこの世の生活における中心的な活動を、cogitatio（思考）ないし meditatio（瞑想）といういずれかの語で呼んだ。一般的には、この二語は置き換え可能である。しかし、両者には一つの重要な違いがある。cogitatio が関係することができ、実際、しばしば関係するのは、この世の事柄であり、背徳的な目的さえも含まれる。他方、meditatio は、感覚の経験的なデータから知られうるものにしろ、精神の直観的な知から知られうるものにしろ、事物の本質についての純粋な省察にのみ関わる。有徳の目的に向けられた場合、cogitatio は meditatio と同じものであり、すべての人生の究極的な目的、神への精神の上昇を目的とする(15)。この種の cogitatio は、meditatio と区別することができず、アンセルムスが進んで没頭したのは、この種の cogitatio だけであった。それゆえ、実際的な管理という場面での彼の大雑把な行動も納得がいく。それは、この世の事柄に関する cogitatio を必要とするからである。しかし、一〇五九年以後、彼はそれらから背を向けたのである。

それゆえ、目標に関しては、思考と瞑想は区別できる。すなわち、思考は背徳的な目的のためにも働くことができるが、瞑想にはできない。だが、方法に関しては同一である。それらの共通のデータは、諸感覚の印象から精神の中で形成されたイメージ、そして、部分的には精神の自己認識、部分的には感覚的なデータから精神内で形成された概念である。それらの共通の道具は、論理学と文法学の規則である。これらの道具は、アンセルムスとアウグスティヌスにとって同様に、創造のさいに人類に賦与された二つの根本的な道具である。人間が神の似像に創られたことによって彼に課せられた運命を成就するのは、これらの道具を所有し、神を知るという真の目的のためにこれらを向ける能力を有していることによるのである。

アンセルムスはこのすべてをアウグスティヌスに見いだすことができた。もちろん、それを彼はアウグスティヌスに見いだした、と言ってしまうことは、証拠の及ばないことである。アンセルムスは、決して彼の精神の歴史（彼だけが知ることができた）を書かなかったからである。しかし、語り方と論証、そして前提と方法の類似性を熟慮し、またアンセルムスが彼の瞑想の偉大な著作である『モノロギオン』の読者に対し、そこに書かれていることがすべてアウグスティヌスの中にあることを認めるだろうと、ほとんど憤慨したように主張していることを考え合わせると、アウグスティヌスからの継承の線は十分明確になるように思われる。さらにまた、この発展を可能とした、アウグスティヌス研究の継続は、一〇六三年から一〇七〇年の沈黙の年月にしかなされえなかったと、ある確信をもって言うことができよう。

この年月の発展は、大部分アウグスティヌスの思想を吸収する過程であり、それ以前の四年間におけるランフランクスの思想の吸収に比較されうる。しかし、これは大雑把な表現であり、アンセルムスの知的な成長に及ぼした主要な影響を示すことができるにすぎない。ここで行なわれたことは、他人の着想を横領するといったことではない。それは、非常に精妙で、まれな同化吸収の過程であり、人生におけるこれらの主要な影響の結果として、アンセルムス自身の人格が、成長したのである。しかし、アンセルムスの人格におけるすべてがランフランクスから持続的に分かれていくことを促したのに対し、彼のうちにおけるほとんどすべてがアウグスティヌスに絶えず接近していくことを誘発し、ほぼ前者から離れた分だけ、後者に近づいたのである。この複雑さを十分に見渡す試みは、ランフランクスの場合には可能でも、私の能力を超えている。だが、それにもかかわらず、いくつかの点は、アンセルムスの将来の案内として提示されうるだろう。

（３） 類似性と対照性

まず、精神と目的の類似性を示すかなり具体的な例から始めることがよいだろう。共有する他の性格もさることながら、彼らは共に、全般的な着想を簡潔で記憶しやすい言い回しで表現する力をもっていた。その言い回しは、驚くほど類似しているが、しかし、二人の異なる人格と環境の刻印を帯びた相違も伴っている。たとえば、アウグスティヌスからの以下の引用を考えてもらいたい。

1「理解するために信じなさい」 Credite ut intelligas. (*Serm.* 212, PL 35, col. 1690)

2「理解は信仰の報酬である」 Intellectus merces est fidei. (*In Joh. Ev.* xxix, 6)

3「すべての罪はある虚偽である」Omne peccatum est mendacium. (*DCD*, xiv, 4)

4「あなたの命ずるものを与え、あなたの望むものを命じてください」Da quod iubes et iube quod vis. (Conf. X, 29)

5「神は、それよりより善いものが何もない何かと考えられる」Deus ita cogitatur ut aliquid quo nihil melius sit. (*De Doctrina Christiana*, I, vii)

そして、以下はアンセルムスからの引用である。

1「理解するために私は信じる」Credo ut intelligam. (*Prosl*. i)

2「理解を求める信仰」Fides quaerens intellectum. (*Prosl*. Proemium)

3「すべての罪は不正である」Omne peccatum est iniustitia. (*Or*. 3)

4「あなたが命じる限り、私があなたを愛するにふさわしくなるようにしてください」Da ut quantum iubes tantum te merear amare. (*Or*. 2)

5「私たちは、あなたがそれ以上に大なるものが何も考えられえない何かであると信じます」Credimus te esse aliquid quo nihil maius cogitari potest. (*Prosl*. i)

類似性は明白であり、アンセルムスが彼自身の類似した言い回しを記したとき、アウグスティヌスの言葉が彼の念頭になかったとは考えがたい。しかし、注意深く考えてみると、それらには一貫した型に従う相違がある。アンセルムスの言葉は、アウグスティヌスの言葉よりもこぢんまりとし、個人的で、慎み深い。アウグスティヌスにおいては、歴史の大きな舞台に関する認識、外の世界への感覚がまさっている。また、アウグスティヌスならではの非常に有名な観察の多くが、アンセルムスによっては決してなされえなかったと言わねばならない。アンセルムスの世界はより小さく、小さいにもかかわらず、彼はその世界について、アウグスティヌスが彼の周りの世界を知っていたほどには、知らなかった。さらに、彼の自己認識は、自分の人格を探究しつつも、アウグスティヌスより限定された観察を行なった。アンセルムスは、自分の過去を嫌悪をもって顧みることしかできなかった。アンセルムスが彼の瞑想のプログラムにおいて、どれだけアウグスティヌスに近づこうとも、彼は、人と神とのあいだにある裂け目の感覚にあまりにも苦悶したため、アウグスティヌスが「私自身と汝（神）を知りたい」[16]という珠玉の祈りにおいて行なったように、神と人とを結びつけることはなかった。自己認識は、アンセルムスによって、自己否定への誘因そして神の認識への道としてのみ評価された。アウグスティヌスにとっても、自己認識は神への道であった。しかし、被造物にも価値はあった。アンセルムスは、彼自身を軽蔑することで自己を見いだすことしかできなかった。したがって、彼にとって、自己認識は、全面的な謙遜、「軽蔑をもって取り扱われることを愛すること」に終わる。アウグスティヌスにとって、それは「私自身と汝」を知ることに終わった。

比較できる類似性と対照性は、教会の伝統への彼らの服従の仕方にも見いだすことができる。この服従は、彼らの思想のすべてを条件づけたが、つぎのような相違がある。教会は、アンセルムスにとって、彼の生活の部分であることに何の疑問もなかったため、その成長を歴史的な現象、つまり歴史のあらゆる重圧と緊張に従うものとして考えることはなかった。のみならず、アンセルムスは、彼が教会の一員であることを、アウグスティヌスのように、個人的な葛藤があらゆる予期に反して最終的な確信に到った結果として考えることなどできなかった。アンセルムスにとって、教会は、彼の経験における非常に安定した、変わることのない特徴であった。対照的に、アウグスティヌスは、彼がまだ教会に属していなかった時期を回顧することができたし、人間的な言い方をするなら、最初、学も能力もない人々によって表明された教会の主張が不条理であることを、理解することもできた。すなわち、彼はつぎのように言うことができたのである。「無名の、地位も学識もなく、ごく少数の者が、学識ある人々のいる世界に対して、かくも信じがたいことを、かくも力強く説得したことが信じがたいことである」(17)。もちろん、こう言うことによって、彼が目的としたのは、神の力を崇めることであり、キリスト教のメッセージを活性化することではなかった。アンセルムスには、こうした思想を抱くことを可能にするような、歴史の感覚も、信仰に関することができた。だが、彼には歴史の感覚があり、それによって人間的な言い方で状況を判断する個人的な苦闘の記憶もなかった。アウグスティヌスは少しでも信じるためには苦闘しなければならなかった。他方、アンセルムスの苦闘は、第一に彼自身を浄化すること、ついで彼がすでに信じていることを実践し、明確にすることであった。

したがって、最初に執筆を始める瞬間から、彼の言葉とプログラムはまったくアウグスティヌス的ではあったにもかかわらず、仔細に調べてみると、この世界に対する二人の姿勢、神学的な探究の範囲と精神、彼らの人格には、ある種の根本的な相違が明らかになる。われわれがアンセルムスの個々の著作を仔細に見ると、彼が、神における万物の統一に関する彼のアウグスティヌス的なヴィジョンに、全面的に自分自身の論理的な推進力を与えたことも分かるだろう。彼のプログラムはアウグスティヌス的だが、それを動かす基本ソフトはアリストテレス的であった。これが、論理的な厳格さと神におけるすべての存在の統一という、彼の独自な結合をもたらしたのである。

（4） 異なる時代――異なる外観

アンセルムスとアウグスティヌスにおいて最も対照的なことは、端的に、彼らが生きた時代にある。歴史的な状況という点で、アウグスティヌスは、偉大な非キリスト教的文化の伝統の頂点に立っていたし、彼自身もそれを感じていた。この文化的な伝統は、七百年前のプラトンにさかのぼり、キケロを経て彼自身の時代の偉大な諸学校まで持続していた。彼自身が、キリスト者となる前に、この長い伝統がもつすべての力を受け取り、徐々にその果実を受容していった。彼は、この伝統の規則に従うなら、キリスト教が信じがたいものであり、自分が信じるに到ったのは神の恩恵にのみよることであることを十分に自覚していた。けれども、この世の学問と神の啓示との対照性は、アウグスティヌスにとって、真理に対してこの世が貢献する価値を減少させるものではなかった。人間的な言い方をすれば、キリスト教信仰が信じがたいということも、あるいはキリスト教の証言の無知も、それらのメッセージに対立する論拠を提供するものではなかった。反対に、それらは、その神的な起源を信じるための主要な根拠であった。しかし、この制限内で、異教的な伝統は確固不動であったし、またその実質的な達成は、歴史の中への神の奇跡的な介入によって無効にされることはなかった。

アウグスティヌスは、彼の背後にある二つの伝統の重さをすべて背負って語ることができた。一方はまったく人間的であり、他方はまったく神的な伝統である。アウグスティヌスの中には、キリスト教の聖人であることと並んで、常にこの偉大な世界の人間がいた。彼は、不断に歴史的な舞台を回顧し、自分の眼に見える形で破局的なクライマックスに近づきつつある出来事の壮大な展開を、省察することをやめなかった。彼は、そのすべてを教会の栄光のための神的な計画として受け入れることができたし、同様にまた、自分自身の人生を回顧し、類似の場面を細密画の中に見るように見ることができた。すなわち、彼の子供時代、両親、プラトン主義、マニ教、回心、精神の成長、キリスト教の司教としての職務の負担、これらのすべてが読者に対して評価のために提示され、マニ教を除くと、彼はこれらのすべてに自分が恩を受けていることを認めたのである。

彼の凝視は、時おり、冷酷にすらなりえた。ヴァンダル族が虐殺と破壊の荒野へと変えようとしていた、くすぶる国土を見渡しながら、彼は、かつて尊敬した異教の哲学者プロティノスの言葉を思い出していた。「結局のところ、それは、木や石が落ち、死すべきものが死ぬ光景にすぎない」という言葉である(18)。だがこの無慈悲な格言にすら、受容の雰囲気がある。すなわち、すべてが粉々に崩れ落ちていくとき、その重大な出来事を前にして、彼の歴史と生の営みに関する感覚は、彼を見捨てることはなかった。すべてのただ中で、彼は、安堵を感じ、無数の読者に教会の生命における安全の保証を伝えた。この世界の不幸は神の栄光を促進した。この世の国の崩壊は神の国への一段階だったのである。

アンセルムスは、同じく異教思想とキリスト教思想の二重の伝統を継承していたが、両者に対する彼の関係は、アウグスティヌスとまったく異なっていた。二つの流れは、すでに和解させられ、相互に支えあうものとして彼のところに達していた。彼は、絡み合いかつ互いに排斥し合う要素の苦悶に満ちた混乱を、いささかも感じなかった。他方、アウグスティヌスの場合は、それをとおして、神の恵みにより、キリスト教の真理を確信する道を見いだすことができたのである。だが、この真理の二つの形は、すでに同一化してアンセルムスに達しており、彼は、理性的な人間であれば、それらを引き離そうとするなどということは、想像することすらできなかった。さらに、それらが彼に達したとき、それはアウグスティヌスの経験した出来事のように、広範囲に荒れ狂う二つの洪水としてではなく、生活と教説の二つの細い、明確に区別された流れ、それぞれ見分けのつく固有の範囲内に局限されたものとしてであった。すなわち、かつては異教的だったが今はキリスト教化された自由学芸の流れは学校に、そして教理に関するキリスト教の流れは、今は修道生活の伝統の内で穏やかに流れていたのである。

アウグスティヌスは、世界の騒乱の中で生き、延々と続き、苦悩をもたらす闘争であっても、それが嵐のただ中の平安を彼にもたらすことを決して忘れなかった。アンセルムスが知っていたのは、はるかに内的な喧騒である。しかし、平安に関する彼の選択は、精神的であり、知的な選択ではなかった。彼は、自分自身をランフランクスの手に委ね、原則的には闘争は終わった。この決断は、精神的、肉体的には厳しく、この世の楽しみをきっぱりと拒絶することを必要としたが、しかし、重大な知的決断を必要とすることはなかった。

それゆえ、アウグスティヌスが同時代人と共有した歴史的な展開の壮大な動きに関する感覚を、アンセルムスが示さないということは、驚くことではない。アウグスティヌスは、ローマ帝国とキリスト教の重大な展開に参与しているという意識を、古代世界の誰よりも自分自身の意識としていたが、この意識は、縮小された形で、しかしなお印象的な経験として、九世紀まで存続した。八五〇年になってもなお、この二つの伝統がもつ荘厳さに関する経験は、カロリング朝の支配者たち、俗人と教会人であれ関係者たちに共有されていた。しかし、一〇五六年に皇帝ハインリヒ三世が歿した後、こうした荘厳さは、西ヨーロッパの公的な生活にほんのわずかしか残らなかった。残された偉大さはすべて教会の中にあった。そしてそれは、細い水路を通って、まず修道生活の実践の中に流れ込み、さらに新しくは、教皇の主導権の下で再編成されたキリスト教世界の新しい理想の中に流れ込んだ。この新しい理想は、一〇五九年のローマ教会会議で印象的に表明された。アンセルムスがベックに到着した年である。しかし、後述するように、それは、晩年になるまで彼に印象を与えることはほとんどなかったし、その場合でもかなり希薄な印象だった。安全な場所は、修道生活という細い流れだけであった。

それゆえ、二七の歳で、アンセルムスは、この世を棄て、一心不乱に宗教的な生活に向かった。そしてこの隠遁の最初の結果は、深く自己を探求する内省のプログラムであった。つぎの百年間に、内省は広く実行される宗教的な修練の一つとなり、拡大された個人性の新たな眺望を開いた。だが、これはアンセルムスにはあてはまらない。自己の内面に向くことによって、彼は満足の場を見いだすことはなかった。神の前における自己卑下が、人間の唯一適切な応答であった。神を目指す理性的な論証をかろうじて足場とした以外に、彼が自分自身の内に見いだしたのは、罪と不安定さだけであった。アンセルムスの内省は、不安を増大させるものであって、人間がもつさまざまな力に関する理解を増すものではなかった。不安は、彼の初期の霊的な著作で絶えず繰り返された。

nimis peccator anxius confugio ...（罪人である私は不安のあまり……に庇護を求めます）

ad te fugit anxius quem iniquitas fecit tam reum dei ...（不正のゆえに、かくもはなはだしく神の犯罪者となった私は、不安に駆られあなたのもとに逃げてきました）

anxiatur siti anima mea ...（私の魂は渇きの不安におびえております）

Anxiare in me, spiritus meus, turbare in me, cor meum, erumpe et clama, anima mea ...（わたしの霊よ、己がうちで不安を覚えよ、私の心よ、己がうちにおいて困惑せよ、わたしの魂よ、砕け散り、叫べ）

Anxius itaque et tremens refugit ad te ...（不安と恐れからあなたへと逃避します）

aestuat et anxiatur desiderio tui ...（彼女の心は、あなたへの希求に、燃え立ち不安になっています）

anxius de me et de mihi commissis ...（私と私に委ねられた者たちに不安を抱き……）

anxius intercessores quaero ...（不安を抱いて仲介者を求める私は……）[19]

まず、不安を強め、ついで不安からの逃亡を求める必要が、彼の第一の趣旨であった。そしてこの不安を適切に正当化する根拠は、「招かれる人は多いが、選ばれる人は少ない」（マタ二〇・一六、二二・一四）という聖書の中のたった一句で表現することができた。どれほど少ないかを、われわれは知らない、と彼は付け加えるかもしれない。それゆえ、人は、自分の救いに疑いをもたなくなったわずかな人々の一人であることを確信するまで、誰も安閑としてはいられない。「このわずかな人々の一人として生活していない者は誰でも、自分の生活を正し、あるいは断罪の確実さと向き合うようにしよう」[20]。この恐怖は、彼の最初期の書簡の何通かの中心にあり、また続く三〇年間、所々に繰り返されることにもなった。それは、畏怖に満ちた教えだった。彼が育った時代は、莫大な悔悛が罪人に課せられ、それらを免除されることができたのは、この世を棄てた人々か、あるいは、この世で生活していても、修道生活と関係をもっていた人々だけであった。

アンセルムスの神学的な体系は、罪人にとってより希望のある展望を創出することを助長したが、しかし、彼自身はこの希望の新たな精神を共有することはなかった[21]。彼は、広範囲にわたる断罪の予期から逃れることはできなかった。彼は、すべての人に最も狭い路を選ぶようにと説得を試みることしかできなかった。アンセルムスの思想には、適度ということも、安心の感覚もなかった。対照的に、アウグスティヌスは、彼以上に罪を意識した人はいなかったにもかかわらず、アンセルムスには決して見いだされない安心の感覚をもっていた。アウグスティヌスは、この世の生活においては何も安心なことがないことを知っていたが、それでもつぎのように言うことができた。「恐れてはならない。神は欺かれない。罪人のただ中にあっても心配せずに善い者でありなさい[22]」。

このような言葉は、決してアンセルムスに見いだすことはできない。

アンセルムスの世界は、アウグスティヌスのそれよりもはるかに縮小されていた。だが、彼はその中でも安心してはいられなかった。彼は、アウグスティヌスのように思索したが、しかし、それらの思索をアウグスティヌスよりも限定され、精密で、ひたむきな仕方で展開した。アウグスティヌスの思想は、彼が表現する世界と彼が直面する精神の両方において広大であった。彼は、世界、時間、歴史、諸民族の運命を意識していたが、アンセルムスにはそれがほとんど欠落していた。アンセルムスが人生の全体を費やしたのは、ヨーロッパの歴史における比較的短期間だった。すなわち、古代の帝国の理想がほとんど無に帰していく一方で、西欧の新たな信頼関係がまだ確立されていなかった期間だった。こうした状況は、なぜアンセルムスの内省的な凝視が――最終的にはそれが開放的であることが明らかになるとしても――直接的には恐怖に対する深い叫びに達するのかを説明する助けとなる。彼が個人の発見に着手したのはこの恐怖からである。そしてこの発見は、一二世紀を代表する人々の手で、新たな人間の潜在的な能力に関する見解を開き、後期中世のヒューマニズムに達する黄金の糸となったのである。アンセルムスにとって、開放とは、人間の堕落状態に関する確固とした認識と神の意志への全的な服従にのみ由来しうるものだった。

これらの比較は、アンセルムスの評価を傷つけると思われるかもしれない。しかし、それらが傷つけるのは、むしろ彼が生きた世界である。すでに指摘したように、彼の青年および中年の時代、将来に対する大胆な計画を携えてこの世界に向き合った唯一の人々は、ノルマンディーにおけるウィリアム公、ローマの教皇庁の組織者たちであり、その中ではグレゴリウス七世が傑出した人物だった。アンセルムスは、将来の世界に関する計画を持っていなかった。彼は、厳格な献身の生活に進んで自らを委ねようとする者たちの魂のためにのみ思索し、計画を練った。この厳格さの中で、彼は甘美さと喜びを見いだし、宣言した。これらの甘美さと喜びとが、彼に近づいた人々の誰もが感じた魅力の源泉である。

アウグスティヌスは、暴風雨が逆巻き、目まぐるしく変化する大海のようである。そこには、古代世界の没落から生じる恐ろしい圧力によって形成され、相反する潮流が渦巻いていた。アンセルムスは、細い水路のようであり、端正で、澄み切っており、外からのいかなる要素も受け付けようとはしない。彼は、彼のこの上ない苦悶の感情を、芸術的な簡潔さで表現したが、それはアウグスティヌスから学んだものではなかった。精密さは彼の目的であり賜物であった。彼には、アウグスティヌスの着想がもつ豊な流れがない。アウグスティヌスは、彼の思想を組織立てることなく、惜しみなく撒き散らした。他方、アンセルムスが供給できたものはより少ないが、彼はそれを最も有効に整えた。

アンセルムスの著作が与える第一印象は、若々しい輝きと集中力である。しかし、それらは長い準備と一心不乱の研究の結果である。『グラマティクスについて』を除くと、われわれは、四〇歳にならんとするまでに彼が書いた著作を、何ももっていない。そして、彼の最も重要な著作は、四五歳、あるいは六十歳を過ぎたときのものである。これは驚くべきことである。才能の点で彼に非常に近い人々の例から判断すると、彼の知性は、若い頃に発展する類いのものである。数学的な精密さをもつ明晰で独創的な思想は、通常は、骨の折れる準備を必要とはしない。それらは、若い時に発揮されるか、さもなくば、まったく発揮されないかである。同様に、アンセルムスの初期の書簡における激しい友愛の表現は、若々しく、情熱的に思われる。しかし、それらは、重苦しい思索に圧せられ、この世とは異なる雰囲気の中に隔絶された、中年の時代の書簡である。

この対照性は彼の神学的な著作の中にも見いだされる。それらは、光彩を放つが、分量は少ない。だが、それらも長い準備の結果である。アンセルムスの強みは、初期と後期の中世の神学者たちが行なったように、莫大で複雑な素材に精通することにあったのではない。これは時間がかかることにちがいない。だが、トマス・アクィナス、そして後にはドゥンス・スコトゥスであっても、調和させなければならない素材がきわめて豊富であった時代に執筆したにもかかわらず、アンセルムスが今日も記憶に留められる著作を執筆した年齢に達する前に、すでに包括的な大著作を産み出しており、スコトゥスの場合は四二、三歳で亡くなった。しかし、彼らが執筆したとき、その路は広く、見通しがきいた。アンセルムスが執筆したとき、目的地は明確だが、そこに到る知的な道はまだ探索されていなかった。彼が着手した仕事は、最上質のほんのわずかな素材を用いて、全体の道筋を最初に素描することだったのである。

第Ⅱ部　輝きを放つ年月

一〇七〇—一〇九三年

第五章　アンセルムスの新たな出発

一　『祈祷』と『瞑想』

沈黙の年月の後、アンセルムスの最初の著作は、『祈祷』と『瞑想』そして書簡だった。それらは、こうした自己表現の部門の両方において、表現の力強さに関する新たな基準を設定した。すべての『祈祷』と何通かの書簡は、明らかに、彼の内奥の思索と感情を個人的に吐露しているにもかかわらず、他の人々に役立つことも意図された。しかし、書簡は、彼の弟子たちによる収集活動にもかかわらず、彼の死後それらを受け入れる読者を見いだすことができなかったのに対し、『祈祷』は大成功をおさめた。

後期中世において、この『祈祷』は、彼の全著作の中で最も影響を及ぼし、広範囲に読まれるようになった。けれども、そこに到るまでに、それらは、模倣者たちの作品と区別ができないほどに混合し、模作がそれらの人気の大きな要因ともなった。というのも、模作は、真正の作品よりも消化吸収しやすい形でアンセルムスの敬虔の文体を保持したからである。当然のことながら、こうしたサービスを行なったことに対する代価も払わなければならなかった。模作はアンセルムスが果たした貢献の特質を曖昧にしてしまい、ようやく二〇世紀になって、こうした希釈が発見されたのである。(1) 付加された偽作の堆積が一掃された今日だからこそ、『祈祷』と『瞑想』の発展におけるアンセルムスの精神と見解の成長のある部分を、出発点に戻り、跡づけることができるようになったのである。

われわれがアンセルムスの『祈祷』の存在を最初に認識するのは、一〇七二年頃、征服王ウィリアムの娘アデレード宛に、彼が執筆した書簡の中である(2)。貴族階級の多くの未婚女性と同様に、アデレードも半ば修道的な生活に身を捧げていた。この生活だけが、こうした女性たちに、世俗における身分相応に彼女たちが期待した自由と権威を、与えることができたのである。われわれは、彼女たちを、歎きながら祈りを唱えるために薄暗い片隅に隠棲する女性などと考えてはならない。高貴な生まれの隠遁女性たちは、一家を構え、また礼拝堂付き司祭ももつようになる。彼女たちが求めたことは、その生活にふさわしい威厳のある地位である。彼女たちは、修道院の正規の聖務日課を完全に実行することを望んだわけでもなく、またそのために必要な学識もなかった。彼女たちが必要としたのは、より簡単なこと、つまり、正規の宗教的な生活の模範を緩和した生活であった。このため、彼女たちにとって、修道院の助言者に助けを求めることは自然なことだった。アデレードより高齢の同時代人で、寡婦となった皇后アグネスも、フェカン修道院長ヨハネスから祈祷と読書の栞《しおり》を受け取ったばかりであった。もしアデレードがこのことを知っていたとすると、その栞は彼女のすべての必要を満たすと思っただろう。というのも、それは、アンセルムスがなしえた以上に、穏やかで洗練された敬虔、キリストの救いの恵に対する信頼、この世に対する穏健な拒否、献身の生活における進歩への熱烈な希求――まさしくこの世から隠遁した高貴な婦人が望むこと――を表現していたからである(3)。アンセルムスはこのようなものを産み出すことができなかった。彼の穏健な態度の背後で、彼は、わずかな人しかそれを満たすことのできない、厳しい要求をしたからである。しかし、彼は、最善を尽くして、アデレードが必要としたものを提供した。

けれども、アデレードは、皇后アグネスのために書かれた『祈祷集』について、何も知ることができなかった。後者は（たとえ寡婦の身であったとしても）、ローマあるいは政治的な生活の中心であるドイツの宮廷で生活し、望むがままにどこからでも助言を求めることができた。アデレードは、それよりはるかに目立たない人であり、ベックの近くでひっそりと隠遁生活をしていた。こうした状況で、もっとも近づきやすい助言者としてアンセルムスに頼ることは彼女にとって自然であった。実際のところ、彼女がアンセルムスに依頼したのは、彼女のための『祈祷』を特別に書いてもらうことではなかった。彼女の依頼は、自分が使うための詩編抜粋集を編んでもらうことだった。これは、修道院の聖務日課を完全に行なうためのさまざまな手立てを欠いてはいるものの、宗教的な生活に心を向ける人にとって、極ふつうの出発点であった。そこでアンセルムスは、彼自身が選択した一連の抜粋集を送った(4)。しかし、彼女に請われたわけでもなく、彼は、自分自身が創作したいくつかの祈祷を付け加えた。彼女の助けになると考えたのだろう。詩編の抜粋は残っていないが、『祈祷』がどれかは確認することができる。添え状の中で、彼がそれらについて述べたからである。

この書簡の中で、彼はアデレードに、彼女が要望した『詩編詞華集』と並んで、七つの祈祷を同封したことを、以下のように述べている。

『詩篇詞花集』の後には七つの『祈祷』が付されております。それらの最初のものは祈祷というよりは瞑想です。これによって罪人の魂は自己自身を簡潔に吟味し、見いだしたことを軽蔑し、軽蔑することによってへりくだり、へりくだることによって、最後の審判に対する恐れを抱き、恐れを抱くことによってうめきを発し、涙を流すでしょう。祈祷の中には、聖ステファヌスと聖マリア・マグダレナへの祈祷が含まれていいますが、もしそれらを心の奥底から受け入れるならば、愛を増すことになるでしょう。全部で七編です。そして貴女の魂の僕であり友人として、貴女に勧めますが、謙遜そして恐れと愛による供物として、これらを献げて下さい。[5]

簡潔ではあるが、アンセルムスの記述は「瞑想」一そして「祈祷」一三、一六を確実に同定するのに十分であり、また「祈祷」八、九、一〇、一一についても高い蓋然性がある。[6] この手がかりのお蔭で、われわれは、アンセルムスが個人的な信心の様式を発展させていく第一段階について、最初の概要を試みることができる。この第一段階は、中世の霊性に新たな一章を開くものである。どのような再構成の作業も試験的であるにちがいない。というのも、われわれはここで、非常に複雑な歴史的な発展の領域に足を踏み入れているからである。そして、このことは、それにふさわしい注目をこれまで受けてこなかったのである。しかし、アンセルムスによるさまざまな革新とそれらが彼自身の発展を明らかにするという点を慎重に評価することは、われわれの力の及ぶ範囲にあると思われる。この目的のために、われわれはまず、このような祈祷の制作の歴史的背景を理解しなければならず、そうすることで、その中でアンセルムスが執筆した、個人的な信心の伝統に照らして、彼の作品を調べることができよう。

二　信心の背景

この背景に関して、われわれは詩編集から始めなければならない。これは、正規のものであれ、そうでないものであれ、すべての信心の主要な道具だったからである。一週間で詩編全部を唱えること、それに加えて、一日にいくつかの詩編を唱えることが、修道院の聖務日課（Opus Dei）の中心的な特徴だった。同じく、修道院の日課に新しく、より非公式に付加されたものは、大部分、選ばれた詩編を唱えることからなっていたが、この詩編を取り囲むかたちで（主要な日課と同様に）、朗読、聖歌、賛歌、そして、各々の日、季節、信心の主題に応じた集祷が配されていた。

このように増加していく修道院の日課は、詩編を除くと、敬虔な俗人が使用するために採用できるものをほとんど提供しなかった。そこでは、それらを短縮するほかに、なすべき手立てはほとんどなかった。しかし、通常の聖務日課に加え、個々の修道士は、個人的な祈りと瞑想にも専心した。厳密な意味での個人的な祈りについて、『戒律』は極わずかしか触れていない。そして、一〇、一一世紀に聖務日課がしだいに長くなり、入り組んでいくに従って、修道院のタイム・テーブルの中に、個人的な祈りに長時間を割く余裕がなくなった。もちろん、修道士の中には――アンセルムスもその一人だが――祈るために夜中に目覚め、寝る時間を割き、自分自身のために機会をつくる者たちも常にいた。だが、彼らは祈りを書きとめる必要もなかったし、われわれもそれらの内容についてはは何も知らない。

瞑想はこれとは別である。個人的な祈りと異なり、瞑想は『戒律』によって要求されていた。しかし、『戒律』で使われている意味では、meditatio は、単に共同体の活動のための準備を意味していた。それは、日課の朗読箇所に備えること、聖歌を習うこと、聖歌隊の子供を訓練することなどである。(7) 一一世紀までには、個人的な準備のために特別に時間が延長される必要が生じた。聖務日課が音楽と言葉による高度に複雑化、厳密化された行為となり、それらが、熟練者の協同を要求し、それゆえ共同体全体にも入念な練習を要求したからである。言葉の学習に加え（長時間の夜の聖務日課においては、書かれた言葉を見ることは困難だったことを、想起しなければならない）、それらの意味を理解するための知的な著作も必要とされた。しかも、その意味がしばしば精巧な寓意的意味だったため、註解書の研究と理解のための不屈の努力によって到達されうるものだった。それゆえ、一一世紀までに、「瞑想」は――『戒律』の著者は、おそらくこれを暗記という単純な作業として思い描いたのだろうが――しだいに複雑さを増し、『戒律』の著者が予想しえたことを越えた要求をするようになった。

この発展の細かな段階は、大部分われわれの目から隠されている。けれども、アンセルムスの時代までに、ベネディクト的な瞑想は、単に毎日の聖務日課に必要な朗読と歌唱の準備という以上に多様な訓練となっていた。人間の多くの活動と同様に、本来は共同体的な目的をもっていたものが、独立した訓練となり、それ自体の将来をもつようになっていった。共同体の日課から、三つの関連し合った活動が登場し、各々は新たな形の専門的技術を必要としていた。聖務日課が音楽的、文学的に精緻に仕上げられたことにより、高度な音楽的技術が必要とされた。付加された短い聖務日課は――そのうち最も広範囲に行なわれたものは、聖母マリアないし聖三位一体の崇敬に捧げられた――新しい賛歌と聖歌、そして新しい祈祷と朗読を必要とした。アンセルムスが生きていた時代のノルマンディー修道院の風景を、最も明確かつ熱心に観察していたオルデリクス・ヴィターリスは、彼の『教会史』（Historia Ecclesiastica）においてこれらの諸活動を垣間見させてくれる(8)。

これらの発展の大部分は敬虔な俗人男女の必要と関係なくなされた。しかし、修道院における新たな短い聖務日課には多くの問題点があった。それらは、修道院内の個人そして修道院外の教養のある隠遁者――特に女性――の両方で活用されることがありえたからである。これらの発展の第二は、特に、修道院とその世俗の保護者との相互的な依存関係を促進をした。この関係は、後述するように、アンセルムスの後の年月において多くを占めることになる。修道院は、その世俗の保護者なしには立ち行くことができなかった。世俗の保護者は、修道院がなければ、文化的な生活のための主要な支柱を欠くことになり、永遠の救いへの希望については言うまでもない。到る所で、そして特に急速な発展を遂げていたノルマンディーの社会においては、土地を所有していた貴族階級とベネディクト修道院は複雑な共生状態の中で生きており、各々が互いの生活の拡大に貢献し合っていた。

修道院を支えてくれる一族のために、それが果たした貢献の一つに、彼らが使うための個人的な祈祷の提供がある。個人の礼拝堂であれ、何らかの隠遁生活で使用されるものであれ、それには、一一世紀までにすでに長い歴史があった。二五〇年前、シャルルマーニュはアルクイヌスに自分のために日々の祈祷の栞を作成するように依頼した。さらに後に、アルフレッド王は、詩編と祈祷の手引きを、いつもふところに入れて持ち運んでいた。これらの祈祷書は、詩編の抜粋に短い祈祷を合わせたものから成り立っており、後期中世の個人的な宗教生活に果たしたカロリング時代の功績である。多くの場合と同様、それらは、しだいに長くなり、またどのような状況か、あるいは誰のためにそれらが作成されたかに応じて多様化していったが、諸要素は大体において変らなかった。それらが体現していた諸理念は、本質的には、アルクイヌスが彼の主君である皇帝シャルルマーニュに個人的な詩編詠唱の規則的な順序を推奨した時代のものである。

もし陛下が注意深く御覧になるなら、詩編の中に、祈りへの親しみを見いだすでしょう。それらの助けなくして決して発見することができなかった親しみです。さらに陛下の罪に関する心の奥底からの告解のための言葉、また神の憐れみを完璧に嘆願するための言葉を見いだすでしょう。また、詩編の中に、陛下の上に降りかかるすべての事柄に対する感謝を見いだすでしょう。詩編によって、陛下はご自分の弱さと惨めさを告白し、それによってご自分の上に神の憐れみが下ることを呼び求めるのです。もし神が憐れみによって陛下に詩編の秘密を啓示して下さるのであれば、陛下は詩編の中にすべての徳を見いだすでしょう。(9)

この考え方の線に従うと、詩編は、アンセルムスに先立つ二世紀間、修道院共同体と同様に、俗人のための個人的な祈祷の主要な源泉だった。しかし、この中心的な核のまわりに、さまざまな集祷と祈祷が増加していった。集祷は短くなければならなかったが、祈祷は、写本においてはしばしば本体の詩編に続くため、さらに発展する余地を残していた。

これらの発展の中で、特に重要なことが一つあった。初期の祈祷集は大部分が神に向けられていた。ところが、一〇、一一世紀には、聖人、とりわけ聖母マリア、洗礼者聖ヨハネ、聖ペトロ、聖パウロ、聖アンデレ、聖ステファノそして聖ベネディクトゥスに向けられる割合が増大していった。(10)この超自然的な力の分散が、半ば独立した諸公国のあいだでカロリング帝国における権威の分裂が増大していくことの霊的なアナロジーを提供した、と言ったら、おそらく、あまりにもぞんざいかもしれない。しかし、慎重に適用するなら、このアナロジーは、わけの分からないものではない。主権の政治的な分散は、カロリング帝国の官僚たちのあいだにおける領土権の分散を生じさせた。そしてこの時代の教会と修道院における聖遺物の分散が増大するに従って、超自然的な主権も同等に分散した。「国旗のうしろに商売がついてくる」(trade follows the flag) と言われるのとまさしく同じように、当然のことながら、聖遺物の所有は、各教会に聖遺物が安置されている当の聖人たちへの関心を刺激し、また彼らの聖遺物が発見された場所はどこであれ、種々のタイプの危険や誘惑における救済の代行者としての彼らの生涯と霊験が、特別な研究の対象となり、助けの希望の対象となった。

それゆえ、詩編からの抜粋と混じって、われわれは、その時代と地域で最も人気のある聖人への祈祷の数が増大していることを見いだす。これらの祈祷は単純かつ効果的な意図、つまり、聖人の生涯におけるいくつかの出来事が取り上げられ、礼拝する側の必要に適用されるという意図に従った。それゆえ、三度キリストを否認した聖ペトロの罪、そしてガリラヤ湖での彼の信仰の喪失は、彼の罪と嘆願者の罪を結びつけ、彼自身に似た弱さをもつ人々のために、解いたりつないだりする彼の権能の行使を呼び起こすために用いられた。たとえば、カロリング朝の聖ペトロへの一般的な祈祷を取り上げてみよう。それは、非常に短いが、この聖人そして同様の罪人がもつ共通の弱さを、凝縮した形で訴えようとしている。

この上なく聖なるペトロ、使徒たちの君、私の羊飼い、施し手、あなたの師はあなたに結びかつ解き放つ権能をお与えになりました（マタ一五・一九）。私は祈ります。私の数々の不義によるあらゆるいましめから私を解き放ち、私のために執り成して下さい。そして主、あなたの師が、あなたをご覧になったように、私をご覧下さい。そして悪の深い淵から私を救い出して下さるように。主はあなたをガリラヤの湖から救い出して下さったのですから（マタ一四・二二―三三）。主が憎んでおられるすべてのことを私から追い出し、永遠に主に喜ばれるすべてのことを私に与えて下さいますように。アーメン。

本質的な趣旨は、かなり簡潔で単純でも、辛うじて伝達されえた。アルクイヌス自身がこれを含む一群の祈祷の著者だっただろうと見なすに十分な理由がある。しかし、著者が誰であれ、この祈祷とこれに関連した祈祷は、イングランド－アイルランドの伝統がもつ初期の冗長さと対照的に、カロリング朝の学識による規律と節度を示している。[11] これらのテクストは、大幅に変更されることもなく、二百年以上も個人の祈りの目的に役立ったのである。一一世紀の中頃以前に、これらの短い祈祷文に多くの付加がなされたようには思われない。それどころか、不変性を確保するための典礼的な枠組をもたないにもかかわらず、信心の形態の安定性ほどに、過去二世紀の保守主義を明確に示すものはない。たとえば、一一世紀半ばの個人の祈祷集で、モワサックのクリュニー系修道院に由来し、詩編と祈祷を配列したものが残っているが、その本質的な要素は、すべて九世紀にさかのぼる。カロリング朝的な秩序と節度――そう言ってよかろう――は、一一世紀まで残り、すべてに共通な必要を満たしたのである。このような修道士あるいは教養のある俗人の個人的な信心のための書物は、一〇五〇年頃までは非常に一般的であったと思われ、またそれらは同様に、二百年前にすでに作成されていたのだろう。[12]

しかし、この頃には、変化の徴候も現れた。最も目立つことは、過去の祈祷文の簡潔さはもはや満足を与えず、独自の労作への強い要望が広がり始めたことである。このことが特に顕著に認められるのは、急速に数を増していった聖母マリアへの祈祷であり、これらの祈祷は新たな問題を提起し、また（後述するように）アンセルムスにある種の困難を引き起こした。その問題とはつぎのようなことである。すなわち、聖人たちが嘆願者と共有する罪に言及することによって聖人たちに訴えるという、すでに十分に確立した方法は、罪をもたない聖処女に適用できないということである。このため新たな種類の彫琢がなされることになった――賞賛、そして讃美の言葉を敷衍することである。ルーアン司教マウリリウス――彼の助言でアンセルムスは修道士となった――は、カロリング朝のマリアへの古い祈祷を、慎重に多少とも拡張した最初の人だった。元のテクストは以下のとおりである。

功徳において並ぶ者なく、唯一、比類のない母、処女なるマリアよ、主は貴女の心と体を汚れなく保ち、貴女の体が、私たちの贖いの代価、神の御子の体を形成するにふさわしいものとなるようにして下さいました。私は貴女に嘆願します、貴女によってこの全世界は救われたのですから、この上なく深い慈しみを注ぎ、私のために執り成して下さい。私のあらゆる不義によって私は堕落し、汚れております。ですから、私の罪のゆえに永遠の罰を受けることのみが私にふさわしいことですが、この上なく栄光に満ちた処女よ、どうか貴女の功徳によって救われますように、そしてイエス・キリストをとおして、永遠の御国を受け継ぐことができますように。アーメン。(13)

聖人に対する他の祈祷と同様に、この祈祷は、ほぼ二百年間、個人的な祈りの必要を満たし、九世紀から一一世紀にかけての数多くの写本に保存された。ついで、より深い自己卑下、聖母の権能と特権をより熱烈に高めることへの強い要望、そしておそらく、より多くの言葉に対する素朴な欲求が、このカロリング朝の祈祷の廃棄を確実にした。さらに大幅な彫琢に対する要求に応えるために、マウリリウスは、かなり個人的な情感を含む長い付加を行なって、これを発展させたけれども、神学的な内容には手を加えなかった。以下の一節は、この長い付加の見本として適当だろう。

私は何と不幸な人間でしょう、無垢と聖性の恵みをすべて喪失したのです。私は繰り返し神の聖なる宮を汚しました。しかし、私は何をしているのか、私の淫らな言葉を清らかな耳に注ぎ入れているのではないか。私はおののいています、淑女よ、私はおののいています。私の良心が私を責めます。私は下賤な裸身のまま

貴女の前に出ることに恥じ入っています。(14)

この時代の宗教的な意識は、長大な心情の吐露への強い愛好を発展させていった。そうした吐露が無意味な空言へと退化する危険は、残念ながら明白である。実際、しばしば、そうしたことが生じた。必要とされたのは、この真情を吐露する言語を力強く語り、それに新しい神学的な洞察を加えることのできる人であった。真情の吐露と神学的な洞察こそ、まさしく、アンセルムスが貢献することのできた特質だった。彼は、この時代の宗教的な衝動に、精密な思考の規律と満ち溢れる熱情を付け加えたのである。

新たな発展のもう一つの重要な側面は、敬虔な読者たちの中で女性の重要性が増していったことである。新たな祈祷集はこうした読者のために書かれ、また彼女たちのあいだで流布したのである。九世紀において宗教的な文書の主な保護者が、シャルルマーニュ、カール禿頭王、アルフレッド大王などのように傑出した支配者だったのに対し、修道院の祈祷の新たな保護者は、アデレード、皇后アグネス、そして後にはマティルダ伯夫人のように女性たちであった。アンセルムスが最も彫琢した『祈祷』と『瞑想』の集成も、このマティルダのためだった。感情的な訴えと言葉の充満が増大したことが、この強調点の移行とどれくらい結びつけられるのかを決定することは、他の研究者に委ねなければならない。これらの変化を十全に記録するためには、多くの要素が考慮されることが必要となろう。だが、この段階でアンセルムスの貢献を理解するために必要な背景は、十分に提示された。

三　アンセルムス的な転換

アンセルムスは、カロリング朝の個人的な祈祷の様式を、少なくとも一つの観点において観察し、詩編の抜粋集に彼の祈祷を付加することから開始した。しかし、彼はこれをアデレードの要望で行ない、彼の詩編詞華集は後の『祈祷』の一部とはならなかった。このこと自体が過去との断絶であった。つまり、彼の『祈祷』が本体である詩編の抜粋の付録となる代わりに、いまや、重点はもっぱら付録に置かれることになった。手始めに作成された詩編の抜粋を、彼はアデレードに送るが、彼自身にとっては必要のないものと見なされた。したがって、彼の『祈祷』の写本のどれにも保存されていない。

さらに、それまでの祈祷集の編纂者とは異なり、彼は自分自身を、すでに形成された典礼の伝統に、無名で寄与する者とは見なさず、他と区別される作品の創作者と見なした。当初から、彼の『祈祷』と『瞑想』は、彼自身の名を冠し、彼の他の著作と一まとまりになって流布した。偽の創作と混交されたにもかかわらず、それらには大抵の場合、彼の名前が付されていた。明らかに、これは著者の傲慢のなせる業ではなく、事実はまったく逆であった。つまり、個人の責任の表明だったのである。言葉はすべて自己卑下を表現していたが、その強調点はことごとく個人に置かれていた。

この無名性の欠落、自己卑下は、意図的であっても、重要な革新であった。初期中世のすべての祈祷集は、無名で流布するか、あるいは何らかの偉大な古代人の名を後ろ盾にして流布した。アンセルムスの祈祷集は、その時代の著者名で流布した中世の最初の著作であり、彼の全集に保存された。それらが典礼テクストの古い集積の一部だったことから尊重されたのではなく、それらにアンセルムスの名が付せられていたために、当初から価値があったのである――多くの場合、それらが偽作だったことを今日われわれは知っているが、しかし、それはアンセルムスの責任ではない。

アンセルムスの『祈祷』を過去の祈祷集と分かつこれらの外的な相違点が、アンセルムス的な転換の最初の公のしるしである。われわれはもはや、集合的、無名の環境の中にはいない。罪人は神の前にのみ立つのである。しかし、最も重要な革新は、内部に、内容にあった。この点で、アンセルムスは過去と決裂した。それは、すでに前進を開始していたその方向に跳躍するためには、まさしく決定的であった。この跳躍は、彼と彼の読者を自己開示の新たな領域へと招きいれた。この相違と連続性の両方を十分に示す例は、彼の聖ペトロへの祈祷の最初の部分に見いだすことができる。この文体と内容を、先に引用したカロリング朝の雛形（一三五頁）と比較していただきたい。

聖なる、この上なく慈しみ深いペトロよ、神の羊の忠実な羊飼い、使徒たちの君、これらの最も偉大な君たちの中の君、あなたが望むことをつなぎ、解き放つ方、あなたが望む者を完成し、起き上がらせる方、あなたが望む者に天の王国を与える方。偉大なペトロよ、偉大な方、数多くの、かくも偉大な賜物を与えられた方、数多くの、大いなる威厳によって高められた方、どうかこの私をみそなわして下さい、卑小な人間たち(homunculi)の中で最も貧しく、卑しい私、あなたの親切な助力を必要とする悲惨の中にいる私を。私の口には、私の窮乏を言い表す言葉もなく、私の心には、このような深淵からあなたのおられる遥かな高みに到達するために専心する力もありません。私の鈍重な精神を何度も鼓舞しては、この精神を破壊する無益な事柄から引き戻そうと試みます。しかし、私の精神が全力を集中しても、数々の罪の重圧がもたらす無感覚の暗闇を突破できません。ああ、この私は、この上なく邪悪な、この上なく邪悪な人間。これは真です。嘘偽りなくそうなのです。誰がこの邪悪な存在を助けてくれましょう、苦難を言葉で言い表すことも、心の内に悲嘆を見いだすこともできない存在を。(15)

アンセルムスの祈祷にはこれよりも洗練された多くの章句があるが、彼が果たした革新の主要な典型を例証するには、これで十分だろう。

第一に、各々の思想に膨大な彫琢が施されていることである。冗長のように見えるが、しかし仔細に見ると、各々の語句は、苦悶しつつ内省する精神状態の明確なイメージを喚起する。これが、アンセルムスの初期の全著作がもつ第一の、持続的な徴候である。

第二に、ペトロの諸特権を体系的に確認していることである。「あなたが望むことをつなぎ、解く方、あなたが望む者を完成し、起き上がらせる方、あなたが望む者に天の王国を与える方。」(solvis quod vis, resuscitas quem vis, das regnum caelorum cui vis.) という一節がそれである。ペトロの指導的な地位が、これ以上に力強く表現されることはありえなかった。

最後に、これほど言葉を彫琢したにもかかわらず、結局、彼が願うことは、注意深く、抑制されたかたちで明確化されるということである。すなわち、「私のために祈って下さい、私を教えて下さい、私をいやして下さい」と述べられる。これらの語句を注意深く吟味するなら、つぎのことが明らかになる。すなわち、罪深い意志が三つの側面――罪、罪人、そして意志が誤って目指す目的――をもっているのとまさしく同様に、意志の救いのためには三つの働き――罪の赦し、霊の再生、浄化された魂への報いを必要とする、ということである。

それゆえ、われわれは、アンセルムスの著作の到る所に見いだされるように、ここでも、表現に対する極端なまでの熱情、体系的な完結性、実践的な抑制の特有の結合を見いだす。これらがアンセルムス的な革命の特徴であり、われわれは彼の友愛観にもこれらを認めることになろう。すなわち、表現は温かく、熱烈ですらあるが、極めて精緻な意図をもち、厳格に操作されているのである。

しかしながら、体系的な厳格さは、アンセルムスの思想と実践の到る所に見いだされうるにもかかわらず、表現の満ち溢れる豊かさは、彼の中庸の本質的な特色であり、過去との断絶で重要な役割を演じる。たとえば、アンセルムスの祈祷のプランは、聖人の生涯から出来事を取り上げ、それらを罪人に適用するという、すでに確立したカロリング朝のパターンに従うにもかかわらず、アンセルムスは、嘆願する者の罪責を深刻化するだけでなく、聖人を傷つけることもなく、彼の趣旨を強調する。たとえば、聖ペトロに助けを求める場合、嘆願者は、この使徒の筆頭が羊たちの羊飼いとしての役割を担っていることと同様に、彼が主を三度否認したことを思い起こさせることが伝統の一部であった。この否認は、援助が求められている聖人との接点を罪人に与えたのである。しかし、アンセルムスは、使徒の罪と嘆願者自身の状態の両方に詳細に手をいれ、それらは、新しく、衝撃的であった。

羊は病で死に瀕しています。彼の腫れ物ははれ上がり、傷は口を開け、悪臭を放っています。狼たちは彼の血の味を知っています。彼らは、彼が放り出されるのを待っているのです。忠実な羊飼いよ、あなたの目を彼に向けて下さい。彼があなたの羊たちの一匹であることを知って下さい。もし彼が迷い出てしまったとしても、それでも、彼は自分の主人、羊飼いを拒みはしなかったでしょう。もし、キリストの泉で洗われ、白くされた彼の顔を、汚れのゆえに見分けることができないとしても、少なくとも、彼がキリストの名を告白していることは分かるでしょう。キリストは、「私の羊を養いなさい」と言われる前に、三度あなたに尋ねられました。「私を愛するか」と。(16)

ここまで極端に手を入れた理由は何か。簡単に言うなら、罪人の窮迫した状態を理解するよう精神を喚起する必要から、手が加えられたのである。もしわれわれが上に引用したいくつかの言葉を熟慮するなら、最も顕著なことは、それらが指し示す諸状況の範囲が完結しているということである。それらの言葉が理解されるためには、注意深く考えることが求められる。以前の世代のこれに相当する祈祷においては、すべてが直ちに明確になるのに対し、アンセルムスの場合には、多くのことがあまりにも精妙、複雑、個人的であるため、内なる個室に退くことによってのみ可能となる緊密な精神的集中なしには、理解されえない。祈祷の環境は、教会から個室へ、共同の努力から孤独な厳しい内省へと、決定的に移行したのである。われわれは、共同体の礼拝から個室の私的な生活へと退いただけではない。われわれは魂の秘密へと退いたのである。アンセルムスが表現し、読者に要求しようとしていた彼の言葉を理解するための不断の精神的な努力は、この内的隠退の段階にまったく一致していた。それは、彼の自己卑下の極みに参与するために、さらに費やされる努力でもある。われわれは、彼のメッセージを全体として探究したとき、最終的にはこの点に戻らなければならない。(17) ここでは、彼が楽観主義者ではなかった、ということを述べておくだけで十分だろう。

それゆえ、彼は二重の努力を求める。すなわち、存在の深遠な状態を自覚するために必要な高度の精神的な喚起、そして嫌悪をもって自己を熟思するために必要な深い個人的な卑下である。アンセルムスは、言語のあらゆる手段を駆使して、聖なるものの面前で自己吟味と自己卑下という二重の活動を行なうために必要な精神的な喚起と謙遜の両方を表現し、彼の読者を鼓舞する。韻、類韻、対句、対立ないし補足し合う思想を表現するために、並行する文法的な構成そして類似語の頻繁な使用、これらの表現手段がみな、彼の初期の『祈祷』と書簡同様に、この「祈祷」にも共通して用いられる。対句の機能もここでは明確に見いだされる。それが表現するのは、この宇宙の極小の部分においてすら繰り返される善悪の綱引きである。それは言葉が実在を模倣する道を強調しているのである。

さらにこれらの『祈祷』にはもう一つの革新が存在する。アンセルムスが、これらの祈祷の一つは「祈祷」というよりも「瞑想」であることを説明する必要があると考えていたことである。仔細に検分すると、この区別が明確ではないことが分かる。彼の『祈祷』のすべては、そこに瞑想の要素を含んでおり、その逆もある。われわれはすでに、cogitatio と meditatio が同じ精神の活動の異なる在り様であることに注目した。いまや、われわれは、祈祷と瞑想が同じく、精神の努力の緊密に関連づけられた二つの在り様であることに気づく。それどころか、これらの混交は、アンセルムスの方法の主要な特徴である。

それにもかかわらず、祈祷と瞑想の姿勢には一つの相違がある。『祈祷』は、聖人への嘆願であり、罪人の境遇と必要を聖人の経験と力に関係づけることによって、そのメッセージを効果的に表現する。他方、『瞑想』は内面を凝視する行為であり、そこにおいて魂は、自己自身を吟味し、謙遜と嘆願のうちに神を探し求めるのである。

彼の方法の最初期の説明において、彼はアデレードにどのように瞑想すべきかを語った。この説明の文章は、韻と類韻が豊富に使用され、それらは（上述のように）、言葉にそれらが叙述する状況を再現させるための工夫である。つぎに示すのが、瞑想の段階に関する彼の説明である。

Se peccatoris anima breviter discutiat,
discutiendo despiciat,
despiciendo humiliet,
humiliando terrore ultimi iudicii concutiat,
concussa in gemitus et lacrimas erumpat.

罪人の魂に自己を吟味させよ
見いだしたことを軽蔑せよ
軽蔑することによって謙虚であれ
謙虚であることによって最後の審判への恐れに満たされよ
そして恐れつつ涙と悲嘆をほとばしらせよ(18)

ここに、われわれは、アンセルムスの神学における内省がもつ、二つの目的の一つを見いだす。自己への恐れである。第二の目的はすでに定式化されているが、それが詳細に明確化されるのは、五年後の『モノロギオン』と『プロスロギオン』においてであり、そこでは、内省は神認識への第一段階となった。

本来、目標は方法に先立つ。というのも、人間は神の似像に創造され、すべての瞑想の目的は罪によって曇らされたこの像を回復させることだからである。だが罪の状態、つまり現今の人間の状態においては、魂における神の像のゆがみに対する恐れという悔悛の段階が最初に来なければならない。その場合にのみ、神への接近が始まるのである。

　これら二つの行為の結合、つまり瞑想をとおして、悔悛による自己卑下と観想という最終的段階への接近が結合したことが、アンセルムスの霊的な生活の基礎、のみならず彼の知的な営みの基礎でもあった。それゆえ、この結合は、彼の神学の出発点だった。観想への上昇は、自己卑下が我欲を消し去って初めて開始する。『祈祷』は聖人の助けを求めて叫ぶ。しかし、これらの叫びは、あまりにも内省によって制御されすぎており、これらの目的は、自己卑下という悔悛の結果を、聖人たちの前に示すことなのである。アンセルムスの後の著作がもつ永続的な価値のほとんどすべてが、この最初の内省を前提とする。ひとつの方向では、内省は自己に対する恐れに向くが、別の方向で、それは神認識に導く存在の認識を提供する。彼が最終的に『モノロギオン』『プロスロギオン』という書名をつけた、二つの偉大な瞑想において、彼は神認識へと歩みを進めた。しかし、最初期の『祈祷』と『瞑想』においては、われわれは第一段階にいるに過ぎない。この段階で魂は恐れと喜びに引き裂かれ、しかも恐れの方がはるかに支配的である。

Anima mea, anima aerumnosa, anima inquam misera miseri homunculi,
excute torporem tuum et discute peccatum et concute mentem tuam. Reduc ad
cor enorme delictum et perduc de corde immanem rugitum. Intende, infelix,

intende sceleris tui horrorem et protende horrificum terrorem et terrificum dolorem.[19]

> 私の魂、辛苦に満ちた魂、邪悪で取るに足りない人間の魂、お前の怠惰を追い払え、お前の罪をさらけ出し、お前の精神を駆り立てよ。途方もない罪を背負った心に向かえ、そして苦悶しながら大声を挙げよ。惨めな人間、お前の悪への恐れの重さを量れ、お前の身の毛もよだつ恐れそしてお前の恐れおののく苦悶を大声で叫び出せ。

これらの言葉は、アンセルムスの初期の著作の中でも最も激しい動揺を示す作品、『淫蕩によって不幸にも失われた童貞性への悲嘆』(Deploratio virginitatis male amissae per fornicationem)の冒頭である。これは、彼が征服王ウィリアムの娘に送った中の一編ではなく、おそらく、彼の『瞑想』の最初期のものだろう。この嘆きが表明する淫蕩などの悪、神学的には比較的未熟であること、くっきりとした韻律をもつ対句の文体、これらすべてが初期の年代設定を指し示している。傾向からすると、後期のアンセルムスよりも、後期のジョン・ダンを想起させる。

> 戦慄、戦慄、私は何を目にするのか、秩序はなく、果てしなく続く戦慄の住まう所で。嘆きの混乱のみ、歯ぎしりの喧騒のみ、うめきの声は困惑を増す。悲しい、悲しい、またしても、悲しい、悲しい。硫黄の火、地獄の炎、湧きあがる煙、私が目にするのは、なんとも恐ろしい叫び声をあげて転がり回るお前ではないか。お前は、炎の中で生きながらはいずりまわり、むさぼり食らおうとする奇妙な欲望がお前の中で燃えている

が、いかなる炎をもってしてもお前を焦がすことはない。怒りの怒鳴り声を上げ、燃え盛る悪魔よ、なぜお前は、お前たちの中で身を捩じらせ転げ回る人々にかくも残虐なのか。お前は、あらゆる手段で責めさいなみ、正義によって制限されても、苦しめることには制限を受けず、限界も、いやしも、終わりもなく、お前が静められることはないのか。偉大な神よ、淫蕩にふけり、あなたの御言葉を蔑んだ者に備えられた終わりがこれでしょうか、私はこの者たちの一人なのでしょうか(20)。

これらは、常に優しさと輝きをたたえ、澄みきった鏡のような精神の持ち主の言葉ではない。これらをどう考えるにしても、確かなことは、これらの言葉を語った人物が、偉大な文学的才能をもち、伝統的なモデルを変形することに偉大な独創性を発揮し、鋭い感性をもち、そして彼の罪の耐え難い悲痛の感覚にうちひしがれているということである。

ここにおいて、後に吟味されるアンセルムスの友愛の表現と同様に、彼の言葉は、カロリング朝的な節度をまったく捨て去り、これを廃棄処分にすることを助長した。この節度それ自体は、それより以前のアイルランドと島嶼部の常軌を逸した敬虔に対する反動ではあった。つまり、正常な表現と中心的な目的を呼び戻すことだったのである。アンセルムスの祈祷は、これに対する反動の契機を明示した。大部分がいまだカロリング朝的だった伝統に、それらが導入したことは、個人的な不安、情熱、精巧さと情緒的な放縦という新たな特色だが、アンセルムスは、これに思考の正確さを付加した。この結合はまったくアンセルムス的であり、その起源は二種類の異なる強烈な力、つまり感情と思考の結合にあった。さらに、この強烈な力に、彼は思考と表現の明晰さを付加した。最初期の祈祷は、その時点ではまだ、正確で形而上学的な精神の徴候をほとんど示していないが、まもなくキリスト教神学の古典を生み出すことになった。しかし、彼の後の著作がこれらの初期の作品に照らして読まれる場合、われわれは、彼の神学的な体系の諸起源を、類いまれな力と正確さをもつ精神に作用する罪に対する、強烈な恐れに見いだすことができる。ただし、明晰な語り口は、彼が執筆したすべてに一貫して変ることはない。われわれは、彼の形而上学的な分析力の最初の徴候を、つぎに取り上げる聖母マリアへの一群の祈祷に見いだすことになろう。それゆえ、これらの祈祷は、一歩一歩、偉大な瞑想へと進んでゆくが、それについては次章で吟味される。

四　中世の信心における新たな方向

アンセルムスの最初の『祈祷』の集成を、彼は一〇七二年頃アデレードに送るが、それは、天上の新星の出現に伴う関心をもっており、それが表現しているのは、力強い表現がもつすべての資質と人間の魂の状態に関する新鮮な視野であり、これが信心文学に新たな衝撃を与えるために必要であった。続いて出て来たものは、彼の個人的な発展に関するわれわれの知識を拡張し、また彼の影響範囲を拡大した。しかし、それらのうちの三つは、これ以上のことを果たした。それらは、聖母マリアへの中世の信心の発展に画期的な足跡を残した。それゆえ、この三つは、他のどれよりも十分に取り扱われる必要がある。われわれは、幸運にも、異例の細かさで、それらの制作の諸段階を追跡することができる。というのも、それらが成立するには、困難、そしてある種の不本意すら伴ったからである。

振り返ってみると、彼がアデレードに送った最初期の祈祷集には、聖母マリアへの祈祷が一編も含まれていなかったことは驚くべきことである。この不備は、明らかに彼の何人かの友人を失望させたが、それはいくつかの理由からも驚くべきことである。西欧においてマリアへの信心が大いに拡大した第一段階はすでに開始しており、ノルマンディーとイングランド、とりわけ、ベックのように聖母マリアに奉献された修道院ほどに、それが顕著な所はなかった。さらに、『祈祷』の執筆家としてのアンセルムスの後代の名声の大部分は、彼がマリアへの信心を、その中世における初期の発展段階で、最も強力に促進した一人であるという信念に基づいていた。この信念は、部分的には、無原罪の御やどりの教理そして彼に帰せられた処女マリアへの膨大な数の祈祷に、彼の名が誤って結びつけられたことに基づいていた。(21) しかし、それはまた、神学的な点ですべての祈祷の中で最も注目すべき、三編の真正な祈祷にも基づいており、これらはアンセルムスの発展における重要な段階を明示している。

アンセルムス自身は、これらの創作の一部始終を、カンタベリーにいた彼の友人ゴンドルフスに宛てた、おそらく一〇七三―四年頃の書簡で語った。(22) この書簡の中で、彼は、マリアへの祈祷を書くための最初の刺激がベックの修道士の一人から与えられた次第、そしてこの修道士が祈祷集の不備をうめるようにと彼に催促したことを述べている。彼がそれを実行することを躊躇したので、何度も要求され、ようやく腰をあげることに同意したのである。彼の最初の試作品は、彼の基準からすると著しく未熟で生彩を欠いていたため、件の修道士にも満足を与えることができず、再び執筆を試みるように求められた。二回目の試作品は幾分良くはなったが、しかし、立て板に水を流すようなものではなかった。再度挑戦し、この三度目の試作品で、ようやく言葉が浮かんで来た。

それゆえここで、われわれは、彼自身の筆から、不承不承に取り掛かり、失敗を繰り返し、ついに成功するという、予想外の物語を知る。彼自身の説明に付け加えると、われわれの手元には、成功に到る道程のさまざまな段階を示すテクストと草稿を保存する写本がある。そして、これらが示すことは、最終的に満足のゆくテクストに達するまでの過程が、アンセルムス自身の説明からわれわれが予想するよりも、はるかに長期間だったということである。簡単に言うと、最終的にアンセルムスを満足させる文言を完成させるために、少なくとも二〇年間を要したことを、写本は示している。実際のところ、後の変更は極わずかだが、しかし一語たりともおろそかにされることはない。一人の作家が、執筆に先立って、普通は自分の考えを極めて明断に知っているにもかかわらず、ある主題についてこれほどの困難を経験せざるをえなかったことに、非常に驚かされる。しかも、この主題は、後になって、特に彼の名前と影響に結びつけられ、さらには、最終的な結果として、彼の感受性にとりわけ適していることが明らかとなる主題だったのである。

アンセルムスが難渋したのには、おそらくいくつかの理由があった。第一に、この主題が、罪人とその祈りが向けられる聖人との接点に集中する、彼の通常の方法に馴染まなかったことである。すでに見たように、この方法が聖母マリアへの祈りに不適切であることは、以前から明らかなことであった。彼女は、嘆願者の罪をまったく共有していなかったからである。このことは、とりわけアンセルムスの場合、深刻な問題だった。彼の『祈祷』の全体が、罪人の綿密な内観による自己謙遜に基づいており、これが聖人とのいくつかの接点を提供したからである。

さらにもう別の困難があった。もう一つの接近の仕方が、祈りの向けられる聖人の功徳と特権を強調することにあった点である。しかし、アンセルムスは、人間の救いのために役立てられる特権のすべてを、すでに聖ペトロへの祈祷で使い果たしてしまっていた。そこには「あなたが望むことをつなぎ、解き放つ方、あなたが望む者に生命を与え、あなたが望む者に天の王国を与える方」とあった。彼には、マリアに適用するための、同様に聖書に感化された語句の手持ちがなかった。さらに、大胆な表現のゆえに読者を驚かせる新たな語句を作り出す才能があるにもかかわらず、彼の革新には根本的な慎重さがあった。彼は、神学的に正当化できないことを、決して踏み越えることがなかったということ、そしてマリアの場合、どこまで踏み込むことができるかということに関して、彼が不安を覚えていたことが明らかであるように思われる。後に見るように、そのマリア神学において彼は、早くからマリアの無原罪の御やどりの教理の推進者となっていた彼の弟子たちの考えとは、距離を置いていた。というのも、これは、彼がゆっくりと練っていた贖罪の神学と一致しないように思われたからである。それゆえ、彼は、共通の弱さという点で聖人と罪人を結びつけるというテーマからも、彼の祈祷にとって神学的に受け入れられる基礎からも、切り離されたように思われる。

彼はこれらの問題を二度目の試作品においては解決しなかったが、それは、マリアを mundi reconciliatrix（世界の和解者）と記述する、一つの大胆な革新的表現を含んでいた。これは、彼が二度と繰り返すことのない表現であった。彼は、それが彼の意図した以上のことを語っている、と考えたからかもしれない。キリストのみがこの世界と神を和解させる者だからである。しかし、たとえこの表現が強すぎるとしても、それは新たな接近の道を開き、それによって彼は成功への道を歩み始めた。聖人と罪人の接点を見いだす代わりに、いまや彼は、神の母と他の人間とを隔てる果てしない距離を、この上なく光彩を放ち、並はずれた独創性をもった言語で表現しようとしたのである。これをきっかけとして、三度目の試作品では、力に満ち、しかもそれが増していく可能性に満ちた、叙述的な表現がほとばしる。

Regina angelorum, domina mundi …
Mater illuminationis cordis mei …

Nutrix salutis mentis meae …
Altrix reparationis carnis meae …
Aula universalis propitiationis …
Causa generalis reconciliationis …
Porta vitae, Ianua salutis, Femina per quem elementa renovatur,
Inferna remediantur, daemones concultantur, angeli redintegrantur …
（天使たちの女王、世界の女主人……、私の心を照らす母……、私の精神の救いの乳母……、私の肉の回復の養母……、世界の贖罪のための宮殿……、すべての和解の原因……、生命の門、救いの戸口、この女性によって、諸元素は新たにされ、陰府は癒され、悪魔は踏みつけられ、天使は完全にされる……）

これらの形容語句のリストをさらに増やすことも可能であった。情熱の水流は、明らかに労せずして流れ出て来たからである。これらの言い回しのいくつかは、すでに長い歴史をもっていたが、大部分は新たな造語であり、未来を志向していた。それらは、完全にキリスト中心的な神学と両立するにもかかわらず、マリアを新たに高める道を開き、さらに、罪人の苦悩に満ちた自己卑下を減じた。マリアを高める光彩は、ペトロへの祈祷と同じく、罪人の要求における、著しく節度のある言葉によって完結される。すなわち、「私の弱さを癒して下さい、……私の無気力を奮い立たせてください、私の汚れを清めて下さい」と述べられるのである。マリアの権能を叙述するために惜しみなく用いられる最上級と抑制のきいた個人的な嘆願との裂け目は、極めて印象的で、感動的である。

アンセルムスは、引き続き数年に渡って、彼のマリアへの「祈祷」最終版を洗練されたものにするために、わずかながら手を加えたが、しかし、本質的にはこの三度目の試作品で、彼はすべてを語り、以後このテーマについて執筆することはなかった。(23) 彼は多くの後継者にインスピレーションを与えることになったのである。

五　アンセルムスの最終段階

一〇七五年頃までに、アンセルムスはマリアへの祈祷を、最終的な細部は別にして、全編を完成し、彼の信心の神学の展開にとって重要な『祈祷』と『瞑想』すべてを書き終えた。それゆえ、われわれは、この点に関して、ここまでの舞台を探究する手を休めてもよいだろう。

すでに見たとおり、おそらく一〇七〇年以前のどこかの時点で、彼は「祈祷」と「瞑想」の執筆を開始し、それらは、彼の内的な状態、堕落、救いへの絶望、神に近づく道を得るための援助を聖人たちに頼ることに関する再吟味を含んでいた。彼の『不幸にも失われた童貞性への悲嘆』は、彼の発展のこの段階に属すると思われ、われわれは、これらの祈祷を、洗礼者ヨハネへの祈祷と同様に、ほぼ同時期に位置づけることができよう。これらには罪と恐怖の感覚が重苦しくのしかかっているからである。ついで、修道院の友人たちに迫られて、聖母マリアへの祈祷の執筆を試みた。これは、贖罪の経綸に関する神学的な諸問題を引き起こし、彼は、これらを当面の必要に不可欠な限りで解決した。しかし、この祈祷の最終版ですら、その意図された目的は果たされているにもかかわらず、マリアの無罪性の性質と起源に関するいくつかの問題は未解決のままであった。

神学的な諸問題を解決することは、彼の初期の「祈祷」と「瞑想」の目的ではなかった。それらの中で、彼が追求したのは、彼自身についての認識と聖人の援助だけだった。しかし、この追求は、彼以前の著作家たちの最も偉大な人々すらも曖昧にしたままだった二つの領域をあらわにした。その一つは、われわれの神認識の本性に関わり、もう一つは、贖罪の経綸に関わっていた。これらは、彼の後の神学的な思索の二つの主要な領域だった。

初期の祈祷は、内省的な神学的方法と彼の成熟した神学への準備のためになされた、彼の最初期の探究だった。一〇七五年以降も引き続いて、彼は新たな「祈祷」と一編の新たな「瞑想」を付加するが、それを促したのは、特定の状況、あるいはより広範囲の読者に、これらをもっと普通に活用して欲しいという願いだった。彼が祈祷集に付加することを促したいくつかの機会については、ある程度の確実性をもって同定できるので、この報告を完全にするために、それらを手短に述べてもよかろう。

第一に、祈祷集に付加された初期の作品は、十字架についての「祈祷」ないし「瞑想」だった。この信心は、聖金曜日のための修道院の日課に位置づけられ、アンセルムスの「祈祷」も、この日の典礼において、十字架の前でひれ伏す間の個人的な瞑想として執筆されたものだろう。これは、一〇八二年に起きたある事件が執筆のきっかけとなった可能性もある。この年、アンセルムスは、セーヌ河畔のコンフランにあるベックの分院で、聖ホノリナ（St Honorina）の聖骨移転の式典を執行した。式典の最中に、巡礼者たちを乗せた船が危うく転覆しそうになったが、アンセルムスは、聖女の頭蓋骨を高く掲げ、危険にさらされた巡礼者たちに「聖十字架の名で」祝福を与えた。危険は去り、彼らは救われた。この祈祷がこうした出来事に触発されたものかどうかは、分らないが、これまで吟味してきた祈祷よりも後に書かれたことは確かである。さらに、一〇八二年頃という年代設定も、写本の証拠と一致するだろう。(24)

彼の祈祷の一つに関連したもう一つの出来事は、バーリの聖ニコラウスの聖骨が、一〇九〇年頃、ベックに移転されたことである。アンセルムスの聖ニコラウスへの「祈祷」がこの出来事と関連していることは、明らかである。それがこの式典のために収集された典礼の資料文書一式に含まれているからである。にもかかわらず、その語句は、奇妙にもこの場にそぐわない(25)。われわれは、西欧世界においては目新しかった一人の聖人について、何らかの説明、そして彼の聖骨を獲得したことへの何らかの喜びを期待すべきだったろう。ところが、それは、あまりにも聖ニコラウス個人と無関係であるため、いくつかの写本では、聖マルティヌスに向けられた祈祷とされ、また一つの写本では、神のみに向けられた「瞑想」と呼ばれているのである。さらに、それは、アンセルムスが後代に執筆した祈祷としては、類例がないほど、地獄の恐怖、罪の悲惨、頑固な心の重荷、神の怒り、断罪への恐れに満ちている。その言語の分析は、これを最初期の「祈祷」のグループに決定的に結びつける。その場のために何か執筆しなければならなかったことから、彼は急いで最初期の祈祷の一つを改作した、と考えたくもなる。理由はともかく、彼はそれに満足しなかったと思われる。というのも、一〇九二年頃、イングランドからベックに送った書簡で、彼は、他の未完の著作と共にこの祈祷も彼のもとに送ってくれるよう依頼しており、この時まだ、彼はこの祈祷について考えあぐねていたからである。しかし、その後、改訂した形跡はない。

アンセルムスが後に『祈祷』に施した付加と整理はすべて、より広範囲の読者のために執筆していることから、公人としての彼の立場を反映する。この役割を果たしたのが、一〇九九年になされた、この集成への最も重要な付加であった。すなわち、完成したばかりの『神はなぜ人間となったか』における論証を要約した、贖罪に関する新たな「瞑想」を執筆したことである。

さらに、最終的には、一一〇〇年から一一〇四年の間に、神への「祈祷」と聖体を拝領する者たちのための「祈祷」を新たに付加することで、彼の祈祷集における明白な欠陥を充たしたが、これには、この集成を利用する最善の方法について、教養のある俗人への助言を記した序文が付された。これらの付加はすべて、信心の目的のために祈祷集がより一般的に役立つことを意図したものだが、彼は、この一揃いをトスカナ伯夫人マティルダに献呈した。彼は、一一〇四年、ローマから北に旅する途中、彼女と面会していたのである。[26]

アンセルムスに関しては、マティルダのための集成が彼の『祈祷』と『瞑想』の循環を完結させた。彼がマティルダ伯夫人に贈った写本は、おそらく、最良のカンタベリー様式による輝かしい彩飾によって美しく仕上げられていたと思われる。残念ながら、原本は残っていないが、われわれには、集成全体の最終形態を示す写しがある。[27] 彼は、祈祷・瞑想をとおして、最初に自分の個人的な懊悩と回復の第一歩を記録し始めて以来、長い道のりを辿って来たのである。当初、彼の最も内奥の恐れと希望の表現として、彼の沈黙の年月が終わる頃まで記された言葉は、最終的には、本来それらが創り出された私的な生活の領域を出て、一一〇四年には、中世世界が共有する信心の財産の一部となったのである。

この後、集成全体はヨーロッパ中でごく普通に知られるようになった。アンセルムスによる最後の付加が、洗練された穏健さと個人的な感情を押し殺したことで、この集成に与えたものは、霊的な経験の正常性であったが、弟子と模倣者による無許可の付加は、この正常化の過程を数段階進めた。これらの付加は、アンセルムスの死から数年以内に開始され、何世紀ものあいだ、アンセルムスの情熱的、個人的な信心の真の性質、そして初期の作品と後期の神学との密接な結び目を覆い隠したのである。紛らわしい堆積が一掃された今日、ようやくわれわれは、霊的な助言を記した彼の最初の書簡群と最初期の「祈祷」と「瞑想」から『モノロギオン』『プロスロギオン』に到る彼の発展の主要な道筋を知り、さらにこの後、より個人的な感情が抑制され、より包括的な視野を伴い、『神はなぜ人間となったか』、そして最終的には『人間の贖罪に関する瞑想』に到る道筋を知ることができるのである。

第六章　偉大な瞑想

一　アンセルムスの最初の頂点

一〇七八年に修道院長となるまで、ほぼ二〇年間のアンセルムスの生活は、修道院的な平和の生活であり、それが乱されるとしても、小さな共同体で緊密に生活する人々の日々につきものの反目が、ときおり生じる場合だけだった。カンタベリーおよび他所の友人たちとの文通、当初のどたばたした局面を経た『祈祷』と『瞑想』の展開は、彼がいまや到達した平和の証しである。神の本性に関する偉大な瞑想――躊躇した末、彼はこれらを『モノロギオン』『プロスロギオン』と名づける――は、この新たな平和がもたらした最大の成果だった。唯一の論争は、『プロスロギオン』の論証に関する、あの非凡なガウニロとの論争だったが、それは相互の尊敬と同一の目的をもって行なわれたため、新たな哲学的争点が突如出現したと理解することは困難である。さまざまな波乱と敵対関係は、政治的には、皇帝権と教皇権を分裂させつつあったし、教理的には、聖体に関して激しく対立する解釈を生み出し、一〇七九年にはベレンガリウスの最終的な断罪に到るが、それらからは、もはや何も引き出しえなかった。

この時期におけるアンセルムスの思索の平和的な記録は、ある意味で誤解を与えるものだった。神学は、彼自身の頭の中でも外部世界においても、まだ確立していなかったが、まもなく、神学的な展開は、聖体論争よりもはるかに広い領域で、新たな衝突を引き起こすことになろう。世俗の学校では、神学的な探究の新たな体系的方法が出現しつつあり、そこでは、過去の権威ある文献における不一致を除去する作業が主な役割をもっていた。もちろん、より以前の著作における諸矛盾を調停する試みは、いつの時代でもなされてきた。しかし、学校の教師たちは、これを行なうための方法を、彼らの専門としたのである。そして彼らは、あらゆる精密な論理学的分析を、一見したところ調停不可能に思われる言明に適用し、それらの一致点を発見しようとした。けれども、調停が目的だったにもかかわらず、精密さが増した結果、しばしば新規の不一致を生み出し、それがあらゆる神学的な論争をより先鋭化したのである。

これらの精密化およびその結果として思想的に対立する諸学校を創出したことは、初期一二世紀のスコラ的な論争の顕著な特徴だが、ランフランクスとベレンガリウスの論争においては、狭い領域にしか及んでいなかった。この論争における二人の論争者は、主として、彼らの見解と彼らが権威と見なす人々の見解の全般的な一致に満足した。だが、このように権威とされるテクストの全般的な一致に満足するだけでは、諸学校における意見の衝突が頻繁となり、論争の範囲が広く拡大されると、長くはもたなかった。新しい世俗学校の知的な探究への大きな貢献の一つは、重要な主題に関する意見の衝突を、学習過程の正規の部分に組み込んだことにあり、その中で体系的に仕組まれた対決によって、さまざまな結論が得られたのである。

教授し、結論に到達するこの新しい方法は、世俗の学校が各地を巡り歩く学生と教師からなり、常に変化する集団だったため、それらの生活条件と理想的に合致した。それは——アンセルムスの優先順位を逆転させるものだが——時間をかけた瞑想よりも理解の鋭さを第一に要求する方法だった。ランフランクス時代のベックの院外学校は、この世俗学校の諸条件をある程度再現していたが、ランフランクスが離れると長くは続かず、アンセルムスもその消滅を惜しんだようには思われない。彼の世界は、ランフランクスのそれより、狭くもあり広くもあった。狭いというのは、彼の関心が主として安定した共同体における修道生活を豊かにする点にあったこと、広いというのは、対立する諸権威の重圧に拘束されず、諸学校の論争にもとらわれずに、神、罪、贖罪について新たに瞑想する自由を彼がもっていたことである。

アンセルムスは、この自由の中で、アウグスティヌスを模範として、彼自身の方法を発展させた。根本的に言うと、アンセルムスの方法は、弁証論理学を十分に活用したにもかかわらず、弁証論理学的な方法ではなかった。彼の著作には、対立する事柄のあいだの釣合をとる要素はまったく存在せず、対決から生じる最終的な解決を伴うこともない。彼が到達するのは、彼個人の結論であり、討論という文学的な技巧は使うが、自分の結論に達するためではなく、自分の解答の定式化を研ぎ澄ますためだった。彼がいたるところで目標としたのは、言語、論証、定義の精密化だった。だがそれも、じっくりと時間をかけた瞑想の末、瞬時に真理が明確になった場合だけである。それゆえ、彼の教師としての仕事は、彼自身がすでに到達した結論へと自分の生徒たちを導くために、穏やかに根気強くなされた。

もし、アンセルムスが二つの対立する結論のあいだで躊躇する機会があったとしても、それを知ることはわれわれには許されていない。著作すべてにおいて、彼は、すでに戦場の勝利者であり、おそらく説明し、論証する準備は整っていても、戦闘準備はしていない。彼は、生徒たちに、彼らの考えを語り、彼が彼らに提示する結論に関して意見を述べ、彼らの疑問を表明し、彼ら自身の結論を引き出すように促すが、実際には、彼らから学ぶことも、いわんや彼自身の結論を変更することもない。そうではなく、彼らの言明を精密に吟味し、彼らの論点を明確にし、誤りを正し、そうすることによって彼自身の論証の表現を研ぎ澄ますことができるのである。アンセルムスの初期の著作において、彼の結論は出発の時点に含意されており、生徒はそれに何らの貢献もしない。したがって、彼が結論を捻出するさいに、スコラ的なpro（賛成）とcontra（反対）という装置が場を占める余地はない。学校であれば論点の論証から始めるだろうが、彼にとって、その論点は論証の開始前にすでに決定済みなのである。

それゆえ、少なくとも初めは、彼の著作の大部分が対話の形式をとっていることが奇異に思われるかもしれないし、またあらゆる形式の対話は、対立する見解の存在を濃厚に示唆するように思われる。しかしこれは虚構の形式である。実際の論敵が登場したとき――一〇九〇年のロスケリヌス、一〇九四―五年のランの教師たちの教説、あるいは一〇九八年のギリシア人たちの教説――彼はこの対話形式を放棄した。[1] 彼は、プラトンが用いたように、友人たちのあいだだけで対話の形式を用い、それは、彼の意図を引き出し、論証に活気を与えるためだった。彼の対話は、二人の参加者の役柄に体現された、二つの対立する可能性を認めることはなかった。この対話は教育的な道具であり、実際の意見の分裂を示すものではなかったのである。

対話は、著述するさいに彼の好んだ形式の一つだった。しかし、私が設定した『グラマティクスについて』の執筆年代が正しいなら、彼がこの対話形式を再び採用するまで、ほぼ二〇年が経過することになった。一〇七〇年代を通じて、書簡を除くと、彼が執筆したのは『祈祷』と『瞑想』だけである。そして、これらの『瞑想』の中に、われわれは、神の本性に関する二つの長い探究を数え入れねばならない。目下われわれが関心を持っているのはこれらである。つぎの三〇年間も引き続き対話は採用されるが、それらは、彼の『瞑想』においてすでに得られた結論、あるいはすでに包含されていた原則に関する詳しい説明を提供するものだった。しかし、瞑想の形式であれ対話の形式であれ、一〇七〇年以降の二〇年間における彼の著作の全体は、彼の『祈祷』と『瞑想』の内省的な方法から発展した。明らかに、『モノロギオン』と『プロスロギオン』において提出される論理的な構造と論証の妥当性は、それらに到達する彼の方法を顧慮しなくても、吟味されうる。しかし、それらを彼の体験の文脈において理解するためには、それらが祈祷と瞑想から発展して来たことに応じて、考察されねばならない。それらの発端は内省に、終局は神にある。

さあ、今こそ、卑小な人間よ、お前の仕事をしばらく横に置き、お前の雑多な思いから一時逃避するときだ。お前の思い煩いを放棄し、煩わしい困惑を放擲せよ。いくらかなりとも神に安んじ、しばらくは神に憩え。お前の精神の小部屋に入り、神以外のすべて、そして神を求めるために助けとなるもの以外をことごとく締め出せ。扉を閉め、神を求めよ。今こそ、心を尽くして言え。「私はあなたの御顔を求める、主よ、あなたの御顔を求める」[2]と。

だが、それらがどれだけ彼の初期の『祈祷』と密接に関連していようと、今われわれが検討しようとするこの論考は、彼がそれ以前に試みた何よりも、知的には、はるかに意欲的だった。それらは、ただちに彼を神学者および哲学者の中の重要人物にし、あらゆる弁解のそぶりにもかかわらず、彼もそのことを知っていた。彼がこれらの著作の独創性を意識していた証拠は、エアドメルスがこれらについて述べる一節である。この点に関するエアドメルスの言葉は、ほとんど自伝としてのお墨付きをもらっているようなものである。というのも、アンセルムスがその情報源であることは疑いなく、またおそらく、エアドメルスが書いたものを、彼は読んだであろうし、最初はそれを承認したからである。エアドメルスは以下のように記す。

彼はさらに、彼が『モノロギオン』と名づけた小論を著した。この中で彼は独り自分自身と語り、論じているからである。ここで彼は、聖書の権威をことごとく脇に置き、理性のみで神が何であるかを探究し、見いだし、さらに神の本性は真の信仰がそれについて抱いているとおりであり、それ以外ではありえないことを、反駁の余地のない根拠によって証明した。さらに（これを執筆した後）、彼の精神のうちに、唯一つの簡潔な論拠で、神について信じ、述べられていることを証明しようとする気持ちが生じた。すなわち、神が永遠、不可変、全能、遍在、不可捉であり、正しく、慈愛深く、憐れみ深く、真であり、真理、善性、正義、その他諸々であり、しかもこれらの特質が神においてどのように一つであるか、ということである。これらがどれほど大きな困難を彼にもたらしたかは、彼がよく語っていたことである。すなわち、その思索が寝食を奪うこともあったし、また朝課やその他の聖務日課に払わなければならない注意力を乱すことが、彼の気持ちをいっそう重くした。それに気づいて、彼は、自分が求めていることには十分な解決を得ることができないと思い、このような思索は悪魔の誘惑であると判断し、努めてそれを自分の注意力から駆逐しようとした。だが、そうした努力をすればするほど、ますますこの思索は彼を悩ませた。そしてある夜、暁課のさなか、突然、神の恵みが彼の心を照らした。すべてが彼の知性に明らかとなり、大きな歓喜が彼の内奥を満たしたのである。(3)

この一節は二つの著作の成立を説明している。第一に『モノロギオン』、つぎに『プロスロギオン』であり、後者は、おそらく一〇七七年の暁課における歓喜の瞬間に生じたのであろう。この喜びの理由に注目することは、とりわけ重要である。すでに彼は、『モノロギオン』で、キリスト教教理において神に帰されているすべての特質を、神が必然的にもっていることを示すことに成功していた。けれども、彼は、それらすべてが神の存在において必然的に統一されていることを示してはいなかった。大雑把な類比を用いるならば、『モノロギオン』で彼が示したことは、ある機械がその発明者の主張するとおりの仕事をすべて達成する、ということであって、その性能の必然的な帰結としてそれらを達成する、ということは示さなかったのである。あるいは、別の言い方をすると、彼は、神の諸属性の必然的な存在については論証したが、これらの属性が凝集する唯一の存在者の必然的な存在については論証しなかったのである。これが、『プロスロギオン』において彼が達成しようとした目標である。

『プロスロギオン』の目標が神の存在の証明だった、と言うのは単純に過ぎる。彼が証明しようとしたことは、正義、善性、真理が必然的に唯一の存在者において統一されているということであり、この存在者は定義の上で神である。また正義、善性、真理が存在するのだから、神が存在しないことはありえない。この帰結に対する喜びは、その完結性、最終性から生じた。つまり、失った硬貨を捜すために床を掃除し、それを見つけた人が、「やった」と叫ぶようなものである。

『モノロギオン』『プロスロギオン』の二著作は、ともに一〇七六年と一〇七八年のあいだに属する。それらは、主題においても方法においても、密接に関連する。両者ともに神の存在に関する瞑想だからである。しかし、『モノロギオン』が神の諸性質に関わり、アウグスティヌスの『三位一体論』に密接に依拠しているのに対し、『プロスロギオン』は主として神の存在に関わり、アウグスティヌスに依拠するところは、わずかしかない。

この二つの著作におけるアンセルムスの知的な姿勢には、もう一つ著しい相違がある。それらは、アンセルムスが全面的に納得がいくとみなした証明を、含んでいるにもかかわらず、『モノロギオン』は、アウグスティヌスに基づいた哲学的な瞑想として提示され、他方、『プロスロギオン』は、神に向けられた祈りから生じる瞑想だということである。

この区別は重要である。『モノロギオン』は、形式の点では高度に独創的な著作だが、内容の点では背後にアウグスティヌスの権威が控えていた。その中で、アンセルムスは自信をもって語るが、それは最強のカードをすべて手にし、またそれらのカードの使い方を教えるマニュアルも手にしている人の立場だからである。それゆえ、その冒頭の言葉には若々しい自信があふれ、われわれが神について必然的に真だと信じている事柄を証明することは、たとえ相手が凡庸な知性の持ち主であっても、この世で最も簡単なことだといわんばかりである。(4)だが『プロスロギオン』において、彼は、独り立ちし、彼の力の限界ぎりぎりまで背伸びした。そして最終的に、彼は新たな発見の恐ろしさにおののいた。『プロスロギオン』は、彼の最も偉大な功績だが、それは『モノロギオン』がその道を示さなかったら、日の目をみることはありえなかった。それゆえ、われわれもこの二つの著作を取り扱わねばならない。

二 『モノロギオン』

(1) 友人同士の談話

『モノロギオン』の最初の言葉は、探究の方法を取り決め、以後、彼がそこから逸脱することは、決してなかった。

数人の修友が、彼らのために、私が神の本質とそれに関係した他の事柄について執筆し、瞑想の手本を示してほしいと懇望したが、それらは、私が日頃の「談話」(Colloquia)で彼らに親しく語った事柄だった。彼らの願いが、いかなることも聖書の権威に基づかないで説かれる、ということだったので、この点について、私は、私の能力や問題の性質よりは、むしろ彼らの要望に応じた。また彼らの願いは、各々の探求の中で到達された結論がどれも理解しやすい論証と簡潔な議論によって平易な言葉で示されることであり、そうすれば、必然的な結論と事柄の明晰な真理が明確に示されるだろう、ということだった。彼らはまた、どんなに単純で愚かに見える反論であっても、それらを未解答のままにしないでほしい、と私に願った。(5)

これらは、彼の最初期の著作と同じく、後期のほとんどすべての著作にも見いだされることになる三つの特徴である。すなわち、打ち解けた談話——たいていはアンセルムスのそれ——に端を発し、そこから生じてくる問題、権威の引用を締め出すという方法、そして反論を未解答のままに放置しないという決意である。

このうちの第一の特徴に関し、アンセルムスについての報告の中で、何よりも明白なことは、彼が談話によって自分の思想を展開することを必要とした、ということである。記録に残された彼の人生の最初から最後に到るまで、彼は気心の知れた聴き手と談話することを必要とした。ベックではゴンドルフスが聴き手となり、またフライを訪れたさいにはノージャンのギベールが聴き手となり、カンタベリーではエアドメルスがそうだったが、彼らはみな口をそろえて、アンセルムスの談話が魅力的であった、と語った。とりわけ、ゴンドルフスは、彼らがベックで共に過した若い日々のことを語った。それによると、彼らは「しばしば語り合い、涙を流し、互いに訓戒を交わした」、しかし「たいていはアンセルムスが語り、ゴンドルフスは涙を流した」とある。また、いかにもアンセルムスらしい、ふと漏らした言葉を、ゴンドルフスが思い出したことも記されている。すなわち、アンセルムスは「ゴンドルフスが自分の小刀をアンセルムスの皮膚で研ぐのに、彼にはそのような機会を与えてくれない」(6)と歎いたということである。

誰もが彼と語り合うことを望んだ。自然かつ簡潔に、いかなる難点も残さずに、問題が解かれたからである。ランフランクスにとって、この神学的な方法全体が誤っているように思われたが、それは、この方法が、立てられるべき問いと、それに対して与えられるべき解答の双方にとって適切な道案内である諸権威から、問題を解き放ったからである。けれども、より若い者たちは、自由で自然な討論に喜んで応じた。彼らは、何事もタブーとすべきではないと決めていたのである。アンセルムスの拒絶にもかかわらず、彼らが論証の仕方に関して取り決めた「諸条件」は、少なくとも、アンセルムス自身の慣わしによるのと同様に、彼らの強い要求によって促されたことのように思われる。しかし、この探究の急進的なプログラムの概要を記すにあたり、アンセルムスは、新規の真理を探し求める者ではなく、保守的な者として語っている。つまり彼は、彼自身の知的な熱意によってたきつけた弟子たちに鼓舞され、新しい方法で古い結論に達したのである。

弟子たちは、信じるためのあらゆる根拠が存在することを熱心に求めた。この者たちは文学的な虚構ではない。この頃、若い人々が、彼らの思弁的な難問に対する解答を求めてベックを訪れ始めていた。彼らが一様に望んだことは、古い真理が理解可能なものにされることだった。もしアンセルムスの方法の最初期の軌跡を追い求めるなら、われわれは、『グラマティクスについて』そしてゴンドルフスの報告した一〇六〇—一〇六三年頃になされたアンセルムスの初期の談話を振り返るのがよかろう。だが、アンセルムスが独自の著作を執筆しようとするまでに、さらに一五年が経過した。

この談話すべての最初の成果が現れたのは、一〇七六年ないしその前後だった。アンセルムスは、思いついたように、ランフランクスにその著作を送り、それを承認するか、さもなければ破棄して欲しい、そしてもし承認するならば、それに表題をつけて欲しいと願う。思いついたようにというのは、見せかけだった。ランフランクスはアンセルムスの要望に何一つ応じなかった。彼は、それを承認することも、また徹底的に廃棄することもせず、とりわけ表題については何も示唆しなかった。その代わり、彼は、著作の性質全体を変えてしまうような変更を示唆した。アンセルムスはこの示唆に従わなかった。むろん、この著作を破棄することもしなかった。彼が試みたのは、この著作の書名を考えることだけだったが、容易なことではなかった。当初、彼はそれを『信仰の本質に関する瞑想の手本』（Exemplum meditandi de ratione fiedi）と呼び、著者の名は付さなかった。ついで、『信仰の本質に関するモノロクィウム（Monoloquium）』と呼んだ。最後に、彼は説明的な語句を落とし、さらに――この時代の流行に従って、文学的な上品さを導入し――ギリシア語とラテン語が混在する Monoloquium を捨て、より優雅な Monologion とし、彼自身の名を付したのである。

残っている証拠から判明する奇妙な点の一つは、本書の執筆の諸段階について、われわれはほとんど知らないにもかかわらず、その書名を見つけ出す段階は鮮明に示されており、書名の最終的な決定とその著者であることに関する承認は、二通の残された書簡に正確に示されていることである(7)。それゆえ、多くの躊躇はあったが、頑固とは言わないまでも、かなりの堅実な準備を経て、この論考は、彼の名および容易には忘れ難い表題で世に出されたのである。

(2) 瞑想の手本

それは、同時代の他のどの論考とも異なり、またそれ以前のどの時代のものとも本質的に異なっていた。本書を同時代の他の著作から分かつ最も著しい特徴は、それが権威の引用をまったく欠いていることだった。聖書の権威に訴えることを省略するということ――これをアンセルムスは序文で彼の弟子たちの強い要請によるものとするが――に留まらず、彼以前のいかなる著作家にもまったく言及しない。もちろん、眼光紙背に徹すれば、聖書とアウグスティヌスの思想が深く浸透しているのだが、読者がそれを自分自身で見つけ出さねばならない。明らかに、これは偶然ではなかった。それは慎重に選ばれた方法であり、それが彼を同時代の人々すべてから切り離しているのである。彼は、自分の方法が学校のそれとまったく異なることを、知っていたにちがいない。それらの学校では、さまざまな典拠の組織的な蓄積、配列、吟味の長い過程がすでに開始していた。アンセルムスはこれらのすべてと対峙した。彼は、他の人々の言葉や思想に関して、彼なりの仕方で、自分もまたそこに達しないかぎり、それらを繰り返そうとはしなかった。

他の誰の目にも、この全面的な独立は挑発的に思われただろう。そして明らかにこれは、ランフランクスがそう考えたことであるし、あるいは、そう考えたことであろう。しかし、ランフランクスの批判にアンセルムスはびくともせず、また誰も彼を危険だと考えなかったことは、彼の名声の表われである。唯一の批判の言葉はランフランクスから発せられたが、あらゆる尊敬の表現を用いながらも、アンセルムスは断固として譲らなかった。

この著作の哲学的な説得力とその継承者に関する検討は、哲学者たちに委ねられねばならない。歴史家の関心は、これらの外的な形式、その形成を助けたさまざまな影響、素材、論証の方法、読者、書かれたことの将来的な帰結を、検討することである。

このプログラムを念頭においた上で、『モノロギオン』という表題から手をつけるのがよかろう。最初、アンセルムスは、それを単に「信仰の本質に関する（de ratione fidei）瞑想の手本」と呼んだ。まもなく、彼はこの語句を著作の表題からはずしたが、しかし、それは、彼の神学的な方法全体を最もよく言い表わしており、われわれは、それが何を意味しているかを、問うのがよかろう。

すでに私は、アンセルムスの思想体系における瞑想の意味について論じたので、ここでは、つぎのことだけを述べておかねばならない。すなわち、彼の『祈祷』と『瞑想』において、瞑想とは、神への接近に不可欠な準備である自己蔑視を促すことを目的とする内省的な活動だった、ということである。いまや、彼は、二つのより大きな瞑想においてさらに歩みを進める。これらの著作において、瞑想は、その浄化的な役割を離れ、自己認識として外的世界に関する精神のイメージによって、万物がそこにおいて本来の存在をもつ普遍的な諸本質の認識へと向かう。この過程で精神は神の観想へと上昇するが、この世の生活においては、そこに近づくことはできても、決して到達されることはない。この上昇運動は、人間が罪のない状態であれば、妨げられることもなく、容易だっただろうが、人間の堕落状態においては、長く苦痛に満ちた訓練を必要とするのである。

これらの著作の目的、依拠した資料は異なっていても、初期の瞑想における罪を露わにする内省と『モノロギオン』『プロスロギオン』の本質を発見し、神へと方向づけられる内省とは、アンセルムスの瞑想の輪郭をなす二つの側面だった。アウグスティヌスの影響のもとに、アンセルムスはこれらの両種の瞑想を自分のものにしたのである。第一の瞑想は、第二の瞑想に必要な準備だった。けれども、第一の瞑想が過去の罪の想起に始まったとするなら、第二の瞑想は、実在的な諸本質に関する魂の直観的な認識を呼び起こすことから開始する。それを抜きにしては神への知的な接近はありえないのである。もし強いられたら、彼は、ランフランクスにそう語ったように、それはすべてアウグスティヌスの中にある、と言うことができたかもしれないが、しかし、彼の方法、ないしその方法の使用の仕方に関して、彼は、アウグスティヌスの権威を主張しなかった。アウグスティヌスは源泉だった。しかし、活動は内部から起こるべくして起こった。それは正統性を自己証明すること（self-authenticating）であり、さもなければ何もなかった。

これは二つの問題を引き起こす。第一は、瞑想と理性的な論証との関係である。第二は、瞑想の終着点と教会の権威ある言明との関係である。

これらの問題の第一に関しては、アンセルムスが『モノロギオン』を執筆してから約半世紀後に、サン＝ヴィクトルのフーゴーが瞑想について記述した中に、有効な出発点を見いだすことができよう。フーゴーは以下のように述べている。

瞑想とは、万物の原因、起源、本性と有用性に関して、繰り返しなされる成熟した思索である。その発端は念入りな読書にあるが、読書の規則や制約に縛られることはまったくない。それは、真理を観想するために自由な機会を提供する、開かれた空間を自由に走り回ることを享受する。それは、あるときは原因、あるときは事物の自然本性を探究し、洞察し、疑わしいこと、曖昧なことを残さないまでにそれらを続ける。それゆえ、教理の基礎は読書にあるが、その完成は瞑想にある。(8)

サン＝ヴィクトルのフーゴーがこの言葉を記したのは、アンセルムスの死から二〇年後のことだが、そのときには、これらの言葉は、すでに堅固になりつつあったスコラ的な論証の厳格性に対して、一種の矯正の意味をもっていた。それこそ、明らかに、フーゴーが瞑想の許容する自由を強調した理由である。この場合、アンセルムスの瞑想も自由である。しかし、彼の方法は二つの主要な点でフーゴーと異なっている。

第一に、サン＝ヴィクトルのフーゴーの瞑想は、その発端を、権威あるテクストの読書——lectio——にもっている点。これは学校の方法である。しかし、アンセルムスの瞑想は、その発端を精神それ自身、感覚的な印象から生じる概念、自己認識から生じる概念にもっているのである。

第二に、アンセルムスの瞑想は、フーゴーの瞑想よりも、より厳格に制御されている点。フーゴーは「開かれた空間で自由に走り回ること」を楽しんでいるが、アンセルムスは、極めて厳格に論証の筋道に従っているのである。

『モノロギオン』において、彼のすべての探求は極めて厳格に計画されており、彼はその過程を、しばしばindagatio（探求、探索）と述べている。これは、この著作以外ではアンセルムスがめったに使用しない語である。しかし、この語は、たとえば大グレゴリウスがそうだが、困難な問題を休むことなく究明し続けることを表わす場合に、かなり頻繁に見いだされる。この語は『モノロギオン』におけるアンセルムスの瞑想を正確に説明する。彼は、未踏査の余地を残さない厳格な探究を続け、権威によって承認済みの真理の輪郭を描くのではなく、論証のみに基礎をおくことのできる結論を求めているのである。

この方法は、内省的な論証の結果とキリスト教信仰の権威づけられた言明との関係についての問いを提起する。『モノロギオン』の方法に導かれて貫徹される探究は、信仰を不必要なものとするか、あるいは、信仰の権威づけられた言明の限界を越えていくつかの補完的な真理を提供するかである。アンセルムスが『モノロギオン』を「信仰の本質に関する」（de ratione fidei）瞑想と呼んだとき、これらの帰結のどちらが彼の念頭にあったのだろうか。彼は、この語句によって何を意味しようとしたのかを、決して説明しなかったが、彼はそれを『プロスロギオン』でも繰り返し、また『神はなぜ人間となったか』にもそれを適用している。それゆえ、われわれは、それを彼の神学的方法に関する彼自身の簡潔な記述と見なしても間違うことはありえないし、また、この語句によって示される探究の範囲は究明を要求するのである。

（3） 信仰と理性

アンセルムスは、一度だけ、自分自身を弁護するために、理性と信仰の関係についての彼の見解に、説明を与えることを余儀なくされた。これは、一〇八九年頃のことであり、ロスケリヌスが彼の正統性について重大な告発を行なったときである。明らかに、いつもならアンセルムスは、彼の教説それ自身が語ることを希望し、どうしても必要なこと以上の説明を与えることには躊躇するのだが、この場合は、彼も語らざるを得ず、実際、つぎのように述べた。

われわれの信仰は、不信仰者に対しては理性によって弁護されるべきであって、キリスト者という名に喜びを告白する者に対してはこのかぎりではありません。後者については、洗礼において彼らのためになされた誓約を、損なわれることなく保持することが求められます。……キリスト者は、信仰を通して理解に進むべきであり、理解を通して信仰に進むべきではありません。もし彼が理解を獲得するなら、喜びなさい。しかし、もし獲得することができないなら、彼が把握することのできない事柄を崇めるべきです。(9)

これは、彼の立場の正確な説明だが、多少敷衍する必要がある。第一にわれわれは、「私は、どのようにして、信じるようになることができるのか」と尋ねる、信じない者の問いがアンセルムスには生じていないことに、注目することができよう。彼には、アウグスティヌスが知っていたような、信じないという経験がない。彼のすべての経験は、洗礼を授けられたキリスト者の社会の中にあった。この社会ではすべての者が信じる義務を負っており、もし「私はどのように信じることができるのか」と問う人がいたとしても、「あなたの代父母があなたのために約束したことを行ないなさい。もしその意志があるなら、信じることができる」という回答が返ってくるだけだった。確かに、これはアンセルムスの回答でもあっただろう。しかし、彼はまたつぎのように付け加えただろう。すなわち、有能な探究者による信仰の内容に関する念入りな瞑想は、十分かつ真の諸根拠に導くだろう、と。この諸根拠は、信仰の真理を超えることはないだろう。しかし、信仰者は教会の教理的な言明が何を意味するかをより十分に理解することになろう。理解は、知性と意志が同意した事柄に何も付け加えることなく、そこから何も減じることはないだろう。洗礼を受けた者はこの同意に縛られ、変更はできないのである。しかし、それは正当な喜びを付加するだろう。同意による熱心とでも言うことができようか。そして、もしわれわれが、なぜこの喜びないし熱心は無垢で望ましいのか、と問うなら、友愛の喜びを正当化することと同じことだという回答である。両方とも、贖われた意志が天国で享受する、十分に発展した人間性を予告するものである。しかし、これには、友愛も――アンセルムスがこの語を用いたように――信仰も緊張をもった生活の規律なしには十分に経験されえない、ということが付け加えられねばならない。これは、天国においてのみ十全に享受される体験に接近するための第一の条件である。『モノロギオン』は、この規律に喜んで服従する者たちのための案内を意図したのである。

表向き、『モノロギオン』は、誰であれ言葉と論証の意味を理解することのできる人々を対象として執筆された。しかし、たとえ知性的には理解のために努力することができる人々であっても、自己訓練によってのみ達しうる、「霊性」の予備的な段階が、理解に到達するためには不可欠だった。アリストテレスが「第二実体」と呼んだ、非質料的な実体の実在を認識するに従って、肉が霊に服従してしまうことが必要だった。この第二実体は（アンセルムスの考えたところでは）、アリストテレスが「第一実体」と呼んだものよりも、より高度な存在を有していたのである。この真理の認識は、知性的な覚醒の予備的な段階――精神の休眠状態を脱却すること――を必要とし、アンセルムスは、最初期の祈祷において、このために祈った。この第一段階に到達して初めて、瞑想の厳格な務めの開始が可能だったのである。

それゆえ、『モノロギオン』において開陳される真理を知るまでには、三つの段階がある。第一は、洗礼において約束された信仰に同意すること。第二は、時間をかけ入念に考える能力、第三は、世俗的な欲求の放棄に続く精神的な喚起の状態である。第一は、キリスト教社会のすべての人々に求められる生活の条件、第二は学校における必要条件、第三は修道生活の必要条件である。

かなり以前、『グラマティクスについて』で、アンセルムスは、文を理解することは、単純に語を理解することではなく、事柄そして語が含意する事柄の諸関係を理解することを意味する、と主張した。同様に、神の本性と業の理解を目的とするときに、彼が準備しなければならないことは、適切な思考が抱かれることを可能にするような仕方で、理性を使用することである。この準備は、精神的かつ道徳的である。それは、これらの主題に関して確実な推論を行なうために、欠くことのできない準備である。というのも、創造のさいに人間の精神に植えつけられた神の似像は、罪によって損なわれており、悔い改め、祈り、そして精神の浄化によってのみ回復されうるからである。それゆえ、これらの主題に関する推論のためには、一連の機械的な作業を、こつこつと行なうだけでは不十分である。それは、霊をかきたて、肉の鎖をかなぐり捨て、質料的な事物の世界を超越することを要求する。これらがすべて、浄化の長い過程の成果である。それゆえ、アンセルムスが以前に祈祷で使用した、精神を喚起する言い回しを、哲学的な談話で使用することになったのも不適当なことではなかった。というのも、祈りをとおしてのみ、彼は、これらの主題に関する推論が益となりうるような状態に、到達できたからである。

これらの要求は、後に見るように、『プロスロギオン』において最も明白であり、そこでは、祈りと哲学とがこの上なく親密に結合されている。しかし、『プロスロギオン』は、その前の『モノロギオン』の補遺であり、後者において、哲学的な探究のための所与がすでに開示され、それらを展開するために必要な手順は踏まれていた。この所与は教会の教義である。手順は文法学と論理学の規則である。これらの所与と手順の結合が、教会の教えによってすでに知られ、保証された真理へと導く。それゆえ、「理性」と「信仰」の結論は、同一であるし、また同一でなければならない。しかし、来世においてのみ十全に明らかにされる永遠の真理を理解するために、この世において進歩しようとする者にとって、この二つは欠くことのできないものなのである。

（4）　信仰と理解

では、「永遠の真理の理解」とは何を意味するのか。それは、信仰によって信じられたさまざまな言明が、互いに首尾一貫して結合し、それゆえに体系全体にとって必然的であることが、理性によって示される、ということを意味する。信仰が保証することを、理性が明確にするのである。したがって、彼が『モノロギオン』と『プロスロギオン』の両著において根本的な探究に着手するにあたり、信仰は本質的な必要条件だった。実際、『プロスロギオン』の冒頭に、彼は、神学的なプログラム――それは当初から彼のものであった――を言い表わす何よりも素晴らしい名句、「理解を求める信仰」(Fides quaerens intellectum)を鋳込んだのである。

したがって、理性とは、信仰内容を明確にするための適切な活動と見なされよう。それは、室内の整理が、雑然と積み重なった荷物(impedimenta)を家具付きの部屋に変えるために適切な行動と見なされるのと、まさに同じである。同様に、精神が抱く諸概念への信仰は、精神の働きへの信頼の表現である。それゆえ、最初期の段階で、普遍の実在を信じることを拒絶する者は、思考し始める前に挫折する。彼らは、彼らの物体的なイメージの奴隷であり、それらを超えるための精神の仕掛を使用することを拒絶する。彼らは、真昼の太陽光線について鷲と争うコウモリのようなものである[10]。コウモリというのは、自分たちが所有していないものの実在について、「持てる者」と言い争う「持たざる者」である。同様に、普遍の真実在を疑う者は、理性的な段階へ上昇するために必要な能力を欠いているか、あるいはそれを抑圧しているから、そうするのである。この段階とは、非物体的な本質の段階、それゆえ神学的な真理の段階である。

実際、もし理性の対象が、最初に感覚的な印象を通してその存在が知られる、非物体的な本質ならば、理性の活動が少しでも開始し可能となる前に、信仰のある種の行為が必要となることは明白である。もしこのような本質の存在を認めない者がいるなら、彼は、キリスト教会の真理を理解する力だけでなく、感覚的な印象がそれらの起源を真の本質にもっているという真理を理解する力も欠いているのである。普遍的な本質の存在を認めることができないということは、理性の能力の働きを、その最も重要な探究において無効にするのである。誰であれ、このような状態の者は沈黙しなければならない。彼は、至高の本質が存在しないと主張せざるを得ないか――そしてこれによって彼は、論理的に必然的であることが示されうる事柄の非存在を主張するという、根本的な誤謬に陥るだろう――あるいは、彼が信じていないということを主張せざるを得ない。『モノロギオン』の論証は、アンセルムスをこの立場に導いた。彼は、理性が信仰を不要にするとは考えなかった。まったく逆である。同じ問題を扱い、同じ結論を保持することによって、信仰と理性は互いに何かを付け加え合うのである。

信仰は理性の言明に自己放棄という栄誉を付加し、理性は信仰の言明に体系的な理解の栄誉を付加する。信仰の性質も結論も理性によって変更されることはないが、信仰がもつ概念は、理解によってより明確となり、魂の中でより活動的となり、精神においてより体系的に関連づけられ、喜びに溢れて抱かれる。これが瞑想の目的全体である。つまり、信仰の対象を直接的に体験する最終的な至福に向かう道に沿って、探究を前進させることである。この最終的な至福が享受されるときまで、理性は信仰のために為すべき貢献を続けることになろう。

三　『プロスロギオン』

（1）『モノロギオン』の補完

ランフランクスが『モノロギオン』を承認することも、書名を与えることもなかったとき、それに対するアンセルムスの反応は、彼の著者としての意識が、修道士としての意識に、いくらかまさったことを示している。彼は、この著作を変更もせず、破棄もしなかった(11)。その代わり、彼は、『モノロギオン』の論証を、単純かつ完璧な仕方で定式化することによって、堅固にする仕事に専念した。この努力は、彼を絶望の淵まで追いやったが、最後に彼は探し求めていたものを見いだした。彼の新しい著作は、同じように諸権威にまったく言及していないだけでなく――ランフランクスはこの点で『モノロギオン』に不快を感じたが――不快の種となるもう一つの潜在的な点として、神の存在に関するまったく新しい論証を提示したのである。

アンセルムスが『モノロギオン』を執筆したとき、少なくとも彼は、その中のすべての事柄はアウグスティヌスに見いだしうる、と言い張ることができた。だが、同じことを『プロスロギオン』については言うことができなかった。彼はそれを独創的な洞察に衝き動かされて執筆したが、彼の哲学的な名声――神学的なそれとは別に――が主として残るようになったのも、この著作による。本書は哲学的な昂揚の状態で書かれたが、それは（多分こう言ってよいだろう）彼がそれ以前に経験したことのない強烈なものであり、おそらくベネディクト会のいかなる修道院においても、二度と繰り返されることのないものだった。この昂揚は、主としてこの論考の最初の三章と関連づけられるが、そこにおいて、神の存在に関する有名ないわゆる存在論的証明が述べられている。アンセルムスが書いたすべてには、彼の個人的な資質が刻印されているけれども、これらの章は特別な意味で彼独自のものである。というのも、それらが含んでいる証明が彼自身の発見であることを、彼は知っていたからである。

すでに述べたように、この証明の意図は神の存在証明ではない。そうではなく、神性の諸本質、つまり真理、正義等々が――彼はすでに『モノロギオン』においてこれらが神の必然的な属性であることを示した――唯一の存在において、一つに結合していなければならないこと、非存在が考えられえないことを、証明することが意図されていた。それゆえ、「証明」の基礎をなしているのは、内的な矛盾なしに、非存在が考えられえないものは何であれ、存在しなければならない、という前提である。この論証が真であるか偽であるかはともかく、それは、中世において発見された、唯一の一般的で、専門的ではない哲学的な論証であり、これ以外にはこの時代に何の関心をもたない哲学者たちの興味をそそるものとして、生き延びてきた。

この証明が、少なくとも一時的ではあっても、非常に多様な気質と視野をもった人々を結びつけたこと――精神的な相違という広大な海を横断する細い連鎖ほどに、驚くべきものはない。今日の哲学者の中では、おそらく知性の諸特徴の点ではそれほどではないにしても、バートランド・ラッセルほどに視野の点では、アンセルムスから隔たっている哲学者はいない。だが、このラッセルがつぎのように述べた。

一八九四年のある日、私がトリニティ・レーンを歩いていた、まさにその時、私は、瞬時のひらめきで、存在論的証明が妥当することを知った（あるいは知ったと思った）。私は、一缶の刻みタバコを買いに出たのだが、帰り道、缶を空中に放り投げ、それを受け止めたときに叫んだのだ。「何ということだ、存在論的証明は正しいじゃないか。(12)」

トリニティ・レーン、刻みタバコ、「何ということだ（Great Scott）」（これらは、精神的には、一一世紀以上にわれわれから隔たった時代を呼び起こす描写である）を除き、代わりに、ベック、暁課、「神に感謝」（Deo Gratias）と置き換えると、まさしく、この論証が一〇七八年、アンセルムスに思い浮かんだ時と同じことになる。

ある夜、暁課のさなか、突然、神の恵みが彼の心を照らした。すべてが彼の知性に明らかとなり、大きな歓喜が彼の内奥を満たした。(13)

われわれは、エアドメルスが記すように、探究が挫折し、気持ちが散ってどうにもならなくなって数日ないし数週間後、突如、この証明が聖務日課のさなかにひらめいた、と十分に信じることができる。しかし、それはどこから到来したのでもなかった。その遠い祖先はアウグスティヌスであると考えられねばならないが、遠く、影響力はないも同然である。その直接的な両親は、アンセルムスの時代の文法学と論理学だが、それらは何か別の知られざる深慮によって使用されているのである。

(2) 「神」という語に関する瞑想

後に見るように、アンセルムスが彼の論証に必要としたのは、それに基づいて彼が特別の種類の論理的な構造を築くことのできる神の定義だった。彼は、これをアウグスティヌスの中に見いださなかった。後者の言語は、他の点ではアンセルムスのそれと類似しているにもかかわらず、論理学者の精確さを欠いていたからである。彼がアウグスティヌスに見いだすことができたのは、以下のことである。

神は、デウス(Deus)という二つの音節の響きによって真に知られるのではなく、この響きが、ラテン語を知っているすべての人々の耳を打つとき、彼らを動かして、ある最も卓越した、不死の本性について考えるようにさせる。……神について考えられるとき、われわれの思考は、それ以上により善い、あるいはより崇高なものがない何かに到達しようとするからである。(14)

このアウグスティヌスの言明は、アンセルムスが必要とするものに関するヒントを、提供したかもしれない。

それは、「神」という語に注意を向けさせ、そしてこの「語」を「それ以上により善い、あるいはより崇高なものがない」本性と結合したのである。だが、それ自体としては、アンセルムスの目的に不十分だった。というのも、それ以上により善いものがないような存在者が存在することを信じるよう要求されなくとも、このような存在を思い浮かべることは可能だからである。

まったく意外なことに、アンセルムスが証明に必要とした定式は、最もありそうにないところに存在していた。それはセネカの『自然の諸問題』に登場しているのである。その写本は、一二世紀のベックにあり、すでにアンセルムスの時代にそこにあったと思われる。その中でセネカは「神とは何か」という問いを立てる。「神の偉大さは、それ以上に大なるものが何も考えられえないということだ」(15)、と彼は答える。セネカは、これらの語をアンセルムスとはかなり異なる意味で使用した。彼が語っていたのは自然の偉大さであり、確かに、これは、アンセルムスが意図したことではなかった。しかし、セネカが使用した言い回しは、まさしくアンセルムスが必要とした言い回しだった。彼がそれをセネカに見いだし、新たに応用したのか、あるいはそれを新たな鋳型に流し込んだのかを、われわれが知ることは、おそらくあるまい。われわれは、それが彼の論証に必要となる出発点を提供した、ということだけを知る。

この定義を武器に、アンセルムスの論証はつぎのように進行する。愚か者を取り上げてみよう。彼は、詩編作者によって、その心の中で「神はいない」と言う者と記されている。この彼に「神とは何であるか」と尋ねてみよう。彼は、神とは「それ以上に大なるものが何も考えられえない何か」と答えるにちがいない。つぎに彼がこれらの語の意味を理解するなら、たとえ愚か者であっても、この「それ以上に大なるものが何も考えられえない何か」を彼の知性の内に（in intellectu）もっている。それゆえ、「それ以上に大なるものが何も考えられえないもの」は、彼の知性の内にある。しかし、その場合、愚か者は、この彼の知性の内に存在するものが彼の知性の外には存在しない、と言う。

もし愚か者が正しいなら、「それ以上に大なるものが何も考えられえないもの」は、彼の知性に存在するが、彼の知性の外には存在しない。しかし、この場合、他の存在者について考えることは彼にとって可能であろう。その存在者がもつ存在の性質も、「それ以上に大なるものが何も考えられえないもの」であり、彼の知性の中だけでなく、彼の知性の外にも存在する、というものである。このような存在者は、彼の知性の内だけに存在する同様の存在者よりも「より大」（今説明された意味によると）だろう。それゆえ、知性だけに存在する存在者は、「それ以上に大なるものが何も考えられえないもの」ではない。結論として、この存在者は神ではない。それは、「それ以上に大なるものが何も考えられえないもの」という「神」の定義を満足しないからである。知性の外にも内にも存在する存在者だけがこの定義を満たす。それゆえ、神は、知性の内だけでなく、知性の外にも存在しなければならない。

もしこの論証が正当ならば、われわれは、さらに一歩を踏み出すことができる。この論証は、知性をもった読者が、神が知性の内と知性の外に存在することに、同意せざるをえないようにした。けれども、他の多くの事物も知性の内と知性の外の両方に存在する。たとえば、私が握っているペンは、私の知性の内と私の知性の外の両方に存在する。それは「事象の内」（in re）と「知性の内」（in intellectu）に存在する。だが、それは、「精神の中に」（in mente）存在するからといって、必ずしも「事象の内」に存在するわけではない。その存在には論理的な必然性がなく、また神を除くと、われわれが考えることのできる他のいかなる外的なものの存在にも論理的な必然性はない。それゆえ、神は独特である。神以外の他の存在者については、つぎの両言明がなされえないからである。

1 彼は知性の内と知性の外の両方に存在する。
2 彼は知性の内に存在する以上、必然的に知性の外にも存在する。

愚か者は、語のいかなる意味においても神が存在することを否定したが、ここに到って窮地に立たされる。彼は、自分が「神」という語、そして「神が存在しない」という文の意味を理解したと考えた。けれども、もしこの論証が妥当するなら、「存在しない」という述部は、主語「神」と矛盾する。神については、非存在が矛盾なしに述定されることはありえないからである。それゆえ、愚か者は、語が指し示す事柄の意味を理解せずに、語を使用していたのである。これは、アンセルムスが『グラマティクスについて』で論理学のほんの初心者に警告した状況である。それは、三段論法で論証を結合する大前提と小前提に同一の語を使用するということではなく、同一の――この場合それのみが真である――意味をもつ同一の語を使用するということである[16]。愚か者は、自分が使っている語の意味を理解せずに、文を組み立てる。彼は、事柄の理解をもっていないだけでなく、語の意味をそれらの基本的な文法的、論理的な関係において把握することすらしていないのである。

ここで、アンセルムスの論証における諸段階を振り返ると、認識の三段階を区別することができる。最初の二段階は、瞑想を成立させる思考と理解の行為に対応し、第三段階は、瞑想の目的地である観想の状態に対応する。

1 「思考」(cogitatio) 探究者は、語の意味、感覚の所与、魂の自己認識を瞑想する。

2　「理解」（intellectus）　瞑想は、感覚の所与と直観が指示する、一般的な本質の存在についての認識をもたらす。
3　「知恵」（sapientia）　探究者は、最高に存在する存在者がいることを知り、永遠に関する第一の喜びである、かの観想の敷居に立つことになる。

愚か者は、定義上「知恵を欠いた者」（insipiens）であるから、このような存在者が存在することを否定する。彼は「知恵」（sapientia）を欠いている。しかし、彼は、「神」という語によって指示される実体を理解することができないという点で、理解（intellectus）を欠いていることも露呈した。そして、最後に、「神」という語――彼はこれをおこがましくも使おうとした――を理解できないという点で、「思考」（cogitatio）すらも欠いているのである。彼は、家畜のように沈黙しなければならない。

他方、瞑想によって、正しく思考する人は、「神」という語の意味を理解することから、事柄の理解（知性の外の存在者）へと上昇したのである。というのも、この語（「神」）がそれを表わしているからである。そして、さらに、神が存在しないと考えることはできない、ということを理解する。今や、探究者は「知恵」（sapientia）の最終段階の境界に触れるが、それは、この地上の生を超えたところにある、神の存在の体験である。この周知の論証をこのように述べてきたのは、この論証の文法学的・論理学的な基礎を明らかにし、のみならず、それを宗教的な精神にふさわしい修練としてのアンセルムスの瞑想のプログラムと関連づけるために、必要なことであった。哲学的には、彼の論証は、デカルトのそれと同格に置かれるべきだが、アンセルムスの諸前提、論証を進める方法、そして結論すらも、彼の後継者と異なることは明白である。アンセルムスの証明が、神が存在することの証明であると呼ばれうるとしたら、軽率のそしりを免れない。アンセルムスの観点からすると、「神」という語に何らかの意味でも付与することが可能であるという事実は、神が存在のある段階をもっていることを示すのに十分である。この証明が示そうと企てていることは、第一に、神の存在が知性の外にあること、第二に、神の存在は、この世界に関するどんな首尾一貫した思考にとっても必然的であること、第三に、それは、神が自己矛盾を犯すことなしに、存在しないと考えられえないという意味で、絶対的に必然だということである。

この論証が論駁されうるのか否かは、私には決めかねるが、それがかくも長期間にわたり擁護者と反対者の関心を惹き続けたという事実は、論駁が寸分の隙もない完璧なものでは決してなかったこと、あるいは、この論証が――論理的に正当か否かは別として――何らかの隠された生命の源泉をもっていることを示唆する。擁護ないし論駁を試みる代わりに、われわれは、いかなる条件がこの論証を満足し、アンセルムスが述べたとおり、妥当するのかを、問うだけでよかろう。こうすることで、われわれは、アンセルムスの精神と諸前提を理解するために、哲学的な価値があるか否かは別として、歴史的な価値をもつ何かを、発見する希望を抱くことができよう。

（3）アンセルムスの諸前提

この論証が、アンセルムスがそれを展開した形式において、妥当性を主張する何らかの資格をもちうるに先立って、満たされねばならない三つの条件があることは明らかである。

1　知性の内と知性の外に存在する何かは、知性の内だけに存在する何かよりも大であると言う場合、われわれは、両方の場合に同一のものについて語っているのでなければならない。そうでないと、この論証はあっさりと崩壊するだろう。そこで、それらに共通の同一性が認められたなら、「大」という点に関してそれらの相違はどこにあるのか。それは「存在」の段階がより大であるかより小であるかということにしかありえない。それゆえ、この文脈では、われわれが、あるものが他のものよりも大であると言う場合、それが存在のより大なる段階を有している点で「より大」である、ということを意味するのでなければならない。そして、あるものが知性の内と外部の世界に存在する場合、それは、知性の内だけに存在するものよりも、存在のより大なる段階をもっているのである。もしそうでないならば、アンセルムスの時代から今日に到るまでなされてきた批判は、明らかに正当化されるだろう。この批判とは、「知性の内と事象の内における」(in intellectu et in re) 神は、「知性の内」(in intellectu) のみに存在する神よりも、「より大」とはならないだろう、それは、知性とポケットの中の一〇〇ポンドが、われわれの思考の中だけの一〇〇ポンドという金額よりも、「より大」ではないのと同様だ、というものである。論証が機能するためには、「知性の内だけの存在」と「知性の内と知性の外の存在」が、より小からより大へというように関連づけられる、存在の段階がなければならない。

2　知性の内と知性の外に存在し、かつそれについて知性の外に存在しないということが考えられえないものは、知性の外に存在するが、しかし、それについて存在しないということが考えられうるもの(たとえば樹木)よりも、より高い存在の段階を有している。そしてこれら二つの階層は、知性の内だけに存在し、かつ知性の外に存在しないものよりも、より高い存在の程度を有している。

それゆえ、存在の諸段階がなければならず、それらは、神から順次下降しケンタウロスのような被造物まで到る。

1　知性の内と知性の外に存在をもち、かつ外的な存在をもたないものとして考えられえないもの（神のみ）。
2　知性の内と知性の外に存在をもつが、知性の外に存在しないということが考えられうるもの（すべての被造物）。
3　知性の内だけに存在をもち、知性の外にはいかなる存在ももたないもの（あらゆる種類の幻想）。

これらの階層が共通に有する唯一のことは、何らかの存在の段階である。

3　最後に、「知性の内に存在する神」と「知性の外に存在する神」という言い回しにおいて、「神」という語は、両方の文で同じ意味をもっていなければならない。もしそうでなかったなら、われわれは（文法的には同一であっても）二つの言明において異なるものについて語っていることになる。そして、あたかも第二の文が第一の文と同様のものを指し示しているかのように、それらを連続的に配列することは、文法的な構造の同一性から生じる最も単純なへまを犯すことになろう。このことに対して、アンセルムスも『グラマティクスについて』で、彼の生徒に注意を促したのである。

それゆえ、アンセルムスにとって、存在の三つの状態、つまり「知性の内に」「知性の内と知性の外に」「知性の内と知性の外に必然的に」という状態は、存在の階梯における上昇力としてしっかりと関係づけられる。しかし、この進行は、さらに高度な存在の段階がある場合にのみ妥当すると思われる。人間の知性における観念とその知性の外における存在の両者は、より低次の力である。より高度な存在の段階は神自身の知性にのみ存在しうるのである。事実、これがアンセルムスの考えたことであることを、われわれは『モノロギオン』から知っている。諸事物は、神の知性においてそれらの最高度の存在の段階を有する。ついで、自然的な世界とその観察者の知性におけるより低い存在の段階、そして最も低い存在の段階は、知性の外に存在しない事物を想像する知性の内における存在である。

もちろん、これはプラトン主義の形式である。アンセルムスがプラトンの『ティマイオス』の当該箇所を読んだ証拠はないように思われる。だが、彼の時代には、この『ティマイオス』だけが手に入りうるものであり、またそれがベックの蔵書にあったことも、ほぼ確実である。[17]しかし、たとえ彼が『ティマイオス』を読んでいなかったとしても、彼は、プラトン的な思想の諸要素をアウグスティヌスから吸収していた。後にロスケリヌスとの論争に見るように、彼は、他のいかなる種類の哲学も、異端に導くだけでなく、絶望的な知的盲目のしるしである、と考えていたのである。

（4） 瞑想の諸原則

これらの考察は、われわれをアンセルムスの瞑想の方法の諸原則に連れ戻す。『プロスロギオン』は、信仰者のための瞑想と信じない者のための証明の両方を意図した。信じない者のための証明は、ときおり考えられてきたように、いくつかの神学的な真理をあらかじめ受け入れることに基づくのではなく、隠された哲学的な原理をあらかじめ受け入れることに基づいている。この原理は、信じない者に、神の存在を必然的な結果として伴う認識の考察を委ねる。証明が始まる前にその結論に同意することを要求するような証明は、どんなに精緻で回りくどくとも、それが基づく哲学的な原理がそれ自体で論証可能であるか自明でなければ、いかなる意味でも証明とは考えられないだろう。後に分かるように、アンセルムスは、彼の原理が適切に訓練された探究者であれば自明のことだ、と考えていたのである。

『プロスロギオン』を執筆したとき、アンセルムスが彼の論証に付されたこの条件を意識していたか否かは、われわれには分からない。彼は、彼の論証が前提とした認識の説明が唯一可能なものだと考えていたと思われる。そして、信じない者がそれを受け入れようとせず、受け入れることのできる代案を提出できなかった以上、アンセルムスは、事実上彼を沈黙させたと考えたのである。これは、ありうる観点であり——アンセルムスが気づきえなかった多くの難点にもかかわらず——首尾一貫した観点である。それは、内的にも一貫し、同時に論証の冒頭で告知された神学的なプログラム、「理解を求める信仰」（Fides quaerens intellectum）とも一貫している。論証は、その出発点である信仰に回帰し、また常に回帰しなければならない。しかし、すでに見たように、この論証のために要求される信仰は、キリスト教の信仰ではなく、哲学的な信仰であり、これをアンセルムスは、首尾一貫したいかなる思想体系にとっても本質的に前提として不可欠であり、また確かに、神について語ろうとする誰にとっても必要条件である、と考えていたと思われる。

大方の人にとって、これらの前提条件はどれも受け入れ難く思われるだろう。一般的な見方では、馬は存在するが一角獣は存在しない。したがって、両者は存在するが、一方の方が他方よりもより存在すると主張することは、一方の存在と他方の非存在との相違の適切な記述ではないように思われる。

この点に関するアンセルムスの立場は、しだいに数を増してきた彼の同時代人の立場とは異なっていた。したがって、彼の論証は、その後長いあいだ、広範囲にわたる同意を得る運命にはなかった。彼の論証が神学者の真剣な注意を引くようになったのは、一三世紀になってからだった。だが、その時代ですら、敬意をもって取り扱われたにもかかわらず、その妥当性に対立する見解が有力だった。

アンセルムスの直接の友人と弟子たちのあいだですら、エアドメルスを除くと、この論証に言及した者はいない。他の者たちの中では、ギルベルトゥス・クリスピヌスがこの論証の基礎となった定義を繰り返すが、彼はそれに依拠することはなかった。われわれは、ランフランクスが『モノロギオン』に関して承認を与えなかったことを知っているが、『プロスロギオン』に関して彼がどのように考えたかを知らない。だが、たとえ彼がそれを読んだとしても、承認したとは考え難い。ごく近い将来に、アンセルムスが述べたとおりの論証が基づいた言語分析とアウグスティヌス哲学の独特な混合は、新しい方法、そして神学的な論証の目的と方法に関する異なった構想によって取って代わられた。

だが、もしアンセルムスの論証が受け入れられなかったとしても、『モノロギオン』と『プロスロギオン』という二つの論考は、彼の名を遠く広く知らしめることになった。一〇八五年、もはや彼は、一〇年前にこの世に知られていない者として語ったように、語ることはできなかった。執筆から一、二年以内に、この二つの著作は、ノルマンディーとカンタベリーのみならず、ポワチエ、リヨン、そしておそらくはローマにも知れ渡っていたのである。

神の存在に関するすべての論証のうちで、アンセルムスの論証は、最も洗練されており、しかも、最終的に満足を与える言明ないし論駁を得る可能性の最も少ないものである。この論証は、その強さをある曖昧さから引き出している。それは、言語における曖昧さのように思われるが、より深い意味では人間の体験における曖昧さである。もし神が存在するなら、神を存在しないものとして考えることが不可能な体験のレベルがなければならない。しかし、この不可能性を生じさせうるとしたら、それは、いかなるレベルか。論証は至福直観の体験を待ち受けなければならないのか。それとも、正反対に、それは言語的・論理的な分析のレベルにおいて理解されるものなのか。アンセルムスが要求したのは後者である。

妥当するか否かは別として、『プロスロギオン』の最初の三つの章は、この問題が提起された著作の最初の部分であり、また提出された解決は、おそらく最終的に葬り去られることはないだろう。ことによると、デカルトの方が、より単純でしかもいくつかの哲学的な前提を伴っていたがゆえに、それを上手く提出したのだろう。彼は、スコラ哲学を拒絶することになったとしても、その長い伝統を継承するという点で、アンセルムスに欠けていた利点をもっていた。アンセルムスの思想のアウグスティヌス的・文法学的な背景は、彼がこの論証を定式化することを可能にしたが、限界も負わせた。しかし、アンセルムスのこの数頁は、これまでに書かれた一般的な関心をひく推論の内でも、最も興味深い箇所の一つに位置づけられねばならない。

この論証が初めて示された『プロスロギオン』の最初の数章を読むと、興奮せずにはいられないだろうし、それについて考えると、一瞬であったとしても、説得的であると思われるだろう。この論証に関する並はずれた点は、論駁されても、その力、新鮮さ、あるいは不思議なことにその説得力すらも失わないということにある。たとえこの論証が妥当するとしても、信じない者に神を礼拝するよう納得させることになるかどうかは疑わしい。しかし、その精妙さ、そして強固な常識をもつ人々の敵対心を招く、ある種の霊妙な資質という点で、アンセルムスの精神と人格の資質と神秘を完全に反映しているのである。

『モノロギオン』と『プロスロギオン』は、ベック副院長としてアンセルムスの最後の数年、彼の生涯の注目すべき二年間、一〇七六―七八年に生み出された。哲学的な独創性の光彩という点では、彼が再びこの高みに登ることはなかった。カンタベリー大司教となる前の、続く一五年間、彼は、もっぱら修道院の管理と四つの著作の執筆にたずさわった。これらの著作は、彼の才能と独創性を示すものではあるが、それ自体としては、『モノロギオン』と『プロスロギオン』が独自になしえたようには、彼の名声の基盤を形成することができなかった。この年月、この世における彼の名声は少しずつ高まり、彼の弟子たちの数も増えた。大部分は、アンセルムスの人と感化のゆえにベックの修道士となった者たちだった。同時に、彼の修道院的な平穏は、宮廷や教会会議に出席するためのやむをえない旅行や、イングランドにおける所領の視察旅行のために乱された。これらの雑事の中で、彼があの二つの著作の水準に達するようなものを何も書かなかったとしても、それは驚くべきことではない。『プロスロギオン』執筆後の数年間は、彼に経験と思考の範囲の拡大をもたらし、それが二〇年後に迎える彼の第二の頂点への道を準備した。しかし、この拡大の時期に向かう前に、一〇七〇年代における彼の体験のもう一つ別の要素があり、それを検討しなければならない。彼の友人のサークルは、彼の神学の展開にとって不可欠であった。しかし、友愛は、それ以上に彼の人生においてより大きな場所を占めていた。それは、天国における神との一致を準備するという点で、この世において信者の総体をまとめ上げるために、中心的な役割をもっていたのである。そこで、先に進む前に、この主題を解明しなければならない。

第七章　友愛の本性と重要性

一　アンセルムスの友愛の書簡

アンセルムスの残された書簡は、彼の精神と人格に関して、われわれが有する最良の証拠を含んでいる。しかし、この同じ精神と人格がすべてを貫通しているにもかかわらず、一〇七〇年から一〇九三年まで、ベックの副院長ついで修道院長として彼が執筆した書簡は、大司教だったときに執筆された後代の書簡とは、幾分か明確に区別される必要がある。その一つの理由は、後代の書簡の多くが、当然のことながら公的な政策に関わっていたこと、そしてそれらは、大司教としての彼の目的との関連で論じられねばならなくなるということである。けれども、初期の書簡の大部分と同じ、主として修道生活についての助言と勧めに関わる書簡においてすら、一〇九三年以降にはある変化が現れる。一般的に言うと、それらは表現において、より冷めているのである。明らかに、年齢そして責任が増してきたことが、この変化の大きな理由である。だが、新たな圧迫感をもたらしたさまざまな誤解と失望もある。主題と人間関係に関するこれらの変化は、後にわれわれの関心となろう。ここでの関心は、主として一〇九三年以前の書簡である。

これらの書簡の主要な目的は、人間の罪深い状態と救いへの狭い道に関する、極めて厳格な見解を説明することだった。しかし、このテーマと関連して、表現の鮮明さという点で、他のすべてを凌駕する別のテーマがある。それが友愛のテーマである。アンセルムスの友愛の表現、そしてこれらの表現が基づく体験は、同時代のいかなる著作家のそれとも著しく異なっており、しかも、かなり誤解を招きやすい用語で表現されているため、慎重な吟味を必要とする。

この吟味に着手する前に、まずわれわれとしては、彼の体験に関する、われわれの知識のもとになる書簡について記述することが好都合であろう。一〇七〇年以前に関しては、アンセルムスの書簡は一通も残っていない。しかし、この時期から一一〇九年の彼の死までの期間には、われわれの手元に四百通近い書簡が残っている。(1) これらのうちで、約一四〇通が、彼がまだベックにいた期間、一〇七〇―一〇九三年に書かれた。彼が最も十全に、そして――語の意味については説明を必要とすることになるが――情熱的に、彼の宗教生活における中心的な体験である友愛の本性を表現したのは、これらの書簡においてであった。後の書簡において、この主題に関して費やされた割合は、はるかに少ない。しかし、この後期においてすら、三〇通ぐらいは容易に集めることができよう。それらにおいては、友愛に関する彼の理想が反復されており、以前の年月の書簡より抑制されているとはいえ、宗教的な生活のための助言、そしてある意味ではその頂点としての友愛に関する教説を同様に強調している。書簡が表現の強烈さの点では衰えを見せているときですら、アンセルムスの宗教的な生活においては、友愛がたんなる個人的な、いわば随意の場だった時期はなかった。それは、中心的な体験であり、深淵で永遠の重要性をもっていた。

われわれは最初に、その中で彼と彼の同時代人が生きた伝統、そしてそこから彼が発展させた伝統を理解しなければ、アンセルムスの友愛に関する見解の意味と独創性を理解することはないだろう。のみならず、彼が体験を記述する言語と、一二世紀およびそれ以降のロマンス語文学における類似の言語によって記述された体験とを、明確に区別しなければ、われわれは、彼が友愛を表現する言語を理解することはないだろう。アンセルムスの知的そして情緒的な体系のすべての部分に関するのと同様、第一段階は、彼が彼の同時代人と共有した共通の基盤、そして彼がそれをどの程度変更したかを見分けることである。それゆえ、彼自身の著作を吟味する前に、彼が継承した友愛の伝統について、いささか述べておく必要がある。

二　友愛の伝統的な型

修道士として学問に真剣に従事する他のすべての者たちと同様、アンセルムスもカッシアヌスの『霊的談話集』(Collationes)を読み、そこから、古代世界の友愛を概括的に再現した友愛の理論を汲み取ったことだろう。[2] この理論によると、三種類の友愛がある。第一は、兄弟、両親、子供、夫婦といった自然本性的な結びつきに基づくものである。第二は、共通の目的をもった集団の関係に基づくものである。たとえば、商人、兵士、泥棒、あるいは、他者の協力を必要とする目的のために存在する何らかの集団である。第三は、唯一の高貴で理性的な目標の追求における魂の一致に基づくものである。この目標の強調点は、実際的な成功ではなく、共通の理想を分かち合うことに置かれる。

もしわれわれがこの理想を信仰の生活に固有の言い方に翻訳するなら、これらの友愛の三形態すべてが、この世の生活と同様に、修道生活にも不可欠であることを知ることができよう。第一に、修道院共同体の成員とその周辺の地域に住む彼らの一族との自然本性的な友愛があった。その一族からの贈与と奉献された児童が修道院を維持したからである。第二に、修道院共同体内で機能する友愛があった。これは、その学問的および典礼的な目的を実現するために必要だった。そして第三に、共同体における個々人のあいだの人格的な友愛があった。これは、学習、祈祷、瞑想という霊的な生活において、一層の努力を喚起する刺激だった。すべての修道士が、彼らが立てた誓願を実行するために、これらの友愛の三形態を必要とした。しかし、第三の、最も私的な友愛の形態は、一一世紀の念入りに組織された修道院共同体において一般的ではなく、あるいは、それゆえにこそ切望されていた、と言ってもおそらく正しいだろう。確かに、修道院文学においては、この友愛に高い位置が与えられることはなかったが、それにはもっともな理由があった。つまり、共同体内に複数の親密な集団が形成されることは、複雑な日々の日課における集団の結束を壊してしまうことになりかねないからである。

だが、アンセルムスの書簡が主として関わったのは、まさしくこの最後の、最も親密な友愛の形態だった。ごく控え目に言っても、彼は、共同体的な宗教的生活における新たな強調点を、親密な友愛に与えたのである。さらに彼が親密さを表現したその仕方は、驚くほど独創的で、誤解すらも招くものだった。それゆえ、原則的には親密な友愛という着想は、新しいものではなかったにもかかわらず、彼がそれらに与えた中心性、そして彼がそれらを記述するさいの表現の熱情は、新しいものであり、注意深い吟味を必要とするのである。

この違いを見分けるために、われわれは、友愛に関するいくつかの同時代の表現とアンセルムスのそれとを比較するだけでよい。たとえば、ランフランクスは、彼の「最愛の兄弟そして友人」であるヨークのトマスにつぎのように書くことができた。

距離が相互の愛を減退させるのは、この世の利得あるいは肉体的な快楽に基づく愛を抱く人々の場合だけです。しかし、誠実でキリスト教的な愛において結ばれた者たちは、肉体の点では不在であったり、場所的には離れていても、それによって分かたれることはありません。(3)

これは、古代の友愛の決まり文句の一つであり、われわれは、この二人の冷たい関係と不和を知っているので、この言い回しは誇張されている、とすら考えるかもしれない。しかし、ランフランクスは、確かに、彼の同僚の大司教に情熱的な愛着を抱いてはいないが、彼を不誠実であると考える理由はない。彼は、自分たちが協力を必要とする重大な共通の仕事に従事していることを十分承知しており、それゆえに、彼は、自分の感情ではなく、自分たちの共通の目的にふさわしい言葉を使ったのである。何よりも、友愛は、気質の相違と性格の欠点にもかかわらず、共通の目的のために協働することを意味していた。

これと同様の伝統の中で、ランフランクスは、同じ誠実さで「愛において結ばれた者たちは、一方が東に他方が西にいても、決して引き離されることはないのです」と言い足すことができたのである。これもまた伝統的な友愛の常套句の一つだった。ランフランクスは、確かに、大司教トマスが目の前にいることを望んではいないが、しかし、共通の仕事における彼らの一致は、あらゆる場所的ないし人柄の相違を超えていることを信じていた。ランフランクスがその中で執筆していた伝統において、友愛は感情と無関係であり、それどころか、魂の一致とはまったく無関係だった。心が何を語ろうとも、あるいは二人がどこにいようとも、共通の目的がすべてだった。

共通の目的は、アンセルムスの友愛にとっても本質的な基盤ではあった。けれども、彼の感情、そして彼がそれらを表現した用語において、彼は、新たな強烈さをもつ情緒的、人格的な交わりを付け加えた。これは、彼の革新が単に装飾的なものにすぎないのか、あるいは体験全体の再構成の徴候であるのかを見いだすために、吟味される必要がある。このことは、われわれが問わねばならない根本的な問いである。

しかし、これらの表現を探究する前に、表現上のいくつかの類似した目新しさを、手短に考察することは有益だろう。それらは、アンセルムスの死後の世紀におけるヨーロッパ文学の中で、支配的な役割をもつようになったものである。この後代の文学において、アンセルムスが自由に用いた表現のいくつかが、ロマンス語文学の恋愛の理想を連想させ、さらに、これらの表現は、一見したところ同じ発展の線に属しているのではないか、という印象を生み出すのに十分なほど、アンセルムスの表現と似ているのである。

三　新たなロマンス語文学的理想

われわれは、伝統的な友愛の一つの特徴から手をつけなければならない。それは、男だけのあいだのことで、これには実践的また理論的な諸基盤があった。実践的な基盤は、ほとんどすべての重要な共同体的諸行動である。つまり、軍事的であれ修道院的であれ、あるいはもっと広く教会的であれ、それらは男の領分だった。この実践的な考察に加えて、男と同様に女によっても表明された理論的な原則もあった。それは、男だけが大きな企てに必要な精神と意志の強さを持ち、あるいは持つと考えられ、友愛は、第一にこの企てを促進するために存在した、というものである。

男性的な友愛のこの伝統の中に、ロマンス語文学における男女間の恋愛という新たに理想化されたヴィジョンが、しだいに洗練され、情熱を込められた表現の形式を見いだし始めたのは、アンセルムスが死んでから一世代後くらいのことである。本書は、この新たな理想の驚くべき成功の諸理由を論じる場所ではない。一二世紀以来の長い文学的な伝統は、ヨーロッパ文学において、すべての他の人間関係にまさる地位をこの理想に与えた。ここでは、それがヨーロッパ文学の伝統に男女の結びつきに関する一つの概念をもたらした、と述べるだけで満足せねばならない。この概念は、理性を超え、思慮分別を超え、この世における通常の財産を超え、それにとりつかれた人々の精神を、全面的にとりこにしたのである。

伝統的な友愛は、まさしくそれらが共同体的で理性的な行動を促進するがゆえに評価され、また、いわば悲鳴を挙げることなく表現されえたのに対し、悲鳴（the shriek）は、一二世紀後期のロマンス語文学における友愛の際立った特徴だった。これには十分な理由が伴っていた。それは、愛人の人格を所有したいという単純で激しい熱望における痛みを表現したからである。この新たな情緒においては、友愛の共同体的な目的が占める場所がなかった。それどころか、愛の魔法の紐帯の外におかれる人々に対して、用心深い敵意ないし秘密厳守があった。この強調点の変化において、古代からの友愛の理性的な目的は、恋する者の魂の内にあって、説明のできない、不合理な、あるいは少なくとも理性を超えた、個人的な情熱の追求に取って代わられた。この体験は、ある霊によってとりつかれた体験としてのみ描写されうるだろう。その霊は、ことによると悪魔的ないし神的な霊かもしれないが、理性的な打算を越えた霊であることは確かである。その目的は、何らかの共通の目的を達成することではなく、至福そのもの――目的そのもの――である一致の状態を達成することだった。この特徴とともに、強調されたのは、喜びであって義務ではなく、慈愛であって正義ではなく、理性に対して情熱であった。社会的な生活における機能を果たすことについては、問題とならなかった。唯一の目的は、分別の世界を超え、道徳の世界さえも超えて上昇することであり、理性の境界を突破することだった。

さて、このロマンス語文学的な理想には、アンセルムスにも見いだされるいくつかの特徴がある。彼の言葉には、ロマンス語文学の言語に近い情緒的な激しさがあり、伝統的な友愛の言語とは異質である。彼の友愛は、依然として共通の目的に基礎づけられているにもかかわらず、この世を超えた理想の追求をも要求している。神の愛の情熱的な追求、と言ってよいだろうが、それは、理性と思慮分別のある行動の通常の境界を突破し、さらに、究極的には、この最終的な至福のためにすべてを放棄した個々人だけが到達しうるのである。

したがって、アンセルムスはたんに友愛の伝統的な理想をより熱烈な言葉で表現したにすぎない、と言うだけでは正しくないだろう。明らかに、アンセルムスは、この主題に関して、他のすべてに関するのと同様に、意図においては保守的なままだが、しかし、言語だけでなく目的と構想においても革新的である。彼は、友愛の冷静な伝統に忘我（ecstasy）の特色を導入したが、それはロマンス語文学の恋愛の特徴である。しかし、彼の目標は、ロマンス語文学のそれ――人格を奪ってしまうこと――ではなかった。彼の目標は一つの目的を成就することだった。それゆえ、この点でわれわれは、実際的な理想に達するための一助としての友愛という古代の理想に立ち戻るように思われる。だがここにも相違点がある。友愛におけるアンセルムスの目的地は、その最も昂揚した活動のさなかにおいてすら、この世界のそれではなかった。それは、すべての理性的な存在の究極の目的地である天の王国に他ならなかった。それゆえ、他のすべてと同様に、ここでも、彼は二つの世界、理性的な友愛という古い世界そしてロマンス語文学の新しい世界のあいだ、この世界と天の王国のあいだで、伝統と革新のあいだ、揺れ動いているのである。

以上の予備的な諸点を留意して、われわれはアンセルムスの言葉を吟味し、それらが何を意味するのかを問うことにしよう。

四　アンセルムス的な体験

忘我、あるいは少なくとも誇張は、アンセルムスの革新の第一の徴候である。彼は、それ以前の著作家たちのもつ「重々しさ」(gravitas)を吹き飛ばし、より強烈で情熱のすべてを傾ける何かを追求することに飛び込んでゆく。彼は、ランフランクスの友愛の表現を特徴づけた、冷めた生気のない洗練さがもつ危険を、明らかに見境のない情緒という正反対の極端に突進することで回避する。彼の言葉に、もっともと思われ、分かりやすい意味を与えることは難しい。

この問題を例証するために、われわれは、彼の書簡からいくつかの文章を抜き出すことから始めるのがよかろう。それらは、友愛の古典的な理想への最もあからさまな挑戦であり、ロマンス語文学の新たな言語に最も接近している。これらは、一〇七一年から一〇八七年頃までの、少なくとも二五年に渡って書かれ、この時間の長さが重要である。他のことはともかく、これらは、若い熱意の表現ではなく、注意を凝らして選ばれた言葉であり、その中で同じ思想が少なくとも二五年の期間にわたって繰り返されるのである。便宜上、それらに番号をつけることにしよう。

1　最初の文章は、ゴンドルフスに宛てて書かれた書簡からとられている。彼は、アンセルムスとほぼ同じ時にベックの修道士となった。すでに述べたように、彼は、アンセルムスよりも一〇歳ほど年上で、修道士となる前にすでにこの世での経験を経た人だった。ベックで三、四年を過ごした後、ランフランクスは、彼を一〇六三年にカーンへ伴うために選んだ修道士の一群に加え、ついで、一〇七〇年には彼をカンタベリーに伴い、さらに一〇七七年にはロチェスター司教に任命した。それゆえ、アンセルムスは、一〇七〇年と一〇八七年の期間に、折に触れてゴンドルフスに書簡を送るが、彼自身も若くはなく、また若者宛てに書くものでもなかった。この期間すべてにおいて、ゴンドルフスは、広い実践的な経験を積んだ人であり、ランフランクスの信頼が最も厚い補佐役だった。このことが、アンセルムスが最初期の書簡の一通でゴンドルフスに書き記したことである。

貴兄に書こうとして机に向かうと、私の魂の最愛の魂よ、貴兄に書こうとして机に向かうと、どこから語りはじめるのが最もよいのか迷います。というのも、貴兄について思うことはどれも、私の心には甘美で悦ばしく、貴兄に望むことはどれも、私の精神が抱くことのできる最良のことだからです。つまり、貴兄もご承知のとおり、私は、私が見てきたありのままの貴兄を愛してきましたし、神がご存じのとおり、今は、私が耳にしたとおりの貴兄を熱望しております。ですから、貴兄がどこに赴こうと、私の愛は貴兄に従って参ります。また私がどこに留まろうと、私の望みは貴兄を抱擁しております。それなのに、なぜ貴兄は、私が貴兄を思い起こしているかと、使者の口を通して私に尋ね、その手紙によって私を促し、その贈り物で私に訴えるのですか。「私の舌は上顎にはり付くがよい、もし私が貴兄を思い出さないときがあるなら」ゴンドルフスを私の友愛の「最大のものとすることがないなら」。……どうして貴兄を忘却することなどありえましょう。ろうに押し付けられた印章さながらに私の心に印章づけられた人が、どうして私の記憶から奪い去られることがあるでしょう(4)。

2　カンタベリーのゴンドルフスにこの書簡を運んだ使者は、別の修道士、ヘンリー宛ての書簡も運んだ。へンリーはかなり性格の異なる人ではあるが、ランフランクスがカンタベリーに連れて行った、この世での経験豊富な人物だった。彼は、アンセルムスあるいはゴンドルフスよりも世俗的な関心が強く、アンセルムスの生来の弟子ではなかった（この理由はすぐ明らかとなろう）。にもかかわらず、アンセルムスは同様の言語を用いて彼に書簡を書く。

最愛の者よ、……しかも、私たちが互いに等しい愛を抱いていることに、私は疑問を抱きませんから、それぞれが相互に同じ熱望を抱いていることも疑いません。愛の炎によって精神が一つに溶け合った者たちにとっては、日々の職務に携わる場がそれぞれの身体を遠ざけても、労苦は等しいからです……。

アンセルムスは、この調子でしばらく書き続けた後、先に引いたゴンドルフス宛ての書簡に言及する。

ゴンドルフス師にも手紙を送りましたが、それは名前を入れ替えれば貴兄のものですし、貴兄に書かれたものとして受け取って下さい。私がいかなる愛を彼に示し、いかなることを彼に願っても、それは等しく貴兄ご自身に向けられているとお考え下さい。――特に、故人となった、私の最愛のオスベルヌスの魂のためにお祈り下さい。もう一度言わせて下さい。私がゴンドルフスに書くことは何であれ、そのまま貴兄にもあてはまるのです。(5)

3　その少し後に、彼は再びゴンドルフスに書き送った。

私がもう一人の私〔ゴンドルフス〕と分かち合う共通の意識は、私の手紙が、海を越えて飛んでゆき、私の友愛の状態を確かめるようにと、繰り返し急き立てます。しかし、私の手紙は、貴兄がご承知ではないことを伝えることができるでしょうか。貴兄の心の「小部屋に入り」、そこで見いだされる、貴兄ご自身の愛の刻印をよくお考え下さい。すると貴兄の真の友人の愛をお認めになるでしょう。(6)

4　同じ頃に、彼はある修道院長に書き送る。その所領の居住者の中に、アンセルムスの死んだ友人オスベルヌスの母親である寡婦がいたからである。

相互の無限の愛が私自身とこの貧しい寡婦の亡き息子を一つに溶け合わせていたので、私は、彼の母親が私を実の息子として受け入れてくれることを、望んでいます。ですから、もう一人の彼自身として、私は、私自身の母親と同様に彼女のために懇願することを恥ずかしいとは思いません。(7)

5　いくつかの似たような心情の吐露は省いて、約一〇年後に進むことにしよう。アンセルムスはギルベルトゥス・クリスピヌスに書き送る。彼は、ベックにおける最初期の弟子の一人で、ランフランクスの要請によってベックを離れ、ウェストミンスター修道院長となった。

もし私が私たちの互いの愛の情熱を書き記すことができたとしたら、真実を知らない人々にとっては誇張しているように思われるのではないかと危惧いたします。ですから、私は真実のある部分は差控えなければなりません。けれども、私たちの体験した愛情――目と目、口づけと口づけ、抱擁と抱擁――がどれほど大きいかは貴兄がご存じです。私がこれほどの喜びを味わった貴兄が、私から離され、戻ることもなくなった今も、私はより一層そのすべてを体験しております。満ち溢れるものをもつ者は何が欠乏することになるかを知りません。ご馳走で満ち足りた者には、空腹など思いもよりません。同じく、友愛の喜びを知る者は、孤独な魂の悲しみを感じることができません。ですから、私たちのあいだにあるものが十分に書き記されることができず、しかも私が語っている相手が、それを知る人である以上、もはや私の言うことはありませんが、しかし、私たちが目と目を合わせ、口づけに口づけを交わし、抱擁に抱擁を交わした時の、忘れられることのない愛を、思い起こすことにしましょう(8)。

ここに示したのは、およそ一五年間に、さまざまな人々に宛てて書かれた書簡の代表的な一節である。彼らは、才能やタイプも異なり、若者も中年もおり、副修道院長、修道院長、あるいは司教もいる。中にはアンセルムスが会ったことのない人物もいる。しかし、彼らはみな修道士であるか、まもなく修道士になる希望を抱いている人々である。こうした人々すべてに書き送る彼の言葉は、（ごく控え目に言っても）ランフランクスのそれとも、あるいは伝統的と解される友愛を唱道する他のどのような人々の言葉とも著しく異なっている。当惑せずにそれらを読むことは難しい。

われわれは、それらをどう考えるべきだろうか。情感、口づけと抱擁、離れて生活することに対する激しい喪失感、彼の友人がその場に居てくれることへの熱望、出会うことに対する無限の喜び、身体的な現存と身体的な表現による要求。すべてが示唆するのは、伝統的な修道院の友愛よりも、一二世紀後期におけるロマンス語文学の恋愛のそれに近い情緒的な激しさの世界である。もしわれわれがそれらを表現するさいに用いられる感情と言葉だけを考察するならば、この体験全体は、共通の目的を達成するために理性的に結びつく世界よりも、ロマンス語文学における恋愛の忘我に属すると言わねばならないだろう。

だが、アンセルムス自身には、まったく問題意識がなかった。彼は、これらの書簡を、より広範囲の読者に向けて書かれた修道生活のための教示の重要な源泉と見なしており、それらの書簡が宛てられた相手以外の人々にも、それらを読むように進んで促した。彼自身、カンタベリー大司教となる少し前の年に、より広い読者のために書簡の収集を始めたと思われるが、時間がなかったこと、あるいは何らかの他の理由から、この仕事を完成することはなかった。(9) それにもかかわらず、彼の最も親密な友愛の表現ですら、彼がそれらを個人的なコミュニケーションと見なさなかったことは明らかである。彼がそれらに期待したことは、それらが個人的な情緒の表現としてではなく（確かにそうであるにもかかわらず）、宗教的な奉献生活における非常な厳格さへの要求と見なされることだった。

言葉の穏健さとその教説の厳格さとの対照性があまりにも大きいため、もしアンセルムスの精神を理解しようとするなら説明が必要であり、またその説明の第一段階は、上の引用文をそれぞれの文脈に置くことである。第一に、友愛の極めて穏健な言葉が、修道生活への完璧な献身における従順と自己否定へのこの上なく厳格な要求と結びつけられていることである。もちろん、この生活は『戒律』によって支配されている。だが、アンセルムスの友人たちには共同体に参加すること以上の何か、すなわち、彼が『プロスロギオン』のプログラムとして輪郭を描いた、神を激しく求めることに取り掛かることが要求された。「あなたの精神の小部屋に入りなさい。神以外のすべてを締め出し、……扉を閉じて神を求めなさい」。友愛の進展は、同様のプログラムに従う。「あなたの心の小部屋に入り、あなたの真の愛の本質を熟慮しなさい。そうすれば、あなたの友人の真実の愛に気づくでしょう」。これが、彼の友人たちの中で最も親密な友人だったゴンドルフスへのメッセージだった。アンセルムスは、二〇年近く前、彼と共に神を求める第一歩を踏み出したのである(10)。

このことは、このような予期せぬ情熱に燃えあがる書簡が、同じような献身の状態にいる者であれ、それを求めている者であれ、不特定の読者によって私有化されうるということを意味するのだろうか。この問いに対する答えは「イエス」である。これらの書簡が私的な情緒的愛着、いわんや禁断の思慕を伝えようとしたのでもないことは、つぎの二点から明らかである。すなわち、アンセルムスがこれらの書簡に求めた公開性、彼がそれらを書き送った人々の多様性である。しかも彼は、これらの人々に、彼らが同等に彼の最も熱烈な愛の表現の受容者であると考えるように、頼んだのである。これらの書簡は、神に捧げられた生活への報酬に関する公的な表明だった。魂の融合、余計な説明を要しない共有された知識、天国において完成されるだろう永遠の一致のさまざまな象徴、これらはすべて、世俗を超えた文脈の徴候であり、アンセルムスの友愛は、そこにのみ存在したのである。神への全面的な献身とは、アンセルムスにとって修道生活に献身すること以外の何ものをも意味しないが、それがアンセルムスの友人たちの共同体に完全に受け入れられるための唯一の条件だった。そうだとすれば、彼は、誰に対しても同じ表現を用いることができただろう。

このことから、友愛に関する彼のこの上なく熱烈な表現はすべて、彼と宗教的な生活を分かち合う人々か、（彼が希望したように）それを分かち合おうとしていた人々のために保持されることになった。これらの書簡にロマンスがあるとしたら、それは、修道生活における「巡礼者の道行き」のロマンスである。それにもかかわらず、最近の学者たちを悩ませ、答えを要求するある問題が残っている。これらの書簡は、他のことはともかく、同性愛の表現でもあるのではないか、という問題である。

五　同性愛の問題

この問いに答えるために都合のよい出発点は、ジョン・ボズウェルが中世の同性愛について書いた書物である[11]。著者は、大量の資料を収集し、重要な議論を加えたが、さらに（私は付け加えなければならないが）彼の結論の多くを損なう誤解をも差し挟んだ。しかし、彼が収集した資料は、上の引用文のいくつかも含んでおり、綿密な注意を要する。

まず彼の誤解から始めよう。ボズウェルは、相変わらず、周知の生理学的ないし心理学的な状態としての同性愛について語っており、それは、通常、口づけからソドミー（男色）まで区別なしに拡がる――私の判断する限り――広範囲な「同性愛的な行動」に表われる。そして、彼は、少なくともこれに類似した態度のようなものが一一世紀に存在したかのごとくに、この主題を扱う。たとえば、彼は、アンセルムスが生きた時代を、「同性愛的な行為が、影響力のあった初期の数人の教父が吹き込んだような無類の極悪な行為という位置から降格され、誰もが共感できる一般的な諸欠点の地位に結びつけられた時代である」と語る。さらに続けて、ボズウェルは、アンセルムスが、少なくともある程度は、この運動の代表者であり、「イングランドにおける最初の反同性愛立法の公布を妨げた」と主張する――ボズウェルがこれを記述するために使用する言い回しと同様に、およそアンセルムスの精神から離れた意図である[12]。

事実は、以下でこの立法が扱われるときに明らかとなるように、アンセルムスは、ソドミーに対して詳細な措置を提出した革新者だった。初期の禁止令は、『償罪規定書』の古来の伝統に属しており、（ボズウェルの見解にもかかわらず）一一世紀においても、それが失効したいかなる徴候も示していない。これは、生殖を厳密な目的とする既婚者の性交を除く、あらゆる種類の性的な行為に厳しい悔悛を規定したものだが、これらの罰則の実施に関してはいかなる手続きも定めていなかった。対照的に、アンセルムスの立法は、一般の同性愛的な諸慣行のうちの限られた範囲について、付加された罰則も含め、あらゆる教区教会の教区民に注意を促すために、入念に作成された。アンセルムスがこの立法を公布するさいに手間取った唯一の理由は、彼の同僚の司教たちから支持を得ることへの懸念だった。彼らは、この件および他の件に関するアンセルムスの広範囲に及ぶ提案の実効性について、もっともな疑念を抱いていたからである。

アンセルムスの立法に関する慎重な準備は、大司教としての彼の政策を考慮するときに取り扱われるだろう。ここでのわれわれの関心は、上に引用した書簡および一〇九三年以前の何通かの同類の書簡で彼が用いた言語に付与されるべき意味である。われわれとしては、まず抱擁と口づけから手をつけ、つぎの点を問うことにしよう。これらは霊的な目的とどのように関係があるのか。これらは、明らかに、普通の宗教的な諸信心における喜悦のしるしのようなものに他ならないのではないか。これらは、同性愛の表現ではないのではないか。

この最後の問いに答えるためには、あらかじめ二つの点を注意しておくべきである。第一に、内面の同性愛的な傾向に関しては、誰もそれについて何も知らなかったし、また興味を抱くこともなかった、ということである。それらの存在が知られる限りで、それらは、単純に人間の一般的な罪性の徴候と見なされていた。この罪性とは、あらゆる種類の罪、つまり十戒が規定する嘘、盗み、偽証、姦淫そして他のあらゆる侵害をもたらすものである。

これらの問題を取り扱うさい、立法者は、これらの邪悪な意図から生じる実際的な行為のみに関わった。他方、説教家と司牧者は、禁じられた行為を生み出す意図に関わった。意図に関して、善い意図とは、人間が創造された目的を満たすこと、またその目的のために神が与えた諸手段を使用することを目指す意図だけだった。[13] これらの善い目的に役立つあらゆる行為は、神の法、自然本性、あるいは教皇、公会議、王のような権威づけられた立法者に反しない限り、それ自体で善であった。

性的な罪に関しては、初期中世の贖罪文学の目的は、適切な償罪を付して、あらゆる禁止行為の形態の目録を作り上げることだった。ボズウェルが注目したソドミーは、数多くの禁止行為の一つに過ぎなかった。姦淫や他のすべての重罪と同様に、非常に一般的な罪であったが、このことが、ボズウェルが示唆するように、寛容を意味することはなく、まして立法上の寛容度が増していることを意味しているのでもない。性的な罪の多様性は、単に人間の腐敗の範囲を反映していただけであって、一一世紀に到るまで贖罪規定から生じる唯一の関連のある原則は、ソドミーが獣姦と同様のレベルで取り扱われるということだった。[14]

要するに、一一世紀において一般的に認められた同性愛の唯一の形態はソドミーであり、大雑把に言うと、これは他の自然に反する性交の形態、獣姦と同等視された。アンセルムスの態度に関しては、大司教としての彼が、この罪そして長髪や女性的な服装のような振舞いを厳しく断罪したことは注目に値する。それらがこの罪をそそのかすからであろう。

こうしてわれわれは、彼の書簡において表明された、口づけ、抱擁そして愛する友人たちの仲間に対する非常に熱烈な、あるいは「情熱的」ともいえる願望の表現に立ち返ることになる。明らかに、アンセルムスは、これらの愛の表現をソドミー、あるいは、ソドミーの誘因となる長髪や女性的な服装のような装いの習慣とは無関係なものと見なしていた。口づけが長髪や女性的な服装と同じカテゴリーに入らないと彼が考えたことは、おそらく、いくらか奇妙なことであろう。そこで私は、この問題をここで詳しく取り扱うことにしよう。さしあたり、彼が口づけを宗教的な共同体における個々人の愛の表現であり、宗教的な目的の追求において、全面的に受け入れうると見なしたことを指摘しておくだけで十分である。彼は、口づけを修道生活が存在するための霊的な目的に寄与すると考えたのである。

このことを理解するための第一段階として、霊的な目的をもつすべての身体的な行動において、霊的な目的と現世的な手段とのあいだには、現世的な手段がそれらの霊的な目的に敵対する欲望を助長しうるという意味で、緊張があることが認められよう。たとえば、修道院の聖務日課においてすら、礼拝の超自然的な目的と音楽の感覚的な喜びとのあいだには緊張がある。後者は、もし誇張され、あるいは歪められると、後に聖歌のシンコペーションがそう見なされたように、魂に対して積極的に危険を及ぼすことになろう。それゆえ、われわれは、アンセルムスの書簡における身体的な表現にもこれが当てはまるのかを、問うてもよかろう。それらが喜ばしいことと認められたことは疑いない。問題は、それらが霊的な目的を促進するのか、妨げるのかを、アンセルムスが意識していたか、また、もし妨げるとしても、彼がいかなる防御手段を課したのか、ということである。

この問題に答えるために、まず、アンセルムスは、友愛の喜びを（音楽の喜びもそうだが）、天国で体験されるより卓越した喜びを前もって味わうこと、と見なした点が注目されよう。友愛の喜びが、その最終目的を見据えて享受された以上、この前もって味わう喜びは、堅忍を促す動機であった。もしこのことを念頭に置くなら、友愛とその外面的な表現がアンセルムスの観点から受け入れられるためには、以下の三条件が満たされねばならない。

第一に、修道生活における友愛は、天上の目的に向けられた意志をもつ者たちのあいだにおいてのみ、十全に存在することができるということ。

第二に、友愛の熱烈な表現は、修道院の規律に自らを委ねた者たちの生活の厳格さを甘美なものにする力をもつものとしてのみ、存在しうること。つまり、天国の喜びを前もって味わうことを与えることによって、いま寒さ、飢え、宗教的な苦行と格闘する者たちを励ますのである(15)。

第三に、地上におけるこれらの喜びには、厳格な限度がなければならない。それらは、長期間の格闘における、手段であって、目的ではない。それらが闘争を和らげることはないが、しかし、それらは、摂理の気難しい顔に浮かぶ微笑のようなものである。

以上のことを述べた上で、なお、ボズウェルの探究の根本に、ある問いが残っており、それに答えなければならない。それは、アンセルムスの友愛の書簡における語句は、彼が現代の言葉の意味における同性愛的な指向を持っていたことを意味するのではないか、という問いである。私が述べた枠内では、これは無関係である。しかし、歴史的な探究においては、回答不可能であるかもしれないが、無関係ではない。われわれとしては、アンセルムスがこうした傾向をもっていたということだけは、言うことができる。彼がエアドメルスに提供した若い時の物語は、われわれに細かいことはほとんど語ってくれないが、しかし、彼の母親に対する愛情と父親に対する敵意の物語は、何らかの心理学的な重要性をもつ事実であるかもしれない。同様に、ベックにおける最初の頃の彼の懸命な努力は、たんなる方向転換というよりも、過去に対する嫌悪を示唆する。これは、彼の初期の『祈祷』の激しさおよび彼が喪失した童貞性に関する『瞑想』によって確認される。これらが熱狂的な想像の産物ではなかったとしたら、過去の実際の罪に対する真摯な恐怖の表現であるに違いない。

もしわれわれがここに過酷な個人的葛藤の記録を見てよいのであれば、われわれは、後になって全面的な自己放棄を他者に要求する、彼の極端な傾向の鍵をもつことにもなろう。これは、法の制約、あるいはことによると、常識すらも超えて行くことになろう。ウィリアム・ルーファスの宮廷におけるソドミーに、彼がただちに嫌悪をもよおしたこと、そしてこの悪徳とそれに付随する長髪と女性的な服装習慣に対し、一一〇二年に彼が開いた教会会議で詳細な立法を行なったことは、これらの問題が彼自身の過去の赤裸々な汚点に触れたことを示唆するかもしれない(16)。このような立法の必要性を説明したつぎの書簡も明示的である。

この罪〔ソドミー〕はあまりにも行き渡っているので、それを恥とする人はほとんどなく、また多くの者は、この極悪の罪を知らずに、これに耽っている。……髪の毛を短くすることを拒む司祭に関して、彼らが教会に入ることは許されない。私が命じているのは、もし彼らが教会に入った場合に、司祭の職務が停止されることではなく、彼らが神に背く行ないをし、断罪を招いているということを、彼らは警告されるべきだということである(17)。

それゆえ、アンセルムスのこの主題に関する過敏な言葉と態度には、いくつかの徴候が見られ、それらは、彼の過去に対する激しい拒絶を指示するかもしれない。この時代の誰もが彼の性格の優れた特徴として認めた並はずれた柔和さと、これらの点に関する彼の判断のまったく異常な、それどころか理不尽な厳しさとの対照性は、アンセルムスの生活と言葉の全体に行き渡っているが、それはことによると、かなり厳正な個人的反省として説明されるかもしれない。

以上のことを述べた上で、つぎのことも認められねばならない。すなわち、初期の『祈祷』以降の彼の全著作において、彼は、自分の到達した確信そして他の人も分かち合うことができると彼が考えた明確なヴィジョンという台地から、語ったということである。修行と沈黙の年月における葛藤を抜け出して、彼が到達した精神は、複雑な動機とやかましい要求をもつ日常的な世界を指図することよりも、諸本質の王国に一層の安らぎをもつ——あるいはより端的に言ってよいなら、天の王国に安息する——ことだった。彼は、宗教的な生活の手段と喜びとして、友愛の穏やかな言葉を用いることができた。というのも、それらの背後には、自己修養の過酷な努力によって形成された意志があったからであるが、それは、たとえばランフランクスには決して耐えることができなかったことである。

彼としては誤解されないだろうと思っていた信頼は、彼がベックを去りカンタベリーに行ったときのさまざまな動機に関する誤解によって、揺るがされたかもしれない。その後、友愛に関する彼の言葉は、より抑制されることになった。しかし、彼が控え目にしたのは、彼の言語だけであって、宗教的な生活の報酬への誘因、それを前もって味わうという友愛の役割に関しては、決して変更しなかった。

六　口づけという象徴

身体的な世界に関する省察のすべてにおいて、アンセルムスは、身体的な行為を霊的な状態の表現と解釈する。そして彼がはばかることなく言及する身体的な行為——口づけ、抱擁など——は、霊的な努力の統一性の象徴である。けれども、彼の用いるすべての象徴に関するのと同様、ある身体的な実在性があり、それは永遠の秩序の部分でもあった。天国の喜びに関して語られたアンセルムスの言葉はこの点で曖昧さがない。この世における正当な身体的喜びは、天国において無限に増し加えられるだろう。この世において象徴であるものは、天国においては実在である、と言われてもよかろう。この考察は、すべての象徴の重要性を高めた。それらの意味と喜びもまた、永遠においてのみ十全に体験されることになろう。この永遠を前もって味わうことこそが、共同体的な中世の生活の全領域に満ちていた象徴的な行為のすべてに、尊厳と意味を与えたのである。

口づけは、これらの象徴的な行為の中でも独特な重要性をもっていた。それは、修道生活と世俗的な生活の両方において、一連の行為の頂点だった。修道院の共同生活の中で、口づけは、いくつかの秘跡的な儀式次第の掉尾を飾る行為だった。すなわち、新修道士の誓願、贖罪による和解、新修道院長の選出、死者との別れ、共同体で使用する物資の奉献、祭壇の聖別、聖器と衣服の祝福、建物の奉献などである。

世俗世界において、口づけは、忠誠とその誓いの行為の頂点として、同様の役割をもっていた。また敵との和解、互いに戦った主君と封臣との和合の回復においてもそうだった。口づけのこの公的な役割は、すぐに姿を消すことはなかった。ヘンリー二世が大司教トマス・ベケットに平和の口づけを授けることを拒否したことは、両者の争いにおいて注目すべき役割、ことによると決定的な役割を果たした。またリンカーンの聖フーゴーの生涯において最も魅力のある出来事は、柔軟な策略によってリチャード一世に平和の口づけを授けさせたことであり、これが彼らの敵対関係に終止符を打ったのである。

さらに、すべての最高の段階で、口づけは、三位一体における三位格の一致、聖人の一致、神と人との一致を表わした。この段階では、「雅歌」が口づけという象徴の主要な権威であり、西欧の中世における最初の雅歌註釈は、ノルマン人修道士トゥムバレナのロベルトゥス（Robertus de Tumbalena、Robert of Tombelaine）によって執筆された。彼はアンセルムスの文通相手の一人であり、「どうかあの方が、その口のくちづけをもって、わたしに口づけしてくださるように」という「雅歌」の最初の句の説明は、われわれの関心事について、一部始終を語っている。

花婿の口づけは、キリストの息吹である。口による口づけは、かの息吹の愛である、それゆえ、「万物の上におられる方が、その方の甘美な息吹によって私に触れてくださるように」という意味である。(18)

この一文は、口づけが個人的かつ身体的な行為と、共同体的かつ神秘的な象徴の両者だったことを示す証言の循環を完結する。口づけの象徴体系の拡張は、西欧の霊的な発展における新たな段階のしるしであり、アンセルムスの友愛の書簡は、共同体的な体験と個人的な体験とが混合していく次第の一部を語っているのである。

もちろん、口づけという行為が政治的な生活と修道生活において、また象徴的な神学と個人的な敬虔において重要な役割をもったという理由で、それが愛や好意の多くのさまざまな段階の表現として存在することなどはなかったと想定することは、道理に合わないだろう。アンセルムスとギルベルトゥス・クリスピヌスが別離にさいして口づけを交わしたとき、こうした意味の領域全体が念頭にあったなどということは、考えられない。しかし、愛のすべての表現と同様に、彼らは、共にした体験の全体をこの口づけで締めくくり、だからこそ、アンセルムスも公開を意図した書簡でそれについて触れることができたのである。というのも、修道生活の規律を分かち合った者たちとの友愛は、彼にとって、永遠の実在の一部であり、それは、一人の身体における四肢の結合と同様に実在的であり、また天の王国と同様に永遠に存続するものだったからである。

七　友愛の神学

友愛のこれらの表現に、われわれはアンセルムスの思想に馴染みの特徴を見ることができる。彼は、理想的なイメージを観想することに精神を向け、情熱的な激しさでそれに愛着を抱き、個々人においてそれが実現されることを求める。友愛の尊厳はつぎの点にある。すなわち、自然界のあらゆる関係の中で、友愛だけが天国においても本質的に変ることのない持続的な存在を有する、ということである(19)。他の身体的な属性はすべて、天国においてあらゆる地上的な尺度を超えて変化させられる。友愛だけが、本質的な変更をこうむらずに存続する。それは、三位一体の三位格が相互的に愛し合う、神の本性にまで侵入するのである。

いまや、われわれは、友愛の概念における彼の革新の本性を定義する位置にある。彼は、友愛を彼の神学的なプログラムの一部としたのである。すなわち、友愛の哲学的な原則に代えて――これはランフランクスを満足させたが――アンセルムスは、礼拝における魂の一致という神学的な原則を発展させ、最終的には神との一致にまで到った。この文脈においてのみ、アンセルムスの友愛の最も奇異な表現の一つが理解されうる。彼は、自分が不在の折にベックに来た若い二人の親戚に書簡を書いている。多分、それ以前に彼らと会ったこともなかっただろうから、彼の表現の熱烈さは、知性からのみ発しうる。彼は以下のように記す。

私の目は、すでに最愛のあなた方の顔を見たいと熱望してやまず、あなた方を抱擁しようと腕を伸ばしています。私の口は、あなた方の口づけを喘ぎ求め、私に残された人生のすべてが、あなた方との交わりを望んでいます。それは、私の魂の喜びを来たるべき生に向けて完成させるためです。……ああ、どれほど私の愛は骨の髄から燃え上がり、何とかしてそれを言葉に吐露し、表現しようと苦しむことか。しかし、いかなる言葉も足りません。思いを表わそうにも、時間も紙幅もそれを許してはくれません。良き方、イエスよ、あなたがわれわれの心に語って下さい、彼らがすべてを棄てて、あなたに従うように、と（マタ一九・二七）[20]。

これ以降、終わりの文に到るまで、熱望の表現がいくつもあるが、それらは、一見すると情熱的な同性愛と見分けがつかないように思われよう。だが、最後の文は、別世界を開く新たな主題を導入する。

あなた方が〔アンセルムスの不在の折にベックに〕到着した時、すでに火はつけられたのです。あなた方は、それを燃え上がらせ、その炎の中であなた方の魂を私の魂を融合したのです。あなた方が私から離れるなら、私たちの結合した魂は引き裂かれることになるでしょうが、もはや二つになることはありえません。あなた方は、いまや、あなた方の背中を世に引きずっていくことはできません。それゆえ、あなた方はそれと共にいるか、それを引き裂くかです。しかし、もしそれと共にいるのなら、私たちは、血縁者以上の者となるでしょう。私たちは霊的な同伴者となるでしょう。しかし、もしそれを引き裂くなら、もはや血縁者でもなく、血肉による者にすぎないでしょう[21]。

そして彼は続ける。

しかし、あなた方の来訪がこのためだなどということは、断じてないように。良き方、イエスよ、あなたが彼らの心に語って下さい、すべてを棄てて、あなたに従うように、と。

ここに来てようやく、われわれは伝統的な言語に戻る。しかし、われわれにはなお、宗教的な生活の実践に捧げられて、新たに接合した魂の概念が残されている。この魂が殺されることはありえても、しかし、ひとたび溶け合わされたら、再び二つの魂とされることはありえない。共通の修道誓願において溶け合うことによって生み出され、接合したこの魂については、かなり真剣に取り上げられねばならない。それはたんなる詩的なイメージではない。それは、存在の階梯における一つの霊的な存在であり、この階梯は（すでに『プロスロギオン』において見たように）、最も低く影の薄い存在から神の存在にまで上昇していくものである。

修道士としてのベネディクトゥスの『戒律』への従順において、共に融合された魂は、この上昇において際立った場を占めている。それらは、誓願の同一性によって一つに溶け合わされたのである。確かに、融合という用語は、友愛について記した多くの著作家たちによって比喩的に使用されたが、しかし、アンセルムスは、それをこの地上と天国において解消不可能な結合と見なした。この主題に関する彼の言葉は、魂の神への上昇という文脈においてのみ意味をなす。それがこの言葉の文脈であることが明らかになるのは、修道生活に従う者たち、つまり、いるとしてもごくわずかだったが、言葉の一般的な意味での「友人」に対して用いる彼の表現の一貫性に、われわれが注目する場合である。それゆえ、彼は、カンタベリーの副院長ヘンリクスにつぎのように書き送ることができたのである。ただし、後に彼に対して（後述するように）アンセルムスはきつい忠告を記す書簡を送ったのだが。

愛の炎により精神が一つに融合した者たちにとって、彼らの身体が隔てられたとき、それを堪え難い悲しみとみなすことは不自然なことではありません。(22)

また、ランフランクスがベックで訓練を受けるようにと派遣した、カンタベリーのイングランド人修道士オスベルヌスにもつぎのように書き送ることができた。

いまや、私たちの接合された魂が引き裂かれ、私たちの心を傷つけることなしに、私たちが引き離されることはありえません。(23)

この魂の溶解、そして離別において「魂が引き離されること」(scissura animae)は、ベック時代のアンセルムスの書簡に繰り返し登場するテーマである。これらが使用された人々、状況は、驚くほど多様である。彼が会ったことのない人々、久しく会っていない人々も、長年親密に生活して来た人々と同様に扱われる。そこに現にいることや気質の不一致が幻滅をもたらすこともなかったし、不在や距離が冷却をもたらすこともない。何より重要なことは、誓願の共同体だった。

個人的な絆を豊かな想像力で表現するアンセルムス特有の熱意は、それを掻き立てる炎がまったく霊的であったこと、それが霊的な理想によって育まれたことを理解しない者にとって、明らかに誤解を生んだ。それは、キリストにおける一致の神学を徹底して実現した結果だった。すなわち、友愛における魂の一致は、キリストにおける一致の模範であり実現だった。この一致の体験は、修道院の囲いの中にほんの一時的な滞在を求める者たちにも提供されたが、その一致が一人の逃亡修道士によって請われた場合ほどに稀有な例はない。友愛のあらゆる表現の中で彼が用いた最も奇妙な表現の一つは、モーゼス某のために執筆された書簡に見いだされる。この者は、カンタベリーからの逃亡修道士で、金銭を着服し、ベックに逃れて来たが、自分の修道院に戻りたいと望んだ。アンセルムスは、彼を送り返すが、そのさい、カンタベリーの副院長ヘンリクスと修道士たちに宛てた書簡をもたせた。その中で彼は、モーゼスを「あなた方の僕そして兄弟であるアンセルムスの皮膚を頭のてっぺんから足のつま先に到るまでまとった者」と述べ、つぎのように続ける。

> ですから、もし私があなた方のうちの誰かを立腹させるようなことがあったとしたら、私の過ちのゆえにモーゼスの皮膚を鞭打ち、そして私の口である彼の口から食物を奪って下さい。というのも、私は私の皮膚を兄弟モーゼスに委ね、それを自分自身の皮膚と同じように丁寧に扱うよう彼に頼んだからです。このことのために懲らしめを手控えてはなりませんが、あなた方が鞭打っている皮膚が私の皮膚であることを忘れないで下さい。そして彼の過ちのゆえに私の皮膚を鞭打つならば、私は彼に償いを要求することになるでしょう。もしあなた方が私を許してくれるのでしたら、感謝いたします。(24)

故意とも思われるこの複雑な文面は、笑を誘うことによって、怒りをそらすことを意図した冗談ではなかった。アンセルムスの言葉は、まったく本気で、友愛における魂の融合の一つの帰結を言い表しているのである。それは、一人の人を他の人と完全に置き換えることを可能にし、そのことが、宇宙的なスケールでは、彼の贖罪論に強い力を及ぼした。実際、彼の神学と友愛論が同様に前提としているのは、意志と誓願において一つにされるならば、人類が同質であり、一人の人を他の人と置き換えることができるということだった。彼の言い回しが空想的で大袈裟に見えるとするならば、それは、われわれが彼の哲学的な諸見解ないし彼の霊的な熱意を共有していないからであると思われる。これについては、空想的なことも感傷的なことも何ひとつない。リーヴォーのアエルレドゥスと彼のシトー会の友人たちとの感傷的な喜びとは、まったく無縁である。彼らは、この百年後、ロマンス語文学の革命によって作り出された大きな分水嶺のもう一端に生きたのである。

友愛に関するアンセルムスの驚くべき言明が、同性愛であれ異性愛であれ、ロマンス語文学の恋愛と何の共通性もないことを示すためには、ここまで語ったことで十分である。ここでも、しばしばそうであるように、アンセルムスは、新旧のあいだをさまよっているのではなく、新旧の両方の翼をつけて舞っているのである。知的な意図において、彼は伝統の側に立つ。だが、体験の鮮やかさと言語の新しさにおいて、彼は未来を指し示している。彼はロマンス語文学の恋愛の言語を予示する言い回しを使う。だが、その中で彼がこれらの言い回しを使う体系は、ロマンス語文学の恋愛と何ら共通性をもたない。彼の友愛は、彼の神学的な洞察と同様に、知的な実在であり、情熱的に抱懐され、鮮やかに表現される。彼にとって友人は人ではなく観念である、と言いたくもなる。しかし、それは彼の精神の本質的な特徴、つまり、観念が実在である、ということを見落とすことになる。観念的な本質――アリストテレスは「第二実体」と呼んだ――が、時間と永遠における創造全体の根本的な実在であるのと同様に、それらは、極めて鮮明に実感された彼の生活体験だった。

無理もないことだが、彼の友人たちの中には、このことを理解しなかった者もおり、結局、彼が、自分たちを置き去りにして、カンタベリー大司教となろうとしたことを知ったとき、彼らは失望し憤慨した。それゆえ、捨てられたという痛ましい感覚だけが残った。それは、彼があれだけ語り、書いたにもかかわらず、留まることもできたのに、実際には彼らを捨てていったことを知ったとき、ベック共同体に広がったのである。このことは、その時が来たら検討されねばならない別の物語である。ここでは、アンセルムスのいかなる抗弁も、彼の気持ちが口ほどでもないのではないか、という疑惑を払拭することができなかったことを、述べておくだけでよしとしなければならない。この点で、彼の友人たちは誤解した。しかし、彼らが疑惑を抱いたという事実が示していることは、彼の同時代人たちも、われわれが一見したときにそうだったように、彼の言葉とそれによって表現される考えに、当惑させられた、ということである。

彼が書いたものを読み、それを自分自身にあてはめるようにと促された多数の者たちは、彼の情熱が個々人の生活においてのみ実現されうる理想に向けられていたことに気づくべきだった。だがこれも彼の立場を十分に説明するものではない。むしろわれわれは、個が普遍化され、しかもその過程で個体性がいささかも失われることのない体系を、思い浮かべなければならない。このことも、われわれは、すでに彼の最も個人的な祈祷において観察したが、これらの祈祷は、彼が意欲的に世に問うたものだった。

要約すると、彼が友愛について忘我的な術語で語った場合、彼が考えていたのは、第一に、この地上における個人ではなく、天国における個人だった。わなに捕えられた動物を目にして彼が深い悲しみに打たれたとき、彼は、第一に、目の前にいるこの被造物を痛ましく思っていたのではなく、その運命が描き出す、罪に捕えられた者たちの魂を痛ましく思っていたのである。このことは、自然界ないし個物が取るに足りない、ということを意味したのではない。まったく逆である。それらもまた永遠を表示するがゆえに重要だった。旧約聖書は、実際に起きた事柄について述べるが、それらの事柄が、主としてそれらが予示することのゆえに重要であるのと同様、この世界のすべての出来事は——それらの中には友愛もある——それらの在り様とそれらが表示することのゆえに等しく重要だった。これこそ、彼が書簡に望んだことだが、それらの書簡は、名宛人とは別の読者がそれらを読むと、表面的には当惑するほど親密に思われるのである。けれども、友愛について語ることによって、彼は永遠について陳述していたのである。

彼は、生涯の最後まで友愛の範囲を広げ続けたが、その口調は変化していることに、注目すべきである。一〇九三年以前の二〇年間の書簡は、型にとらわれない熱烈な表現にきらめいているが、それ以後、同じく熱烈な書簡は一通だけである。彼にとって友愛は同じ意味を持ち続けたが、それについて書き記す場合にはかなりの抑制を伴った。明らかに、彼の文通の範囲が広がったせいでもあった。宗教的な充実の達成を共に目指す中で語られる忘我的な友愛に関する初期の書簡は、同僚の修道士に宛てられている。後期の書簡の中で、初期の書簡の口調に最も近いものは、女性に宛てられている。一般的には、それらの表現はより控え目になり、その趣旨は、保証された勝利に有頂天になることよりも、むしろ堅忍の必要性を述べている。だが、その内の一通だけは、かつての日々のように情熱的な表現が溢れ出た。この書簡の目的は、最後のアングロ・サクソン王の娘を修道生活に呼び戻すことだった。彼女は、他の多くの人々と同じく彼の語りに魅了され、アンセルムスも、失いたくはないと思うような友人を、見いだしたのである。(25)

この最後の年月でも、なお彼は、修道生活に入った者たちを惹きつける力を保持していた。しかし、いまや彼らは、親密な友人としてよりも、弟子として登場した。この変化は、彼の著作の主題と彼の環境において同時に生じた変化を反映する。彼の世界はより拡大し、より敵対的になった。彼は、共同体の平和をベックに残し、実践的にも思弁的にもおびただしい困難に直面した。

カンタベリー大司教となるためにベックを離れたとき、その修道士たちに書き送った最後の書簡の一通で、彼は、ベックで過ごした年月に彼が常に求め続けた理想として、友愛を彼らに勧め、また彼の模範に従うように懇願した。これが彼の最後の意志であり、全共同体に残した遺言だった。

私のこの最後の懇願として、あなた方が私に対するあなた方の愛の甘美さを冷ますことがないように、と願い求めます。というのも、たとえ私がもはや身体においてあなた方と共にいることはできないとしても、私の心の愛情においてあなた方と共に居続けることは決して止めないだろうからです。なぜ私がベックの教会のために友人たちを得ることを常としていたかを思い起こしてください。そしてすべての人に歓待の徳を実行し、親切を示すことによって、急ぎ私の模範に倣って下さい。そして何も差し出すものがないときには、少なくとも、すべての人に親しげな言葉をかけることで好意を示してください。友人には事足りていると思わないで下さい。あなた方の教会の益とあなた方が愛する者たちの救いのために、富んだ者であれ貧しい者であれ、すべての者を、兄弟愛によってあなた方に結びつけて下さい。(26)

修道院共同体に対するこの別れの言葉の中で、彼は、霊的な友愛の絆を、彼の修道生活の基礎となったすべての隣人に広げた。友愛は、過去二〇年間、ベックの修道士になろうとする者たち、また他の共同体の修道士たちに書簡を執筆するさい、彼のテーマだった。いま彼は、この仕事を継続することをベックの修道士たちに委ねた。友愛に関する彼のこの上なく熱烈な表現は、かつてベックを離れカンタベリーに赴いた者たちをきっかけにして始まった。そしていま、彼らのあとを追うとき、彼が残された者たちに委ねたことは、愛によって「膠着すること」を、修道院の壁を越えて近隣の全地域に拡張することだった。これこそが、ベックにいたあいだ、彼の宗

教的な生活におけるメイン・テーマだったのである。(27)

八　友愛と天の王国

アンセルムスによるベック共同体への最後の助言を記した書簡は、友愛の主題全体とアンセルムスの生涯におけるその位置を再考する適切な機会を提供する。

この主題を総合的な視野で見るために、われわれは、彼の修道生活の出発点に戻らなければならない。一〇六〇年に彼が修道士となったことは、この時点では自己献身というよりも、むしろ自暴自棄の行為と思われたにもかかわらず、真の回心をもたらした。この時より以前の彼の目的に関して、われわれがもっているのは、混濁し（アンセルムスがそう見なしたように）重くのしかかる罪に関する、いくつかの断片的な記憶にすぎない。母親に対する彼の愛情、彼がまだ若い時にこの母を失ったこと、子供の頃に永遠の美と幸福を切望しながら、それを見いだせなかったこと、父親に対する敵意と故郷からの逃亡、そして（もしこの主題に関する彼の瞑想が信頼の置けるものだとしたら）童貞の喪失、これらすべてが彼の意識に深く刻みつけられていた。ランフランクスのもとに向かったとき、彼が抵抗したのはこのような背景だったが、このランフランクスが彼を修道生活に回心させることになった。

三年後、ランフランクスのカーンへの移動は、彼らを距離的に隔てたが、意味はそれだけではなかった。アンセルムスの人格と同様に知的な才能は、ただちに、ランフランクスとは異なる展望を開かせた。アンセルムスにとって、修道生活は、この世と肉体を体系的・全面的に拒絶することを意味し、また諸感覚を超える実在、それゆえ厳格な精神的・霊的修練によってのみ到達しうる実在を、根気強く求めることを意味した。一〇数年に及ぶこの修練を経たのち、四〇歳頃になって、彼の性格、目的そして思想は十全に形成されたのである。一〇七〇年頃、彼が初めてより広範囲の読者のために執筆を開始したあとも、それらが重要な点で変化した徴候はない。わずかな細かい点を除くと、彼が執筆の主題に関して考えを変更することはなかった。

人間の状態、その深刻な堕落を回復するために必要な諸段階に関して、彼の一般的な見解は、凄まじいまでに厳格だった。彼自身が辿った小径に他の人々を案内するために、彼が躊躇なく指示した聖句は、「招かれる人は多いが、選ばれる人は少ない」「小さな事を軽んじる者は、しだいに落ちぶれる」「鋤に手をかけて後ろを顧みる者は、神の国にふさわしくない」である。(28) これらの聖句は、細心で根気強い警戒と従順を命じ、また堕落する者に断罪が下ると脅していた。

彼の生活は、これらの厳格な基礎の上に築かれた。しかし、彼は、到る所に驚くほどそれらを軽減するものを見いだした。この世のあらゆる目的が放棄され、自分の主人に報酬を要求する権利をまったく喪失した怠惰な僕として、人間が神の前に現れるとき、なおも残る一つの喜びは、この世のものでもありながら、しかし天においても存続する喜びである。これが友愛の喜びである。これだけは、どんなに熱烈で溢れんばかりの情熱をもった言葉を用いて言い表わされても、差し支えないのである。

彼の友愛に関する情熱的な表現は、それらが現れる文脈においては、なぜか場違いにも思われるが、しかし、それらの永遠の目的地とそこに到るために求められる規律が理解されていないからにすぎない。彼が使用した表現は、一時的な気分で、その場の勢いからほとばしり出たものではなく、いわんや身体的な情熱の表現でもなかった。彼の他のすべての著作と同様に、それらの表現は慎重に熟慮され、それらの激しさはそのまま神学的なプランに関連づけられた。最も熱烈な表現は、宗教的な奉献の生活を志す者たちのためのものであった。もし、男であれ女であれ、不熱心ないし優柔不断、あるいはまた不満や不従順のゆえに、この位置から後退するならば、最上級は姿を消し、愛と熱望の言葉は、形式的な敬意を示す冷淡な言葉に場所を譲った。そして、書簡の名宛人が不従順で反抗的であったら、最終的に、これらの冷淡な言葉は、勧告ないしあからさまな叱責に場所を譲った。すでに述べたように、友愛に関するランフランクスの見解は、それが教会の政治における一致を表現したという意味で「政治的」だった。アンセルムスの見解も「政治的」であった、と付け加えることができよう。しかし、それが関わった王国、それが究極の目標とする王国は、天の王国だった。

このことは、すべての人間関係に関するアンセルムスの見解を理解するために重要であり、彼の政治力学を理解する場合ですら重要である。アンセルムスにとって、人間の友愛は、神への奉仕における意志の交わりから全面的に生じ、また教会におけるこの交わりの最高の現れが修道院共同体である。これらの共同体、そして彼の体験においては、これらの共同体だけが、自分自身とその全所有物を神の手に委ねる意志を、撤回することなく堅く保つ者たちの交わりだった。アンセルムスは、献身が撤回不可能であることに重要性を与えたが、このことは彼の多くの書簡から例証される。だが、全面的な献身と生半可な献身の相違に関する、彼の最も劇的な説明は、打ち解けた雰囲気で語られた彼の教えの記録に見いだされる。

例話の一つで、彼は、主人に毎年自分の作物を渡す果樹園の所有者と、果樹園と作物を一度にすべて主人に譲渡する所有者を対照させる。最終的な結果は同じである。主人がすべてを得るからである。しかし、最初の場合、借地人は年毎に選択の権利を保持している。第二の場合、借地人は一度にすべてを完璧に譲渡する。(29) 後者が修道士の有り様であり、そして、これがアンセルムスの友人たちの親密な輪に入るための必要条件だった。

自由は、すべてを修道院規則に委ねることから生じ、そしてこれだけが救いの十全な保証を与えた。彼が望んだことは、すべての人がこの選択をすることだった。もし誰もが修道士あるいは修道女になったとしたら、人間の歴史はすぐに終わることになり、この帰結に彼はしりごみしただろう、と考えるべき理由はない。結局、このことは、選ばれた者の完全な数が満たされるや否や、どのみち生じることだったからである。それはより早くということでも、より遅くということでもないが、むろん、早ければ早いほどよかった。さしあたり、人類の全体から発する、救いの細々とした流れしか存在しなかったのである。

当然のことながら、彼は、この世界が、遠くない将来において、修道院共同体のみで構成されることなどはないだろうということは認めていたし、また彼の友愛は、熱意が衰えたにもかかわらず、修道院の外に拡大した。この世には、修道誓願をすることなしに、修道誓願に相当する世俗の生活——品行方正、施し、自制——に自己を委ねた人々もいた。アンセルムスは、この世の義務に縛られている人々にもこれらの徳を実践するように勧めた。しかし、彼は、彼らの奉仕が、可能ならば、人生の最後の時に修道服を来て誓願をすることによって完成されるべきだと勧めたのである。(30)

修道生活において自己を放棄することによって結び合わされることが、現にその生活に入っているか、それを志しているかはともかく、アンセルムスの友人たちの霊的な仲間に加わる条件だった。彼らを結びつける愛は、彼らの意志を神の意志と一つにする愛を反映した。この仲間の外にいる者たちに関して、彼は、悲しみ、不安、憐れみ、司牧的な関心を抱くことはできた。彼は、彼らの前途に何が待っているかを、この上なく力強い言葉で説明することができた（実際、説明した）。修道生活に入るよう彼らを鼓舞することもできた。しかしそれ以上のことはできなかった。この外部の者たちは、彼の友人となることはできても、親密な友人になることはできなかった。彼らの意志が彼の意志と隔てられている以上、この者たちにとって、友愛の土台がなかったのである。もし、ここでわれわれがこの内輪の友人のモデルを人間社会一般に適用するならば、それは非常に狭い人生観を意味していると思われるだろう。アンセルムスがとにかく持続的に、深く関わった唯一の目的は、修道院、女子修道院に献身した一群の男女、そして修道院と関わりをもつ一群の人々を結びつけ、その数を拡大することだった。だが、この目的は、ある意味で限定的であるにもかかわらず、それは、世俗的な生活の制度的な諸形態に対してかなりの程度の寛容も認めた。すべての人間的な制度は、神の民として捧げられた群れの形成と対立しない限り、我慢のできるものだった。したがって、アンセルムスは、すべての既存の制度、とりわけ、封建的な忠誠のそれを温厚に眺めていた。それが修道生活を促進する傾向をもっていたからである。平和、正義、慈愛の領域を拡大するあらゆる連合と権威は、ある程度、修道生活の目的に関与した。アンセルムスは、そのどれとも、少なくとも王や諸侯と事を構えることはなかった。彼らは修道院にとって最も重要な保護者だったからである。

アンセルムスにとって、あらゆる権威の模範は、修道院の共同体におけるすべての成員のために助言し、命じ、薫陶し、労苦する、修道院長の父としての権威だった。彼の権威の理想は、ベネディクトゥスの『戒律』の冒頭の言葉に表現されている。

わが子よ、師の命令に聴きなさい、お前の心の耳を開き、お前の愛する父の助言を受け入れなさい。そうすれば、従順の労苦によって、お前は、お前がかつて不従順の怠惰によって離れた方の元に立ち返ることができよう。

「私は命じる」という言葉は、「願う」「懇願する」「助言する」「勧める」などの語とさまざまな形で結びついて、アンセルムスの書簡でも頻繁に想起される[31]。この助言は、神の父としての権威を反映しているがゆえに、父としての助言であり、またこの背後にある権威は、もし命令が、『戒律』がそれを要約したところの源泉、つまり聖書に根ざしているならば、絶対的だった。修道士として三〇年間の彼の生活は、この権威と父としての配慮の結合と共にあり、彼は決してこれを放棄しなかった。大司教となったときですら、彼は、ベックの修道士への助言と命令の権利を放棄することはなかった。この権利は、永遠に彼のものであり、それゆえ彼の後継者として選ばれるべき修道士たちに語るさいには、彼はこの権利をまったく公然と行使した。彼が大司教となったとき、修道院長として彼が行使してきた父としての権威は、さらに広い範囲に拡大された。第一に、クライスト・チャーチの共同体、ついで彼の管区内の宗教的な共同体とすべての人々、さらには彼が首席大司教の権威を主張したより広い領域に及んだ。当然のことながら、この拡大の過程で、初期の六人ほどの親密な弟子たちに宛てられた書簡においては適切と思われた激しさは静まった。だが教えの内容が変ることはなかった。

彼の人生のほぼ最後の年に、彼は一人の修道女に書簡を書き送った。おそらく彼女は彼の旧友、チェスター伯の娘と思われる。

私は貴女を愛し、私自身の魂と同様に貴女の魂を愛しております。つまり、私の魂を愛するのは、この世において神を享受するためにふさわしくなることによって、来るべき世において神を享受するためです。私が愛するのはこのことであり、私が貴女に望むことはこのことです。このゆえに、私は、最愛の姉妹としての貴女に勧め、助言します。この世の事物に喜びを見いだしてはなりません。誰もこの世の祝福と永遠の祝福を同時に愛することはできないからです。あなたのすべての交わりは修道院の中にあり、この世にはないと思って下さい。もし貴女が修道女となり神の花嫁となることを望むならば、この世は貴女とは何の関係もなく、糞便にすぎません。……貴女の親族を訪問してはなりません、彼らは貴女の助言を必要とせず、貴女も彼らの助言を必要としないからです。貴女の生き方は彼らから断たれています。貴女のすべての望みを神においてで下さい。(32)

これは、彼が五〇年近く教え続けた教えである。ここでは、彼の初期の書簡よりは表現が冷静にはなっているが、しかし、その教えが要求するところは相変わらず厳しい。彼の友愛は、この世を放棄することを要求し、またこの条件が絶対に守られるときにのみ、友愛は十全に与えられうるのである。彼が勧めていたことは、心地好い人間性の経験ではなく、過酷な放棄の綱領だった。奇妙なことは、根本的に要求の厳しい教えであり、通常の期待をはるかに越えているにもかかわらず、その表現は、誰もが自分こそが彼の強い関心の対象だと感じさせるような言葉でなされたことである。(33)これが彼の人格のパラドックスである、彼は誰にでも柔和で愛想のよいことで名高かったが、彼が愛した者たちに示した要求は、大方の人が到達できない所にあったのである。

第八章　喜ばしいことではないが、拡大していく世界

これまでわれわれは、修道院共同体内でのきわめて隠遁的な生活を辿ってきた。実際、それは、一一世紀の修道生活の理想が規定する以上に隠遁的な生活だった。彼の祈祷と瞑想、そして友愛と霊的な助言の書簡において、アンセルムスはより熱烈な内的宗教生活の開拓者であり、彼が『モノロギオン』と『プロスロギオン』において着手した瞑想は、それ以前のベネディクト会のどの著作家に見いだされうる瞑想よりも、長時間を要するものであった。ついで、彼が『プロスロギオン』を上梓した年、彼はベックの修道院長としてヘルルイヌスの後を襲った。この時から、それ以前の隠遁生活を保持することは、もはや不可能となり、彼はより広い世界に足を踏み入れることになった。この変化にはいくつかの側面があった。彼の新たな地位は、当然のことながら、修道院の財産と管理に対する責任を伴い、また遠隔地の分院を訪問するため、広範囲に渡る旅行も必要となった。(1) 続く一二年間、彼がイングランドを少なくとも三回、そしておそらく四回は訪問し、またこの他にもノルマディーおよびその外に旅行したことを、われわれは知っている。(2)

彼の職務上必要な活動に加え、徐々に増してきた彼の名声は、助言を求める書簡そして訪問者をベックにもたらした。さらに、彼自身の思想も、罪と神に関する瞑想から拡大し、意志と行為の諸問題を包含するようになった。これらの問題は、ベックないし他所の修道士によって提起され、また彼自身が展開しつつあった体系の論理

によって提起されたものでもあった。彼の時代における新たな外的な諸要求は、彼が嘆いて止まなかったように、気を散らすものではあったが、しかし、それらは、彼の後期の神学的な著作において顕著になる拡大を引き起こすことにもなった。これらは複雑なテーマであるが、明確にするためには、絡み合っているにもかかわらず、別々に扱われなければならない。そこで、彼自身の神学的な展開から手をつけ、ついで彼の世俗的な世界との接触に進むのがよかろう。

一　神学と世界

(1)　この世界での自由

大雑把に言うと、アンセルムスの独自の展開における第一の局面は、『祈祷』と『瞑想』から始まり『モノロギオン』と『プロスロギオン』で頂点に達するが、この局面は、瞑想を通して神の観想へと上昇する自己吟味に全面的に集約された。この体験の領域の外にある世界が彼の著作に影響を及ぼすことは、一〇七九年まではまれであった。しかし、一〇七九年から一〇九二―九三年の新たな段階は――これをわれわれがいま吟味しようとするのだが――二つの主要な方向への拡大を示している。第一は、自由、選択、力、必然性、そしてこの世界における人々の諸行動に関する諸問題である。第二に、つぎの数年間は、この世界における神の働き、とりわけ贖罪の業における神の働きが問題となった。

彼の神学的な探究のこうした拡大は、彼の思想体系の完結にとって不可欠なことだったが、それは修道院外部の世界との広い接触によって引き起こされたことでもあった。われわれは、両者の何らかの影響を、自由を共通のテーマとする二通の書簡に見いだすことができる。一通目は一〇七二年頃に、二通目は一〇八六年に執筆された。そしてこの二通は、彼の神学的な思想において、初期の内省的な時代を後期のより広く基礎づけられた段階と結びつけるものである。

二通の書簡のうち最初の一通は、世俗の義務の問題に関する、彼の最初期の成熟した見解を含んでいる。(3) これはイタリア人修道士で、ランフランクスがベックからカンタベリーに伴ったヘンリクスに宛てられた書簡である。彼の姉妹は、何らかの不正な行為によって囚われの身となっていた。ヘンリクスはイタリアに赴き、彼女を解放しようと企てていた。アンセルムスの書簡の目的は、友愛のあらゆる絆と修道誓願の共通の拘束のすべてを理由にして、彼がイタリアに行かないように懇願するものだった。

おそらく、これは、修道誓願をした者に対しては正しい助言だっただろう。しかし、アンセルムスが彼の意見を述べる断固とした言葉遣いとはまったく別に、以下の二点が注目されるべきである。まず、アンセルムスがヘンリクスにとって修道院の上長ではなかったこと。これに対し、ヘンリクスの上長だったランフランクスは、ヘンリクスの計画により寛容な見解をもっていたと思われることである。いずれにせよ、ヘンリクスはイタリアに行き、そして戻ってくるとまもなく、ランフランクスは彼をカンタベリーの副院長にした。以上のことはいくつかの例の一つにすぎないが、第一に、修道誓願の厳密な解釈を強く主張する点で、職務上の権限の限界をかなり越えて干渉する傾向を、彼がもっていることを示している。第二に、諸原則の厳格さという点で、ランフランクスと異なる傾向を、彼がもっていることを示している。しかしながら、彼の精神の成長をたどるという、われわれの目下の目的からすると、関心は、彼が干渉した諸状況ではなく、その干渉が自由に関するアンセルムスの最初の見解を誘発したという事実にある。書簡はつぎのように述べる。

この世から逃れた者にとって、誰がこの世の者たちに仕えるのか、あるいはいかなる名で仕えようが、かまわないではありませんか。「火花が必ず上に向かって飛ぶように、人間は生まれれば必ず労苦する」（ヨブ五・七）のではないでしょうか。人に仕える場合、ほとんど誰もが、主という名か奴隷という名によって仕えるのではないでしょうか。「主によって自由人となった者」（一コリ七・二二）は奴隷でしょうか。ですから、もし、誰もが労苦し、誰もが仕え、そして奴隷が主による自由人であるならば、誇りを棄てて、奴隷と呼ばれようが自由人と呼ばれようが、かまわないではありませんか。(4)

この出来事は、修道生活に関する二つの異なる見解を例示している。明らかに、ヘンリクスは、修道士となることによって、この世のすべての絆と身分の重要性を放棄した者たちの一人となったのではなかった。さらに、ランフランクスにも、彼がヘンリクスと観点を共有していたと思われるいくつかの節がある。しかし、アンセルムスにとって、これは宗教的な生活における生半可な気持ちのしるしだった、それは、修道士であれ他の人々であれ、目的を追求する真摯な心構えの欠如を示したのである。この目的というのは、いったんそれを受け入れたら、妥協を許さない。それはすべてを要求したのである。

政治的な生活におけるこの理論の実践的な意味は、後の考察を待たなければならない。目下のところ、われわれの関心はその理論的な意味だけである。アンセルムスにとって自由は、人の支配を受けない自由、あるいは、いつ、誰のために、何の目的のために、どのような仕方で労苦すべきかを選択する自由との共通点をまったくもたない。アンセルムスの見解では、これらの自由は、いかなる重要な意味においても自由ではない。では自由とは何であるか。

この問いに答える手助けとして、まず、この書簡から一五年ほど後に書かれた二通目の書簡を検討することは有益だろう。この中では、自由の問題が別の角度から取り扱われている。本書簡は、修道士ではなく、若いイタリア人貴族に宛てられた。彼は、戦闘に参加するという、さらに差し迫った使命をもっていた。彼の場合、この使命は、主として彼の一族の一員を助けることではなく、キリスト教世界を救うことだった。すでにこの貴族の兄弟は、ムスリムの軍隊に対してビザンツ帝国を救援するための西欧の遠征軍の一つに加わっていた。ムスリム軍は、エルサレムを襲った後、小アジアの帝国の中心的な地域を攻撃していたからである。アンセルムスが彼に書簡を書いたのは、おそらく一〇八五年のマンツィケルトにおけるトルコ軍の勝利の後で、状況は絶望的になっていた。アンセルムスが書簡を送ったこの若者は、アンセルムスの望みどおりにベックの修道士となる代わりに、彼の兄弟と戦闘に加わることを決意したのだった(5)。

アンセルムスは、この資料および他の資料からも分かるとおり、十字軍に対しては、東方のキリスト教徒を救援するための初期の遠征においても、後の一〇九五年以降、教皇によって推進された段階においても、いかなる共感も抱かなかった。彼にとって、重要な選択は、まったく単純に、天上のエルサレムか地上のエルサレムか、ということだった。前者は、エルサレムという名によって示される真の平和の光景であり、これは修道生活において見いだされるものだった。後者は、この世界にある地上のエルサレムの虐殺であり、いかなる名称で示されようが、破壊の光景でしかなかった。ここでもまた、アンセルムスにとって、理性的、宗教的、さらに言うならば賢明な決断は、修道士となることだった。これは彼が生涯の最後まで抱いてた見解だった。彼は事柄を簡潔に言い表す。「この世の虚栄の束縛を断つことを恥じてはなりません。真の自由に手を差し伸べることは、特権であり、不名誉なことではありません(6)」。真の自由は、修道生活における自己の滅却を選択することにある。隷属はこの世の栄誉にある。彼は、栄誉と自由に関する一般的な見解をひっくり返し、真の自由は自由の歴然たる欠如にのみ見いだされうる、と主張するのである。

これら二通の書簡が語る理論は同じである。しかし、それらの相違点も重要である。一通目では、アンセルムスは、誓願をした修道士に向かって語っており、いったんなされた誓願は彼を世俗の事柄から断ち切った、ということを率直に主張した。確かに、彼は、この世で大切にされた自由を非常に軽蔑的な言葉で語ることになったのだが、しかし、彼が、きっぱりとこの世を放棄し、それゆえ、その自由にいかなる利害関係ももつべきではなかった者に語りかけたことは、そのように急き立てられているのだろう。しかし、二通目の書簡では、アンセルムスが語っているのは修道士ではない貴族であり、彼の兄弟は危機に瀕し、しかも彼はキリスト教世界の防衛に魅了されていた。そしてこのことは、まもなく（すでにそうだったことはないとしても）教皇の政策の根本的な目標となる。それゆえ、一通目で彼が主張していたのは、この世を放棄するための誓願は、それがすでになされた以上、保持されるべきだということだった。二通目で主張したことは、誓願はまだなされていないが、もし真の自由が見いだされうるとするならば、誓願がなされなければならないということだった。

これらの表現が修辞的な誇張によって着色されていると考えるなら、まったくの間違いだろう。アンセルムスの言葉は熱烈だが、決して修辞的ではない。つまり、情緒的な反応を引き起こすための言葉は決して使わなかった。もし彼が熱烈な言葉を使ったとしても、それは、天上のエルサレムが、その真理の自由と平和のヴィジョンと共に、燃えるような輝きの中に姿を現わし、それを表現するにふさわしい言葉を要求するからだった。

これらの二通の書簡は、彼が考えていることを正確に述べており、一五年近くの隔たりがあるにもかかわらず、前の書簡よりも後の書簡のほうが、この世に対する彼の恐怖を一層強く言い表している。彼がこの世における自由と栄誉を、まさしく文字通りの意味で、ごみ屑と考えていることは、両方の書簡で明白である。

彼の初期の見解が二通目の書簡で確立したことは、アンセルムスの思想における重要な拡大を意味し、それはまた重大な実践的かつ政治的帰結をもっている。初期の著作において、彼は、楽園で霊が享受する無制限の身体的な自由について一度だけ言及したほかは、自由についてまったく語らなかった(7)。日常生活の中心から自然界をこれ以上に拡大することは不可能だろう。だが、天国がすべての人間的な努力の目的である以上、また絶対的な身体的自由が天国の報酬の一つである以上、肉体とその喜びは、そのために人間が創造された究極的な実在の一部なのである。しかし、われわれがこれを永遠に享受することは、この世を放棄することによってのみ保証されうるのである。これは神学的な逆説であり、やがて彼の『神はなぜ人間となったか』において、徹底的に探究されることになろう。

これは、アンセルムスの体系において最も顕著な対照をなすものの一つである。霊の優位性とこの世における肉体の腐敗を、これ以上に激しく強調できた者はいなかったが、しかし、同時に、身体的なさまざまな力を究極の限界まで拡大し、それらに永遠の王国におけるより明確な存在を与えることができた者もいなかった。この堕落した世界において、彼は、現世的な力のために奮闘することと、この力に由来する自由を完全に拒絶した。しかし、天国の喜びに関する、しばしば繰り返され、さまざまな形で保存された説教において、彼がとりわけ強調したことは、天国において果てしなく望まれ、獲得される無制限の身体的な力と自由である。この世の生活における身体的な自由を軽蔑し、哲学的な見解においてはプラトン的な諸要素があるにもかかわらず、明らかに、彼はプラトニストではない。彼は、自然界が根本的に実在的ではない、と考えてはいない。逆に、それは究極の実在の部分であり、それを不当に用いようとする誘惑が消滅したときのみ、理性的な人間の喜びとなりうるのである。

この世の生活において、自然界は、友愛と健康を除くと、理性的存在が望むべきものとしては何も差し出さない。われわれはすでに彼の友愛の概念を吟味した。健康はそれほど重要ではないが、しかし、アンセルムスは常に、薬剤と病気の徴候に鋭い興味を示した(8)。

彼は決して自分の興味を説明しなかったが、しかし、自然界における病気は、霊的な世界の悪に対応すると見なしていたかもしれない。それは、時を得た処置によって正すことができ、またそれを必要とする負の量だった。しかし、通常の意味での威厳、地位、富、「自由」は、神へと到る道から逸脱させるものでしかなく、求められないのに向こうから来て、公益のために必要ならば、堪え忍ばれるべきだが、決して追い求められるべきではなかった。

(2) 霊的な自由

この世の活動における自由の問題は、上述の書簡を引き出した二つの状況において提起されたが、その背後には自由意志の真の定義に関するより深い問題が横たわっており、それが彼の生涯におけるこの時期の中心的なテーマとなった。この探索を続ける中で、彼は、政治的な舞台ではないとしても、少なくとも、政治に強い影響を及ぼす活動的な生活に足を踏み入れ、以後再び、この巻き添えから全面的に身を振りほどくことはできなかった。

この世の業務がもたらす圧迫が院長としての彼の時間を占有し、それは彼が容易に耐えることができると思える限度を、はるかに越えていたにもかかわらず、おそらく一〇八〇年と一〇八五年のあいだに、彼はなんとか三つの新しい著作を執筆した。それらはみな、しだいに数を増す彼の弟子たちの中の一人との対話という形式をもち、それらの表題は各々の主題を十分に示している。すなわち、『真理について』『選択の自由について』『悪魔の堕落について』である。彼は、それらのすべてが「聖書の研究に関わる」と述べている。形の上では、このことはまったく的確である。それらは、いくつかの中心的な聖句の教えを念入りに、時間をかけて、余す所なく吟味し、そのさい、論理学と文法学という装置一式を十分に活用する。さらに、これらのテクストの解釈は、彼を新たな問題領域に導き入れ、そこにおいて自由と正義の関係が中心的な位置を持つ(9)。

これらの論考の最初である『真理について』は、厳密には、『モノロギオン』と『プロスロギオン』の論証の継続であり、すでにランフランクスによって触れられたテーマでもある。すなわち、正義が行為における正しさであるのと同様に、真理は思考における正しさだということである。もしくは、アンセルムスがより洗練された精確さで表現したように、「真理とは、精神によって知覚される正しさ（rectitudo）であり、正義とはそれ自身のために意志によって選択されたものとしての正しさ」である(10)。

これらの定義に関して、ここで指摘しておく必要のある唯一の点は、アンセルムスが真理と同じく正義を、内的な行為としてのみ考察し、法的な決定ないし手続きをもつこの世における諸行為として考察していないことである。これは彼の探究の一般的な特徴である。実践的な生活と非常に深く関わりあった諸行為ですら、彼にとって、それら自体は、第一に、修道生活の誓願による究極の自己献身の問題、あるいはそれを目指し、そこで頂点に達する問題として現れている。われわれはすでに、このことを個人的な奴隷状態と十字軍に関する彼の書簡においで見た。アンセルムスは、両方の問題を、この世の道に従うか、修道生活によって再現される天上の王国への小道を取るかという選択に移行させた。彼が認めた唯一の自由は、神への奉仕にあり、彼が認めた、この世における神への唯一の十全な奉仕は、修道誓願に表現される献身の形だった。この点で少なくとも、法律と政治は彼の語彙の中に居場所をもたなかった。この立場が彼の後年の新たな困難のもとでどれほど変化したかは、後に見ることだが、このベックにおける年月においては、この変化の何らかの徴候を見いだすことは難しい。そして、あらゆる実践的な問題が彼にとっては修道生活的な方向性をもっていたことを、われわれが思い起こすなら、大司教としての彼の後年の生涯における多くの事柄がより明確になる。

表面的な観察者にとって、これは著しく窮屈な人生観を説いているように思われるかもしれない。しかし、他の人が制限と見なしたことを、アンセルムスは拡大と見なした。この世界は取るに足りず、永遠のみが偉大である。そして修道院はこの永遠への道である。彼は全精神を傾けてこの真理を強調した。これだけが人生に何らかの真の拡大を与えたからである。この世の関心の重要性を増大させることによって、この世を拡大した者たちは、彼らのヴィジョンの舞台を空しいもので満たした。彼らが偉大だと考えたことは、見せかけの壮大さを装う虚栄にすぎなかった。彼らが拡大とみなしたものは、より大きな牢獄にすぎなかった。『プロスロギオン』執筆後の一〇年間におけるアンセルムスの思想の最も重要な拡大は、世界に関するこの見方がもたらす諸関係から思索したことだった。

彼の『選択の自由について』はこの過程の発端を示した。いつもどおり、彼の論証は定義を経由して進められた。彼が答えようとした主要な問いは、以下のとおりである。もし罪が奴隷状態であるとするなら（ヨハネ福音書八章三四節）、自由とは何か。もちろん、もし罪が奴隷状態ならば、自由は罪の欠如以外ではありえない。しかしこの欠如は、否定的な性質のものではない。それは、理性的な存在者としての人間の自然本性を満たすことを行なう力である。人間が彼の自然本性の法則に従っている限り――つまり、彼が最終的な至福への途上にある限り——彼は自由である。彼がこの道から逸れるばあい、彼は不自由となり、しかも二重の意味で不自由となる。すなわち、彼を案内する地図もなく迷ってしまうという不自由、さらに、正しい道を見つけるために、地図を手に入れること、少なくとも正しい地図を手に入れることのできない不自由である。迷っているにもかかわらず、それでも彼は、さまざまな可能性の選択肢をもっているので、自由の錯覚を抱いているのかもしれない。しかし、それらの可能性はどれ一つとして正しい道ではありえず、彼の自由は錯覚であり、彼の束縛状態は彼が理解できる以上に深刻である。

しかし、人がもしこのことを理解しようとしさえすれば、まったく望みがないわけではない。悪魔は、十分承知の上で真理を拒絶したので、永久に正しい道から除外された。人間は、欺かれて迷ったのだから、引き返す道が提供された。悪魔は、自分自身の意志への隷属を選んだ。人は、偽って自由と見せかけて提供された、他者の意志への隷属を選んだだけである。悪魔は、神から解放されることによって、不自由となることを無条件に選択した。人が選択したのは、自由の外観を呈してはいるが、結果としては奴隷状態となるものだった。人の罪はより小さいものだったが、しかし、課せられたことはどちらの場合も同じだった。奴隷状態を選択することは、自由の行使ではありえない。間違った選択をすることは自由ではありえない。自由がありうるとするなら、それはただ一つ、常に正しい選択をするため、またそのためだけの力である。

それゆえ、一般に考えられているような自由は錯覚である。正しい地図もなしに、自分の行く路を選ぶ力を行使し、それゆえ路に迷う人は、迷ってしまう前ですら、彼の自由を失ってしまっているのである。確実に間違うということが、自主的な選択の行使には含まれているからである。選択の力を行使することによって、人は、神から離反し、人間の選択による奴隷状態、つまりこの世に入る一歩を踏み出す。この世の事柄を追求することに巻き込まれた人は、彼の自由を喪失しただけでなく、理性的であること——それによって彼は自由となりうる——も喪失したのである。しかし、もし彼が、ためらわずに自由の錯覚を棄て、神への従順を選ぶならば、解放される余地もあろう。

この世が差し出す自由、あるいはこの世が自由であると呼ぶ人々に差し出しているように見える自由は、多面的であるが、それと対照的に、アンセルムスがこの世の人間に提示する自由は著しく狭隘である。それどころか、それは狭隘でなければならない。しかし、そこには二つの拡張がある。それは、確かに、霊的な目には、この世においてて、ささやかではあるが、ある種の慰めを与えるものである。第一の拡張は、修道生活の兄弟愛による恩恵が、修道院の壁を越えて社会のあらゆる階級の人々に差し出されていることである。第二の拡張は、修道院の慣習の多様性にある。素朴な瞑想の生活がアンセルムスの霊性に最もふさわしく見えるにもかかわらず、しだいに彼は、ベネディクトゥスの『戒律』を何とかしてその時代に即したものにすることに関わるようになった。多くの修道士が、より素朴な生活形態を選び取るために、彼らの修道院を離れることを考え、なかにはそれを実行した者もいたが、彼はそうした行動には賛成しなかった。多様性は常に彼を困惑させたが、しかし、多様性が修道生活そして教会および世俗の組織にも存在することから、彼はこれを受け入れた。秘跡の授与における多様性に関して、彼の意見を求められたとき、彼はつぎのようにしか言うことができなかった。

愛徳の統一が公同教会の信仰において保持されている限り、〔秘跡の〕授与の多様性は害がないと、私たちは教父の権威に基づいて考えます。もし、貴兄が、なぜこれらの慣習の多様性があるのか、とお尋ねになるのでしたら、それは人間の意見の多様性から生じるのだとしか言うことができません。これによって、ある

人がより適切と判断したことを、他の人はそうではないと考えるということになるのです。(11)

アンセルムスは、多様性が本来的には善いものであると考えることは決してできなかったが、しかし、この世を必然的に秩序づける部分として認めるようになった。それは人間の弱さへの譲歩だった。

(3) 外部の者からの攻撃

ベックに到着してから、ほぼ三〇年間、アンセルムスの宗教的、知的な発展は、彼の修道院的な環境によって、また修道生活における彼自身の発展の経過によって、全面的に形成されてきた。アウグスティヌスと聖書の研究、『祈祷』と『瞑想』、修道院内での友人との語らい、ランフランクスと共にベックを離れ、カーンもしくはカンタベリーに赴いた者たちとの親密な関係を続けたこと、彼の助言を求めた他の修道院の修道士たちとの文通、これらはことごとく、彼が執筆した事柄すべてのために、彼が必要とした刺激を提供した。

しかし、彼がベックにいたまさしく最後の数年に、初めて彼は、痛手を受ける可能性をもった批判に対して応答することを余儀なくされた――それは、友人であるかのように装って、彼が受け入れ難い教説を彼に結びつけたことから、なおのこと痛手を与えるものだった。アンセルムスがロスケリヌスのことを耳にしたのは一〇八九年だったと思われる。当時、ロスケリヌスは、北フランスの世俗の学校の一つで教師をしており、知名度は低かったが、極端に頑固で危険な教師だった。彼は、ランフランクスもアンセルムスも三位一体論に関して自分と同じ見解をもっている、と世に公言していたのである。この見解がはなはだしく異端的だったことから、回答が求められたのだが、アンセルムスには、どう答えるべきかは簡単ではないことが分かった。

さらに詳細に立ち入る前に、この状況については何らかの解明を必要とする。それは、これまでアンセルムスが経験したことはないが、この後はしばしば生ずることになり、どのみちこれがアンセルムスの後年の徴候だったからである。三〇年の平和な修道生活の発展において、彼の問題はすべて自分自身と宗教的な共同体の内部で生じたが、つぎの二〇年間、彼のほとんどすべての問題の出所は修道生活の主流の外部だった。

これらの新たな問題の二つの源は、世俗の学校そして組織化された教会と世俗の政治の新たな形体だった。両者はともに、西欧における富の増大と人口の増加の結果として、可能とされ、必要とされたものだった。アンセルムスの経験において、ロスケリヌスはこれらの新たな力の第一のほうを代表し、ヒルデブラント的な教皇権は第二のものだった。後者については、大司教としてのアンセルムスの活動と見解との関係で議論されねばならないので、ここでは簡単にロスケリヌスについて扱うことにしよう。

ロスケリヌスが三位一体論に関して、ある論理的な帰結を引き出し、ランフランクスとアンセルムスがそれを支持していると主張したことを、アンセルムスが耳にしたのは一〇八九年頃だった。彼の主張をとりわけ厄介なものにしたのは、（後に見るように）その中にも一片の真理があったこと、さらに、彼が友好的な議論に容易に応じるような輩ではなかったことである。多くの世俗の教師と同様に、彼もあちこちを渡り歩いていた。アンセルムスが最初に彼のことを耳にしたとき、彼はコンピェーニュの聖堂参事会員だったが、一〇九二年にはバイユにおり、おそらく大聖堂の参事会員だったのだろう。この後、われわれは、彼がトゥール、ついでロシェ、さらに後にはイングランドにいたことを知る。教える先々で、既存の権威から憎しみをかったが、彼の教えを聞きたいと熱望する学生には事欠かなかった。ずっと後には、なお挫けもせずに、ブザンソンの参事会員となっている。彼はアベラルドゥスを教え、最初期のオックスフォードの教師たちとも文通した。彼によってアンセルムスは、その神学的な経歴の新たな段階を踏み出した。これらの事実がロスケリヌスの主な記念碑である。ほんのわずかな材料で、これほどの異彩を放つ記念碑を建てた人は多くはない。ロスケリヌスのような教師は、公的な断罪も民衆の呪詛も、黙ってはいられないような人物だった。だが、どんな災難が降りかかろうとも、彼らは常に新しい生徒と新しい地位を見つけ出すことができた。この時代の新たな現象の中で、大部分は年代記にも記されていないこうした教師たちが最も重要な現象の一つだった――この世と宗教的な生活との新たな関係の徴候だったのである。アンセルムスの後年を研究する場合、彼とこの新たなタイプの教師たちとの対照を念頭におくことが、しばしば必要となる。

ロスケリヌスは行く先々で敵を作ったが、意に介さず、また彼が関わったことで憤激を買わなかったことは何一つなかった。ベレンガリウスにしてもアベラルドゥスにしても――彼らは嫌悪され断罪されたにもかかわらず――本質的には冷静で熟達した神学者であったが、このどちらとも違って、ロスケリヌスは、行く先々で常に不和の元凶だった。アンセルムスとの衝突に関する限り、彼の重要性は、彼が三位一体の教義についての論理学的な問題を明るみに出した最初の中世における教師だったということである。彼の主張によると、三位一体の三位格は、それらが（もし慣習が許すなら）三人の神と言われうるほどに分離されるか、あるいは三位格すべてがキリストにおいて受肉しなければならなかったほどに一体化されているか、どちらかでなければならない。もしこれが正しいなら――欠陥を見出すことは簡単ではなかった――三位一体の教義は修正を必要とするか、あるいは三位一体の教義が論理学の規則を無視することが認められねばならないか、どちらかである。これらのうち第一の可能性は受け入れ難い。第二の可能性は、キリスト教教理の全領域に論理的な一貫性と体系的に完結した説明を与える試みに、神学の全精力が置かれた時代にあっては、かなり歓迎し難いものだった。それゆえ、簡単に言うと、ロスケリヌスは、つぎの数百年間に神学的な議論の主要な問題となることに関する議論を導き入れたのである。しかも彼は、問題を導入するさい、ランフランクスとアンセルムスの名前を援用して自分の疑念を表明するという、かなり挑発的な方法をとった[12]。ランフランクスに関しては、この主張はまったく当てはまらず、どうやっても証拠を見つけることはできなかった。だがアンセルムスの場合は、この主張が（後述するように）何らかの妥当性をもち、それが事を危険にしたのである。

最初、ロスケリヌスの主張は、アンセルムスの手元に、間接的でしかも一文でしか届かなかった。しかし、彼がアンセルムスを友人、あるいは少なくとも支持者であるかのように語っていたため、それに答えなければならなかった。あらゆる点でベレンガリウスとランフランクスの時の状況の繰り返しだったが、信仰箇条と礼拝においてより中心的で、より明確に定式化された教義に関わることであり、説明はより困難であった。

ロスケリヌスの攻撃は、アンセルムスが出会った最初の危険を招く批判だった。ランフランクスは、『モノロギオン』において権威の引用が欠けていることを批判し、ガウニロは、より根本的に、『プロスロギオン』の主要な論証を批判した。しかし、どちらも彼の結論ではなく、彼の方法に挑んだだけだった。ロスケリヌスが主張したのは、アンセルムスが異端説を支持している、ということに他ならなかった。

> もし神における三位格が一つのものであり、（三人の天使あるいは同じ意志と力をもつ三つの魂のような）三つのものでないなら、その場合、父と聖霊の両者は、子と共に受肉したのでなければならない[13]。

もしこの論証が正しいのなら、逆はつぎのようになる。もし子だけが受肉したならば、その場合、三位格は、三つのもの——三人の神——でなければならず、一つではない。

この種の言い回しには、断固とした回答が必要だったが、その回答を明確に言い表すことは簡単にはできなかった。アンセルムスは、一〇八九年、まずボーヴェーの司教に書簡を書き送り、自分が信仰箇条の言明に同意していることを断言し、また、すべてのキリスト教徒は、これらの言明を理解しているか否かは別として、これらを信じることが義務であると主張した[14]。彼はまた、長い説明を書き始めたが、ロスケリヌスが彼の申し立てを取り下げたことを耳にして、回答を未完成のままに放置した。ほっとしたことは明らかである。

その後、騒動もなく二、三年が過ぎたが、一〇九二年、アンセルムスがイングランドを訪問した頃、彼は、ロスケリヌスが再びこの問題を取り上げたことを耳にした。回答は急を要した。彼は、未完の回答の草稿を送ってくれるようベックに書簡を出した。彼の回答の少なくとも五つの草稿が、イングランドの写本集に残されている。しかし、その冬は、未完の草稿にいくつかの新たな部分を書き加えただけで終わった[15]。

一〇九三年の春は、彼の加筆に、はかばかしい進捗は見られなかった。たとえば、ロスケリヌスが引用したアンセルムスの言葉は、三位一体の位格は、albus（白い）、justus（正しい）、grammaticus（学識ある）といった性質が個人に属するのと同様に、神に属するということだった。換言すると、神と三位格の関係は、実体と偶有の関係のようなものだということだった。これは正統なキリスト教の教義ではまったく受け入れられない立場だった。アンセルムスは、回答の初稿で、自分がそう述べたことを否定しないが、しかし、その真意を説明することによって、この比較を正当化しようと試みた。すなわち、

もし「白い」（albus）「正しい」（justus）「学識がある」（grammaticus）が、たとえば聖パウロといった特定

の人について言われたとしても、それらが複数のパウロを成り立たせることがないのと同様に、子と聖霊が神について言われたとしても、それらは複数の神を成り立たせることはない。このことを、私は認め、このことを私は信じ、このことを私が言ったことを否定しない(16)。

これは勇気のある承認だったし、またアンセルムスが意図した意味においては、異論の余地のないものだった。しかし、それは多くの誤解を招く道を開くことになり、アンセルムスも最終稿でこの一節を削除した。にもかかわらず、未完の草稿の発見が示したことは、ロスケリヌスが彼の見解を支持してくれそうな人物としてアンセルムスの名を挙げたことは、かならずしも無謀なことではなかったということである。アンセルムスの発言から導き出される帰結の一つとしてつぎのことも、もっともであると思われる。すなわち、三位一体の位格が被造物における「諸性質」と比較されていること。そして、もしこれが真であるなら、三位一体の三位格すべてがキリストにおいて受肉した、という結論を導き出すことができることである。——これこそロスケリヌスが主張したことであり、すべての正統な教えが拒否したことである。

これらの草稿の証拠から、われわれはアンセルムスの執筆が、一〇九三年の三月にカンタベリー大司教として選出される前には、それほどはかどらなかったことを確信する。さらに、彼の人生の中で初めて、初期の著作のように愛着をもって執筆したのではなく、論敵の力に押されて執筆していたということも明白である。それは新たな体験だったが、彼は明らかにそれを喜んではいなかった。しかし、他の事柄と同様に、たとえ歓迎すべからざるものであっても、批判から益を得て、最終的には彼の論証を研ぎ澄ましたのである。

たとえば、理解するためには信ずることが必要である、という見解を彼は常に抱いていたが、しかし、最終稿で彼はこれを敷衍し、つぎのように記す。「信じない者は体験することができない。そして体験しない者は、誰であれ理解することはできない」。彼が、この体験の性質を詳説することは決してなかった。他の著作で彼は「体験する」（experior）という動詞をかなり頻繁に使用するが、その場合は、感覚的な経験、愛、友愛、親切の体験などを意味する。しかし、ここで彼が言及しているのは、理性的な説明を超えた教義の真理に関する、ある種の内的な神秘的体験であるように思われる(17)。

彼の語彙の拡大は、他の拡大と結びつけられるだろう。われわれは、彼が「真理」「人間」のように普遍的な実体の真実在を常に主張していたことを知っている。しかし、いまや、彼は一歩進んで、このような実体が知性の外にはいかなる存在ももたないと考える論理学者は、神的な本性について語ることはできないということを、初めて明確に主張する(18)。このことは、心の中で「神は存在しない」と語る愚か者が、神の存在について語ることができないということを、意味するだけでなく、「白性」（whiteness）が知性の外に存在しないと考える哲学者もまた、神の本性について語ることができないと宣告されていることを、意味するだろう。彼のこの緻密な哲学が『プロスロギオン』にすでに含意されていたかどうかについて、私には語る資格がない。しかし、それがこの機会に明確にされたという事実は、ロスケリヌスへの回答を見いだすために、彼が自分の思弁的な体系の諸原理を深く掘り進めなければならなかったことを示唆する。

アンセルムスの『言の受肉に関する書簡』には、さまざまな版があり、三、四年の期間をかけて入念に推敲されたが、彼の傑作の一つではないことは確かである。それは、どちらかと言うと彼が口を閉ざしていたいと思うような主題について、気の進まないままに書かれたものであることは明らかだった。それ以前の著作において、彼は豊かに発展している彼の感覚と理解力とを生かした。対照的に、ロスケリヌスに対する彼の反論を記した未完成の草稿の粗さは、いくつかの弱点と曖昧さをさらけ出していた。そしてそれらは、彼が教皇に送った最終稿においては、かなり入念に改められるか、あるいは除かれなければならなかった。にもかかわらず、それは重要なメッセージを伝える著作である。すなわち、彼が大司教となったとき、そしてベックにおいてすらそうだったが、アンセルムスがさまざまな対立の世界に足を踏み入れつつあったということである。たとえ彼がベックに留まったとしても、もはや彼は、静かに成長していく霊的な体験の豊かさを広げてゆくことはできなかっただろう。ロスケリヌスの介入によって、アンセルムスは、世俗の学校において新たな、急速に発展しつつある知的な生活の形態に注目せざるをえなかった。修道院もその例外ではなかったからである。

この論争的な著作に加筆し、改稿するにつれて、アンセルムスは新たな世界への一歩を踏み出していった。それを脱稿する前に、彼は、人生行路を変更させるさまざまな出来事に遭遇し、また、『神はなぜ人間となったか』を執筆させる新たな神学的問題に直面した。彼の人生を変えた中心的な出来事は、一〇九三年の三月にカンタベリーの大司教職が彼の身にふりかかったことである。彼自身がどのように感じていたとしても、この発展は、彼に、この世における新たな位置を与え、著作家としてすらそうであった。つぎの二年間、彼が最終的にロスケリヌスへの回答を脱稿したのは、これらの出来事のさなかだった。

『言の受肉に関する書簡』のさまざまな中間の改訂版において彼が語りかけた読者の変化は、この世における彼の立場の変化を証しする。彼の初期の著作はすべて、彼の弟子や修道院の友人のために執筆され、彼も、当然、好意をもって受け入れられると考えることができた。しかし、いまや彼はより広範囲の読者を念頭におかなければならず、われわれも、彼がロスケリヌスへの回答を執筆していくうちに、このより広範囲の読者の概念が変化していることを見ることができるのである。ベック修道院長としての最後の数ヶ月に執筆された、最初期の形式の回答で、彼は、この著作を「普遍的、使徒的信仰において礼拝するすべての主、父、兄弟」に宛てた。大司教となった後に完成した版で、彼はこの仰々しい宛名のリストを省略し、教皇だけにした。この変化は、彼の新たな立場を象徴する。かつて、彼は自分自身を、霊的な上長たちの位階組織全体を含めて、共同体の一員と考えていたが、いまや、彼は単独で、彼の霊的な上長として教皇のみと同盟するのである。

　彼が回答を執筆する間に生じた他の変化は、彼がその主題を拡大したことである。彼が当初意図したのは、ロスケリヌスに対して、三位一体の一つの位格だけが受肉しうることを証明することだった。しかし――彼が言うように、それは本来の計画ではなかったが――最終的に彼は、一歩踏み出し、以下のことを証明するさまざまな考察を導入する。すなわち、三位一体における一位格だけが受肉することができたのである以上、その位格は必然的に子でなければならない。そうでないと、聖なる三位一体に二人の子がいることになり、これは「ふさわしくない」ことになる(19)。この拡大は、控え目に思われるかもしれないし、ことによると、取るに足りないように思われるかもしれない。だが、どちらでもないことは確かである。それは、やがて大いに討論される神学的なテーマを導入したのである。とりわけ、アンセルムスの弟子たちのあいだでそれがテーマとなったのは、神は、論理的に必然的な事柄だけでなく、最も「適合する」ことを、常に行ない、常に行なわねばならないという考えを展開する場合だった。

　アンセルムスは後に「適合すること」に関して、その派生的な問題も含めて追求するが、それらの込み入った合理的説明は、主題のもつ高貴な尊厳にあまり馴染まないように思われる。しかし、アンセルムスの観点からすると、このように考えることは間違いである。彼の理性的な論証すべてがもつ最終的な目標は、神の本性、あるいは神の創造の業のいずれにおいても、いささかの不足ないし不均衡もないこと、またありえないことを示すことだからである。これは、彼の『神はなぜ人間となったか』においてこの上なく十全に完成される理論だった。それはまた、彼の弟子たちの中で、処女マリアの無原罪の御やどりの教理の最初期の主張者となった者たちによって取り上げられた。神は何であれ最も「適合する」ことを行なったという原則が、アンセルムスの学統の特徴の一つとなった。それは、神の完全性を新たな光で照らし出した。神が行なうことはすべて、完全な秩序に従っており、その秩序は、理性的だという点で完全であるだけでなく、この上なく美しいのである。アンセルムスは、このテーマを『神はなぜ人間となったか』においてより十全に展開することになろう。

ロスケリヌスへの応答における新たな諸テーマの出現は、世俗の学校からのありがたくない邪魔がアンセルムスの思想に新たな段階を開いた道筋を説明するが、それはまた、彼の実践的な生活においても新たな段階が始まったときであり、われわれは、これらの発端に戻らなければならない。

二　アンセルムスがこの世と直面すること

(1)　ベックの寄進者たち

副院長としてのアンセルムスについて述べたさいに、私は、彼がランフランクスとは違うということを述べた。そして修道院長としての彼について述べる場合にも、同じことをさらに強調しなければならない。ランフランクスは、指揮する段になって、ようやく十全な能力を発揮したのに対し、アンセルムスは、自己を否定したときにのみ、十全な能力を発揮したのである。

誰よりもアンセルムス自身が、管理者としての欠点を自覚していた。[20] 彼はそれらを欠点と見なしただけでなく、彼の目からすると、何であれ修道士を礼拝、研究、瞑想からそらすものは、修道士の群れが幸福に生活するために必要な限りでのみ容認されうることだった。この線を越えるなら、それは誘惑として抵抗されるべきことだった。修道院が欠乏にあえいでいたとき、彼が最初にとった本能的な反応は、すべてを神に委ねることだった。もし共同体が創立の理想に忠実にとどまるならば、神が備えてくれるだろう、と。エアドメルスは、アンセルムス伝において、この根本的な事実を申し分なく捉え、記録したが、彼以降の伝記作者たちに関して言うと、彼らは、アンセルムスが愚かではなかったことを示そうとする、誤った熱心からこのことを忘れ、アンセルムスの鋭敏さに関して歪んだ姿を提示したのである。アンセルムスほどに鋭敏な人はいなかったが、処世術に関してはそうではなかった。彼は、生活を清め、信仰を強め、神を頼みとする人々を、神は見捨てないだろうと素朴に信じていた。その結果、エアドメルスが描いたように、アンセルムスの院長在任中に、共同体にとって何回か絶望的なときがあったが、ちょうど好い時に、例外なく何かが起きた――たとえば、ランフランクスからの贈り物が届くとか、予想もしなかった魚が捕まえられるといったことである。

この世におけるアンセルムスの活動を理解するために、念頭においておくべき別の特徴的な態度は、社会における修道院の位置に関する彼の見解である。修道院は彼にとって、彼の時代の多くの貴族階級にとってそうだったように、社会的な秩序における中心的な結合点だった。それらは、広範囲に分散した家族や封建的な集団にとって、母教会、聖堂、墓地、老年や逆境のときの避難所だった。アンセルムスにとっても、修道院はそのようなものだったが、それをはるかにしのぐものでもあった。それらは、原則、意図、可能性という点で、キリスト教的な生活の完全な形態であり、喧騒に満ちたこの世にあってキリスト教的な徳の修練、そして来世における永遠の救いのために最良の機会を提供するものだった。俗人の義務、そして救いへの彼らの最善の希望は、修道院の基盤を支えることにあった。彼らは修道院に、自分の子どもを奉献者として、未婚の娘たちを敬虔な生活を共にする者として、妻たちを寡婦として委ねることができたし、可能ならば、人生の最後に彼ら自身を『戒律』の生活に従う者として委ねることができた。アンセルムス自身と世俗の貴族階級との関心の一致は、彼が粗暴で攻撃的な有力者の性情に及ぼした驚くべき影響力を、説明する手助けになる。彼らは、エアドメルスが記したように、アンセルムスとの交際において穏やかでおとなしくなったのである。(21) 彼は、救いのための戦いにおいて修道士に要求される献身を判断するさい、並はずれた厳格さを示す一方で、世俗の暴力を奇妙なことに黙認し、それらを結びつけることができたのである。修道士は闘士であり、彼らの世俗の保護者は救いへと猛進するさい、後方支援軍だった。前者は、彼らの仕事を遂行するために、内的な生活において武装し、訓練されねばならず、後者は、まず第一に、修道院に必要な資産と好意を供給しなければならなかった。この利害を共にする共同体が、この世において社会を束ねる絆を形成し、また永遠における何らかの希望をすべての者たちに提供したのである。

修道院長として、この世との彼の関係は主として、修道院の分院を組織することと、それらの後援者に助言と助けを提供するという二つの文脈で現われた。これらの活動の両方にとって、彼は気質と社会的背景という点で非常に適していた。彼は、自分の外的な義務を、より重要な仕事から気をそらせるものと考え、自分の人生のうちで最も幸せなときは、修道院外の義務がなかった副院長のときだった、と常に言い続けていた。高い地位にある老人が、晩年の威風や威信を享受しながら、しばしばこうした類のことを口にすることもあろう。しかし、アンセルムス自身の言葉、そして副院長の職から昇進していく各段階における彼の抵抗について、エアドメルスの説明が示していることは、いずれもアンセルムスの嫌悪であり、それはまったく真実であるかそれとも偽善を装っているのか、どちらかとしか考えられない。エアドメルスの報告によると、アンセルムスが修道院長として選出されたとき、同僚の修道士たちは、彼に型どおりの異議はすべてなしにして、これ以上ごたごたせずに選出に同意して欲しいと頼んだ。しかし、

彼は、全員の前に体を投げ出し、涙を流し、見るも哀れにすすり泣きながら、彼を憐れと思い、これほどの重荷から彼を自由のままにしておくことを許してほしいと、繰り返し彼らに懇願した。(22)

エアドメルスの報告によると、アンセルムスが頻繁に主張したことは、もし大司教マウリリウスが彼の権威を介入させなかったならば、自分は決して修道院長としての選出に同意しなかっただろう、ということである。われわれは、彼がカンタベリー大司教となったときも同様の場面が演じられることを見るだろう、彼が自分の管理能力に不安を覚えていた点については十分な理由があった。それはつぎに述べるささやかな一例が示すだろう。

ベックの創設者であり、彼の前任者ヘルルイヌスは、一〇七八年八月に亡くなる前の数年間、病気を患い、衰弱していた。一〇六三年にランフランクスがベックを離れた後、修道士の数と一般的な評価が増していたにもかかわらず、修道院の管理は少なくとも低下していた。ランフランクスが副院長だったときとは異なり、アンセルムスは、修道院長の無力によって放置された管理上のギャップを埋めることはなかった。彼は、あらゆる緊急事態にさいして神の摂理に頼った。そのためヘルルイヌスが死んだ年、修道院が冬を越すためには、ランフランクスからの二〇ポンドの送金が必要となった。春が来て、アンセルムスは、修道院長としての最初の数ヶ月の艱難を述べる二通の書簡をランフランクスに送ったが、それは滑稽なまでに無能力をさらけだしていた。野菜や燕麦の高騰、ヘルルイヌスの死後に先のことを考えずに土地を購入したこと、新しい印璽を異なる二種類の素材から

間に合わせで作ることで金銭を節約しようとしたこと、逼迫したときのためにとランフランクスが送金した金を、新しい聖餐杯を作るために充当したこと、差し迫った訴訟のために証拠探しに躍起になったことなどである。[23]

エアドメルスによると、つぎの一五年間の生活はこのような一時しのぎのやり方が続き、常に危機に瀕していたが、その度に常に危機から救われた。[24] 驚くべきことに、この方法がうまくいったのである。修道院は、修道士の数、名声、寄進において、かつてないほど成長した。一〇九三年にアンセルムスが最終的にベックを離れるとき、アンセルムスはつぎのように語ることができたことは、注目すべきである。すなわち、「あなた方の多くは、いやほとんどすべては、私のゆえにベックにやって来た」、しかし、彼は付け加える、「あなた方のうちの誰一人として、私のために修道士となったのではなく、私から何らかの報いを受けることを期待したのでもない」と。[25] 彼らは、アンセルムスに相談し、彼の言葉を聴き、彼と一緒に生活するために来て、彼の助言に従って、修道士となった。彼らは、自由意志に基づいてやって来た若者であり、最初期の修道士たちの多くのように、奉献された児童ではなかった。これは新しい時代の徴候の一つであり、ベック修道院長としてのアンセルムスは、この変化の恩恵をこうむったのである。

この新たな傾向にもかかわらず、おそらく多くの修道士は、依然として奉献児童としてやって来たのであろう。また、成人してから来た者でも、すべてが自分の意志で来たわけではなかった。特に、ランフランクスと同名の彼の甥は、伯父の要望でベックに受け入れられた。彼は野心的な若者であり、（おそらく不自然なことではないだろうが）伯父の七光りで早く出世できると考えていた。もちろん、これはアンセルムスが忌み嫌う考えだった。この若いランフランクスは、後に見るように、アンセルムスにとってとんでもない頭痛の種となった。だが、この件に関する失敗にもかかわらず、多くの資料から、アンセルムスがどのような種類の人からでも愛されるという並外れた力をもっていたことは、豊富に示される。軍事に携わる貴族階級に属する人々は、彼を自分たち自身の一人と見なしたが、神の手が彼に置かれているという点だけは別であった。彼も、彼らの罪にもかかわらず、彼らをベックの拡大された家族の一員と見なした。

一一世紀の最後の四半世紀は、これらの一族がこの世において新たな位置を確立した重要な時期である。征服後の最初の十年における騒乱が終息すると、ノルマンディーの小貴族たちは、イングランドへの移住を開始し、果てしなく、またほとんど信じられないほどのすばらしい未来を、永続的に享受することにしだいに慣れつつあった。彼らの新たな富に対する最初の本能的な行動の一つは、修道院を豊かにすることだった。それらは、彼らがあまり豊かではなかったときに創建し、できる限りの援助をしてきた修道院だった(26)。このことはすぐさま起こりえたのではない。征服後の最初の十年間、ノルマン人の侵略者たちは、敵対的な民衆のあいだで彼らの地位を確立し、近隣の諸侯に対して彼らの権利を明確に定め、彼らが追い出した先住のイングランド人に対してこれらの権利を守ることになお苦闘していた。

この仕事は、一〇八〇年までにはほぼ完了した。この年代以前、ベックが欠如していると感じていたのは、ジュミエージュ、フェカンそしてサン＝エヴルールの修道院を富ませたような有力な門閥による援助だった。ベックの主要な支援者たちは、クリスピヌス一族やブリオンヌ伯一族のように、二流、三流の家柄に属していた。したがって、寄進は容易に入ってはこなかった。しかし、イングランドの情勢が落ち着くに従って、ベックは新たに溢れ出てきた寄付による恩恵を感じ、それらがこの世におけるベックの位置に著しい変化をもたらした。一〇七八年、ヘルルイヌスが歿したとき、ベックに従属する分院は一つもなかったが、一〇九三年には、フランスに三つ、イングランドに一つの分院をもち、チェスターではアンセルムスの指揮の下で第二の新たな修道院が創設されつつあった。

この間の年月、イングランドの土地と収益の贈与が流れ込み、将来的には新たな問題を生み出すが、しかし、直接的には多少の繁栄をもたらしつつあった。やがて、これらの贈与は、それらが育もうとした土台のもつエネルギーを消失させることになろうが、さしあたっては、繁栄と規律は手を携えることができた。それらは、アンセルムスの天稟に理想的な形で合致する状況をつくり出した。彼は、無頓着な管理者ではあったが、しかし、従属する分院の組織化には注意深く、実際的な関心を払った。これは彼の得意とするたぐいの仕事だった。つまり、規律を監督し、その修道士たちの熱意を共有することである。それらの分院の院長選出にさいして、彼は継承の伝統を確立することに気をつけ、それがベックの長期的な安定を確実にする重要な要素となった。この仕事はかなり困難なことが分かったし、アンセルムスも業務に追われて愚痴もこぼした(27)。しかし、彼はここに修道院共同体の組織者としての仕事の領域を見いだした。それは、各々の共同体の長との交際が緊密すぎることも、素っ気無さすぎることもなく、慎重に育まれることができるように配慮することだった。

『プロスロギオン』上梓の後、修道院長としての一五年間の記録は、実践と知的な探求のあらゆるレベルにおける、宗教的な生活の教師としてのたゆみない活動である。彼の三編の対話、『真理について』『選択の自由について』『悪魔の堕落について』、そしてベックに従属する分院の数と組織が着実に成長したことだけでも、一一世紀の修道院と知的な歴史におけるしかるべき場所を、彼に与えるに十分だったろう。しかし、初期の彼の著作と比べると、上の三編は、新しい思想を生み出す時期というより、むしろ思想を固める時期だったことを示しており、多くの義務に縛られた人の場合、不自然なことではない。

アンセルムス自身、修道院長として最後にイングランドを訪問した一〇九二年の時点では、創造的な著作を生み出すことに関して、自分が終わりに近づいていることを感じていたと思われる。この一つの徴候は、彼が望んだ数ヶ月の余暇を過ごすために、彼の『書簡』、『聖ニコラウスへの祈祷』、そして未完のまま久しく延期されていたロスケリヌスへの回答をイングランドに送るよう、ベックの修道士に依頼したことである。『書簡』に関しては、彼が数年にわたって収集しようとしてきたものであり、『祈祷』に関しては、この聖人の遺物をベックに移管するために、最近執筆したものだった。明らかに、彼が望んでいたことは、イングランドでの彼の用件を処理するために王に謁見する時を待つ間、これらの著作を訂正し、完成することだった。結局、それほど多くの時間がなく、あったとしても、『書簡』と『祈祷』に手を入れるだけで、ロスケリヌスへの回答のほうは、さらに一年、カンタベリー大司教として聖別されるときまで、改訂が続けられた。

この数か月間が、ロスケリヌスへの回答を完成し、大司教となることを逃れるという二重の格闘のために当てられたことは象徴的だった。これらは両方とも、思想と行動の新たな、喜ばしくはない世界に彼を無理やり投げ込んだからである。すでにわれわれは、彼がロスケリヌスに返答せざるをえなくなった諸段階を考察したので、今度は、彼をカンタベリーに導いた諸段階を考察しなければならない。

（2）しぶる大司教

アンセルムスがカンタベリー大司教となった、かなり奇妙な状況を取り上げるにあたり、われわれが直面する最初の問いは、こうした処遇に対して彼が激しく抵抗を表明したことをどれだけ真剣に受け取るべきか、ということである。すでにわれわれは、彼が修道院長として選出されたとき、同様に激しく抵抗したことを見た。どちらの場合も、彼の異議申し立ての根拠は同じだった。つまり、彼が求めようとしたのは、瞑想と教育の生活を送ることであり、自分に関心もなく、処理する能力がまったくないことも分かっている世俗の雑事には、煩わされたくないということだった。だが、どちらの場合も、それを受け入れるようにという圧力には抵抗できなかった。修道院長となるさいに彼は、満場一致の選出による召命、教会の上長の命令を受け、教会の安寧も享受した。そして、自分の生活が修道院長としての職務に煩わされることを嘆いたにもかかわらず、続々とベックにやってくる若者たちの心を惹きつけ、彼らを教育し、彼らの精神を形成し、この修道院に付属する小さな共同体を組織することに使命を見いだした。初期のより純粋に観想的な日々から、修道院が成長するための多忙な日々へと進んでゆくことは、支障もなく、自然であり、彼も決してそれを後悔しなかった。

カンタベリーの件についてはより錯綜しており、事実そのものが語りだすことを待たねばならない。しかし、事実に取り掛かる前に、早速遭遇することになるかもしれない一つの当てこすりについて、触れておこう。すなわち、アンセルムスの長期のイングランド滞在、ことによると彼の最初のイングランド訪問すらも、ランフランクスの後継者になりたいという彼の欲望と結びついていた、ということが示唆されることがある。この趣旨のうわさは、早くから流されていたと思われる。だが、それらを強く押し留める一つの異論がある。それはつぎのことである。彼がイングランドに到着したとき、大司教職は三年以上も空位であった。しかも、それは、まったくもって、この職を空位にしておきたいという王の私欲によるものだった。王は、スコットランドとウェールズにおける長期の軍事行動に携わっていた。さらに彼は、ノルマンディーを併合し、その境界をメーヌまで拡張するという、より大きな計画すらも抱いていた。これらの軍事行動のために、まず必要なのは資金であり、空位の司教職および修道院からの収入は、彼の遠征に必要な財源をかなり満たしたのである。(28)

さらに、王の観点からすると、彼が教会財産の支配権を握ることについては、諸状況がことのほか好都合だった。イングランドにおいては、ウルバヌス二世とクレメンス三世のいずれの教皇も承認されておらず、どちらかの教皇を承認するように、あるいは空位の司教職と修道院長職に誰かを指名するようにという強い圧力も、封建諸侯ないし司教からなかった。司教たちは、ほとんどすべて王の側近だった。貴族階級の中からの反逆は鎮圧されていた。カンタベリーの空位が、王にとって限りなく有利であり続け得ることは明らかだった。アンセルムスが大司教となることを望んでいたという、立証されていない仮定に立ったとしても、自分がイングランドをうろつくことだけで、王が彼を大司教に指名する気になるかもしれないと彼が想定したなどということは、まずありえない。以上の予備的な点を述べた上で、証拠に向かうことにしよう。

事実として分かっていることはわずかしかない。それらのほとんどすべては、エアドメルスに由来する。彼は、それらの一部は目撃証言として、一部はアンセルムスないし他の人々が彼に語ったこととして報告した。彼の語るところでは、一〇九二年にアンセルムスがイングランドを訪れたのには、二つの急を要する理由があった。一つは、イングランドにおけるベックの財産と分院を視察することだった。この目的に関して、訪問が遅れていた。アンセルムスの前回の訪問から六年が経っており、新しい王が王座についていた。イングランドにおけるベックの財産と分院を視察する以外に、修道院のイングランドにおける財産に関する王室の確認を更新することは大いに望ましいことだった。これは彼が先の訪問のおりに、ウィリアム一世から得たものであった。

さらに第二の理由があった。アンセルムスの友人、チェスター伯フーゴーが病床にあり、死ぬ前にアンセルムスと会いたがったことである。それはアンセルムスの監督の下でチェスターに修道院を創設することとも関係していた。これらの要求にもかかわらず、エアドメルスによると、アンセルムスは長いあいだ訪問を拒んでいた。また彼が大司教職に関して画策をめぐらしているのではないかと、人々が考えることを恐れていたからである。

エアドメルスの報告によれば、アンセルムスにぐずぐずせず、修道院の業務のためにイングランドを訪問すべきだと主張したのは、ベックの修道士たちだった。一〇九二年の夏の終わりにアンセルムスが、ブーローニュに、ベックの庇護者であるイダ伯夫人を訪問すると、ベックの修道士たちは、彼がイングランドに行かないのなら、ベックに戻ることを許さないと主張した。こうした圧力から、彼は、海峡を渡り、九月七日にカンタベリーに到着したのである。ここで、彼は、修道士たちから待望の大司教として歓迎された。しかし、エアドメルスによると、このことが、彼をひどく困惑させたため、翌日が聖母マリアの誕生の祝日であったにもかかわらず、彼は明け方にそこを発った(29)。彼の直接の行き先はチェスターだったが、途中ロンドンを通らねばならず、おそらく、ウィリアム・ルーファスに最初に謁見したのはここであろう。しかし、このときはいかなる用件も済ませなかったのである(30)。

こうして彼はチェスターに赴いたが、着いてみると伯の病気は回復していた。しかし、新たな修道院を創設するには仕事が山積していた。まだ教会が在俗の聖堂参事会員によって運営されていたからである。エアドメルスは、彼がこの仕事に「多くの日数」を費やしたと述べており、このことは新修道院の記録文書からも確認される。それによると、彼が大司教となる前、たぶんチェスターを去る前に、彼は、ベックから、修道院長となる者そしておそらくは数人の修道士を呼び寄せ、慣習規則を導入し、新しい共同体の概要を整えたことが分かる(31)。これが済むと、アンセルムスは、ロンドンに戻り、彼の友人で弟子であったギルベルトゥス・クリスピヌスが修道院長を務めるウェストミンスターに滞在した。彼は、ウェストミンスターからベックの修道士たちに書簡を送り、王が彼らの用件を長引かせていること、そして一〇九三年の四旬節前には戻れそうにないことを告げた。なぜ王がアンセルムスの用件をロンドンでのクリスマスの御前会議で取り扱わなかったのか、しかるべき理由を知ることは難しい。ただつぎの範囲のことは分かる。もし、アンセルムスが、イングランドにおけるベックの所領に関して、新たな王宮の確認を望んだとしたら——これはもっともだと思われる——、それには寄進者全員が宮廷会議に出席しなければならず、クリスマスの頃には実行できないことだっただろう。いずれにせよ、アンセルムスも不満はもらさず、彼の未完の著作を送ってくれるように修道士たちに頼んだだけである。待機している間に、それらを完成したいと思ったからである(32)。

この書簡を書いた後、おそらくウェストミンスターで開催された、クリスマスの宮廷会議に出席したこと以外には、われわれは、一〇九三年三月六日まで彼の動向について何も知らない。彼はこのときグロスターシャーの名もない村に滞在していた。王もこのときグロスターに軍の基地を置いており、アンセルムスがその近くに居たことも、修道士たちに告げたとおり、ベックの用件のために指定されていた期日とまったく一致する。われわれは、彼がどこに居たか正確には知らないが、おそらく、この地域の何箇所かにある、ウェストミンスター修道院の荘園の一つに行き、宮廷会議の開催を待ったのだろう。

この時点で、エアドメルスは、再び詳細に物語り始めるが、それは彼が目撃者だったことを示唆する。彼がわれわれに語ることは、一〇九三年の三月、王がグロスターシャーにいたとき、突然病気になったことである。王は、死を観念して、何とかグロスターの王の基地まで退却しようとした。事の成り行きから、アンセルムスは、臨終の儀式を行なうために呼ばれた。到着すると、彼は、王の告解を聴き、過去の過ちを正す約束を強く求めた。それらの言葉は、書き留められ、印璽を押され、祭壇に置かれた。続いて、空位の大司教職を補充する問題になり、おそらく免罪の条件の一つだったのだろうが、王は突然アンセルムスを大司教に指名した。

混乱と仰天が続いた。アンセルムスは、顔を伏せ、涙を流して抵抗した。すすり泣き、自分にはその能力がないことを訴え、とんでもないことになると予告した。王、司教たちそして彼自身の書記たちもが口をそろえて受け入れるようにと彼に迫った。王は、固く握り締めた彼の手に司教杖を押し付けようとしたが、失敗した。そこで司教たちが無理やり彼のこぶしを開かせ、柄を握らせた。それから、アンセルムスは、「司教万歳」（Vivat episcopus）と「テ・デウム」（Te Deum）の叫びが鳴り響く中、司教杖を彼の手に握り締め、教会へと連れて行かれた。この間、彼は涙を流しながら「あなた方のしたことは無効だ」（Nihil est quod fecistis）と叫び続けた。長い一日は涙と困惑で終わった。とはいえ、アンセルムスとしては、不承不承のことであり、大司教杖をもつことに関しては、確かに教会法の手続きを経たものではなかった。[33] この先どうなるかは誰も知らなかった。アンセルムスは知っていたのだろうか。これが問題である。

すべては、アンセルムスの抵抗が裏表のないものであったかどうかにかかっており、このことについて、エアドメルスの真に迫った報告があるだけでなく、アンセルムス自身も繰り返し語っている。もし彼の言葉を信じるならば、われわれは、事の行く末全体が彼にとって忌まわしいものだった、と考えることになろう。もし彼の言葉を信じないならば、また彼の言葉が大歓迎の状況に対して内心では計算された反応だったと考えるならば、どんなに軽く見積もっても、彼がどこまでも真実を偽って語ったと考えざるをえない。実際、これらの二つの立場には折衷案がない。われわれは、エアドメルスの報告だけに依存しないからである。加えて、われわれは、アンセルムス自身が、ベックの修道士たち、エヴローとボーヴェーの司教、最後に教皇に対して厳粛に繰り返し言明した内容も知っている。[34]

この日が終わるとき、彼が大司教となる第一歩を踏み出したことは疑いない。司教杖は彼の手に押し付けられ、大司教であると宣言されたからである。もはや後戻りはできなかった。彼が完全に大司教に就任するには、まだ長い道のりがあった。しかし、ここまでに行なわれたことには、二つの驚くべき特徴があった。第一に、アンセルムスは、大司教となることには激しく抵抗したにもかかわらず、彼の指名と叙任に関してはいかなる異議も唱えなかったことである。これらの手続きは、少なくとも二つの点で教会法に抵触した。

１　彼は、修道士によって選出されたのでもなく、適正に任命された何らかの教会的な一団によって選出されたのでもなかった。彼が修道士たちの同意を当然得られるものと考えたことは疑いないが、それは正確に言うと、同意を得られるだろうと想定しただけのことであり、教会法を厳格に守る者たちにとって受け入れ難いことだった。アンセルムスはこの問題について一言も触れなかった。

２　彼は王によって無遠慮に指名されたが、王は、彼に司教杖を渡そうと試みることによって、自分の意志を旧式の流儀で示した。エアドメルスによると、この試みは失敗した。しかし、アンセルムスの異議は、王が決定し、杖を授けるということが間違っているということに関してではなかったし、そのようなことは決してなかった。彼は、司教たちが彼に杖を授けようとしたときも、王の場合とまったく同様に激しく抵抗した。また、この後五年間、彼が、同じく王によって指名され、叙任された司教の聖別に異議を唱えることはなかった。しかし、一〇八七年のラテラノ教会会議では、できる限りの明確な言葉で、このような手続きに関与した者たちを断罪し、破門したのである(35)。明らかに、アンセルムスはこの会議の決定を何も知らず、その後の六年間もそれについては何も知らないままだった。一五年間も修道院長だったにもかかわらず、知らなかったというのは奇妙なことだが、誰も彼の初歩的な無知を非難することはできない。それ以上に奇妙なことは、この出来事の直後ないし数年間に、彼が、最近の教会法ないし（この問題に関する）古い教会法に関する彼の知識の溝を埋めるために、いかなる手段も講じなかったことである。

さらにもっと驚くべき事実がある。指名を受諾することに同意する前に、アンセルムスは、ノルマンディーにおける彼の世俗と教会の上長、つまり、ルーアン公および大司教、そしてベックの共同体の同意を求めたのである。ルーアン公は同意を渋り、彼の修友が望むことを行なうように勧めた。他方、大司教は同意し、彼に指名を受諾するよう命じた。しかし、ベックの修道士たちはより難しかった。主だった声は異議を唱えた。彼らの異議は、彼が決して彼らのもとを離れないだろうと言ったではないか、また彼が限りなく彼らに奉仕すると誓ったではないか、ということだった。しかし何よりも厄介なことは、彼の動機を疑う何人かの者たちが、明らかに共同体の中におり、またおそらく外部の者たちの中にも、この共同体の者たちに唆されて疑う者たちがいたことである。ベック共同体は、彼に書簡を送り、その中で、彼らが会議を行なったけれども、好意的な者たちもいたが、他の者たちは――これが多数だったと思われる――許可を拒んだため、決着がつかなかったことを述べ、さらに、彼らの意見を説明するために代表団を派遣した(36)。こうしたやりとりが数か月続き、八月になってようやくアンセルムスは問題の解決にとりかかり、自ら出向き、彼が後継者に選んだ修道士の名を告げ、彼の代わりとして選出することを命じると告げた。

これらの詳細は、それらがアンセルムスは名利を求めないふりをしながら、実は野心家だったという見解を支持すると思われるのでなかったならば、想い起こすまでもなかっただろう。もしベックの修道士たちの大部分が、彼を最もよく知っていたのに、彼の動機に疑いを抱いたとするなら、おそらく彼らは正しかった、と考えられよう。いかなる基準に照らしても、彼による後継者の指名は、はっきりと規律に反するわけではなかったにしても、高圧的だったのである。

けれども、彼の後継者の指名に関して重要なことは、前任者が存命中の場合に新しい修道院長を選出する手続きについて、『戒律』が明確な指示を与えていないということである。アンセルムスは、自分が引き続き修道院の将来に責任を負っていると見なしていた。彼は心得違いをしていたかもしれないが、しかし、彼が間違っていたことを示唆する言葉は、『戒律』にはない。

アンセルムスの動機について修道士たちのあいだで疑惑が持ち上がったことに関して、二つの事実を考慮する必要がある。第一に、ベックにおける反対勢力の首謀者が、大司教ランフランクスの甥、小ランフランクスだったことである。彼は常に御しがたい人物で、一〇九〇年、彼がサン＝ヴァンドリーユの修道院長に選出されたときも、アンセルムスは同意を与えることを拒んだ。そのため、彼はベックに留まり、憤懣やるかたなく、他の修道士にとっては不安の種だった。加えて、彼だけがアンセルムスの目に野心を抱いていると見なされた人物ではなかった。修道生活において野心が動機となることに対するアンセルムスの恐れは、常に厳しく表明されていたから、不満分子にとっては今こそ仕返しをする機会だった。アンセルムスに好意を抱いていた者たちであっても、彼が大司教職を受諾したことは理解し難いことだったろうし、また彼が変わることなくベックに献身すると表明していたことも、結局より高い地位に上ることを彼が決断したことと、折り合いをつけるのは難しかった。このことが、過去二五年間、新たな志願者を惹きつけてきた魅力の中心だっただけに、彼は代償を支払わなければならなかったのである(37)。

これらのことから明らかになるのは、当時のアンセルムスの多くの批判者は、今日の彼の賛美者のいく人かと同様に、彼が困惑と苦悩を表明し、涙ながらに抵抗したことが、本音では大司教職を欲していたことを覆い隠す陳腐な手段に過ぎなかった、と考えたということである。確かに、大司教職の受諾に最終的に同意するに到る一連の出来事には、いくつかの奇妙な、説明し難い点があり、それらは、さまざまに異なる仕方で解釈されうる。

結局、彼の動機に関するわれわれの解釈が正しいか否か、彼の説明が信頼に足るものか否かは、彼の性格と目的全体に関するわれわれの判断にかかっており、最終的な判断は、大司教としての彼の後期の歴史をたどり終えるまで、持ち越されねばならない。しかし、予備的な判断は、彼が過去において同様の状況で他の人に与えた助言を基礎にすることで、得られよう。

いかなる修道士であってもこの世における「昇進」を追求すべきではないが、しかし、それが時として教会の益のために必要とされることもあり、その場合には彼も同意せねばならない。アンセルムスがこうした状況について深く考えることを要求されたのは、これが最初ではなかった。彼は何度かこの問題について相談を受け、その場合に従うべき一連の原則を考案した。それらの原則は以下のとおりである。第一に、指名された者は、昇進させられないことを本気で望まなければならない。第二に、彼は、昇進を避けるためにできる限りのことをすべて済ましておかなければならない。第三に、助言者として考えられうる最善の人物が司教職を受諾するように促した場合でなければならない。これら三条件が揃った場合は、その受諾は正当なものだった(38)。アンセルムスの場合には、これらが揃って満たされていたことは疑いえず、彼が他の人々のために設けた規則に従えば、彼は受諾せざるをえなかったのである。

さらに、彼が他の人のために設けた、昇進を受諾するための諸条件を別にしても、この場合に特に考慮を払わねばならないのは、何と言っても、イングランドの教会の状態である。もし彼が拒んだ場合、長期間にわたる空位が予想され、その結果、修道院の規律も腐敗することになる。これらの理由からしても、彼は受諾せざるをえなかった。拒んでしまったら、それは、彼が我意に隷属するという偽りの自由の見本となってしまうだろう。受諾することは、彼が一〇年前に自由選択の放棄として定義した自由の見本だったのである。

選出と叙任に関する教会法上の手続き、さらに彼自身の選出手続きにおける汚点に、彼が無関心、無知だったことについては、さらに重大な問題が生じる。しかし、この問題は、彼が選出に同意したことに関わるのではなく、教会法上の手続きに対する彼の態度に関わることなので、大司教としての彼の経歴を吟味することによって、最善の議論がなされうるだろう。(39)

実際、アンセルムスの選出にさいして、彼がとった行動に関する三つの問題は、すべて大司教としての彼の経歴に照らして、はじめて解きうることである。これらの中核には、自由と従順という圧倒的に難解な諸問題があり、それらはキリスト教的な宇宙の中心にあり、しかも、あらゆる我意の行使をすべて放棄した修道士としてのアンセルムスにとって、特別な重要性をもっていた。アンセルムスの知的な発展は、数年のあいだに、多くの論点に関してこの大きな問題と対決するに到り、それは、大司教としての年月で、より差し迫った、より多様化した問題となった。いまやわれわれが向かわなければならないのはこれらの問題である。そのためには、まず、すべての問題のうちで最も根本的な法と従順の問題から始め――人類の根本的な不従順とそれに対する神の応答、これは彼の『神はなぜ人間となったか』で取り扱われる――ここから、この問題の多様性を吟味することに進むが、それらは大司教としての彼の経歴の中で姿を現わしてきたものである。

第Ⅲ部　発展していく世界における修道院的な視点　一〇九三―一一〇九年

第九章　アンセルムスと人間の状態

一　諸源泉と新たな論争

一〇九三年八月に大司教職を受け入れる前ですら、アンセルムスの初期の日々の平和は永久に過ぎ去っていた。彼が見渡す所、どこにでも論争があった。政治的な問題が騒々しさを増していく一方で、執拗に迫ってくる諸問題があった。ロスケリヌス論駁を執筆する中で、彼は、「私は、多くの者がこの問題に関して悩んでいると感じる」と述べた。(1)同じく、つぎの著作『神はなぜ人間となったか』において、彼は、「多くの人々、つまり、学識のある人々だけでなく、学識のない者たちまでも、このことについて尋ね、答えを求めている」と述べる。この膨大な諸問題は、ロスケリヌスその人と同様に、架空のものではなかった。すべての状況は、神学的な探究の視野が、問われている諸問題の範囲と問う人々の多様性という点で、この一〇年間にかなり拡大されたことを示している。この論争が拡大していく領域に対応する、非常に広大な社会的、知的な諸変化を分類する試みは、われわれの主題からあまりにも遠くなりすぎるだろう。(2)けれども、一一世紀の最後の一〇年間におけるアンセルムスの新たな段階を勘案しないことは、彼の後期の著作の中で最も偉大な『神はなぜ人間となったか』を生む一助となった、二つの主要な外的影響を省略することになりかねない。

これらの影響は、二つの源泉から生じた。第一は、世俗の学校との神学的な討論である。そして第二は、西欧においてしだいに増加してきたユダヤ人共同体から発した、キリスト教の教理に対する諸批判である。ベック修道院長として、アンセルムスは、さまざまな疑問を抱いて世俗の学校から彼のもとを訪れる者たち、そしてときには修道士となるためにそこに滞在する者たちをとおして、世俗の学校と何らかの接触を持っていた。さらに、ロスケリヌスがアンセルムスを自分の見解の支持者に加えようとしたこともまた、諸学校に流布していた諸見解のいくつかに、彼の注意を向けさせたのである。そして、一〇九二—九三年の冬、彼の旧友であり弟子であるウェストミンスター修道院長ギルベルトゥス・クリスピヌスは、彼にユダヤ人たちの批判について語る機会をえた。これら二つはともに、彼の『神はなぜ人間となったか』の執筆の大きな原因であり、われわれは、つぎにこれらを考察することになろう。まずユダヤ人から始めることにする。

（1）　ユダヤ人たち

すでに見たように、一〇九二年の秋、アンセルムスが数ヶ月を静かに過ごすために、ウェストミンスターに腰を落ち着けていたとき、彼の手元には数編の著作があった。他方、ギルベルトゥス・クリスピヌスは、受肉に関する新たな論争に係わっていた。これは、何人かの学識のあるユダヤ人たちがマインツからロンドンにやって来たことから生じた論争である。彼はその報告を執筆し、アンセルムスに献呈した。カンタベリー大司教に指名される前の数か月間、そして指名後の数ヶ月も、彼には多くの時間があった。管理上のいかなる責任もないということなど、この三〇年間にはなかったことである。したがって、彼とギルベルトゥスが、とりわけこの新たな論争について議論した、と考えることには一理ある。(3)

ギルベルトゥス・クリスピヌスがロンドンで出会ったユダヤ人たちは、受肉に関する根本的な疑問を提起した。すなわち、なぜ受肉は必然的だったのか。それは可能だったのか。それは神の尊厳と受苦不能性を貶めるものではなかったか。それは偶像崇拝的ではなかったか。これらの疑問を提起したラビたちは、ヨーロッパにおいて、キリスト教に対する学識をもった唯一の反対者、非妥協的な唯一の反対者だった。ロスケリヌスは、弁証論理学によって、受肉との関連で三位一体の位格について間違いを犯したかもしれない。けれども、ユダヤ人だけが、神の受肉の可能性に異を唱え、しかも学識のある論証によって自分たちの立場を支えることができたのである。

ユダヤ人のようにキリスト教社会から締め出された者たちは、王の農奴として扱われ、半ば無法者として生活し、閉じ込められた地域でまったく軽蔑されており、日常的な生活からあまりにも隔離されているのだから、危険視されることも、キリスト教護教家の非難に値すると見られることなどもありえない、と考えられるかもしれない。けれども、実際はそうではなかったということは、社会的な排斥（ostracism）が思想の拡大を阻止するためには効果がない、ということを示す顕著な例である。彼らの排斥は、大部分は危惧の結果であり、この時代における主な危惧の一つは、ユダヤ教への改宗が数多く報告されたことに関わっていた。おそらく、その数は誇張されていただろうが、しかし、何人かの著名な人々――とりわけバーリ（Bari）の司教――がユダヤ教に改宗し、世間のうわさでは、この危機が誇大に喧伝された。キリスト教の護教家たちは、生活と思想に関するキリスト教の体系の自己充足性と完結性が提示してくれる以上に、さらに陣容を整えるべきだと感じていた。知的な攻撃を撃退するには準備不足だという雰囲気が広がっていた。過去の二世紀間のスコラ学的な進歩が達成された後、つまり、一三世紀になってもまだ、キリスト教世界の敵対者が、キリスト教徒以上に、知的な闘争のための準備を十分に整えているという予感は流布していた。一一世紀においてはなおのこと、西欧の学者たちは、ほとんど未知の思想をもつ敵に対して、自分たちの不十分さを感じていた。

論駁のために敵を創作することは、一般的な教育の方法である。たとえば、『プロスロギオン』において、アンセルムスは、おそらく架空であろうが、不信仰者の類型を創作した。しかし、彼の後期の著作に登場する敵は、決して非現実的ではない。『言の受肉に関する書簡』において、ロスケリヌスは正真正銘の敵対者であり、彼の背後には無数の質問者たちが潜んでおり、彼らの疑問のいくつかは学校に由来していた。同様に、『神はなぜ人間となったか』でアンセルムスが言及する不信仰者は実在し、その中で最も手強いのがユダヤ人だった。彼らの数は、北ヨーロッパの全都市で増えつつあると見なされているところだった。すでに、彼らはルーアンで勢力を伸ばし、イングランドの諸都市でも急速に知られるようになっていた。彼らが当時のキリスト教神学者たちのあいだで批判の源であり、探究の誘因だったことは、あまりにも見過ごしにされてきた。

ユダヤ人による攻撃には二つの主要な標的があった。最初期の最も基礎的な標的は、旧約聖書の寓意的な解釈であり、これは、キリスト教がユダヤ的な律法を拒否するために不可欠だった。これは昔から行なわれてきた論争であり、これに関して何も新しい点を言うことができず、かといって、古い論点はどれも相手を納得させることができなかった。この論争がやむことは、決してありえなかった。どちらの側も新たに言うべきことが何もなかったからである。また、キリスト教徒の中には、ある言葉が意味する以上のことをそれに付け加えることは、自分たちの弱点を認めることだと考えていた正直な者もほんのわずかにいた(4)。実際、一二世紀には、旧約聖書を解釈するさい、キリスト教徒とユダヤ人がある程度協力できることが明らかとなった。

この論争に加えて、ユダヤ人の新手の攻撃が浮上した。それは、アンセルムスにとって大切な主題、つまり、神の栄誉（honor）ないし尊厳（dignitas）に関係していた。ユダヤ人の疑問は以下の通りである。すなわち、人間の悲惨がもつ不名誉、屈辱、恥ずべき死をすべて伴う受肉が、どのようにして神の至高の尊厳、不可変の安定性と調和させられうるのか、ということである。ユダヤ人にとって、神の超越的な威厳をこのように侮辱することは、計り知れない重大性をもっていた。むろん、アンセルムスにとっても、それは劣らず重要であった。神の栄誉を強調する点で、彼は神学者たちの中でも傑出していた。というのも、彼は、あらゆる罪の暴虐が神に対する永遠の栄誉毀損にあり、それを罪人が、たとえ実際上ではなくとも、意図において神に加えるものであることを論証したからである。

栄誉という言葉は、後に見るように、複雑な意味をもっているが、確かに、侮辱に対して神の尊厳を守るという意味を含んでいた。それゆえ、神の栄誉を毀損するという告発に応じるべきであるということは、根本的なことだった。しかも、キリストの死というこの上ない恥辱ほどに、神の栄誉の毀損が顕著になるところはない。したがって、最も先鋭な形で問題を提起したのがユダヤ人であるにもかかわらず、アンセルムスは、これまでなされてきた以上に、これらの不名誉の説明を探究し、満足させる必要性を特に敏感に感じ取っていたのである。

もちろん、キリスト教徒は、十字架によってキリストの栄誉を損なったのはユダヤ人であって、キリスト教徒ではなかったと言うこともできたし、実際にそう述べていた。けれども、それはつぎの問題に答えてはいなかった。すなわち、この侮辱は、たんに意図においてではなく、現実にキリストのへりくだりを辱めることであり、キリスト教徒は、このへりくだりが神を最高に栄光化することであると賞賛していたということである。これは説明を必要とした。というのも、それは、キリスト教芸術と敬虔がキリストの侮辱と苦難を先例のないリアリズムで強調し、明確にし始めた時代、さらに、栄誉の概念が世俗的な生活においてしだいに重要になりつつあった時代には、何をさておいても急務のことだったからである。ユダヤ人の批判は、より微妙な契機までは到りえなかったのである。

ロンドンのユダヤ人とギルベルトゥス・クリスピヌスの論争は、問題点を明らかにした。しかも、アンセルムスが一〇九二年の秋に彼のもとに滞在したとき、それが当面の問題であったと考えるのに、十分ないくつかの理由がある。第一に、ギルベルトゥスは、この論争に関する解説の初稿の献辞で、アンセルムスをベック修道院長と呼んでいる。しかし以後のどの版でも——数は少ないが——アンセルムスはカンタベリー大司教と呼ばれている。したがって、明らかにこの論争は、アンセルムスが彼のもとに滞在した一〇九二年の秋の時点では、当面の問題であり、ギルベルトゥスは、その後もさらにテクストに改訂を加えていったのである。さらに、ギルベルトゥスの著作は、アンセルムスの『神はなぜ人間となったか』に見いだされるいくつか思想の繰り返しを含んでいる。けれども、人類に対する悪魔の権利に関する重要な問題について、ギルベルトゥスは、アンセルムスの著作が論破する伝統的な見解を採用する。要するに、アンセルムスは、彼の『神はなぜ人間となったか』の基礎となるこの問題を、まだ解決していなかったことが確かだと思われる。

たとえ、われわれがアンセルムスとギルベルトゥス・クリスピヌスとの親密な関係について何も知らなかったとしても、ユダヤ人との論争が『神はなぜ人間となったか』を執筆する誘因の一つであったと考える強力な理由はまだあるだろう。アンセルムスが執筆した著作の論敵は、彼の記述からすると、ユダヤ人であるとしか考えられえない。彼らは、われわれの知る限り、神のへりくだりを必然的に伴う受肉に異議を唱えた、唯一の不信仰者だったからである。

不信仰者たちは、われわれの純朴を嘲笑する。すなわち、神が女の胎に降下し、女から生まれ、乳と人間の食物で養われ、さらに――神にふさわしくない他の多くの点には触れないとしても――神が疲労、飢え、渇き、鞭打ち、そして盗賊たちと共に十字架上の死をこうむったとわれわれが主張するとき、われわれが神を傷つけ、辱めていると異議を唱えるのである。(5)

アンセルムスにとって、神の不可侵の尊厳に関する彼の熱烈な感覚とともに、神のへりくだりがどのように現われるのか、ということすらも非常に深刻な問題であった。それが受け入れられるためには、創造の中心的な目的――人間の救済――が達成されうる唯一の道として、このへりくだりが必然的であり、栄光に満ちていることが示される必要があった。もし何らかの別の道が可能ならば、不信仰者の反論も一理あるだろう。しかし、神のへりくだりが、この宇宙が創造された目的を達成する唯一の道であり、その場合、決して神を辱めるのではないとするなら、それが示したことは、これこそ人間の救済のために神が辞することのなかった究極の方策だった、ということだけである。そこから栄光が現われる。それは、神の愛と力を究極的な限界まで発揮させ、そしてもはや他の何ものも神の目的に役立つことがない場で成就したのである。

アンセルムスは、受肉が必然的だったことを示そうとしたことから、しばしば、後の批判者たちによって非難された。伝統的なキリスト教の見解では、神は、他の方法を選択することもできたけれども、望んだがゆえに受肉を選択した、と考えられていた。これは、キリスト教徒のための説明としては十分かもしれない。しかし、この選択された方法が神の尊厳に対する無用な侵害である、と苦情を言うユダヤ人への答えとしては、明らかに不適当であった。さらに、神の全行為は宇宙の秩序と神の尊厳を維持すべきであるという、アンセルムス自身の要求を満足しうる答えでもなかった。したがって、受肉の必然性の証明を探究する中で、アンセルムスは、彼自身の「適合性」(convenientia, fittingness) の基準と彼の論証が向けられた不信仰者たちの要求を、満足させることに努めたのである。(6)

神の活動における「適合性」の必然性は、アンセルムス独自の第二の神学的な公理である。第一の公理は、彼が『プロスロギオン』において発見したものである。すなわち、神は、非存在としては考えられえず、それどころか、最高度の存在としてのみ考えられうるという意味での、神の存在の必然性である。第二の公理は、彼の『神はなぜ人間となったか』で発見されたものである。すなわち、神の諸行為は、たとえ相反するように見えたとしても、可能な限り最高度の適合性を示すものとしてのみ考えられうるというものである。後に見るように、これらのうち第二の公理は、『神はなぜ人間となったか』の構造を提供するとともに、それを超えて長い歴史をもち、とりわけ、彼の弟子たちの何人かを刺激し、最高の「適合性」から導出されうる行為の例として、マリアの無原罪の御やどりに関する諸帰結を引き出させたのである。

われわれはまもなく、彼がこの第二の公理の諸基礎をどのように据えようとしたかを問わねばならない。けれども、それを問う前に、アンセルムスの論証に及ぼした別の影響を簡単に検討しなければならない。

(2) 学　校

すでに見たとおり、ロスケリヌスが提示したような、学校の新たな論証は、一〇八八―一〇九二年あたりのアンセルムスの発展に影響を及ぼした。けれどもまた、アンセルムスは、彼の助言を求めて諸学校からベックにやって来た数人の若者によって、より身近な形でスコラ的な影響にさらされていた。彼らのうちで群を抜いていたのが弟子ボソーだった。彼は、さまざまな疑問に悩まされ、自分の二人の兄弟と一緒に一〇八五年頃にアンセルムスのもとに来た。アンセルムスはそれらの疑問を解決し、ボソーは残りの人生をベックで過ごすことになった。アンセルムスの弟子たち全員の中で、彼は最も哲学的な才能を備えており、一〇九四年頃、アンセルムスは、『神はなぜ人間となったか』を執筆するにあたって、彼の助力を得るために、彼をカンタベリーに呼び寄せた。(7) ボソーは、アンセルムスの代理としてクレルモン教会会議に赴き、国外で数か月間重い病気を患った一〇九五年の期間を除くと、一〇七九年にアンセルムスが追放されるまで、イングランドに滞在したと思われる。後に再びアンセルムスが執拗に要望し、ベック修道院長も再び許可したため、ボソーは、イングランドに戻り、アンセルムスの最後の数年間を共に過ごした。要するに、アンセルムスは彼の刺激を必要としたのである。そして彼は、『神はなぜ人間となったか』において、アンセルムスの他の著作におけるどの弟子よりも重要な役割を演じた。

アンセルムスの神学的な対話において役割を演じた他の弟子たちとボソーとの違いは、つぎのように二通りの仕方で示される。

第一に、ボソーだけが、アンセルムスの対話の中で名前を挙げられている唯一の参加者であり、他の参加者は誰も名前が挙げられていない。さらに重要なことは、他のすべての参加者が論証の展開において果たす役割は、かなり従属的なものでしかない。彼らは、教えられることを求め、アンセルムスから訂正されるために誤りを犯すが、しかし、論証には積極的な発言をしない。『神はなぜ人間となったか』におけるボソーの役割は、まったく異なっている。著作全体の中心的な論証は、その最初の定式化にさいして、彼の口から提出される。この発言は、他のいくつかの点に関しては触れないとしても、アンセルムスの対話における他の弟子たちの役割と著しく対照的であるため、説明が必要である。

そこで、われわれが思い起こさねばならないことは、ボソーがアンセルムスのもとに来た理由である。それは、（彼の伝記作者の報告によると）彼が「錯綜した問題」（perplexae quaestiones）に悩まされ、それらを解決することも、忘却することもできなかったということである。当時、世俗の学校は、「錯綜した問題」を極めて豊富に生み出す温床であった。『神はなぜ人間となったか』において、ボソーの介入が果たす主要な点は、世俗の学校に直接的に由来する見解の輪郭を十分に描き、その上で反駁することである。この学校とはランの学校に他ならなかった。さらに、彼が簡潔に表明した異議は、著作全体の主要なテーマとなる。それゆえ、ここでのボソーの介入は、アンセルムスの著作に新しい要素を導入する。それは、アウグスティヌス、アリストテレス、修道生活、そしてアンセルムス自身の瞑想から生じるものでも、彼自身の著作に対する批判から生じるものでもない。それは、当時北フランスで最も有名だった司教座大聖堂附属学校、つぎの五〇年間に他のどこよりも西欧の知的な風景に変化を与えた学校に、ほぼ間違いなく由来するのである。

ボソーの介入によって、アンセルムスは、当時最も注目を集め、責任を負っていた世俗学校の見解と直面した。ロスケリヌスには、これとまったく異なった点があった。実際、彼は、世俗の学校の人間ではあったが、それを代表する人物ではなく、単純に一匹狼的な論理学者だったのである。

アンセルムスがベックに到着してからの三〇年、彼が目にしたのは、世俗の学校の名声と影響の――修道院学校と対照的に――著しい増大である。とりわけ、アンセルムスがベックに来た時点では、ランの司教座大聖堂に附属した学校について、ほとんど耳にすることはなかったが、一〇九〇年には、その最も高名な教師がヨーロッパ中の名声を獲得し始めていた。彼の本名はアンソー（Anseau）だが、かなり混乱しており、後の資料では一般に教師アンセルムスとして知られている。彼は、その兄弟ロドゥルフスの助力を得て、一〇七〇年から一一二〇年の全期間をランで教鞭を取り、このあいだ、彼はヨーロッパにおいて他の誰よりも数多くの有名な弟子たちを抱えていた(8)。

ここでのわれわれの関心は、教師アンセルムスの学校の評判あるいはスコラ思想の成長への貢献ではなく、ただ一つの問題とただ一つの見解だけであり、それが『神はなぜ人間となったか』で中心的な役割を演じたのである。この状況を理解する一助として、ランの学校の執筆活動による主な所産が二種類あったことを、述べておけばよいだろう。一つは、聖書の大規模な語句註解である。これは、多くの変形と付加を経て、『グロッサ・オルディナリア』(Glossa ordinalia) として知られるようになった。第二は、種々雑多な問いに対する短い回答の集成である。これらの問いは、おおむね聖書のテクストに関するもので、この学校に関わった一人ないし他の教師たちによって議論され、『命題集』(Sententia) にまとめられた。これに携わったのは、多くの場合、教師アンセルムスだが、場合によっては彼の兄弟ロドゥルフス、あるいはシャンポーのギヨームが携わることもあった。後者もこの学校に関係していたのである。

この学校の『命題集』の一つに、教師アンセルムスの兄弟ロドゥルフスに帰せられるものがあり、それにはカンタベリーのアンセルムスの著作と同じ表題、つまり、「神はなぜ人間となったか」が付されている。その論証は以下のように進められる。アダムの罪が人間を悪魔の支配下に引き渡したことから、神は人間となった。人間が悪魔の支配から救出されうるには、悪魔を欺いて越権行為を犯させ、さらに、無実の人を、罪に対する罰としての死に服せしめることによる以外にはないからである。もちろん、無実の人とはキリストである。この立場の論理とキリスト論はさておき、ここでは、『神はなぜ人間となったか』の冒頭でボソーがこの『命題集』から言葉を引用し、その論証を否定していることを、指摘しておくだけで十分であろう。アンセルムスもボソーの異議

に同意し、以後の論述において、かなり長く、緻密かつ入念にその諸帰結を展開する。(9)

『神はなぜ人間となったか』は、新しい教説を確立するために書かれたが、その最初の突破口を開く役割を自分の弟子に与えたことによって、アンセルムスは、他の弟子には容認しなかった位置をボソーに与えた。もし、この著作の執筆に刺激を与えるという点で、アンセルムスがボソーに帰した第一の役割のことも思い起こすなら、われわれとしては、アンセルムスは自分自身の神学的な発展の重要な契機となった功績がボソーに帰せられることを望んだ、と結論しなければならない。それまでアンセルムスは、伝統的な教説と意見を異にすることもなければ、彼の時代の中心的な学校の一つが唱える論証に挑戦することもなかった。けれども、『神はなぜ人間となったか』においては、方法も結論も共に新しかった。多くの偉大な教師たちが間違っていることを、彼一流の厳密さを尽くして示そうと企てることによって、彼は、過去に彼が執筆したものを越えて、一歩を踏み出した。彼は、意識的かつ慎重に伝統に立ち向かったのである。

二　アンセルムスの論証の概観

アンセルムスは未開の土地を開きつつあったとはいえ、彼の初期の著作を振り返りさえすれば、たとえボソーが悪魔の権利に関する論証に彼の関心を引き寄せ、その弱点を明らかにした点でどれほど重要であったとしても、それまで彼が悪魔に権利があるというような主張を受け入れていたとは、考えられないことが分かるだろう。罪に関する彼の概念全体の意味からすると、罪は権利を創り出すことも、譲渡することもありえず、ことに悪魔のためにそうなることなどはありえない。悪魔は、究極的な罪を犯すことによって、この世界の最下位の被造物よりも下に置かれ、決してそこから復帰できないからである。結論的に言うと、神の行為の原因としての悪魔の権利に関するいかなる理論も、出発点から排除されていたのである。アンセルムスは、一体どのように受肉の必要性を説明したのだろうか。いくつかの脱線は無視すると、彼の論証の本質的な段階は、以下のような順序で三つに区切られ、それらは相互に補完的である。

（1）問　題

i　人間は、永遠の至福を得るように神によって創造された。

ii　この至福は、人間の意志が完全にそして自発的に神に服従することを要求する（自由とは、人間の存在に割り当てられた諸限界を愛することである）。

iii　けれども、人類全体は、この服従を拒絶し（それゆえ、その自由を喪失した）。

iv　人類の成員の誰一人として、この失われた至福を回復することはできない。たとえ完全な従順であっても、今となっては、過去に果たさなかった従順の埋め合わせをすることができないからである。

v　それゆえ、被造的な宇宙は、それに備わるべき調和を剥奪されており、また外部からの援助を欠いているために、人類全体は、それが創造された目的である至福を、取り返しがつかないまでに失ったのである。

（2）解決の必然性

i　神が人間と宇宙を創造した目的は、挫折してしまった。

ii　しかし、全能の存在者の目的が挫折することなどありえない。

iii　それゆえ、贖罪の手段が存在しなければならない。

(3) 解　決

i　失われた調和と至福を回復するためには、従順が差し出されなければならないが、その従順は、過去に失われたすべての従順に等しいか、それ以上でなければならない。

ii　人間だけが、違反を犯した者として、この従順を差し出す義務を負っている（ought, debere）が、しかし、誰もこれを行なうことができない。彼は、すでに、すべてを神に負っており、また自分が差し出すことのできるすべてのもの以上のものを、神に負っているからである。

iii　過去の違反による未済の負債すべてを超過する従順を差し出すことができるのは神だけである。しかし、神はそれを行なう義務を負ってはいない。負債は人間のものだからである。

iv　人間だけがこの従順を差し出す義務を負っており、神だけがそれを行なうことができる以上、それは、人であり神である者によって果たされねばならない。

v　それゆえ「神-人」（Deus-Homo）が被造物全体の贖罪のために必要である。

この飾り気のない素描では、アンセルムスの論証の精妙さと力までは明らかにできないが、しかし、その厳密さを辿るには十分だろう。それはまた、アンセルムスの論証において示される先入観と個人的な特徴に関するいくつかの所見のためには、必要な基礎である。

上に提示された論証の梗概だけでも、この論証が『プロスロギオン』の論証に要求されたア・プリオリな確実性を要求できないことは分かるだろう。各々の段階は、すでに確立された諸真理を前提としているが、アンセルムスは、あらゆる異議を追跡し、あらゆる疑問に答えようと決めたにもかかわらず、それらの真理を部分的にしか解明していないのである。さらに、『プロスロギオン』でもすでに気づかれ、いまやこれまで以上に厄介になっている、根本的な難題がある。それは、被造物との関係で神の活動について語る場合に、使用されねばならないいくつかの語、例えば「できない」「するべきではない」などは、神の全能の限界を示すように思われるということである。神の絶対的な存在を貶める――不正な行為のように――いくつかの行為について、アンセルムスはその意味を示そうとするが、しかし、それを正確に伝える語をもっていない。したがって、それらは、神における何らかの限界のゆえではなく、行為それ自体に固有の欠陥のゆえに、考察から除外されねばならないのである。それらの意味を理解するためには、人間の言語における「不可能である」は、絶対的な存在の「可能である」に翻訳されねばならないが、われわれは、これを実行するためのいかなる言語ももっていない。結論的に言うと、われわれの現状では、われわれにはこうした状況を表現することのできる言語がなく、新たな言語――天上における直視の言語――が得られるまで、いかなる説明も暫定的なものとならざるをえないのである。

「可能である」「可能ではない」「負っている」「負っていない」「ある」「あるのではない」などの問題は、晩年にしだいにアンセルムスの関心を占めるようになったが、それらを詳述することは本書の研究の範囲を越えることになろう。けれども、この問題のいくつかの側面は、もし「神-人」の役割に関するアンセルムスの構想を、その歴史的な場面に位置づけるためならば、言及されねばならない。

三　悪魔の権利

われわれは、アンセルムスがひっくり返した伝統的な見解の強みを、確認することから始めなければならない。

この理論は以下の通りである。アダムとエバは、神の命令の代りに悪魔の勧誘に従うことによって、彼ら自身と彼らの子孫を、神の保護を剥奪され、永久に悪魔に従属する者たちにしてしまった。彼らの罪は、宇宙の新たな社会契約を作り出した。悪魔が自分の支配権の範囲内に留まるならば、人類の始祖によって導き入れられた状態は、正当にも覆されえない。悪魔は、彼の支配権が及ぶ者たちの範囲内であれば、その者たちに主権を持っているのである。だが、彼が不当にも罪のないキリストにその支配権の行使を拡張するや否や、彼が人類に対して保持していた正当な主権は打ち砕かれた。このことが起きたとき、悪魔が不当にも死刑を宣告した者は、悪魔の支配権を受け継ぎ、自分がいかなる状態に服することを望んだにしても、彼は、人類が創造された目的へと人間を回復することができたのである。

この説明の強みは、それが人間社会において承認されうる正義の規範に従っており、そうすることによって、宇宙における正義への根源的な希求を満足したことにある。さらに、この説明が力説したことは、人間の中の贖われた者たちに対するキリストの人格的な権威、そして彼が贖うであろう人々のために法を言い渡す彼の権利である。加えて、それは宇宙的な規模での人間の堕落を認めたのである。結局、人間は神の最大の敵の手に堕ち、悪魔にその結果としての諸権利を容認することは、たとえ罪そのものにではなくとも、罪人にある種の尊厳を与えたのである。

さらに、人間に対する悪魔の権利が無効にされる手続きの正義は、宇宙の軍師としての神を現し示した。神は、宇宙的な規模で敵の裏をかいたのである。神の勝利をもたらす策略を熟慮することは、想像と同時に敬虔をも満足させた。粉砕された悪魔の帝国は、自然の災害や日常生活の不幸において、相かわらず誰の目にも明らかだったが、しかし、それらは聖人たちの勝利によって相殺された。そして、もしこの世界観が二元論の強い要素を含んでいたとしたら、それもまた、日常の生活体験を容易に神と悪魔との宇宙論的な戦いと結びつけることのできた時代の人々にとって、この世界観を魅力的なものにしたのである。これらの強みをもたらす諸源泉のいくつかは、厳密に論理的ないし宗教的というよりは、むしろ情緒的だが、しかし、それらは、闘争に威厳を与え、また損失を覚悟しなければ、放棄されえないものだった。

われわれがこの伝統的な光景を、アンセルムスが与えた説明と対照すると、たとえ彼の説明が論理的ないし宗教的な真剣さにおいて優っているとしても、古い説明がもつ想像力に訴えかける力は、人間の状態に関するアンセルムスの厳格な説明よりも、普通の人々にとっては、はるかに鮮明で、容易に近づきうるものだったことが分かる。率直に言うと、誰もが真価を認めることができたことは、以下の点である。すなわち、謀反者、反逆者に従うために、宇宙の主に対する従順を放棄したことに伴う裏切りは、永遠の罰に値するということ、そして、この罰は、拒絶された主の御子の英雄的な犠牲の結果、最も適切な仕方で免除されうるということである。ここには、英雄的な時代のさまざまな理想が極めて十全に示されている。けれども、もし、アンセルムスが提案したように、悪魔が人間に対してまったく権利を持っていなかったとしたら、ただちに新たな諸問題が生じるだろう。最も重要な点は、アベラルドゥスが強調したつぎの点である。すなわち、なぜ神は、善良な領主のように、悔い改めた者たちを、いかなる条件が適切と思われても、単純に赦すことができなかったのか。なぜその御子を冷酷な死に服せしめるような無慈悲な手段に訴えたのか。そして最後に、普通の人々が日常的に犯す罪に関して、どうしてこれほど厳しかったのだろうか。というのも、彼ら自身は、罪を赦すことを命じられているのに、彼らが愛の報酬として無償の赦しを受けることを不可能にしたからである。一つの問題を解決することによって、アンセルムスは、彼が解決した問題よりも、さらに根深い他の問題の扉を開いたように思われる。

理性と直観は一様に、大部分の人々にとって、人間の状態に関する古い見解の方を好ましいものに思わせた。なぜ彼らは、アンセルムスの見解に共感の響きを見いださなかったのか。簡単な答えは、全被造物に対する神の支配に関する彼の見解が、あまりにも非妥協的で、一元的であったため、僅かでも神の威厳を損なう見解を受け入れることができなかったということである。神に対向する正義の要求を悪魔、あるいは他の謀反者に許すことは、神の威厳を損なうことであり、それは受け入れられないことであった。謀反には、当然、罰しかなく、全人類を謀反に誘惑したことは、罰を増し加えただけである。それが一つの帝国を造り上げることなどはなかった。

アンセルムスが贖罪の過程から悪魔を排除したことは、あらゆる理性的な直観を満足させ、贖罪の業において神と人を直に向かい合わせたことは、人間に新たな尊厳を与え、それが後の世代の関心を引き起こすことになろう。けれども、アンセルムスが悪魔の権利を一掃したのは、「人間の諸権利」と置き換えるためではなかった。反対に、彼は、神に対する人間の服従をより完全に強化するために、悪魔を一掃したのである。アンセルムスにとって、人間の唯一の尊厳は、神の意志に服従することにある。そして、神との一致に導くことになるのは、この服従だけであり、それが熱心に追求された。したがって、われわれが最後に戻って行くのは、修道生活という選択であり、それはアンセルムスにとって、神のためにすべてをまったく放棄することを意味した。

このように彼の論証と相容れない人間的な反発と並んで、アンセルムスが宇宙的な舞台から悪魔の権利を除いたことも、かなり重大な論理的問題を引き起こした。贖罪の出来事の旧来の図式では、神、人間そして悪魔の三つどもえのドラマは、人間に関わる諸事において容易に理解しうる状況だった。人間は、謀反の行動によって、悪魔への奉仕の義務を負うことになり、そこから自分自身を解き放つことはできない。そこで、両者のどちらよりも強い解放者が、人間の解放に取り掛かり、それを果たすのである。これは、常識と経験が声をそろえて、その可能性を断言するような状況を再現している。だが、もし悪魔が排除され、またもし人間が神にのみ奉仕の義務を負い、しかもそれを彼は果たすことができないとするなら、贖罪の論理的な問題は、克服できないように思われる。支払い不可能な債務者しかおらず、したがって、債権者が支払いを受ける可能性がない場合、常識と論理が提案することは、債権者が支払いを永久に帳消しにしなければならないということである。彼は、罰することもできるし、免除することもできるが、しかし、支払いを受ける可能性はない。彼が支払いを受ける可能性を示そうとするいかなる試みも、ごまかしで非現実的であるという雰囲気が漂う。

アンセルムスが、自分の生み出した問題をどんなに上手く取り扱ったとしても、彼の試み全体には、この論理的なこじつけという疑いがつきまとう。アベラルドゥスがただちに見破ったのもこの点であり、彼と同時代の多数の人々と同様に、彼は——とった方向は異なるが——アンセルムスの論証を否定した。アンセルムスは、第三者を取引に引き入れ、その上、支払いの必要性と可能性をこれまでよりも厳格に主張したことによって、彼の問題をさらに厄介にさせていったことを、知っていたに違いない。彼は、神、悪魔そして人間の諸権利という納得のいく三つ組みを破壊し、神と人とを、両者の裂け目を橋渡しするいかなる仲介者もないままに、互いに向かい合わせてしまったのである。

同時に、アンセルムスの直接的な後継者たちの判断が、彼と対立したことも指摘されるだろう。彼の他の論証をこの上なく評価した者たちですらも——彼らは主に学校の人々ではなく修道士だった——悪魔の諸権利を放棄することには乗り気ではなかった。学校では、ランの学校によって周知となっていた論点を主張し続けることによって、アンセルムスの論証をまったく無視する傾向があった。悪魔の諸権利に関する伝統的な説明への反駁を、非常に熱烈に受け入れる思想をもっていた唯一の学派は、アベラルドゥスの学派だった。けれども、彼と彼の追随者たちは、この反駁から、アンセルムスの意図した結論と対立する結論を引き出した。すなわち、人間は神に支払いができず、神は悪魔に支払いをする必要もない以上、受肉の目的が、何らかの支払いを目的とすることはまったくありえない。唯一の可能性は、愛の行為ということになろう、という結論である。アベラルドゥスはつぎのように述べた。

われわれは、キリストの血によって義とされ、われわれに示されたこの無比の恩恵によって神と和解せしめられた。ここにおいて、神の御子は、われわれの本性を受け取り、そしてこの本性をまとって、言葉の模範と死に到るまで耐え忍ぶという行為の模範をわれわれに残した。こうすることによって、彼は、われわれを愛においてご自身に結びつけたので、——かくも偉大な、神の恩恵の賜物によって熱く燃え上がり——われわれは、ご自身のために万事を耐え忍ぶことを恐れることがなくなるだろう。(10)

この複雑な文(私はそれを簡略化した)は、一二世紀における新しい偉大な諸思想の中の一つを含んでいる。それが主張したのは、受肉の効力が、神ないし悪魔の正義の要求を満たすという点ではなく、愛の法を模範によって教えるという点にある、ということである。それは、人間の罪のために神に償いをするという思想全体を締め出し、受肉に関して、人間の神への愛を復興するための包容力という点を全面的に強調した。アベラルドゥスは、悪魔の権利の消滅によって生じた裂け目を、できる限り単純な仕方で埋めたのである。

たぶん、アベラルドゥスの思考の線は、アンセルムスが問題を新たに言い直した点に起源をもつのだろうが、アンセルムスが言い直した問題からアベラルドゥスが引き出した結論ほど、アンセルムス神学の全精神と異質なものはありえなかった。アンセルムスは、人間により広い場所を空けるために、あるいは神に対する人間の負債を軽減するために、悪魔を追い出したのではなかった。反対に、彼は、神の栄光を讃えるために、強烈に負債を誇大化した。もし、そうすることによって、彼が人間を貶めたとしても、この結末を彼が避けることはなかった。アベラルドゥスの見解は、今われわれが吟味しようとしているアンセルムスの思想における本質的な諸要素のすべてに対する抗議を意味している。

もしわれわれが、そこに読み込まれてきた軽蔑的な意味合いをすべて排除するなら、アンセルムスの問題解決が着想の点で修道院的で封建的であるという申し立てには、ある種の真理がある。それはまた、アベラルドゥスの問題解決が、一二世紀に発見された宗教的なヒューマニズムの新たな領域への道を開いているという主張にも、ある種の真理があるのと同様である。この新開地、つまり、自然本性的な徳がしだいに卓越した場を占めるようになる土地は、宮廷愛の領域とカルトゥジア会の観想の領域の中間に位置し、互いに人生に関する一種の自発的な喜びを共有している。自発的な喜びに関しては、アンセルムスの神学において、それが占める余地はまったくない。彼にとって、喜びは、瞑想と宗教的な友愛の修練の中にのみ生じうるものだったからである。

以上のことを念頭においた上で、われわれは、アンセルムスの問題に戻り、彼の応答の性質をさらに見ることにしなければならない。

四　人間のみが神と共にいること

悪魔を絵画から除くことによって、アンセルムスは、旧来の世界観に広く散在したさまざまな緊張を、神と人間との単純な関係に集約した。それゆえ、神が人間の罪を無償で赦すことを妨げるものは、何もないように思われるかもしれない。悪魔が人間に対する正当な支配権を主張できない以上、もはや赦しは、配分的な正義を侮辱したことにはならない。そこでわれわれは、つぎの質問から始めなければならない。なぜ神は、いかなる適切な条件の下であっても、贖い主の死を必要とせずに、人間に赦しを差し伸べてはならないのか。

第一に、もちろん、キリストは、すでに事実上、人間を贖うために苦しみを被ったという障害があった。もし罪が無償で赦されたのなら、ユダヤ教の批判、すなわち、キリスト教は、人間の生と死という苦痛と不名誉に神を不必要にさらしたという批判に対して、伝統的な教えとはまったく異なった仕方で、(もし、答えることができるならば)答えねばならないだろう。これが、アンセルムスの論考が第一に向けられた問題だった。キリストにおいて神に差し出された、はなはだしい不名誉が正当化されうるのは、それらが神の意志のもとにある宇宙の矯正のために必要であったとしたら、という場合だけである。

しかし、もし——歴史的な事実を脇に置き——なぜ神は人間の罪を無償で赦してはならないのかという第一の問いに迫られるなら、アンセルムスは二つの答えを用意している。第一に、無償の赦しは、不従順な意志を従順な意志と同列に置くことになろう。それどころか(これが特徴的な点だが)、それは、不従順な意志を従順な意志よりも一層神に似たものとすることになろう。というのも、不従順の本質は(この点に関して神のように)、いかなる法にも服従しないということだからである。もし不従順な意志が祝福されようものなら、罪人は、サタンがエバに約束したように、真に神に似たものとなるだろう。第二に、このような赦しは、罪によって引き起こされたこの宇宙の秩序と美の混乱を正すことは一切ないだろう。反対に、無秩序を大目に見ることにより、それは結果として、神の王国において無政府状態が絶えず拡大していくことになり、宇宙の美を破壊することになろう。

「美」はアンセルムスの神学的な語彙においては新しい語であり、『神はなぜ人間となったか』において、初めて顕著になる。この語を使用することによって、彼が言及するのは、詩的ないし絵画的な美ではなく、完璧に秩序づけられた宇宙の美である。(11) 完全な権能と正義を有する神の王国においては、極わずかな無秩序でも修正されなければ、全体が損なわれる。それは、神の業における正義の欠如――神の真の本性を示すことができないという意味で――ないし神の業における権能の欠如のいずれかを示すからである。これらの欠陥は、いずれも神的な本性に対立する。完全な権能、完全な正義、完全な秩序、完全な美、これらの特質の最高度の結合が、神的な本性を反映する宇宙の完全性を確立するのである。アンセルムスがこの結合の不可侵性を徹底的に強調する点は、『神はなぜ人間となったか』の最も注目すべき特徴の一つである。それは、なぜ神がたんなる憐れみの行為によって無償で罪を赦すことが（アンセルムス的な意味で）「できないのか」を説明する。それは、宇宙の美を破壊することになろう。そして、そうすることで、創造者としての神、被造物としての人間、さらに全被造物を格下げすることになろう。

しかし、常識はなおも強く主張するだろう。人間は赦しに値する何ものも差し出すことができないのだから、赦しは神の憐れみからのみ生じうる、と。もし憐れみが正義にまさることができないのなら、人間が贖われることはありえず、それで終わりである。なぜそれではいけないのか。憐れみの特質は、正義であることを必要としない。もちろん、この鋭い対照を拭い去り、正義を緩和し、憐れみを合理的にし、この二つがほとんど区別できなくなるまでにするような、さまざまな定式が見いだされうるだろう。ある意味では、これがアンセルムスの行なっていることである。しかし、これには二つの道がある。第一は、曖昧に言い抜けることである。第二は、相反する見かけの背後に、それらを支配する統一的な法を発見することである。実践的であれ理論的であれ、あらゆる場合に、常にこれら二つのうちで第二の道を採るのがアンセルムスの方法であり、それはときに、実践的にも理論的にも驚くべき結果を伴った。彼が、他の場合と同様に、この目的、この問題においてどれほどの成功を収めたかは、相当困難な問題を提起するが、私としては、彼がどのような状況、手段、動機でこれを試みたかを示すだけで精一杯である。

われわれは、『プロスロギオン』の一節から始めることができよう。ここで彼は、正義と憐れみのあいだに橋を架けようとした。

確かに、あなたは、最高の善であるがゆえに憐れみ深く、また最高の正義だからこそ最高の善であるとするならば、最高の正義であるがゆえに、憐れみ深いということになります。正義であり、憐れみ深い神よ、私を助けて下さい。私はあなたの光を探し求めます。私が語ること、「あなたは、正義であるがゆえに、憐れみ深い」ということを、私が理解するように、私を助けて下さい。(12)

『神はなぜ人間となったか』の主要な問題の解決が引き出されるのは、この立場からである。『プロスロギオン』において、彼は、正義と憐れみが同一の行為の異なる二つの側面であることを主張した。『神はなぜ人間となったか』において、彼が試みたのは、このありそうにない結論を納得させる証明と例証を提供することであった。彼はそれを以下のように実行した。

宇宙の理性的な秩序は、罪深い人間が永遠に呪われることを要求する。これが正義の道である。しかし宇宙の理性的な秩序は、人間が永遠に祝福されることも要求する。それが宇宙の創られた目的だからである。これが憐れみの道である。しかし、それは真理の道でもある。人間がこの祝福を獲得することによってのみ、創造における神の言葉が損なわれることはないだろうし、また宇宙が創造された目的も達成されよう。神の言葉が撤回されることはありえないだろう。神は、創造の六日間の日ごとに、すべてを善しと見て、そのように語った。神は、人間の祝福という目的を定めた。そしてこの目的は達成されねばならないのである。

したがって、創造された秩序の内部には、二本のもつれ合ったより糸がある。正義と憐れみであり、両者は、創造における神の理性的な計画に由来する。神は、憐れみ深いことによって、正義でもあるが、それは、各人に与えられるべき報いを各人に与えるという意味での正義ではない。神は人に対していかなる義務を負わないからである。そうではなく、神の最高の善性を示す完全な正しさ（rectitudo）を達成するという意味での正義である。さらに、人間に約束された目的である祝福は、論理的には、人間の断罪に先行する。断罪は罪の結果だからである。この意味で、憐れみは配分的な正義に先行し、また勝っていなければならない。目的との関係で、それは正義そのものだからである。

けれども、ここでアンセルムスは、明らかに、のっぴきならない結論に達する。それは、少し前に彼が直面した結論と反対の結論である。罪が赦されるべきであるということが不可能であることから、いまや、罪は赦されるべきではないということが不可能であることが明らかになる。創造者の元来の意図は、他にどのようにして達成されうるのか。われわれは、無償の赦し、それもある人々のためではなく、万人のためのそれへと戻らざるをえなくなるように思われる。さらに、これを妨げるものもないように思われる。キリストによってなされた奉献は、過去、現在、未来にわたる、この世界のすべての罪にまさるのだから、万人のための普遍的な赦しに対しては、いかなる論理的な異議もない。それなら、なぜ、神‐人によって獲得された赦しは、すべての人間に広げられるべきではないのか。

ここでアンセルムスはかなり困惑した。神の計画は、人間が救われるべきことを要求した。これは、「種としての人間」(the species Man) か「すべての人々」(all men) のいずれかを意味することになろう。最初の意味にとると、神の計画は、人類の中のただ一人の代表が救われることによって満たされることになろう。第二の意味にとると、ただ一個人の断罪も創造者の意図を挫折させることになろう。これら二つの可能な意味のうち、アンセルムスが論理的に傾くと思われるのは、第一の意味だけであり、そしてこのことは、種をその個々の構成要素よりも実在的と考える彼の一般的な傾向と一致するだろう。しかし、あの一人の人間の救いは、おそらく彼の体系の論理的な諸要求を満足するかもしれないけれども、それが神の憐れみの要求を満足することはまずありえなかった。とりわけ、救い主の奉献による恩恵が、彼の選んだすべての人々に及ぼされることに対しては、論理的な異議を差し挟む余地がないからである。

論理はこれから先に進むことができず、そして論理が欠如するために、アンセルムスは封建的なイメージに依拠する。彼は、贖罪の業を、臣民のうちの一人を除く全員が死に値する罪を犯してしまった場合の王の処置と関連づける。しかし、この一人の無実な人が、自己自身の救いを得ることに加え、他の臣民のために、彼ら全員が犯した違反の全体にまさる奉仕を行なうことを申し出た。王はこの奉仕を受け入れ、赦免を望む人々すべてに、赦しを広げることに同意した。ただし、その場合の条件は、この比類のない奉仕が遂行される日に宮廷に参上するということだった。もしくは、当日来ることのできなかった場合には、主君の裁量で別の日ということになった。唯一の絶対的な要求は、主君の定める条件に従って、自発的に宮廷に参上するということだった。(13)

このイメージで注目すべきことは、アンセルムスが王の提示する参上の条件を、論理的に説明しようとしていないことである。反逆の罪を犯した共同体、あるいはそうした人々によってなされる、忠誠の宣誓と義務を更新するこうした行為は、彼の生きる世界にとって周知の一部だった。それらは、厳密には論理的な正当化と相容れないが、しかし、彼はこうした慣習的な行為を受け入れ、それらをここで利用することによって、彼の論理の溝、つまり、救いを一人に限定してしまうか、万人に拡張してしまうことになる溝に橋を架けたのである。

この封建的な例証を援用することによって、アンセルムスは、ただ一人の救いか普遍的な救いかという二者択一の選択肢を逃れ、ささやかだが明確に限定された奉仕を遂行した者たちに提供された救いという点に、逃げ場を見いだした。これの二つの極端を避けたことによって、救いへの扉は、可能性としてはかなり広く開いた。アンセルムスは、扉が少ししか開いていないと信じる根拠を聖書に見いだしていた。「招かれる人は多いが、選ばれる人は少ない」（マタ二二・一四）というテクストは、彼がかなり頻繁に訴えたテクストの一つだった。したがって、アンセルムスが修道生活に関する訓戒を記した初期の書簡の一通で述べたように、「貴君は、ほんのわずかな者たちの一人となるまでは、安心することはできない」のである。彼のこのメッセージは、最後まで変わることはなかった。(14)

アンセルムス自身は、安易な条件はいかなるものであっても除外されたと考えていた。にもかかわらず、彼の論証は、宗教の歴史における新たな段階、そして信仰者たちにとってより安らかな未来への扉を開いた。闘う贖い主という旧い見解から予想されることは、少数の者しか救われないという厳しく限定された展望だった。サタンの裏をかいた好戦的で計略に富んだ神が、憐れみというより穏やかな道にたやすく心を傾けることはありえなかった。初期中世の教会の贖罪規定書において、現行罪は、膨大な悔悛と有り余る施しによってのみ贖われえた。これは、アンセルムスが生きた時代でもなお見いだされる。人々がその罪のために支払おうと懸命になる償いは莫大であり、大部分の人々にとって、それらを満たすことができる希望はまったくなかった。アンセルムス自身の修道観において、彼は、この厳格で妥協を許さぬ態度を保持した。わずかな者しか救われないだろう、と彼は繰り返す。そしてその多くは修道士であろう、と彼はほのめかす。修道士だけが、自分自身を完全に神の意志に委ねたからである。

だが、彼の見解の厳格さにもかかわらず、広範囲に及ぶ贖罪への新たな可能性は、消えようとはしなかった。「人間と天使のすべての罪」[15]の赦しを獲得することのできる、そのような奉献がなされたのである。それなら誰が断罪されるべきか。堕落した天使に関して、アンセルムスの態度は、まったく明確である。たとえ彼らの贖罪のために十分な代価が支払われたとしても、彼らの贖罪は「動かしがたい根拠によって」禁じられているのである。しかし、この異議は人間には妥当しない。実際、ボソーが「神は、この御名（キリスト）のもとで、ご自分のところに来る誰をも拒むことはない、と私には思われます」[16]と論証全体に対する反発を表明したとき、アンセルムスはこの見解を否認しなかった。彼は、これについて言うべきことがなかった。それゆえ、自分は同じことを繰り返すことができないという雰囲気で、対話を終わらせた。

出発点でアンセルムスは、彼の主要な論証の基礎をボソーに据えさせたが、それとまったく同じように、終着点でも彼に最後の覚え書きを許したことは、非常に驚くべき事実である。彼は、ボソーの希望を承認はしなかった。しかし、放置することで、それがより希望に満ちた新しい時代の接近のきざしとなることを許したのである。

五　自由、従順、そして罰

『神はなぜ人間となったか』は、後期中世のより温和で、緩和された宗教的な態度への道を開いたが、アンセルムスはそれを分かち合おうとはしなかった。彼の論証が提示した抜け穴にもかかわらず、この著作の道徳的な強制力は、罪に対する彼の徹底的な憎悪に由来し、それが細部にまで及んでいる。彼は、人間のくびきを軽減するために、悪魔の権利を拒絶したのではなく、人間に自己表現のより広い視野を与えるために、そうしたのでもない。人間の創造的な才能に訴え、人間の認識ないし経験の発展に神の目的の成就を見る包括的な思想を、アンセルムスはまったく必要としなかった。アベラルドゥスは、これらの点に関して、しばしば考えられているほどに手加減を加えるわけではないけれども、アンセルムスと比べると、新しい時代の人間である。彼も修道士であり――その世評にもかかわらず――真面目な修道士だったけれども、この世がアベラルドゥスの生まれつきの環境だった。他方、アンセルムスは、たとえこの世にあっても、断固として修道院的だった。

修道生活の根本は従順であり、アンセルムスは、報告された彼の談話が明確にするとおり、情熱的な激しさで従順を受け入れた。この従順は、『戒律』の言葉によると、「恐る恐るでも、怠惰でも、無気力でもなく、つぶやいてはならず、中途半端であってはならない」。アンセルムスは、彼の書簡においてこれを詳しく説明した[17]。一言で言うならば、彼の修道生活への献身は、全身全霊をかけたものだった。全身全霊をかけた献身こそが、人間と神とのあいだで唯一受け入れられる関係である、と信じていたからである。アンセルムスの思想において、これは、彼の神学と同様、彼の実際の生活を理解する場合に、根本的な側面である。いずれにおいても、それは困難をもたらした。アンセルムスは、実際上の困難よりも神学的な困難を解決することにより成功をおさめた。だが、成功しようとしまいと、彼の出発点は、神に服従することへの情熱的な衝動であり、ベネディクトゥスの『戒律』は、この従順の本質を申し分なく言い表していた。人間の生活における従順の位置は、まず、修道生活に関する彼の初期の書簡において確定され、『神はなぜ人間となったか』における彼の体系的な神学で完成され、そしてカンタベリー大司教としての彼の公的な生活において検証された。これについては、まもなく扱わねばならない。

彼の論証の厳密性が情熱的な体験の表現としても見なされないならば、『神はなぜ人間となったか』の大部分は、やや冷淡に思われる。アンセルムスの場合いつもそうだが、強烈に情動的な主張は、この上なく厳密な論理と不可分であり、それは以下の短い抜粋が例証するだろう。

アンセルムス　では、君が述べたこと全部、つまり、悔悛、謙遜で悔恨した心、節制と肉体的な労働、与え、許すことによる憐れみ、そして従順を、罪のために君が支払ったと仮定しよう。すると、これらがすべて、ごく小さな罪、たとえば、神の意志に反して何かを一瞥するような罪に対して、充分な償いとなりうるかどうかを問うてみよう。

ボソー　もしあなたからこのことを聞かなかったら、私は、このような罪を拭うのに、たんなる悔悛で充分だと考えたでしょう。

アンセルムス　だから君は、罪の巨大さにまだ気づいていなかったのだ。……これ以上問題を長引かせたくはないが、君の目が神の意志に反した動きをするぐらいなら、全世界そして神以外のすべてが消滅し、無に帰せられることのほうが、まだましではなかろうか。

確かに、この一節は、ニューマン枢機卿が同じ思想を表明した、より有名な一節にインスピレーションを与えたに違いない。二つの文章を比較すると、それが明らかになる。つぎのようにニューマンは述べる。

一つの魂が失われることなどと言うまい、そうではなく、その魂が、たった一つの小罪を犯すこと、たとえば、誰を傷つけるわけでなくとも、故意に嘘をつくこと、許可なくわずか一ファージング（四分の一ペニー）でも盗むことよりも、太陽と月が天から墜落し、大地が失せ、その上に住む多数の人々が、この世の苦悩が続く限り、この上ない苦悶で餓死するほうがましだろう。(18)

悲劇的な感情は、両者の文面において同じである。しかし、ニューマンの言葉には修辞学的な誇張があり、（もしそう言ってよければ）不条理ですらあるが、それは、決してアンセルムスには見いだされない。二つの文章の対照は、アンセルムスの看過されやすい性格を闡明にする。たとえ彼の言明がどれほど極端であろうと、彼は、決して自分が言おうとすること以上のことは語らず、また彼の論証が要求する以上のことは言おうとしない。彼の論証にとって本質なことは、ごくわずかな罪――神の意志に反する一瞥――でも、神を除いたこの宇宙の積極的な価値よりも、（否定的な意味で）大きいということである。これが彼の論証にとって必然的な論理的基礎であり、その論証とは、不従順のいかなる動きも、たとえささいなことであれ、神の創造の完全な秩序を乱し、この宇宙内部のいかなるものも、それを修正できないということである。この修正は、十字架の上でキリストによってなされた奉献によってのみ可能であり、それはこの世界の罪の総体よりも重みをもっているのである。このように彼が熟慮できたのは、その奉献が、たとえ驚愕させることであろうと、神の無償の賜物に由来したからである。しかし、神が宇宙に対する目的を放棄すること、また人間の罪のゆえに宇宙が崩壊することを、彼が思い描いたということはありえなかった。人類には罪を贖うべき手立てが何もないが、神の目的はあまねく行き渡るだろう。彼の論証全体は、この根本的な理解の展開であった。

彼が宇宙の根本的な規律として従順を要求することに対して、自由のより高度な権利を損なうという異議が提出されよう。この異議に対するアンセルムスの回答は、正義と憐れみの問題に関する彼の解決と同様である。すなわち、従順と自由とは同一の状態の異なる側面なのである。われわれはすでに、この定義の背景と帰結を吟味した。[19] 自由とは善悪を選択する力ではなく、神の意志に反することは断固として望まないという力であり、それは、被造的な存在の限界を愛によって受容することに由来する。これが、いや、これのみが理性的な存在の自由である。彼は、自由の本質的な要素が無条件の選択の力であるという常識的な見解を、全面的に拒絶する。彼独自の定義に到達することによって、彼は、常識と経験による自由からはるかに隔たった、この世のものではないような、聖化された意志の自由に移行する。善悪を選択する自由は、アンセルムスの体系においては隷属状態である。罪を犯すことができないことが完全な自由であり、それはこの世の生において追求され、天国においてのみ獲得されるのである。

いつも通り、アンセルムスは、この結論を二通りに表現する。定義と譬えである。従順については、「純一で真の従順は、理性的な本性が自由にそして必然性によらず、神から受け取った意志を保持することと」と定義される。自由については「意志の自由とは、意志の正しさをそれ自体のために保持する力である」と定義される。

そこで、最初の定義における「神から受け取った意志」が、第二の定義における「意志の正しさ」と区別できない以上、結果として、真の従順とは自由と区別できなくなる。さらに、正義とは「正しさそれ自体のために保持される意志の正しさ」であり、自由とはこの正しさを保持する力である以上、自由とは正しく行為する力であり、従順とはこの力の自由な行使であることが帰結する。それゆえ、従順とは、正義の保持における自由の実践的な行使なのである[20]。

アンセルムスは、彼の講話の常套手段として、同じ教説を譬えで表現する。

> 一人の女が、数人の娘と彼女の配下の召使たちを所有している。この女主人は、彼らにただ一つの包括的な命令を与える。彼らは家を離れてはならないのである。娘たち〔自由人〕は、つべこべ言わないで従った。召使たち〔自由のない者たち〕は、規則から逃れようと口実を探したが無駄だった。邪悪な意志から色々な理由をもうけるが、外出の許可は拒絶された。だが、彼らには、不従順の力も等しく欠如していたのである[21]。

これは修道生活において頻繁に遭遇する状況であり、アンセルムスはしばしばこの主題に戻った。すなわち、自由を求める者は自由のない者であり、進んで服従する者が自由であるという状況である。いかなる身分の者も自分に課せられた限界を逃れることはできなかった。しかし、自由な者たちは、自分たちの限界を喜んで受け入れ、自由のない者は憤慨しながら服従したのである。どちらの身分の者たちも外的な条件は同じだったが、家に留まることを熱望した者たちだけが自由であった。このことから、修道院は、堅忍の意志を変節することなく保持した者たちにとって、真の自由の家であった。

それゆえ、アンセルムスが試みたことは、自由と従順の両方の要求を満たすこと、そして神の意志からいささかでも逸脱することがどれほど憎むべきであるかを、示すことだった。それがいかに憎むべきことであるかを、アンセルムスは論証と譬えにおいて示したが、このことは、神によって、罰という行為において永遠に表明されている。アンセルムスの論証において、神が不従順な意志を従順な意志と同じように取り扱うことは「ありえない」。そうすることは、正義より不正を上位におくことであり、宇宙の秩序と美を破壊することになるからである。この秩序と美は、実際、罪によって乱されてきた。しかし、最終的に破壊されたのではない。壊された調和を回復することが、受肉と十字架の役割だった。アンセルムスによるこれらの事柄の図式では、全被造物の価値より偉大な代価が支払われることによって、その回復がどのように達成されたかは明白である。けれども、いったん代価が支払われた以上、いかなる役割が罰に残されたのかを知ることは、はるかに厄介である。

ボソーはこの難点を指摘し、アンセルムスも一章を割いてこれに応えようとするが、おそらく、それは彼の著作の他のどの部分よりも、彼の名声を傷つけてしまうものであった。すなわち、他ならぬここで、神は、自分の栄誉に関して周到で、奉仕に代えて罰を下す暴君なのである。彼の批判者のなかには、この神が『神はなぜ人間となったか』の神の正体だと考えた者もいた。これは、アンセルムスの著作の一般的な傾向とほとんど一致しないけれども、この点に誤解の余地があることは認められねばならない。アンセルムスが、たとえ贖罪の後であっても、不従順な者には至福を得る権利が認められえないだろう、ということを論証するだけで満足していたならば、批判の口は封じられただろう。けれども、これだけでは、宇宙の精巧な調和への彼の要求を満たさなかった。罪人を排除するだけでは十分ではない。また、至福にいる魂の完全な数を満たすために、それを他の魂によって置き換えることでも——万物の数的な調和というアンセルムスの感覚にとってなじみやすい考えだが——十分ではなかった。なお全体の輝きから消し去られるべき影が残っていた。この影は薄くはなっているものの、それと見分けられるものである。アンセルムスは、神の栄誉の保持が神の正義の本質的な機能であることを説明した。彼は、それが罪によって減損されえないことを付け加えた。にもかかわらず、それが罪人の試みたことである以上、彼の試みは、拭い去られるべき影を残してしまったのである。アンセルムスはこの影を、対立の一致と呼んでもよいような方法、つまり、彼の経歴のこの段階では異例のことだが、初期には好んで用いた表現方式である言葉の対照法にもう一度戻ることによって、消し去る。罪人は彼が当然なすべき自発的な服従を拒否した。神は不本意な罪人に服従を強制する。罪人は神のものを奪った。これに対して、神は、人間のもの、つまり、彼の至福を奪う。神は、人間から奪ったものを自分のために役立てるのではなく、それを奪うという事実が、奪ったものが神のものであって、人間のものではない、ということを示すのである。そしてこの事実を、神はその栄誉のために役立てるのである。[22]

私も、この最後の言葉には承服しがたいという印象を、完全に拭い去ることができるとは思わないが、だが、つぎの二点を考慮すると、いくらかその印象を和らげることはできる。第一に、われわれは、この論証の背後にある動機を公平に評価しなければならない。アンセルムスの関心は、報復という卑劣なゲームにあるのではなく、人間の現在の罪深い状態を神の栄光の不滅性と和解させる仕事、そして神と被造的な宇宙との完全な関係にある。この完全性がアンセルムスの唯一の関心である。正当な権威に歯向かう反逆者に対する赦免や温情という人間的な観点は、まったく彼には興味がなかった。第二は、彼が「栄誉」と言う場合、それは、この言葉の現代の用法とは意味が異なるということである。彼が語ったのは、人が彼自身に対して下す良い評価、そして他の人々に対する良い評価に結びつけられる個人的な事柄ではなく、組織の安定性を保証する組織内部の秩序である。このことを理解するために、われわれは、しばしば中傷されてきた、彼の思想のある特徴に戻らなければならない。それは彼の封建的なイメージである。

六　封建的なイメージと宇宙的な秩序

アンセルムスの封建的なイメージは、一見したところ、彼の思想を現代の読者に納得させるもののようには思われず、実際、憤慨と嘲笑の格好の標的を提供してしまった。しかし、この攻撃の線を辿る前に、われわれが何を批判しているのかを明確にしなければならない。それには二つの問題がある。第一に、アンセルムスの思想において封建的なイメージがどれほど重要か、ということである。そして第二は、もしそれが重要なら、それは何を意味するのか、ということである。

最初の問いだが、マッキンタイアー教授は、『神はなぜ人間となったか』の論証がどうしようもなく封建的であるという批判に対して、有効な答を与えた(23)。つまり、アンセルムスの思想における重要な点はすべて、封建的なイメージの痕跡をすべて除去しても、またゲルマン法の要素に汚染されていたとしても、なお活き続けることができる、ということである。『神はなぜ人間となったか』がもつ力は、その封建的なイメージではなく、宗教的な洞察と論理的な力の結合に由来するのである。これはまったく正しいし、神学者にとっては、封建制に触れているという不評からこの論証を救い出すのに十分である。それだけでこの論証をおとしめると考えられることが、これまでにもままあったからである。しかし、歴史学者にとっては、この答えは満足のゆくものではない。たとえこの論証が封建的なイメージ抜きで述べられうるとしても、それにもかかわらず、神と宇宙に関するアンセルムスの思想が、彼に周知の社会的な取り決めによって彩られていたことも真実である。もし同時代のイメージが払拭されれば、形式的な論証は生き残ることはできるが、しかしその色合いはまったく異なる。それと同様に、修道院的な熱意が無視されるなら、それはまったく異なったものになるのである。

『神はなぜ人間となったか』は、大きな変革の前夜における封建的、修道院的な世界の産物だった。それは、その独創性のすべて、また視野のもつ個人的な激しさとともに、この厳格な——もし非難せずにこの語が使用されうるのなら——抑圧的な社会組織の痕跡を帯びている。アンセルムスが神と人との関係について好んだイメージは、封建領主と封臣のそれであった。領主に従属する者たちの身分は異なる。騎士もいれば、自由人もいるし、農奴もいる。けれども、彼らが位階制のどの位置を占めるにしても、常に強調されることは、彼らが領主の意志に服属することである。すでに見たように、アンセルムスは、人がこの位階制のどこに厳密に属するかはさして重要ではない、と考えていた。農奴であれ自由人であれ、誰もがより高位の権威、特に頂点に立つ者たちに服属していたのである。(24)

これが人間の状態である。歴史の開闢時に、しかるべき奉仕が放棄されたという重大な出来事は、アダムのすべての後継者に遺産の喪失を運命づけてしまった。多大な犠牲を払って、主はこの不履行の埋め合わせをした。彼は、本来の奉仕を弁財しただけでなく、将来の不足額が払われることも可能にした。しかし、一見したところ諸条件は単純だが、それらを実行することは極めて困難であるため、実際には、ごく少数の者しかそれらを満足することはないだろう。

諸条件が要求することは、信仰、服従と悔い改めという単純なことで、それ以上は求められなかった。困難なことは、おもに、肉が法に、さらに法が神に、厳格に服従することを必要とするという点にあった。この服従のための備えのある者はほとんどいない。それゆえ、救済の天秤皿にあらゆる資財を投じても、救われる者はほとんどいないだろう。他の人々に対して修道士が優位に立つのは、彼らがより完璧な服従を実践する点にあった。俗人は、結局のところ、何かを保留してしまったのである。たとえ、その「何か」が、全面的な服従をはっきりと約束することだけだったとしても。

アンセルムスの談話の報告から知りうる印象的な比喩の一つにおいて、この相違が、それぞれ高価な果樹を所有する二人の領臣の物語によって明らかにされている。彼らのうちの一人は、果樹の実りを毎年その主人に捧げていた。他方は、収穫のすべてを一度に、永久に主人に捧げた。最初の例は、俗人の最善を尽くした不完全な献納を、第二の例は、修道士の自己放棄を表わしていた(25)。

アンセルムスは、同じ考えを別の比喩で表明したが、そこで彼は、さまざまな生活状態を、一一世紀の封建的な情景を鮮明に想起させる一地方になぞらえた。中心には城塞があり、城塞の中には天守閣がある。城塞の周りには町があり、その外には土地が広がっている。この広がった土地に居住するのがユダヤ人と不信仰者である。外敵は難なく彼らを攻め滅ぼす。信仰深い俗人は町の住民である。外敵がこれを襲撃するのはかなりの難事であるし、もし避難すれば、彼らは安泰であろう。修道士は、城塞の内側にいる。彼らは、慌てふためくが、城内に留まり、姿を隠している限りは安全である。親戚縁者が殺され、傷を負わされていると聞いても、敵の矢を恐れて、窓からのぞくことすらしてはならない。たとえば、すでに見たように、彼らは、自分たちの親戚がもつ俗世の利権を維持するために修道院を離れることがあってはならず、また修道院の境ないしその内部においては、誰も十字軍の訴えに耳を貸してはならないのである。壁の内側に居れば、彼らは安全であり、それゆえ自由だが、しかし、まだそれは譲渡のできない、失われることのありえない自由によるものではない。それは、城塞内の天守閣にいる選ばれた者たちのために保持されているのである。この者たちとは、危険も恐慌も免れている天上の天使たちである。(26)

これらは、彼が語った言葉の中では、再三再四触れられたテーマであった。それらは、彼の著作の中にはほとんど登場しないが、しかし、彼の壮大な構想の実践的な適用を含んでおり、彼の弟子たちによって報告されたものである。たとえ保存された形式は不完全であっても、それらの説得力は失われていない。今日の多くの人々が彼の思想のこの側面に魅力を感じることはありそうにないし、われわれが他のことは一切知らなかったとしても、かくも勤勉に領主に服従するように統制された領臣の住む秩序ある世界という理想的な画像には、何か近寄り難いものがあろう。けれども、これらの比喩が意図したのは、ある一点を明確にすることであって、理想的な社会を素描することではなかった。それらの文脈において伝達される唯一のメッセージは、気楽な満足や慰安に対する彼の厳格で、誇り高い、妥協を許さない拒絶、そして人間のもろさを大目に見ることに対する拒否である。アンセルムスが人間の情景を単調な色彩で描いているとしても、それは、彼が色彩を憎むからではなく、真の栄光に比べるとすべての色彩はくすんでしまうからである。彼の要求する、領主の意志への服従は、こびへつらいによる服従ではない。それは、理性と正しさへの服従であり、神との完全な友愛そして神の意志とあたかも一体であるかのごとき意志をもつ、すべての人々との完全な友愛への入り口を提供したのである。

この超自然的なレベルでは、抑圧と思われるのも一時的でしかない。情欲の誘惑が克服されると、抑圧が自由と見なされるようになるだろう。もちろん、これは、封建社会の抑圧に関しては妥当しない。実際上、アンセルムスは、それが彼の知っていた唯一の社会的な秩序であるがゆえに、彼の時代の圧迫的な社会の枠組みを受け入れていた。領主たちが往々にして残忍、放埓、暴力的であることを彼は熟知していた。しかし、彼らは秩序を代表していた。彼の著作に社会的な批判を期待しても無駄だろう。われわれは、神が服従しない農奴を懲らしめる領主の身なりで登場することを嘆くことになろう。だが、これがアンセルムスの利用できる唯一適切なイメージだった。その種々の制約にもかかわらず、それは、人間から神になされるべき奉仕に関する彼の中心的な着想に、絵画的な鮮明さを与えた。それは、人間が履行しなかった奉仕であり、神が領臣のために自らそれを果たすことによってのみ、埋め合わせがなされうる奉仕であった。

天使、修道士そして俗人の相互的な位置に関する、彼の封建的な例証の一つにおいて、彼は、神を三種類の領臣をもつ王と関連づけた。これらの領臣とは、一定の奉仕の見返りとして封土を保有する者たち、彼らの両親の過失のゆえに没収され、失われた相続財産を再度手に入れる希望を抱いて奉仕する者たち、恒久的な使用人となる希望もなく賃金のために奉仕している者たちである。第一は、天使たちの階級で、彼らは、しかるべき奉仕と報酬のための確固とした地位に永遠につけられている。第二の階級は修道士であり、彼らは、永久の相続財産を獲得する希望を抱いて艱難と責苦を耐え忍び、もし彼らが堅忍するならば、最終的な報酬が確約されている。最後の階級は、世俗の人から成り、彼らは、未来への希望もなく、ただ現在のためにのみ奉仕するのである。(27)この例証は、一〇九七年の一〇月にカンタベリーの修道士に語られた。それは、アンセルムスの生涯にとって重要な契機だった。彼は、第一回目の国外追放のためにイングランドを離れようとしており、おそらく、彼は、帰国の期待をほとんど抱いていなかっただろうし、確かにそれを望んでもいなかった。この出来事によって、多くの新しい影響にさらされ、初めて、ヨーロッパ情勢の諸潮流にどっぷりと浸された彼は、二度と安閑としていられなくなるだろう。『神はなぜ人間となったか』の執筆がほぼ終了しており、彼の神学的な体系は完成していた。彼が修道士に語ったことは、自分を最も動かした事柄、すなわち、人間が神になすべき奉仕と、この奉仕の絆を断ち切った人々の根本的な絶望状態についてだったのである。このような人々は法の外にいる。罰をこうむる覚悟している人々のために、受肉は、原初の契約の諸制約を拡張し、彼らを神の面前に連れて来た。それは、想像を絶した輝きの拡張だったが、アンセルムスが強調しようとしたのは、それに付随した奉仕の厳格な諸条件であった。

封建的そして修道院的な例証は、このときも、そして彼が修道院共同体に語る他の機会にも使われ、十分に報告された。当然、彼の公にされた諸論考においては、それらが語られる余地はほとんどなかったが、しかし、報告された例証に照らすことによって、ようやく、われわれは、『神はなぜ人間となったか』で重要な位置を占める（すでに見たとおり）、神の栄誉という概念を吟味することができるのである。この著作では、報告された彼の言葉にも見られるように、神の栄誉を侵害しようとする試みが不従順という本質的な罪を成立させる。「神に帰せられるべき栄誉を神に返さない者は、神から神のものを奪っており、神の栄誉を損なっている（exhonorat）。そしてこれが罪である[28]」。帰せられるべき栄誉は、周知の世俗的な「契約的な奉仕」（servitium debitum）と同等視される。それは、支払われ、撤回され、回復されうる。神から奪われた栄誉の償いとして、「栄誉毀損によって引き起こされた厄介な問題に応じた」（secundum exhonorationis factam molestiam）付加的な償いも伴い、人間による償罪が求められる。至高の正義は神の栄誉を保持することを求める。キリストは、彼の命を神の栄誉のために（ad honorem Dei）差し出す。そして神は、その栄誉のために（ad honorem suum）[29]罪人に対する罰を行使する。これ以上に封建的な言語はありえないだろうし、それが表現しようとする思想は、この言語が厳密に同時代の意味で理解される場合にのみ、理解することができる。神の「栄誉」を、オルレアンのテオドゥルフ（七五〇／六〇頃―八二一年）のよく知られた棕櫚の主日の典礼歌 Gloria, laus et honor tibi sit, rex Christe redemptor（栄光、讃美そして栄誉は、贖い主、王なるキリスト、あなたにありますように）におけるように、崇敬という一般的な意味でのみ理解しても十分ではないだろう。

アンセルムスの言語が理解されるとしたら、この一般的な意味での「栄誉」以上の何かが求められる。彼の栄誉の概念がもつ堅固さ、その精密な濃淡と同義語、そして彼の論証の最も重要なときにそれが反復されること、これらのすべてが示唆しているのは、われわれ自身、あるいはアウグスティヌスやトマス・アクィナスとも異なる社会的、イデオロギー的な背景である。この背景とは、封建的な諸関係の複雑性であり、これが、アンセルムスを教父、現代の思想のみならず、後期中世の思想からも引き離しているのである。

封建的な土地保有の言語において、人の栄誉は彼の「身分」(estate) である。この身分の中心的な特徴は所有地である。しかし、それは権威の位階制において彼にふさわしい地位、彼の親族関係、彼の個人的な栄誉をも包含した。他者に対する根本的な犯罪は、この諸権利と地位の複合を傷つけようとすることだった。この犯罪の重大さは、反逆者の直接的な意図ないし彼の意図を実行するための力とはまったく独立していた。それは、彼の不忠実、社会的な紐帯の喪失であり、法益被剥奪者 (outlaw) にするものだった。逆に言うと、王国を保全したのは王の「栄誉」の維持であり、封土を保全したのは封建領主の「栄誉」の維持であり、身分が下っても同様であった。「栄誉」は、本質的に社会のすべての階級を、各々にふさわしい場所に保つ社会的な紐帯であった。栄誉は、ゆっくりとではあるが、個人的で孤立したものに解消され、政治の言語から切り離された。だが、この解消は、はるか先のことである。この語の辿る運命は、社会における人の身分や地位を守るひとまとまりの諸権利ないし所有物を表現するものとして、マグナ・カルタで用いられる有名な類似語、つまり、「その人のcontenementum（身分を保つための必要物）」という語の運命と軌を一にした。(30) この語もまた、ゆっくりと、政治的には取るに足りない意味となっていく同じ道を下っていった。この道の終着点は、人の「顔を立てること」（in countenance）また「面目を保つこと」という意味だった。どちらの場合もその末路は、社会の構造と結びつけられた語が個人的な感情と評判を意味する語になったということである。

アンセルムスの言及する神の栄誉は、これらの文脈のより初期の段階、つまり、彼自身の時代のそれにおいて解釈されるべきである。神の栄誉とは、天上と地上の生きとし生ける全被造物が創造者に果たすべき奉仕と礼拝の複合であり、これが万物をそれにふさわしい場所において保つのである。こう考えると、神の栄誉とは、端的に言うと、宇宙を神とのしかるべき関係において秩序づけるということを、別の言葉で表したものである。人は、彼の奉仕を撤回することによって、自分自身を創造者の立場に置こうとする罪を犯す。彼は失敗する。しかし、こうした試みを実行することによって、彼は、自分自身を宇宙の秩序と美から締め出し、彼の力が及ぶ範囲でそれらを破壊する。彼の反逆のゆえに、神の栄誉は神の真の所有であるという反論がなすべきことは、神に与えた損害を消し去ることではなく、宇宙の秩序の汚点を消し去ることである。これを行なうために、人間としての神が損傷を修復し、主なる神が彼の栄誉の占有権を再度奪取するのである。こうして宇宙の「契約的な奉仕」（servitium debitum）の全体が再度確立され、神の「栄誉」は、回復された全体の秩序と美において十二分に示されるのである。

この全体は、封建的な言語を一切使わなくとも表現することができる。けれども、アンセルムスは、封建的な諸関係を示す言語を使用した。それは、彼がこれらの諸関係のあらゆる側面を承認したからではなく、それらが位階制の範例を提供し、それが哲学的にも道徳的にも彼にとって満足がゆくものだったからである。しかも――しばしば考えられることと反対に――彼は位階制を理性の規則の表現として評価していたのである。

アンセルムスの神を顕彰と栄誉に強欲で、周到な暴君であると思い込んだ批判者たちは、封建的なイメージが、たとえその含蓄のいくつかの点で不十分とはいえ、我意と混沌の侵略に打ち克つ合理性を表現していることに気づかなかったのである。アンセルムスの神学の合理性は、神にはいかなる恣意もない、という原則に基づいている。神の本性と業は等しく理性の完全な調和を表わす。他のすべてはここから流れ出る。もしそうでなかったなら、すべての神学は当て推量となろう。『神はなぜ人間となったか』においてアンセルムスは、神の本性そして神が創造した宇宙の理性的な美を守る必要性から、受肉の必然性を推論したのである。

封建的、修道院的な例証は、彼が語った言葉の中に広く分布し、『神はなぜ人間となったか』では慎重に使用されたが、日常生活の諸事実からこの原則を明らかにする。それらは、アンセルムスの論証の補完的な表現である。アンセルムスが封建的なイメージを使用したのは、彼が宇宙に見いだした秩序の例証を、封建的な位階制が提供したからである。この結合は他の方面でも機能する。われわれが政治的な領域における彼の諸行動を考えるとき、忘れてはならないことは、彼が臣従礼と奉仕という封建的な義務を、理性的な秩序のイメージとして認めることができた点である。このことからわれわれは、彼の理想とする教会秩序を複雑な封建的諸関係の存在に適応させることに、彼が何らかの困難を覚えたことはありそうにない、と判断してよかろう。われわれは、彼がこれらの世俗的な取り決めに関して、社会の新たな教会的秩序づけに熱狂する者たちよりも、より寛容であったことを見いだすだろう。『神はなぜ人間となったか』における宇宙の永遠の秩序づけに関する彼の封建的な言葉を読んだ後では、この寛容に驚かされることはなかろう。だが、それは大司教としての彼の地位に異例の複雑さを付加したのである。

第一〇章 「この奴隷状態から私の魂を解き放って下さい[1]」

一 新米の大司教

(1) 背 景

一〇九三年以前の一五年間、アンセルムスの世界は、以下の意味で「拡大中」だったと言って正しいだろう。すなわち、最初の頃、彼は、宗教的な隠遁、瞑想、修道院の友人たちとの議論に集中していたが、しだいに神学的な関心を広げていったということである。それを拡大させたのは、ベック以外の修道院共同体に対する彼の責任、宮廷や教会会議に出席する必要、修道士あるいは修道士になる志を抱く者たち、さらには、その志を抱きながらも十字軍による侵攻やこの世での活躍に魅了された者たちに助言を与えたこと、そして、これが最初で最後だったが、彼の正統性がロスケリヌスによって重大な攻撃を受けたことである。

初期のアンセルムスは、修道院の内側で宗教的な瞑想に浸り、聖務日課に参加する日々の循環に深く集中していたが、これらの新たな活動はことごとく、この集中を中断させた。彼は、これらの問題をすべて、修道生活を中心として眺めた。彼は修道院をこの世と対置した。そしてこの世が修道院に入り込むことを許さなかった。この点でも、他の場合もほとんどそうだが、彼はランフランクスと対照的だった。ランフランクスは、修道士となっても、相変わらず世知に長けた人であり、豊富な経験をもち、あらゆる方面を処理することができた。それゆえ、彼はこの世を修道院に持ち込まざるを得なかった。この世にいることも同じく苦にならなかったからである。何といっても、彼は、修道士になる前にこの世で名をなした人物であり、他方、アンセルムスは、修道士になる前は何の目標もなく、修道士となってからは、他の一切を求めなかったのである。

それでも、アンセルムスのこの世に関する見解の中心は修道院的であったとはいえ、この年月に増してきた混乱は、厳格な修道院的生活の中断だけではすまなかった。修道院の外では世界がしだいに拡大していくさまざまな徴候があり、アンセルムスもこの世界に捕らえられ、そこから逃げ出すことができなかった。彼は、彼が考えたように、自分の教会の土地と財産を保持する義務と、イギリス諸島全体に及ぶ教会統治の義務を負う大司教というだけではなかった。彼は、自分がまったく関心のない諸問題に関する、果てしない論争に従事した。ただし、ベネディクトゥスの『戒律』、教皇、そして（少し驚くべきことだが）王への従順の義務によって彼に課せられた問題の場合は別であった。そこで、われわれは問わざるを得ない。いったい彼はそれをどう考えたのか。彼は、この場面に、修道院の規律ないし神学的な思索から何らかの洞察をもたらしたのか。

これらに答えることは容易ではない。アンセルムスは、この世と教会の関係について、いかなる一般的な原則も定式化せず、この世に対する恐怖を表明するだけだった。彼は、三〇年近く前に、そこから逃避し、修道院に入ったからである。この世は霊の敵だった。したがって、この世の自由は、いかなる状況にあっても、望まれるべき自由とはなりえなかった。しかし、自由は、彼の魂が切に望んだものであり、また自由とは、あらゆる状況において正しい選択をする力を意味し、それ以外ではなかった。そして、あらゆる機会に彼がぜひとも強調したかった唯一の正しい選択とは、修道院的な従順を選択すること、少なくとも、この目的のための準備の段階を選択することだった。

重要なことは、これが限定された選択ではなかったことを認めることである。それは、修道生活の中で成長するためにさまざまな好機を残した。すなわち、瞑想、友愛、目的を同じくする共同体の仲間との体験、芸術的、知的な創造、典礼の革新、救いの道に関する知識の増大における成長のための機会だった。正しい選択によって開かれる多様性は、この世が提供するものよりもはるかにすばらしかった。だが、この多様な豊かさに到る道は、常に、同じ狭き門を通ることだった。これは、彼が大司教となる前の二〇年間、彼のメッセージであり、これから後も彼の中心的メッセージであった。

大司教として直面した問題の複雑さに当惑したとき、彼は、考えうるあらゆる機会に、従順の義務を主張し続けたが、もはや、それはすべての問題に対する十分な解答ではなかった。後述するように、彼には、自分が直面した大部分の問題に関して答える準備がなく、多くの争点で、満足な解答を提出するために必要な支度が整っていなかった。彼が印象深いことを発言するのは、常に、修道生活の問題に関する場合だけだった。ただし、彼の言ったことが、彼の語った相手に受け入れられることは、そうあったわけではない。彼は、大司教になるという望みをまったくもっておらず、本当に幸せだったのは、さまざまな業務の圧迫から逃れることができたときだけだった。彼の友人たちは、彼があまりにも早々と逃避したと考えた。しかし、結局、大司教としての一六年間の彼の言動は、彼が未来に残した遺産を大いに増し加えることになったのである。これらの年月の重要性とは、彼が行なったことではなく、彼が残した記録である。

（2）ランフランクスの遺産

アンセルムスの生涯には三つの危機があり、そのすべての場合に、ランフランクスは、アンセルムスが拠って立つ基盤を提供した。第一に一〇五九年、アンセルムスの修道士としての未来を決定したのは、事実上、彼だった。ついで一〇六三年、アンセルムスがベックの副院長としてランフランクスの後を継いだとき、アンセルムスは彼の業務管理を模範とした。最後に、ちょうどその三〇年後、アンセルムスは、くもの巣のように複雑化したカンタベリーの責務を引き継ぐのだが、それらは大部分ランフランクスによって作り上げられたものだった。

それゆえ、各々の段階で、ランフランクスは、素材を提供し、アンセルムスが引き継ぐ責務を整えた。だが各々の段階で、アンセルムスは、相続したものを彼自身が工夫した新たな方法で発展させた。第一段階で、ランフランクスは、知的な道具、それらを使う方法、使い方の模範を提供し、アンセルムスはそれらの道具を吸収したが、新たな方法で活用した。つぎに、一〇六三年、ランフランクスは、繁栄するベックの共同体をあとにするが、アンセルムスは、院外学校の教師、管理者、あるいは教会政治における有力者というランフランクスの役割を引き継ぐことはなかった。彼は、厳しい自己修養と修道院に来る若い志願者の形成に没頭し、その結果、修道院はかつてないほどに繁栄し、修道士の数も増え、新たに従属する分院も増えた。われわれが知ることができる限り、この成長はアンセルムスの霊的な力の自然な徴候だった。いたるところで、ランフランクスが技量によって達成したことを、アンセルムスは天才と聖性によって継続したのである。

この依存と革新という履歴を携えて、アンセルムスは、彼の人生の第三の危機を迎えた。いまや彼が置かれた状況は、ベックで慣れ親しんできた状況よりもはるかに複雑だった。彼に課せられた責務は、少なくとも三つの領域に分かれていた。第一は、古い伝統そして土地と権利に対する多くの請求権をもった修道院の長となったことである。ランフランクスは、伝統の大部分を無視したが、土地と権利は辛抱強く巧みに守った。第二に、王につぐ王国第二の人物になったことである。この地位をランフランクスは、彼自身と王との見解がほぼ全面的に同じだという信任を得て、完璧な成功で満たした。そして第三に、教会の位階においては、いまや教皇が彼の唯一の上長だった。ここでもまた、後に見るように、ランフランクスは、破格の地位を残した。しかし、アンセルムスは躊躇せずにそれを受け入れた。アンセルムスがランフランクスと最も明確に異なる点は、修道院共同体との関係にあった。王国と教皇制に関する限り、彼はランフランクスの見解に全面的に同意した。しかし、初期の二つの行動において、彼の行動の仕方は、全面的に異なり、強調点もまったく異なっていた。ランフランクスが世俗世界の人としての行動の仕方を知っていたのに対し、アンセルムスは神の人としてしか行動しなかった。

修道院の外で、アンセルムスは、彼が目の当たりにしたすべてのことにおいて、失望感に満たされた。それらは、宮廷のモラル、領臣の略奪、宗教的な改革に関する彼の提案をめぐって王宮でなされた無益な議論である。ランフランクスは、長年の統治の経験、実務に対する生まれつきの才能、法的な訓練と高度な専門的知識、公明正大な統率力に基づく熟練した手際のよさで、これらの問題を処理した。アンセルムスにはこれらの強みが一つもなかった。だが、初期の彼の職務すべてと同様に、彼は、思いもよらない強さの源を見せたし、特に、妥協することを知らないという点においてそうだった。実際的な目標を持ち、入念に準備された行動によって着実にその目標を目指すという、一般的な意味での政策に関しても、彼は一切の妥協を許さなかった。あらゆる問題において、彼は、当惑させるほど真っ直ぐに、真理と正義のみを求めたのである。

結果として、大司教の年月は、アンセルムスにとって深い悲しみと苦悩の時代だった。彼が宗教的な生活について執筆するときには、それでも、かつての熱意と確信をもって執筆した。しかし、政治的な問題の中で、彼がそれについて正しい解答をもち、同時に彼の助言に従うように他の人を説得することができるものはごくわずかだった。彼は、相変わらず、自分の周囲に男女を集めた。むろん、女性の場合には男性とはかなり異なるかたちではあった。彼らは、彼の言葉を聴くことを愛し、それらを収集し保存し、そしてそれによって彼らの生活を形づくったのである。これらの人々は、彼の言葉の記録を保存し、それが、彼の大司教としての年月の真に永続的な成果となるのである。

これらのことは後で扱うことになる。さしあたってアンセルムスの大問題は、修道士の先導者かつ預言者として、すでに十分に確立され、熱心に遂行されてきた彼の役割を、大司教として直面した、はなはだ複雑で種々雑多な一連の問題に適用することだった。大司教となる前ですら、自ら選んだ制限を外的な圧力によって放棄するよう強いられたという苦い経験が彼にはあった。修道院的な対話において、彼は、提起された問題を意のままにできた。しかし、ロスケリヌスによって提起された問題を制することができず、ロンドンのユダヤ人によって提起された問題もそうはいかなかった。さらに、教皇たちが提起した問題に関しても同様だった。彼らは、アンセルムスが慣れ親しんできたのとはまったく異なった路線で、教会を再編成しようとしていたのである。世界は、いたるところで、彼が育った世界よりもはるかに複雑化し、修道制を中心とした方向づけが衰退する様相を呈し始めていた。

旧い世界において、彼は、社会のあらゆる地位の人々に安心感を与えることができた。彼がベックの修道士に与えた最後の戒めは、地域全体のあらゆる階級の人々に対して、友愛の絆を拡大するように促すものだったが、それは、修道院という基礎を中心とした世界という、彼の理想を表明したものだった。修道院は、それを支えるすべての人に、天国という最高の希望を提供したからである。しかし、この修道院的に方向づけられた世界は、すでに、位階的に秩序づけられた管理という、新たな理想に取って代わられつつあった。政治の将来はこの発展にかかっており、ここでもまたランフランクスの世知に長けた見通しと、並外れた実践的な能力は有利であったが、アンセルムスはそれらにあこがれることができなかった。ランフランクスに関しては、当然のことながら、大司教としての政策について論じることができるし、彼が大司教であった年月をとおし、完全ではなくとも、首尾一貫してこの政策を達成していったことを跡付けることができる。アンセルムスに関して、われわれができる最善のことは、彼が巻き込まれた事業の種々の線を追うことであり、まずもって彼が予想だにしなかったと思われる危機にさいして、彼を活動に駆り立てた諸原則を辿ることである。大司教としての行動において、彼は、自分がベックにおいて徐々に獲得した資質を発揮した。すなわち、この世の事柄に関しては、世俗を超えつつ、しかも賢明であること、この世に絶望しつつ、しかも柔和であること、深遠な精緻さをもちながら、しかし純朴であることだった。政策の統一性を見ることは誤った印象を作り出すことになろう。さまざまに異なる領域で姿を現わすのは、聖性の統一性だけだからである。大司教時代を貫いて彼を支配した唯一のテーマをたどることが困難であることが分かっても、それは、彼がそうしたテーマを欠いていたからではなく、彼のテーマが行政的な組織を受け入れ難かったからである。

(3)　叙任権論争

歴史家は、当然のことながら、アンセルムスの大司教時代における最も重大な出来事が、世俗の干渉に妨害されず、聖職者によって統治される教会という、新たな理想と関係があると考えがちである。この理想は、アンセルムスの大司教在任中に社会構造の奥深くに食い込み始めており、それによって西欧のキリスト教世界が変化し始めていた。大司教として、アンセルムスが立っていたのは、教会の位階制度をつぎの二百年間のヨーロッパ社会における支配的な力にした、社会的・教会的な大変革が始動するただなかであった。教皇を頂点として教区の聖職録保有者に到るまで、聖職者たちが、教会規律の基本的なルールだけでなく、世俗的な行動のそれも取り決め、この世界全体に押付けることのできる勢力となった。それらは、結婚その他の教会の秘跡、罪の告解、正統信仰を普及させる義務、聖職者に十分の一税を支払うこと、内外の信仰の敵と戦うための軍事力の供給などのルールだった。

この大変化は、一二世紀と一三世紀に、いくつかの段階を経て、高度に統合され、目的をもった西欧社会を創出した。最初の最も重要な段階は、後の諸段階すべてを可能にするものだった。すなわち、一〇七五年頃と一一二五年のあいだに、比較的少数の人々によってなされた懸命な努力は、社会の中で聖職者の領域を世俗的な領域から分離し、前者をヨーロッパの新たな秩序の知的・行政的な創設者にすることに向けられた。この展開の第一段階は、最も重要な聖職者任命を、ことごとく聖職者の支配下に置くための闘争だった。この、いわゆる叙任権闘争は、アンセルムスが大司教だったときに、その頂点に達し、最大の成功を収めたのである。

社会史の歴史家も教会史の歴史家も同様に、この展開を中世ヨーロッパ史における最も重要な挿話的事件の一つと見なしたことは正しい。その結果として、当然、アンセルムスの大司教在任期間のほぼ全体を、この闘争との関係で判断する傾向があった。長い目で見ると、これは全面的に擁護できる見方ではある。ただし、それは、われわれがこの相関関係を当事者たちの心、とりわけアンセルムスの心の中にまで分け入って読み取ろうとしない場合のことである。実際、この叙任権闘争に含まれた大きな問題に気づいていたのは、先見の明をもち、精力的に活動した数人の革新者たちだけだった。しかし、アンセルムスはその中にはいなかった。もちろん彼だけがそうだったのではない。この時代の世俗と教会の上層部の大部分は、自分たちが大叙任権闘争のただなかで生きていたと聞いたら、驚いただろうし、それが彼らの時代の最も重要な出来事だったと知ったらびっくりして物も言えなかっただろう。

もしアンセルムスの目でこの舞台を眺めたとしたら、われわれは、彼が大司教となって六年を経過するまでは、叙任権問題にまったく気づかず、さらに、偶然それについて知ってからでさえも、彼はその目的を教皇への個人的な従順の義務の副産物としてしか受け取らなかったことを、知ることができよう。彼にとって関心事は従順の姿勢であり、彼が極めて誠実に従った諸秩序が目指す目的ではなかった。彼の関心を最も深く惹きつけた同時代の議論の主題は、大司教としての書簡において、論点が深く掘り下げられ、際立った明晰さを示している。それらは、修道誓願、個人の宗教的な従順、修道院規律、そして教理の純粋性だった。これらの主題は、まさしくベック副院長および院長時代の書簡を占めていたのと同様に、大司教時代の書簡をも占め、極めて深く掘り下げられ、力強く論証されているのである。これらの論点に、彼は、いまやカンタベリーの共同体の諸権利の問題を付け加えることになるが、これは、極端に複雑化し、相対立する要素を含む問題だった。しかし、この世に関する彼の見解と、カンタベリー共同体における彼の責任に関する見解が、彼の「昇進」の結果として大きく変更することはなかった。彼は、それを、綱領のために闘う大司教としての職務の部分とは見なさなかった。それゆえ、先に進む前に、まずわれわれは、彼が何を自分の職務と考えたか、あるいは何を考えたであろうかということを、より綿密に確定することを試みなければならない。ついで、それらの職務を遂行するために彼がもっていた手段を吟味し、最後に、彼が行なったことを知るために必要な証拠の主たる源泉を識別しなければならない。

二　大司教としての生活の枠組み

（1）　大グレゴリウスの訓戒

アンセルムスが自分の職務について体系的に書き記さなかった以上、彼がそれらをどう考えていたかを問うことは、無益なように思われる。けれども、この主題に関する一冊の書物があり、それは、ほとんどすべての修道院および大聖堂の図書室に見いだされたので、手引きの可能性として、少なくとも見ておく価値はあるだろう。その書物とは、大グレゴリウスの『司牧規則』（Regula Pastoralis）であり、アンセルムスの場合には、特に関係があった。というのも、グレゴリウスも修道士であり、逃亡によって職務の拘束を逃れようとしたという非難に答えるために、この書を執筆したからである。それゆえ、グレゴリウスは、アンセルムスとまさしく同じ問題に取り組み、職務に対する彼の抵抗と受諾を弁明しているのである。

グレゴリウスの第一のテーマは、「技の中の技は魂の導きである」という有名なことばで表現され、このために、最初に必要なことは自分自身を知ることだ、と付け加える。これらの「格言」は共に、長年にわたって、アンセルムスの霊的な助言の基礎であり、大司教としてこの同じ綱領を実行する場合にも、何らの変更も必要なかった。さらに、グレゴリウスに従っても、またアンセルムスの経歴の全期間における彼の行動によって十全に裏書されたことでもあるが、高位聖職者が注意すべきことは、過剰なまでの雑事に忙殺されることである。彼は、説教することと教えることに、また、グレゴリウスの言葉を使うと、「同情においてすべての人と等しい者となり、観想においてすべての人に優る者となること」に集中しなければならないのである。ここでもまた、アンセルムスは、これらの訓戒を長年実行しており、大司教となっても変更する必要はなかった。
グレゴリウスの教示の他の部分は、地所の経営と財政の全般、宮廷の業務を含む世俗的な雑務の処理に関するものだった。これらの問題において、『司牧規則』の言葉は、アンセルムスの大司教としての行動に、とりわけあてはまる。すなわち、「世俗の業務に関しては、同情から寛大に扱われることがあってもよいが、決して愛が求められてはならない」、さらに、「魂が真の自己から外的な業務の喧騒に陥るときには、懸命な努力によって、そこから這い上がろうとしなければならない」と述べられている。また質問されたら喜んで答えることに関しては、「もし司牧者が霊的な質問をされ、答えるために勉強しなければならないとしたら恥ずべきことである。……彼は、自分が抱いている希望をいつでも弁明できるように備えがなければならない（一ペトロ三・一五）」と述べられている。[2]
これらの抜粋、これらに類した他の多くの抜粋が並べられると、それらは、大司教としてのアンセルムスの輪郭をくっきりと浮かび上がらせる。もちろん、彼が説教する機会は、彼が民衆の言葉を知らなかったために、限られていた。しかし、彼の友人たちは、修道院の聴衆に語られた説教を多くの記録に残した。彼の書簡は、個人と共同体への霊的な助言の大きな宝庫であり、われわれは（後に触れるが）、彼の説教の一つで、おそらくフランス語でなされたものをもっている。それは、エアドメルスによるラテン語の要約が保存されており、ヘンリー一世の統治初期の危機的な時点で、宮廷会議においてなされたものである。この説教の中で、アンセルムスは、この時代の差し迫った政治的な問題については何も語らず、聖グレゴリウスの叙階を祝う古いアングロ・サクソンの伝統を復活するよう促した。彼がイングランドの改宗に貢献したからである。[3] アンセルムスを説教者と見なすという点で私が正しければ、彼が政治的な危機を利用して、大グレゴリウスの著作を政治的な秩序の基盤として指示したという例を、手にしていることになる。

もし、説教し司牧的な助言を与えることが、アンセルムスの大司教としての関心において、いかなる業務や政策よりも重要な役割を演じていることが判明するなら、われわれがこの先見いだすのは、彼が大グレゴリウスによって司牧者のために定められた訓戒に従った、ということだけだろう。

司牧的な配慮の必要に加えて、アンセルムスには、すでにランフランクスの確立したカンタベリーの所定の業務を遂行することが、定められていただろう。すなわち、教会を訪問し、叙階、奉献を行ない、不平不満を聞き、怠慢な修道士、修道女、司教、俗人を諭し、カンタベリーの司教区からの訴えを聞きくことなどである。アンセルムスの行動に常に影響を与え続けたものとして、ランフランクスの往復書簡に保存された彼の活動の記録に、重要な位置が与えられるべきである。とりわけ、この記録は、ランフランクスがカンタベリーの首席大司教としての位置に与えた重要性、また首席大司教による教会会議を開催するために王の協力が必要であることを、明らかにしたことだろう。

アンセルムスが彼の全時間を王との反目か将来のプランを作ることに費やしたと考えることは、まったくの間違いだろう。実際、大司教としての最初の五年間、彼の時間の大部分は、多くの人々に霊的な助言を与え、また彼自身の神学的な著作を書き続けることに費やされた。この年月に彼は、ロスケリヌス宛の返答を最終的に仕上げた。これは、完成にさいして、彼が多大な困難を覚えた著作だった。また彼の神学的著作の中でも最も偉大で、大部の著作『神はなぜ人間となったか』の全体をほぼ書き終えた。これらの主要な仕事に加えて、彼が引き続き一層の努力を傾けたことは、誤解から生じたベックの修道士たちとの亀裂を修復し、また以前に劣らず、修道生活のための助言を与えることであり、より広範囲に及ぶ教会的な計画を推し進めることではなかった。一〇九三年以降も、以前に劣らず、彼の大部分の思索は、修道生活の規律に関わっていた。そして、ここでの彼の差し迫った職務は、カンタベリー教会に関わるものだった。これらの新しい義務のすべてにおいて、他の人々に対する彼のメッセージは、過去三〇年間のそれと変わらなかった。すなわち、「修道院の壁の外の世界にある危険よりも、その内側にある落ち着いた平和を選びなさい。港の中にしっかり停泊しなさい。永遠の安静をこの世の嵐や難破の中で危険にさらしてはならない(4)」というものである。

最愛の者たちに与えたアンセルムスの助言の主要点がこれであった。大司教となっても、この考えは、彼の教えの中心にあった。この世は彼にとって何の魅力もなかった。彼は、ランフランクスと異なり、社会に号令する地位に就こうとはしなかった。この世に関わるところでは、彼は、生まれついて辞退者（a resigner）だった。彼は、初期のあらゆる昇進を辞退しようと試みたように、大司教の職も辞退しようと、時間をかけ精一杯に試みた。けれども、教皇ウルバヌス二世は、彼を大司教職に引き止めた。それは、かつて大司教マウリリウスが、彼を副院長および院長の地位に引き止めたことと、まったく同じことだった。彼の性格におけるこの辞退癖を一笑に付すことは、いとも簡単だが、それは間違いである。彼は、政策立案者でも、実務家でもなく、常に根っからの修道士だった。おそらく理想的には、ほとんど隠修士だったかもしれない。従順における自由を常に求めていたのである。

良心的には辞退することができなかった以上、彼は自分の職務を遂行せねばならなかった。しかし、彼の職務とは何だったのか。彼が考えたように、確かにそれは王と争うことではなかった。むしろ、王と提携して、彼がイングランドの教会に秩序と規律をもたらすために、できることを行なうことだった。彼と王がこれを実行するために協力できる主要な道は、すでにランフランクスが一〇七二年、一〇七五年、一〇七八年、一〇八〇年、一〇八五年に開催したように、宮廷の支持を得て、教会会議を開催することだった。伝統は十分に確立されていた。彼のすべきことは、それに従うことだけだった。それによって王位を脅かすこともなく、それどころか、まったく逆だった。それは協力の理論に基づいた政策であり、もしウィリアム二世が、彼の父親がランフランクスと協力したように、アンセルムスと協力することに同意したなら、彼と彼の後を襲う兄弟たちの統治は、この世の観点から見たとしても、より成功をおさめただろう。

アンセルムスは、ルーファス（赤顔王）、すなわち、ウィリアム二世が譲歩するだろうと長いあいだ信じていたし、彼もそうしたかもしれない。ランフランクス的な教会との平和は、ルーファスの父親の記憶への忠誠心に訴えたし、それは、彼が保持していた一つの孝養心だった。もし、恒常的な財政の逼迫が、教会に対する法外な措置を強いるということがなかったなら、おそらく、ルーファスは彼の父親の模範に従ったことだろう。われわれは、ルーファスがどれほど危惧を抱いていたかを忘れている。彼は、もしデンマーク王のクヌートが、一〇八六年、イングランド侵入の準備中に、殺害されなかったら、彼の父親の治世がいとも簡単に惨憺たる幕を閉じただろうことを知っていた。彼はまた、ノルマンディーの征服がイングランドにおいて自分が生き残るためにどれほど不可欠であるかも知っていた。さらに、北部の国境がどれほど弱体かも知っていた。アンセルムスは、これらのすべての問題に関して、歴史家が考えてきた以上に、ルーファスに同情的だった。しかし、結局、アンセルムスは、ルーファスが決して自分に協力しないだろうということに気づいた。このことに気づくと、ただちに彼は、職を辞すること、それを期待してローマに赴くこと以外は、考えなかった。

しかし、この決断に到るまでに、彼が果たすことのできる仕事――そのいくつかは彼の性分に合っていた――がいくつかあった。第一に、彼は、過去三〇年間に人々を感化してきたように、同僚の司教たちを感化することができた。何人かの司教たちに関しては成功したように思われる。すなわち、ノリッジのハーバート・ローズィンガ（Herbert Losinga 一一一九年歿）、ソールズベリーのオズマンド（Osmund 一〇九九年没）、ことによると、ダラムのウィリアム（William）も含まれるかもしれず、彼の感化は深く永続的だった。加えて、彼は、彼自身のカンタベリー教会の諸権利を監督することもできた。後述するように、彼はこれを注目すべき精力と熱心さで行なった。さらに、以前と同じように、助言を必要としたり、それを求める人々すべてに助言を与えることもできた。自分の修道院を離れようと欲したり、あるいは、すでに離れてしまった修道士や修道女、神学、教会の慣行、修道生活あるいは個人的なモラルについて質問してくる司教、修道院長、修道士や修道女に、助言を与えたのである。おそらく彼が最も愛情を抱く者たち、ベックの修道士との不和も修復できたのだろう。

唯一、彼がほとんど何もしなかった領域は、——歴史家はここに彼の役割を当てることができると期待するが——広範囲に及ぶ教会政策の領域だった。この年月、彼の唯一重要な活動が王との抗争だったと考える傾向は、彼が教会政策の領域で何事かを行なっていた、と見なしたいという願望に起因する。はたしてどのようにこの期待が最初に生じたのかは、次章で論じられる問題である。ここでの私の関心は、大司教としての彼の仕事の一般的な方針と条件を引き出すことだけであり、その第一段階として、彼が周りに集めた助力者たちを考察しなければならない。

（2）アンセルムスの補佐

大司教が処理することのできる業務の範囲、そしてその処理の仕方は、大部分、彼の手足となるスタッフに左右される。同様に、そのスタッフの資格は、彼が重要と考える業務が何かを表すことになろう。当然、このスタッフは、常に彼と共にいるわけではない。重要なことは、必要なときに手近にいなければならないということである。

彼の処理することができる業務に課せられた他の重要な制限は、彼の生活の仕方から生じることになろう。ベックの修道院長だったときですら、アンセルムスは、彼の時間の多くを分院の訪問旅行や宮廷と教会会議への出席に費やした。しかし、大司教としての彼は、彼が――ランフランクスの言葉を使うと――「修道院長であり父である」修道院にいることは、めったになかった。少なくとも年に二、三回、王宮に伺候しなければならなかったが、これ以外のさまざまな訪問のために、また散在する所領の産物を消費する目的のためだけであっても、彼は、常に移動していなければならなかった。イングランドにおけるこれらの必要な旅行に加えて、大司教在職中の一六年間のうち、総計で七年間の追放期間があった。この遍歴の期間も、彼の教区、管区、そして彼が首席大司教としての権威を主張したより広範囲の領域から、彼にもたらされる業務は何であれ、指揮しなければならなかった。

これらの目的すべてのために、彼はスタッフを伴って旅行する必要があった。後代、大司教の通常の随員は、およそ三〇人ないしそれ以上に達することになる。その大司教室《ハウスホールド》（大司教の家政組織）は、法律、神学の訓練を受けた官吏から料理人、馬丁、家政を取り仕切る者など種々の雑用に携わる者に到るまで、さまざまな階級からなっていた。アンセルムスの随員は、はるかに少なかったに違いなく、われわれもそれについては、偶然耳にするだけである。実際、彼らの旅行に関するエアドメルスの報告を読むと、アンセルムスは、公務でイングランドを旅するときも、追放中に大陸を旅するときも、数人の身分の低い同行者しか伴わなかった、と考えるかもしれない。明らかに、これは、彼らが自分たちを「裸で裸のキリストに従う者」（nudi nudum Christum sequentes）と見なしていたということだが、しかし、彼らの貧しさは、いくらか特殊な意味で理解されねばならない。王を含めて、部外者は、このような観点から事態を見てはいなかった。大司教としてのアンセルムスの年収は、修道士たちの総収入は別として、土地からだけでも、『ドゥームズデイ・ブック』の査定によるとほぼ一五〇〇ポンドに達し、加えて彼の俗人の家臣は、年三五〇ポンドを得ていた。この他、彼には、修道士と同じく、教会の収入と彼の領臣からの不特定の納付金があった。しかし、『ドゥームズデイ・ブック』に記録されている収入だけでも、彼を最高位の封建諸侯に匹敵させ、大規模な業務の指揮者とするに十分だった。

われわれは、少なくとも彼がイングランドにいるあいだは、彼の収入は莫大な額だった、と考えてさしつかえない。しかし、それには、後代のすべての大司教たちの台所事情とは異なる一つの特徴があった。ただし、彼の直接の後継者エスキュールのラルフ（Ralph d'Escures 一一二二年歿）は例外とすることができるだろう。彼も同じくベネディクト会の修道士だった。彼は専門の学問的な訓練を受けた法律家でも神学者でもなく、自由学芸の教師たちが多数を占める階級に属する者ですらなかった。この教師たちは、一二世紀中頃から、すべての教会の有力者の家政組織《ハウスホールド》だけでなく、世俗の有力者たちの家政組織《ハウスホールド》の中でも、数を増し、溢れるほどになったのである。

以上のことは彼の後継者たちを驚かせたことだろう。彼らは、公務の処理を彼らの主要な仕事と見なし、その大司教室のために、相当の学問的な経歴をもつ、高度に訓練された専門家を募集したからである。このような人々を自分に仕える者として望んだ大司教は、適格な修道士を数多く見つけることなど望むべくもなかった。大司教となる前に一一三八年から一一六〇年までベックの修道院長だったテオバルドゥスですら、一人の尚書がおり、六ないし八人の書記がこれを補佐した。彼らのうちに修道士は一人もいなかった。著名な者もおり、また何人かは、引きも切らずに押し寄せる教会業務を処理することができるような、高度な学問をもった者たちだった。

この特徴は、すでに一一四〇年代のテオバルドゥスの大司教室に明確に現われており、テオバルドゥスの後継者トマス・ベケットの大司教室においては、彼の二〇人の「学識者」（eruditi）の周知の名簿が明らかにするとおり、さらに明確になる。こうした人々がいなければ、彼は、六年の追放期間中にヘンリー二世との論争を精力的に続けていくにあたり、書簡と宣伝活動で影響力を行使することなどできなかった。さらに、テオバルドゥスと同じく、これらの専門家たちは一人も修道士ではなかった。

アンセルムスの立場を理解するために、またとりわけ、その立場を彼がどう考えていたかを理解するために重要なことは、彼にはこうしたスタッフがいなかった、という点である。また、こうしたスタッフをもつことを、彼が適切、あるいは少なくともさしつかえないと考えただろうと信じる理由もない。大司教となる前、彼は修道士であり、また修道士だったがゆえに大司教であった。大司教として、彼の第一の重要な職務は、カンタベリーの修道院共同体を導き、治めることであり、第二の職務は、これらの諸権利を行使し、職務を遂行することだった。それらは、アングロ・サクソン教会の修道制の久しい過去から受け継がれてきたことだった。

こうした背景に照らして、われわれは、彼の大司教としての振る舞いを理解しなければならない。しかも、これは、たんに逃避主義者の態度ではなかった。彼は、修道院における自分の役割が、国全体の宗教的な状態に、最善の貢献を果たすことができるものと見なしていたのである。後の章で、われわれは、アンセルムスが全面的に支持したカンタベリー教会の諸権利の歴史的な背景を、吟味することにしよう。だが、ここでは手短につぎのことを述べておけばよいだろう。すなわち、カンタベリーの修道士たちが保守し、アンセルムスが受け入れた歴史的な観点からすると、過去の五世紀におけるさまざまな危機を通じてイングランドを改宗させ、キリスト教を維持したのは、国全体で修道生活が健全な状態だったことに依拠するということである。イングランドの改宗が七世紀に達成されたのは、修道院の働きによるものだったたし、一〇世紀に宗教的な刷新がなされたのも修道院によるものだった。ノルマン征服後の復興も同じ基盤から起こった。こうした見方全体がアンセルムスの気質にまったく合っていた。実際、ベックにおける彼の背景、ランフランクスとの関係からすると、彼がほかの見解を抱くことができたなどということは考えがたい。この状態を変えようとするどころか、彼は、それに彼独自の熱烈な修道生活の経験を付け加えることで、特別な鋭さを与えたのである。

彼自身の経験そしてカンタベリーで見いだした伝統の両方から、彼は、修道院の規律を保持することが、国全体の宗教的な安寧にとって、第一に本質的なことであると考えた。この目的のために、彼自身の生活と彼の大司教室の生活において、修道院の日課を保つことが第一に重要なことであった。われわれは、これらの原則を念頭において、ほとんど間断のない旅行とまた追放のあいだ、彼が自分の周りにおいた人々を吟味することができよう。

まず、一〇九二年九月に、彼がイングランドに到着したとき、この訪問が彼を大司教の地位に就けることになったのだが、彼は、主として彼の業務に関して信頼をおいていた二人の修道士を伴っていた。バルドゥイヌス（Baldewinus/Balduinus）とエウスタキウス（Eustachius）である。彼は両名をカンタベリーでも伴っていたと思われる。エウスタキウスは、その後、たまにしか登場しないが、バルドゥイヌスは、アンセルムスの生涯の物語において重要な役割をもっているので、簡単に述べておくべきである。

一〇九三年当時、バルドゥイヌスは五〇歳ぐらいだった。一〇八五年頃にベックの修道士となったが、その前は俗人として飛びぬけた経歴をもっていた。若い時は、実務家でフランドルのトゥルネー司教の事務長であり、すでに一〇七二年には、フランドル伯から皇帝ハインリッヒ四世のもとへ遣わされた使節団に加わっていた。

ベックでは、おそらく、修道士たちの中で最も実務経験をもっていただろうし、アンセルムスも、大司教となったとき、彼を大司教室の長にしたのである(5)。

われわれが知る限り、バルドゥイヌスは、学問的な訓練を受けていなかったが、実際的で、断固としており、威圧的だったことは間違いない。これらの性格は、エアドメルスによって語られる多くの詳細な事柄から明らかとなる。たとえば、アンセルムスが滞在した家の隣が火事になったとき、アンセルムスに何とかするように強いたのがバルドゥイヌスだった。「自分に何ができるか」とアンセルムスが問うと、バルドゥイヌスは、「外に出て、火の前で十字を切って下さい。そうすれば、神が火事を撃退して下さるでしょう」と言った。アンセルムスは不平を漏らしたが、外に出て、バルドゥイヌスの言葉に従った。彼が手を挙げて、十字を切ると、火は消え去ったのである。

さらにまた、アンセルムスの最初の追放中、彼の移動は広く噂の種となり、しばしば待ち伏せの危険にさらされたが、バルドゥイヌスはあらゆる非常時に指揮をとった。彼らが密かにアルプスを旅していたとき、アスプル・シュル・ビュエク（Aspres-sur-Buech）の修道院長が彼らに、「カンタベリー大司教がリヨンに戻ることを強制されていると聞いたが」と言うと、バルドゥイヌスはすかさず「彼は無事に戻りました。しかし、悲しいかな、私たちは神に仕えるために旅を続けざるをえないのです。それは私たちの霊的な上長の命によるのです」と答えた。数日後、彼らは、スーザ（Susa）の修道院長に、自分たちがベックの修道士であることを語った。彼が修道院長アンセルムスについて尋ね始めると、答えたのはバルドゥイヌスだった。「彼は、別の王国の大司教となるために連れ去られてしまいました」。「私もそう聞いています。それで、彼は、お元気でしょうか」。「実を申しますと、彼が大司教となってから、私はベックで彼に会っておりません。けれども、彼が今いる所で大変元気にしていると修道士たちは申しております」、とバルドゥイヌスは、卒なく答えたのである。

当意即妙に応答する才を備えていたことに加えて、彼には不思議な出来事を予知する優れた能力もあった。彼ら一行をイングランドから運んだ船の大きな穴を見つけたのは、エアドメルスではなく彼だったが、エアドメルスは、当然それをアンセルムスの奇跡の一つとして報告した。バルドゥイヌスは、これらの驚くべきことの評判が広がることを好んだ。彼がかつて雇われていたトゥルネーの古巣を訪れたとき、彼は、アンセルムス一行に加わって見聞したことを、吹聴したのである。ウィリアム二世もヘンリー一世も、彼の重要性を認めていた。前者は、アンセルムスを困らせるために、彼を追放し、後者は、一一〇五年にローマへ派遣した王自身の使者に同行することを、彼に依頼したのである。大司教のすべての実務——火事を消す必要であれ、奇跡を示すことであれ、使節を案内することであれ——バルドゥイヌスは権威をもって語り、決断力をもって行動した。行動力があり、きっぱりとして、信じやすい男であり、アンセルムスの大司教室全員の中では、ただ一人、広い実際的な経験をもっていた。彼の経験は、学校ないし教会の実務で得られたのではなく、世俗世界で得られたものだった。エアドメルスは、彼を「アンセルムスの業務を見越して管理する人」(provisor ac dispensator rerum Anselmi)、あるいは別の箇所でアンセルムスの「業務を見越して調整する人」(provisor et ordinator rerum) と呼んでいる。[(6)] 一見すると、これらの言葉から、バルドゥイヌスが執事 (dispenser) の地位に就いていたように思われるかもしれないが、エアドメルスの意図がより一般的なことであることは、これらの事柄において明確な説明が欠けていることに特徴的に現われている。彼は、バルドゥイヌスがアンセルムスの「雑用一切を引き受ける人」(factotum) だった、ということを言おうとしただけである。役に立つ人ではあったが、明らかに、後の大司教たちが、彼らの主要な官吏にふさわしいと考えるような人物ではなかった。

もしバルドゥイヌスの領分がこのように広かったとすると、アンセルムスの大司教室における聖職者のうちの他の者たちは、おそらく、教会の業務を効率的にこなすという視点ではなく、典礼と宗教的な日課を適切に遵守するという視点で編成されただろう。これがエアドメルスの領分だった。アンセルムスは、すぐにエアドメルスを彼の大司教室の一員として選んだにちがいない。というのも、彼らは、すでに一〇九四年の二月にはヘースティングズで一緒におり、また一〇九三年の三月、アンセルムスが大司教に指名されたとき、彼は王宮にいたと思われるからである。彼は、公式には、アンセルムスの礼拝堂と聖遺物の管理人だった。これと兼ねて、彼は、大司教の側にいて行動を共にするという、あまりはっきりしない職務をもっていた。それはアンセルムス自身が「彼の老年のときのスタッフ」と言っているものである。エアドメルスが、大司教の秘書として、どれだけ明確な形で行動したかは、明らかではない。彼は熟達した書記だったし、大司教の書簡を代筆したこともあったと思われる。確かに、彼は、ボソーとベックの修道士に献呈するために、『神はなぜ人間となったか』を書き写し、またアンセルムスの生涯の終りまで、すべての旅行に同伴した(7)。

エアドメルスが、大司教の書簡の写しを保管し整理する責任をもっていたとは思われない。後述するように、エアドメルスの影響力が最も強かったときほど、保管状態が悪かったときはなかった。エアドメルスがアンセルムスの同伴者として八年を過ごし、舞台の背後に退いた一一〇一年になって、ようやく、アンセルムスが大司教として執筆した書簡を保存するために、何らかの一貫した試みがなされたのである。エアドメルスが役に立ったのは、別のことだった。彼は、大司教の足もとに座し、さまざまな出来事を個人的に記録するかたわら、アンセルムスの説教の、少なくともいくつかを書き留めた。アンセルムスの神経が業務でいらだつと、彼は霊的な会話でそれを鎮めた。マームズベリーのウィリアムがわれわれに語るところによると、アンセルムスが大司教となったとき、彼は、自分の生活を律する命令を与えてくれるような人物を任命して欲しいと教皇ウルバヌスに願ったところ、教皇はエアドメルスを指名したということである。これに関して、ウィリアムが付け加えるところでは、アンセルムスは、エアドメルスの命令を重視するあまり、エアドメルスが言うまでは、ベッドで寝返りを打つことも、起き上がることもしなかったということである。これは、典型的な潤色であるが、一般的には真実かもしれない。マームズベリーのウィリアムが述べる、エアドメルスの権威を示す一例がそれだろう。すなわち、アンセルムスはいかなる罪をも犯すことを恐れていた。ある日、酢漬けのうなぎを食べたのだが、その後、それを思い出し、律法に反して生の魚を食べてしまったことをひどく嘆いた。彼のかたわらにいたエアドメルスが、「塩が魚の生を除いています」と言うと、アンセルムスは「罪の記憶にさいなまれていることから救ってくれた」と答えたのである。(8)

アンセルムスとエアドメルスの関係は、アンセルムスの生涯の最後の九年間に変わった、と考える理由がある。おそらく、エアドメルスが、アンセルムスの明確な命令に反して、彼の伝記を書き続けていたのではないかということが、アンセルムスを恐れさせ、彼らの関係にひびが入ったのであろう。最初、アンセルムスは彼を励ました。彼は、エアドメルスが書いたものを読み、いくつかの変更を加えた。ついで、後悔の念が起きた。多分、エアドメルスを励ましたことで、高慢の罪を犯したと考えたのだろう。正確な理由が何であれ、彼は、エアドメルスに書いたものを破棄するように命じ、エアドメルスもそれに服従したが、すでに写しを作成した後だった。一一〇〇年以後、伝記は、それ以前の新鮮さと充実度をすべて失うだけでなく、それまでエアドメルスの手でなされてきたと思われる、いくつかの役割を、クライスト・チャーチの別の修道士が行なっていることが判明する。

この新顔が修道士アレクサンデル（Alexander）だった。彼は、アンセルムスの最初の追放には同行しなかったが、二回目の追放には同行者の一人だった。ある時には、われわれは、彼が礼拝堂でエアドメルスの役割をしているのを見いだし、また晩年のアンセルムスの言葉と説教の記録で残っているものは、主として彼のお陰である。一一〇二年、彼は、大司教の代理としてローマに行くバルドゥイヌスに同行し、また一一〇四年にはアンセルムスの使者として行動した。一一〇一年以降アンセルムスの書簡が比較的良好に整理されているのは、彼が大司教室に加わったことによるかもしれない。いずれにせよ、エアドメルスの位置はしだいに限定されるようになり、他方、アレクサンデルがバルドゥイヌスにつぐとはいえ、第二の地位を占めるようになった。人物としては不明で、書き手としてはあかぬけしていない。つまり、彼には、エアドメルスのように重要な細部を感知する力がなかった。にもかかわらず、彼によるアンセルムスの語録は、アンセルムスの教えの重要な部分を流布させるのに役立った。彼がこの語録の作成にあたったことが判明するのも偶然であり、それはいかにも彼らしい。だが、人物像が不明であるにもかかわらず、彼が晩年のアンセルムスの大司教室において重要な人物だったことを、疑うことはできない。(9)

これで、アンセルムスの大司教室の正規のメンバーで、名前が分かっている者たち全員について述べたことになる。重要な例外はボソーである。彼は大司教室の一員と言うよりは、晩年のアンセルムスにとって最も身近な知的同伴者だった。アンセルムスの友人たちのサークルおよび『神はなぜ人間となったか』の執筆における彼の役割は、すでに吟味された。ここで付け加えるべきことは、以下のことだけである。アンセルムスが二回目の追放から戻り、彼の哲学的な活動の最終段階が開始したとき、アンセルムスは、ボソーの助力の重要さを賞賛し、イングランドには哲学的な情報源がないことから、彼をベックからカンタベリーに遣わしてくれと願った。「彼は、満ち溢れる豊かさの中でボソーなしで暮らすよりも、むしろボソーと共に荒野で暮らすことを選んだだろう」[10]からである。それゆえ、ボソーは、アンセルムスが予定・恩恵・自由意志に関する最後の論考を執筆したときも彼と共におり、アンセルムスが死ぬまでイングランドに滞在した。ボソーは、アンセルムスの後期の著作執筆において控え目な助手だった。彼は、ベック修道院長として、アンセルムスよりもかなり長生きしたにもかかわらず、彼が残したのは、一編の著作、つまり、一通の書簡だけで、これは確実に彼に帰すことができる。ただし、「アンセルムス遺稿」（Anselmiana）のいくつかの断片は、他に著者が見当たらないことから、おそらく彼によるものであると思われる。[11]

アンセルムスとボソーは共に、若いとき、霊的な恐怖のある種の体験をもっており、アンセルムスは彼の母親によってそこから救い出され、ボソーはアンセルムスに救われた。[12]彼らは互いの内に、精神のたぐいまれな鋭敏さと、恐怖に陥った後に平安を得たという共通の背景を認め合った。奇妙なことに、エアドメルスもアレクサンデルも、ボソーがアンセルムスの仲間たちの中にいたことにまったく言及していない。彼は、他の者たちと行動を共にせず、カンタベリーに留まり、読書と思索にふけり、修道生活に参加していたのであろう。それは、かつて彼とアンセルムスがベックでそうであったし、アンセルムス自身がそうすることを好んだことでもあった。

われわれは、アンセルムスの大司教室の俗人については、ほとんど情報を持っていないが、確かにそうした人々はいたし、その構成は、他の家政組織と同様であったにちがいない。執事ないし家令を頭にして、その下に多くの官吏がいた。すなわち、食堂係、経理、寝室付き侍従、総務、料理長、案内係、門番、馬丁などで、各々は、広間、寝室、食堂、厩舎にそれぞれの持ち場があった。『ドゥームズデイ・ブック』は、大司教直属の領臣のうち四つに、家令、保安武官、経理官、寝室付き侍従の肩書きを与えている。これらの何人かは、非常に重要であるため、常に大司教に随行するわけにはいかないが、しかし大司教も、彼らが自分たちの仕事の遂行を誰かに委任しないかぎり、移動できなかった。アンセルムスが追放されたとき、俗人の官吏はほとんどすべて、彼ら自身と大司教の利権を管理するために、イングランドに残されたが、彼は、数人の下級の官吏と従者は伴っていた。たとえば、アダムだが、彼が偶然に登場するのは、彼が大司教の寝室で眠っていたとき、ある幻を見たからである。ランバートは、寝室の仕事をする小男だったが、聖ダンスタンによって盲目から救われた。礼拝堂付き司祭ノルマンの馬は、奇跡的に癒された。名も知られていないある若者の家は、アンセルムスの死後かなりたって、彼の名を呼ぶことで、火事から救い出された(13)。奇跡がなければ、彼らの記憶が保存されるような機会はわずかだった。

アンセルムスの随員たちを全体として見ると、大司教の業務をこなすには経験も能力もない人々だったことが判明する。バルドゥイヌスは、行動的な人ではあったが、教会の事柄に関して助言を与えるには適していなかった。アレクサンデルについては、確かな判断を下すにはあまりにも情報が少ないが、並外れた能力や功績を示すようなものは何も残さなかった。エアドメルスは、感受性と観察力を備え、また複雑な伝統の伝承者として優れた資質をもっていたが、広い経験もなく、業務を処理するのにふさわしい判断力もなかった。このことは、アンセルムスの側近には、教会法や行政に関して専門的な助言を期待できる人々がいなかったことを意味する。予想にたがわず、われわれはつぎのようなことを見いだすだろう。すなわち、アンセルムスが、実際的な教会の問題を第一原理から解決するという点で相当の技量をもっていたこと、しかし、複雑さを増す法的な問題に関しては、大司教室に学識者がいなかったことが、業務を有効に処理するためには、すでに深刻な妨げとなっていたにちがいないこと、そしてこのことは、二、三〇年後には考えられないことだったろう、ということである。同様に、彼が開催した二回の教会会議の議題を決定し、教令を執筆するとき、彼が、自分以外の人の経験と知識を当てにできたという証拠はない。われわれが知ることができるのは、教会会議の問題と決定に関して、彼がどれほど思索を傾け、さらに、この決定が、世俗の聖職者は貞潔に関する教令に従うべきだという彼の不屈の決意と、どれほど密接に関係しているか、ということである。彼の教会会議の教令は、彼の神学的な著作と同様に、彼自身の霊性を反映している。この点で、これらの教令は非常に興味深いけれども、それらが深い内的な源泉に発するものであることは、それらが直接的な実効性を持たなかったことの理由を説明する手立てになる。

アンセルムスの大司教室が同時代の専門的な知識を欠いていたことに、彼が気づいていた様子はない。彼は、学校から新人を容易に採用できたにもかかわらず、そのための手段を講じなかったように思われる。当然、こうした人々は大部分が修道士ではなかっただろうし、このことは、彼にとって越えがたい障害だっただろう。後代の大司教たちには、同様の躊躇がまったくなかったが、アンセルムスは、心を同じくする修道士が助力者として共にいることだけが幸せだったのである。大司教の職務を遂行するさいに彼の心を占めていた問題を論ずる場合には、このことを記憶しておく必要がある。

三　相容れない証拠

これまでの二つの節で私が論じたことは、大司教の行動の諸原理と実際的な諸限界であり、これらは、部分的には彼が自らに課したことであり、また部分的には彼の置かれた状況に内在していたのだが、この状況が、彼が対処すべく備えていた問題の範囲を決定した。この議論の一般的な結論は、修道生活と霊的な問題が彼の考えにおいて第一だったらしい、ということを示した。というのも、彼の助言者たちと彼自身は、それらの問題を処理するためだけに、備えをしていたからである。彼と王との闘争がしばしば強調されるが、それは、部分的には、彼が教会政策の領域で何かを実行したという期待から生じ、また部分的には、エアドメルスの『新時代の歴史』(Historia Novorum)の強調する点が、誤解を招くようなものだったからである。これは(その名称が含意するように)この時代の出来事に関するある理論を支持するために執筆されたのだが、それは、ルーファスの統治下においては、アンセルムスの念頭にもエアドメルスの念頭にもなかったことである、このゆがみを正す第一段階として、われわれは、まずアンセルムスの大司教としての初期の時代に関して、入手しうる情報を調べ、それらの信頼性を査定しなければならない。主として三つのまとまった資料がある。エアドメルスの『新時代の歴史』と『アンセルムス伝』そしてアンセルムス自身の書簡である。

(1) エアドメルスの記録と回想

表面的には、『新時代の歴史』は、大部のまとまった資料を提供しているように思われる。それは、一〇九三年から一〇九七年一〇月の追放まで、アンセルムスが王、諸侯、司教たちにどのように対処したかを、すべて説明する、類を見ない詳細な目撃証言である。ただし一一〇〇年九月にアンセルムスが追放から戻った後、一一〇九年に亡くなるまでのことについては、あまり信頼を置けない(その理由は後に説明される)。しかし、初期に関しては、おそらく、その場で書き留めたノートから編集された報告であり、それを行なった観察の鋭い目撃者は、他の誰よりもアンセルムスの近くにおり——彼の霊的な目的を誰よりも理解した修道士で、彼の告解を聴いた者であり、この者が、彼の語った言葉と彼の取った行動を、彼の面前で記録したのである。他のいかなる中世の人物に関してもこうした例はなく、いかなる中世人に関してもこうした記録はない。マームズベリーのウィリアムがこのことを最初に認め、「彼（エアドメルス）は、すべてのことを非常に鮮明に説明しているので、すべてがわれわれの眼下で起きているように思われる」と述べるとおりである。[14] それに取って代わりうるものはない。だとしたら、なぜわれわれはそれを信頼することができないのか。部分的には、それがアンセルムスの行動の完璧な説明を提供するものではなく、提供するつもりもないからだが、より重要なことは、それがいくつかの極めて重要な点で、根本的に誤解を引き起こすものだからである。これらの二つの限界を別々に考察しよう。

エアドメルス自身が、『新時代の歴史』の限られた視界の最良の証人である。というのも、彼は、「アンセルムスの生活と談話」を詳しく述べることによって肖像を完成するために、『アンセルムス伝』を執筆したからである。この「談話」（conversatio）という語で、彼は単なる私的な会話以上のことを――もちろんその報告も多いが――意味している。つまり、彼は、アンセルムスの知的、宗教的な行動と生き方に関わるすべてのことを意味しているのである。要するに、アンセルムスの生涯の中心にあるすべてのことである。[15] 対照的に、『新時代の歴史』は、タイトルと序文で示されたテーマに集中する。征服以来イングランドで起きた「新時代の出来事」の研究――特に、高位聖職者の臣従の誓約と叙任の新しい規則である。これは、教会の秩序の諸原理が欠落しているときに、（エアドメルスによると）征服王ウィリアムによって、イングランドに導入されたものだった。しかし、このことによって、われわれは、それが信頼できないことに関する、より重要な第二の理由に達する。

エアドメルスは、アンセルムスの歿した後まで彼の草稿を、最終的には仕上げなかったし、また仕上げた時に、彼はアンセルムスの初期の肖像全体をゆがめた。それは、ランフランクスによって実施されたような王との関係における教会の政治的な構造と、当時アンセルムスがまったく知らなかった教会法とのあいだの不一致を、彼が意識していたことを示唆するためだった。結果的に、一一〇〇年以前の『新時代の歴史』の記述の中で、アンセルムスがこのテーマを意識していたことを報告する記述はどれも、回顧的な再評価という特徴を帯びているのである。

『新時代の歴史』の欠陥は、『アンセルムス伝』によって、ある程度は修正されるけれども、これは、アンセルムスが常に抱いていた関心と考えの記録というだけでは済まず、より注意を払われるべきである。しかし、さらに最も重要な修正の手掛かりは、アンセルムスの書簡の中に見いだすことができる。それらは、エアドメルスによって記録された事柄、またエアドメルスがわれわれにまったく語っていない他のいくつかの事柄に関して、同じ時期にアンセルムスが抱いた考えを記録しているからである。しかし、われわれが書簡の証拠を完全に理解できるようになるためには、それらの保管の仕方に関してある事情を知らなければならない。この問題に関する誤った見解によって、われわれは、アンセルムスが政策の手段として彼の書簡を保管ないし破棄した、と信じたからである。以下に述べられるいくつかの書簡は、高度な教会的な観点からすると、かなり叱責されるべき内容であるため、策略にたけた政治家だったら、実際のところ、それらを隠蔽しようとしただろう。けれども、それらが残っている以上、隠蔽の試みは無意味だったのか、あるいは、そうしたことはなかったのか、どちらかである。実際は、後者であり、そのことは以下の考察が十分に示すだろう。(16)

(2) アンセルムスの書簡

嘆かわしいことに、一〇九三年から一一〇〇年までの期間について、アンセルムスから発信された書簡のうち、残っているものはわずかであり、たった五二通である。これは、それ以前の七年間とほぼ同じである。さらに、それらの半分は、受信者が保管したからこそ残ったのであって、アンセルムスが手元の写しを取っておいたからではない。アンセルムスの往復書簡の全体像が示していることは、少なくとも、より整った秩序が行き渡り始める一一〇〇年までは、彼の大司教室が単純に組織を欠いていたことである。彼の大司教室について上に述べたことが示すように、それは高度な事務能力をもっていなかったのである。大司教になった後も、アンセルムスの業務の体質が変わらなかったと考える十分な理由があり、また彼の個人的な記録が何らかの破局的な喪失をこうむらない限り――それはありえないことではない――われわれは、彼の環境が、それ以前の副院長および修道院長の時代よりも、書簡の保管に適していなかった、と考えるべきである。

教会の業務を処理するための専門的な訓練を受けた聖職者団を彼が欠いていたことは、彼の行動と限界を理解するために、中心となる重要な事実である。原則的として、彼は自分が望むことを熟知していた。彼は、個人的な正しさ、修道生活の規律の維持、カンタベリーの諸権利の保持を望んだのである。けれども、彼は、現今の事柄の組織者でもなければ、未来の事柄に関する計画立案者でもなかった。だが、彼は、他の人々の生活に人格的な影響を与えた。ベックでの彼は、カンタベリーでも同じだった。

この見通しが持続することは、彼の大司教時代の書簡の主題を検討するときに再度強められるのだが、これには以下の数字が、当面の案内となろう。すなわち、残っている五二通のうち一七通は、主として修道誓願と規律に、他の一五通は、ベックの諸問題に関わっており、アンセルムスはベックに親密な関心を持ち続けたのである。さらに別の六通は友愛を、三通は神学と教会法の問題を扱う。六通だけが、かなり遠いとはいえ、王国の一般的な問題に関わっているが、これらも、アンセルムスが何らかの明確な政治的目的をもっていた、という見解を立証するものでは決してない――確かに、教会に及ぼされる王権に対する敵対心は、ひとかけらもない。それらは、王のために祈ることを求め、彼の安全を危惧し、彼の活動力を賞賛すること、また王の同意なしに教会会議を開催するようにという教皇特使の誘いを拒絶する、という内容である。一通だけが、ある意味で、王に敵対的だが、これは、リヨン大司教フーゴー宛の書簡であり、王の敵意を嘆いてはいるものの、恨んでいるわけではない。これは、教会の状態を一般的に扱う唯一の書簡だが、少なくともその中のつぎの一文は、受け取り手を驚かせたにちがいない。

私の考えは以下のとおりです。王は、大司教ランフランクスが生涯の最後まで保持していたとおりの大司教職を、私にお与えになりました。そしていまや、王は、彼自らがお与えになったものを教会と私自身から取り上げられました。これらは、私の前任者の大司教が久しく平穏に保持していたものでした。(17)

「王は、大司教職を私にお与えになりました」という穏やかな言い回しは、正当な考えをもつ教会改革者たちにとっては、破門に値するものであり、アンセルムスを教育する必要があるという警戒心を、大司教フーゴーに抱かせずにはおかなかっただろう。その結果については後述しよう。とはいえ、フーゴーの影響力の結果がどうあれ、それは、ウィリアム・ルーファスの治世には効果がなかった。一一〇〇年以前の時期において、彼の書簡の非常に驚くべき特徴は、政治的な大問題に沈黙しているということである。それらは、神学、祈り、修道生活における従順、貞潔、敬虔な友愛に関するものである。それらがこぞって証言する事実は、アンセルムスが修道生活の平穏への熱望、個々人の魂のための無限の関心、そしてそれらの人々の中で高位を占めるのが王であるが、とにかく、そうしたことが彼の魂を充たしていた、ということである。彼は政治家ではなかったのである。

この印象を吟味するために、一つの小さな書簡集に手をつけるのがよかろう。これは、アンセルムスと彼の聖職者たちにではなく、ソールズベリー司教区の受信者によって保管され、ことによると、この司教区の司教によるもので、彼が写しを受け取っていたのかもしれない。この書簡集は、一〇九四年と一〇九七年の期間に書かれた六通の書簡から成っており、その利点は、一つの小さな地域と短い期間におけるアンセルムスの行動の記録を保存していることにある。

一通目は、アンセルムスとルーファスが、一〇九四年二月にヘースティングズで決裂した直後に書かれた。王はノルマンディーに赴き、アンセルムスはイングランドの彼の所領に赴いた。[18]『新時代の歴史』におけるエアドメルスの報告によると、彼らは激しい口論の後に、激怒して袂を分かった。したがって、アンセルムスがこれらの書簡の中で、ルーファスについて友好と賛美の言葉のみで語っていることが分かると、意外である。彼らの決裂について、一言も述べていないからである。一通目の書簡の主な目的は、彼がスコットランド王の娘の件に関して王に語ったことを、司教に知らせることだった。彼女は、ウィルトン（ソールズベリー司教区）で修道服を着衣した後、最近、世俗の生活に戻っていたのである。アンセルムスは、きわめて率直に、王と問題を起こすことに躊躇した、と述べている。ルーファスがこの件に加担したのではないかと危惧したからである。しかし、彼が王にこの問題を告げ、件の女性が彼女の修道院に強制的に戻されることを要求したところ、ルーファスが、「名君さながらに」、全面的にそれに協力するつもりであることが判明した。彼らの合意の結果、アンセルムスは、司教に対し、司教の権威を行使して彼女を連れ戻すように指令したのである。この件については、後でより詳細に吟味することにするが、さしあたり、『新時代の歴史』が激しい敵意しか述べていない時点で、アンセルムスが王の好意的な意志への信頼をもち続けていることを表明している点に、注目しておけば十分であろう。

以上の観察は、この小さな書簡集の二通目によって確かめられる。[19]この書簡もソールズベリー司教に宛てられており、一通目の書簡の一年後、おそらく、一〇九五年の六月に書かれたと思われる。ルーファスは二月にノルマンディーから戻っており、ここでもまたエアドメルスは、王と大司教の口論が新たな激しさと怒りの頂点に達したことについて語っている。再度、驚くべきことに、アンセルムスの書簡が語っていることは、彼の関心が敵対者たちから王が無事であることにしかない、ということである。彼は、敵対者たちについて、彼らが王をその賢慮と勢力のゆえに憎んでおり、「邪悪な輩は優れた人々を憎むものである」と憤りをもって述べている。彼は、ソールズベリー司教に、司教区全体で王の安全のために祈りがなされることを要請し、「彼の繁栄は私どもの繁栄であり、私たちの逆境は彼の逆境です」という驚くべき言葉で書簡を結ぶ。まるでグラッドストーン（一八〇九―一八九八年）がヴィクトリア女王（在位一八三七―一九〇一年）について書いているかのようである。ただし、ヴィクトリア女王が彼女の首相を嫌ったように、ルーファスが個人的にアンセルムスを嫌ったようには思えない。この比較は、一見したところこじつけのように見えるが、そうではない。アンセルムスの王位に対する敬意は、グラッドストーンと同様に熱烈だったし、両者はともに、若き日の理想から、しぶしぶ離れていっただけなのである。

この時点でのアンセルムスの思考すべてにおいて、彼は、概括的に言うなら、教会に関するヒルデブランドの綱領と呼ばれるものを、知らなかったように思われる。彼の願いは王室の協力であり、ルーファスのあらゆる遅延にもかかわらず、彼はこの路線を主張し続けた。彼は、王国の安泰が第一であることを認めていた。支配者の軍事的な勢いに歓迎の意すらも表明した。それは、上に引用した書簡の直後に書かれた別の書簡に、見ることができる。一〇九五年の夏、ルーファスは彼の軍隊を率いて、北のスコットランドへと赴いた。この不在のあいだ、彼は、アンセルムスに英仏海峡の港の守備という任務を託した。アンセルムスは、王の軍事的侵攻を承認し、彼の代役を極めて真剣に務めたが——あまりに真剣だったため、ローマから彼のパリウムを運んできた教皇特使と会うためであっても、その任務から離れることを拒絶した[20]。

われわれが扱う小書簡集の中のつぎの一通は、一年以上後のもので、『新時代の歴史』によると、王と大司教が修復しがたい敵対関係にあったときである。再びアンセルムスの書簡は別の物語を語る。彼は、ソールズベリーの司教に、彼自身と王の名前でつぎの指示を書き送る。すなわち、サーン（Cerne）の修道院長が、自費で借りた船で彼の修道士たちを十字軍に参加させようとしているが、その計画の実行を阻止するように、ということである。それは乱暴で財力のある修道院長による、向こう見ずな企てであったが、十字軍に対する一般的な熱狂を示すという点で興味深い。ただし、アンセルムスも王もこの熱狂に与することはなかった。アンセルムスは、彼と王は、修道士が定住を強いられるべきだということで合意し、また王がノルマンディーから戻った後、この件について調査することになろうということを、修道院長に伝えるよう司教に書き送った[21]。

再び、われわれは、教会の安寧のためのアンセルムスの政策の基礎を、王との協力に見いだし、またこのことは、一〇九五年、イングランドに彼のパリウムを運んできた教皇特使との関係において、さらに顕著に現われるのである。すでに見たとおり、アンセルムスは、侵入者から王国を防御するために王から託された任務に支障をきたすと考えたことから、特使に会うことを拒絶した。同じ理由から、王の承認を得ないで、特使と一緒に教会会議（彼が強く望んでいた会議であったにもかかわらず）を開催する意向もなかった。

他と同様にこの件でも、彼は王の承認と援助が必要であることを認めていた。彼はじっくりと待つ気であったし、教皇に相談するためイングランドを離れる許可を王に願い出たのは、自分の望んだことが得られないと分かった末のことだった。彼は、王の許可なしにはローマに行かなかっただろうし、また最終的に王の許可を得たときも、王に対する彼の言い分を主張するためではなく、大司教職を辞任するつもりで赴いたのである。[22] 彼には、王の心を変えさせるために、教会の制裁を行使する意図はなく、王が主張する何らかの権力を、王から奪おうとする気もなかった。一度だけ、彼は、王――ルーファスではなくヘンリー一世――を破門で脅したが、その目的は、彼の大司教としての収入を回復することに明確に限定されていた。アンセルムスはランフランクスではなく、またどうあってもベケットのような人物ではなかった。教会に対する王の権力を縮小することは、彼の目的の一つではなく、教皇特使の権力を増大させることなどは、なおのこと彼の目的にはなかった。最初の点に関しては、後に吟味される理由から、彼の姿勢は限られた範囲で変化したけれども、第二点に関しては、決して変わらなかった。[23]

第一一章　新大司教の従順に関する問題

一　法とは何か

過去三〇年間におけるアンセルムスの生活の万事が、従順（oboedientia）を、自分自身と他の人々の振る舞いの根本的な規律とみなす素地を彼に与えた。しかし、誰に対する従順であり、いかなる点での従順なのか。イングランド情勢という荒れ狂う海において、これらは、簡単に答えることができない問題だった。

もちろん、彼は、すべての修道士が『戒律』と彼らの修道院長に、従順の義務を負うことについては、疑いをもたなかった。さらに、すべての聖職者は、彼らの直属の上長に服従の義務を負っていたが、この場合、その上長が神の法に反することを命じないという条件がついていた。この条件は根本的に重要であり、われわれは、それがこの時期の二通の書簡に表明されていることを見いだすことができる。そこでは、修道生活の要求が他のすべての要求に優先されるということが論じられ、これが、彼の思想における中心的な重要性をもつテーマだった。これらの書簡は、一〇九三年、アンセルムスが大司教としての聖別を待っているときに執筆された。一通はパリ司教宛、もう一通はパリの聖歌隊指揮者宛だった。これらのテーマは単純そのものだった。聖歌隊指揮者は修道士となることを望んでおり、他方、司教は、彼を聖堂の奉仕に引きとめようと望んでいた。アンセルムスは、道義がどこにあるかということについて疑わなかった。「鋤に手をかけて、〔つまり、この場合は、修道生活に自らを献げたこと〕後ろを顧みる者は、天国にふさわしくない」（ルカ九・六二）のである。聖歌隊指揮者に書き送る中で、アンセルムスは、かつての熱意を尽くして、先の条件を強調した。

司教たちは、彼らがキリストと一致する限りにおいてのみ、彼らの権威を保持しています。彼らがキリストと一致しない場合には、彼らは自分たちの権威を損なっているのです。キリストの声で語るすべての司教はキリストであり、「羊は彼の声を知っている」（ヨハネ一〇・四）のです。しかし、続いて福音書で述べられていることに注目しなさい。「羊は、彼らが知らない声の持ち主にはついて行かない」（同一〇・五）とあります。(1)

このことから、司教の正当な権威の試金石は、司教がキリストの声をもって語るべきだということが帰結する。いかなる司教であれ、他の声で語る者は、少なくとも彼が語った問題に関して、その権威を喪失する。聖歌隊指揮者へのアンセルムスの助言は、司教に抵抗すべきであるということ、そして司教への助言は、彼の考えを変えるべきだということだった。

以上が、この件に関するアンセルムスのメッセージだった。しかし、その諸帰結はかなり遠くまで及んだ。教皇の権威は、他のいかなる司教の権威にも優るが、しかし、上の規則は教皇にも妥当するのである。ベックの修道院長として、アンセルムスは、何人かの上長に服従せねばならなかったし、大司教職を受諾するに先立って、彼らの許可を求めた。いまや、彼の唯一の教会的な上長は教皇だった。しかし、教皇は、遥か遠くにおり、近づくことも難しく、また訴えがなされても、しばしば誰のものか定かでない声で語った。その上、一〇九三年のイングランドでは、承認された教皇がいなかったし、驚くべきことに、アンセルムスも、彼自身がノルマンディーで承認していた教皇を、王に承認するように促すことに、ほとんど固執しなかった。彼自身がウルバヌス二世を承認していたことは、取り消すことができないということを、彼は疑わなかった。けれども、彼は、彼がノルマンディーの他の人々と共に行なった選択に、イングランドの王国を縛り付けることはできなかった。イングランドに関する限り、選択は王の手にあること――少なくとも彼はこの見解に異議を唱えなかった――を、彼は認めていたと思われる。もし王が誤った決定を行なったなら、アンセルムスは、イングランドを離れ、大司教職を教皇の手に譲り渡しただろう。彼は、王に決断を促すことを決して止めなかったが、最後通牒を突きつけることも、脅迫をすることもなかった。彼は、自分の個人的な責任を果たすことだけにこだわったのである。この宇宙の神的な秩序に関する彼の長年の省察は、政治的な組織の諸原則に拡張されることはなかったが、既成の秩序と対立しなかったことも確かである。

さらに別の問題もあった。アンセルムスは、父親に従うことを望む者の熱意で、教皇に助言を求めたが、教皇の決定と政策の発展に関する彼の知識は、微々たるものでしかなかった。アンセルムス自身の在世中における教皇の会議の主要な決定に関する彼の無知は、今日では歴史的な栄誉を担うような人においては、不面目なことに思われるだろう。アンセルムスは、一〇九五年のクレルモン教会会議にボソーを使者として派遣したが、ボソーが病気のためにすぐに会議から戻らなかったこともあって、その教令すらアンセルムスに知られないままだったし、数年間、その実行も無視されたままだった。現代人の考えからすると、重要な決定は速やかに関係者に伝達されるだろうと期待するのが当然であり、このような事務的な慣習が欠如していることは、ほとんど信じ難いことである。けれども、ローマ教皇庁ですら、重要な書簡を保管する組織はそこにしかなかったのに、諸決定の影響を最も受ける人々にそれらを伝達するための系統だった手段を持っていなかった。すでに見たように、一〇五九年のローマ教会会議の決定は、この世紀における他のほとんどすべての諸決定よりも広範囲に伝えられたが、聖餐に関する決定はまったく触れられなかった。したがって、事務的な慣習が欠如していたという点では、アンセルムスは、こうした組織全体の欠陥を露呈しているにすぎない。

彼は、その時代の決定に関して無知であったと同時に、過去の決定に関しては、それに輪をかけて無知であった。ランフランクスは、実際的な精神の持ち主だったので、まだベック副院長だったときに、こうした必要を見越して教会法集成を作成し、それが大司教のときに役立った。彼は、書簡の中でそれを頻繁に引用し、イングランドにおける教会法の普及に責任を果たした。ランフランクスの教会法集成はカンタベリーの図書室に蔵書されていたが、アンセルムスが大司教時代にそれを利用した証拠はない。彼は、ベック副院長のときに一度そこから引用したが、それがまだ写本がベックにあったからである。だがこの一例ですら、彼が引用を導入する仕方は、どれほど彼がそれに不案内だったかを示した。問題は厄介なものだった。すなわち、不貞を働いた司祭が、彼の罪を告解した後に、元の職務に復帰することは許されるべきか、ということだった。アンセルムスは、返信の中で、このことが許容されうることを、一般的な諸原則から論じた。しかし、それに続いて、彼の言葉によると、「権威以外のいかなる論証にも納得しない人々」のために、彼は、教皇カリストゥス一世とグレゴリウス一世のテクストに言及した。それらは、彼が推論によって到達した見解を支持するものだった。彼は、これらの引用をランフランクスの写本から採った。幾分粗雑な仕方で権威を引用してから、直ちに彼は、自分の論証を念入りに仕上げるという、より性分に合った仕事に取り掛かり、個々人の心理の考察、悔悛に関するさまざまな判断の効果、告解者の行動に賢慮が必要であることを明らかにする。[2]

この書簡は、彼が大司教となるずっと以前に書かれたが、昇進が彼の考えを変えることはなかった。大司教時代に、彼がランフランクスの集成から行なった唯一の引用は、友人のギルベルトゥス・クリスピヌスの論考からの孫引きだったと思われる。この場合もまた、以前の場合と同様に、彼の引用は、すでに彼が到達した結論を補強するために導入された。[3]

われわれは、以上の二つの事例から、アンセルムスが教会法に関する広範な知識を重視しなかったこと、また権威の妥当性の試金石がキリストの声との一致だったということを推測できよう。それゆえ、彼は、実践的な助言と行動において、彼の神学におけるのと同様に、諸原則の正しい理解に依拠したのである。

われわれは、教会法を参照する問題に関して、ルーファスの治世下で執筆された彼の唯一残された別の書簡において、彼がこの方法に従っていることを、非常に明確に見いだすことができる。[4] それは、ある修道院長、おそらくはフェカンの修道院長からの問い合わせに答えるために書かれたもので、この修道院長は、彼の修道院教会の建て直しに従事していた。問題は、広範囲にわたって教会堂の再建が行なわれた、この時代にしばしば生じたにちがいないものだった。すなわち、祭壇は、いったん移動されたならば、再度、奉献される必要があるか、ということである。

アンセルムスの回答は、この件に適用できるような権威のある答えがなかったことを示している。彼は、フェカン修道院長に、この問題を解決した教皇エウゲニウス（明らかにHyginusの誤記）の書簡があることを聞いているが、当の出典に関してはいかなる情報も得ることができない、と述べている。彼は、ローマに滞在したとき（一〇九八年ないし一一〇〇年）に、この問題の解決を求め、ウルバヌス二世にこの件を語った。教皇の意見は、祭壇はいったん移動されたら、再び祭壇として使用すべきではない、ということだった。しかし、そこにいた他の人々の意見は、再設置のための簡単な儀式を済ませれば、奉献の儀式がなくとも再び使用できる、というものだった。これらの見解の不一致に対し、アンセルムスは、彼自身の見解を表明した。すなわち、教皇の見解にもかかわらず、祭壇は簡単な奉献の儀式の後に元のように使用されうる、ということである。彼は、この見解が教皇および教皇庁の他の人々の意見と対立することは認めるが、しかし、彼自身の見解としては、「確かに、他の人々がそれについて考えたかもしれないが、私はそれを誰からも受け取っていない」として、これを提案したのである。彼は、より優れた助言が得られるまでは、それを保持することができると考えた。

より優れた助言は、偶然にも、難なく与えられた。フェカン修道院長がシャルトルのイヴォ（Ivo Carnotensis 一〇四〇頃—一一一五／一六年）に同じ質問をしたところ、彼は教皇ヒュギヌスのテクストを提示したのである。それは、アンセルムスがエウゲニウスと誤記したものだが、ウォルムスのブルカルドゥス（Burchardus 九六五頃—一〇二五年）の教会法令集に見いだすことができた。[5] そのテクストは、アンセルムスの結論を支持していた。したがって、キリスト教世界の半分を巡ったすえ、この小さな問題は、最終的に解決を得たのだが、結局、アンセルムスの見解が、教皇と教皇庁の両方の見解に対して、正しかったのである。

この小さな問題点の解決を得るにあたって、フェカン修道院長が経験した困難には、一般的に興味深い点と特定の興味深い点の両方がある。一般的な点からすると、それは、この時代の教会政治が未熟な状態だったことを例証している。まだ教会法の博士もおらず、この学科が研究される学校もなく、講義もなく、専門的な知識の中心もなかった。実際、アンセルムスが、この問題をシャルトル司教イヴォに照会しなかったことは、奇妙なことである。彼はイヴォを友人としては知っていたが、北ヨーロッパにおける教会法に関する最も偉大な権威としては知らなかった。彼は、この問題を、自分にできたのと同じく、高位聖職者であれば誰でも、最善の仕方で解決しなければならないものと見なした。これが、スコラ学以前の時代に生きるとはどのようなことだったのか、ということである。アンセルムスは、この問題を自力で考え抜き、彼の知っていた最善の権威の意見を求めた。教皇も間違い、教皇庁も間違った。アンセルムスの判断は正しかったが、権威の裏づけがなかった。イヴォによって引用された権威は、確かに偽ものだったが、受け入れることのできる結論を提出していた。この問題点に関する教皇の公式の裁定は、あらゆる疑念を払拭したことだろう。だが、決定に到るまでの明確な手続きをもたないという点で、教皇も他のすべての人々と同じ立場にいたのである。

教皇の裁定を得ることが困難だっただけでなく、アンセルムスが無条件に教皇の裁定に従うことはできなかったいくつかの点がある。これらは、カンタベリーの彼自身の教会の権利と特権に関する点だった。それらは、従順の問題全体を著しく複雑化し、また大司教としてのアンセルムスから多くの時間を奪った。これらの問題の詳細のいくつかを後に考察することになろう。さしあたり、アンセルムスが地域的な諸権利に与えた重要性に注目するだけで、事足りるにちがいない。彼は、決して自分の理由を説明しなかった。だが、彼の聖別のさいになされた、カンタベリー教会に対する忠誠の宣誓への従順は一つの理由であり、また他の聖人たちへの贈与の確実な安定への要求がもう一つの理由だったろう。これらは、時代を超えた事柄であり、彼もその変更を黙認することはなかっただろう。この同じカテゴリーの中に、彼は、執拗なまでに迫って、たとえ公的な宣誓を欠いていたとしても、修道生活への献身は破棄できないという問題を置いたのだった。

いまや、これらの書簡で提起された多くの小さな問題の中で、教皇の権威の問題が際立った重要性をもつ問題だったことを見て取ることは容易である。しかし、これは同時代の人々にとっては分明ではなかった。フェカン修道院長にとって、彼の新築の教会で古い祭壇を使用することに関する問題は、彼の修道院の生活に直接的な利害をもたらす問題だった。アンセルムスにとって、修道誓願の不可侵性の問題は、自分がそれに献身しようと心を砕いていた点で、他のすべての問題に勝っていた。しかし、この問題にしても他のすべての問題にしても、一般に受け入れられる決定に到るために必要とされる知識には、巨大な空白があった。この状況は、アンセルムスに関する限り、修道誓願に関わる彼の調停を吟味することによって、最もうまく例証されるだろう。

二　修道院的な従順の問題

すでに述べたとおり、一〇九三年から七年までのあいだにアンセルムスが残した四八通の書簡のうち一六通は、修道士と修道女の問題に関するものであり、これは、他の主題よりもずっと高い割合である。もちろん、ある意味で、このことは驚くには値しない。修道生活は、アンセルムスが広く認められた権威と個人的な深い体験の力をもって語ることのできた主題だった。それでもやはり、この主題に関する彼の確信を、厳密な意味での大司教の職務にとってより中心的な諸問題に関する彼の見解のやや大ざっぱな枠組みと対照すると、彼に新たな責任がかかってくる激変のさなかにあっても、彼の個人的な生活は、相変わらずのままだったことが判明する。ここでもまた、ランフランクスとの対照が著しい。彼は、自信をもってやすやすと命令を引き受けたからである。さらに注目すべきはベケットとの対照であり、彼のもつ新たな教会的な人格（persona）は、個人的な回心そして人目をひく壮大さをもつ、首尾一貫した行動を誘発した。アンセルムスが新たな職務によって変らなかったわけではないが、その変化は緩慢で、決して深化することはなかった。

これらの点に関する証拠は、一連の書簡に見いだされるが、それらは後年の彼を最も明らかに示す書簡の中に含まれている。すでに見たように、熱烈な友愛と修道生活への献身は、彼のベック時代において、極めて頻繁に組み合わさる主題だった。この組み合わせは、大司教としての彼の書簡にもなお見いだされ、とりわけ修道女の小さな共同体宛の書簡に見いだされうる。それらの中で、二通の書簡が、他のどの書簡よりも詳細に、修道生活への献身、個人的な諸関係そして政治の複雑な絡み合いを示しており、その中で、彼は大司教として活動することを要求されたのである。

（1）マルカム王の娘

二通の書簡のうち一通についてはすでに言及された。それは、一〇九四年三月のソールズベリー司教宛の書簡で、彼自身と王の名でスコットランド王の娘の件を処理するよう司教に指示していた。彼女は、ウィルトンの女子修道院を離れていたが、――アンセルムスとウィリアム王が一致したとおり――そこに戻るよう強制されるべきだった。この書簡は長い歴史をもつ事件の発端にすぎなかった。ばらばらになった情報の断片を継ぎ合わせることで、われわれは、出来事の成り行きとアンセルムスのそれらへの対応について、まれに見る鮮明な画像を入手できるのである。書簡の話題は、スコットランド王マルカム三世（在位一〇五八―九三年）の娘マティルダであり、後に彼女は、ヘンリー一世の妻そしてイングランド王妃になった。けれども、一〇九四年には、このような未来は思いもよらないことに見えた。当時マティルダは、たんに逃亡修道女であり、アンセルムスの目からすると、断罪の瀬戸際にあった。

彼女の意志に関するいくつかの事実が、この局面を明確にするのに役立つだろう。われわれは、彼女がウィルトンに来た日付を知らないが、おそらく、少女のときに彼女の叔母クリスティナと共にウィルトンで教育されるために、一〇八六年、スコットランドからやって来たと思われる。私が述べている事件が起きた一〇九三年、彼女は結婚可能な年齢である一三歳くらいになっており、彼女の結婚は、かなり重要性をもつ政治的な問題となっていた。さらに、後に公になる諸事実から明らかになる点は、彼女の父マルカム王は彼女が修道生活に入ることを決して意図していなかったことである。彼女は、他の多くのアングロ・サクソンの女性たちのように、侵略者による暴力からの逃亡者などではなかった。われわれは後者の一例にまもなく出会うだろう。ともあれ、彼女は、しかるべき結婚を待ちながら修道院で教育を受けていた王家出身の女性にすぎなかった。

一〇九三年における彼女の結婚問題の重要性は、彼女の父がイングランドにおける新しいノルマン王国と彼との関係の全般的な安定化を求める政策から浮上した。彼がマティルダのために思案した結婚は、征服王の新たな諸侯の中で最も力のある人物、リッチモンドの領主、アラン・ルーファス伯とのそれであった。彼は、二五年間、イングランド北部の最有力者であり、イングランド国王の勅許状の最も忠実な副署人の一人だった。それゆえ、イングランドの統治において中心的な人物だったが、征服半ばの北部においては潜在的な脅威だった。したがって、計画された縁組は、大きな政治的好機、ことによると大きな危険すらもたらす展望を開いた。北部における最も重要な直臣と、いまなお不安定な北の境界の向こうにいる、イングランドにとって最も危険な敵の娘との結婚の見通しは、王ルーファス（ウィリアム二世）にとって考慮すべき重要な材料だったにちがいない。

このような事情で、結婚の計画が挫折したことは、驚くべきことではない。われわれは、いかなる理由だったかを正確には知らないが、一〇九三年八月にはすでに、その計画がつぶれていたことを知っている。それは、イングランドの王とスコットランドの王との不和を最終的に解決するために定められた日付だった。グロスターでの二人の王たちの会談のために、入念な準備がなされた。マルカム王は、約束の時間にそこにいたが、ルーファスは彼と会うことを拒み、年代記記者の言葉によると、両者は、「激しい敵意を抱いて」決裂したのである。(6)

アンセルムスの実務家だったバルドゥイヌスの雑談から、後に明らかとなったこの状況における一つの事実は、グロスターでの会談に向かう途中、ルーファスがウィルトンに立ち寄ったということである。もしバルドゥイヌスを信頼できるのであれば、この訪問は重大な結末を伴っていた。女子修道院長がマティルダの頭に修道女のヴェールをかぶせたのがこの時であり、ルーファスはそのヴェールを見て、立ち去ったからである。(7)バルドゥイヌスの話の詳細は混乱しているが、一つの可能性は、女子修道院長の行動が、マティルダを結婚できなくするための策として、ルーファスに促されたものだった、ということである。アンセルムスは、マティルダが彼女の修道院に戻されるべきだと要求し、ルーファスはすぐこれに同調し、アンセルムスも（すでに見たように）幾分驚いたが、それにはこうした事情があったからかもしれない。このことは、ルーファスとマティルダの父マルカム王の直接的な不和の理由を説明するかもしれない。

いずれにせよ、グロスターでの会談をルーファスが拒絶したことに対して、マルカム王がただちに取った行動は、ウィルトンにまっすぐ赴き、マティルダの頭のヴェールを裂き、彼女をスコットランドに連れ帰ったことである。後にマティルダは、ヴェールを引き裂きながら、「父は、私を女子修道院の妻ではなく、アラン伯の妻に決めていた」と誓った、と語っている。しかし、マティルダのための結婚計画はいまや無効になり、その数ヵ月後、彼女の父は境界の小競り合いで殺害され、以後七年間、われわれは彼女については何も耳にしない。(8)

一〇九三年に、アンセルムスがこれらの複雑な政治的策略を知っていたかどうか、われわれには知る術がまったくない。しかし、そのことがマティルダに対する態度を左右することもなかっただろう。彼にとって——彼女が移された状況がどのようであれ——彼女は、自分の修道院に連れ戻されるべき逃亡修道女だったのである。これは、彼の思想の冷酷な側面である。彼女がヴェールを「かぶった」状況は、われわれの知りうる限り、不適切なものだった。もちろん、ルーファスがアンセルムスの要求にすぐに同意し、そのためにアンセルムスは彼に非常な信頼を寄せたのだが、それは、いまとなっては、まったく政治的なことだったと見なすことができる。われわれに関する限り、大きな危機は阻止され、いまや問題は閉じられたのだが、それには、これから述べる続きがあった。

（2）ハロルド王の娘

マティルダとアラン・ルーファス伯との計画された結婚はいまとなっては空文だった。しかし、それは悲劇的な結末を伴った。未来の花嫁に会うためにウィルトン修道院を訪れたさい、アラン伯は、年の頃三〇歳ぐらいだったにちがいない、もう一人の貴婦人を見初めた。マティルダと異なり、彼女は、ノルマンの侵入からの本物の逃亡者だった。というのも、彼女は、アングロ・サクソン最後の王ハロルド（一〇二〇頃—六六年）の娘で、修道院に避難していたからである。名はグンヒルダ（Gunhilda）。マティルダと同様、彼女もヴェールをかぶっていたが、おそらく数年を経過していただろう。しかし、彼女もまた修道誓願は、行なっていなかった。彼女のアラン伯との出会いは、奇妙なそして情熱的なロマンスに導かれるのだが、そのことは、今日アンセルムスの二通の書簡からしか知られない(9)。

この二通の書簡で暴露される、もつれた状況を解きほどくことは難しい。明確な事実は、グンヒルダがアラン・ルーファス伯とともに修道院を離れ、彼が死ぬまでのほんの短いあいだだったが、彼の妻ないし愛人として暮らした、ということである。彼の死は、まもなくのこと、おそらく一〇九三年八月四日であろう。なぜグンヒルダは、自分の修道院に戻らなかったのか。アンセルムスの二通目の書簡から明らかになる答えは、アラン伯の兄弟で後継者が、彼の所領だけでなくグンヒルダも受け継いだということである。これらの重要な諸侯が、なぜ、教会の非難に逆らい、またスコットランド王との重要な政治的同盟に代わるものとして、ハロルドの娘を選ぶことになったのかは謎である。われわれに分かることは、グンヒルダが優れた才能と魅力をそなえた女性だった、ということに尽きる。というのも、――二人の有力諸侯を魅了したことに加え――彼女はまた、われわれの知るどの女性よりもアンセルムスと親密な友愛を結んだからである。

アンセルムスは、彼女がウィルトンを離れた後、二度書簡を書き送った。彼は、彼女が数年間ヴェールをかぶっていたにもかかわらず、決して修道誓願をしていなかったことを認めていた。ランフランクスは、ノルマン人の手から逃れて女子修道院に避難したものの、修道誓願は立てていない逃亡者に関して規則を定めたが、それによると、グンヒルダは結婚できる資格があった。しかし、アンセルムスの目には、彼女がヴェールをかぶったことは、彼女を不可逆的に修道生活に拘束したのであって、いまとなってそこから退くことは、断罪の道を歩むことだった。彼女宛の書簡は、大司教として彼が執筆したどの書簡よりも、彼の最初期の書簡を想起させる。それらは、彼の以前の文体の癖を満載し、また個人的な愛着の情熱を雄弁に語っている。それらから明らかになることは、彼らが以前に会ったとき、多分、一〇八六年に彼がイングランドに長期滞在したさい、グンヒルダは彼の談話のとりこになり、彼も彼女の愛情に魅了された、ということである。

お受け取り下さい〔彼はこう記す〕、最愛の、この上なく慕わしい娘よ、神の栄誉と貴女ご自身の大きな益となるように、これらの言葉を貴女が真に愛する者の忠告として、お受け取り下さい。以前、貴女は、妨げられることなく私との語らいを楽しむことができるように、ずっと私と共にいたいと仰いました。それが貴女に大きな喜びを与えるとも仰いました。その後、貴女は、甘美に満ち溢れるお手紙を私に下さいました。そのお手紙から私が知ることができたのは、当時、貴女は修道服をまとっており、その聖なる修道生活を貴女が放棄することはないだろうということでした。私が抱いた希望は、貴女が神の名において約束なさったことを、成就なさることでした。

グンヒルダは、彼がこのような親密な言葉で書簡を書き送った最後の人物だった、当然、この書簡を読むのには骨が折れる。イメージとして浮かんでくるのは、ずっと以前に書かれた『淫蕩によって不幸にも失われた童貞性への悲嘆』である。

貴女はアラン・ルーファス伯を愛し、彼もまた貴女を愛しました。貴女が愛した愛人はどうなったでしょう。今彼が横たわっている褥に行き、彼の側に横たわりなさい。彼の腕を胸にかき抱き、彼の軀を抱きしめなさい。肉が崩れ落ちたむき出しの歯に口づけしなさい。生きているとき彼に喜びを与えたあなたの愛を、今の彼はいとしいと思いません。貴女が欲した彼の肉体も今は朽ち果てています。

この書簡についてどう考えられようと——私はそれを控え目に訳した——これが強烈な迫力をもっていることは、打ち消すことができない。アンセルムスはここで彼が理解したことを根拠とした。彼は、法の論拠をことごとく払いのけ、彼にとって中心的な論点となったことに集中した。グンヒルダが誓願を行なったか否かはかまわなかった。彼女は修道服をまとったのだ。彼女もまた、アンセルムスが宗教的な生活について語ったことを理解していたと思われる。いま修道生活に背を向けることは、たとえそれに手を伸ばしていたにしても、不確かな世界に逆戻りし、破滅のみが確約された未来と向かい合うことだった。修道院から遠ざかる一歩一歩は、救いからさらに遠ざかっていくことだった——それがキリストの霊的な抱擁から不純な愛に向かうことを意味する以上、いずれにせよ十分に悪であり、何にもまして悪だった。

アンセルムスは、いかなる政治的な問題に関しても、この問題ほどに強い反応を示したことはなかった。われわれは、彼がわれわれに語った二通の書簡以上のことは知らない。二人の兄弟のもう一人も、私が述べた出来事からまもなく歿したため、おそらくグンヒルダはウィルトンに戻ったのだろう。そこでは後代、彼女の栄誉が回顧されたからである。確かに、一一〇〇年までには、すべてのエピソードは、ほぼ完全に忘却の淵に沈んでしまった。アンセルムスの二通の書簡だけが、対立する情熱の並外れた衝突の記録として残り、それら自体としては、二〇年後のアベラルドゥスとエロイーズのそれに匹敵するほど強烈であった。

修道生活と規律に関する問題、神学に関する二つの著作、修道院の日々の日課、ならびに彼の助言ないし判断が求められたあらゆる種類の教会的な問題、これらが、おそらくこの年月におけるアンセルムスの主要な業務だったろう。けれども、それらは公的な生活において場を占めておらず、われわれもそれらに関して『新時代の歴史』からは何も耳にしない。この書物は、われわれがこれから戻っていかねばならない出来事に関心があったからである。

三　分離した従順の問題

大司教としてのアンセルムスの初期の年月は、特に注目すべき二つの特徴を示している。第一の特徴として、教会政策に関して、彼は、ヒルデブラントの改革の最も重要な側面のうちの二つに親近感ないし共感を抱いている様子を、まったく見せていない。その二つとは、簡潔に要約すると、教皇の選出から司教の叙任、教会の所有権に到るすべての段階で、教会から世俗の影響力を締め出したこと、また公会議と教会会議を頻繁に開催し、広域の管轄権をもった教皇特使を任命することによって、統治を中央集権化したことである。第二の特徴として、彼は、自分の新しい地位に強烈な嫌悪を示し、常に辞任を望んでいたことである。彼は、シャフツベリー女子修道院長のエウラリア（Eulalia）に「私は、大司教職に疲労困憊しており、もしそうしたとしても、罪とならないのであれば、この職を続けるよりは、死んだほうがましです」と書き送る。[10] 彼がまったく文面どおりのことを言おうとしていた、と考えるべき十分な理由がある。

彼を困憊させた主な原因は、三〇年以上も修道誓願に捧げてきた純朴で献身的な従順に代わって、いまや、どの要求に彼の注意を払ったらよいか分からなくなったことである。彼は、あまりにも多くの論争を抱え込んでおり、それらは、彼が望んだ結果をもたらすことはなかった。彼は、王の協力が得られるという希望を抱き続けていたし、奇妙なことだが、彼は、王にかなり個人的な共感を抱いていたと思われる。しかし、あらゆる段階で新たな障害がたちはだかり、そのために、もし神の意志に背くことなく実行できるのであれば、辞任する、という機会を求め続けていたのである。たとえこれが不可能なことが明らかになったとしても、彼には三つの目的があった。第一に、大司教となるために必要な段階をしかるべき順序で完成させること、第二に、彼の教会の財産と諸特権を、損なわれることなく保持すること、第三に、教会の規律を正すために教会会議を開催することである。これらの目的はみな、さまざまな困難を引き起こした。アンセルムスは、困難が生じるたびに、最善を尽くして対処した。そこで、われわれとしては、大司教への昇進の諸段階を呼び起こすというよりは、アンセルムスが一つの段階からつぎの段階へ進んでゆくときの心境を理解するために、一歩一歩それらを辿ることにしよう。

(1) 大司教となるさいの諸問題

大司教となるのに必要な段階には、選出と叙任に続いて、臣従礼、推戴式、聖別式そして教皇からのパリウムの受領があった。選出と叙任はすでに終わっていたが、それは、王が彼を指名し、司教杖を彼に差し出し、周りにいた司教たちがこぶしを握りしめたアンセルムスに無理やり押し付けるという混乱した仕方だった。これが行なわれたのは、一〇九三年三月六日、王が死の床にあると思われた時だった。その日、アンセルムスの手に司教杖が渡されたが、彼が完全に聖別された大司教となるには、なお長い道のりがあった。彼が規則に反して王から司教杖を与えられたことから、第一段階すら踏んでいない、と言う人がいたかもしれない。しかし、彼は、グレゴリウス七世が世俗権力による叙任に対して一〇七八年に交付した包括的な教令に関して、一切知らなかった。いずれにせよ、エアドメルスは、アンセルムスの手に司教杖を握らせたのは司教たちだったのだから、王から叙任されたのではない、と主張することができたのである[11]。しかしながら、この問題は起きなかった。教令について何も知らない以上、彼は、ルーファスの治世下において、王から叙任された司教たちを聖別し続けたのである。

もちろん、どの理論に基づいても、彼が叙任された儀式は、選出と叙任に関する教会法上のどの規則にも適合せず、またアンセルムスが唱えたすべての異議の中で、彼が職務を拒絶する理由として、この手続き上の欠陥に言及していないことは驚くべきことであるし、それどころか、教会法に関する初歩的な知識さえあれば、誰でも驚くことだろう。このこと自体、彼が教会法の公式の規則への関心を欠いていたことを示唆している。彼が思索したのは本質についてであって、外的な事柄ではなかった。彼が大司教となることを避けたいと望んだ根拠は、儀式――それが適正であろうが不適正であろうが――にあったのではなく、いわんや、彼自身の欲求――受諾することに強く反発したけれども――にあったのでもない。彼の根拠は、過去三〇年間探求してきたように、精神と意志における正しさ（rectitudo）の吟味にあった。本質的には、これが意味していることは、彼自身の個人的な世俗放棄を維持すること、神の面前で瞑想と祈りにおいて修練すること、正しさのみに見いだされるかの自由を保持することである。彼は、これらの原則を、過去においていくつかの機会に明確に述べたが、とりわけ、修道士が教会における昇進を受諾するか否かを彼に相談したときに、そうであった[12]。

彼が求めた正しさは、公的な正しさというよりは、個人的なそれだったにもかかわらず、前者がカンタベリーの空位をできるだけ速やかに埋めるべきであることを要求する以上、それが考慮から除外されることを意味していなかった。けれども、このような正しさは、心構えが正しい場合にのみ、登場しうるものであった。これらの問題をすべて考慮するに当たって本質的なことは、すすり泣き、抗う人物の向こうに、真理、正しさ、正義の厳密な定義に達し、それに従って生きることに自分の生活を捧げた峻厳な探求者を見いだすことである。彼は、感情に押されて、これらの精力的な努力の結果を放棄したわけではなかった。表面的には強い感情のあらゆる徴候が見られるにもかかわらず、彼がなおも求め続けたのは、修道誓願によって自らを捧げた生活の原則に従うことだった。彼が抱いた修道生活の平和への熱望、ベックへの義務、この世への恐怖は、どれも強かった。しかし、彼が知的に明確化した諸原則はさらに強かった。

それゆえ、一〇九三年三月六日の出来事に戻ると、彼の最初の段階は、ベック修道院長として、彼がそれぞれの形で服従して来た人々、つまりルーアン大司教、ノルマンディー公、ベック修道士たちの承認を求めることだった。最後の者たちだけは異議を唱えたが、アンセルムスは、良かれ悪しかれ反対者たちを無視し、彼が最も適格と信じた者を修道院長として選出するようにベック修道士たちに告げ、最終的に大司教職を受け入れた。彼に残されたことは、修道士たちと自分自身にとって、できるかぎり受け入れやすい形でベックを去ること、そして事の成り行きに立ち向かうことだけだった。

もし彼が大司教となることを回避したいと望んでいたのだったら、あっさりと断ればよかった、という反論は容易になされるだろう。もちろんそれは正しい。けれども、アンセルムスの体系においては、正義のみが自由を与え、そしてこの場合、正義とはカンタベリーに大司教を与えることを意味した、ということが想起されるだろう。もしアンセルムスが拒否したら、別の人物が近々に指名されるという見込みは、まずもってなかった。しかし、もし彼が受諾し、その上で、彼が常にそう望み続けたように、大司教職を教皇の手に委ねたなら、新たな任命責任は教皇にあることになり、アンセルムスは彼が忌み嫌った地位から「正当に」解放されることになっただろう。これが、彼が再三自分の目的として言明していたことである。結局、教皇が彼を自由にすることを拒んだことから、彼には職務を続ける以外の別の選択肢がなくなった。彼は、「修道院という安全な港から、この世という荒れ狂う破壊的な嵐」の中に入っていくことを余儀なくされたのである。これは、彼が他の人々にしばしば注意を喚起してきたことだった。しかし、彼がそこから解放される見込みはなかった。

いまや、アンセルムスとしては昇進の残りの段階を踏む準備が整った。一〇九三年九月、彼は王に臣従を誓い、大司教の所領を授けられた。九月二五日、カンタベリーで推戴式がなされ、さらに一二月四日にはカンタベリーで聖別式が行なわれた。臣従礼に関しては、この時まだ、聖職者が俗人に臣従礼を行なうことに対抗する教令は存在しなかったことを、述べておくだけで十分だろう。事実、アンセルムスも原則的には問題がないと考えていた。一〇九九年に教令が出された後——これについては次章で論じられる——エアドメルスは、アンセルムスが臣従礼を行なった事実を伏せようとした。しかし、証拠は歴然としており、アンセルムスも後に、一〇九九年の教令に全面的に基づいて、臣従礼に反論を唱えた。[13] この教令を別にすると、彼の教会政治に関する見解は、王と大司教との協働関係を強く支持するものだった。彼の聖別に関して言うと、それが論争を引き起こした唯一の問題は、彼の聖別したヨーク大司教との関係についてだったが、これについては首位権の文脈で論じられるだろう。

（2）　教皇の選択における問題

アンセルムスの選出と叙任における他のいくつかの欠陥の中で、その当時アンセルムスも他の誰も触れず、後に教皇特使によって彼がとがめられることになる点があった。厳密な見方からすると、彼の選出は——他の法的な欠陥すべてに加えて——教会分離（シスマ）の罪に抵触していた。というのも、王とこれに関わった他のすべての人々は、アンセルムス自身を唯一の例外として、ウルバヌス二世がすでに五年間も教皇であったにもかかわらず、彼を正当な教皇として認めていなかったため、教会分離の罪を犯していたからである。さらに、この欠陥とは別に、この選出は、アンセルムスが教皇からパリウムを受け取るまでは、完了したとは見なされることができず、また聖別された年内に彼がそれを受け取らなければ、免職される恐れも生じただろう。けれども、王もイングランドの司教たちも、対立する教皇候補者のどちらかを認めることはなかった。このことがはっきりするまで、アンセルムスは、パリウムを受け取ることができず、しかもその法的な期限は、一〇九四年一二月で切れることになっていた。事実、その期限は切れたが、それでもなおアンセルムスは、彼に大司教としての十全な権威を与えるパリウムを受け取っていなかった。

手始めの問題として、ウィリアム一世もウィリアム・ルーファスも、一〇八五年にグレゴリウス七世が歿して以来、いかなる教皇も認めていなかったこと、またイングランドがドイツにならってクレメンス三世を認めようとしていたのか、フランスにならってウルバヌス二世を認めようとしていたのかも、いまだあやふやだったことである。アンセルムス自身は、ベック修道院長として、フランスの王国の他の者たちと一緒に、すでにウルバヌス二世を認めており、彼の従順を変えようとはしなかった。にもかかわらず、彼は、イングランドの王国に関する限り、二人の対立候補のいずれを認めるかという決定権が王にあることを、否定しなかった。正しい決定も誤った決定もあるが、その決定をするのは王であり、もし誤った決定がなされたなら、アンセルムスは王国を離れただろう。

ルーファスは彼の決定を先延ばしにしたが、クレメンス三世を承認することになるような、いかなる機会も訪れなかった。その理由は、対立する者たちの主張を検討したからではなく、ノルマンディーを支配下に置こうとする彼の確固とした決意のためであった。彼が再統合しようと企てた土地に、互いに破門し合う二人の教皇がいることは、さまざまな難題を抱える彼にとって、相当に余計な悩みの種だっただろう。ノルマンディー全体が受け入れた教皇を承認したことを理由に、大司教を追放することは、政治的には愚かな行為だっただろう。このような事情で、一〇九五年二月のロッキンガムで遅まきながら行なわれた、この問題に関する有名な最終的論争は、多分に腹の探り合いの様相を呈した。

さまざまな理由で、王は、彼の裁量権を自由にしておきたいと思っていたのだろうが、アンセルムスが自分の地位を辞することなく、この国から離れるかもしれないと察知するや否や、ウルバヌス二世を承認することに決めた。王はいつものように迅速に行動し、教皇特使がパリウムを携えてイングランドに到着したとき、アンセルムスですら王の決定を知らなかった。後にアンセルムスの後継者たちの何人かも悟ったように、王と教皇が大司教を無視するために容易に連合できることを、彼が悟ったのは、これが最後ではなかった。

かくしてパリウムは到着した。しかし、これは新たな難題をもたらしたにすぎない。アルバノの枢機卿・大司教ヴァルテルス（Walterus）が特使としてパリウムを携えてきたが、彼は、教皇庁において卓越した人物であり、明らかに、アンセルムスが信頼に足る人物か否かを、疑っていた。一つには、彼は、アンセルムスの「選出」がシスマの行為だと叱責したが、この非難に対し、アンセルムスは冷静に否定した。(14) より重要なことは、明らかに特使は、この機会を利用して、イングランドを教皇の密接な支配下に置こうと望んでいたことである。彼はアンセルムスに、イングランドの教会の規律を回復するために必要とされる方策を、会談すべきであると示唆した。アンセルムスは特使に、彼と同様に自分も何が必要とされているかを承知している、と言ったが、それは形式的な辞令にすぎなかった。さらに――実際、このことが特使に熟慮を促す材料となったにちがいない――アンセルムスは、王が彼の管理に委ねたこの国の部分を防御することに忙殺され、特使と会談することはできないと言った。さらに事態を悪化させたことに、彼は、いずれにせよ王の承諾なしに計画を立てることは、何ごとも王の協力がなければ達成できない以上、彼と特使にとってまったく無益だろう、と付け加えた。彼には、改革的な教皇の理想に対してかなり攻撃的な内容を、たった一通の書簡に詰め込むことなど、まずできなかったのである。

（3）　カンタベリーの所領を守ることに関する諸問題

一〇九五年三月二七日、アンセルムスは、カンタベリーで、教皇特使からパリウムを受領した。ついに、彼自身の教会と教区に加え、彼の管区を治める資格を得たのだが、それは（彼が信じたように）ブリテン諸島の全領域を包含していた。過去二年間、彼は、管区大司教としての諸権能を欠いていたにもかかわらず、カンタベリーのクライスト・チャーチの財産と諸特権を保持する責任を全面的に負っていた。彼の管区大司教としての諸権能については、大司教としてのアンセルムスの生涯全体に多大な影響を及ぼすため、別個に論じられる必要が出てくるだろう。しかし直接的には、彼の教会の所領およびその他の物質的な財産に関わる負担が彼にのしかかってきたが、それは、ノルマンディー公ロベールの緩やかな規則の下にあったベックでは、決して表面化することがなかったことである。

イングランドでは、すべてが異なっていた。すでに一〇九三年と一〇九四年、パリウムを受領する前に、彼は、王国内の最大の地主の一人として、王に尽くすべき奉仕に関して辛らつな論争を行ない、また最終的に彼がイングランドを離れる決意をさせたのは、一〇九七年の領土に関する三度目の論争だった。この領土に関する、イングランドに固有の論争が、いかなる教会的な問題よりも最終的な危機を早めたようだった、という事情を理解して初めて、われわれは、適切な観点で、大司教の職務に関する彼自身の見解を知ることになるだろう。

なぜこうだったのか。主たる理由は、個々の教会の土地財産を守ることが、その長の最も明確かつ直接的な職務だった、という点である。大司教としてアンセルムスは、彼の管区と教区全体の規律、正統性、組織、平和に関わる多くの職務をもっており、それはまた、より広範囲にはブリテンという「もう一つの世界」（alter orbis）全体に関わっていた。彼は、これらの教会的な職務の重要性を強く意識しており、聖別式を執り行い、必要な限り規律に関して助言ないし裁定を与えた。

教会会議を開催するという最重要の問題に関して、彼は、長いあいだ王の都合を待つ構えだった。また、世俗の政治が必要とする事柄を過小評価するようなことも決してしなかった。しかし、カンタベリー教会の財産は別の問題だった。それらは、ほんの少しでも警戒を怠ると、永久に失われる可能性があった。真理、正義、愛そのものが、神と聖人たちに奉献された財産を、厳格に守ることを要求した。

アンセルムスはこのことについてまったく疑わなかった。彼は、いくらか軽いが、同様の悩みを、少なくとも修道院長としての最初の数年間抱えていた。それは、権利証書が見いだされえないことを理由に、ベックに属する土地と十分の一税への権利を主張する者たちに対する訴訟にはまり込んでしまったときだった。その当時、彼は、ランフランクスに、これらの処理について前例を記憶していないかを、照会することができた。[15] しかし、今回は、自分自身に頼らねばならず、宮廷には友人もいなかった。もし彼が、彼の教会の土地、税、権利に影響を及ぼすあらゆる事柄を早急に進めなかったなら、ランフランクスのように彼を助けてくれる人物もいなかった。

カンタベリー教会の財産に関する最初の危機は、一〇九三年八月に生じた。この時、王は、彼が空位期間に大司教領に設けた軍役の借用を、大司教が承認するように要求した。おそらく、アンセルムスも、それに応じるように十分に助言を受けてきていただろう。確かに、大司教領は、そこから提供されるべき軍役に関しては、すでに過剰に騎士を供給していた。しかし、彼は、広大な地所を所有しており、それを管理するには王と宮廷の支持を必要としていた。土地所有者が懸念すべきは、彼の上にいる王ではなく、配下の領臣の掌握であることを、アンセルムスが学んだときは遅すぎた。しかし、アンセルムスはこれらの関係では考えなかった。彼が深く抱いていた懸念は、自分の管理に委ねられた土地が少しでも減ることに対して、個人的な責任があるということだった。

いつもながら、彼の考えは明確で断固としていた。

私の考えは以下のとおりです。王は、ランフランクスが彼の生涯の終りまで保持していた大司教職を、私に授けられました。今、王は、大司教と教会が長年保持してきたもの、彼が私に与えたものを、私と教会から取り上げるのです。この大司教職は、私が死ぬ日にそれを保持していたようなかたち以外で、私の死後、誰かに与えられることは決してないだろう、と私は確信します。またもし、別の王が私の在世中に王国を継ぐとしたら、彼は、その即位時に私が保持していると認めなかったものを、私が保持することを私に許すことはないでしょう(16)。

論証は申し分なかった。何ものもすすんで手放されるはずはなく、いったん手放されたら、回復されることは期待できなかった。王は同意せざるをえなかった。彼は、アンセルムスが希望したように、彼の臣従礼を拒むことすらしなかった。ルーファスの主人としての権力は、実際上、かなり厳しい制約をもっていた。しかし、彼は侮辱されたことを忘れなかった。

つぎの危機は、ほとんどこの直後にやってきた。そしてアンセルムスは、またも彼の責任に関して、同様の個人的な見解をとった。一〇九四年、王は、ノルマンディーでの戦争を準備しており、直属の領臣から「援助」を要求した。それは、確かに不当な戦争だった。しかし、多分、この時代、教会の利害に影響を与えないならば、誰も世俗君主の戦争に道徳的な区別を試みようとしなかった、と言うほうが当たっているだろう。確かに、アンセルムスが困惑したのは、ルーファスの動機を疑ったからではなかった。そうではなく、彼が任命されたばかりの高位聖職者として、王に金銭を支払ったとしたら、シモニア（聖職売買）の非難を受けるのではないかと悩んだのである。この件で彼は五〇〇ポンドを提供した。これは、彼が原則として援助に異議を唱えたのではないことを、十分に示していた。しかし、それは王を満足させるのには十分ではなかった。王は彼の献金を拒絶し、一〇〇〇ポンドを要求した。アンセルムスは、彼の察知したこの世に引き込もうとする、世俗のわなから逃れたことを喜び、王の要求を拒んで、彼が申し出た五〇〇ポンドを、貧者に与えた。これは、相当な額の慈善だったが、政治的には、さらに王を激昂させた。彼は、何も得ないことより、むしろ敵意のある五〇〇ポンドを取っただろう[17]。

一〇九六年、つぎに王がノルマンディー公領のために資金を捻出しなければならなかったとき、彼はアンセルムスの献金に満足したようである。少なくとも、われわれは不満を耳にしていない。しかし、この時、立腹したのはカンタベリーの修道士たちだった。アンセルムスが彼らの金銀を支払いの足しに充当したからである。彼は、その代償として修道士たちに大司教領からの歳入を一〇年間与えることにしたが、これは年三〇ポンドに相当した。これは、修道士たちにとってはまったく有利な取引だったが、彼らの批判をすべて沈黙させるものではなかった。すべての人を喜ばせることは不可能だったが、しかし、これらのことにおけるアンセルムスの処置は、大多数の人々にかなり強い不満を抱かせる原因となった、と判断されねばならない。それにもかかわらず、修道士が自由にできる新たな歳入は、聖堂の新しい聖歌隊席の建設を早めるのに役立った。これは（後に見るように）アンセルムスの大司教時代の大きな功績の一つだった[18]。

(4) 教会会議開催の諸問題

さしあたり、カンタベリーの所領に関する最終的な闘争には触れないことにして、アンセルムスが、国中の道徳および風紀を改革するために、教会会議を開催しようと努力したことに目を向けることにしよう。一〇九五年、彼は特使に、自分は、何がなされる必要があるかを熟知しているが、王の援助と同意がなければ、必要なことを実行する力を持っていない、と語った。これは、会議開催のために不可欠な第一段階としては、とりわけ、もっともなことだった。彼は、かなり初期に、この問題を王に提案していた。エアドメルスは、一〇九四年二月に、彼が王につぎのような言葉で語ったことを報告している。

もしお気に召すならば、会議の議題において旧い慣習が復活されることをお命じ下さい。……悪事を行なう者たちが恐れ、苦しむように、陛下は王権によって、私は司教の権威によって、王国中に公布される法令を共に作成しましょう(19)。

彼の書簡の中には、ここで報告された言葉が、王と大司教との関係についてのアンセルムスの考えを正確に再現していることを示す別個の証拠がある。このことで彼はランフランクスの足跡に従ったにすぎず、彼が王に期待したことは、彼の時代のより「進んだ」教会理論家たちが許容できると考えた以上に、王が権威を行使することだったということは明らかである。同じ調子で、一〇九五年、彼は教皇特使にこう書き送った。

閣下も私も、何ごとも王に提示されないならば、実行できないということをご賢察下さい。王の同意と援助によって私たちの教令は発効しうるのです。[20]

後に見ることになるが、この書簡を執筆したとき、アンセルムスの関心は、特使の権威による要求に対してカンタベリーの諸特権を守ることにあった。しかし、彼はまた、王の権威に対する伝統的な敬意に感化されており、実際、王と彼の役人たちの助けがなければ何ごとも達成できないというのが常識的な見解だった。一〇九五年にはまだ、アンセルムスは、王と友好的に協力するという希望を棄ててはいなかった。彼は、王の好意を得るためにじっくりと待ち、その間、王の企てを支持する構えだった。すでに見たように、王が北部に出兵したとき、彼は個人的に南部の海岸の防衛を引き受け、また王の勢力と実際的な知恵を熱烈に賞賛する書簡を執筆し、王の優れた資質を憎む邪悪な人々の悪意から王が守られるように祈ることを命じた。明らかに、彼は、王の権威、世俗の政策、これらの政策が必要とする軍事行動に対して、さらにルーファス自身に対してすら、敵対者ではなかった。この世の誘惑に対する厳格な見解にもかかわらず、彼の霊性は、物質的自然の世界とこの世界の管理を委託された人々の権利に、広い場所を与えていた。彼が対抗したのは、我意とこの世的な欲望であり、これらは人格的な回心によってのみ克服されうるものだった。この世の体制を変えることによっては克服されえなかったのである。それが、大司教としての最初の数年の彼の見解だったと思われる。後に彼がこの見解を変更したのか、それはどの程度だったかは、次章で吟味されねばならない。

さしあたり、一〇九五年から一〇九七年までの二年間は、平和と欲求不満のうちに過ぎたということを言っておけば十分であろう。この期間のアンセルムスの行動に関して、われわれは、彼が二人のアイルランド司教と二人のイングランド司教を聖別したこと以外には、ほとんど何も知らない。この年月にはわずかな書簡しか保存されていない。彼の後の生涯にも似たような時期はあったが、そのどの時期よりも少ない。空位だったいくつかの修道院長職は空位のままだったし、彼もそれらについては何もできなかった。教会会議も開催することはできなかった。王の側の理由は、王国の状態が混乱し、教会の事柄に関わることもままならないということだった。アンセルムスはこの説明に承服し、平和の到来を待ったが、しかし、他の人々にはかなり後で明らかとなったが、彼には、仕事をやり遂げるか、あるいはそれを断念するか、どちらかでなければならないということが、しだいに分かってきた――彼に関する限り、どちらかというなら、断念するほうだった。しかしまず、彼は、彼の唯一の教会の上長、教皇の助言を必要とした。

(5) 教皇に相談するという問題

エアドメルスによると、ささやかな出来事が、事柄の実状にアンセルムスの目を開かせた。彼は、王が、いかなる状況であっても、アンセルムスが司教の所定の業務を越えて何らかの行動を取ることを許すことはないだろう、ということに気づいたのである。アンセルムスは、王が、北部イングランド、ウェールズ、ノルマンディー、そして最後に一〇九七年夏、再度ウェールズにおける軍事行動を完了するのを辛抱強く――おそらく辛抱強すぎるほどに――待った。この軍事行動が終結し、ついに平和の時が訪れたかに見えた。それは、アンセルムスが過去四年間主張し続けてきた教会会議が王の支持で開催されうるときであった。ところが、さんざん待たせたあげく、王は、同意を与える代わりに、二度目のウェールズ遠征にアンセルムスが派遣した騎士たちの質について、新たな不満をあげつらった。このことがきっかけとなり、アンセルムスは、平和が彼の司教の職務を実行する自由をもたらすことはないだろう、ということに気づいた。アンセルムスの結論は、明らかに正しかった。エアドメルスが注目したアンセルムスの性質として、彼がある人々を信頼すると、他の人々がその者たちの欺瞞を見破った後でも、その信頼が長く続くことだった。しかし、ついに彼も実態をさとったのだろう。ここにいたっても、彼の反応は非常に穏やかだった。彼は、脅すことも乱暴に振舞うこともしなかった。彼は、この難題を相談するために教皇を訪問することを許可してくれるように、王に願っただけだった。

予期せぬ彼の願いに、王は驚いたと思われる。王の当惑にも理由があった。というのも、大司教職から解放されるという可能性以外に、アンセルムスは、この相談から何らかの実際的な結論を望むことも、期待することもなかったように思われるからである。再び、彼の無欲、語の通常の意味での無策は、王の顧問団を困惑させた。しかし、アンセルムスの要求は、彼の生涯におけるすべてのことと同様に、まったく単純で直接的だった。彼は、自分の唯一の教会的な上長からの助言を必要としたのである。それは、まったく妥協を許さなかった。自分が何を必要としているかが分かると、それを獲得するまでは、この地上における何ごとも彼を止めることはなかっただろう。もちろん、王は許可しなかった。アンセルムスは承服したが、つぎのように頼み続けた。

> 彼（王）には権力がある。彼は、自分の気に入ったことを語る。もし、彼が今拒絶しても、おそらく、別の時には同意するだろう。(21)

執拗に頼み続けることは、政治的行動としてはあまり洗練された形とは言えないが、しかし、相手をかなりうんざりさせる。ルーファスは、アンセルムスに会うたびにこの問題を出された。結局、くり返し言われることに耐えられなくなり、一〇九七年、王は彼を去らせた。王が安んじてそうすることができたのは、アンセルムスが積極的な敵対者ではなく、たとえそうだったとしても、目下のところ彼に害を及ぼすことなど、ほとんどありえないと考えたからである。彼のノルマンディー支配は、ロベール公が十字軍から戻ってくるまでは——戻ってくるとして——安泰だった。アンセルムスの出発は、彼自身の問題の解決に何ら寄与しなかった。それは、王室の金庫に利益となっただけである。大司教の歳入がそこに加えられたからである。アンセルムスにとって、それは堪え難い地位からの解放を意味した。

これらの書簡の内容を見直すと、読者は、つぎのように叫びたくなるだろう。テーマのない断片の寄せ集めではないか！しかも、分別のある見方に立つと、これらの断片は、必ずしも実際の生活のさまざまな重圧を示唆してはいないのではないか。これら全部をとおして、修道生活の絆を強め、過ちを犯した者たちを連れ戻し、より良い時が来ることを辛抱強く待つという一貫した努力がないではないか。その間、神学的な著作を執筆し、彼が愛情をもって関心を示す人々——王ですら——の過ちに対し説教し、忠告することに彼の時間を費やすこともできるだろう。欠けていること、そしてアンセルムスの同時代人の少なくともある人々が大いに非難すべきだと考えたであろうことは、教会の自由に関するヒルデブラントの綱領——すなわち、中央集権化された教皇の権威の下で世俗の介入に対する教会の自由——に関する意識がまったく欠如していることである、と。

確かに、エアドメルスの報告によると、一〇九七年一〇月、アンセルムスがイングランドを離れようとする間際に、彼は、カンタベリーの修道士たちに、「私は、神の慈しみに信頼し、私の旅が将来的には教会の自由に何らかの寄与をするだろうと信じ、喜んで出発する」と語った。(22) アンセルムスが執筆したもの、あるいは報告された彼の言葉の中で、「教会の自由」（libertas ecclesiae）という語が登場するのは、これが最初である。後のアンセルムスの書簡にこの語が登場することについては、彼の生涯のつぎの段階で、さらに論じなければならないだろう。目下のところ、エアドメルスの報告は、アンセルムスの書簡に欠けているテーマをルーファスの治世下に持ち込んでいるということ、またわれわれが問わなければならないのは、エアドメルスが、他の場合と同様にここでも、彼とアンセルムスが連れ立って追放されているあいだに学ぶことができた教訓を、ルーファスの治世に遡って読み込んでいるのではないかということを、言っておけば十分であるにちがいない。

第一二章　教会の自由

一　自由に関する二つの見解

すでに見たように、一〇八〇年から一〇九五年のあいだに、アンセルムスは、自由の問題に関して多くの思索を費やし、自由意志の定義に到達したが、それは、一般的に自由意志の本質的な特徴と見なされる選択の自由に余地を残さないものだった。彼は、意志の自由を、神の意志と一致するように正しい選択をなすこと、それのみであり、常にそうであると定義した。この自由の基礎は、被造的な宇宙における被造物の限界を、愛をもって受け入れることである。

しかし、アンセルムスがこれらの研究に専念しているあいだに、自由に関する別の定義が浮上してきた。それは、主としてグレゴリウス七世のサークルの中で生じ、つぎの数百年間およびそれを越えて、しだいに影響を増していく定めにあった。この定義は、「教会の自由」(libertas ecclesiae) という定式で要約され、これによって了解されたことは、聖職者の任免、教会の霊的な機能の行使、聖職者の世俗裁判の免除における、あらゆる世俗的な干渉からの教会の独立ということだった。

個人の意志の自由と団体の自由というこれらの対照的な形は、前者をアンセルムス的な自由、後者をグレゴリウス的な自由と呼ぶことにしておくが、もちろん、相互に排他的なわけではなかった。にもかかわらず、それらは二つの異なった考え方に属していた。アンセルムス的な自由の概念は、個人が自発的に神に服従するということに関係していた。他方、グレゴリウス的な自由の概念は、教皇の指導の下で、中央集権的に組織化された聖職者の教会に、世俗的な支配からの完全な独立を与えることと関係していた。その主要な目的は、教会の全体的な組織のために、他の社会的な組織、たとえば、帝国、すべての王国、荘園、封土、そして西欧において増殖し始めた都市共同体との関係で、団体の独立性を強化することだった。この意味で理解すると、「教会の自由」は、社会的な諸組織の全体的な複合体における他のグループにも、程度は異なっても、採用されえたし、実際に採用された概念を表現していた。事実、ヨーロッパ的な自由の将来は、主として、さまざまな種類の団体に適用される、この自由の概念を発展させることだった。

当面のわれわれの目的のためには、つぎの点を指摘しておけば十分だろう。すなわち、この組織的な自由がグレゴリウス七世と彼の最も活動的な支持者たちによって展開されたのと同時期、対照的に、アンセルムスは、ベックで教会の政策から相対的に孤立しており、個人の自由の真の本性について、彼自身の超世俗的な見解を展開していたということである。

この頃の「グレゴリウス的な」自由の最も熱狂的な支持者は、ディー司教で後のリヨン大司教フーゴーだったが、アンセルムスは、一〇九九年ローマへの途上で彼に初めて会い、追放期間の最後の一六か月、つまり、一〇九九年五月から一一〇〇年八月までを、彼と共に過ごした。このローマ訪問以前、アンセルムスは、「教会の自由」というグレゴリウス的な概念に影響された徴候を、まったく示していないが、訪問後、彼はこの表現を使用するとともに、この表現に要約される政策を——少なくともある程度は——支持した。したがって、われわれは問題を抱えることになる。追放前、アンセルムスの強調点のすべては、超世俗的な自由に厳格に固着することにあり、それは、神の計画の永遠の秩序に個々人の欲求のすべてを従属させることから生じる自由だった。政治的な事柄において、彼は、イングランドですでに確立されていた慣行を黙認したが、それらは、グレゴリウス的な意味での「教会の自由」に著しく敵対的であった。ついで、三年の追放期間中、彼は、初めてグレゴリウス的な理想の主だった代弁者たちと密接に関わることになった。そこで、われわれとしては、彼がグレゴリウス的な改革者たちの言い回しを、どの程度、またどのような状況で採用したのかを問わなければならない。さらに、彼が採用したのは、彼らの好んだ「教会の自由」という言い回しが表現する理論的な構造だったのか、それとも例外的な状況においてのみ、特別な理由で使用するためにこの表現を採用したのかを問わねばならない。ただちに、これらの問いに完全に確実な答を出すことはできない、と言われるかもしれない。曖昧な余地が残るし、おそらく今後もずっとそうだろう。そして、この曖昧さそれ自体が、アンセルムスの通常の明確さと正確さを損なうものと見なす人もいる。けれども、答えが見いだされうるとしたら、それは彼が追放中に受けたさまざまな影響に求められなければならない。

二　追放の成果

アンセルムスは、一〇九七年一〇月にイングランドを離れ、クリスマスの時にクリュニーに到着した。その滞在中、彼は、大司教フーゴーからリヨンに来るよう招待を受け、そしてリヨンから、自分がイングランドを離れた理由を説明する書簡を教皇に送った。この書簡で、アンセルムスは、カンタベリーの所領と騎士に関するルーファスの嫌がらせ、ルーファスがすべての良い慣行を覆したこと、そして自分自身の無能のゆえに、教会にとってまったく役立たずであったことに気づいたことを、簡潔に報告し、つぎのような嘆願で結ぶ。

私が閣下の下に参りたいと存じましたのは、要するに以下のことをお願いするためです。すなわち、閣下が私の魂をこのような奴隷の拘束から解放して下さり、平穏のうちに神に仕える自由を回復して下さること……またイングランドの教会の益となるように教会会議を行なうことに、閣下の知恵と使徒的権威を傾けて下さることです(1)。

この書簡の中で、われわれが耳にするのは、彼の魂の自由そして彼の魂の健康状態が求めていたことだけであり、それは大司教としての職務から解放されることに他ならなかった。この書簡を受け取るとただちに、教皇はアンセルムスをローマに召喚した。彼は、リヨンに留まりたかったのだろうが、まもなく三月半ばに出発し、一〇九八年四月の末頃ローマに到着した。ここで彼が知ったことは、教皇が、彼を大司教職から解放するつもりがないこと、それどころか、一〇月にバーリで開催されるギリシア教会の代表との会議で、彼が聖霊の発出に関するラテン教会の教義を解説することを望んでいたことだった。この後、アンセルムスは、カプアの上にある丘の村リベリで夏の数か月を過ごすために出発し、この地で彼の精神と霊の平和が回復されたが、それは、ベックの副院長として過ごした日々以来のことだった。彼は、長いあいだ中断されていた『神はなぜ人間となったか』に最後の筆をいれ、また聖霊の発出に関するラテン教会の教義を擁護する準備を整えた。住民の要望にこたえて、井戸を開いたが、その水は今日も湧き出ており、彼の名はこの村でなお記憶されている。彼は本領を発揮したの

である。(2)

このあいだ、イングランドの教会の情勢は動かなかった。一〇九八年一〇月のバーリ教会会議で、アンセルムスは主要講演を行ない、そして――エアドメルスによると――ウルバヌス二世はこの会議で王を破門にしようとしたが、アンセルムスは王のために弁護した。(3) その後、アンセルムスは教皇と共にローマに戻り、一〇九九年の復活節、別の教会会議に出席するまで教皇と共にそこに滞在した。この教会会議の最後の日、おそらく前もって計画することなく、ウルバヌスは二つの破門を宣言したが、これらはアンセルムスの後の生涯に遅まきながら決定的な影響を及ぼすことになった。この時点で、アンセルムスは、自分が耳にした言葉の重要性に気づいていなかったように思われる。というのも、彼は、さらに議論をすることなく、翌日ローマを立ち、リヨンに戻ったからである。ここでも、リベリと同様に、彼は幸福だった。そしてわれわれは、この追放を終わらせ、彼の追放を促すことになった問題――主として教会会議開催の願いがかなわなかったこと――を解決するために、彼の側から率先して働きかけたということも耳にしない。

彼は、説教し、クリュニーを訪問し、ヴィエンヌに行き、そして両方の場所で修道院長や大司教と語り合い、それらの記録が残された。彼は、地方を移動するあいだも、彼の下に来るすべての人々の信仰を強めることに倦むことなく、さらに余暇を利用して、『神はなぜ人間となったか』の主題に関して、彼の『瞑想』の中でも最長の作品を執筆し、また前者の続編として『処女懐妊と原罪について』を執筆した。しかし、大司教の職務に関して彼はどう考えていたのか。この職務に関する彼の見解は変化したのか。これらの問いに答えるために、まずわれわれは、一〇九九年の復活節の教会会議における教皇の破門について、ついで、リヨンでアンセルムスを歓待した大司教フーゴーの性格について考えなければならない。

（1）一〇九九年の破門

エアドメルスは、一〇九九年四月にサン・ピエトロで開催された復活節の教会会議について、例外的に十分な記録を残したが、後に明らかとなる理由から、これは、アンセルムスの生涯における重大な出来事に関するエアドメルスの全面的な報告としては最後のものだった。彼は、この機会を利用して、彼の描写の才能を遺憾なく発揮した。彼は、アンセルムスが教皇と共にバーリの教会会議から戻り、四月の終りまで教皇の下に滞在した次第を記述する。ついで、彼は、サン・ピエトロでの重要な教会会議について詳しく述べ、これでアンセルムスのローマ訪問は終わる。

この教会会議は、エアドメルスの記すところによると、聖ペトロの墓を囲んで開催され、教皇と枢機卿（アンセルムスは彼らの中で栄誉ある席に座っていた）が祭壇の後ろのアプス（後陣）に座り、その他の会議出席者たちは彼らの正面に広がるという形になった。教会会議にもかかわらず、ひっきりなしに巡礼者たちが聖ペテロの墓を訪れていたようであるし、そのせいで、騒音と妨害が多くの人々にとって発言を聞き取る妨げとなった。このため、教皇は、ルッカの司教に、教会会議の教令を大声で朗読させた。司教はそれを実行した。しかし、彼は、明らかに激しい情熱の持ち主で、朗読の半ばに、教会会議が一般的に世俗の暴君を黙認し、特にアンセルムスの場合に対抗措置を欠いていることに怒りの抗議を始めた。彼は、彼の司教杖を床に打ちつけながら、この主題をかなり細かく取り上げ、議場で長広舌をふるい、教皇が「もう十分だ」と叫んだために、朗読は再開された。しかし、この朗読を終える前に、ルッカの司教は――アンセルムスは肝をつぶしたが――教皇に対し、もし彼がアンセルムスの件を忘れるようなことがあれば、神は彼を許したまわないだろう、と再度警告を発したのである。

さまざまな細かい事柄が論じられ、教皇は、彼の最終的な破門を宣告するために立ち上がった。おそらく、彼は、ルッカ司教の抗議に動かされたのだろう。彼は、これらの破門宣告の中に、審議はなされなかったように思われるが、司教の抗議に関係した二つの条項を含めたからである。第一は、教会あるいは教会の職務に世俗による叙任を与えたすべての俗人、それを受けたすべての聖職者、およびこのように叙任された聖職者を聖別したどのような司教にも破門を宣告した。第二は、教会財産のために俗人に臣従礼を行なったすべての聖職者、またそうした者たちに関わった者たちも同様に破門された。教皇は、これらの破門の二番目に、とりわけ劇的な強調点を置いた。すなわち、聖体におけるキリストの体に触れた手が、日々の暴力と流血による血に汚された手に従属させられるという辱めと穢れをこうむることなどは、許しがたいことだと述べたのである。(4)

こうした雰囲気で会議は解散し、翌日アンセルムスもローマを離れ、リヨンに戻った。手続き的には唐突なこの結末が示す、議事の処理の仕方は、現代人の精神にとっては奇妙に思われるにちがいない。諸状況を考えてみよう。教皇は、二つの最終的な破門宣告で会議を閉じたが、それらは、アンセルムスの立場と密接に関わっていた。これらの破門の一つは、すでにかなり古いものだった。すなわち、すでに一〇七八年、グレゴリウス七世が世俗権力による聖職者の霊的な職務への叙任を断罪した。アンセルムスは、大司教となったとき、それについて何も知らなかったし、一〇九七年にイングランドを離れるさいにも、明らかに何も知らなかった。

もし彼がこの教令について知っていたなら、それに基づいて行動しただろうし、あるいは少なくともそれに基づく行動をとらないことに対し弁明を行なっただろう、と推測することは筋が通っていると思われる。しかし、教皇による会議の教令は、印刷された鮮明な形でそれを読む現代の学者には、極めて明確に見えるが、同時代の人々にとって同じ効力と明確さをもっていた、と考えられるべきではない。たとえば、北ヨーロッパの最良の教会法学者、シャルトル司教イヴォは、この教令を知っていたが、実際には広い許容範囲があると考えていたこと

は明らかである。(5)

これらの考察は、教皇の新たな政策を頑なに無視したという非難から、アンセルムスを救い出すのに十分だろう。しかし、教会政治に無関心だったという非難からは救い出さないだろう。彼が過去に進んで関わった慣行に対する厳しい告発を聞いた後では、われわれは、彼が、ローマを離れる前に、さらに説明を受けることを望んだとか、あるいは何らかの行動の計画が同意された、と期待したかもしれない。だが、そういうことはまったくない。それ以上の議論をするために時間を取ることなく、アンセルムスは翌日さっさとローマを出立し、つぎの一五ヶ月、大司教職に関する限り、まったく無為に過ごした。この問題は、ほぼ二年近くたって再び言及されることになるが、そのとき彼は、彼が教会会議で聞いたことを、突然開陳することで出席者全員を驚かせ、それを将来的には十全に遂行することを提案したのである。

無知と無為、そして情報が知られているところですら、絶えず反対があったという以上の全体像から、われわれが結論できることは、立法的な措置が、それに責任を負った人々にとってすらも、厳格な強制力をもつものというよりは、希望の表明、せいぜい長期的な意図の表明として受け取られていた、ということだけである。実際、後述するように、グレゴリウス七世は、彼のあまりにも行動的な代理人、いまやリヨン大司教となったフーゴーを非難したが、それは、彼が、教皇の教令を実行するようイングランド王にしつこく迫ることにあまりに精力的で、寛容で評判であった王の美徳を無視したからである。(6)

最後に、一〇九九年の二つの破門宣告の第三の特徴を述べておく必要がある。すなわち、それらがもっている外見上の一貫性は、架空だということである。叙任権に対抗する教令は、象徴的にはどれほど重要であっても、聖職者の叙任に対する世俗の支配者の権力を減ずることはほとんどなかった。世俗の叙任は、王と皇帝によって久しく要求されてきた擬似‐聖職者的地位を表わすものとして、象徴的には反対すべきことではあった。しかし、この擬似‐聖職者的性格は、世俗の支配者の権力にとってもはや重要な助けではなかった。誰もが、世俗の支配者による叙任は霊的な力を授けるわけではないということに同意していた。それは、高位聖職者に権利、土地の所有、そして彼の新たな職務のもつ世俗的な威厳を与えるにすぎなかった。新たに選出された高位聖職者は、教会によって聖別されなければ、司牧的な任務を遂行できなかった。こうした状況で、世俗の叙任に対するグレゴリウスの教令は、出来事のはずみで前に進む可能性があった。

しかし、教会の領臣によって世俗の支配者に行なわれる臣従礼の禁止は、まったく別問題だった。臣従礼は霊的な働きとは関係がなかった。それは、土地の保有のみに関わり、臣従の行為は社会的な組織の主要な基礎の一つだった。何らかの代替儀礼なしに臣従礼を突然止めることは、王国を二分することにもなっただろう。俗人によって保有された部分に関して、臣従礼は王に捧げられ、聖職者によって保有された部分に関して、臣従礼は禁止されたからである。このことは、土地所有社会の教会的な部分全体を、封建的な諸関係の通常の複合体から締め出してしまうことになり、そうすることで、それ以前のいかなる改革的な教令も果たさなかった仕方で、王国の団結力を脅かすことになっただろう。

教会の土地所有者が教会の土地のために行なう臣従礼を廃止しようとしていた極端なグレゴリウス主義者が、以前からいたことは明らかである。しかし、こうした熱狂主義者たちの数は多くはなく、また彼らの多数は教皇庁にはいなかった。まもなく明らかになることだが、教皇庁のほとんどすべての者たちは、叙任と臣従礼を区別し、強力な支持者がいなかった件は禁じ、強力な反対者がほとんどいなかった件はしだいに放棄していく、という方針を採った。

後に分かるように、この区別がアンセルムスの大司教としての最後の年月における彼の行動の根本にあった。それは、彼が極端に気にした区別だったが、その政治的な帰結が理由ではなく、こうした区別を導入することが彼の従順の理想の根本に大打撃を与えたからである。

われわれは、職務に対するアンセルムスの根本的に非政治的な態度を、念頭に置かなければ、彼の最後の数年間を理解することはないだろう。これまで、彼は、一〇九九年に彼の前で教皇によって断罪された二つの「許しがたい」悪に、抵抗することなく巻き込まれてきた。彼は——たとえ曖昧だったにしても——、大司教職の叙任を王から受け、またこのようにして叙任された司教たちから聖別されたことも確かである。彼はまた、彼の教会領のために臣従礼も行なった。しかし、一〇九九年にそれらの断罪を聞くと、彼は、断罪の両方の部分に厳格に従い、それらの内容についてはどこにも意見を表明しなかった。彼はそれらの原則について決して議論しなかった。一〇九九年以前、彼は、反対の意味で行動することについて難色を示すことはなかった。その後、彼は、両方の禁止を絶対的な命令として扱い、議論ないし交渉の余地を残さなかった。彼の強固な従順は、彼の友人、そして教皇すらも当惑させた。教皇が最終的に引き下がったとき、アンセルムスは、他の人々を同じく引き下がるよう強制することに、不正の可能性があると見なした。

この状況は、実際的な問題におけるさまざまな妥協にアンセルムスが無関心だったことを例証する。合法的な権威と宗教的な誓願への従順は、彼の神学の全体系と彼の個人的および共同体的な宗教において最も高い位置を占めていた。終始一貫して彼が求めたのは、正義、正しさ、真理への厳格な忠誠だけだった。このため彼は、たとえ表面的であっても、宗教的な誓願において自分の生活を神に捧げた者たちは、その誓願に拘束され、それを撤回できない、と主張したのである。これは、揺るがすことのできない権威に基づいた原則だった(7)。彼は、いかなる政治的な方針に関しても、このように厳格な見解をもつことはなかった。しかし、語るべき権威をもった人によって言葉が語られたとき、とりわけ、彼の面前で、彼の同意が前提とされたうえで語られた場合、彼は、議論することも保留することもなく服従した。教皇庁のほとんどすべての者たち、教皇自身とも異なり、彼は妥協の必要性を理解しなかった。彼は、撤回ないし議論するための理由を認めなかった。従順に喜びを見いだしたのである。

この点で、われわれは、アンセルムスの自由の定義に戻ることになる。その特徴的な表現は、神の意志への従順であり、それを拡張すると、神の地上における代理人への従順ということになる。この意味で、アンセルムスは極端な教皇主義者である。しかし、他の多くの極端な教皇主義者と異なり、彼は、教皇の主導権が神の意志を踏み越えていると見なした場合には、境界線を引いて、それを受けつけなかった。たとえば、地域的な諸権利を支配しようとする場合である。これらは、聖人たちへの贈物として天上の裁可を得ているからである。この二重の従順が、この年月を通じて、思い起こされる必要がある。二重の従順は決して葛藤の可能性を免れないからである。

以上のことに注意して、われわれは、リヨン大司教フーゴーとアンセルムスの交際に戻ることにしよう。彼は、「教会の自由」に関するグレゴリウス的な政策の主要な代行者であった。

（2）　リヨン大司教フーゴーの影響

フェリックス・リーバーマンが、アンセルムスとリヨン大司教フーゴーとの友愛はアンセルムスの人生に新たな要素をもたらしたという学説を提出してから、ちょうど百年である。(8) それは、アンセルムスのかつての人生において頻繁に見いだされた類の友愛ではなかった。まったく反対に、それは、性格においても見解においても全面的に異なる二人の人間の交際であり、アンセルムスの追放という状況によってもたらされたものだった。長いあいだ、私は、さまざまな思想の重要な交換がなされるには二人の相違があまりにも大きく、リーバーマンの提案は、魅力的ではあるが、真剣に受け取ることはできないと考えがちであった。けれども、詳細に吟味してみると、フーゴーの思想はアンセルムスの思想の主要な流れとは異質であるにもかかわらず、何らかの重要な影響をたどることができると確信するに到った。

アンセルムスは、ベックの修道院長だったとき、フランスにおける教皇特使としてフーゴーを知っていたが、彼との密接な交際をするようになったのは、彼が極めて混乱した状況にあった、まさにそのときだった。新しい教令が公布された教会会議から、彼が離れたちょうどそのときだった。彼は、それらの教令に共感も抱かず、それらについて、またそれらの背後にある原則についても知らなかったにもかかわらず、意識的にそれらに従わねばならなかった。フーゴーは、教皇の新教令が具体化した原則の最も強力な代弁者だった。アンセルムスが必要としたのは、親密な友愛ではなく、彼が支持することを義務づけられた外的な目的についての理解だった。これこそ、フーゴーが提供できたものであり、われわれは、彼がこのことに関して果たすことのできた寄与、そして彼がそれを行なった証拠について、吟味しなければならない。

フーゴーは、その性質からして、しばしば大きな運動に惹き付けられる、有能で、情熱的に忠実で、献身的な人物の一人であった。彼は、「運動」の正しさを信じて疑わず、その指導者の命令を遂行することに熱意を燃やしていた。一一世紀の最後の二五年、フランスにおける教皇特使として、彼は、積極的に中央集権化された教皇の教会支配という新しい政策の最も精力的な代行者だった。グレゴリウスの教皇としての最初の行動の一つが、彼をディーの司教として叙任し聖別することであり、さらに、世俗の支配者による司教の叙任を禁じる書簡をディー伯に送ることでそれを徹底したが、(9) この書簡は、彼の後の教令の第一草稿とでも言うべき内容だった。ある重要な意味で、フーゴーは、もう少しで一〇七八年の叙任権に関する教令の扇動者と見なされよう。というのも、彼は、四年前、司教職の聖別にさいしてローマへ赴いたが、それは世俗の支配者との接触を避けるためだった。支配者が、司教の指名と指名された者を司教職に叙任する権利を主張したからである。それゆえ、フーゴーは、新しい政策が公布される前ですら、その主唱者だったのである。さらに、アンセルムスがベック修道院長だった間、彼は、教皇特使として、絶えず精力的にフランス中を視察訪問し、慌てふためく違反者たちをローマへ送った。アンセルムス自身も、ノルマンディーの他の修道院長たちと共に、フーゴーから譴責の一つを受けた。一〇八一年、フーゴーはノルマンディーの司教と修道院長を全員アキテーヌのサンテ（Saintes）教会会議に召集した。それは、厄介な召集だったので、彼らのうち誰一人姿を現さなかった。フーゴーは、報復として、全員を免職すると脅し、かえってグレゴリウス七世から厳しい叱責を受けた。特使が、教皇以上に教皇の権力への熱狂を示したのは、これが初めてではない。

フーゴーのスローガンは、「教会の自由」であり、多分グレゴリウス七世の書簡から借用され、熱狂主義者の熱意と共に用いられたのだろう。これは、多くの意味のニュアンスをもった表現だが、本質的には、この何年かで、聖職者の任命と活動に対する世俗の介入からの自由を意味するようになり、フーゴーの特別な任務もこれを促進することだった。彼がノルマンディーの修道院長たちに免職の脅しをかけたのとほぼ同時期に、彼は、アンセルムスに『モノロギオン』と『プロスロギオン』を送るよう命じた。おそらく、当初は譴責のためだったのだろう。(10) それゆえ、アろうが、グレゴリウス七世がアンセルムスのことを知ったのはフーゴーをとおしてだっただろう。それゆえ、アンセルムスは、一〇九三年までに、さまざまな方途で、フーゴーを自分の友人の一人に数えることができるほど十分に、彼のことを知っていた。しかし、一〇九九年五月から一一〇〇年八月までの長期のリヨン滞在以前に、フーゴーがアンセルムスの思想に何らかの影響を及ぼしたという形跡はない。

彼の到着した時点で、世俗の叙任と聖職者の臣従礼の禁止は、アンセルムスの知性に新鮮であったにちがいなく、彼がこの問題全体を、新たな政策の主たる代行者の一人と議論しなかったなどということは想像できない。われわれには、アンセルムスの見解が教皇庁での経験によってすでにどの程度変化したかを判断する手立てがないが、リヨン滞在中と滞在後に、二つの点で彼の言語に変化を観察することができる。

第一点はつぎのとおりである。ウルバヌス二世は、一〇九九年八月に歿し、代わってパスカリス二世が選出された。この報せがリヨンに届いたとき、アンセルムスは、フーゴーの客として約六ヶ月を過ごしていたが、彼が新教皇に書き送った書簡は、二年前にウルバヌス二世に書き送った書簡と比べると目覚しい進歩を示している。彼は、もはや大司教職を解任されることを願わない。イングランドに戻ることにしりごみしてはいたが、それは、静穏が失われることを恐れるといった以前の理由とは、まったく異なる理由からだった。

私は、閣下に懇願し、嘆願します。どうか、私が人々の意志の前に神の法と意志そして教皇の教令を提示することができるまで、そして王が教会の土地、そして私が教皇庁に来たために大司教職から没収したものを私に回復するまで、イングランドに戻るよう私にお命じにならないで下さい。(11)

彼の立場に関するこの表明には新しい特徴がある。彼は、王との妥協を恐れているかのように見えるが、それは、現時点では自分に受け入れがたい条件で、帰国を要求することになるからである。また、ここで初めて、彼は、これまで異議なく受け入れてきた、ウィリアム一世とランフランクスの慣習に苦言を呈している。

王は、正しさを装って、彼の勝手な要求（voluntatibus suis）に同意するよう私に求めましたが、それらは、神と法と意志に反するものです。というのも、彼は、イングランドにおいて教皇が認められること、教皇に訴えられることを望みませんでしたし、彼の命令による以外に、私が教皇に書簡を送ること、教皇から書簡を受け取ること、その教令に従うことも喜びませんでした。

ここでもまたアンセルムスは、ルーファスが彼の父親から受け継いだ状況を記述するさいに、少なくとも新たな教会理論家たちの語彙をいくらかは採用している。七年前、アンセルムスは、教会の秩序に関する王の責任を、「正しさ」に対する我意の戦いの表現とは見ていなかった。ランフランクスのように、彼は王との協力関係を歓迎したし、じっくりとそれを待つ構えだった。大司教としての最初の数年間における彼の行動のすべては――彼の無為も――この協力関係という考えに基づいていた。しかし、いまや、そしていまとなって、彼は、王と教会との相互の調停を拒否する方向に動きつつあった。それは、教会におけるヒルデブラント派が二〇年間非難し続けてきたことであった。

この新たな態度が、一〇九七年から一一〇〇年までの追放者たちが見いだした交友の結果だったという結論に抗することは難しい。アンセルムスがこの道に沿ってどこまで進んだか、またさらにどれだけ彼が進むことになるのかは、ヘンリー一世の治世に回答が求められねばならない問いである。しかし、追放中のアンセルムスが、さまざまな出来事を、ヒルデブラント的な眼差しではないにしても、少なくともヒルデブラント的な色彩で見始めたことは明らかである。

リヨンにおける長期滞在に従って生じてきた第二の徴候は、以下のとおりである。晩年、アンセルムスは、初期には決して用いなかった、「教会の自由」という表現を折にふれて用いたが、過去二〇年間、この主唱者はフーゴーとグレゴリウス七世だった。全体として見ると、彼は、一一〇一年と一一〇六年のあいだの九通の書簡でこの表現を使用し、常に教皇の政策との関係で用いた。これらの書簡は、教皇と枢機卿、リヨンのフーゴー、フランダース伯、エルサレム王、ヘンリー一世、そしてカンタベリーの副院長に宛てたもので、最後の書簡は、ムラン伯に罪の許しを与えることに教皇が同意した条件を述べたものである。(12) 以上のすべての書簡は、教皇の取った処置の説明、ないし――エルサレム王とフランダース伯宛ての書簡では――教皇の政策への従順を勧めるものだった。

アンセルムスが一一〇一年から一一〇六年までの九通の書簡で「教会の自由」という表現を使用した状況は、この表現が教皇の政策を具体的に表現していることを、彼が知ったことを示している。それを彼に教えたのは、おそらくリヨンのフーゴーであり、また臣従礼と叙任に関して、彼にはこの政策を実行する義務が課せられたのである。けれども、この表現ないしこれによって示された政策のどちらかが、教会全体ないし大司教としての彼自身の職務に関して、彼自身の考えの構成要素となったという形跡はない。この表現は、神の意志への完全な従順としての自由に関する、彼自身の思想において、彼が考え抜いた事柄とは、かなり異なるこの世界についての考え方を現わしていたのである。意志の従順は、この宇宙の秩序の源泉に調和させられているため、従うことを何らかの形で強制するものではなかった。これが、彼の霊的な経験と他の人への彼の勧めの基礎となっていた従順だった。自由に関するこれらの競合する二つの概念を調停できたのは、たった一本の狭い水路だった。臣従礼と叙任に関する教皇の二つの教令は、彼自身が耳にした限りは、彼自身の完全な服従を要求していたのである。彼は、世俗の影響からの教会の自由に関するより大きな計画には、いかなる関心もなかったように思われ、二つの問題は、この計画の内の小さな部分にすぎなかった。けれども、彼自身の個人的な従順が要求された二つの問題に関して、妥協の余地はなかった。

団体の自由は、たとえ最も高度な種類のものであっても、アンセルムスにとっては、リヨンのフーゴーのように、彼の全生活の原動力とはなりえなかった。人生の最も重要な出来事のすべてにおいて、彼にとって自由とは、最後の三〇年間そうだったこと、つまり、正しさから切り離すことのできない意志の状態であった。妥協を排して正しさを追求すること、それこそアンセルムスが「自由」と呼んだ意志の状態の本質的な特徴だった。けれども、反対に、交渉の余地があることこそ、団体の自由の本質的な部分だった。それゆえ、ここに逆説的な状態が生じた。アンセルムスに委ねられた、教会の自由に関する闘争における二つの項目は、彼にとって交渉の余地があることではなかった。それは、彼自身によっても、あるいは、世俗の叙任と聖職者の臣従礼が教会の法と両立し得ないと宣言した教皇の後継者のどちらによっても、なされてはならないことであった。そうであったとしたら、もはや逆戻りはできなかった。だが、より現実的には、教皇庁は、完全な理想に達することができない場合には、空手で去るよりは、手に入れることができたもので満足するほうがましだと考えた。アンセルムスとまったく反対である。彼にとっては（王妃マティルダに語ったように）、すべてを奪われることも、わずかのものを奪われることも同じであった――「私がこのようなことを申しますのは、財産への愛のゆえではなく、神の正義への愛のゆえです」(13)。神の正義は――もしそれが真に神の正義であったなら――変更されえなかった。アンセルムスにとって、いかなる交渉においても、これがネックになったのである。

三　アンセルムス、ヘンリー一世、そして教会の自由

ルーファスの死の知らせは、一一〇〇年八月末にアンセルムスの元に届いた。彼がオーヴェルニュのラ・シェズ・デュー（La Chaise-Dieu）修道院を訪問していたときだった。まもなく、イングランドに戻るようにとの強い誘いが新王から届き、アンセルムスもただちに出発した。ルーファスは、八月二日に殺害されたが、それが共謀によるものか偶然かは、解決がつかないだろう。彼の弟ヘンリーは、八月五日にロンドンでヨーク大司教から戴冠されたが、彼の地位を安定させるもくろみから、さまざまな自由の約束と土地の授与を慌しく行なっているさなかのことだった。アンセルムスは、九月二三日にドーヴァーに到着し、数日後ソールズベリーでヘンリー一世に謁見した。

彼が戻ってきた舞台は、彼が離れたときとはかなり異なっていた。第一に、新王の人柄からして、どのような論争も新たな方向に移されることが、極めて確実だった。年代記作者たちの好意的な評価にもかかわらず、彼の人柄は、ルーファスのそれよりも、より好ましくない印象を与えた。彼も同様に放埒で貪欲だった。また、若い頃は、少なくとも家族の不幸によって著しく敬虔の念を抱くまで、彼の目的も同様に世俗的だった。けれども、彼は、より策略と政策を持ち、この世に対してよい顔を見せ、じっと待って、段階的に自分の目標に向かう能力をもっていた。彼は、優れた政治的な明敏さをもち、辣腕をふるって決断する人物だった。年下の息子として、彼は、より多くの利益は得られなかったため、わずかな利益に甘んじることを学んだ。だが、危急のさいに

は、大規模な計画と迅速な行動を起こすための能力は失っていなかった。彼は、あまりにも政治家であったので、ルーファスが行なったように宗教的な感情を侵害することこそなかったけれども、彼の物柔らかな言葉は、ルーファスとほとんど変わることのない目的を覆い隠した。実際、イングランドを保持するためにノルマンディーを再獲得するという当面の目的において、彼には選択の余地がほとんどなかった。彼の生き残りは、この一事にかかっていたからである。

ローマにおいても、パスカリス二世の優柔不断な指導権の下で、教皇政治の傾向が変化していた。われわれは、後により顕著になる変化の発端にいるにすぎない。しかし、すでに官僚政治の成長と不可分の徴候がそこにある。常設の官僚の重要性が増大し、規則は数を増し、乱暴な布告はまれになり、より頻繁に交渉が行なわれ、権力はしだいに地域から中央集権的な統治に移っていった。

アンセルムスはこれらの変化の効果を経験することになった。それらは、一貫して、地方の司教と大司教の地位を弱体化させる傾向にあり、とりわけ、自分たちの管区よりも広い領域の支配を要求する、より上級の大司教の地位に対してそうであった。カンタベリーはこの発展の被害をこうむった代表格の一つであり、アンセルムスがイングランドに戻った時点では、彼の立場がより強くなるということはほとんどありえなかった。ヘンリーが、奪った王冠を保持できるかどうかは極めて不確かだった。自分の立場を固めるために、彼は、貴族階級に自由に関する最初の一般的な特許状を与え、傭兵のためにフランダース伯に高額の支払いを約束した。けれども、彼の立場は極端に弱かった。わずかな門閥のみが彼を支持し、残りは、ためらっているか、敵対的かのどちらかであった。とどのつまり、それは、スティーヴン（一一三五―五四年）の治世下に見いだされるように、二人の競合する候補者のあいだでの貴族たちの交渉の期間が展開して行くかのように見えたが、しかし、ヘンリーが来るべき闘争において姿を消すことは大いにありそうだった。彼の兄ロベールは、アンセルムスがイングランドに到着したのとほぼ同じときに、十字軍から帰還していた。彼は、結婚したばかりで、それゆえに、しばらくは裕福だった。彼は、ヨーロッパ中の名声を得ており、軍事的な経験、騎士の奉仕を命じる手段も心得ていた。イングランドとノルマンディーの統一をただちに回復できるのは彼だけであり、これは多くの門閥にとって重要なことだった。だが、アンセルムスは、彼に対抗することを決意し、そして彼の決意は、当時すでに認められたように、事態の局面をヘンリー優位に変えるものであった。

なぜアンセルムスはロベールを支持しなかったのだろうか。彼が、人格的な資質の点では非常に好かれていても実力がない支配者よりも、好ましくないとはいえ実力のある支配者を選んだ、ということしか推測できない。ではなぜ、アンセルムスは、ヘンリーを支持するさい、貴族たちが獲得した自由の特許状に匹敵する、教会の自由のための特権を条件にしなかったのか。唯一可能な答えは、彼がひとまとまりの原則を相互の痛みわけで受諾するといった取引をするような交渉家ではなかった、ということにつきる。世俗的な言い方をすると、彼は好機を逸したのである。というのも、この時期ヘンリーは、アンセルムスの支持を得るためならば、何でも同意せざるをえなかったのだから、もし彼が強く出れば、彼は、叙任と臣従礼に関する教皇の教令に関して、ほぼ確実にヘンリーの受諾を獲得できたからである。けれども、彼は、機会を逸し、その失った好機を取り戻そうと、つぎの七年間を費やしたのである。

しかしここでも、われわれは用心しなければならない。失われた好機と明確な方針について語ることは、政治的な打算という、アンセルムスにとってまったく無縁な一要素を、彼の動機に導入することである。彼は、新しい政治的な理想の代弁者としてイングランドに戻ったのではなく、新たな従順の義務の下に自らを置いた者として戻ったのである。

(1) アンセルムスが政治的な好機を逸すること

ヘンリーは、アンセルムスが携えてきた、教皇の新たな破門について何も知らず、ただちに、ルーファスに行なったように、臣従礼を新たに行なうことをアンセルムスに要求し、ついで、彼が戴冠のさいにウィンチェスターの司教として叙任した、彼の尚書官ウィリアム・ギファード(William Giffard)を聖別することを要求した。ヘンリーがいかなる困難も予想しなかった可能性がある。その日、彼は二人の修道院長を叙任しており、二人とも重要な有力者の息子で、しかもたまたまアンセルムスの友人だった。ロベルトゥスは、チェスター伯フーゴーの息子で、王は彼にベリー・セント・エドマンズ(Bury St Edmunds)の修道院を与えた。そしてクレアのリチャード(Richard of Clare)の息子リチャードに、イーリー(Ely)の修道院を与えた。[14] これらは、ヘンリーが彼の王座の安泰のために整えた複雑な手はずのほんの一部にすぎなかった。とはいえ、もし彼がこれらの門閥から十分な支持を得ることができるのなら——その数は危機的なまでに少なく、忠誠においても分裂していたが——彼らだけがイングランド王としての彼の存続を確実にすることができたのだから、これらの手はずは、彼にとってまったく不可欠のことであった。

アンセルムスは、ヘンリーを支持し、しかもヘンリーが教皇の新たな教令を受け入れることを、彼の支持の条件としなかった。アンセルムスが政治的な洞察力をもち、ヒルデブラント的な教会組織の原則に明確に同意していたと信じる者たちにとって、これは説明がかなり困難なことである。彼の前には、ヘンリーの戴冠時に、広範囲の法的、財政的な特権を王から得た王国の諸侯の例があった。これらの特権は、文書にされ、押印され、王国中の司教と州長官に告知された。これらは、彼の戴冠を認める支持を得るさいの条件を知らしめるという点で、行政上の効力の見本だった。アンセルムスは、到着が遅すぎたため、王の戴冠に先立って、教会のために同様の交渉を行なうことはできなかった。けれども、ヘンリーの地位は、なおはなはだ不安定であったし、アンセルムスの支持だけが、情勢をヘンリー優位に傾けたのである。

諸侯の実行力の例を目の当たりにしたことに加え、常識も働いて、彼は、一〇九九年のローマ教会会議から持ち帰った、教会を支えるための新たな諸条件を、ただちに提示する重要性を認めたかもしれない。実際、アンセルムスは、ルーファスに行なった臣従礼を新たに行なうことを拒否した。さらに、彼は、ヘンリーが司教職に叙任した司教の聖別も拒否した。けれども、彼は、諸侯と異なり、すべての世俗の叙任とすべての聖職者の臣従礼を放棄する一般的な原則を主張したわけではなかった。彼は、彼自身の臣従礼の更新、王が叙任してしまった司教の承認、あるいは聖別を拒否しただけである。このことから、原則的には、彼はこれらの慣行に異を唱えなかった、と思われるかもしれない。彼の拒絶は、彼が耳にして、当然のこととして従順を約束した教令への、個人的な従順を示す行為だったからである。

この程度の反抗ですら、ヘンリーは難色を示した。彼は、アンセルムスに敵対する余裕はなかったが、しかし――動機は、アンセルムスが彼の前任者から受け継いだ大司教区の諸権利を主張したのとかなり似ていた――自分の父と兄弟が享受した諸権利を放棄する気などなかった。この時点でのヘンリーの唯一の計画は、時間を稼ぐことだった。彼は、アンセルムスに臣従礼の更新をただちに行なうよう強制はしなかった。ウィリアム・ギファードは、彼自身のウィンチェスター司教への招聘を中止させた。教皇の意志が変わらないことをはっきりさせるためにローマに使者を送ることは、アンセルムスも賛成の上で、同意されたことだった。このあいだに、アンセルムスは所領を回復された。一一〇一年夏、ロベールのイングランド上陸に直面し、ヘンリーから離脱する者たちが広範囲に及ぶことがただちに見込まれたことから、ヘンリーは、教皇の教令に全般的に服従する約束まで行ない、そしてこの約束によって、彼に有利となるようなアンセルムスの行動が確保され、形勢はヘンリー有利に傾いたと思われる。ロベール公の侵攻が食い止められたのである。

この間、王の使者が、何らかの妥協が可能かどうかを探るためにローマに送られた。彼らは、一一〇一年の復活節までに帰還せねばならなかったが、都合で遅れ、派遣の結果が分かったのは、ようやく九月になってからのことだった。彼らがもたらした教皇の書簡は、原則としては非妥協的だったが、その言い回しはすこぶる曖昧だった。(15)けれども、このときまでには、軍事的な危機は去っており、突然ヘンリーは、アンセルムスに対し、彼の要求に応じるか、国を離れるかと迫った。皮肉なことに、この威嚇的な態度を進言したのは彼の兄弟ロベールだった。彼は、自分が明らかに正当だったのに、アンセルムスの支持を得られなかったことに立腹していたのである。(16)しかし、いまとなっては、アンセルムスを追い払うことはそう簡単ではなかった。彼は、ヘンリーの要求に応じることも、国を離れることも拒否し、つぎの数週間、自分の領地で静かに過ごした。一一〇一年の大司教は、彼の従順を要求する明白な命令を受けながらも、もはや、逃亡の機会以外は求めなかった一〇九七年のアンセルムスとは別人だった。

しかし、いくつかの点で異なったとはいえ、大部分の点で彼が変わることはなかった。彼は、自分が教皇の教令に絶対的に拘束されていると見なしていたが、そこに秘められた原理のための十字軍戦士ではなかった。帰還後の最初の年、王の地位が不安定だったとき、もしアンセルムスが臣従礼と叙任の拒絶を強く主張したならば、ヘンリーは譲歩せざるをえなかっただろう。彼がこうした同意を守ったかどうかは別問題であるとしても、しかし、彼の抵抗力も著しく減じられたことだろう。しかし、アンセルムスは、自分自身を教皇の政策の代行者とは見なさなかった。彼はリヨンのフーゴーではなかった。彼が常に理解していたことは、教皇の教令は、彼自身に従順というまったく個人的な義務を課したが、それはこの原則を促進すること、あるいは他の人々に従順を強いる全般的な責任を彼に課すものではなかった。それは教皇の仕事だった。

けれども、彼には、他の人と共有できない個人的な責任に関わる問題が常にあった。それは、カンタベリー教会の権利、土地、特権を守る責任である。聖別のさい、彼は、首位権から騎士の報酬という些細なことまで、カンタベリーがもつあらゆる種類の権利の保持を約束し、すでに見たように、ルーファスの治世下でカンタベリーの諸権利のために闘いながらも、われわれの考えからすると、より重要な問題を眠らせていた。このような問題において、規模は重要ではなく、義務がすべてだった。アンセルムスが大司教だったときの出来事――より個別的にはつぎの数年間の出来事――を理解するには、彼の職務上の責任として諸権利を保持するための公的な義務と、彼が聞き入れて、当然のこととして同意した命令に従うという個人的な義務との区別を、念頭におかなければ不可能である。

(2) 問題の展開

この治世の初期の危機が去ると、長々とした交渉の期間が続いた。それらの複雑さにもかかわらず、主要な展開を要約することは簡単である。一一〇二年四月まで、教皇は、なお前任者の教令を完全に遵守することを主張していたことは明らかである。この時期のパスカリス二世の書簡で、八月にイングランドに到着したものは、臣従礼と叙任を禁止する教皇の立場を、正確に述べた内容を含んでいる。この声明にパスカリスはアンセルムスへの一連の指示を付け加えたが、それらは、この教令が教区の教会および俗人によって保有されている教会の土地に、どのように適用されるかを詳細に述べている。これらの教皇の書簡において、教会が霊的にも現世的にも世俗の支配者から独立していることを示す宣伝は頂点に達した。アンセルムスの在世中に、教皇の立場がこれほど明確かつ非妥協的に述べられたことは二度となかった(17)。

しかし、状況の論理が、いまやそれ自体の主張を始めた。この時点から、妥協の考えが進み出て来るが、それはアンセルムスではなく、彼を取り囲む人々、そして教皇庁それ自体において生じていた。妥協が可能だということを認めたことは、以下の徴候を示している。すなわち、ヒルデブラントの改革の確信に溢れた時期――完全に成功するという強い確信と希望の時期――が終り、交渉の時代に取って代わられつつあったこと、交渉を担ったのは法律家や行政官であり、彼らの任務は異なるが、手順は同じで、また相互理解は極めて良好だったということである。

一一〇二年四月、教皇は、なお臣従礼と叙任について、同じく妥協を許さない口調で語っているが、この年の終りには強調点の変化が著しくなる。一二月、王と大司教からの新たな使節に対する彼の返答には、臣従礼に関する言及がなく、この省略と対称的に、世俗の叙任の断罪には異例の激しさがあった。

もし世俗の手が、司牧の職務の象徴である司教杖と信仰の象徴である指輪を授与した場合、司教は教会で何をしなければならないのか。もし、われわれが、司祭だけに認められていることを強奪しようとする世俗の傲慢から損害をこうむるなら、教会の栄誉は引き裂かれ、規律の拘束は破壊され、キリスト教全体が汚されるのである。教会を裏切ることは俗人のためにならないし、母親を姦淫によって汚すことはその子らのため

にならない。(18)

重要なことだが、これは、三年前にウルバヌス二世が司祭の俗人に対する臣従礼に関して用いた言葉そのものである。聖餐においてキリストの体が造られたその手が――彼は明言した――俗人の血まみれの手でつかまれることによって、汚されるのである。いまパスカリス二世は、同じ言葉を俗人の叙任に使用するが、この書簡で臣従礼についての言及が欠如していることは意味深長である。この沈黙に含意された強調点の変化は、つぎの数年間の交渉によって確証される。すでにパスカリスが、前任者のとった極端な立場を撤回する準備をしていたことは明らかである。

結局、たったいま引用した、世俗の叙任を断罪する激しい言い回しを含んだアンセルムス宛の書簡は、その後の交渉に何の影響も与えなかった。彼には、もしそれを読んだら、自分自身が果てしなく広がる波紋の輪に関わることになる、という予感があった。司牧者として、彼はイングランドを霊的に不毛な荒野に変えてしまいたくはなかった。それゆえ、彼がとった応急の処置は、彼の手に負えなくなるまで、単純にそれを開封しないということだった。彼は、受け入れることのできる解決を得るために、自らローマに赴くことに同意した。エアドメルスは、この時点でのアンセルムスの動機に関して、奇妙に混乱した説明をしているが、しかし、一つだけは明白である。彼は、個人的な関係に大混乱をもたらすつもりも、もし彼が書簡を読んだら、関わらざるをえなくなる義務の闘争を引き起こすつもりもなかった。一一〇三年四月二七日に、彼はイングランドを離れ、実際的な行動の機会が過ぎ去ったときに、書簡を開封したのである。(19)

いまやことを急ぐ必要はなかった。彼は、ベックで夏を過ごし、一〇月にローマに着き、そこで王の使者も到着したばかりであることを知った。アンセルムスと王の使者は、決定的ではなかったが、教皇と会談し、そのさい、教皇庁のメンバーが明らかに王の肩を持っているあいだ、アンセルムスは沈黙したままだった。教皇の主張は、世俗の叙任の禁止だけにしぼられたと思われる[20]。会談の後、アンセルムスは、王と王妃宛の教皇の書簡を携えて、イングランドに戻るために（彼の考えでは）ローマを去った。王の使者は、さらに会談するためにローマに残った。

妥協の種子が根づき始めていた。エアドメルスは、この変化に気づき、いまや、あからさまに王宮の言い分を支持する人々が教皇庁にいることに気づいた。ローマにおける王の使者ワーレルワストのウィリアム（William of Warelwast 一一三七年歿）は、この動きを促進する準備を十分に整えていた。彼は、他の誰よりも、中世教会を造り上げ、また破壊した専門的な文官の長い系列の先駆者と見なされて、しかるべきだろう。彼らは専門的な行政官であり、複雑に絡んだ法と神学の問題がいり混じる中で、力で押し切るのではなく、交渉によって統治の利害を進める能力を備えていた。すなわち、国際的な立場で、敵対者の関心を尊重しつつも、自分たちが守らなければならない利害に、憎悪に過ぎることも個人的に過ぎることもなく関わる人々だった。彼らは、早晩、司教となることが期待されており、同様の能力で司教としての職務をこなしたのである。ワーレルワストのウィリアムもこうした人物だった。彼は、アンセルムスが出立した後もローマに留まり、アンセルムスに託された書簡とは異なる趣意の王宛の書簡を、教皇から獲得するまでにこぎつけたのである。

エアドメルス、そしてエアドメルスの言葉を拡大、誇張したマームズベリーのウィリアムにとって、彼の成功の秘密は、単純に賄賂であったが、これは、負けてがっくりした訴訟当事者側に共通する非難である。しかし、われわれは、彼がローマの黄金への渇望以上の何かに働きかけたことを、知ることができる。ウルバヌス二世によって始められた教皇政策のより極端な形態の背後で、教皇庁が一枚岩ではなかったことが、いまや明らかになりつつあった。教皇自身も動揺し始めており、彼が、前任者の立場を放棄し、アンセルムスを孤立させてしまうことに何らかの当惑を感じていたいくつかのしるしがある。教皇の当惑の徴候の一つは、彼がカンタベリーの首位権の問題でアンセルムスに譲歩したことであるが、これは後に扱わなければならない(21)。

アンセルムスは、一一〇三年一一月にローマを離れた。王の使者は、ピアチェンツァで彼に追いつき、彼らはリヨンまで同行した。ここで彼は、アンセルムスの出発後に教皇から獲得した王宛の教皇書簡を、アンセルムスに見せた。教皇はその中で臣従礼については一切語らず、世俗の叙任に対しては、その重要性を過小評価することで控え目に反対し、また教皇自身が権威を増大させようとすること、あるいは王のしかるべき権力を縮小しようとすることを否定している。以前は思う存分使用された激しい隠喩が影を潜め、書簡は、行過ぎたのはアンセルムス自身であることをほのめかす内容を含んでいた。

もし誰かが「この「誰か」がアンセルムスを指していたことは、文脈から明らかである」、貴殿に対して厳格に振舞ったとしたら、われわれもそうは信じないが、われわれとしてはできるかぎり、また神がお許しになる限り、貴殿が叙任を放棄しているのであれば、貴殿の意志に沿うようにしよう(22)。

明らかに、教皇には妥協する準備があった。アンセルムスが王の使者からこの書簡を見せられたとき、彼は、自分に委ねられた王と王妃宛の教皇書簡をそっと隠した。彼が教皇に語ったように、ワーレルワストのウィリアムのもたらした後のほうの書簡が先に到着してしまえば、それらは読まれないか、あるいは嘲りをもって読まれることになるからである。

〔アンセルムスは教皇に書き送った〕閣下が王と王妃に届けるようにと私にお命じになった書簡を、渡すことは適切ではないと判断いたしました。というのも、ウィリアムが聖なる閣下のもとから別の書簡を運び、私が携えている書簡は、私の口述で書かれたものだと言ったからです。したがって、私の携えている書簡は、嘲笑と軽蔑をもって読まれることになる、と私は確信いたします。というのも、私の聞いておりますところでは、王は、私を彼の唯一の敵対者だと言っているからです。(23)

（3） アンセルムスが基本に戻ること

いまや、アンセルムスはかなり厄介な立場にあった。王宛に彼が携えていた教皇の書簡は、他の書簡に取って代わられてしまい、後者は、アンセルムス自身が不和の原因だったこと、妥協的な一致が双方の快諾をもって得られうることを、より穏やかな口調で示唆していた。その上、彼らがリヨンに着くと、王の使者がアンセルムスに告げたことは、アンセルムスがルーファスの時代のとおりの王国の慣習を遵守する約束をしない限り、王は彼がイングランドに戻ることを許可しないだろう、ということだった。これは、彼が教皇への共同使節団として来たときの取り決めに明白に違反することだった。ワーレルワストのウィリアムが、さらに一層乱暴な決定を明らかにしたことはありうる。もしアンセルムスが王の条件に基づいてイングランドに戻らなかったとしたら、王は、彼の所領と収入を取り上げるだろう。アンセルムスに可能な唯一の対抗処置を奪ったのは、この最終的で、明らかに暴君的な行動だった。いまの彼は、ルーファスの治世下とまったく同じ立場に置かれていた。彼は、収入もなく、当然、リヨンのフーゴーの親切に頼ることになった。彼はリヨンに留まり――他に何ができただろう――そして、彼の所領と収入が回復されない場合を考え、ヘンリーを破門する第一段階に着手した。これが、王との争いにおいて彼がこれまで取った行動の中で、最も積極的なものだった。ルーファスとの争いですら、彼がここまですることはなかった。しかし、いまや、彼は、唯一彼の責任がある問題、カンタベリーの財産を守るために行動していた。けれども、破門には、三度の召喚と三度の拒否の後に最終的に課せられるという長い手続きが必要とされた。それゆえ、さしあたり、警告を発する以上のことは何もできなかったのである。

そうこうするうちに、彼は二度目の平穏と追放に腰を落ち着けることになった。彼は、イングランドの友人たちに働きかけなかったように思われる。彼らは、彼が今の立場にあまりにも容易に甘んじ、業務からの逃避としての追放に味を占めてしまったと考えていた。ことによると、この点にはいくらかの真実があるかもしれない。だが、彼は、真理のために喜んで死んだだろうし、あるいは真理のために苦難も欠乏も耐えただろう。とはいえ、両方の側からの果てしない口論とごまかしは、彼の健康を損ない、彼が自らを捧げた目的から彼を逸脱させた。彼の振る舞いに関するあらゆる苦情に対して、彼の答えは同じだった。すなわち、彼は、一〇九九年の教令に拘束されており、叙任の儀式ないし臣従礼に参加したすべての人々との交わりから身を引かざるをえない、ということである。それゆえ、彼はイングランドに戻ることができない。そこでは、彼の職務上、交際を禁じられている者たちとも交際せざるをえないからである。

確かに、私は彼らを追放することができません。彼らと共に祈ることもあえていたしません。王から課せられた慣習的な義務から撤退すべきでもありません。主なる教皇が王にそれを許し、もし私がそこにいれば、

それを遂行するように私にお命じになったからです。(24)

もし王が彼の権利と収入を回復することを拒否した場合に、王を破門するために彼が開始した手続きが、ゆっくりと結論に達するあいだ、彼には待つことしかできなかった。これは、時間のかかる用件で、彼は、一一〇三年一二月から一一〇五年四月まで、イングランドの友人たちからの批判に直面しながらも、自分の追放を弁明をすることに甘んじていた。王は、引き続き使者と書簡をローマに送ったが、それには、アンセルムスもまもなく気づいたように、ことをさらに先送りすることを確約する目的が伴っていた。この時期の教皇宛の王の書簡はすべて失われたが、われわれには教皇から王宛の二通の書簡が残されている。それらは、融和的な口調という点が特徴的である。以前と同様に世俗の叙任は断固として禁止することを主張するが、臣従礼については一切言及していないのである。

こうして一一〇五年春、アンセルムスは教皇から一通の書簡を受け取った。それは、ムランのロベール(Robert of Meulan)と他の王室顧問たちに破門宣告を下していたが、王に対する宣告は、王がローマに送るべき使者が復活祭前に到着しなかったことから、延期されたことを告げていた。(25)

長いあいだ待っていた彼にとって、この書簡が、自分から強い行動に出るための時が到来したことを示した、ということはまずなかろう。しかし、アンセルムスには行動を起こすための別の理由があった。王が大司教職の所領と収入を返還しない場合に、王を破門にするため、八か月前に彼が開始した手続きは、終りに近づいていた。彼の希望は、教皇自身が、主な共犯者と同時にヘンリーをも破門に処することであった。だが、これはありえなかったので、アンセルムスは、大司教フーゴーに相談し、彼自身による破門も含めて、ことを進める決意をした。

エアドメルスの証言はこの点に関して決定的である。

三度アンセルムスは、彼の収入を回復して欲しいという要望を記した書簡を王に送ったが、まったく返事がなく、平然と先延ばしにされるだけだった。そこで彼は、リヨン大司教に相談し、フランスへと出立した。(26)

彼の旅行の目的は、彼が王の姉、ブロワ伯夫人アデラに打ち明けたところでは、王を破門にすることであり、「それは、王が過去二年以上も神と彼自身に対して与えた損害のため(27)」だった。明らかに、アンセルムスは、もしリヨンに留まっていたなら、王の破門を実行することはできないと判断したのだが、そのためには彼が行動の舞台に近づかねばならないのである。この脅しは、王の姉アデラへの警告としては十分であり、彼女は王に警告を発した。この時、王は、彼の兄弟ノルマンディー公に対する最後の大攻撃の計画の最終段階にいた。他の諸問題の上にさらに破門が加わってしまったことはとんでもないことだっただろう。迅速が求められるときに、素早く行動ができたことは、彼の反応が示していた。アデラは、王と大司教の会談を手配し、数日内にすべての手はずが整えられた。アンセルムスと王は、七月二二日ノルマンディー国境のレーグル（L'Aigle）で会談し、アンセルムスの収入が回復されることで合意した。この合意はそれ以上の進展を見なかった。王の目的としては破門を回避することで十分だったが、アンセルムスはイングランドに戻ることができなかった。「彼は〔エアドメルスの報告によると〕、教皇への従順を損なうことに、何としても気が進まなかったので」、王の破門された廷臣たちと折り合うことができなかったからである。そこで彼はベックにひっこんだ。その間に、彼と王が最終的な結論を得るためにローマに共同の使節団を送ることで、合意がなされた。(28)

この合意ほどに、アンセルムスが彼の個人的な責任と見なしたことの限界を、明確に定めることのできるものはなかった。それは、叙任ないし臣従礼について一切語っていなかった。これらは教皇の問題だった。一一〇〇年と同様に、アンセルムスは、彼の所領と収入の返還で満足し、それが彼に戻されるや否や、破門の威嚇をひっこめたのである。ヘンリーは性急にことを進めなかった。彼は、妨害を受けることなく彼の兄弟の公国を征服し、さらに、彼の一門の中で教会の保護を受けるにふさわしい唯一の成員を——おそらく盲目にして——生涯幽閉することができたのである。これらのすべての事件において、ロベール公を破局的な運命に見捨ててしまったことほど不快なことはない。それは、大司教としての自分自身の責任に関するアンセルムスの見解だけでなく、教会全体に関する彼の関心の限界を示す多くの徴候の一つだった。アンセルムスが要求したことのすべては、大司教としての彼の職務を遂行するための本質的な基礎が損なわれてはならない、ということだった。それ以上のことを試みたとしても、益となるよりは害となったということは、まったくありそうである。結局、それ以上のことは試みられなかった。

この争いに大きな問題が含まれていることに気づいた現代の学者でも、カンタベリー教会の物質的な利害が決定的な時点で入り込んでくることを、一般に理解不可能と見なし、歴史的にはより重要な叙任と臣従礼の問題に視点を定め、アンセルムスの視線も彼らと同様の方向に向けられていたにちがいないと想定した。それゆえ、彼らは、一連の出来事全体におけるアンセルムスの唯一の積極的な行動を、王と教皇の交渉の過程と結びつけた。アンセルムスの行動をこの文脈に適合させるために、彼は、教皇の王に対する行動が遅々として進まないことに憤り、教皇の決意を強く促すために何かをしようと決心した、と想定する必要があった(29)。実際、この理論は、エアドメルスが、この年月、叙任権論争に彼の関心を集中しているという点から、ある種の支持を得ている。しかし、それに対する決定的な反論として、以下の三点を考慮すべきである。

1　アンセルムスは、王が彼の所領と収入を返還すると、ただちに破門の威嚇を放棄し、また臣従礼ないし叙任の問題については、解決を早めるために、彼と王が共同で教皇と交渉すべきであるという合意以上の条件は出さなかった。この合意に達すると、あとは王の都合にまかせ、イングランドに戻ることすらも主張せず、問題が解決するまでベックに留まったのである。

2　アンセルムスは、適切な権威によって解放されるまで、個人的には一〇九九年の教皇の教令に拘束されていることを明確にしたが、王と教皇との交渉においては中立的な立場に留まった。彼は、教皇は前任者の教令を保持すべきだ、と考えていたように思われるが、これは彼が決める問題ではなかった。

3　エアドメルスが王と教皇の交渉を強調したことに関して言うなら、つぎのことを銘記しておくことは重要である。すなわち、『新時代の歴史』の一一〇〇年までの資料はアンセルムスの在世中に収集されたが、この年月に属する最終的なテクストはアンセルムスの死後収集された、ということである。(30)

（4）　不可避的な妥協

一一〇五年七月レーグルにおけるアンセルムスと王との取り決めの一部は、問題を解決するため、クリスマスまでにローマに共同で新たな使節団を派遣する、ということだった。けれども、ヘンリーは急がなかった。彼は、ノルマンディー攻撃の準備で手一杯であり、彼が進んで教皇と和解するための条件については、多くの議論もあったに違いない。このあいだ、彼は遅延についてできる限りの言い訳をしたが、アンセルムスの堪忍袋の緒も切れそうになっていた。結局、彼は収入を手にしたにもかかわらず、なお大司教職からは締め出されており、したがって、彼がひたすら我慢して待っていたことは注目すべきである。彼と王の使者がようやくローマに出立したのは、一一〇六年の初頭だった。このときまでに、王は、高位聖職者が彼らの世俗の封土のために行なう臣従礼を保持できるのならば、叙任を放棄する準備をしようという決意を固めていた。この譲歩によって彼が失うものはほとんど、もしくは、まったくなく、すでに見たように、教皇書簡もこのような解決の見込みがローマでも受け入れやすいことを、ある時点で暗示していた。いったんこの決定がなされると、ことを遅らせる必要はもはやなかった。一一〇六年三月二三日、パスカリス二世は、妥協が成立したことを不明瞭な言葉で告げる書簡を、アンセルムスに送付した。

諸々の王たちの心を御手の中におさめておられる神は、この王の心を教皇庁への従順へと変えられた。それゆえ、教皇がへりくだって彼を立てた。……誰も身をかがめることなしに、他の者を立てることはできない。だが、たとえ身をかがめた者が転びそうに見えたとしても、彼は決してそのまっすぐ立っている状態(rectitudo)を失しているのではない。(31)

このような言葉は、読み手に退却の覚悟をさせる。占領されていた土地が放棄されたとはどこにも述べられていないが、結果はそうであった。アンセルムスが一〇九九年の教令の解釈にあたって厳格に過ぎたように思われた、というのである。教皇の書簡は続く。

キリストにあって尊敬すべき最愛の兄弟よ、われわれは、貴殿をあの禁止、あるいは貴殿の信じるところの破門から免除する。貴殿はそれを、われわれの前任者である故ウルバヌス教皇によって、叙任と臣従礼に対して宣言されたと理解したのである。

アンセルムスが、これらの言葉を読んで何らの憤りも感じなかったとは考えがたい。それらは、彼がウルバヌスの教令を読み込みすぎたこと、そしてこれらの言葉が語られたときパスカリス自身は不在だったことを、匂わせているからである。しかし、ことがどうあれ、教皇は、新たな状況に実際的な決着をつけることに、歩みを進めたのである。すでに世俗の叙任を受けた者たち、臣従礼を行なった者たちも、世俗の叙任を受けた他の者たちを聖別した者たちも、赦免された。今後は、教会の高位に就いた者で、王に対して臣従礼を行なった者は、王の手から叙任されないならば、聖別を受けることができた。そしてこのことは、アンセルムスの説教という慈雨によって、王の心が和らげられるまで継続することになった。当然予期されることだが、この最後の帰結が守られることはなく、聖別のあとに臣従礼が続くきまりが続き、司教職に対する王室の支配の実際的な縮小は、取るに足りないものだった。

アンセルムスは、この退却を受け入れることは難しいと考えた。教皇の教令の諸条項に対する彼自身の忠誠心に従うと、教皇の優柔不断とアンセルムスの側の過剰反応を示唆していることは、飲み込みがたいことだったにちがいない。しかし、リヨンのフーゴーは受諾を勧め、実際、他に手だてはなかった。この妥協は、かつてなかったほどに、教会の職務の霊的側面と現世的な側面に明確な区別をもたらした。それは、教会の職務のさまざまな象徴を授与するさいに世俗が介入することを撤廃したが、他方で、教会財産が世俗の支配の内に留まることを承認したのである。全体として、これは、当時の実際的な現実に最適な結論だった。

残るは、この論争の未決事項に結末をつけることだけだった。教皇の書簡は、一一〇六年の晩春にアンセルムスのもとに届いた。彼がイングランドに帰還する道を妨げていたものがことごとく除かれ、彼は五月に出発しようとした。しかし、病気が彼を襲い、八月まで出発は延期されたが、九月にはイングランドの土を踏んだ。王が引き続きノルマンディーにいたため、決定は翌年一一〇七年八月まで公布されなかったが、最終的な決定には驚くべきことは何も含まれなかった。それは、一五か月前の教皇書簡の条件に従っていた。いまや、アンセルムスは、一〇九三年に大司教として選出されて以来、はじめて、王との紛争になるいかなる原因からも自由になり、司教としての通常の職務を平和裏にこなすことで、彼の生涯の最後の一年半を過ごした。ただし、カンタベリーとヨークの関係に関する問題がしだいに大きくなり、それだけが悩みの種であった。

四　最終的な回顧

これらの政治的な出来事は、歴史家から最も注目されても当然である。彼らの関心は、社会組織の原則、社会における二つの主要な政治権力の関係であり、その資料は比較的豊富である。実際のところ、大部分はエアドメルスに負っているが、資料をとおして、一貫した物語として語ることができるのは、アンセルムスの大司教としての仕事の側面だけである。さらにまた、溝はあっても、エアドメルスの『歴史』とアンセルムスの書簡はともに、この数年間に生じた王と教皇の交渉と政治的な変遷に関して、驚くほど完全な説明を可能にしてくれる。だが、それは、アンセルムスの仕事のさして特徴的ではなく、あまり性に合わない部分で、彼にとって語るべきことがほとんどない生活の領域である。彼は、彼の時代の教会的─政治的な諸問題に関わるという召命感をまったく感じなかった。実際、ある意味で、彼の霊的そして神学的な教説の明断さは、政治的な問題をさして重要ではない位置に格下げすることによって、それらに関する明断さをさえぎった。それらによって、アンセルムスは、教会が機能するために、世俗と教会が共同の責任をもつ組織も、他の何らかの組織と同様に、受け入れうると信じるに到った。久しい以前に彼は、教会の封建的な組織そしてこの世を組織する適切な道として、貴族階級を受け入れていた。救いに関する真の問題は、別の経験の領域にあり、これらの問題について彼は、個人的なヴィジョンと長時間の思索による純朴で明確な権威をもって語った。政治的な問題については、どれほど彼が語るべきことが少なかったかは、注目すべきである。エアドメルスは、教皇とワーレルワストのウィリアムの会談に臨席したときの彼の衝撃的な姿を報告した。王の使者が長弁舌をふるい、教皇が傍観者たちから熱狂的に受け入れられた言葉、すなわち、いかなる俗人も主の羊の囲いの門にいることはできない、という宣言で応えたとき、アンセルムスは沈黙して座っていたのである。アンセルムスの沈黙の意味に関するエアドメルスの説明は興味深い。実際、それは、アンセルムス自身から得たものかもしれない。

彼は、他の人を誤ってつぎのような考えに導くようなことは、言いたくなかったのである。すなわち、自分のみが羊の囲いの門であり、自分を通して入る者は誰でも救われる、と宣言したキリストから離れて、誰か死すべき人間が、神の教会への門となりうる、という考えである。(32)

これらのやや曖昧な語句の意味を明らかにする可能性にも限度がある。しかし、もし死すべき人間の誰も主の羊の囲いの戸口となりえないのであれば、司教がその職務のエンブレムを誰から受けとろうが、それはほとんど問題とならないだろう。象徴によって指し示される実在は、キリストからのみ到来しうるからである。これらのあらゆる問題において、以上述べたことが、実際のところ、少なくともアンセルムスの見解にかなり近かったと思われる。彼は、教皇の命令に従うことになったのだが、しかし、論争における問題点は、彼自身にとってどうでもよい事柄だった。司教がキリストの群れにとってキリストの代理である以上、彼が誰からその職務の所領と象徴を受け取るかということなどは、実際のところ重要だったのだろうか。

曖昧なテクストの解釈には、当然のことながら常に危険がつきまとう。しかし、ルーファスの治世下でもヘンリー一世の治世下でも、アンセルムスのすべての行動は、彼がつぎのように考えていたことを示唆する。すなわち、論争となっている儀式に過大な重要性が付せられていること、そして宗教生活の真の問題は、最終的に神のみに訴えることで明らかとなる個人的な姿勢と動機のレベルにある、ということである。叙任の儀式に関するかぎり、彼自身は、新旧いずれの儀式にも甘んじたし、また甘んじることができたのである。

彼の価値の物差しは、少数の人のそれであり、彼の仕事を引き継いだどの後継者たちにも、それを当てはめることは困難である。トマス・ベケットは、――彼の追放、頑固さ、厳格さにおいて――アンセルムスを模範とした。しかし、彼は彼自身の選択による原則のために闘ったのである。それらは、法、組織、特権、免除等々の領域における聖職者身分の「諸自由」だった。これらは、アンセルムスの諸原則ではなかった。彼の世界の中心は、彼の個人的な生活においても概念的にも、修道生活だった。それのみが、彼に平和の理想を提供したのである。

諸制度を研究する最近の歴史家たちは、アンセルムスの大司教の時代を、イングランドと教皇権との関係の転換点と見なしてきた。非常に限定された範囲では、これは正しい。教皇の立法、とりわけそれを強化するための決定は、この年月に教皇政策の恒常的な部分となった。けれども、アンセルムスをこの過程の扇動者と見なすことは間違いである。一〇九九年の教皇の教令を遵守するという個人的な義務を別とすると、彼の責任は、カンタベリー教会の諸権利と財産を守るという義務に限定されていた。これらの諸権利は多方面にわたったが、それらは、教皇の新たな立法に依存したというよりは、むしろこれによって脅かされたのである。アンセルムスから三〇年たってようやく、大司教テオバルドゥスが、教会と世俗の事柄に関する二重の組織に必要な管理上のスタッフを増強し始めたが、このような路線が中世後期には普通のことになった。より重要なことは、この時代に生じた世俗と教会の権力の再編成の成り行きと速度を、一人の大司教の行動が大きく変更することができたなどということは、まったくありそうもないということである。

アンセルムスは、確かに政策立案者ではなかった。カンタベリーの共同体にとって、彼は、聖人のようではあったが、さして役に立たない大司教だった。彼らの教会の首位権に関しては、彼らを失望させたからである。この点に関して彼らにはほとんど分がなかったことは、まもなく判明するだろう。しかし、アンセルムスも、彼らの失望を共有したのかもしれない。彼が個人的な責任を重々感じていた仕事はすこぶる厄介であり、それらを実行するに当たって成功するか否かは、かなり疑わしかった。第一に、彼の義務は、彼の管理に委ねられた土地と権利を元のままに保持することだった。エアドメルスは、アンセルムスが有力な領臣の不法な侵害を阻止することに失敗したことを、強く匂わせているが、これらの侵犯の詳細については失われた。それらは、カンタベリー教会の全体の財産には深刻な影響を及ぼさなかったと思われる。彼の第二の仕事は、彼の教区に首席大司教としての権威を保持し、行使することだった。彼は懸命にこれを試みたが、ここでも教皇の権威の上げ潮に対抗して、勝ち目のない戦いを闘ったのである。

実際のところ、キリスト教界への影響としてアンセルムスの偉大さは、ほとんど大部分が、彼の『祈祷』

と『瞑想』、『モノロギオン』と『プロスロギオン』そして『神はなぜ人間となったか』、さらに一〇五九年―一〇六三年の彼の回心後、彼の全生活に浸透した聖性によるといって間違いない。彼は、この世の事柄においては賢明でもなく、そうあることも望まなかった。彼は、この世の通常の諸前提に素朴に挑み、彼の注意を永遠の諸真理と個々人の魂に向けたのである。

アンセルムスは、寛大と信頼をもってルーファスと接したが、ヘンリー一世にはそれほどでもなかった。このことは、多分に、王たちに信頼できないという彼の大きな経験から説明されうるだろう。あるいは、ことによると、思慮に富み策略に長けたヘンリーに欠けていた、ある種の魅力的な開放性を、ルーファスがもっていたことによるかもしれない。だが、この対照性から、ルーファスとでは実行できなかったことを、ヘンリーと共に実行できたという事実に、目をふさぐべきではない。この相違は、教会会議を開催する彼の手腕において、最も顕著になる。

大司教としての最初の日々から、教会会議開催の願いは、かなり頻繁に表明された目標だった。――ルーファスの治世下ではこれは空しい希望だったが、ヘンリーのもとでは実現寸前に到った。要するに、ヘンリーは教会の仕事において協力体制を望んだが、ルーファスはそこから金を獲得することしか望まなかった、ということである。

一一〇〇年から一一〇二年まで、ヘンリーは、アンセルムスが王の権利に抵触せずに筋の通った何らかの要求をした場合、それを拒むには、ルーファスよりはるかに弱い立場にあり、他方、アンセルムスは、リヨンのフーゴーとの接触から戻ったばかりで、教皇の理論と実践に関して、追放前の年月よりもはるかに多くの知識を教え込まれていた。しかし、こうしたより大きな梃入れがなかったとしても、ヘンリーが、ランフランクスによる教会会議開催の政策に戻るというアンセルムスの要求に、異議を唱えるということは、ほとんどありそうになかった。概して、ヘンリーの個人的な目的は、アンセルムスの目的とそれほど異なっていたわけではなかった。彼が望んでいたのも、組織の整った教会、聖職者の生活規則に従う聖職者、王権的な王国と貴族階級の必要に合致した修道院だった。さらに、ソドミーの悪習に関して、アンセルムスは、彼の会議の教令において、とりわけ厳重に非難したが、ルーファスとは異なり、ヘンリーの宮廷はこの悪習に特にふけることはなかった。ヘンリーは教会会議に危惧を抱くことは何もなく、アンセルムスも生涯の最後の数年に二回の教会会議を開くことができたのである。一一〇二年に開催された一回目の会議は、確かに、彼の大司教としての活動の頂点だった。それは彼の実践的な能力をことごとく発揮させた。すなわち、事の成り行きを計画し、改革の網領を明確化し、それを実行する手段を指示することにおいて、彼は、知性と意志の資質すべてを注ぎ込んだ。一一〇二年の教会会議は、アンセルムスに彼の行動の能力を示す機会を提供しただけでなく、彼が首席大司教としての実践的な理想を開陳する機会も提供した。

大グレゴリウスの『司牧規則』において輪郭が描かれた司教の義務を超えて、大司教としての政策をアンセルムスがもっていた以上、カンタベリーの首位権の擁護がその基礎を形成し、また彼の首席大司教としての二つの教会会議の立法は、その最高の達成だった。それは、カンタベリーの修道院共同体の歴史に深く根ざした政策であり、それを理解するために、われわれは、まずこの共同体の歴史の発展を吟味し、ついでこの共同体がその最高の装飾と義務であると考えた理想を吟味しなければならない。

第一三章　修道院共同体の自由

一　ランフランクスのもとでの組織

アンセルムスの大司教としての地位がもつ役割として、カンタベリーの修道院共同体こそが、明確にランフランクスの新設したものであり、大司教は、実際、名ばかりでなく、その修道院長でもあった。もちろん、ランフランクスがこの状況を作り出したのではない。司教職と修道院の結びつきは、一〇世紀の修道院復興の主要な結果の一つであり、細い糸を辿ると、その起源は七世紀に遡る。ランフランクスは、修道士たちに生活の規律を与えた一〇世紀の前任者たちに、何らの関心も抱かなかったように思われる。それどころか、彼が到着したさいに見いだしたアングロ・サクソン教会の伝統を、彼は野蛮と考え、関心を示さなかった。しかし、見いだしたことに嘆息したにもかかわらず、彼は修道院との関係を保持した。

ここに最初の逆説があり、将来的にはある重要性をもつことになる。カンタベリーで見いだした修道生活は、彼の目には著しく衰退し、新たな出直しを必要とするように見えたが、彼は、それを一掃せずに、ルーアンやリヨンあるいはヨーロッパにおける大部分の他の司教座聖堂を模範にして、在俗の聖職者たちの共同体の奉仕による当世風の大司教教会を確立したのである。この時期までに、イングランド司教区の修道院組織は、異例のものとなってゆき、しだいに活発化していく行政的な教会の中で、しばしば厄介者となった。他の多くの人々——おそらくランフランクスも——明らかにこのことが分かっていた。彼が修道士たちを在俗の参事会員と置き換えることを思案したかどうか、われわれには分からない。しかし、明らかに、ある人々、おそらく修道院のメンバー自身が、その可能性を深刻に考えていたと思われ、彼らは、ランフランクスであれ他の誰であれ、この一掃策による改革を遂行できないようにするための手段を講じた。この危惧が存在したという証拠は、ランフランクスのイングランド到着後ほどなくして、教皇アレクサンデル二世が彼に送った書簡に見いだされる。それは、以下のように始まる。

貴殿の地域から使徒座の門口にやって来たある人々が報告したところでは、何人かの在俗の聖職者が、悪魔的な意図に満ちた俗人と結託し、カンタベリーのクライスト・チャーチから修道士を追い払おうとねらっているとのことである。この教会が全ブリテンの首席大司教の教会であり、在俗の聖職者をしかるべき地位に就かせるためだというのである。この邪悪な陰謀は、ブリテンの司教座聖堂すべてから修道士を追い払い、在俗の聖職者で置き換えようとする全般的な計画の一部だと言われている。この件について、われわれは、教会の特権に関して調査がなされるように命じたところ、われわれの前任者大グレゴリウスによるイングランドの教会に関する法令が手に入った……。

この点について、アレクサンデル二世は、最初の大司教アウグスティヌス（六〇五年歿）の質問に対するグレゴリウスの回答を引用するが、そのテクストの全文はベーダに見いだされる。このテクストは、司教座聖堂における或る種の修道院体制を、権威的ではないが、穏健に支持していた。だが、それよりはるかに核心をつくものとして、教皇は、教皇ボニファティウス四世（在位六〇八―一五年）がエゼルベルト王に宛てた書簡があると述べ、その書簡から彼は、司教座聖堂の修道院共同体がアウグスティヌスの後継者全員によって存続させられるべきことを規定する一節を引用した。それゆえ、彼は、この法令を承認し、それを破る者は誰であっても断罪した(1)。

すべての学者は、ここで引用されたボニファティウス四世の書簡が一一世紀の偽造だということで一致しており、これについては後述しなければならないことがある。さしあたり、必要なこととしては、アレクサンデルの書簡の目的が、ランフランクスの司教座聖堂における修道院共同体は維持されるべきだという教皇の命令を、彼に伝えることだったという点が注目されればよい。

ランフランクス宛の教皇書簡は、エアドメルスの『新時代の歴史』からのみ知られ、また、エアドメルスによると、ボニファティウス四世の特権の承認についてローマに照会したのは、ランフランクスその人だった。けれども、これがアレクサンデルの書簡の語ることでないことは確かである。ランフランクスが司教座聖堂の修道士たちの敵であることは含意していないものの、この出来事に関する教皇の説明の趣旨全体は、大聖堂の修道院の身分を承認して欲しいという要求が、ランフランクス以外の誰かから届いたことを示唆する。この要求が誰から出されたのかを、彼はまったく明らかにしていない。しかし、彼が強調したことは、個人的にもこの問題の解決に乗り出し、教皇庁の記録保管所の探索を命ずるまでになった、ということである。

それゆえ、ランフランクスに選択の余地は残されていなかった。彼は、彼の司教座聖堂の修道院共同体を保持せねばならなかったが、われわれとしては、彼が到着したときに、何を見いだし、それがどのような印象を彼に与えたかを、問うてもよかろう。これについて、われわれには疑う余地がない。彼が見いだしたのは、大部分廃墟であり、荒廃に帰していなかった部分も、彼の目には、白紙から出発しなければならないほどに退廃していたのである。

こういうわけで、彼は、自分がもっていた力と組織化の能力をことごとく発揮して、新たな修道生活を建て上げることに着手した。すでにベックとカーンで成し遂げたことを、カンタベリーでも実行することになったのである。彼は、司教座聖堂と修道院の建物を再建した。搾取できる土地を探し求め強欲に侵略してくる貴族たちに対抗し、司教座聖堂の古来の財産を守るために不屈の戦いを続け、成功した。修道院の慣習の新たな規則を起草し、その実行の仕方が分かりそうな新たな人々を導き入れた。秩序正しい精神と決定的な実行能力という点で、誰もランフランクスのようにできた者はいなかった。しかし、彼が見いだした修道生活に関する限り、荒廃のさなかで、生き残った修道士の共同体が頑固一徹に守りとおした精神的、霊的そして歴史的な伝統を、彼は、決して愛することはなく、寛大に対応することすらもなかった。

事実、表面的に見ると、保存のために救い出されうるものは、それほど多く残っていなかった。一〇六七年末の大火災は、共同寝室と食堂を除くほとんどすべての建物を使用不可能にしたが、それでも回廊は、修道士が雨に濡れずに、一つの建物から他の建物に移ることができる程度ではあった。教会は廃墟となり、修道士は、主祭壇の上に仮の建物を建て、そこで聖務日課のさいには、聖ダンスタンの遺体の周りに集合したのである(2)。図書館に関しては、残った書物を収納する適切な建物はなく、見るも無残だったに違いない。

より想像力に富んだ目で見れば、残された修道院の慣習と蔵書の両方に、修道生活に関する非常に興味深い多くのこと、ことによると、価値のあることすら見いだしたかもしれない。しかし、この共同体が百年前に全イングランド修道院のために起草された修道生活の規則に、たとえ不完全とはいえ、なお従っていたということに、ランフランクスが注目したとは思えない。これについては、クライスト・チャーチの征服前の図書館に由来する二通の写本が、今も残っている。[3] 続く数年間で、彼は、自分の司教座聖堂で使用するための同様の修道規則集を起草した。それ自体としては、その規則集も首尾一貫した立法の傑作である。しかし、彼が、この著作において、彼の前任者の著作に一度も触れなかったことは、驚くべき事実であり、秩序だった組織を作り上げるという彼の独自の力とヴィジョンの諸限界の両方を示している。彼は、前任者の著作からも他の地方のテクストからも一切借用せず、クリュニーで最近発展した日課にほぼ準拠した生活日課を、新たに導入したのである。[4]

既存の慣習に関するランフランクスの沈黙については、彼がカンタベリーに到着した時点で、すでに古い秩序が完全に顧みられなくなっていたしるしである、と解釈されることもなかったわけではない。実際、彼が見いだした共同体の諸状況は、はなはだ無秩序だったようである。しかし、ランフランクス到着の少し前に起きた復活節の日の奇跡に関して偶然残った記録は、修道士たちが、依然として『一般修道戒律』(Regularis Concordia)の規定に従って、復活した主を墓で探し求める三人の女たちを劇的に再演していたことを示している。それゆえ、荒廃の中でも、何かが残っていたのである。[5] また生活の他のいくつかの足跡もあった。たとえば、修道院学校は依然として存在しており、聖歌隊席には教師と子どものかなり大きな一団がいた。[6] のみならず、共同体のメンバーは、方向は間違えていたが、荘厳に対するかなりの感覚、そして地域の聖人に対する抜き難い信心を保持していた。荒廃した蔵書ですら、なお芸術的な技巧の地域的伝統を証しする多くのテクストが含まれており、それらが示すのは、奇跡的な出来事への強い関心および俗語とラテン語の教養の奇妙な混合、つまり、後期アングロ・サクソン文化のあらゆる特徴だった。[7]

おそらく、われわれは、他のどこを見るよりも、残っている征服以前の書物によって、なぜランフランクスがカンタベリーの修道生活をまったく新たに出発させることを性急に決定したのかを、知ることができるだろう。残されたすべての書物の中で――七〇冊近くが確認されている――教父神学あるいは新しいスコラ的な学問に関する基本的な書物は一冊もなかった。それらは、（すでに見たように）ベックの図書館では顕著であったし、ランフランクスが図書館を復興した後には、カンタベリーにおいても同様に顕著になった。さらに、これらの残された書物には、この時代に北フランスとロレーヌ地方で急速に発展していたスコラ的な学問への関心ないしその技法を示す徴候がまったく見られない。

いくつかのギャップは偶然によるに違いないが、これらの書物が示しているのは島国的な関心だと見なしても、間違いではない。最も古い書物のかなりの割合は、福音書ないし詩編であり、それらのいくつかには俗語による欄外注と翻訳が付されており、低水準のラテン語力を証明する。さらに、アセルスタン王のような寄進者の贈物であるという点で、それらがアングロ・サクソン王朝と密接な関係にあることも証している。これらの広範囲に残存するものによって再現される全体的な光景は、決定的に回顧的で島国的である。過去の腕がすべてに重くのしかかっている。それは、ランフランクスがベックにおいて豊富に手に入れられるように計らい、また未来への道を指し示すようにした学識に満ちた過去とは、ほとんど共通点のない過去だった。

確かに、ランフランクスがカンタベリーで見いだしたすべてのものに我慢できなかったことは、理解に難くない。アングロ・サクソンの過去が残したものが現代の学者に呼び起こす関心は、奇妙で美しい残存物への関心であり、ランフランクスは、それらのなかに退廃と学識の欠如しか見ることができなかったのである。残っていたイングランド修道士は彼らの過去を守り、変化に抵抗したが、彼にとってその情熱は精神的、霊的な腐敗の最終的な証拠にしか見えなかったにちがいない。

征服の時代におけるカンタベリーの宗教的な生活のこれらのあらゆる側面に関するわれわれの知識は、骨の折れる学問的作業によって再構成されねばならなかったが、それは主として、ランフランクスが征服前の宗教的な伝統のすべての面を見ようとしなかったからである。ランフランクスの敵視にもかかわらず、かなり多くのものが残ったことは、第一に、残った修道士たちの頑固さによるものだが、第二に、アンセルムスが彼らを奨励したことによる。この問題に関する二人の対照性は、すでに論じられたことに加え、彼らの見解の相違の最後の一つを示している。

ランフランクスにとって、彼の周りで目にした生活のあらゆる足跡は、どのみち、同時代の学問と宗教的な規律の基準からの逸脱の現われであり、ベックでもカンタベリーでも、すべての行動における彼の目的は、自分が責任を負った教会が中心的な基準となるように、それを強化することだった。ベックにいたとき、彼は、この目的を彼の教え、収集した書物、そして——より広い世界では——聖体の論証において達成した。彼は、いまや、野蛮な国で同じ基準を確立することを、自分の使命と見なしたのである。(8)

一掃される必要のあった地域的な特色の中で、最も重要なことは、カンタベリー祭事暦にずらりと並んだ辺鄙な地方の聖人の日と祭日であった。ここで彼は、残存するカンタベリー共同体の宗教的な生活における最も敏感な点に触れたのである。エアドメルスの報告によると、老修道士たちにとって聖人たちと彼らの奇跡を追憶することほど大切なことはなかった。実際、彼らの関心についての説明が与える印象——そしておそらく同じ印象をランフランクスにも与えただろう——は、それらが不可思議な出来事、奇跡、聖遺物の寄進に関するたわいない古い噂の数々だということである。彼らは、宗教的な規律遵守あるいは『戒律』に規定された学習にもっと真剣に取り組むべきだったのである。明らかに、事態はランフランクスにとって厄介であったし、なかんずく、彼らの言う聖人たちがそもそもその肩書きに値するかどうかを、彼が疑った以上、なおさらだった。

こうしたうわさと伝説、奇妙な芸術性と驚くべき不思議な出来事の舞台に、ランフランクスは、より近代的な精神、優れた行政的な能力、そして最新の学校の学問と現代的な形の修道生活についての明確で、建設的、専門的な知識を持ち込んだのである。彼は、多大な精力と明確な目的をもって、カンタベリー共同体の再形成に取り掛かった。彼がカーンに建設した教会をモデルにして、司教座聖堂を完全に再建するための計画を練り、実行に移した。図書館も再建し、彼がベックで利用できるようにしたのと同じく、世俗的、宗教的な学問に関する中心的なテクストを所蔵することにも着手した。彼による修道生活の新たな規律集は、クリュニーの最新の慣習を、カンタベリーだけでなく、イングランドのあらゆる地域の修道院にもたらした。同様に、彼がカンタベリーの図書館に導入したテクストは、まもなく、ダラム、ロチェスター、エクセターおよびイングランドの他の図書館でも見いだされることになる。彼が大規模な計画を立てたことは疑うことができない。(9)

これらすべては独力でなされうるものではない。ランフランクスの最も重要な刷新は、ベックとカーンから新たな人々を連れて来て、カンタベリー修道院の主要な職務をすべて、これらの人々によって占めさせ、彼らが必要とされる場があればどこでも、昇進させる準備を整えたことである。彼が導き入れた新たな人々は、ランフランクスの計画にとって中心的な役割を演じた。われわれは、すでに、アンセルムスの書簡において彼らの内の何人かに出会った。ヘンリクス、ヘルノストゥス、ゴンドルフスは彼の文通相手の最初期の人々である。これらの中で、ヘンリクスは、カンタベリーの副院長となり、他の二人は、相次いでロチェスター司教となった。さらに加えて、ベックからマウリティウス、ヘルルイヌス、カーンからヴィタリス、ロゲルス、サムエルがやって来た。そして、言うまでもなく、ギルベルトゥス・クリスピヌス、彼はウェストミンスター修道院長となった。もともとのカンタベリー共同体は、おそらく三〇から四〇人のイングランド人からなっており、新来者たちは八ないし一〇人は越えなかっただろう。しかし、命令する権利は新来者たちにあり、もとからいた修道士たちは、従順の修道誓願を実行することになった。

イングランド人修道士たちは、何年間かは、ランフランクスの規律に抵抗できたように思われる。エアドメルスが記すところでは、ランフランクスが到着してからの二、三年、イングランド人修道士たちは、修道士というより伯のような生活をしていた。「この世のあらゆる栄光、金銀、上等な衣服に美味な食物、彼らが喜びとしたさまざまな種類の楽器についてはいうまでもなく、馬に乗って犬や鷹と狩に出ることもあった」(10)。これをどのように理解すべきかは難しい。しかし、一五歳の少年の誇張された印象が、多くの年月を経て想起されていることを斟酌したとしても、ランフランクスと彼がベックおよびカーンから連れてきた一握りの修道士たちが、敵意に遭遇しただけでなく、それなりに功を奏するような抵抗を受けた証拠と見なされよう。

確かなことは、ランフランクスが死ぬときまで共同体は二つに分かれたままで、死後もあからさまに敵対し合っていたことである。これは異常な事態だったとも言えない。四分の一マイルも離れていない、セント・オーガスティンの共同体では、同様の緊張状態が暴力的な結末へと向かって動いていた。しかし、クライスト・チャーチでは、ランフランクスの規律に対する初期の反感は、結局、いかなる恨みと密かな反抗心からであれ、多かれ少なかれ密やかな不服従となった。エアドメルスが目撃したように、転換点は一〇七六年に到来した。ランフランクスが新しい教会堂の建築を急ぎ、彼と同郷のイタリア人ヘンリクスを副院長に任命したばかりのときだった。このとき、共同体員の一人のイングランド人が発狂した。恐ろしい被害と騒ぎが生じたことは、エアドメルスとオスベルヌスという二人の観察者によって、それぞれに、十分記述されている(11)。しかし、オスベルヌスによって省略された二つの点に注目したのは、重要な細部を見る鋭い眼差しをもったエアドメルスである。彼が観察したことによると、修道士たちは狂気に苦しむ者の周りに立っていたが、二つのグループに分かれ、それぞれが相手のグループに理解できない言語を話していた。さらに、彼が気づいたことは、この事件後、物事がより円滑に進んだということである。新しい教会の建築は翌年終り、修道院の建物の完成はより安定した規則正しい生活をもたらしたにちがいない。しかし、建築計画に加えて、ランフランクスは、彼の変革に対抗する力をそぐ手段として、主なトラブル・メーカーの一人、オスベルヌスという名の修道士を「矯正のため」放逐した。アンセルムスから従順を学ばせるためにベックに送ったのである。

二　アンセルムスによる解放の影響力

ランフランクスの意図がどうあれ、それは、彼が予想しえたものとは異なる結果をもたらした。オスベルヌスは、ランフランクスが征服前の伝統を破壊したことへの怒りと恨みで一杯ではあったが、音楽、典礼の作詞作曲そして著述に傑出した才能を発揮する人物だった(12)。彼がベックに到着したとき、アンセルムスは、ただちに彼の資質に目をつけ、ほどなくランフランクスにオスベルヌスの進歩を非常に好意的に述べた書簡を送った。彼は「日々、知識と落ち着きにおいて進歩しております」。さらに、彼とアンセルムスとの友愛は親密になり、二つの魂を引き裂かない限り彼らを分かつことはできないほどになった。ここでもただちに、われわれはアンセルムスの最も情熱的で要求の多い友愛の言語を認める。おそらく将来的にはさらに重要な意味をもつことになるだろうが、アンセルムスは、ランフランクスに、ダンスタンが著わした修道士のための生活の規律について聞いたことも述べた。ランフランクスは、喜んでそれを彼に送ろうとしただろうか。彼はダンスタンの『伝記』も送ろうとしただろうか(13)。したがって、ランフランクスの注目を引かなかった本質的な事柄が、アンセルムスとオスベルヌスの会話の中で判明した、と思われる。アンセルムスは、まだカンタベリーを訪れたことがなかったが、古い修道院共同体の人々を理解するために必要な一つのことを摑んだのである。彼らは、自分たちの聖人たちを認め、自分たちの伝統を理解してもらいたかったのである。オスベルヌスが懲戒のためベックに追放されているあいだに送られた、アンセルムスの他の二通の書簡は、彼らの最初の出会いの物語を仕上げる。その一通で、彼はランフランクスに、オスベルヌスが今ではカンタベリーの新しい師たちと仲良くやるだろう、ということを語っており、別の一通で、彼はイタリア人副院長ヘンリクスに、いくらか言葉を選んで、オスベルヌスが今は自らの過ちを認め、悔い改めていること、そして彼の過ちについて、それが彼の傲慢ではなく思慮が足りなかったためだ、と述べている。最後に、彼は、情熱的な推薦を込めて、彼をカンタベリーに送り返した。

それゆえ、反抗的なイングランド修道士たちの先導者たちの中で最も有能な者とカンタベリーの将来の大司教とのあいだで確立された友愛は、広い波及効果をもたらした。オスベルヌスはカンタベリーに戻り、軽蔑された聖人たちを認めてもらう努力を放棄することで和解するのではなく、彼らの伝記を執筆することで彼らを認めてもらうことにしたのである。彼は、過去を再現することにこだわり続けることによって、征服後に破壊された、それ以前の敬虔と慣習の回復に努めた新世代の著作家たちの最初の人だった。

この展開のつぎの段階は、一〇七九年のアンセルムス自身によるカンタベリー訪問だった。この折、彼が行なった論証が、先の大司教エルフェゲを教会暦から除くという誤りを犯したことをランフランクスに納得させたことについては、既述のとおりである。この事件は、その神学的な関心と並んで、古いイングランドの聖人たちの教会暦への復位を示す画期的な出来事だった(14)。

エルフェゲの聖性に関するランフランクスの疑いは、彼の死の状況に関する情報の不足から生じたことが思い起こされよう。彼が、一〇〇六年から一〇一二年までカンタベリー大司教だったこと、デーン税（Danegeld）の支払いを拒んだためデーン人に殺害されたことは分かっていた。けれども、彼の生涯あるいは死、彼の抵抗の理由について書かれた記録がなく、加えて、彼のことを記憶している者が共同体の中に一人もいなかった。彼が聖人のごとくに崇敬されたのは、すべて伝聞によることであり、そのために、なおのこと絶大な支持を集めたのである。一〇七九年、ランフランクスはアンセルムスに意見を求め、そして（われわれも知っているとおり）彼はつぎのような論証を示した。すなわち、エルフェゲは、確かに、不正な強制的取立てから彼の領臣を救おうと努め、死んだ。つまり、彼は正義のために死んだのである。そこで、もし正義のために死んだのであれば、真理のために死んだことにもなる。ところで、真理とは別の形では正義である。それゆえ、彼は、真理のために死んだのだから、彼は殉教者である。これが殉教の意味するところだからである(15)。

この論証によってランフランクスが納得させられたと言うなら、それは控え目な表現かもしれない。彼は、それにひたすら圧倒されてしまったように思われる。おそらく、彼は、アンセルムスによって提起された論証の起源が、真理と正義はあり方の異なる同一のものであるという聖パウロの込み入った発言に関する、彼自身の註釈にあることを思い起こさせられたのであろう。また、アンセルムスほどに賢明な人がエルフェゲを真剣に取り上げることができたのだから、ランフランクスも、カンタベリーで崇敬されている多くの聖人たちを性急に棄却したことに、何らかの後悔の念を抱いたのかもしれない。理由はどうあれ、彼はアンセルムスの論証に行き過ぎとも言える熱意で反応した。

このことの証拠を、彼がかつてかなり攻撃的に一掃した、カンタベリー共同体の聖人の日の暦に見いだすことができる。いまや彼は、エルフェゲを再び導き入れただけではない。彼が注意深く限定し、段階づけた一連の祭日の非常に高い地位に、エルフェゲを復帰させ、それどころか、「荘厳に祝われる祝祭日」（Festivitates quae magnifice celebrantur）の中に彼を位置づけたのである。これは顕現説、聖マリアのお清めの祝日、お告げの祝日、御昇天の祝日、聖グレゴリウスの祝日、その他六日ほどの教会暦年の主要な祝日と同等であった。[16] もちろん、これは極端に寛大な例で、彼はその寛大さを最初の大司教聖アウグスティヌス以後の他の地域的な聖人に広げることはなかった。彼は、聖アウグスティヌスを排除することはできなかったが、アウグスティヌス以降で、彼の前任者の中で最も偉大なダンスタンは、依然として除外されたままだった。

エルフェゲがその新たな地位の尊厳を維持するためには、伝記および彼の祝日のための音楽を新たに作曲する必要があった。このためにランフランクスはオスベルヌスに頼った。音楽作品は失われた。これは大きな損失である。マームズベリーのウィリアムによると、オスベルヌスは彼の時代の最も優れた音楽家だったからである。しかし、彼が執筆した伝記は今も残っている。[17] それは、カンタベリーの過去の復興が征服後に始まったことを示している。より全般的には、オスベルヌスの経歴にアンセルムスが介在したことが、征服前のイングランドの修道院と文化の伝統を救い出すという点で転換点となり、そしてこの運動は、つぎの半世紀間、勢いを増した。

ベックから戻った後、古い慣習を復興するためのオスベルヌスのつぎの奉仕は、ダンスタンに関する最初の一貫した伝記を執筆することだった。この場合には、エルフェゲよりもはるかに資料に恵まれた。ほとんど同時代の二つの伝記そして利用できる豊かな口頭伝承があり、彼はこれらの資料から、感情と情熱が十分にこもった、生き生きとした劇的な肖像を描いたので、後にこれより優れたものを書こうとした著者たちによる伝記もあるが、人気の点では断然それらを引き離していた。結局、ランフランクスは、オスベルヌスを大聖堂の聖歌隊長に任命し、彼は、征服後の共同体で重責を担った最初のイングランド人となった。しかし、オスベルヌスは過去のために反逆者であることを止めず、アングロ・サクソンの昔を復興するための戦いは、ランフランクスが歿した時点では、まだ勝利半ばにすぎなかった。

ランフランクス自身の転換は部分的にすぎず、晩年になってもなお、彼は、前任者の多くの遺体を、彼が町の城壁の外の新たに設立した聖堂参事会に与えていた。(18) これらの遺体は、一〇六七年の大火事の後も古い教会を一杯にしていたものである。さらに、共同体に日々影響力をもつ指導者である副院長は、依然としてヘンリクスであり、彼はイングランド固有の聖人に関するランフランクスの疑問を共有していた。今述べたことは推察にすぎないが、しかし、エアドメルスによって報告された出来事に基づいている。それは、ランフランクスの死後、副院長が共同体を全面的に指導していたときの状況を説明している。

ランフランクスの死んだ後のことだが、私が修道院の中でいつものように座って、執筆中の書物に取り組んでいたとき、聖歌隊長オスベルヌスが私のところに来て、腰を下ろすと、つぎのように語り始めた。「兄弟、ご存じのように、亡き師父ランフランクスは、この教会の廟と聖遺物箱を調査し、どのような聖遺物がそこに収められているのかを明らかにするように私たちに命じ、またそれを許可されました。けれども、私たちは一部分しかそれを果たしませんでした。というのも、私たちがこの命令を実行していると、他のものよりもはるかに大きく、明らかに貴重と思われる聖遺物箱に出会ったからです。私たちがそれを開けると、ぎっしりと中身がつまっていたので、手をつけないままにしておいたのです。そこで、何が入っているか分からないといけないので（何だろうと疑ってはいるのですが）、一緒に行き、それから聖具係も同行させ、箱の中身を丁寧に調べてみましょう」。私はこの言葉に同意し、副院長に相談せずに、その場所に一緒に行った。[19]

明らかに、オスベルヌスは、まだすべきことは多く残っていると考えていた。彼は、アンセルムスが大司教職を継いだことを、アングロ・サクソンの過去にとって新たな希望と見なし、アンセルムスがその受諾にぐずぐずしていることに、ひどく驚いた。彼は、アンセルムスに速やかに来るよう二度書簡を書いた。アンセルムスの書簡集には、彼以外の他の人によって書かれた書簡も多少は収録されているが、それらすべての中で、この二通ほどアンセルムス自身の書簡に特徴的な高揚した友愛の感情と同様の感情を開陳したものは他になく、アンセルムスがぐずっていることに対する、オスベルヌスの失望に近い状態を示している。[20]

これらの二通の書簡の後、われわれは、オスベルヌスについて何も耳にせず、そこから、彼がアンセルムスの聖別後まもなく歿した、ということとしか結論できない。しかしながら、その間に、アンセルムスは、イングランド人修道士の中から終生の仲間を選び、彼は、オスベルヌスが残した空白を埋めてあまりある人物だった。それがエアドメルスであり、彼については、後にもっと多くのことを語る必要があるだろう。ここでは、さしあたり、アンセルムスの選択の奇妙さを指摘しておくだけで十分だろう。すでに彼が聖別される前、おそらく選出されるとすぐ、彼は、普通の思慮分別で、自分の新しい地位に必要とされるあらゆる専門的な知識を身につけることを考えていたに違いないが、そのさい、彼は、側近として、常に行動を共にする一人をイングランド人修道士のグループから選んだ。白羽の矢を立てたのがエアドメルスである。彼は、並外れた才能の持ち主ではあったが、実際的な能力には欠けていた。このときから、エアドメルスは、常に彼と共にいることになったのである。

われわれの知る限り、彼らは一〇七九年に会っただけである。アンセルムスが最初にイングランドを訪問したさい、彼は、若い修道士たちと語り合ったが、その中の一人がエアドメルスだった。オスベルヌスは別として、カンタベリーの全修道士の中で、エアドメルスは、ランフランクスが公認を躊躇したすべてのことを、最も顕著に代表していた。彼の精神は、この上なく豊かに過去を収納する宝庫だった。彼は、征服以前にカンタベリーに奉献された児童だった。子どものとき、彼は年長の修道士からあらゆる雑談を耳にし、そして、大人になると彼が聞いたことをすべて記憶していた。彼の報告がもたらす息吹が常に動いているのは狭い輪の中であり、そこには、一一世紀において教会に関心のあるイングランド人にとって大切だったさまざまな話題があった。彼らは聖遺物の移動について語った。聖オウエンの聖遺物をエドガー王の宮廷に運んだこと、王の贈物を修道院に運んだこと、聖バルトロマイの腕に捧げられた王妃エマの贈物、聖エルフェゲの遺体の移転等々。このような物語それ自体は、あらゆる宗教的な共同体に共通だったに違いないが、エアドメルスの記憶の中でこれらのテーマが絶えず回想されることから与えられる印象は、彼の考え、そして彼の子ども時代から生活を共にした修道士たちの考えが、もっぱら彼らの聖遺物、それらに関わる贈物、購入、移転、奇跡の物語に集中していた、ということである。彼が呼吸していた空気は、古いイングランドの聖人たちの墓所に関する有名な論考のもつそれであり、エアドメルスの言葉を使うと「あらゆるこの世的な助けよりも聖人たちの保護を好むことが、イングランドの習慣だった」日々のそれだった[21]。

彼は古いカンタベリー教会を記憶しており、老年になって彼がそれについて記述した内容から、征服以前の他のどの教会よりも、その内部の配置についてより完全な像を描くことができる。彼は、聖人たちがどこに安置され、祭壇がどこにあったかを記憶していた。彼は、かつては世俗と教会の諸問題が混同していたことを記憶しており、南側のポーチがハンドレッド、州、宮廷で解決できなかった嘆願を解決する場所として使われたことを記憶していた。彼は、古い洗礼堂が教会の西端に立っていたこと、そこに大司教たちの遺体が安置されて、神明裁判が行なわれたことを記憶していた。

エアドメルスが七歳の子どもだったときに目撃したことを記述したのは、それらをすべて一掃してしまった大火事から五〇年後のことだった。見た目には、すべてがそのときから一変し、――外見に関する限り――はるかに良くなったが、しかし、彼が最も大切にしていたものは、ほとんどすべて、これらの最初期の記憶の中に大切にしまわれていたのである(22)。

一三年前の強烈な出会いに基づいて、アンセルムスが側近として選んだのはこうした人物だった。なぜアンセルムスは、ランフランクスの大司教在任中にカンタベリーにいたベックあるいはカーンの修道士から選ばずに、彼を選んだのか、その理由を推測しても無駄である。しかし、この選択は、アンセルムスが大司教となったときに、彼の心中の三つの重要な特徴を際立たせる。

第一に、彼は、迅速かつ確信をもって、彼の思想を共有する者たちを選んだことである。われわれは、この迅速さが他の機会にも発動したことを、彼の最初期の友愛の書簡によって知っているが、彼の周りの人々の資質にこれほど左右されるような状況というのは、これまでになかった。

第二に、側近の資格として実務に長けているという点に、彼がまったく無関心だったことである。これもまた、すでにわれわれが吟味したあらゆる領域において顕著だったことだが、しかし、これほど多くの論争とさまざまな決定に直面しそうになったことは、初めてだった。

第三に、カンタベリーの古い修道士の伝統に彼が共感を抱いたことである。このことは、すでにオスベルヌスとの接し方から明らかだが、出来事すべてに彼が責任をもったのはこれが初めてだった。アンセルムスに関しては、しばしばあることだが、たんに個人的、あるいは情緒的な共感とすら思われるようなことが、修道院共同体内の成長力への確固たる信念を説明するのである。

三　アンセルムス的な自由

アンセルムスが側近としてエアドメルスを選んだことで、オスベルヌスは、カンタベリーの過去を復興するという彼の希望がこれから成就されるかもしれない、という確信を見いだしたかもしれない。しかし、オスベルヌスの希望がどうあれ、共同体へのアンセルムスの最初の書簡は、歯止めのない自由の約束をもたらすものではなかった。

神の恵みによって大司教であるアンセルムスから、彼の最愛の主人たちと息子たち、副院長ヘンリクス、副院長補佐アントニウス、エルヌルフス師、オスベルヌス師そしてクライスト・チャーチの他の神の僕たちへ。

聞くところでは、あなた方のあいだに中傷と分裂があり、あなた方の中のある者たちは、副院長に服従することを拒み、彼の承認によってのみなされるべき多くのことを、彼の知らないうちに行なっているとのことです。さらに、副院長に叱責されると、彼の裁きに服することを拒絶し、自分たちは私の権威に基づいて行動しているのだと言い張る始末です。こうしてあなた方のあいだに党派と分裂が生じたのです。そこで、私があなた方に知ってもらいたいことは、この教会が私の配慮にゆだねられている限り、私は、いかなる状況にあっても、このような反抗を許すことなく、けしかけることもないということです。[23]

この書簡が執筆された名宛人の副院長は、依然として、イタリア人ヘンリクスであり、彼がランフランクスによってこの職に任命されたのは三〇年近く前だった。聖歌隊長オスベルヌスもこの書簡の受取人の一人として登場する。さらに、アンセルムスが、オスベルヌスとエアドメルスによって密かになされた聖遺物探索に言及しているということは、大いにありそうだと思われるし、また、アンセルムスがこの探索のことをエアドメルス自身から聞いたということもありそうである。非常にはっきりしていることは、ランフランクスの死後、イングランド人修道士は、ランフランクスの存命中には不可能だった仕方で自己主張する自由を、感じていたということである。彼らの観点からすると、自分たちの過去を救い出す道のりは依然として遠かった。アンセルムスの洗練された論証は、聖エルフェゲを救い出した。しかし、エルフェゲの背後には聖人、慣習、規則がずらりと並んでおり、どの一つをとっても、はるかかなたの過去に遡るものだった。一〇七九年のアンセルムスの訪問の後ですら、ランフランクスは、これらの地域的な聖人と慣習の大部分を、忘却に付することも辞さなかった。[24]にもかかわらず、共同体のイングランド人修道士たちは、この成り行きがひっくり返されることを目にする希望を持ち続けた。彼らには、アンセルムスの支持を得られるだろうと考える根拠があったし、一〇九四年の不服従に関してアンセルムスがきつい言葉を述べたにもかかわらず、彼らは失望しなかった。ランフランクスが彼らの共同体の記憶に深く留められていることを見いだし、またイングランド生まれの修道士たちが――当初はかなり失敗に終わったが――保存しようと闘った、信心の地方的な伝統は、衰退の兆しを見せなかった。むしろ逆に、それは、征服前のものではない記憶と共に、共同体のメンバーに広がっていった。それは彼らの心、思考、日常の会話の中で生き、そして伝染したのである。

しかし、権威に対抗して行動する自由は、アンセルムスがカンタベリーに来て推進しようとした自由とは別種のものだった。アンセルムスにとって自由は、決して個人的な選択の自由を意味しなかった。修道生活においては、権威によって定められた狭い枠の中で『戒律』に従うことだった。これは、彼が不平不満を抱いた修道士に与えた助言のすべてに表われている。彼は、この根本的な規則にいかなる例外も許さなかっただろう。しかし、彼は、権威によって定められた枠内での成長を排除することはなく、また彼が副院長に選んだ人々を通して将来を作り変えるために援助することができたのである。彼の好機は、一〇九六年に到来した。この年、征服王の記念修道院バトルの修道院長が歿し、アンセルムスは副院長ヘンリクスを後任として任命するよう王に助言した。(25)

教会法の厳格主義者は、この手続きに対して多くの反論を見いだしただろう。しかし、カンタベリーに関しては、この手続きが、新しい副院長を任命することを可能にしたのである。アンセルムスは、エルヌルフスを副院長に任命した。彼は、ランフランクスが連れて来た一人だったが、前任者ヘンリクスとはかなり違う性質の人物だった。エルヌルフスは、最初カンタベリー副院長、ついでピーターバラ修道院長、そして最後にロチェスター司教となるが、どこに行こうとも、彼は、征服前の伝統への関心の復興に関わった——カンタベリーにおけるアングロ・サクソンの典礼慣習の復興、ロチェスターにおける古いイングランド法の集成、そしておそらくは、ピーターバラにおいてアングロ・サクソン年代記への関心が復活したことなどである。(26)

エルヌルフスを選んだ後、アンセルムスは、エルヌルフス自身のやり方に任せた。おそらく、アンセルムスには、他にできることはほとんどなかったのだろうが、この寛大な精神に間違いはなく、追放中に彼のもとに届いたある質問に答えて、以下のように記した。

貴兄が私に問い合わせておられる祝日の祝いについては、貴兄の裁量に委ねます。貴兄の決定を、有効であると追認します。神の母、聖マリア誕生の八日間の祝日についても、私たちの兄弟たちの多くが私たちの教会でも執り行なわれることを求めており、多くの教会でも行なわれているのですから、同様に適切と思われるなら執り行なって下さい。(27)

この自由によって、ランフランクスのもとでは不可能と思われた多くのことが可能となった。ここでわれわれは、古い習慣が復興され、新たな慣習が付加される新しい段階の開始点におり、それは、ランフランクスによって規定された典礼の取り決めを、短期間で大幅に変更した。さしあたり、アンセルムスは、情け深いが距離をとった上長の役割を引き受けた。彼の仕事は、修道院の役職者たちの怠慢に関する不満を処理し、副院長補佐の行過ぎた厳格さを抑え、漠然とより良い道があると思って修道院を離れようとする修道士に忠告し、彼自身の不在を弁明し、さまざまな業務を通常通りに処理することだった。けれども、共同体の発展に対する彼の主要な貢献は、最初エルヌルフス、つぎにコンラートという副院長を選んだことにある。両者は、共感をもって過去に対する関心を示し、アンセルムスは、彼らのなすがままに任せて、干渉はしなかった。また彼は、――彼が一〇九五年ルーファスへの上納金を支払うために、修道士たちが失った黄金の食器類の見返りとして与えた補助金の副産物だが――聖堂の聖歌隊席の大規模な再建のために資金を提供した。(28)

アンセルムスが歿して一〇年後、首席大司教の諸権利のための確固とした基盤を保持できなかったことを理由に、カンタベリーで彼に対する批判の風潮が強まっていたとき、エアドメルスは、修道士たちが彼らの問題を自分たちで処理することを許したことに、アンセルムスの最も賞賛すべき点があると考えた。われわれは、この結果を修道院の内部の事柄と外部の事柄の両方に見いだすことができる。たとえば、一一〇〇年から一一〇九年にイングランドの年代記が修道院に関して唯一記載することは、一一〇五年の聖エルフェゲの遺体の視察が行なわれ、それが腐敗していなかったことが発見されたことである。(29) アンセルムスは、このとき追放中だったから、明らかに、修道士たちは、アンセルムスの到着以前にはアングロ・サクソンの熱狂主義者たちがこっそりと行なわねばならなかったことを、いまやアンセルムスが任命した副院長の下で、公然と行なうことができたのである。

共同体がしだいにそれ自身の業務の管理を引き受けるようになり、共同体として強さを感じるようになるに従って、アンセルムスの政治的な闘争は、彼の後の大司教トマス・ベケットの場合と同様、わずかな影響しか及ぼさなくなった。修道院は、右肩上がりで繁栄してゆき、それは、少数の者には不満と困惑を感じさせたかもしれないが、そのメンバーの多くに彼らの重要性と独立を自覚させることによって結束させ、初期の分裂の解消を早めた。修道士の数は増加した。エアドメルスによると、一〇八〇年頃には六〇人を越え、その内のかなりの割合が旧体制のイングランド人だったに違いない。ランフランクスの生涯の終りまでに、この数は、後代の国の年代記記者によると、一〇〇人とされ、さらにその数は増していった。おそらく、一一二〇年頃までには最大一二〇人ぐらいに達していただろう。(30) これだけ大きな集団になると、征服前の教会を知っていた者はほんの僅かだっただろう。彼らの大部分は、多分、カンタベリーの近郊に住む新たなジェントリーの子弟だっただろうし、ことによると、異民族間の結婚によるアングロ・ノルマン出身の親をもっていたかもしれない。エアドメルスは、ノルマン人の到来以前のこの階層の出身であり、征服後もこの階層が修道士の多くを提供していたことはほぼ間違いない。

アンセルムスの大司教時代に、修道院の生活に新たな展開が見られた。これはいくつかの点で示される。収入の増大、アンセルムスの生前に開始した、大聖堂の新しい大きな聖歌隊席の設置、高価な装飾の増加、自由の伸張、そしてアングロ・サクソンの過去が共同体の典礼と信心生活に組み込まれることを可能にした自由などである。あらゆる点で、過去が――これについてアンセルムスは一〇七六年頃オスベルヌスがベックに追放されて来るまでまったく知らなかったが――その価値を認められていったのである。

メンバーの増加と財産の増大の一つの直接的な結果は、ランフランクスの教会堂が早急な拡張を必要としたことである。ランフランクスは、彼の教会堂を、彼がカーンに建設した教会をモデルにしたが、その聖歌隊席は著しく低く、切り詰められていた。修道士の数が増えるに従って、これはまもなく手狭で不都合をきたした。共同体のエネルギーが新たに噴出する中で、この聖歌隊席はアンセルムスの時代に壊され、当時のイングランドの他の教会には見られない広さとプランによる構造に置き換えられた。この新たな建築のモデルが、完成したばかりのクリュニーの教会堂だったことは、ほぼ確実と思われる。これは、一〇九五年にウルバヌス二世によって奉献され、アンセルムスとエアドメルスは一〇九九年にここを訪れている。その時に彼らが目の当たりにした建物は、ヨーロッパの修道院建築の発展において、規模、建築のデザイン、装飾という点で画期的な出来事であった。カンタベリーの新たな建物は、アンセルムスのときに建築を開始し、一一三〇年に完成したが、いくつかの重要な細部においてこのクリュニーの新教会堂のデザインを取り入れていた。「〔マームズベリーのウィリアムによると〕、その窓、大理石の舗装の輝き、様々な塗装といい、それに類するものは、それまでイングランドでは見られなかったものだった」(31)。これもアンセルムスの追放の結果の一つとして数えられてよかろう。しかし、何よりも、この拡張は、ランフランクスの建物が厳格に排除した地方的な過去の復興を、準備することになった。中央祭壇の左右は、ダンスタンとエルフェゲの祭壇であり、祭壇の上の梁には、王座のキリスト像の横にこの二人が立っていたのである。(32)

カンタベリーは、確かに、アンセルムスの時代には、シトー会のような厳格な方向へと進むことはなかった。教会堂が完成した頃、おびただしい装飾に覆われた教会が放っていたに違いない輝きを、今日では想像することすらも難しい。この点で、アンセルムスが修道院の慣習の仕上げを支持したのと同様に、彼のおおらかな態度は、彼の個人的な信心の親密さと厳格さ、そしてこのタイプの信心がシトー会を刺激して生じた純朴と簡素さへの新たな潮流の両方と、著しい対照をなしている。もちろん、信心の厳格さと溢れんばかりの建築および内部の装飾との結合に形式的な矛盾はないが、しかし、この結合は、われわれがアンセルムスの生涯のほとんどすべての領域に見いだす対照性を明らかにする。彼の生活の厳格さと彼の友愛の情緒的な熱烈さ、彼の『祈祷』の厳しさと彼の気質の穏やかさ、彼自身の敬虔における隠修士的な傾向としだいに豊かになっていく司教座聖堂の装飾を受け入れたこと、これらの対照性において、誰よりも非妥協的なこの人物は、両極端が出会うところに立ち、両者を包容するのである。

アンセルムスが歿したときに、彼が残した共同体は、豊かで繁栄し、世俗における位置も確固としていた。共同体が苦しめられた不平不満、不正、そして挫折は、振り返ってみれば些細なことのように思われるが、その当時は、そのメンバーの心を悩ませていた。一つの領域で、修道士たちは、とりわけ不当に裏をかかれたと感じ、彼らの悲しみの大部分をアンセルムスのせいにした。妙なことだが、それは、修道院共同体のメンバーが強く感じたのとまったく同じように、彼も感じた領域だった。それは、ブリテン島全体に及ぶカンタベリーの首位権の要求に関わっていた。アンセルムスはそのために粘り強く闘ったが、それは、われわれがざっと見渡した光景を念頭に置いた場合にのみ、説明することができる。この首位権は、カンタベリーの修道士たちが、常に無言で彼らを招き寄せる過去から受け継いだ最も輝かしい夢であり、この問題に関して、アンセルムスは、畏怖の念を起こさせる伝統に縛られていると感じ、またその伝統を保持するために援助の手を差し伸べたのである。首位権のための彼の激しい防御は、将来的な見通しをもった政治的な理想および彼の晩年における全体としての教会の利益に、およそ反するにもかかわらず、大司教としての一貫した政治的な方針に到る最も近い道だった。

いくつかの点で、首位権に関する彼の擁護は、アンセルムスの晩年の経歴を貫く緊張を反映している。彼がカンタベリーに来たときに、彼が抱いていた自由に関する見解は、全面的に神の意志と統合された意志の状態として、堅固に確立され明確に定義されていた。その意志の状態は、従順から逃亡することを求めるのではなく、神的な本性を深く理解し続けること、神の意志への同意を常に広げていくということにおいて、魂が発展していくための自由を見いだすことだった。彼はこのメッセージを、現世における兄弟を救い出すこと、あるいは不信者の手による破壊から大義を救うことに自分たちの義務があると考える者たちに向けた。さらに決定的なこととして、彼はこのメッセージを、囚われの身にある姉妹を、できることなら、救い出すことに自分の義務を見いだした修道士や、悪を妨げるためにこの世で行動を起こすことに召命を見いだした新米の修道士に対して、発したのである。「修道院の壁の中に入ることを求めなさい」「安全な港に留まりなさい」。これらが、真の自由を希求する者たちに、彼が与えた命令だった。

けれども、この修道院禁域の自由は静的なものではなかった。共同体において志を同じくする友人たちとの交わりの中では、信仰内容の理解を増し加えていくこと、神の至福直観へと歩みを進めていくことができたからである。進歩していくための自由は、個人的な事柄にとどまらなかった。その影響は、修道院共同体の全体によって体験されただけでなく、修道院の壁を越えて世俗世界へと拡がっていった。親密な内観は、その起源という点ではアンセルムスのプログラムだったが、それは共同体全体の成長のためのプログラムでもあった。それは、さながら山火事のように、個人から出発してしだいに外へと拡がり、ついには修道院の後援者、友人、従者たちの全領域を包み込むことになった。それだけではない。修道院の網の目は、キリスト教社会全体に組織化の原理を提供した。これは、一〇世紀の修道院改革のメッセージだったが、まもなく新たなメッセージに取って代わられた。すなわち、教皇の指示の下での組織化というメッセージであり、これが、司教区から小教区へと拡大し、最終的には個々人に到達したのである。

この新たな理想は、一〇五〇年以前の修道院によって方向づけられていた社会よりも、それ以後の西欧における知的・物質的な発展にとって、より適切だったことは、疑うことができない。だが、この点でアンセルムスは過去の時代に属しており、彼の晩年におけるこの主要な徴候の一つは、グレゴリウス七世の後を襲った教皇たちの利害と政策に抗して、ブリテン諸島全土におけるカンタベリーの首席大司教としての権威の原則を主張し、そのために闘うという決意だった。ハンブルクやリヨンのような首位権と区別される、このカンタベリーの首位権の本質的な特徴は、第一に、それが修道院共同体を中心としていたこと、第二に、その根源と権威づけの本来の制定が（アンセルムスが信じ込んでいたように）七世紀に遡るということだった。征服後のイングランドの新たな政治的状況の中でそれを擁護し拡大することは、中心的な修道院共同体からキリスト教の教理と規律を広めるという目的への回帰を表わしていた。それは、修道院的な規律と信心の果実をこの世にもたらすことによって、過去の時代の権威と聖人たちの庇護を得ることを主張したのである。この理想のためのアンセルムスの闘争は、彼の大司教としての職務のうちの司牧的な構想において中心的な位置を占めており、また、彼の世界観におけるこの位置が理解されうるとしたら、そのためには、いくらか長い取り扱いが必要とされよう。

第一四章　古い自由

――カンタベリーの首位権――

一　首位権の諸原則

アンセルムスの思考の一般的な特性は、本質的に統一を目指すものであったから、われわれは、彼が地域的な諸特権に対して敵対的だったか、あるいは少なくとも無関心だっただろう、と予想するかもしれない。しかし、この大方の予想が間違いであることは、すでに、カンタベリー共同体の修道生活の取り上げ方において示された。地域の伝統を顧慮せず、最新の修道生活の考え方に従って、模範的な共同体を築くことを目ざしたランフランクスと異なり、アンセルムスは、礼拝の地域的な慣習と聖性の模範を認めただけでなく、歓迎もしたが、これらはランフランクスが剛腕をふるって駆逐したものだった。

カンタベリーの首位権の問題に入っていくために、われわれとしては、アンセルムスがこの時代の教皇庁の政策の最も強力な諸原理の一つに対立する地域的な主張を支持した根本的な理由を、もう一度吟味する必要がある。出発点として思い起こすべきことは、聖エルフェゲの聖性の問題について、アンセルムスには――ランフランクスと異なり――聖人の崇敬の基礎となった事実に関する共同体の証言を受け入れる準備があった、ということである。彼が提供したのは諸原則だった。彼がランフランクスに思い起こさせたことは、正義と真理とがあり方は異なっても、同一の事柄であるという、彼らのかつての同意事項だった。それゆえ、もしエルフェゲが正義のために死んだのなら、たとえヴァイキングの侵略者によって要求された金の支払いを拒否したということだけだったとしても、彼は真理のために死んだのでもある。そうすることで、彼は殉教者にふさわしいあらゆる権利を獲得したのである。

この場合のアンセルムスの手順は、彼の神学を構築する原則を反映している。すなわち、彼は、キリスト教共同体全体の信仰の言明を受け入れ、理性の要求を満足させる説明を見いだそうとしたのである。もし彼の説明が間違っていても、彼の信仰には変わりはない。もし彼の説明が正しければ、批判者の攻撃に対して信仰者の共同体を強め、信じるという義務に理解することの喜びを付け加えたのである。

最も重要な事柄においては、教会の普遍的な証言が真理の保証だった。しかし、地域的な重要性をもつ事柄において、彼には地域の共同体の証言を受け入れる用意があった。この点で、彼は、列聖に関しては古来の教会の慣習に従ったが、これは、つぎの百年間、形式にかなった中央集権化された手続きに取って代わられた。同様に、アンセルムスは、所領と特権を擁護する十分な基礎として、地域の修道院の証言を受け入れた。この点で、彼は、ランフランクスの足跡に従ったのである。

要するに、ランフランクスとアンセルムスが生きていたのは、かつて信仰と慣習の大部分の事柄を満足させていた、地域の証言についての古い同意が、より形式的で、法的・合理的な手続きに従属していく時代だった。概して言うなら、彼らのうちのどちらも過去に属していたが、アンセルムスのほうがランフランクスよりも保守的だった。アンセルムスにとって、地域の教会の声、とりわけ、地域の修道院共同体の声は、たいていの事柄にとって十分な証言だった。修道生活のより素朴な形態を求めた新興のシトー会の人々と異なり、アンセルムスは

──彼が個人的にはこの素朴さをどれほど好んだとしても──現状の共同体が提供するものに不満を抱いて、それ以上の何かを求めることには、同意しなかった。実際、歴史の発展について彼がもっていた唯一の考えは、それが選ばれた者たちの数を増やしていく過程だということであり、定まった目標に達すると、歴史に終りをもたらすことになるのである。彼が、この世界におけるさまざまな改善がこの過程を早めるだろう、と考えていたようには思えない。

過去に関する彼の主要な原則は、いったん神ないし聖人に捧げられたものは何ものも、不正を犯すことなく、この世の王国に返還されることはありえない、ということだった。この原則は、修道誓願に関しては、たとえそれがなされたばかりの状態だったとしても、無条件に作用した。それはまた、いったん神ないし聖人に捧げられた土地と権利に関しても作用した。罪を犯すことなくして、贈物を引っ込めることも、減らすこともできなかった。カンタベリーに関しては、ブリテン島全体への首位権がこうした贈物のなかで最大のものであった。それは、収入あるいはこの世の栄光の源泉として享受される権利ではなかった。それは、秩序の永遠の原則を表現する、過去からの贈物と見なされるべきものだった。

これらの高みから一般的な地平に降りてくると、すでにわれわれは、ベック修道院長時代の最初に、アンセルムスがベック修道院の諸権利に関する問題を抱えていたことを見た。競争相手の諸教会が、ベックに属する十分の一税と諸権利を要求したのである。不幸なことに、不注意か無能力によるのか、権利証書を見つけることができず、アンセルムスは、ランフランクスに助けを求める書簡を執筆しなければならなかった(1)。同じことがカンタベリーでも生じたが、スケールははるかに大きかった。異議をさしはさまれた十分の一税に代わって、彼は、文書的な証拠は断片的だが、揺るぐことのない確固とした地域的な証言をもつ、情熱的に培われた豊かで多様な伝統の保護者として振舞うことを知った。文書記録の不完全さにもかかわらず、彼が全面的に自分の責任と感じていたことは、あらゆる権利、特権、財産を保持し、それらを損なわれることなく彼の後継者に手渡すことだった。彼は、神によって任命された、それらの保護者だったのである。

彼の職務においてこれらの権利を守ることは、たんに理論上のことではなかった。すべての修道院長ないし司教と同様、彼は、彼の教会が奉献された聖人、ないしその教会を創建した聖人のペルソナをまとっていたのである。教皇がアンセルムス宛の書簡で、「われわれは貴殿のうちにイングランドの使徒である聖アウグスティヌスの尊敬すべきペルソナを見る」と述べたとき、それは、形式的な挨拶以上のものだった。(2) その時々に大司教の職務を担う者が、聖アウグスティヌスと彼の教会の聖人たちの代理であり、彼らに対して責任をもち、また彼らをとおして神に責任をもつということは、事実、重要な真理の承認であったし、あるいはそう見なされていた。このことから、誰であれカンタベリー大司教となった者は、グレゴリウスがアウグスティヌスに与えたすべての権能を継承することになり、それはキリストが聖ペトロに与えたすべての権能を教皇が継承するのとまったく同じことだった。(3) アンセルムス自身がこの類比を引き合いに出したことは一度もないが、しかし、もし教皇がカンタベリーとヨークの争いに関してカンタベリーに不利な判定を下したならば、「私はイングランドに留まることはどうしてもできません。私が生きているあいだに私どもの教会の首位権が損なわれることを、私は堪え忍ぶべきではないし、堪え忍ぶこともできないからです」(4) と教皇に警告さえも発したのである。

このように述べることで、アンセルムスは、彼自身と修道院共同体の両方のために語ったのである。共同体内部の結束感は、常にカンタベリーの首席大司教の権利の主張の背後にある駆動力だった——それどころか、つぎの百年そしてそれ以降も、この教会の歴史につきまとう特有の権利や特権へのあらゆる要求の背後にあった駆動力だった。もし必要なら、彼らの高位聖職者に行動を起こさせることは共同体の義務だったし、彼らの決定を共有することはその高位聖職者の義務だった。アンセルムスは、心底から彼らの観点に賛成していたにもかかわらず、共同体は、彼が決して十分にそうしてはいないと感じていた。

首位権の主張は、カンタベリーの修道士たちがその擁護者を自認していた、最も豊かでまれな贈物だった。このような贈物にふさわしいものとして、カンタベリーはいくつかの源泉から豊かな過去の蓄積を体現していた。第一に、カンタベリー教会は、アングロ・サクソンの王たちによる、ブリテン島および隣接する島々に対するいわば皇帝のような権威を要求する権利を継承していた。世俗の統治の段階において、ノルマン人たちは、これらの壮大な要求を見捨て、イングランド王国の拡大のために、軍事的な征服と定着だけを頼みとした。けれども、カンタベリー教会は、神の王国においてもイングランド王国においても、より深く根ざしていた。それは、現世での利益獲得しか考えなかった世俗の支配者たちの変わり身の早さをまねることはなかった。修道院共同体の権利要求は神の王国に根ざしていた。それらはまた過去と実質に根ざしていた――過去というのは、彼らがさまざまなときに受け取った領土、聖遺物、諸権利という贈物によるものであり、実質というのは、ブリテン諸島が「もう一つの世界」(alter orbis) として、自然条件の点で世界の他の部分から分離しているということによる。(5) ウルバヌス二世は、彼がアンセルムスを「いわば『もう一つの世界』(alter orbis) の教皇そして総大司教であるかのごとく、ほとんど対等の者として」(6) 教皇庁に招き入れたとき、この観点から敬意を払ったのである。

ブリテン諸島の帝国的な統一の伝統は、征服前の王たちの特許状における声明によって支えられており、そこにおいて王たちは、程度の差は異なるが、婉曲な表現で自らを「このブリテン世界の皇帝」と呼んだ。ベーダによって保存された古い教皇書簡があるが、それらは、大司教に（後の時代が望むような明確な言葉ではないが、好

意的に受け取る人々には十分な表現で）ブリテン諸島の広大な領域への教会の権威を許可していた。(7)

同様の総大司教という権利の主張には、同時代のいくつかの例があり、それらはハンブルク、リヨン、ミラノの大司教によってなされた。ブリテン諸島全体に対する総大司教としての権威をカンタベリーが要求することを、ランフランクスが強く支持したとき、彼は、これらの先例に触発されたのかもしれない。これらの総大司教たちは、教会政治の大計画を象徴していたが、ヒルデブラント派の教皇たちは、これを中央集権化された権威によって置き換えることを目ざしていた。アンセルムスがリヨンのフーゴーから他に何を学んだにせよ、彼は、自分自身が責任をもつ教会を犠牲にして教皇の主権を受け入れることは学ばなかった。大司教として彼が受け入れた責任は、ラテン教会の教理とベネディクトゥスの修道規律を、ブリテンという「もう一つの世界」全体に広め、強化することだった。ランフランクスは、これを彼の義務と見なしていたし、アンセルムスはそれをさらに強烈に自覚していた。両者にとって、カンタベリーの教会的な首位権は、イングランド王国の拡大と関連して、イングランド、スコットランド、ウェールズそしてアイルランドの全領域に、恒久的かつ規律正しい未来という希望を提供した。一〇七〇年、そして一〇九三年においてすら、北部イングランドにおけるスカンジナヴィア系異教徒の独立王国の脅威は、決して死に絶えていなかった。五〇年後、すべては変わったけれども、ランフランクスが直面し、アンセルムスが受け継いだのは以上のような状況であり、これらの状況においては、首位権が統一の実際的な手段を表わしていたことを、認めることは重要である。(8)

われわれは、あとで、彼らの首位権の要求の文書的な根拠を吟味することになろう。さしあたり、つぎのことを述べておけば十分だろう。すなわち、この問題に関してランフランクスは、アンセルムスに劣らず、カンタベリーの修道士たちの伝統に依拠することで満足していたように思われるということ、その伝統は生きた言葉の証言に歴史的な支持を与える諸文書に支えられていた、ということである。(9) これに基づいて、カンタベリーの首席大司教としての権威を保持し、拡大することが、大司教としてのアンセルムスの最も首尾一貫した目的となったのである。この問題において、彼は、真理と正義が関わる他の問題と同様に、穏健ということを知らなかった。こうした事柄においては、穏健は、罪の別名に過ぎなかったのである。首位権が、カンタベリーの領土および他の権利とともに、彼の思想においてこれほど際立った位置を占めねばならなかったことは、今日の目からすると、彼の地位に関するあまりに偏った評価のように思われるかもしれない。けれども、永遠の世界と時間的な世界とが、聖人たちに与えられ、彼の保護に委ねられた諸権利を保持するということにおいて出会ったのである。この問題においては、修道誓願のそれと同様に、妥協はありえなかった。したがって、われわれは、彼の首位権の要求の重要性と実行可能性を判断しうる前に、まず、彼が何を欲していたのかを理解しなければならない。

二　首位権の諸特権

首位権のもつ諸特権はつぎの三つだった。第一に、イングランドにおける教皇特使としての恒久的な権威を所有していること。第二に、ブリテン諸島全体における教会的な裁治権を所有していること。そして第三に、教会会議を開催し、イングランドの全領域から出席者を会議に召集する権利を所有していることである。アンセルムスは、当初から、首位権のこれらの三側面すべてに関わり、彼の生存中は、辛抱強くこれらを死守した。実際、もし政治家の試金石が統治のためのグランド・デザインの追求だとするなら、首位権はカンタベリー大司教の肩書きにふさわしい彼の唯一の要求だった。首位権のこれら三領域すべてに関する彼の活動は、決してよろめくことはなかった。つぎにこれらの各々を考察することにしよう。

(1) 教皇特使としての権威

アンセルムスは、大司教として、ブリテンにおける教皇の恒久的な特使であることを主張した。この要求の起源は新しいことだったように思われ、首位権の一般的な原則を別とするなら、それが何に基づくかは明確ではない。にもかかわらず、アンセルムスは、それが十分な基礎をもつと信じており、さらに、イングランドにおける教皇特使として自分自身以外の者を認めることを拒絶した点では、確かに、ランフランクスよりも先に進んでおり、ルーファスとヘンリー一世よりも頑なだった。

すでに述べたように、アンセルムスは、彼のパリウムを携えてきた教皇特使とともにイングランドの教会の規律について協議することを、きっぱりと拒絶した。この場合、彼の拒絶には――奇妙ではあったが――ある特別な理由があった。彼は、王から委ねられた防衛の義務で手一杯だったのである。にもかかわらず、このことが特使のいかなる職務でもないということを、彼が前提としていたことは明らかである。この場合の直接的な状況はともかく、イングランドに関する限り、アンセルムスが拒絶したのは、教皇の昨今の慣行、つまり、特別に任命された特使に広い領域を委ね、特使がこの領域内の大司教と司教すべてに対して権威をもつことができるようにしたことである。大司教リヨンのフーゴーは、一一世紀の最後の四半期において、この政策の突出した支持者、代表例だったが、彼がアンセルムスの晩年の政治的な語彙にいかなる影響を及ぼしたとしても、この問題についてはまったく別だった。アンセルムスは、最後まで、イングランドにおける教皇特使に対する彼の立場を崩さなかった。彼は、彼の教会の諸権利を消散するためにカンタベリーに来たのではなかった。一〇九九年、イングランド王国のどの地域であれ教皇の特使が派遣されることに対し、異議を唱える旨を教皇に説明するさい、彼は、このことを明確にしたのである。

> 私がイングランド王国へのローマからの特使に関して前教皇にお話ししたことは、この国土の人々が主張していることであり、カンタベリーの教会によって昔からわれわれの時代に到るまで保持されてきたことでした。そこで、私は、このことが、必然的にそうでなければならないこと、またローマとイングランドの教会に損失を与えることなしに、それ以外ではありえないことを、教皇に説明いたしました(10)。

あることが必然的にそうであること、それ以外ではありえないと語るさい、アンセルムスは、彼の神学的な思索の言語を使用し、しかも彼はこの言い回しを軽々に用いたのではない。実際的な文脈において、それが意味していることに疑いをさしはさむことはできない。つまり、この問題については、地上のいかなる権威による交渉あるいは変更も受け入れる余地はない、ということを意味しているのである。

この見解は教皇の意向に沿うものではなかった。教皇としてのパスカリス二世の最初の行動の一つは、リヨンのフーゴーをフランスにおける常任特使として任命した先例に従って、ヴィエンヌ大司教グイドをイングランドにおける常任の教皇特使に任命したことだった。エアドメルスは、グイドが一一〇〇年ないし一一〇一年にこうした資格でイングランドを訪問したけれども、誰も彼を受け入れなかったことを報告している。この訪問が、一一〇〇年九月のアンセルムスのイングランド帰国後のことであるか否かは明らかではないが、アンセルムスがこの問題に関する彼の見解を教皇に言い残していたことは疑いなく、教皇も、アンセルムスの在世中にはカンタベリーに対して権威をもつ特使を派遣することはないと約束した。けれども、イングランドにおける特使として大司教自身以外の者を任命すべきではないという、アンセルムスによってなされたカンタベリーの主張を、教皇は受け入れなかったし、受け入れることもできなかったことは明らかである。[11] だが、これが最後までアンセルムスの主張だった。むろん、この件について彼は、いかなる文書的な証拠にも拠ることなく、彼が頭であった共同体の総意に拠っていたことは明らかであるけれども。

（2） 領土の拡張

アンセルムスがランフランクスよりも先に進み、またより明確な態度を取ったことは、特使としての権威の問題だけではなかった。カンタベリーの裁治権の領土的な境界の拡張においても、彼は著しく前進した。このことは部分的には偶然だった。彼が大司教となったのは、ノルマン人征服者たちによる領土拡張の勢いが、スコットランド、ウェールズそして――ほんの試みであるが――アイルランドにも影響を及ぼし始めていたときだったからである。教会の拡張の道筋は、征服ないし結婚によって準備されたが、われわれが驚嘆せざるをえないのは、さまざまな邪魔があったにもかかわらず、アンセルムスが、カンタベリーの権威を全領域に伸張させるための状況を利用することに、一貫して努力したことである。われわれは、それらの各々がアンセルムスの注意を引いていった時間的な順序に従って、考察していこう。

ウェールズ

ウェールズにおける首席大司教としての権威を行使するための最初の機会は、アンセルムスが大司教となる少し前のカンタベリーの空位期間に生じた。それは彼の友人のチェスター伯フーゴーがアングルシー島までの北部海岸地域を新たに征服したことから生じた。この征服を教会の側から示すために、一〇九二年にバンゴールに司教区が設立された。ブルターニュ人ハーヴィー（Hervey）が司教に任命され、イングランド宮廷のメンバーの中でウェールズの一司教区が与えられた最初の人物となり、以後これが連綿と続くことになる。また彼は、ウェールズにおいてイングランドの大司教の権威に服した最初の司教でもあった。カンタベリーがまだ空位だったことから、彼はヨーク大司教によって聖別されたが、これは偶然だった。彼の後継者はすべて、カンタベリーに服したのである。

この時代のウェールズには、ランダフ（Llandaff）およびセント・デーヴィス（St. Davis）に、さらに二人の司教がいた。両名ともにウェールズ人で、ともにケルト教会の慣習を信奉していた。大司教としての最初の年にアンセルムスがとった処置は、この両名の停職だった。(12)カンタベリー大司教がウェールズ司教に対して懲戒処分を行なったのはこれが最初だった。セント・デーヴィスの司教は、すぐにアンセルムスと和解し、復職した。このののち、アンセルムスは、南ウェールズのペンブルックにまで侵入してきたノルマン諸侯の中で司教区を略奪する者たちが出てきたとき、司教が略奪者たちに対抗できるように支援の手を差し伸べた。これらの諸侯の領袖はモンゴメリーのアルヌルフ、アンセルムスのもう一人の友人であり、アンセルムスの死後も変わることのなく彼の最も古い信奉者だった。(13)彼ならば、他ならぬアンセルムスからの自制の呼びかけを、すすんで受け入れただろう。

ランダフのウェールズ人司教は、決して服従しなかったように見えるが、一一〇七年になってようやく、アンセルムスはカンタベリーの利権に全面的に忠実な司教を聖別することができた。それゆえ、アンセルムスが歿するまでに、以前は決してカンタベリーに服することがなかったウェールズの教会全体が、イングランド首席大司教に完全に服することになった。これは、一七世紀以前において、カンタベリーの権威の最も恒久的な拡張だった。一三世紀初頭にセント・デーヴィスに大司教区を設立しようとしたウェールズのジェラルド（Gerald of Wales）の英雄的な闘争はあったが、実質的には、アンセルムスが確立した地位は、一九二〇年まで続いたのである。

アイルランド

アイルランドは、アンセルムスがカンタベリーの権威を確立する手段を講じたつぎの地域だった。ここにおいて彼は、ランフランクスによってつくられた先例に従った。ランフランクスは、すでに一〇七四年と一〇八五年に、ダブリンの司教を聖別していたのである。アンセルムスが一〇九六年に彼らの後継者を聖別するさい、何の困難もなかった。この時代におけるアイルランドに関して注目すべきことは、カンタベリーの権威に対する抵抗が欠如していたことである。結果的に、アンセルムスは、カンタベリーの権威が及ぶ範囲内で、論争なしに拡大を進めることができた。彼は、ここでは、ウェールズにおいてそうだったほどに、急ぐことはなかった。アイルランド教会へのランフランクスの権威はダブリンに限定されていたが、アンセルムスは、彼の聖別からまもなく、広くアイルランドの全司教たちに書簡を送り、彼らに教会法の規律を確立するように促し、つぎのような言葉で結んだ。

もし、貴殿たちのあいだで、司教の聖別あるいは何らかの他の教会の業務、あるいは私たちの聖なる信仰に関する事柄について問題が生じ、貴殿たちが教会法によって解決できない場合には、愛徳の絆にしたがって、それを私どもにお知らせくださるように勧めます。そうすれば、貴殿たちは、私どもから助言と慰めを得ることになり、神の戒めに背くような裁きに陥ることはないでしょう。(14)

これは、極めて穏やかな権威の表明ではあり、断固としたところはほとんどなかった。聞く耳のある者に分かることだった。アンセルムスにはアイルランドに有力な友人たちがおり、彼の在世中、この国の教会の将来は彼の手中にあるように思われた。一〇九六年、イングランドにおけるすべてのことが彼に不利になっていったとき、彼は、ダブリンとウォーターフォードの二人の司教を聖別した。後者は、ダブリン以外では、カンタベリーに服従を誓ったアイルランド最初の司教だった。上王メールハルタッハ（Muirceartach、the High King）の娘はアンセルムスの友人モンゴメリーのアルヌルフと結婚しており、カンタベリーの権威の拡張を推進した。ダブリンとウォーターフォードの司教に（後にはリメリックの司教にも）、アンセルムスは上長として書簡を書き送り、状況によっては、懲罰を下す権威を振るうこともできることを表明した。(15)

さしあたり、すべては平穏のように見えたが、水面下での状況全体は極めて不安定だった。ノルウェー、アイルランド、ノルマンの諸勢力がこぞって利益を争い、カンタベリーの主張の将来的な見通しは、アンセルムスの在世中には非常に明るく見えたが、さまざまに相反する政治的な野望の不明瞭な潮流にあまりにも左右されていたため、確定的ではなかった。アンセルムスが死んで半世紀ほどは、かつての積極的な政策のいくつかの痕跡だけがダブリンの教会で用いられた教会暦に見いだされ、それはカンタベリーに起源をもつ多くの特徴を備えていた。この首位権は、教皇に直属する四つの司教区の設立とともに消滅した。この展開は、カンタベリーの首位権にとって主たる障害が、ローマに集権化される統一的な法的、行政的組織の成長だったことを示す多くの徴候の一つである。すべての証拠は、アンセルムスが、この展開をカンタベリーの諸権利に対する攻撃と見なし、全力で抵抗しようとしたことを示している。

北部イングランドとスコットランド

ウェールズとアイルランドにおいて、アンセルムスの主張は、実際の抵抗には出会わなかったが、当時はまだ、それに挑戦するだけの力をもつ組織がなかったからである。北部の境界では事情はまったく違っていた。スコットランドに関しても、彼は首席大司教の権威が及ぶ領域であることを主張したが、それは、ヨーク大管区という障壁によって阻まれていた。この時代のスコットランド司教は、通常ヨーク大司教によって聖別されており、この慣行に対しては一一二〇年までいかなる抵抗もなかった。しかし、アンセルムスの弟子エアドメルスがセント・アンドルーズの司教職を受諾したとき、彼は、カンタベリーで聖別されるべきことを強く要求しようとしたのである。このことが無分別な処置だったことは、われわれには非常に明白だが、エアドメルスにしてみれば、カンタベリーの本来の裁治権に属すると自分が信じていたことを主張しただけだった。それどころか、カンタベリーの主張がアンセルムスの信じたとおりに十分な基礎づけをもっていたとするなら、ブリテン諸島全体に対する全般的な権威以外は、カンタベリーで理解されていたようなこの大司教区の古い歴史、さらにはこれらの主張の背後にある広範囲の地理的・歴史的な概念を、損なうことになっただろう。(16)

三　ヨークとの闘争

しかしながら、この権威を行使するために、まず必要だったことは、ヨークとの論争に決着をつけることであり、カンタベリー修道士によるアンセルムスの評判も、主として、彼がこの問題をどう取り扱うかにかかっていた。通説では、今日もそうだが、ランフランクスはカンタベリーの諸権利の主張において向かうところ敵なしだったことになっている。とりわけ、一〇七二年、彼は、公の席でヨーク大司教を言い伏せ、カンタベリーに従属する宣誓をさせた。対照的に、アンセルムスは何も達成しなかったように見えた。この判断は、誤りだったし、現在もそうである。それは、ランフランクスの勝利の範囲を過大視し、アンセルムスが受け継いだ状況に内在していた欠陥を、彼のせいにするものだった。

一〇七二年におけるランフランクスの個人的な成功は、恒久的な欠陥の根元を含み、それを覆い隠すものだった。第一に、彼はヨーク大司教トマスから従順の宣誓を勝ち取ったにもかかわらず、トマスは彼の後継者たちにこれを義務づけることができなかった。そして一〇七二年に確立された地位を教皇が確認したということだけが、恒久的な首席大司教としての権威の基礎となった。ランフランクスの成功がもつこれらの限界は、アンセルムスが大司教となるや否や表面化した。ヨーク大司教によるアンセルムスの聖別において、彼の肩書きに関する論争が発生した。すなわち、彼は、「管区大司教」(Metropolitan) として聖別されるべきか、あるいは「首席大司教」(Primate) として聖別されるべきか、ということである。[17] さしあたりそれは取るに足りないことだった。しかし、カンタベリーの主張が直面することになる、さまざまな難題の徴候ではあった。実際、それらは、ヨークの聖堂参事会員と大司教たちによって反対されただけでなく、教皇庁、そして——アンセルムスの在世中には——王によっても反対されたのである。

数年経って、ヨークの大司教に対する権威の主張が試されることになった。大司教トマスが死去したときですら、彼の後を継いだ新たな大司教は、すでにヘレフォードの司教だったジェラード（Gerard）であり、司教としてアンセルムスへの従順の宣誓を行なっていたのである。それゆえ、ジェラードの在世中——彼が死去したのは一一〇八年である——アンセルムスは、大司教としてのジェラードが、先に司教として行なった従順の宣誓に拘束されていると信じることができた。これらの状況において、アンセルムスほどに献身的ではない人間であれば、問題をそのままにし、平和な余生を望んだだろう。しかし、アンセルムスは、カンタベリーの主張について、教皇による明確な認可を得ようとする手を休めなかった。ヘンリー一世の治世の最初の数年間にローマに送られた使者で、教皇によるカンタベリーの首位権の確認を迫らないものはなかった。主要な用件は叙任と臣従礼だったとしても、それにつぐテーマが首位権だった。それどころか、このように問題の大小の区別をつけるという点で、われわれは、現代の見方に譲歩しすぎているのである。これらの問題は、ローマとカンタベリーでは比重が異なってはいたが、しかし、誰もカンタベリーの権利請求の重要性を低く見積もろうとしなかった——そしてまさに、ランフランクスとアンセルムスが望んだような首位権の認可は、叙任権問題におけるどの認可よりも、中世の教会政治の将来を変えることになる。何とかしてアンセルムスを満足させようと——そしてアンセルムスは、カンタベリーの権利請求の認可のためならば、教皇権の代理として、難儀をいとわなかった——パスカリス二世は慎重に構え、恒久的に重要性をもつような譲歩は一切しなかった。

アンセルムスは、決して手を休めなかった。パスカリス二世は、臣従礼の問題についてゆっくりと譲歩し、これをアンセルムスも解決したと見なし、さらに、首位権についても少しずつ譲歩して、しぶしぶ受け入れさせたのである。一一〇二年、教皇は、アンセルムスの前任者たちが保持していたように、個人的に彼にも首位権を承認した。一一〇二年一一月、彼は、ヨークのジェラードに、アンセルムスに従順の宣誓をするようはっきりと命じた。一一〇三年一一月、彼はこの従順を将来のすべての大司教たちに拡大した(18)。ここにおいて、ついに、アンセルムスの考えでは、長年望まれていた、安泰した将来への画期的な躍進がなされたのである。アンセルムスはただちに、カンタベリーの修道士たちに安心するよう書簡を書き送った。だが、こともあろうに、それはキマイラであった。一一〇三年のパスカリスの認可は、確かに、首位権をアンセルムスの後継者たちにも拡大したが、しかし、それは「アンセルムスの前任者たちに享受されていた」限りでの首位権にすぎなかった。そして、論争全体が、これらの前任者たちが首位権を享受していたとしたら、それはいかなる首位権だったのか、ということであったのだから、本当の問題点は――確かに教皇が意図したことだが――、未解決のままだった。もしアンセルムスが注目すべき多くの主張をもっていても、これ以上のことができなかったならば、残るは、文書を偽造する以外には希望がありえなかった。これはつぎの段階のことである。だが、それはアンセルムスの在世中のことではなかった(19)。

一一〇三年にアンセルムスが教皇から獲得した特権は、不十分とはいえ、首位権に対するカンタベリーの要求においては高い水位を示すものだった。それは今後も永続的になされる前進にすぎなかった。この点で、この特権は、ランフランクスの影響力が最高潮に達した一〇七二年の時点で、彼が達成しえたすべてに優っていた。これ以外にはいかなる真正の証拠文書も存在せず（カンタベリー修道士が確証することができた限りで）、また過去に存在したこともなかったが、これが大司教の継承者たち全体に首位権を認可したのである。しかし、それがそもそも何を意味するのかは、なお決定されるべき問題として残ったのである。

いまや、確かな事実に基づいた意見の潮流が、ブリテン島の総大司教というランフランクスの構想に対抗する力を強めつつあった。けれども、ランフランクスの構想の支持を表明するアンセルムスの言動は、ますます強まり、決して止まることがなかった。彼はまた、カンタベリー大司教はイングランドにおける教皇の恒久的な特使であるべきだ、というカンタベリーの主張にも固執した。この点で彼は失敗した。結局、彼がとりつけた約束は、彼の生存中はイングランドに特使が到来することはない、ということだけだった。[20] 彼は、ヨークに対するカンタベリーの優位を強く主張し続けた。一一〇七年の全般的な解決に際して、大司教ジェラードは、彼がヘレフォードの司教として果たすべきだったのと同様の服従を、大司教としても果たすことを、アンセルムスに表明することを約束した。[21] けれども、この約束は文書で表明されたわけではなかった。それは、将来的には拘束力をもたない、非公式の取り決めという性格のものだった。要するに役に立たなかったのである。

これらすべての取り決めにおいて、教皇以下すべての人びとの目的は、明らかに、アンセルムスの生存中は彼に花をもたせ、他方で、彼の死後、もっと先の将来に備えて新たな取り決めをするための力を温存することだった。教皇、ヨークの聖堂参事会、（かなりしぶったが）ヨーク大司教は、アンセルムスが専心したカンタベリーの要求を断固として却下することを決めた。王は、叙任にさいして彼を不快にさせたことで、アンセルムスに仕返しをしてやろうとうずうずしていたので、彼を阻止するつもりだった。しかし、アンセルムスはなおも譲らなかった。そして真の試練は、大司教ジェラードが死んだときに、到来するはずであった。

ジェラードは、一一〇八年三月二一日に亡くなった。一週間以内に王が後継者として指名したのは、イングランドにおける王宮行政の最大の門閥の一員だったトマス二世であり、彼は、かつてアンセルムスを聖別したトマスの甥だった。アンセルムスは、指名された人物にも、また王の指名の仕方にも異を唱えなかった。しかし、彼は、カンタベリーの首席大司教としての権威に彼を服従させることに全力を行使した。アンセルムスの最後の年の往復書簡はこの話題で一杯であり、この件に関する彼の熱中については、一見して明らかだろう。彼は、教皇に書簡を送り、トマスがカンタベリーへの従順を誓うまでは、彼のパリウムを送らないで欲しいと乞うた。もし彼がいったんパリウムを得てしまえば、決して従わないだろうからである。これを見越して、アンセルムスはかなり激しい口調でつぎのように書き記した。

もしこのような事態になったら、イングランドの教会はばらばらに引き裂かれ、荒廃すること――主の言葉に「内輪で争えば、どんな王国も荒れ果てる」（ルカ一一・一七）とあるとおり――そして、使徒座の規律も少なからず弱体化されることを、ご承知おき下さい。私に関しましては、イングランドに留まることはどうしてもできません。私が生きているあいだに私どもの教会の首位権が損なわれることを、私は耐え忍ぶべきではないし、耐え忍ぶこともできないからです(22)。

このことは、アンセルムスに、教皇への従順のゆえに追放の憂き目に遭ったように、首位権のゆえに追放に直面する覚悟があったことを示している。実際、それらは同一のシステムの両部分で、切り離しえないものであった。彼は、首位権を「使徒座の規律」、すなわち、教皇による教会政治の本質的部分と見なしていた。少なくとも方法上、ここでは、彼の神学と実践的な思考とのあいだに完全な同一性がある。つまり、宇宙における神であれ教会における教皇であれ、支配者の至上権は、そのシステムの細部に到るまで秩序が存在することを前提としているのである。今日では奇妙に思われるかもしれないが、カンタベリーの首位権は彼にとって、構造全体の堅固さを保証する、揺るがすことのできない一部と思われたのである。彼はこの姿勢を最後まで崩さなかった。死ぬ前の最後の書簡において、彼は、「カンタベリー大司教にして全ブリテン島の首席大司教アンセルムス」(Anselmus archiepiscopus Cantuariensis et totius Britanniae primas)として、全ブリテンの首席大司教としての威信をかけて、神に代わって語り(loquens ex parte ipsius Dei)、トマスがカンタベリーの教会への反抗を放棄するまで、彼の司教職を停止したのである。この書簡の写しは、イングランドのすべての司教に送られた。(23)

トマスの従順が確保される前に、アンセルムスは歿した。アンセルムスの死後、この従順は、王と司教たちの伝統的な共同によって容易に確保された。実際、カンタベリーの要求は、それらが王とイングランドの司教たちの支持を得た場合だけ、通用するものだということは、誰にとっても明白だったにちがいない。この共同は、一〇七二年においては抗し難いものだった。アンセルムスの死後、一一〇九年にそれは再びその価値を証明した。ルーファスの治世下では、王と大司教の同盟は、王が御し難かったために壊れ、ヘンリーの治世下では、アンセルムスが一〇九九年の教皇勅令に忠実だったために壊れたのである。

ヨークの著者が記したように、王は、叙任権問題においてアンセルムスが王にはむかったのち、彼を愛することはなかった。それ以降、王は、アンセルムスの死後、南部の管区における教会の統一を支持した彼の父親の政策に戻るまで、ヨークを支持した。けれども、時すでに遅く、カンタベリーが要求したような支配権から離れてゆく全般的な動きを変更することはできなかった。もし何らかの恒久的なことが達成されたとしたら、それはルーファスの治世下でなされるべきだった。おそらくは、その時でも、すでに政策全体としては時代遅れだっただろう。しかし、カンタベリーの修道士たちにも、アンセルムスにもそのように思われなかったのである。

首席大司教としてブリテン諸島全体に及ぶ権威を伴うカンタベリーの修道院的な司教座大聖堂というヴィジョンは、これらの年月、ランフランクス、アンセルムスそしてクライスト・チャーチの共同体を奮い立たせたが、水の泡となった。それは、アンセルムスの死後数年の内に、抗し難い諸力の衝撃の下に崩壊した。それゆえ、成功を目指したアンセルムスの情熱的な闘争を無視することは簡単であるが、しかし、重要なことは、彼が配慮した事柄について理解することである。彼は、修道制に方向づけられた教会というものを信じ、そこにおいて修道院共同体は、信心生活の中心として奉仕し、その周囲の人々、つまり寄進者たち、友人たちそして社会のあらゆる階級の好意的な人々に贖いの希望を提供するものであった。彼はまた、首席大司教を頭とするカンタベリーの修道院共同体が、大司教の首席大司教としての権威の及ぶ広大な領域を貫く秩序の源であると信じていた。彼はまた、これが事物の不変の秩序の部分であって、教皇とであれ王とであれ、政治的な取り決めの対象とされるべきではないと考えていた。それはそれとして極めて実際的な理想だったが、西欧の将来を共にする理想ではなかったのである。

将来を決定したのは別のタイプの精神——統治は行政の問題であり、天国に蓄えられた事物の模範を地上に再現する試みとは見なさない精神である。アンセルムスが目指したのは天国の模範を再現することだった。アンセルムスと同時代の司教の中で、老齢のウスター司教サムソンは、前者を代表していた。彼は、ノルマン貴族の出身で、リエージュの学校で学び、ランフランクスの時代にウィリアム一世の書記となった。彼は、カンタベリーとヨークの論争全体を当初から傍観していた。一〇七〇年から一一〇〇年までヨーク大司教だったトマス一世は彼の兄弟であり、一一〇八年にヨーク大司教となったトマス二世は彼の息子であり、また別の息子はバイユ司教だった。全体からすると、彼の縁故関係と考え方において、彼は、古い学校出身の司教であり、世俗と教会の事柄が全面的に絡み合っていた時代の司教だった。しかし、彼は行政家としての精神をもっていた。

アンセルムスは明らかに彼を信頼しており、死の少し前、カンタベリーの諸権利についてサムソンに助言を求めた。サムソンの返事は以下の通りだった。「閣下と私共にとって何が最善となるかを本当に知っていたなら、私は閣下に申し上げることを躊躇すべきではないでしょう。しかし、私として申し上げることができるのは、この件に関してあまりお怒りになることは、閣下にとって無益なことのように思われる、ということです[24]」。

サムソン司教は、わずかな言葉で、事柄全体を事務的な常識の問題とし、アンセルムスの偉大で単純な諸原則に沿うよりも、政治の展開の成り行きに沿うよう助言する。サムソンは、カンタベリーに忠実な属司教だったが、この論争全体に対しては、より世俗的な見解を表明したのである。ヨークが従属するようなことになれば、それはよいことだろうが、この件を促進することに熱を入れすぎることは、カンタベリー大司教にふさわしくないというのである。サムソンは世知にたけた人物だった。縁故関係に恵まれ、優れた教育を受け、寛大で裕福だった。ヒルデブラント的な教会が嫌悪するものをすべて備えていたが、しかし、彼の人徳のゆえに、レンヌの有能な司教マルボドゥス（一〇三五頃―一一二三年）、そして当時の偉大な教会法学者シャルトルのイヴォとも熱烈な友愛を交わしたのである。彼の諸原則は、過去の時代に属するものだったが、彼がもっていた徳は、ヨーロッパの新たな政治が求めるもの、つまり常識、能力、能率であった。それらは修道院の徳ではなかった。おそらく、彼は、古来の修道院の共同生活が生み出した諸権利と威信に対する激しい感情、そしてアンセルムスが共有したその感情をほとんど理解しなかっただろう。実際、この激しさを理解するためには、歴史的な想像力を強く働かせる努力が必要である。

アンセルムスは、ゆるがすこともできず変化に服することもない、真理と正義の永遠の秩序を政治に持ち込んだ。記録による証明もない、はるか遠くの過去に遡る権利と財産が、彼にとっては、後代のいかなる法令も――教皇によるものですら――変更できず、承認を得たものと思われた。永遠の秩序は、神の不変の本性を反映し、神によるこの世界の贖罪の仕方の中に表現され、したがって、個々の教会の伝統の極細部に到るまで表現されていた。これが首席大司教をめぐる論争の教訓である。そして、アンセルムスがなぜ、修道誓願に関わる問題と同様に、この問題に関しても非妥協的だったのかということの理由である。それらはすべて永遠の秩序の反映であり、変更できなかったのである。

正義に関する上述の総合的な見解からするなら、アンセルムスが、各々の教会に固有の聖人たちを気遣い、現在の共同体は彼らの受託者に過ぎず、彼らは、その受託者に微に入り細をうがつ十全な管理を求めるだろうと考えたことも、当然といえば当然である。一度与えられたものは、魂に不正と危害を加えずには、譲渡されえなかった。アンセルムスが年少の頃から記憶し、齢をとってから同僚たちに語った、教皇レオ九世の時代のローマのある裁判官の物語がある。この裁判官は、ローマの聖アグネスの教会から庭園を、また聖ラウレンティウスの教会から三軒の家を奪ったため、これらの聖人たちの怒りをかい、永遠の罰に定められた。この裁判官は、聖プラエィエクトゥスの執り成しでようやく救い出されるが、それは、生前彼がこの聖人を崇敬していたからだった。アンセルムスも彼の同僚も、この物語をまったく文字通りに受け取った。彼のあらゆる神学的な明察と人間の振る舞いに関する洞察とともに、彼は、天国の聖人たちがこの世における彼らの諸権利にも関心をもっているという、当時の一般的な見解を受け入れていた。だが、これらの諸権利は、もしそれらが宇宙の永遠の秩序の一部ではなかったとしたら、学童でも恥ずかしくなるようなこともあった(25)。

カンタベリーの地位に関する壮大なヴィジョンは、このような懸念によって強化されたのである。アンセルムスが、カンタベリーの裁治権の侵害に関してヨーク大司教を処罰しないままで死に、神の前に出ることに対する恐れを、表明していたことは、死後かなりたって思い起こされた(26)。

この姿勢が崩れることなく保たれたのは、財産に関する人間の取り決めが永続的なものだという強い感覚によるが、それは、われわれにとっては、すべての事物のうちで最も永続性をもたないことである。教会に寄進された贈り物は裁きの日まで保管されるのである。カンタベリーの書庫の記録文書の多くが、神と神の聖人たち全員に、彼らが取り決めた条項を損なう者たちを裁きの日に滅ぼしてくれるように、と祈願している。こうした言葉は真剣に受け取られた。教会のこの世における特権と霊的な特権は明確に区別されなかった。それらはみな、同等のレベルにあり、同じ認可を受けて施行され、同じ権威によって保証され、この世界における神の秩序づけを同等に反映していた。それは、この世の事柄における個々人の自由がほとんど意味をもたない世界であり、共同体の存続がすべてに優先したのである。古来の共同体は、自分らの権利であると想定したことについては、その存在のあらゆるレベルにおいて、妥協を許さぬ管理者であり、それが美徳であり、それを怠ることは悪徳だった。こうした共同体は、その存在のあらゆる場面で、そうあり続けたが――歴史と伝統の力は抗し難いほどに強かった――しだいにこの世の共感を失ってゆき、永続性と達成不可能な忠誠よりも、利便性と常識により高い価値が置かれるようになった。サムソンが代表したのはこの新たな精神であり、他方、アンセルムスは、この点において比類なく強い確信をもって、古い精神を代表したのである。

四　行動における首位権

これまでわれわれは、首位権を、共同体の伝統の表明として考察するか、あるいは、アンセルムスと教皇、ヨーク大司教、それぞれの理由で彼の主張に賛否を唱える利害関係者の関係における要素として考察してきた。けれども、この首位権には、これまで簡単にしか触れられなかったもう一つの局面がある。これは、アンセルムスの職務に付された司牧的な配慮の部分としての機能である。グレゴリウスの『司牧規則』が司教の仕事のこうした局面については何も述べないのは、カンタベリーによって主張されたような裁治権が、彼の時代には存在しなかったのだから、当然である。しかし、アンセルムスは、ランフランクスの書簡と慣習に、彼の案内となる多くのことを見いだしただろう。ランフランクスの例とはまったく別に、権威の最も一般的なイメージが提示したのは、修道院長と修道士の関係であれ、教師と生徒の関係であれ、国王と賢人会員（witan）ないし諸侯との関係であれ、配下の者たちを統轄し、正義を施行し、政策を宣言する玉座の支配者であった。アンセルムスが個人的な謙遜と彼の職務の偉大さを誇示することとのあいだに、何らかの矛盾があると見なしたと考える理由はない。まったく逆に、謙遜と威厳とは、支配者としての彼の機能の行使において一致したのである。

すでに述べたように、一一〇二年までは、彼が教会会議を開催する可能性がなかった。しかし、ついに機会が到来したとき、彼は自分のすべての才能とエネルギーをこの仕事に傾注した。会議の詳細に関する限り、王と歩調を合わせながら、彼は、非常に苦心してすべてを準備した。彼は、世俗の有力者も出席するよう手配したが、「それは〔彼の言葉によると〕教会会議の権威によって布告されたことは何ごとであれ、聖職者と俗人双方が手を取り合って配慮し気遣うことで、しっかりと賛成が得られるだろう」と考えたからである。けれども、教令の実質的な内容に関しては、自分自身の責任であることを、彼は疑わなかった。彼は、議論のために、自分自身で予め教令を起草したと思われる。議論によって、細部に変更が加えられるとか、せいぜいのところ新たな項目が提案されることもあっただろうが、主導権は彼が握っていた。

彼の書簡は、彼の手続きと意図を、この上なく明確に示す内容を含んでいる。教会会議ののちにヨーク大司教に宛てた書簡において、会議に出席した人々によって承認されるまでは、教令の本文全体を回覧させようとは思わなかったので、条項集（Capitula）しか送付することができない、と述べた。さらに、最終段階として、彼は、それらを批准してもらうために教皇に送付した。あらゆる段階で細心さと断固たる決意が明らかであり、このことはとりわけ、この教令の厳しさをいくらか緩和する自由裁量を持とうとした司教たちに対して宛てられた書簡に明らかである。この自由裁量を持とうとした者たちに対して、彼のメッセージは常に同じだった。

いかなる免除もあってはなりません。私たちは、私たちが合同で同意した事柄に関して、俗人たちを納得させなければなりません。もし、新規則に則って、ミサを唱えること、死者の秘跡を執行すること、告解の聴聞をすることができる司祭がいないならば、貴殿たちは、注意深く選定された修道士、あるいは（許される場合には）下級の聖職者を用いなければなりません。もし貴殿たちが断固とした姿勢でいるならば、私たちは速やかに成功するでしょう。(27)

司教たちの一般的な見解が「道理に適った」理由で緩和を支持したことは、いくつかの資料から、明らかである。しかし、アンセルムスは緩和を求めるすべての訴えに抵抗した。彼にとって緩和が「道理に適う」ことなどは、ありえなかったのである。

決定、入念な準備と見通し、そして成功に導くという確信に関する限り、アンセルムスはなしうることをすべて提供した。けれども、実際的な効果という点では、一一〇二年の教会会議がまったくの失敗だったことを、われわれはほとんど疑うことができない。その教令はすぐ忘却の淵に沈んだ。成功しなかった理由はいくつかある。第一に、教令の数が多くまた内容も多岐に渡っていたため、それらの実施を監督するには並外れた困難を伴っただろうということである。しかし、さらに重要なこととして、聖職者の独身生活という最も重要な問題に関して、速やかに勝利するだろうというアンセルムスの楽観主義を、正当化する支持団体がなかったことは明らかである。アンセルムスは、過去の慣習とできるかぎり絶縁することを決意した。今後、司祭あるいは助祭は、いかなる口実があっても、妻帯してその職務を続けることが許されなくなったため、この新規則の下で生じる適格な司祭の不足に対処するため、彼は、一連の暫定的な手はずを苦心して整えた。しかし、少なくとも一人の司教、ソールズベリー司教ロジャーが既婚者だったことを思い出せば、われわれは、この司教区でどれぐらいの支持の見込みがあったかを判断できよう。

アンセルムスは、無条件の実施を主張する構えだった。しかし、ロジャー司教の件は別としても、この点で司教たちの協力を得られるという予想も可能性も、ありそうになかった。この大きな障害に直面して、他の雑多な教令が注目されることなどありえなかった。すなわち、大助祭の地位が金銭で貸与されてはならないこと、司祭は飲み会に出席してはならないこと、聖職録が売買されてはならないこと、修道士は名親になってはならないこと、男性は耳が見えるように頭髪を切ること、ソドミー（男色）は破門されるべきこと等である。要するに、アンセルムスは、多くの改革者と同様に、大部分の事柄に関して惰性のもつ盤石の重さ、そしてその他の事柄に対する積極的な異論を、考慮しなかったように思われる。彼は、公式の意志決定にできるだけ多くの人々を巻き込むことにより、彼らの支持を確保していこうと考えた。しかし、彼は、従順に対する彼の喜びが厳格な修道生活から学ばれたものだったことを、忘れていたのである。それは、多数者には共有されず——土壇場ではベックにおいてすら共有されず——世俗においては言うまでもなかった。

アンセルムスは、再度、予期せぬ追放の憂き目にあったときも、この失敗の教訓を会得していたということはまずありえない。彼の大教会会議は、一一〇二年のミカエルの祝日に開催された。翌年の四月には、彼は早急に戻るつもりで再び国外に出たが、しかし、すでに見たように、一一〇六年末まで戻ることはなかった。この時期にはもう、彼は病める人であり、通常の業務は別として、帰国後の彼の最初の仕事は、残された最後の数年間の混乱を解決し、将来の司教選出、叙任、臣従礼のために容認しうる手続きを確立することだった。もはや彼と王のあいだに原則上の重大な相違はなかったが、かくも長期の不在の後では、通常の業務が山積していたにちがいない。そしてそれらが一一〇七年の大部分を占めたと思われる。

彼が一一〇二年に不完全なままで放置した計画にようやく戻ることができたとき、彼は、あまりにも多くを企てたことに気づいたと思われる。一一〇八年五月に彼は、世俗の有力者の代表も含め、前回にならって別の教会会議を開催したが、今回は、聖職者の結婚に関する以前の教令に対して生じた行政上の諸問題に、全面的に集中した。以前の教令がほとんど行き渡らなかったのと対照的に、これらの詳細に関する今回の決定がかなり広く行き渡ったことから判断すると、この問題に努力を集中したのは正しい政策だった。しかし、一一〇二年にアンセルムスがすぐに到達できると確信した目的が達成されるには、少なくともさらに二世代を要したのである。

聖職者の独身制について書くことがこの概観の眼目ではない。われわれの関心は、アンセルムスの思想と行動のこの部分が付随的にこの人自身を照らし出してくれる、ということだけであり、ここにはいくつかの注目すべき点がある。第一に注目すべき点は、彼の二回の教会会議における大きなテーマが、一〇五九年のローマ教会会議と同じだったということであり、後者において聖職者の独身に関する最初の実効性をもった立法が着手されたのである。以来この問題が彼の心の中で熟してきたかのようにすら思われるし、確かに、彼の初期の『不幸にも失われた童貞性の悲嘆』が示唆するように、この問題について思索する理由が彼にはあったかも知れない。第二に、司教と世俗の有力者が出席し、無言の同意によって受け入れたことは、ただちに実行されると思った点に、われわれは彼の高貴な純朴さを見いだす。世俗の叙任権と臣従礼に対する教皇の教令を聞いた後、彼自身はそのように行動しなかっただろうか。第三に、あらゆる種類の人々に彼はできる限りの同情を抱くと共に、一一〇二年の彼の全計画の最上部にあったのは、神の法に服従するという点ではいかなる緩和もありえないこと、そしてもし、人々がただ信じ、それに応じて行動するなら、それはたやすいことだという素朴な考えだった。もしここに失敗があったとするなら、彼とは異なり、信仰はあっても明確なヴィジョンを持っていなかった人々の立場を、彼が理解できなかった点にある。彼は、信じる者にとっては何ごとも容易であると考えており、しかも、そうではないことを彼に納得させるものが何もなかったのだろう。それゆえ、偉大な司牧者、説教者、信仰の明快な解説者であり、教会と世俗社会の関係についての大抵の問題に関して、彼の見解は穏健だったにもかかわらず、彼が最も大切にしていた見解は、すべて最初から失敗するに決まっていたのである。それらは、時代と共に動いていたのでもなく、過去の実際的な利点に堅固に基礎づけられていたのでもなかった。それらは、理想的な世界を反映しており、その世界への鍵を持っていたのは彼だけだったのである。

私は、これらの退屈な、表面的には重要ではない細かな事を長々と取り扱ってきた。というのも、それらがアンセルムスの大司教時代の唯一の活動領域であり、そこにおいて、心の奥底で意識された、明確で頑固な行動方針――正確には「政策」と言えよう――を発見できるからである。そして、もしわれわれが彼の精神を理解しようとするなら、彼がこの問題に執着した重要性を理解しなければならないからである。さらに、その理由が正当だったことについては、彼の信念が依拠した基礎を理解することが必要である。

彼の首位権擁護が依拠した基礎に関しては、つぎのように要約されよう。すなわち、首位権は、彼の配慮に委ねられ、共同体の現存の成員と彼らが継承した伝統によって証明され、教会の諸権利の不可欠な部分であると、彼が考えたということである。もしわれわれが、この首位権を示す古い記録文書は権威のある源泉に遡るのか、と問うなら、答えは（後に論証するつもりだが）、以下のとおりである。この主張を一般的に支持する記録文書は存在するし、共同体の生きた伝統を確証するには十分であるが、法廷で使用するには不十分である。それらの真正性を確証するために求められることは、それらが規律正しい生活の一部分となっている状況の中で、それらの存在を実体験することである。このことは、加うるに、キリスト教信仰そのものに妥当するだろう。それは、論証されうる前に、信仰と生活において受け入れられねばならないのである。首位権のような問題とキリスト教の中心的な諸真理との開きは大きいけれども、問題の大小にかかわらず、アンセルムスの取り上げ方には類似性が存在するのである。

五　首位権に関するカンタベリーの主張は偽造に依拠していたのか

「ランフランクスの偽造」の問題――つまり、カンタベリーの首位権に、教皇による明確な権威づけを与えるために、カンタベリー大司教宛ての九通の教皇書簡になされた付加の問題――は、一〇七二年から一一二三年の首位権をめぐる論争に、重い雲のようにのしかかっている。この問題について確実なことが得られるように探求することは重要である(28)。とりわけ重要なことは、教皇の政策、そしてその時代の教会政治に関する最も積極的な思想と対立する政策を続けていくにあたり、ランフランクスとアンセルムスに確信を与えた証拠が何であるかを、できるだけ正確に知ることである。ランフランクスとアンセルムスはこの点で区別されるべきである。ランフランクスは、公正かつ有能な人物だったが、おそらく世俗の政策の巧妙な操作に全面的に反対することはなかっただろう。しかし、アンセルムスは一味違っていた。彼は、最も厳格な思想家であり、彼の時代のさまざまな動機に、最も厳しい評価を与える人だった。彼は、世俗の権力を嫌悪し、さらに――彼の同時代の批判者もしくは現代の共鳴者を信じないならば――彼自身の権力を行使しなければならない機会を、あらゆる口実を探して、避けようとしたのである。だが、首位権に関しては、教皇権の問題を別にすると西欧における最も広大な教会権力を伴うものであり、彼は、大司教職にあるあいだ、この権力の行使に対立するあらゆる教皇権ないし地域的な障害に対抗し、終始一貫して頑強に闘ったのである。その問題がなくなることは決してなかった。それは彼の聖別の日を台無しにし、また彼の最後の書簡の主題もそれだった。それゆえ、首位権の主張がどの程度偽造に依拠していたのか、という素朴な質問は、ランフランクスの評価においても重要であるが、アンセルムスの評価においては決定的である。

偽造の要素を含んでいることが一般に認められているテクストは、何人かの研究者によって詳細に吟味されているので、ここでは予備的に二つの点を注意しておこう。

第一に、偽造が帰せられている、教皇たち全員の教皇書簡が、一〇七〇年あるいはそれよりかなり以前に、カンタベリーに存在したことは誰も疑っていない。それらは、一〇六七年の大火をくぐり抜けて保存された文書のきわめて重要な部分だった。それらのテクストが、初めて明るみに出たのは、われわれも知っているとおり一一二〇年であり、しかもそれらは何通かの写本で保存されていた。そこで唯一の問題は、一〇七二年においてそれらが本来の形で存在していたのか、それとも一一二〇年のテクストのように付加が混交した形だったのか、ということである。

第二に、真正な記録文書に付加を行なう偽造者は、露見を避けるために原本を焼き捨てるだろうから、真正な文書にはない、偽造された要素の範囲を正確に知ることは、一般には不可能であるに違いない。しかし、ここでは、われわれには予期せぬ助けがある。カンタベリーの偽造文書の一つ――教皇ヨハンネス一二世が大司教ダンスタンにパリウムを送ったときの書簡である――が書き写され、違法の付加がなされる前の状態でカンタベリーに残されたのである。それゆえ、この一つの事例において、われわれは、付加の範囲と目的を正確に知ることができるのである。それは以下のとおりである。

われわれは、貴殿の前任者たちが教皇座に代わって行使してきた首位権を、貴殿に完全に承認する。それは、聖アウグスティヌスと貴殿の教会における彼の後継者たちが行使したことが知られている首位権と全く同じ

である。(29)

ここでわれわれが手にしているのは、要するに、簡潔にまとめられた首位権の主張全体の実質である。さらにわれわれは、同様の文言を教皇ボニファティウス五世、ホノリウス一世、セルギウス一世そしてグレゴリウス三世の文書に見いだすが、それらが明るみに出たのは一一二〇年である。それゆえ、われわれとしては、かなり高い蓋然性で、これらの文言はそれが記されている文書になされた付加の主要な実質である、と言うことができよう。解決すべき問題としては、つぎの点が残っている。これらの文言は、一〇七〇—七二年に、ブリテン諸島の全領域への首位権を主張するランフランクスを支持するために、現存した文書に付加されたのか、それとも、ランフランクス、アンセルムス、ラルフがこぞって支持した主張が最終的に取り返しのつかない敗北を喫した一一二〇年に、最後の手段として付加されたのか、ということである。

これは論争の対象であり、おそらく学問的見解の大勢は、これらの文書が一〇七二年にはすでに付加が混交した形で存在しており、またランフランクスもこの形を利用した、というベーマーのテーゼを支持するだろう。しかし、私は、偽造の付加がテクストに挿入された年代として、疑いの余地なく一一二〇年を指摘できると考えるため、その理由をできるだけ率直に述べるなら、おそらく複雑化した問題点を明確にする助けとなろう。

われわれは、手始めに、教皇ボニファティウス四世がカンタベリーの司教座大聖堂における修道院共同体の存続を確証する偽造された特権を、考慮から除外しなければならない。これは、アレクサンデル二世が一〇七〇年のランフランクス宛書簡で引用したものである。この書簡はすでに取り扱われたが、以下の三点で他の偽造文書とはまったく異なる立脚点に立っている。第一に、それはランフランクスによって言及されていない。第二に、それは、首位権の主張ではなく、カンタベリーの修道院共同体の存続に関わっており、しかもこれは一〇七〇年以後は問題とはならなかった。そして第三に、目下の関心事である偽造文書とは異なり、それは実際にローマに提出され、承認されたものである。したがって、それは、何が可能だったかを示す、驚くべき一例だった(30)。

われわれの関心は、それゆえ、多かれ少なかれ偽造が混交した九通の教皇書簡、主として、ブリテン全領域へのカンタベリーの首位権に明確な教皇の権威を与える見解である。この本質的な挿入は以下に見いだされるだろうし、当然、われわれもそれを論じることになろう。さしあたり、われわれとしては、一〇七二年の状況に戻り、ランフランクスの言葉から始めるのがよかろう。それは、この時点で存在した文書に関して、主要な証拠を提供しているからである。

(1) 一〇七二年におけるランフランクスの言葉

一〇七一年、ランフランクスは彼の大司教のパリウムを受け取るためにローマへ赴いた。彼は、いかなる証拠文書も携えていかなかったけれども、伝統の一般的な根拠に基づいて、教皇アレクサンデル二世にカンタベリーの首位権を承認してもらえるように説得できるという希望を抱いていた。しかし、教皇は、その二年前にはカンタベリーの修道院共同体の存在を保証する偽造の特権を承認したにもかかわらず、首位権の問題に関しては教皇特使が臨席する管区の教会会議で論じるように、と用心深く彼に命じた。これは滞りなく行なわれ、一〇七二年、ランフランクスは議事報告を執筆して教皇に送り、カンタベリーの首位権の問題全体がウィンザーとウィンチェスターにおける二つの教会会議で討議されたことを伝えた。彼は、そこで提出された証拠文書について教皇に説明するが、第一に挙げられ、しかも断然多くの紙面が割かれるのが、ベーダの『教会史』の証言である。それによると、カンタベリー大司教は、教皇グレゴリウス一世と彼の後継者たちの権威に基づいて行動し、その職が存在し始めてから最初の一四〇年間、ブリテン諸島全体に全般的な権威を行使したことが示されている。すなわち、大司教たちは、この国のすべての地域の司教を聖別し、教会会議を召集し、不適格な司教を罷免し、さらに、ウェールズとスコットランドにもカトリックの規律を拡大する責任を全般的に負っていたのである。

こうした歴史を詳しく語った後、ランフランクスが言及するのは、カンタベリーへの従順の宣誓であるが、それらはことごとく、カンタベリーが首位の位置にあることを証言していた。そして最後に彼はこう述べる。

この件全体に関する頼みの綱、拠り所として提出されたのが、閣下の前任者であるグレゴリウス、ボニファティウス、ホノリウス、ウィタリアヌス、セルギウス、グレゴリウス〔三世〕、レオ、そしてレオ〔九世〕が、カンタベリー教会の高位聖職者とイングランド王に、さまざまな時に、さまざまな理由から書き記した特権と書簡でした[31]。

それゆえ、このカンタベリーの首位権を批准する議事に関するランフランクスの報告の最後に、論争全体が帰着する文章がある。彼が言及する記録文書は、現在においては、首位権に関して偽造された部分を含んでいる。そこで生じる問いは一つである。すなわち、これらの部分は、ランフランクスが上記の文を執筆したときすでに証拠文書にあったのか、それとも後に付加されたのかということである。

すでに一〇七二年に首位権の授与に関して偽造された部分が記録文書に含まれていたと考える学者たちの主な理由は、もしそれらが含まれていなかったなら、ランフランクスは、これらの教皇たちの書簡がこの件全体に関する「最も重要な点」(ultimum robur) である、と言うことはできなかっただろうということである。しかし、実際には、彼はこのとおりに述べているのではない。彼は、それらが「いわば最も重要な点」(ultimus quasi robur) であると述べているのである。この「いわば」(quasi) は何らかの意味を持っているのかそれとも意味はないのか。ギブソン博士は、これを無視し「このわれわれの件全体に関する礎石」(as the corner stone of our entire case) と訳しているが、私としてはより慎重に「頼みの綱」(as a final strength) と訳しておいた。私の考えでは、ランフランクスが何を意図したかという点に、曖昧さがあった。われわれが思い出さなければならないことは、彼がその活動的な人生を法律家そして修辞学の学者として開始したこと、そして彼が修辞学における常套の文彩である誇張法 (hyperbole) を、注意深く抑制された限界内で使用しているということである。平板な英語においては、彼の誇張はわずかだが、決してそうではない。つまるところ、たとえランフランクスが言及した教皇の文書は、首位権に関していかなる言明も含んでいなかったとしても、ベーダの『教会史』に述べられた大司教の権能の歴史全体が――これをランフランクスは長々と引いたが――大司教アウグスティヌスに国全体を配慮する役割を与える教皇書簡に依拠していたのである。たとえ残っていた書簡が永続的な首位権に関する明確な許可を含んでいなかったとしても、それらはすべて、この状況を一般的に承認して、執筆されたのである。明確ではないとしても、暗示的に、教皇たちの書簡が、この件全体の「頼みの綱」(ultimum quasi robur)「拠り所」(firmamentum) と言われえたことには、ある真理が伴っていたのである。

われわれは、これが必ずしも全面的に満足のゆくものではないことに同意するだろう。しかし、ここで他の側面からこの問題に注目し、これに代わる説明が、どれほど満足のゆくものではないか、を見ることにしよう。もし代々のカンタベリー大司教全員に首位権を授与する本質的な文言が、ランフランクスの言及した書簡に実際にあったとしたら、なぜ彼は長々とベーダから引いた事実を連ねたのだろうか。カンタベリー大司教に首位権を永続的に認可する一節を一つでも引用すれば、彼の論証の残りはすべてそれに尽きたのではないだろうか。なぜ彼は、記録文書が含んでいた決定的な一節を引用しなかったのか。さらに、これらの首位権に関する一節の一箇所あるいはそれ以上引用したとしても、なぜ彼は、批准を願ったさいに、それらをローマで提出しなかったのか。これは、彼が何よりも必要とし、またそれが分かっていたことだからである。

この問いに対し、一般的な答えは、彼が偽造された付加部分を引用せず、またそれらをローマで提出しなかったのは、それらが偽造であることを承知しており、さらにこの偽造が有能な鑑定者によってすぐ見破られることを知っていたからだ、というものである。しかし、この場合、われわれは、彼がモラルに反していると同時に愚かだったと想定しなければならなくなる。つまり、偽造を承知の上で証拠文書として提出したなら、モラルに反していたことになり、それでも偽造部分が付加された書簡を提出しなかったことは、愚かなことだったのである。というのも、彼は、カンタベリーの修道院共同体の存続を支持する同様の偽造がつい先ごろローマで提出され、しかも、教皇に真正なものとして受け入れられ、厳粛に引用されたことを知っていたからである。

それゆえ、もし偽造されたものが彼の手元にあったとして、しかも教皇に説明するさいに、それらの内容を引用することも、テクストを提示しようともせず、それらに言及したとするなら、彼の行動は、（ごく控えめに言っても）彼の側での極めて混乱した判断を示しているのである。対照的に、もし偽造された語句が文書にないかったとするなら、許容しうる誇張として「頼みの綱」（ultimum quasi robur）という語を使用することができただろう。しかし、ローマで文書を提示しても、無駄に終わっただろう。それらは首位権を支持する決定的な証拠を含んでいなかったからである。ランフランクスとしては、七世紀に遡る教皇側から鼓舞された首位権の慣行の実質的な効力を、教皇庁が認知してくれることを、希望するほかなかった。この希望は、誤解であることが明らかとなった。その理由は、一〇七二年の時点ではかろうじて姿を現してきた状況の新たな特徴のためであった。すなわち、教皇の指導の下で統治の統一的な行政システムを実現するという、ヒルデブラントのヴィジョンがこの首位権の真の敵だったのである。われわれは、このことをつぎの五〇年の歴史から知ることができよう。

(2) 一〇七二年―一一二〇年の状況

以上の考察は、ランフランクスの二人の後継者アンセルムスとラルフにも同等にあてはまる。彼らは二人とも、カンタベリーの首位権の主張を維持するために多大な時間と精力を費やしたが、どちらも、自分たちの主張を支えるために教皇による特権に言及することは決してなかった。したがって、彼らは、偽造が混交されていない文書しか知らず、それらは、彼らがすでに十分な根拠があると信じていたことを補強することにはならなかったということか、それとも、彼らは、偽造が混じった形での文書を知っていたが、それらが偽造されていることも知っていたので、沈黙を守ったということか、いずれかである。それらの文書がどのような形で存在したにしても、その存在が忘れられていたことはなかった。というのも、それらは、一〇九三年にオスベルヌスによってアンセルムスに知らされており、また一一〇九年には宮廷で吟味され、そのさい、一〇七二年にも臨席していた司教が少なくとも一人立ち会ったからである。(32)

ここでは、アンセルムスの首位権に関する行動については、これ以上語る必要はない。確かに、彼は、ブリテン諸島全体への首位権という最も非妥協的な主張をするために、自分には十分に強力な証拠が揃っていると考えており、またこの地位に対するカンタベリーの主張がグレゴリウス大教皇以降の教皇たちによる一連の特別な認可に依拠する、と考えていなかったことは明白である。それが依拠していたのは、グレゴリウスが最初の大司教に与えた国全体への権威の許可であり、七世紀以降、この権威の行使には長い歴史があった。

この状況がより鮮明になるのは、アンセルムスの後継者ラルフ大司教の場合である。彼は、エアドメルスを常に同行者として伴って、一一一五年から一一二〇年まで国外におり、ヨーク大司教区に対する首位権の主張を、困難な中でも保持し続けたが、成功する希望はどんどんなくなっていった。一一一九年一〇月、とうとう教皇は、カンタベリーの主張に一切触れず、ヨーク大司教自身の聖別に決定的な一歩を踏み出した。そして、少なくとも明らかになったことは、この問題に関わる何かまったく新しい影響力がもたらされなかったなら、カンタベリーが組織の活動的な手段として首位権をもつ地位は、終わったということである。

一一二〇年におけるこうした絶望的な状況で、大司教ラルフは、首位権の問題に関してこれまで書かれた中で最も詳細な説明を執筆し、カンタベリーの主張の根拠を十分に教皇カリストゥス二世に説明した。[33] 彼は、カンタベリーの歴史全体をその始まりから説明し直し、大グレゴリウスと彼の後継者たちが、ブリテン諸島全体にキリスト教信仰を導き入れ、保持する仕事をカンタベリーに委ねたという一つの単純な趣旨を強調した。彼がベーダから立証し、明らかにしたことは、大司教区として創設されてから最初の一四〇年間、カンタベリーが国全体に首位権をもつ権威を保持していた、ということである。さらに彼が立証したことは、より概略的ではあったが、この状態が途切れることなくノルマン征服時代まで存続したこと、そして邪悪な人々がグレゴリウスの権威に刻印された古来の取り決めを乱し始めたのはこの時からにすぎない、ということだった。彼が語った物語は、ランフランクスが一〇七二年に語った物語そのままだが、唯一の例外は、ランフランクスが言及した一連の記録文書におけるこの件全体の「頼みの綱」(ultimum quasi robur) については何も語っていない、ということである。この一点を除くと、彼が多くの頁を割いて語ったことは、ランフランクスが数行で語ったことだった。彼の物語における中心人物は常に教皇グレゴリウス一世だった。ラルフは、カンタベリーの申し立てが、グレゴリウスの行動と意図に基づいていること、またグレゴリウスが伝統の存続に与えた重要性に基づいていることを主張した。彼は、何世紀にも渡ってブリテン全体に大司教の権威を行使した歴史を逐一述べていくが、それは、グレゴリウスからの引用によって区切られ、古代の主張を未来の運営の模範とすることを宣言するのである。

一〇七二年のランフランクスの書簡を考察したさい、われわれは、なぜ彼が記録文書を教皇庁で提出しなかったのか、という疑問に出会った。ここでは、なぜラルフがそれらに言及することすらしなかったのか、という疑問に出会う。それらは存在したが、忘却されていた、と論じることができるかもしれない。これは、後にカンタベリーの修道士たちによってなされた説明だった。しかし、このこと自体がありそうにないだけでなく、それが真である可能性もほとんどない。というのも、エアドメルスは、アンセルムスの死後、一一〇九年にそれらが宮廷で提出されたことに言及していたからである。あるいは、これらの文書は偽造された付加部分を含んでいたが、ラルフはその偽造を知っていたために沈黙した、と論じることができるかもしれない。しかしこの見解もほとんど有効ではないだろう。というのも、カンタベリーの修道士たちが、久しく失われていた、本質的に首位権に関わる文章を含んだ記録文書を「発見した」と主張したのは、まさしくこの一一二〇年であり、おそらくそれは、大司教ラルフの書簡が教皇庁で何の効も奏さなかった結果としてなされたことだったのだろう。それゆえ、われわれとしては、あらゆる困難を解決する一つの説明に戻ることになる。すなわち、この「発見」は、一一二〇―二一年にカンタベリー修道士たちによってなされ、しかも、それが、ヨークの参事会員たちがただちに気づいたように、増補がなされた時だった、ということである。

（3）　最後の手段——偽造

大司教ラルフによるカリストゥス二世宛の書簡に戻ることにしよう。これは、一一二〇年一月の彼のイングランド帰国後に執筆されたに相違なく、またおそらくは、この日付からそれほど離れていないだろう。カンタベリーの運命の衰退を阻止するために、最終的な努力をする必要が迫っていた。ヨークに対するカンタベリーの首位権の主張を教皇庁が無視したことに加え、修道院共同体は、もう一つの深刻な打撃をこうむった。カンタベリーの司教座大聖堂の修道士たちと都市外壁のすぐ外にあるセント・オーガスティンという近隣の修道院とのあいだには、長年にわたるいさかいがあった。通常、こうした論争において大司教が、彼自身の修道士たちにとって事が有利に運ぶように、十分な政治的梃入れをした。けれども、一一二〇年三月、セント・オーガスティンの修道士たちは、外壁の向こうに住む近隣の人々をどんなに困らせようとも、心ゆくまで彼らの鐘を鳴らしてもよいという特権を、教皇庁から獲得したのである。さらに重要なこととして、この特権は、七世紀から一〇世紀までの教皇庁による四つの特権を引き合いに出していたが、それらはすべて偽造であり、しかも、それらの内の一つは、まさしくアレクサンデル二世が一一七〇年ランフランクスに引用で示した教皇ボニファティウス四世の与えた特権[34]に由来する偽造か、ないしはこの特権の典拠そのものだった。

これは、泣きっ面に蜂とも言うべき堪え難い出来事だった。こうした状況からすると、司教座大聖堂の修道院共同体が自ら行動を起こし、凋落していく自分たちの運命を支えるために、教皇庁による特権を記した文書の探索を開始したとしても、さして驚くべきことではない。大司教ラルフが教皇に宛てた雄弁な書簡は、何の効果も奏さなかった。セント・オーガスティンは、彼らの隣人が過去に首尾よく彼らに押し付けた禁止事項を放棄した。ヨークは、首位権に関して最終的な勝利を収める準備を整えていた。この非常時に彼らが講じた手段を、エアドメルスはつぎのように説明する。

これらの日々〔彼が言及している時は一一二〇年である〕、多くの不安が彼らを掻き立て、カンタベリーの教会がヨークの教会に対して主張していた首位権に関して、権威ある諸文書と古来の諸特権を探索させることになった。……多くの人々にとって、この調査には大きな不安がつきまとった。とはいえ、神の教会の正義に信頼しつつ、昔の食器棚や昔の福音書が隠されている場所が――これらは神の家の装飾としか見なされていなかった――慎重に探索された。そして見よ、正義を望む心は、然るべき成果をもたらした。というのも神の御導きによって、特権を記したいくつかの文書が発見され、これらによってすべての事に確固たる使徒座の権威を与えられたのである。

探索者たちが「発見した」ものは、一〇七二年にランフランクスによって言及された教皇書簡だったが、初代カンタベリー大司教の後継者たちに恒久的な首位権を許可する偽造された付加部分によって補強されたものだった。これほど時宜を得たものはなかった。それらは、彼らの申し立てがまさしく必要とするものだったし、数年のあいだにこれらのテクストはカンタベリーの申し立ての根拠となった。エアドメルスがそれらを『新時代の歴史』に挿入したのもこの時点だった。マームズベリーのウィリアムは、この頃カンタベリーの歴史のために史料を収集しており、この発見のニュースを彼の『王たちの事績』に記し、その少し後に執筆した『司教たちの事績』の一〇七二年の記述に、完全なテクストを挿入した(35)。彼は、ランフランクスが一〇七二年に引用したテクストをわれわれに提供しようと企てた最初の歴史家である――もちろん、それらはいまや偽造された付加部分を含んでいるが。マームズベリーのウィリアムもエアドメルスも共に、これらのテクストに言及せずに、彼らの『歴史』を一一二〇年まで執筆しており、ウィリアムが、これらのテクストが五〇年前にランフランクスの引用したものであることを知るに到った情報源としては、カンタベリー修道士しかいなかった。つぎの二、三年のあいだにいくつかの写しが作成され、その後、原本は失われた。

だが、それらが失われたのは、活用された後のことである。実際、それらはただちに活用された。すでに述べたように、カンタベリーへの従順ぬきに、教皇がサースタンをヨーク大司教として聖別したのが一一一九年一〇月、カンタベリーの申し立てを記した大司教ラルフの教皇宛書簡の失敗がそれに続き、このため、より強力な手段が必要となった。こうして、記録文書の「探索」が始まり、偽造を生み出すことになったのである。したがって、サースタンは、一一二一年イングランドに到着したとき、彼のイングランド入国に抵抗する者は誰であれ破門に処するという、教皇の脅迫的な書簡を携えており、カンタベリーの修道士たちは、新たに付加のなされた文書から首位権に関わる文言を逐一読み上げるだけで、さしあたりそれ以上の行動は控えた。

この後に、エアドメルスが偽造に関して起きた事柄をわれわれに語らないのには、十分な理由があった。一一二二年にラルフが死んだ後、彼の後継者であるコルベイユのウィリアムが、一一二三年、彼のパリウムを得るためにローマに赴いたさい、これらの文書を携えていったことは、ヨークの著作家、聖歌隊長フーゴー（Hugo the Chanter）がわれわれに語っていることである。けれども、ヨークの聖堂参事会員たちは、一一二一年以来、すでに以下のことを知っていた。すなわち、彼らの年代記者の言葉によると、「カンタベリーの修道士たちは、カンタベリーの教会の威信と首位権に関する教皇によるいくつかの特権を、最近、見つけ、あるいはでっち上げたが、それは、ほとんど消えかかった炎を吹き起こす鍛冶屋のようなものだ」ということである。それゆえ、カンタベリーの修道士たちが教皇庁に到着したとき、彼らもまた回答を準備してそこに居たのである。そして、カンタベリー大司教がパリウムを受け取るために教皇に拝謁したとき、ヨークの参事会員たちは、カンタベリー修道士たちをつぎのような質問に巻き込んだのである。すなわち、それらの特権を見つけたとき、それらは正確にどのような状態にあったのか——それらは封印されていたのか否か等々という質問である。カンタベリー修道士たちはこれらの質問に対する準備がなかったため、答えに窮し、一笑に付されたのである。実際、これらの偽造文書について再び耳にすることはなかった(36)。

唯一付け加えるべきこととして、フーゴーがカンタベリー修道士たちの「探索」を文書偽造の工程と正確に同一視したことに私は疑いをもたないけれども、それ以前の五〇年間のさまざまなおりに、カンタベリー共同体の個々の人々が文書を改変し、より有効なものにしようと試みた可能性も十分にあるし、実際、十中八九そうだろうということである。このために密かに会議が行なわれたこともあったかもしれない。けれども、共同体自身が既存の文書に必要な文言を挿入する処置をとり、その申し立てを基礎づけようとしたのは、一一二〇年であり、最後の手段としてはそれしかなかった。挿入された文言は——もしそれらがランフランクスあるいはアンセルムスの時代にあったとしたら——、彼らの申し立てにとって、教皇の文書中の確かな根拠を提供したことになっただろう。一一二一年の文書に見られるこれらの文言の簡潔なリストは、相互の関連性を示してくれるだろう。

ボニファティウス五世「今後常に、ドロベルニアの町（カンタベリー）に全ブリテンの首座が置かれること」(ut in Dorobernia civitate semper in posterum metropolitanus totius Brittanniae locus habeatur.)

ホノリウス一世「われわれは、ブリテンの全教会の首位権を恒久的にもつことを汝（大司教）ホノリウスと汝の後継者たちに許可する」(primatum omnium ecclesiarum Britanniae tibi Honorio tuisque successoribus in perpetuum obtinere concedimus.)
セルギウス一世「ローマ教皇グレゴリウスの時代から今日に到るまで、彼の(カンタベリーの)教会は、われわれから、いや使徒たちの頭である聖ペトロからブリテンの全教会の首位権を確保している」(a tempore …Gregorii Romani pontificis nunc usque sua (Cantuariorum) ecclesia detinuit a nobis, immo a beato Petro apostolorum principe, primatum omnium ecclesiarum Britanniae.)
グレゴリウス三世「ドロベルニアの町の大司教タトウィヌスよ、われわれは、汝および汝の正当な後継者に、ブリテンの全教会とそれらの指導者たちを委ねる」(tibi, Tatwine, Dorobernia civitate archiepiscope, tuisque successoribus legitimis, omnes ecclesias Britanniae earumque rectores subjicimus.)(37)

これらの文言を挿入した人々は、自分たちが何をしているかを承知しており、また首位権の問題に関して度を越さないことが重要であるということも承知していた。これらの文言が文書に付加されたとき、その舞台裏で何が進行していたかを、われわれが知ることはおそらくないだろう。だが、ひょっとしたら、われわれは、一〇七〇年から一一二三年のあいだの状況を、ちょうど百年後にカンタベリーで起きた同様の出来事の経過と比較できるかもしれない。この二つを比較することは、両方の場合における良心の危機に光を投げかけることになろう。

アンセルムス以後、つぎの偉大な大司教は、トマス・ベケットだった。彼の時代の修道士たちは、アンセルムスの時代の修道士たちと同様に、彼らの大司教が彼らの諸権利を擁護するために十分な努力を払おうとしていないと思った。けれども、その後の修道士たちは、大司教ベケットには多くの事柄に関して彼らの修道院の諸特権を確認する意図があったけれども、彼の死がその確認を阻んだのだと信じた。それらの事柄とは、司教の聖別、修道院の役職の任免、管区全体への聖香油と聖油の分配、カンタベリーの荘園からの収入の受取における彼らの諸権利、そしてカンタベリーから大司教の座を将来的に移動することの禁止だった。これらはみな、ランフランクスとアンセルムスの下で闘われた問題からすると、確かに重要性は低い。けれども、これらもまた同様の運命に見舞われる危険があったし、理由も同じだった。つまり、修道院共同体の諸権利を擁護する記録文書である。聖トマスは、これを作成しようとしたが、それは存在しなかった。おそらく、この想定された意図は、修道士たちの想像によるまったくの虚構だったのだろうが、歴代の国王と大司教たちの下で、彼らの権利が切り詰められていくのを見守る中で、失われた好機の記憶が彼らにとって重荷となっていった。

聖トマスが——彼らの信じるところによると——彼らに約束した文書を「創作する」という考えは、彼らの脳裡にしばしば浮かんできたと思われる。この誘惑はあまりにも大きかった。そして、ついに一二三二年と一二三五年のあいだに、副院長と他の者たちが共謀して、大司教トマス・ベケットの名で文書を作成し、それを当然の権利であると信じた。彼らは、一人の同情的な新司教、ロバート・グロステストを説得した。彼らの主張の一つ（管区のすべての新任司教はカンタベリーで聖別されるべきであること）は、真正なものであり、グレゴリウス九世によって承認されたものである、と。しかし、この手の加わった文書が公式の舞台に出ると、白状、反告発、スキャンダルの混乱の中で、詐欺は瞬く間に暴かれたのである。

一二三五年には、偽造の問題全体が新たな道徳的・法的な基盤に載せられ、スキャンダルが燃え盛る中で、修道士たちの一致団結した野望は失敗に終わった。それにもかかわらず、この事例は、それ以前の状況に何らかの光を投げかける。ここでも、われわれは、以前と同様に、正当であり慣習において十分に証明されていると考えられた主張が、新しい時代の要求に沿うような記録文書の欠如から、どのように消滅の危機に瀕したかを知るのである。また、われわれは、どのようにして、偽造が長年にわたって控えられ、そしてついには、最後の手段として採用され、致命的となるかを知るのである。思うに、このことが、一〇七〇年と一一二二年、より悲惨ではあるが一一七〇年から一二三五年のあいだに、カンタベリーで起きたことである。連続した二つの出来事が証明していることは、修道院共同体がその共同体の理想に付与した重要性、そして最終的かつ致命的な手段として偽造に訴えることが正しい解決への唯一の道として現われて来るに到る諸段階である(38)。

一一二〇年から一一二三年に到る出来事は、ランフランクスとアンセルムスが抱いたような首位権に終止符を打った。この後、首位権は、優越性に関する取るに足りない議論に堕していった。教会政治の実践的な道具としては、それは、教皇主導の下に同盟した教会というヴィジョンを、短期間だが復興した。いまやそれは、行政的、法的、組織的な統一に取って代わられたが、この統一は、政治の行政的、法的そしてスコラ的な手段の発展の結果として一二世紀に初めて可能となったものであった。誰よりも、ヒルデブラントが新たな理想を支持する独創的な力を持っていたのである。ランフランクスとアンセルムスがカンタベリーにいた一〇七〇年から一一〇九年までのあいだ、この問題はまだ活気を呈していた。アンセルムスの死ぬ頃には、この問題は本質的に解決され、アンセルムスの後継者ラルフは絶望的な大義の中で闘い続けたのである。ラルフが死ぬ頃には、普遍的な統治の手段が十分に高度に発展し、ランフランクスとアンセルムスが自分たちの仕事のこの側面で擁護したことをことごとく過去のものにしてしまったのである。教皇の書簡の偽造部分は、短命でまったく見当はずれな手段であり、首位権の擁護のために切羽詰った策ではあったが、それもすでに成功の見込みのないものだったのである。

首位権に関するアンセルムスの闘争にとって、それが最後は偽造という無益な手段に訴えることで終わったことは、陰鬱な結果に思われるかもしれない。しかし、敗北者たちがこうした最後の手段をとったことは、地域共同体の伝統に基づく組織の時代から、書かれた記録に基づく法的、行政的な手続きに信頼する組織の時代への移行を示している。アンセルムスの思考と共感のあり方からすると、彼は、教会の組織に関しても、また三、四百年間ヨーロッパの霊的な生活を維持してきた修道院的な基盤の優越性に関しても、この二つの時期の前者に属していた。直近の将来に関する限り彼の影響は狭まり、修道士たちの小さな集団のあいだでのみ注目を引いた。彼らは、彼の祈りと瞑想の仕方に従い、彼の著作と言葉を収集した点で彼の継承者だった。つぎに、この人々に目を向けることにしよう。

第Ⅳ部　友人たちと弟子たちの収穫期

第一五章　アンセルムスの初期の神学的な弟子たち

一　カンタベリーにおけるアンセルムスの仲間

すでに見たように、彼の大司教室《ハウスホールド》には、教会的な政策の大局に関して、法的ないし行政上の手助けを彼に提供することのできる者は一人もおらず、また彼がこの種の援助を必要と感じていた気配もない。彼の直面した諸問題によって提起された諸原則を彼自身で洞察することが、彼の必要とするすべての事柄に役立ったため、彼の大司教室の人々が彼にとって主として必要だったのは、修道院の日課を守ることと霊的な会話のためであった。これらの事柄の手助けとして、彼が主に信頼した人々とは、初期にはエアドメルス、後期にはアレクサンデル、そして、真に神学的な難題が生じた場合には、ボソーであった。

『神はなぜ人間となったか』の論証に貢献したことだけでも、ボソーがアンセルムスにとって神学的な議論のために誰よりも必要だったことは、疑う余地がない。ただつぎのことだけは、加えておいてもよかろう。すなわち、彼が二回目の国外追放から戻った後、彼の哲学的な活動の最終段階が始まるが、そのさい、彼は、ボソーの助力の重要性を賞賛し、自分のところにもう一度戻ってくるように頼んだ。「というのも、アンセルムスは、ボソーなしで満ち足りた生活をするよりも、彼と共に荒野で生活することを望んだからである」(1)。そのため、ボソーは、アンセルムスが予定、恩恵、自由意志に関する彼の最後の論考を執筆するさいに、彼のそばに居り、そしてアンセルムスが死ぬまでイングランドに留まった。ボソーは、アンセルムスの後期の著作において、表面には表われてこない触媒の役割を果たしたのである。彼は、アンセルムスの死後、ベックの修道院長として多年生きながらえたにもかかわらず、確実に彼に帰することのできる著作は一編しか残さず、またおそらく、アンセルムスの記憶を保存するために、何らかの貢献を果たしたと思われる(2)。

アンセルムスもボソーも、若い時にある種の霊的な恐怖を体験し、アンセルムスの場合は母親によってそこから救い出され、ボソーはアンセルムスによって救い出された(3)。彼らは、互いのうちに、パニックの後に平安を得たという共通の背景、そして並外れた知性の鋭さを認めていた。奇妙なことに、エアドメルスもアレクサンデルも、アンセルムスと共にいた人々の中にボソーが居たことについて述べたことがない。おそらく、彼は他の人々と共にあちらこちらを移動したのではなく、カンタベリーに留まり、読書、思索に耽り、また修道生活に加わっていたのだろう。それは、かつてベックにおいて、彼とアンセルムスが行なっていたことであり、アンセルムス自身が常にそうしたがっていたことだろう。

アンセルムスの大司教室の他の人々の中では、エアドメルスとアレクサンデルだけが、アンセルムスの思想の完成、あるいはその流布に何らかの貢献をした。彼らの貢献については、後に詳しく取り扱わねばならないだろう。目下のところは、つぎのことを付け加えておけば十分であろう。すなわち。アレクサンデルについて、われわれの知るところがあまりにも少ないため、彼の知的な能力について信頼できる判断を下すことができず、他方、彼も、彼の能力ないし業績が並外れていたことを示すものを何ひとつ残さなかった、ということである。エアドメルスに関しては、彼の著作が吟味されるときに、彼の資質もおのずと明らかになろう。彼は、感情の人、観察者として、また複雑な伝統の伝承者として優れた能力を備えた人ではあるが、彼が吸収したアンセルムスの教えは、彼が負っていたイングランド的な伝統と一致するか、あるいはそれを豊かにしうる部分だけだった。彼は、アンセルムスの哲学的な論証を正確に要約することができたにもかかわらず、哲学者ではなかった。彼が、一五年以上もの期間、最も偉大な神学者の一人と親交を結んだことを考えると、彼の思考の習性が何と限られ、孤立したままであるかということは、注目に値する。カンタベリーにおいても、ベックにおいても、アンセルムスにとって、彼を尊敬する弟子たちをつくることは容易なことだったが、彼の仕事を継承できる弟子をつくることは容易ではなかった。

　この知的な継承に失敗した理由はいくつかある。アンセルムスの方法は、稀有な論理的精確さという能力を要求し、それが生み出す結論は、明瞭ではあっても、一般的に活用するにはあまりにも不向きだった。彼は、多くの人の手が加わる忍耐強い作業によって完成されるものを何ひとつ残さなかった。彼は、議論し質問することのできる人々が自分の周りにいることを必要とした。彼のすべての著作は、われわれがそれらの構成、ないしはそれらの発端と成長を見ると、彼がどれほど探究的な精神をもった仲間を必要としたかを、明らかに示す。けれども、一つの例外として『神はなぜ人間となったか』の論証が考えうるが、それを除くと、彼は、問題の解決を見いだすために、誰の手も必要とはしなかったのである。

　アンセルムスが秀でた分野で、カンタベリーの修道士たちの貢献した部分は、明確に限定されうる。彼によって語られた言葉の伝承については、われわれは主としてエアドメルスとアレクサンデルに負っている。彼らのおかげで、われわれはアンセルムスの生活と談話の主な記録を手にしている。これらの明確な範囲を超えると、収穫は少ない。年若い修道士たちの一人にエルマーがおり、彼は、一一二八年にカンタベリーの副院長となり、その書簡と瞑想においてアンセルムスの文体をいくらか取り入れた。しかし、アンセルムスの影響は、かつてベックでそうだったのとは異なり、決してカンタベリーの共同体全体に及ぶことはなかった。大部分の修道士たちにとって、彼は、遠く影の薄い人物のままにとどまり、彼らの実生活に及ぼす力として感じられるよりは、むしろ彼の仕事の諸結果によって判断されたにちがいない。

アンセルムスの弟子たちの範囲は狭く、また彼の影響もほとんど気づかれないほどにゆっくり浸透していったが、中世の偉大な教師たちの中で、これと同様の人物の名前を挙げることは簡単ではない。彼が修道士であったこと、そして彼自身の生来の傾向が、生活を共にすることで結ばれた弟子たちによる小集団の社会を形成し、それは、生徒の人数が移り変わる学校に比較すると、より気心の知れた集団だった。だが、ベネディクト会においてすら、より広範囲に直接的な影響を及ぼした教師たちがいた。同時代の人々も、彼の名声が手近の人々にはよく知られているのに、なかなか広まらないことに気づいていた。四〇歳のとき、彼はこう尋ねられた。「なぜランフランクスとグイトムンドゥスの名声は、貴殿よりも世界中に広まっているのですか」。彼は、それを巧みにかわして「どんな花でも薔薇の色を真似ることはできるかもしれませんが、香りまでもつことはできないのです」と答えた。(4) これは、彼の初期の文学的スタイルを特徴づける要素でもある。

二〇年後、カンタベリー大司教となったとき、彼の名声は増した。彼の『祈祷』は、北フランスで広く知られるようになり、さらにオーヴェルニュ、イングランド、北イタリアまで届いた。『プロスロギオン』と『モノロギオン』はリヨンでも知られ、彼の名と良い評判はローマに達した。しかし、これは、過去にアルクイヌスやゲルベルトゥスが及ぼした知的な影響、そして近い将来パリの教師たちが及ぼすような影響に届くことはない。大司教としての一六年間に、彼の名は遠く広く知られるようになったが、彼の直接の弟子たち、そして彼らに影響を及ぼす手立ては、広げられるどころか狭められた。

とりわけフランスにおいては、アンセルムスの弟子たちを育んだ談話に代わって、教授と討論のより強力な方法が登場しつつあった。聖書、論理学、文法学の註釈書、さまざまな抜粋を整理し編纂すること、それらの相違点について議論すること――こうした形態の知的な活動がすべて学校で急増し、修道院にも徐々に侵入していったけれども、アンセルムスの気を惹くことはなかった。彼がこれまで執筆した中で、古代のテクストの註釈に最も近いものは、『グラマティクスについて』に見いだされるが、これは、上述のように、彼の最初期の著作であり、最も影響が少なかった。アンセルムスは、学校にふさわしい研究の方法、また彼以降の人々によって方法論的に展開されうるような研究の方法を、開始することも、それを進展させることもなかった。彼は、彼の時代の知的な流行から離れて立っていたのである。

その結果、彼の直接の弟子たちは、アンセルムスへの人格的な忠誠によってのみ結ばれた、さまざまな関心と才能をもつ信奉者の小さな集団だった。彼には、ドゥンス・スコトゥスより以前に、際立った知的な後継者がいなかった。確かに、スコトゥスに到る途中に、ロバート・グロステストがいる。グロステストは、彼の著作を読み、註解し、彼の哲学的な諸原則を共有し、また『神はなぜ人間となったか』に触発された。だが、触発されはしたが、意見は異なり、また彼の思考と行動の一般的な特徴において、アンセルムスと異なる世界に属していた。ヘールズのアレクサンデル、ボナヴェントゥラそしてトマス・アクィナスは、みな彼の著作を読んだが、おそらく一三世紀に普及した集成版で読んだと思われる。しかし、その場合、この世紀の思想の形成に重要な影響を与えた著作というより、むしろ古典として読まれた。アンセルムスの直接的な弟子に関して言うと、彼らは、アンセルムスの在世中は、活発に彼の言い回しの癖を習得し、彼の特徴的な論証のいくつかを新たな主題に適用したが、彼らが骨組みに付け加えたものは、興味深く、ときとして重要ではあっても、大部のものではない。アンセルムスがアウグスティヌスの思想を再考したように、アンセルムスの思想を再考し、それらを新たな輝きのもとにおくことは、彼らの能力を超えていた。彼らにできたことは、彼のさまざまな思想を発展させる代わりに、より劣った能力で模倣することだけであった。

しかし、つぎのことも述べておかねばならない。すなわち、カンタベリーにおける彼の弟子たちは、かつてベックの修道士たちがより限られた資料で達成できた以上に、彼の著作を書写し、伝承したことである。カンタベリーの書記たち、賛美者たちが負った責任は、彼の書簡を収集し、残したことにあり、そしておそらく『祈祷』と『瞑想』もそうであろう。さらに、カンタベリーで作成された彼の完成作品の集成版は、一三世紀以降に普及する集成版の写本の先駆けとなった。カンタベリーにおいて、アンセルムスは、ベックにいたときとは異なり、むしろ部外者であったにもかかわらず、カンタベリーの修道士たちは、ベックの修道士たちが保存し、あるいは保存できた以上に、彼の著作と彼の生活の記録を保存したのである。

おそらく、ボソーは、アンセルムスの神学に独自の貢献を果たすことのできた唯一の弟子であり、『神はなぜ人間となったか』と『処女懐妊と原罪について』の中でアンセルムスが認めているように、それらの執筆を手助けすることに全力で努めた。他の弟子たちのうちで、彼の影響また何らかの独自の展開を示す者として、名前を挙げるに値するのはつぎの四人である。その最初は、エアドメルスである。長年にわたるアンセルムスとの親密な交際、さまざまな好機を活用したこと、修道院著作家としてアンセルムスが手をつけなかった領域で著作を生み出したことから、彼を別個に取り扱ってしかるべきである。他の一人は、ギルベルトゥス・クリスピヌスである。彼が残した非常に優れた一冊は、アンセルムスに『神はなぜ人間となったか』を執筆させるきっかけの一つを与え、また以下で簡単に論じるようにいくつかの小品を執筆した。つぎに、ロドゥルフスないしラルフは、ロチェスターの修道士で、後にバトル修道院長となり、アンセルムスのスタイルを真似た瞑想を執筆し、それらは長いあいだアンセルムスの著作と信じられていた。そした三番目にホノリウス・アウグストドゥネンシスだが、彼の卓越した能力は、他の幾人かと同様に、アンセルムスの思想を読みやすい一般的な著作にすることに発揮された。以上はすべて、同時代におけるアンセルムスの思想の反映を示す簡潔な記録と言えるだろう。

二　アンセルムスの思想を敷衍した人々

(1)　ウェストミンスター修道院長、ギルベルトゥス・クリスピヌス

ギルベルトゥス・クリスピヌスが、アンセルムスの初期の友人たちのなかで最も親密な位置にいたこと、ユダヤ人とキリスト教徒との論争をアンセルムスに紹介することに重要な役割を果たし、『神はなぜ人間となったか』を執筆するきっかけの一つになったことは、すでに吟味された。ボソーを別として、おそらく彼は、アンセルムスの弟子たちの中で、明晰で一貫した神学的な論証を行なう能力を備えた唯一の人物だった。その主たる証拠が、キリスト教信仰の根本的な問題、特に、三位一体と受肉に関する一連の小品であり、これらは、アンセルムスの方法と結論に触発されたものである。これらに加えて、ユダヤ人とキリスト教徒、キリスト教徒と異教の哲学者のあいだでなされる二つの『対話』を挙げねばならない。最初の著作の普及は無視できない。それは、この種の著作に見られる一般論をはるかに越え、優れた論証の説得力と人間性を示し、それによってキリスト教信仰に対立する者を取り扱っているからである。二番目の著作はあまり成功していない。アンセルムスが彼の哲学的な

概念のいくつかを友人に提供しているにもかかわらず、実のところギルベルトゥスが得意としたのは、形而上学、論理学を精緻に仕上げることよりも、聖書解釈、そして中心的な教理に簡潔かつ明晰な神学的説明を与えることだったことが明らかである。彼は有能な著作家であり、ときにはアンセルムスの思想の流れを非常に明晰かつ力強く再現することもあったが、結局、彼の残した印象は、冷静な判断としっかりした学識をもつ人物だったということで、それ以上の光彩を放つ知的な才能はなかった。彼は、アンセルムスの神学的な見解を最も明晰に解き明かし、彼の論考は、主として、それらを簡潔かつ平易に述べようとする試みだった。ことによると、彼は、自分自身をアンセルムスの神学的な遺言の執行者と見なしていたかもしれない。というのも、彼の『魂について』(De Anima) において、死に際のアンセルムスの脳裏に浮かんだ主題について論じ、アンセルムスの仕事を完成したからである。(5)

ギルベルトゥスの著しい名声は約五〇年間続いたが、その後、彼の著作と名前は今日に到るまで、視界から消え去った。にもかかわらず、彼のことが記憶に上った短い期間、彼は、アンセルムスの弟子たちの中で、学校において名声を得た唯一の人物であり、少なくとも、この時代に最もよく知られたスコラ神学者のうちの四人、つまり、ランのアンセルムスとその兄弟ロドゥルフス、ギルベルトゥス・ポレタヌス、ランスのアルベリクスと同等の、あるいは、彼らより優れた者として語られることすらあった。しかしながら、この同時代の名声を正当化するような何らかの著作を、われわれが知っているとは言えないだろう。

(2) ロチェスター副院長、バトル修道院長ロドゥルフス

アンセルムスの神学的な追随者の二番目は、明らかにアンセルムスから受け継がれた文体で、観想的な神学的

対話と瞑想を執筆し、かなり広く読まれた著者として、重要な位置を占めている。誤ってアンセルムスに帰されたおかげで、彼の著作が広く流布したことは確かだが、しかし、それらが果たした貢献が、まったく価値がないというわけではない。われわれが彼について知っていることはわずかである。彼は、おそらくベックで修道士となり、ランフランクスとともにカーンに行き、ついでカンタベリーに来た修道士たちの一人だった。アンセルムスの最も親しい友人ゴンドルフスが司教だったときに、ロチェスターの副院長となり、さらに一一〇七年には、征服王ウィリアムによってバトルに新たに創設された修道院の院長となり、一一二四年に八四歳で歿した。死ぬまでの六〇年間、彼はずっと修道士であった。もし彼の修道士としての経歴がベックで始まったとすると、おそらく、この人物は、ベックの誓願者名簿でアンセルムスの後の入会者として一〇〇人目に記載されているロドゥルフスということになる。バトル修道院の年代記作者は、彼が死んだとき、熱烈な賛辞を書き記した(6)。

今日残っている彼の著作はすべて、彼がロチェスターを離れる前に、書き終えられていたと思われるが、それらは一様の運命をたどったわけではない。それらのいくつかについては、ロチェスター写本だけが唯一の拠り所である。その他の著作も、二つの写本でしか知られていない。修道生活に関する著作は、著者不明のまま、ささやかに流布した。しかし、最も成功を収めたのは、アンセルムスを模範にした一群の祈祷と瞑想だった。そのいくつかは、早い時期にアンセルムスの『祈祷』と『瞑想』に加えられ、アンセルムスの名で中世を通じて流布し、シュミット版が出るまで、アンセルムスの刊本すべてに入っていた。それらは、多くの付加の中でも最初期に属しており、アンセルムスの真正な祈祷の小集成を、かなり大きな集成にし、アンセルムスの名を周知のものとすることになった(7)。ひとたびそれらがアンセルムスによるものではないことが発見されると、アンセルムスの真正の著作よりもはるかに月並みであり、因習的な信心に近いことが、容易に見て取れることになった。数世紀間にわたって、かなり多くの人々を満足させた作品ではあったが、アンセルムスの作品ではないことが知られることによって批評が容易になったとき、正当な評価に値する質をもっていないことは明らかだった。結局、それらはすべて、一般的に利用されるために書かれており、アンセルムスが心血を注いで吐露した作品よりも、大方の読者の必要に適ったのだと思われる。

同様の全般的な判断は、ロドゥルフスの哲学的な著作にも適用されるだろう。主題と文学的な形式において、それらは、アンセルムスの対話の直接的な影響の下に書かれた。それらのうちで最も長く重要なものは、「無知な者」(Nesciens)と「知者」(Sciens)、「質問者」(Inquirens)と「回答者」(Respondens)との一連の議論である。この人物設定自体が、アンセルムスに起源をもつことを示唆する。これらの議論は、アンセルムスの対話よりもはるかに広い領域に渡っているが、当然のことながら、以下に記すそれらの一つが示すように、はるかに皮相なレベルである。

「無知な者」と「知者」との対話は、自分の目で見たことのないものは何であれ信じることを拒否する、という懐疑家の発言から始まる。議論は、徐々に、彼が他の諸感覚による証言を受け入れるように誘導し、ついで、認識の源泉としての不可視的な知性の存在を認めさせ、さらに最高の知性と第一原因の存在を認めさせる。この順序には工夫が凝らされているが、取り扱われる内容は皮相である。無知な者は、かなり速やかにキリスト教の教えの全体を喜んで受け入れるよう導かれる、と説明されているが、手強い不信仰者がそうすぐに承服させられるとは考えがたい。だが、再度、これらが信仰者の知性の訓練のために書かれ、不信仰者を改宗させるために書かれたのではないことを確認せねばならない。後者がこれを目にすることはまずないだろう。要するに、ロドゥルフスの対話は、彼の祈祷と同様に、改宗の必要がない読者に、励ましと知的な訓練を与えるために書かれており、こうした読者が味わうことのできる形式で、彼らにアンセルムスの著作がもつ良い部分のいくつかを提供したのである。

この一連の議論は、ギルベルトゥス・クリスピヌスによるキリスト教徒と異教徒との対話に、いくつかの点で似ている。どちらも、誰でもが思いつくキリスト教信仰への異論に対抗できる理性的な正当化の必要性が増してきたときに、それを満足させるものだった。信仰の諸問題に関してロドゥルフスが取り扱う論題の範囲は、学識のあるユダヤ人の異論に対するギルベルトゥスの応答よりも広かった。しかし、ギルベルトゥスが論じていたのが実在する批判者であるのに対し、ロドゥルフスの不信仰者は架空の人物だった(8)。

ギルベルトゥスもロドゥルフスも共に、主要な諸問題を体系的かつ深く分析することから手を引いたが、それらは、アンセルムスが神学的な思想に恒久的に寄与したものだった。ロドゥルフスは、アンセルムスの蓄積に依存し、それに付け加えることはなかった。彼は、いくつかの論証をアンセルムスの著作から引き出したが、それらは、罪が無であること、罪を犯す力が実は無力に他ならないこと、信仰と理性の一致、そして受肉の必然性に関する論証である。しかし、彼はまた彼なりに、アウグスティヌスの学徒でもあった。アウグスティヌスに深い崇敬を抱いていたのである。したがって、彼は、独自の思想家ではなかったが、アンセルムスの模倣者に留まったわけではない。

ギルベルトゥス・クリスピヌスと同じく、彼は、主たる対話の相手として、キリスト教信仰の外に立つことを主張する者たちを採用した。このことは、アンセルムスの慣習から根本的に離反していた。アンセルムスは、信仰を告白した者とだけ議論し、信仰の体系に関する彼らの理解を広げることを目指すことにより、最終的に、彼の主張では、すべての理性的な論証の基礎に達したからである。不信仰者と直接議論することを熱望した点で、ロドゥルフスもギルベルトゥス・クリスピヌスも共に、彼らがより広範囲の敵対的な世界を意識していたことを示しており、それは、アンセルムスが晩年になってようやく接することになった世界だった。しかし、彼らが、当然自分たちの敵対者は容易に納得するだろうと考えた点で、彼らの対話が恒久的な重要性をもつことがなかったことは、今になってみれば容易に分かる。だが、彼らの時代においては、そして、おそらく二世代ぐらいのあいだ、主として修道院における彼らの読者にとって、ギルベルトゥス・クリスピヌスとロドゥルフスは共に、キリスト教信仰の諸問題について、豊かな思想と啓発によって聡明な信仰者を導く案内者だった。

彼らは共に、ベネディクト会の学者の良い模範でもあり、征服後の半世紀におけるイングランドの宗教的な生活を変えた管理者でもあった。彼らは、地域の年代記作者の賛辞を除くと、その思想や学識の記録をほとんど残さなかった人々である。彼らの論考の集成は小さいとはいえ、新しい世代の学者–管理者が高い水準の学問と理性的な省察に達していたこと、そしてアンセルムスが彼らの教育に果たした役割は見過ごしえないことを示している。彼らの思想は、アンセルムスの思想によって喚起され、形作られ、また彼らは意識的にアンセルムスの方法を真似たのである。彼ら自身は、自分たちの思想を鼓舞するような信仰の問題を抱えていたわけではない。彼らは、回答するために問題を案出しなければならず、彼らの思想に耳を傾ける者たちもわずかしかいなかった。このような人々に独創的な哲学者、あるいは新たな文学形式の創造者を期待することは、天賦の才がもつ強力な力ないし深い混乱を引き起こす出来事の衝撃のみが達成しえたようなことを期待するに等しい。

(3)　ホノリウス・アウグストドゥネンシス

アンセルムスの思想を展開した者たちの中で、最後に特筆すべき人物が一人いる。アンセルムスの弟子たちにとって、彼らの人格が世に知られないままでいることが運命であるのか、またことによると彼らがそれを選択したのだとしたら、ホノリウス・アウグストドゥネンシス（Honorius Augustodunensis）は、自己本位のカムフラージュに際立った才能を示した。この多作で一般受けする著作家をめぐる謎は周知のことだが、大部分は彼自身が作り上げたものである。彼は、ロドゥルフスと同じく、自分の著作の大部分を匿名で書くことを選択したが、しかし、明確であると同時に誤解を招く手がかりを残した。それは、彼のキリスト教の著作家に関する伝記的な事典『教会の著名人』（De Luminaribus Ecclesiae）の最後に自分自身の著作のリストを挙げ、彼の名前をホノリウス・アウグストドゥネンシスと記したことである。まがうかたなく、「オータン（Autun）の」ホノリウスである。これが、かつて一般に認められた説明だったが、今日では、ほとんど誰もが、これは故意に誤解を招くようにするためのものだということで一致している。何が正しい答であるかは、推測の域を出ないとしても、彼が途方もない成功を収めたことは誰も疑うことはできない(9)。

他に彼について何をわれわれが知っているかと問うならば、つぎのことは明らかである。すなわち、彼の著作のすべてが一二世紀前半に書かれ、すでに一一二五年までに、彼は著作の長いリストを作り上げたこと、そしてこの時点で、彼はおそらくレーゲンスブルクにあったアイルランド系の聖ヤコブ修道院に所属しており、多分、死ぬまでそこに留まっただろう、ということである。彼は、その経歴の初期の段階で、しばらくカンタベリーで過ごし、アンセルムスの影響を受けた。

この影響は、彼の初期の著作、『教えの手引き』（Elucidarium）に顕著に現れている。この著作は、教師と生徒の長い対話で、キリスト教の教えに関する一般向きの通覧として非常に流布し、そこには、突飛な質問に対する細かい、好奇心をそそる回答も含まれていた。この著作は、ラテン教父の著作とともに図書館に所蔵され、広範囲に読まれた形跡を示しており、また、アイルランドの学者スコトゥス・エリウゲナの著作への並外れた偏愛を表わしている。いくつかの写本には、典拠とした著者たちの名前が欄外に記されており、その中には、アンセルムスの名が頻繁に姿を現わす。これらの指示は、ホノリウスが『神はなぜ人間となったか』を知っていたことを示している。この著作の大部分は（すでに見たように）一〇九三—一〇九七年にイングランドで書かれ、イタリアで一〇九八年に完成された。また、アンセルムスの著作には見いだすことはできず、口頭の教えに由来すると思われる箇所を指示していることもある。

これらの欄外の指示に加えて、アンセルムスの影響は、いくつかの質問内容と彼の回答の定式にも見ることができる。たとえば、『教えの手引き』の第三巻で彼は、アンセルムスの「天国の喜び」に関する説教を用いて、問いと答えを作った。後述するように、この説教に関しては、エアドメルスとアレクサンデルがそろって報告し、アンセルムスが機会のあるごとにくり返し語ったことは明白であり、ホノリウスも、これらの報告の一つを手にしていたか、あるは彼自身がこの説教を聴いたのだろう。いずれの場合でも、彼がこの情報を得た場所としては、カンタベリーが最も適当である。

さらにカンタベリーとのつながりを示すことは、『教えの手引き』の全体ないし部分が、執筆されて数年以内に、アングロ・サクソン語に翻訳され、また翻訳作業もカンタベリー自体あるいはその姉妹修道院のロチェスターと緊密に関係していることである。(10)

似たような影響と地域的なつながりは、彼の他の初期著作にもたどることができる。彼の二番目の著作『聖母マリアのしるし』（Sigillum Sanctae Mariae）は、アンセルムスの友人で大司教として後継者となったエスキュールのラルフの説教をかなり利用している。彼は、一一〇七年にロチェスター司教となる前の数年間をカンタベリーの環境の中で過ごし、最終的には一一一四年にカンタベリー大司教となった。さらに、ホノリウスの三番目の著作は、自由意志に関する論考で、彼はそれに『不可避のこと』（Inevitabile）という興味を引くタイトルをつけたが、アンセルムスの最後の著作、『神の予知、予定、恩恵と自由選択との調和について』を参照することによって大幅に改訂された。ホノリウスの著作は一二世紀の早い時期に属し、アンセルムスの『調和について』はカンタベリー近郊で一一〇七—一一〇八年に書かれた。したがって、ホノリウスが彼の『不可避のこと』を改訂したとき、カンタベリーの修道士と接触した可能性は強い。

それゆえ、簡単に言うと、一一〇〇年頃から一一〇九年まで長引いた滞在に注目するなら、ホノリウスとカンタベリーの密接な関係を示す、いくつかの証拠があることになる。しかし、彼がつぎの著作——『教会の鏡』（Speculum Ecclesiae）と呼ばれた教会暦のための説教集——を執筆する頃には、彼は、まったく異なった環境、新たな影響の下におり、さらに、一一二〇年から一一五〇年までの最後の数十年を、レーゲンスブルクで過ごしたことが分かっている。

細かなことを手早く述べたが、ここから明らかになるのは、ホノリウスの『教えの手引き』『聖母マリアのしるし』、そして最終版の『不可避のこと』が書かれたのは、ホノリウスがアンセルムスと彼の友人たちとの直接的な影響を受けていた時期、おそらくアンセルムスが最初の追放から戻った時期であった。この後、数年間はカンタベリーないしイングランドとの接触を保っていたにちがいない。というのも、彼は、アンセルムスの最後の著作の教説について十分な情報を持っており——ただし、そのタイトルについてはかなり混乱した知識しか保持していなかったが——アンセルムスの教説に従って『不可避のこと』にいくつかの訂正を加えることができたからである。しかし、その後、彼はカンタベリーおよびイングランドとの接触を失い、新しい教師ドイツのルペルトゥスの影響を受けることになった。イングランドとの絆は最終的に途絶え、彼の経歴のドイツにおける段階が始まったのである。

ホノリウスの経歴は一風変わっていた。だが、それは、他の多くの人々の経歴と共通する一つの特徴をもっていた。彼は、有名な教師から感化を受けることを求め、そうした教師が見いだされる所ならば、どこにでも行く遍歴学生だった。「われわれの」アンセルムスは、同じ名をもつランのアンセルムスと対照的に、こうした学生が普通に足を運んでくるような教師ではなかった。世俗の学校が彼らの通常の猟場だった。しばしば学校の教師たちは、遍歴学生の支払う謝礼以外に収入源がなく、彼らの授業も一連の講義という形態をとり、開始と終了があったからである。しかし「われわれの」アンセルムスは、修道生活の質を高めるためにだけ教え、また彼の教えも、その影響が感じられるようになるには長期間の共同生活を必要とした。さらに、大司教としての彼の生活状態では、彼が追放されていなかったときでも、終始一つところに留まることがないので、かつてのように、修道士――著作家ではない――にしたいと彼が望むような人々を、弟子とすることもできなくなっていた。

ホノリウスは、アンセルムスが求めたような師弟関係に入ろうとはしなかった。彼は、遍歴学生‐修道士という古い伝統に属していたのか、あるいは、教師が見いだされる所ならばどこにでも求めて行く新しい世代の学生に属していたかどちらかである。彼が二つの伝統のどちらを代表するのかを知ることは難しいけれども、定住しながら学ぶという昔ながらのベネディクトゥスの伝統に彼の居場所はない。だが、アンセルムスは、彼の方法論的な革新もろとも、そこに属していたのである。ホノリウスには、興味を引く人物と場所を求めてやまない本能があった。彼は、教師たちの著作と思想であれば何でも好奇心を持つ学生にすぎなかった。些細な事柄の収集癖はあるが、哲学者ではなかった。このことは、『教えの手引き』を読むなら、誰にでも明らかとなろう。考えられうるあらゆる種類の質問に、驚くべき自信をもって答えていることが、著作家としての彼の成功を長続きさせたけれども、哲学的な資質を示すものは皆無である。彼は、あらゆる方面から情報を得て、急場しのぎに利用するのである。

弟子　断罪された者はどのような状態に置かれるのですか。

教師　彼らは、逆さに吊るされ、背中合わせにされ、足は空中に、他はあらゆる方向に引っ張られて苦痛にうめくのだ。

弟子　正しい者たちは、このように罰せられる人々を見ると、嘆かないのですか。

教師　嘆かない。たとえ、父が我が息子の苦しむさまを見ても、あるいは息子が父を、母が我が娘を、夫が妻を、妻が夫を見ても、彼らは嘆き悲しむどころか、われわれが渦に巻き込まれた魚たちを見るときのように、こうした光景を楽しむだろう。

弟子　つぎにアンチキリストについてお聞きしなければなりません。

教師　アンチキリストはバビロンでダン部族の娼婦から生まれるだろう。彼は、母の胎内にいるときに悪魔に占有され、ホラーサーンで悪人たちによって育てられるだろう(11)。

このような一節から――他にもかなり多いが――ホノリウスがどれほどアンセルムスから隔たっているかは、容易に想像できよう。しかし、これは、彼が一般向きに活写する才をもった教師だったという事実を覆い隠すものではなく、このために中世を通じて多くの読者を獲得したのである。彼の精力は衰えることを知らず、彼のもっていた広範囲に散らばる素材を、自信たっぷりに判断し、体系的に配列し、明確に述べることのできる人であった。さらに、彼が溢れんばかりにとうとうと述べ立てた事実的な情報と並んで、アンセルムスの影響が——深みはないとしても——明確に見て取れる質疑応答がある。

弟子　りんごを食べるという罪は、どれほど大きいのですか。
教師　途方もなく大きく、そのために全世界もその償いを充分に果たすことができない。
弟子　分かりました。
教師　神の意志に服従することは正しいことだと考えるか。
弟子　それ以上に正しいことはありません。理性的な被造物は、何にもまして創造者の意志を優先させるべきです。
教師　それなら、神の意志はこの世界よりも偉大であるのか。
弟子　確かにそうです。
教師　もし神が君に「後ろを振り返るな」と言われ、他の誰かが「後ろを振り向け、そうでないと全世界が滅びるぞ」と言ったとしたら、君は、このはかない世界を保持するために、万物の創造者である神の命令に背くべきだと考えるだろうか。
弟子　いいえ、断固として。
教師　だがこれがアダムのしたことなのだ。つまり、彼は、悪魔にそそのかされて、後ろを振り向き、その結果、この世界よりも大きな罪を犯したのだ。

弟子　それはどれほど大きかったのですか。

教師　彼はこの犯罪によって六つの犯罪行為を犯し、六つの時代に及ぶ彼の子孫をそこに巻き込んだのだ。(12)

この論証の中でホノリウスは、しばしば持って回ったようになる情報のよどみない流れを中断し、神学的な対話のスタイルを採用するが、そこにアンセルムスの影響が現れている。神の意志に反する一瞥に言及し、それが創造された世界における何ものよりも「より大きな」罪であるとしている点は、まったくアンセルムスの思想である。これは『神はなぜ人間となったか』の同じ箇所から引かれており、ニューマンをも感激させた一節である。(13)またホノリウスの表面的な引用は、同じ思想がニューマンに吹き込んだ激しい感情をもっていないとはいえ、少しのあいだアンセルムスの精神に感化されている。しかし、それもつかの間、つぎの文ではただちに彼の喜びとする宇宙的な思弁に舞い戻り、そこでは――おそらく、彼が楽しみとした数の象徴体系に必要な場合を除くと――アンセルムスを利用することはまったくない。

明らかに、ギルベルトゥス・クリスピヌスとロドゥルフスは、ホノリウスとは異なる意味で、アンセルムスの弟子だった。彼らは、アンセルムスと共に生活し、同じ修道院の日課に従い、修道院的に秩序づけられた世界がもつ同じ思想と同じ理想を共有していた。ホノリウスは、最終的には隠修生活によって、この世を離脱することを求める、古い時代の遍歴修道士に属する部分もあるが、教師たちの思想を寄せ集めるためにどこにでも赴く、新しいタイプの知的な冒険者に属する部分もあった。当然、ホノリウスは、以後の段階を踏むごとに、アンセルムスから遠ざかっていくことになるが、他方、ギルベルトゥス・クリスピヌスとロドゥルフスは、アンセルムスと同様の鋳型に固定されていた。もし彼らが行政上の義務から解放されたとしたら、両者共に、彼らが思っていた以上に、アンセルムスの思想を実質的に発展させることができたかもしれない。ランフランクスは、修道士たちをイングランドに連れて来て、カンタベリー、ロチェスター、ウェストミンスターその他の責任ある地位に就けた。そのために、行政の負担、広大な地所に関する責任、政治的・法的な責任を負わざるをえないことなどが、こうした修道士たちの精力を奪ってしまった。彼らのうちの何人かは、アンセルムスの親友であり、弟子だったが、彼らには、神学的な著作や祈祷の執筆にささやかな貢献をするぐらいの暇しかなかったのである。アンセルムスもまたこの多忙な行政の世界に引きずり込まれるが、その時までに、すでに彼自身が十分に成熟しており、あまりにも業務の煩わしさに超然としていたために、三〇年以上の期間にわたって築き上げた習慣を変えることはなかった。彼の書簡は、初期の激しい個人的な感情をいくらかは保っていたものの、もはや彼は人々を惹きつけることもできず、またベックにいたときのように、彼らの生活を平穏のうちに形作ることもできなかったのである。

第一六章　アンセルムスの言葉と書簡の収集者

一　談話と説教の報告

アンセルムスが彼の同時代の人々に最も強い影響を与えたのは、談話においてであった。彼のあらゆる発言は、集会室であれ食卓であれ、公式の説教であれ、たまたま語られた所見であれ、絶妙な魅力と天才を備えた個性において、ベネディクトゥスの時代とスコラ学の時代の邂逅を反映するという特質をもっている。それらは、新旧の結合であり、修道院的な環境で、修道院的な話題という範囲でなされている点では古く、透徹した分析、驚くべき定義、これまで聞いたこともないような例証という点では新しかった。

若いエアドメルスの関心を最初に呼び起こしたのは、アンセルムスの談話だった。一〇七九年にアンセルムスがカンタベリーを訪問したとき、彼は、「それまで耳にしたこともないような仕方で」修道生活について語った。彼は、カンタベリーの殉教者エルフェゲを、その結論はそれほど歓迎されなかったとしても、かなり強引とも思われるような論証で擁護したのである。とりわけ、彼は、より賢明な人々を傍に引き寄せ、議論に引き込んだ。これがアンセルムスのカンタベリーでのおひろめであり、アンセルムスが行くところどこでも、彼の談話がたやすく拭い去られることのない記憶を残したことは、エアドメルスと他の人々の記録に豊富な証拠がある。

カンタベリーの最初の訪問とほぼ同じ頃、アンセルムスは、ベックから五〇マイルほど離れた、ボーヴェー近郊の小さな修道院も訪問した。その修道院は、遠隔地にあるベックの分院の一つに向かう途上にあり、アンセルムスは、多分、副院長としてこの分院を訪問したと思われるが、後には、修道院長として訪問したことは確実である。彼の訪問の道筋で、一人の内気で、悩みを抱えた、知的な若い修道士が彼のもとにやって来た。この修道士は、ちょうど、修道院の図書室で大グレゴリウスのヨブ記とエゼキエル書に関する著作を発見したばかりだった。そこでアンセルムスは、内的な生活、理性の諸法則、そして聖書の研究について語り始めた。彼の所見は、この若者に深い印象を与え、この印象は、この後に何度かなされた訪問と談話によって、さらに深められたのである。この若者こそ、後にノージャンの修道院長となるギベールであり、彼は、その自伝の中で、これらの談話から自分が得た刺激を回想した(1)。アンセルムスは、ギベールに、ただ彼と話したいがために彼のもとに来るという気持にさせ、ギベールが後に振り返ってみると、これらの訪問が彼の知的な覚醒において最初の重要な陸標となったのである。実際には、ギベールは他のさまざまな源から刺激を受け、後年は、カンタベリーのアンセルムスよりもランのアンセルムスに多くを負うことになった。他の人々と同様に、彼も時と共に変化していったのだが、しかし、独自の思想へ最初に彼を目覚めさせた人物への恩を、決して忘れることはなかったのである。

このことは、暗示的である。アンセルムスは、追随されることよりも、記憶されることのほうが多かった。それにしても、彼の談話は久しく語りつがれた。サン＝ベルタンの修道院長ランベールの『伝記』作者は、アンセルムスが第一回目の追放中この修道院に立ち寄ったさい、この修道院長と交わした議論のいくつかを詳述するが、この著者が報告するアンセルムス的な思想は、すべてランベールが語ったことになっており、それによってランベール像をふくらませる(2)。同様に、クリュニー大修道院長フーゴーの『伝記』作者は、アンセルムスが追放中にクリュニーを訪問したさい、院長とアンセルムスのあいだで交わされた甘美な対談を強調するために、彼のいくらか単調な語り口をやめる。(3) 同じ追放中に、ヴィエンヌもしくはその近郊でなされたアンセルムスの談話は、後に教皇カリストゥス二世となったヴィエンヌ大司教と結びつけられ、サンティヤゴ・デ・コンポステラの奇跡集に記された。(4) 彼の人生のあらゆる時期に、また彼が赴くところどこでも、彼は語り、そして人々は彼が語ったことを記憶したのである。

たまたま残されたこれらの記録は、私的な会話と公式の対談の両方で、語り手としてのアンセルムスが広い範囲で好評を博していたことを明らかにする。だが、他人に伝達することほど難しいことはない。過去を形成したすべての偉大な力の中で、語られた言葉の力ほどに、速やかに消え去ってしまうものはなく、思い起こされたとしても、かつて人を動かした力を保持していることはない。それは、残り火をかきたてるようなことである、ということは覚えておかねばならない。

アンセルムスの談話のほとんどすべては、三人のカンタベリー修道士が、それぞれに活動する中で彼らが聞いたことを報告することによって、アンセルムスの言葉を伝える仕事を引き受けなかったならば、失われてしまっただろう。その三人とは、エアドメルス、アレクサンデル、そして三人目の報告者は、おそらくボソーであろう。たとえわれわれが談話を蘇らせることはできないとしても、三人の報告者の異なったくせを区別することによって、少なくとも、われわれは、アンセルムスが語ったことの主題、そしてそれらについて彼が語ったいくつかのことを知ることができる。

（1） 報告者としてのエアドメルス

i アンセルムスの談話に関するエアドメルスの報告

『アンセルムス伝』のページを開いた者は誰でも、ただちに、そこに記されている自然で生き生きとした談話の多さに驚かされるだろう。アンセルムスの談話の重要性を理解し、説得力のある記憶しやすい方法でそれを再現する手腕こそ、エアドメルスが伝記作者としての名声を獲得する主なゆえんである。エアドメルスは、いかにもアンセルムスのものだと思われるような言葉をわれわれに提供するだけでなく、それらが、時々の必要に応じてどのように生まれたかを提示する。すなわち、獲物の野うさぎ、籠の中の鳥は、人間の生活のたとえとなり、カンタベリー修道士への別れの挨拶は、三階級の騎士および神との関係における人間の状態の寓意を語る機会となり、忙し過ぎる修道士が抱えた困難は、人間の生活のイメージである粉引きの水車場の直喩となり、唯々諾々として従うことと従順とを微妙に区別させることになる(5)。

アンセルムスがこうした談話をするために好んだ時間は、食事のさいだった。この点で彼は、ベネディクトゥスの『戒律』をいくらか拡大する。『戒律』が定め、一般的な慣行として要求されていたことは、食事のさいに書物が朗読されることだったが、大司教の食卓では、朗読者の務めは、大司教の十字架の捧持者によってなされたと思われる。しかし、アンセルムスは、しばしば彼の奉仕を免除したように見受けられる。ベネディクトゥスは、もし上長が望む場合には、彼が教化のために手短に話すことを許可したが、アンセルムスは、この許可を惜しみなく利用した。もしエアドメルスを信頼できるなら――しかし、彼だけが証人ではない――アンセルムスが腰を落ち着け、朗読に聞き入ったのは、教化のための談話の主題が浮かばなかったときだけだった。それゆえ、エアドメルスが言うとおり、彼は、ほとんど毎日、謙遜、忍耐、柔和、従順、その他の徳についてのアンセルムスの省察を聞くことになった。「それらを書き留めるなら、別の著作が必要となっただろう」(6)。彼が述べていることを読むと、読者は、「別の著作」が書かれなかったことを残念に思わざるをえない。アンセルムスの言葉を報告するために、エアドメルスほどに十分な備えをしていた人はいなかったけれども、アンセルムスの晩年には――その理由は後に明らかになろう――エアドメルスの報告は枯渇し、彼の著作から生命力が失われた。しかしながら、いくらかは彼に代わる人々が他にもおり、その中の主要な人物がアレクサンデルだったと思われる。彼は、他のいくつかの点でも、アンセルムスの晩年にエアドメルスの代役を果たした。

ii　アンセルムスの説教に関するエアドメルスの報告

ベックにおいて執筆された彼の著作の大部分の出発点だった、修道生活における対話を別にすると、われわれは、アンセルムスが大司教となる以前の彼の説教については何も知らない。しかし、一〇九三年から一一〇〇年まで、エアドメルスは、彼の『新時代の歴史』と『アンセルムス伝』の両著作において、アンセルムスの言葉を豊富に伝える報告者だった。加えて、彼は、特別な機会になされた説教の二つを省略なしで記録している。

1　最初の説教は、永遠の命についての説教である。この中で、われわれは、アンセルムスが、この地上における生命の身体的な属性が天国においても恒久的に存続し、この上なく十全に体験されるという確信を表明していることを知る。エアドメルスの報告のきっかけは、たぶん一〇九九―一一〇〇年に、アンセルムスがクリュニーを訪問したさいに説教を行ない、その後、修道士たちの一人がエアドメルスに説教全部を送ってくれるように依頼したことにあるだろう。アンセルムスが書かれた原稿を用いなかったので、エアドメルスは、アンセルムスの助けを得て、記憶からそれを復元しなければならなかったと思われる。後に、エアドメルスは、他の機会に

彼がそれについて聞くたびに加筆を続けた。われわれは、彼自身の自筆写本にその加筆の跡をたどることができる。(7)

ここでいくつかの重要な点のうち、つぎの二点が指摘されねばならない。第一に、加筆のいくつかは、確かに、アンセルムスの死後なされたものだが、エアドメルスは、この説教のすべてをアンセルムスの口から聞き、しかも――アンセルムスの在世中に評判となっていた以上――アンセルムスが彼自身の時代の人々と後代の人々のためにそれが書き写されることを是認した、と主張していることである。ここで言われていることは、たぶん真実だろう。とはいえ、エアドメルスは、最終的なテクスト全部がクリュニーにおける説教の原文どおりだという印象を与えているが、それは、写本の伝承が明確に示すように、誤りである。それゆえ、これも、他の場合と同様に、エアドメルスが正確な時期について無頓着だったことの一例である。さまざまな機会に語られた言葉を、クリュニー訪問の機会に設定したことは、彼にとってどうでもよいことだった。すでに見たように、一〇九七年のカンタベリー修道士への別れの挨拶の記述においても、たぶん、彼は同様の時代錯誤を犯したようである。

第二の重要な点は、この説教の彼自身の個人的な写しの中で、それがいささかもアンセルムスに帰せられることなく、ただ「永遠の命の至福に関する一書」(Scriptum quoddam de beatitudine perennis vitae) と記されているだけだということである。もちろん、これは、この説教の真正の著者に関して読者を惑わそうとしているのではない。エアドメルスは、それがなされた状況について記述しているからである。それどころか、それを文学的な形に整えたのは、エアドメルスの功績によるところがあるかもしれない。アンセルムスは、原稿なしで説教したからである。この些細な点は、つぎの無名の説教を取り扱うさいに、重要となるだろう。

永遠の命についての説教に関する限り、二つの独立した版が、別々の源泉からヨーロッパに広く流布した。エアドメルスの報告は、彼がクリュニーに送った写し、そして彼自身が手元に保管して加筆を続けた写しの両方から広まった。しかし、エアドメルスによるこれらの版に加えて、アンセルムスの晩年の同伴者であり報告者であるアレクサンデルも、この説教もしくはこれに非常に似た説教の報告を執筆し、これが、最終的には、カルトゥジア会のグイゴの名で印刷された。[8] これらの些細な点は、アンセルムスの教説の重要な部分の中心的な記録の保存が無計画になされたことを明らかにしなかったならば、ほとんど言及に値しないだろう。このことは、アンセルムスの思想を全体的に解釈するさい、これらの記録にふさわしい重要性が与えられてこなかったことを意味した。

2　この説教に加えて、もう一つ、聖グレゴリウスの叙階の祝日に関する説教がある。これは、アンセルムスの説教と認められる資格を十分にもっている。われわれは、この説教をエアドメルスの個人的な写本からしか知らないが、そこには、アンセルムスが著者であることを指示するものが何もない。[9] それどころか、私は長いあいだ、エアドメルス自身が著者だったに違いないと考えていた。[10] けれども、後に見るように、そのようなことはありえず、アンセルムスが説教者だったという蓋然性が非常に高い。

この説教の目的は、聖グレゴリウスの叙階の祝日を新たに祝うことを奨励する点にあったが、この祝日は、アングロ・サクソン教会において三月二九日に行なわれていた。それは、純粋にイングランドの祝日だったと思われる。というのも、この祝日は、古イングランド教会に正しい信仰を植えつけた創始者への深い愛着を示しているからである。だが、征服後はこの祝日が放棄されていた。それゆえ、ランフランクスが拒絶した他の事柄と同様に、これも一二世紀初頭に復活したが、日付が変更され、九月三日になった。これは、グレゴリウスが教皇となった日付である。[11] それゆえ、われわれは、ここに、ランフランクスによって廃止され、一二世紀に新しく、より適切で都合のよい日付で再導入された、アングロ・サクソンに固有の祝日の事例を手にするのである。

エアドメルスが保存した説教は、明らかに、大部分がイングランド人ではない聴衆に向けられていた。というのも、一箇所で、語り手は話の筋を中断し、つぎのように述べているからである。すなわち、「信仰において私の兄弟となったあなた方イングランド人よ――あなた方の中には、たまたま、ここで私の話を聞くことになった者たちがいるとしても――神がどのようにしてグレゴリウスをあなた方の使徒として定められたかを、よく知っていただきたい」(12)。それゆえ、明らかに、語り手も彼の聴衆の大部分もイングランド人ではなかった。他の点に関する彼の口調からも、語り手は、彼の聴衆の無知と彼らからの反発を予想していたことが伺われる(13)。語り手は誰であり、彼の聴衆は誰だったのだろうか。

長いあいだ、私は、ここで引用した言葉が、一一二〇年にエアドメルスがセント・アンドルーズの司教に選ばれたとき、彼がスコットランドで行なった説教にまさしくふさわしいだろうと考えていた。だが、その時、私は、この一節がエアドメルスの写本の最初期の部分に属していたことを知らなかった。この写本は一一一六年に完成されていたのである。これ以前に、エアドメルスが公的な責任のある地位に就いたことはまったくなかった以上、この説教が彼によってなされたということはありえない(14)。それゆえ、われわれとしては、これらの言葉のもっと自然な解釈に戻り、それらが高位の外国人に由来し、語られた聴衆の中にいるイングランド人もわずかで、多くはなかっただろう考えたい。この説教はさておき、エアドメルスの写本が彼自身の著作とアンセルムスの他の説教の報告だけを含んでいることを思い起こすと、この説教を語ったのもアンセルムスだったという見込みは、むしろ、かなり高い(15)。さらに、この説教に特にふさわしかった思われる日付は、一一〇一年九月の初めである。

この日付の意義を理解するためには、この国が先ごろノルマンディー公ロベールに侵略され、ヘンリー一世が主としてアンセルムスの尽力によって救われたということを、最初に思い起こす必要がある。ロベールの退却後ただちに、ヘンリー一世は、九月の始めにウィンザーで彼の主立った支持者と大きな会見を行なった。こうした機会の常として、いくつかの重要な特権と特許状が発行され、そのうちの二つが特にこの説教との関係で重要となる。というのも、それらは、「聖グレゴリウスの叙階の祝日」の日付が定められた特許状として知られる最初のもの（ことによると唯一のものかもしれない）だからである。これらの特許状の最初のものは、バースの町に司教区を創設し、第二のものはノリッジの新司教区の創設を完了するものだった。[16] アンセルムスと大部分のノルマン人諸侯がこの両方の証人として署名した。

もし、エアドメルスの保管したこの説教が、この折にアンセルムスによってなされたという私の考察が正しいならば、アンセルムスは、彼の大司教の経歴における重要な時点でアングロ・サクソンの伝統の復興に関わったことになる。すでに彼は長期の追放から帰還しており、またヘンリー一世の王座も安泰であったことから、ようやく彼は、創造的な活動の数年間を期待したのである。カンタベリー教会が負う広大な責任の領域に関して、彼が事実だと信じたすべてのことの起源は、大グレゴリウスにあった。それゆえ、古来の祝日は、将来の活動のための基礎と見なされえた。日付の変更、つまり、グレゴリウスの叙階の曖昧な日付から彼の教皇統治の開始を示す日付への変更も、適切なことだった。イングランドの観点からすると、グレゴリウスの教皇としての最も重要な行動は、アウグスティヌスの派遣であり、これがカンタベリーの司教座と首位権の開始となった。このような点に照らすと、この説教は、大司教としてのアンセルムスの政策パターンに、ぴったりとあてはまるのである。

(2) アレクサンデルの報告

後に明らかとなるいくつかの理由から、エアドメルスは、一一〇〇年頃にアンセルムスの言葉の記録者であることをやめた。[17] つぎの九年間、カンタベリー修道士アレクサンデルが彼に代わってその役割を果たしたが、この人物についてわれわれが知っていることは、彼がアンセルムスの二回目の追放に同行したことを除くと、ほとんどない。彼は、エアドメルスほど才能に恵まれてはいなかったにもかかわらず、同じように勤勉であったし、彼が残した記録の分量は、エアドメルスのそれよりもはるかに多く、中世において広く流布した。

第一に彼は、二一の説教および不特定のさまざまな機会になされた説教の断片の集成を残す。彼は、この集成をアンセルムスの甥の要請に応じて一一一六年から一一二〇年のあいだにまとめた。この甥もアンセルムスという名だったが、この頃、教皇特使としてノルマンディーにおり、アレクサンデルが説教の記録を所有していることが知られていたので、その写しを送るように依頼したのである。この説教集を送るさいに、アレクサンデルは、自分が集めたもののわずかな部分しか送ることができなかったことを嘆いている。というのも、何の権限もないある人々が彼の集めた資料を持ち去っていたからである。にもかかわらず、彼は、二一の説教あるいは説教の部分を送ることができたし、それらは、アンセルムスが語った言葉に関するわれわれの知識にとって、貴重な追加となっている。[18] それらは、エアドメルスのもっていた親密さを欠き、いわんやエアドメルスが彼の著作に生命力を与えた特徴的な言い回しも留めてはいなかったが、さまざまな点でわれわれの知識を補ってくれる。それらは、エアドメルスによって報告された直喩やたとえがさまざまな機会に、さまざまな文脈で使用されたことを示している。[19] エアドメルスと比較すると、エアドメルスの報告の信頼性を確証するが、しかし、表面に現われる以上にエアドメルスには技巧があることも明らかとなる。このことは、エアドメルスとアレクサンデルによる同じ説教の報告を比較するときにはっきりする。エアドメルスは、語られた言葉によくある繰り返しや不意に発する叫びを保存するが、これらはアレクサンデルの場合、失われている。エアドメルスは、教説の点ではあまり明確ではないこともあるが、詳細な状況に関しては活写する。さらに、彼は、彼の報告の末尾に、明らかにアンセルムスの口から出た言葉を付け加えることに躊躇しないが、ひょっとしたら元の説教にはなかったものかもしれない。

アレクサンデルの報告が重要な点は、それらがエアドメルスにとってほとんど関心を引かなかったように思われる大量の資料を保存しているからである。エアドメルスは、アンセルムスの談話が豊富に提示する直喩やたとえに満足した。彼は、アンセルムスの話し方の到る所に見られる形式については何も語っていない。すなわち、主題を際限なく分割していくという形式だが、アレクサンデルの報告は、アンセルムスの著作同様に、このことを証言する。アンセルムスのどの著作も言葉の分析への彼の関心を証しするが、アレクサンデルからも、われわれは、このことが、より形式の整った彼の思索と同様に、彼の会話の特徴だったことを知るのである。

(3)　アンセルムスのたとえ話の報告者

アレクサンデルの資料の残りの部分については、何が起きたのだろうか。カンタベリーにはアンセルムスが語った言葉に関する何らかの他の報告があったのだろうか。厳密には、われわれには分からない。けれども、アレクサンデルがその所業を嘆いたように、それらを書き写した人物、盗み取った人物がおり、それはイングランドにおいてこの時代の最も有名な歴史家マームズベリーのウィリアムに他ならなかった、と推測する理由がある。彼が書き写し、しかもほぼ確実に、一一一五年から一一二〇年のあいだにアンセルムスの書簡をカンタベリーから運び去ったという証拠は、以下に詳述される。アレクサンデルがアンセルムスの追放中に見聞したことを覚書としてもっていたことを、ウィリアムが仄聞した証拠もある。彼は、一一二〇年に完成された彼の『王たちの事績』(Historia Regnum) の中で、アレクサンデルによる逸話のうちで二種類の歪曲された形のものを収録したからである。[20]

マームズベリーのウィリアムが、アレクサンデルの嘆いた泥棒だったという容疑が正当か否かは別として、確かなことは、報告されたアンセルムスの談話のかなり多く、しかも大成功をおさめたものが、ある収集者によってカンタベリーから持ち去られた集成に由来し、その人物がアンセルムスの死から二〇年後あたりにそれを流布させた、ということである。この集成の表題はさまざまだが、常にアンセルムスの名が付されていた。そして時の経過とともに、この集成全体に与えられた表題も、『例話集』(Liber de Similitudinibus) に落ち着き、それは、その中身の大部分を十分に包含していた。この表題のもとに、この集成は中世後期に計り知れない成功をおさめた。最初期の二つの写本は、一一三〇年頃に同定されるが、この著作が広く知られるようになったのは、一三世紀になってからである。アンセルムスの神学、そして『例話集』に豊富に見られる魂の能力に関する詳細な分析への関心が増したことから、それを広範囲に流布させることになったのである。一四世紀には、彼の著作の全集がしだいに普及していったが、ほとんど例外なく収録されたのは、彼のうちとけた談話の記録の中でもこれだけであった。[21]

中世後期におけるこの著作の人気は、神学者の一人としてのアンセルムスの思想への関心が増大したことを反映しているが、しかし、この関心の大部分が集中した思想が、彼の正式の論考には見いだされず、またときとして真正の著作にはまったく見いだされない部分だったことも示している。われわれは、『例話集』が最初どのようにに大学世界に導入されたのかを知らないが、しかし、一三世紀中頃には、すでに大学における地位は確立しており、トマス・アクィナスもこれをアンセルムスの名で、『神はなぜ人間となったか』とほとんど同じくらいの頻度で引用する。いったん定まってしまえば、それは、アンセルムスの著作の真作目録における位置を確保した。同様の歴史をもつエアドメルスの『処女マリアの御やどりについて』の論考と同じく、この『例話集』が成功した理由として、重要な著作家の著作（あるいは著作と思われたもの）の完璧な集成への欲求が広がっていたこともあるが、一四世紀と一五世紀の諸論争の主題との関連によるものでもある。それゆえ、さまざまな理由から、『例話集』は、その出発点は曖昧模糊としていたが、アンセルムスの真正な著作としての地位を得て、広範囲な読者を得たのである――アンセルムス自身がこの作品を目にすることは決してなかったにもかかわらず、事実上そうなったのである。

アレクサンデルがまったく忘却され、エアドメルスが記憶から呼び起こされたとき、結局、それほど広く読まれたわけではない伝記の作者に過ぎなかったとしても、これらの断簡は、後の時代が知ったアンセルムスの談話に関する大部分を、伝達していたのである。中世後期の学者たちは、アンセルムスの談話が語られた状況、その優美さに関心を抱くこともなければ、その報告者の名前に関心を抱くこともなかった。彼らが望んだことは、自分たちの目的に役立つことを得ることだけであり、『例話集』はそれらに十分に適ったのである。その一九二章の中には、アクィナスですらも取り上げる価値があると考えた数編が含まれていた。この時代遅れとなった形式で死後の生を生きることは、かつて新鮮で生き生きとした談話にとって、奇妙な運命だった。しかし、アンセルムスの偉大な論考と彼の卓上語録および日常の談話を結びつける記録は貴重であり、しかもこの報告は、その主題に関する例証をかならず伴っているのである。

そこでわれわれは出発点として、魂に関するアンセルムスの思索を取り上げることにしよう。これは、彼がしばしば立ち返った主題であり、これについて彼は、彼の正式の論考では決して取り入れることのなかった事柄を語ったのである。

魂の中には〔彼は説明する〕三つの自然本性がある。理性、意志そして欲求である。理性によって魂は天使と結びつけられ、欲求によって獣、意志によって両者と結びつけられる。意志は、理性と欲求の中間の場所を占め、理性に傾いたかと思うと、今度は欲求に傾く。それが理性の方に向かうとき、それは理性的で霊的な事柄に染まる。欲求の方に向かうとき、それは肉的で非理性的な事柄に染まる。それゆえ、人は、意志の働きに従って、理性的で霊的になるか、肉的で動物的になるかどちらかである。(22)

このようにアレクサンデルの『アンセルムス語録』のセクションの一つが始まる。同様の区分は彼によるアンセルムスの談話の記録の他の箇所にも見いだされるため、明らかに、この問題が晩年のアンセルムスの心を占めていたと思われる。けれども、三〇年前、アンセルムスがベックの副院長だったとき、アンセルムスは、これとかなり近いことをノージャンのギベールに語っており、後年、ギベールもこの語られたことを回想した。

彼は、私に〔ギベールは自伝でこのように記す〕精神には三通りないし四通りの区分があることを教え、内なる神秘全体の働きを、欲求、意志、理性、知性という名称で論じた。私も含めて、多くの人々が一つのものと見なしていることを、彼は、別個の部分に分け、最初の二つの部分は、三番目ないし四番目の部分と結合されないならば、同一ではないことを示した[23]。

ギベールの報告は、思うほどに明確ではないことが認められねばならない。しかし、それはつぎの点に関する明確な証拠を提供する。すなわち、一〇七五年頃に、アンセルムスは、若い修道士を哲学の最初の段階へと導く談話において、すでに、意志が欲求と理性の中間に位置づけられることを指摘していたということであり、この点が三〇年後の『語録』においてより十分に展開されるのである。

魂が諸部分から構成され、また、魂が神の似姿において造られている以上、これらの部分が数の上では三つでなければならないということは、古代の教説であった。しかし、アンセルムスは、アウグスティヌスの時代からベルナルドゥスに到るまでの初期中世の著作家たちに、最も一般的に見いだされるこの区分の形式から離れた。これらの著作家たちは、プラトン的な伝統に従って、魂を記憶、理性、意志という三部分に分けた。だが、アンセルムスは、欲求ないし欲望に独立した位置を与えることで、魂の問題の取り扱いに関して、知性主義的な傾向があまり強くない人々の徴候を示している。それは兆しに過ぎないとはいえ、一般に認められていた思考様式からの逸脱を示しており、しかも、それが明らかに彼の聞き手の注目を惹いたのである。

もしわれわれが彼の談話の他の断片から判断することが許されるならば、彼が細心の注意を傾けた魂の能力は意志であった。この問題について、彼は、驚くほど多くを語っており、実際、『例話集』の最初の四〇章は、全面的にその分析で占められている。そこでは、九〇通りの我意が、「愛着 delectatio」(三一通り)、「高慢 exaltatio」(一五通り)、「好奇心 curiositas」(四四通り)という三つの主要な区分に分けられている[24]。

われわれの調べをもう一歩進めるならば、彼がアラス(Arras)の修道士たちに語った言葉の記録がある。これは、彼が一一〇三年、二度目のローマ旅行の途上で立ち寄ったさいに語ったものである。このとき、彼には多くの思案すべきことがあったことが思い起こされるだろう。とりわけ、彼がイングランドで受け取り、その内容が引き起こすだろう混乱を懸念して開封しなかった、教皇からの書簡の件があった。しかし、彼にはいつでも、より深遠な問題を議論する備えがあった。アラスにおける彼の談話も、聴衆の一人の関心を呼び起こし、その修道士が、アンセルムスに、彼の論証の主要な項目を書き留めて欲しいと頼んだのである。アンセルムスは、ゆっくりと旅を続けてベックに到着し、そこではじめて教皇の書簡を開封し、イタリアの猛暑を避け、一夏を過ごすために腰を落ち着けたのである。そして、この休暇のおり、彼は論証の要約をアラスの文通相手に書き送った。

貴君は、私が貴君に語った三様の傲慢について、書簡で思い起こさせてくれるようにと依頼してきました。というのも、それらのうちの二つを貴君が忘れてしまったからです。私は三通りあると言いました。(1) 判断における傲慢、つまり、人が自分自身を考えるさいに、彼がそう考えるべきである以上に、自分自身を高く考えるときに生じるもの (2) 意志における傲慢、つまり、人が、自分が遇されるべき仕方とは異なる仕方で遇されることを望むときに生じるもの、(3) 行動における傲慢、つまり、人が行動するさいに、なすべき以上のことをするときに生じるもの。これらの三通りのうちで、最後のものは (行動のみの場合)、無知のゆえであるから、最も非難に値しない。第二のもの (意志における傲慢) は、より悪です。しかし、最初のもの (判断における傲慢) の場合は、自分は正しいと誤って考えているがゆえに、すべてのうちで最悪です。これら三つ (1、2、3) は、傲慢の単純な様態です。しかし、それらを二つずつ組み合わせると、さらに三通りができあがり (1+2、2+3、3+1)、また三つが全部揃うこともありえます (1+2+3)。それゆえ、七通りの傲慢があります。そのうち三つは単純な傲慢、さらに三つは二重の傲慢、そして一つは三重の傲慢です。傲慢と謙遜の諸相を区別するための理解を私に与えて下さった神が、私に恩恵を与えて下さり、これらの傲慢を避け、謙遜を受け入れることができるように。私の主にして友人であるアラスの司教によろしくお伝え下さい。(25)

これらが、ローマへと向かう先々で修道院共同体に立ち寄ったさい、彼の語った主題であり——確かに、これらは、彼をローマへと赴かせている不愉快な用向きに比べるとはるかに彼の性分に合っていた——到る所で、彼は友人と聴衆を見いだし、彼らにとっては、この種の談話は耳新しく、記憶に留めるに値したのである。彼らが経験していたのは、分析的な探究の新たな精神がもたらす興奮であり、アンセルムスの談話の報告者としてのアレクサンデルの偉大な長所は、この種の談話に関する覚書を保存したことだった。他方、エアドメルスは、彼が特権的な報告者だった日々ですら、アンセルムスが人間の意志と魂の活動に関する省察を説明した比喩だけを保存したのである。にもかかわらず、エアドメルスとアレクサンデルの両者は、アンセルムスの人格の本質的な諸特徴の記憶を保持した人々の中でも、高い位置を占めるに値する。一方的な偏りにもかかわらず、アンセルムスの記憶の保存にエアドメルスが果たした貢献について述べるには、彼自身の人生の出来事のどれにもまして、長い一章を必要とする。しかし、エアドメルスについて話を続ける前に、われわれとしては、アンセルムスの弟子と賞賛者たちが、後世に残された彼の書簡収集において果たした、最後の大きな貢献について考察することがよかろう。

二　アンセルムスの書簡の収集者たち(26)

アンセルムスの談話と説教の記録を保管した友人と弟子たちと並んで、彼の書簡を保管した者たちも、たとえ彼らが、アンセルムスの書かれた言葉のほうを、それ以外に集められたものよりも多く保管したからというだけだとしても、やはり、名誉ある位置に値する。残存する彼の書簡の分量は、彼の他のすべての著作の約二倍あり、もしこの収集者たちの努力がなかったならば、それらの大部分は、おそらく失われていただろう。もちろん、分量がすべてではない。『プロスロギオン』ないし『祈祷』や『瞑想』に比べるなら、われわれは、アンセルムスの書簡のすべてがなくてもよかろう。にもかかわらず、書簡は、彼の精神と目的、宗教的な生活に関する彼の構想、晩年の政治的な問題に関する彼の態度の発展を理解するために、不可欠の資料を提供する。これらの書簡は、彼の生涯の各段階で彼が最も重要と考えた主題が何かを、われわれが検証するときの助けになるのである。

アンセルムスの書簡収集に関して彼の弟子たちに信頼を置くという点で、私は、何人かの著名な学者たちの見解に反対することになろう。彼らは、アンセルムス自身が責任をもって彼の書簡を収集したと論じ、また、彼が後世のために保管することを望んだ書簡から自ら作成した集成として、二つの写本を指摘した。一つは一〇九二年頃に作成されたN写本、そしてもう一つは（彼らが言おうとするところでは）一一〇五年と一一〇九年のあいだに作成されたL写本である。さらに続けて彼らが論証したことは、保管された書簡、そして（より重要ですらあるが）L写本で何通かの書簡が欠落していることは、彼が後世に手渡そうと望んだ彼自身の肖像に関して、信頼に値する証拠を提供するということである。

もしこのことが真実であったとしたら、これらの写本の内容そのものが、彼の精神と人格に関するわれわれの理解に重要な影響力をもつことになろう。結果的に、これらの文書の保管の仕組みがわれわれの探究の主題であるにもかかわらず、それは、彼の性格と目的に関するわれわれの解釈にも反響するからである。大ざっぱに言うと、われわれの到達する結論は、彼の人格に関して二つに分かれている見解の一方を支持することになろう。もし、彼自身がこれらの書簡集、とりわけL写本の作成を指示した、とわれわれが確信するなら、われわれは、いくつかの特徴を省く意図で書簡を取捨選択した、政治的に抜け目のない計算高い人物として彼を描くことになろう。それらの特徴は、彼自身の特徴か、あるいは彼の利害関係における特徴かだが、後者は、何らかの決定的な結果を引き起こすようなものだったのだろう。他方、これらの書簡集が、彼の賞賛者によって不完全に保管された資料を用いて作成されたと結論づけるなら、彼は、後世のために自分自身のイメージを保存することにほとんど、あるいはまったく関心のなかった人物として現われるだろう。

にもかかわらず、たとえこれら二つの見解のうち後者が正しかったとしても――私はそう信じるが――、彼が自分の書簡にまったく重要性を与えなかった、と考える過ちに陥ってはならない。それらの書簡すべては、たとえきわめて私的なものであっても、宗教的な生活の理想に関する公的な表明であった。すでに見たように、彼はしばしば、宛名の上ではある個人に宛てて、私的に書簡を執筆したが、それらは、他の人々に読まれることを意図するものである。さらに、アンセルムスは、過去に執筆した書簡を忘れることはなかった。三〇年前にクリュニーの修練士宛に執筆した書簡を、カンタベリーの別の修練士に「それを見つけ出し、読むように」と促したこともある。[27] また、以前に書かれた書簡から長文を引用し、後の書簡に書き写したこともある。彼の書簡が収集され、読まれることに、彼が異議を差し挟まなかったことは確かであり、また彼自身が一〇八五年頃から一〇九三年のあいだに自分の書簡を収集したと考える理由もある。さらに、三〇年前に彼が別の人物に宛てた書簡を、上記の修道士が見つけることができるだろうと彼が思ったとしたら、それは、彼の書簡が彼の指導のもとにすでに収集されていたことを意味している、と主張されることにもなろう。これらのうちの第一点については、ここで取り上げられることになろう。だが、第二点については、彼がかつて書いた書簡を読むようにとカンタベリーの修練士に助言する文面は、この修練士が既存の書簡集の中にそれを見いだすだろうと言っているわけではない、ということを指摘しておけば十分だろう。事実、件の書簡は、彼が国外追放のさいに、カンタベリーに残していった諸文書の中にあり、彼もそれがたやすく見つけられると思ったのだろう。

けれども、われわれは、いま調べている問題を重要視し過ぎてはなるまい。われわれとしては、もしつぎのことが判明すれば――私はそう信じる――彼が後世のために自分のイメージを作り上げたという非難から、彼を救い出すことができるだろう。すなわち、アンセルムスは、当初ベックを離れる前に彼の書簡を収集することに関心をもったが、その後、心境の変化が生じたのか、あるいは収集作業の時間がなかった、ということが分かればよいのである。しかし、最終的には、彼の書簡の価値は、どのような経緯でそれらが保管されたかではなく、それらの内容、つまり、それらが彼の目的、友人関係、宗教的な理想を知らせていることにある。にもかかわらず、それらの書簡がどのように保管されたかは、自分自身の著作に対する彼の態度、そして弟子たちが彼の記憶を保存するために果たした貢献を理解するために、何らかの重要性をもっている。われわれの探究の第一歩として、われわれは、彼の在世中における文通がどのようであったかを理解し、また現在残されている書簡の大部分を含む書簡集のもとになった書簡が収集され、まとめられた過程の諸段階を理解しなければならない。

われわれの作業を理解する一助として、書簡収集にはいくつかの一般的な特徴があることを、最初に理解しておく必要がある。

(1)　書簡収集の一般的な問題

書簡収集はいつの時代でも複雑な問題を提示し、その事情はいつでも多かれ少なかれ同じである。第一に、たとえ著者自身が彼自身の書簡集を編むとしても、彼が送った書簡の写しを所有していることはめったにない。彼がふつう所有しているのは、実際に送付した文書のきちんとした写しか、より多くの場合には下書きだが、それにはいくつかの異稿が残されている場合すらもある。ときおり、書簡の執筆者たちが彼らの書簡の記録を保存しようとした場合もある。しかし、その場合ですら、そのように保管されたテクストは、送付されたものとかならずしも同じではなく、後になって著者がこういう文面で送りたかったと考え直した内容を含む、改訂されたテクストであることがしばしばある。実際、中世の著作家の中には、まさに、こうした者たちもいた。彼らは、書簡の写しを保存し、公刊するためにそれらを改訂したのである。けれども、一一〇〇年以前にアンセルムスが彼の書簡のこのような記録を保存していなかった、という明白な証拠がある。つまり、人生の大部分において、彼が自分の書簡を注意深く保管することはなかったのである。したがって、彼自身であれ他の人であれ、一一〇〇年以前に彼の書簡集を作成したいと考えた者は、ベックないしカンタベリーにあった下書きと正確な写し、あるいは書簡の受取人から、その資料を収集しなければならなかったのである。

こうした事情を明らかにする証拠は、多様であり、また彼の人生のさまざまな時期に見いだされる。まずアンセルムスが一〇八五年頃にコンフランの分院にいたベックの修道士たちに宛てた書簡がある。その中で彼は、彼らの副院長マウリティウスに返却を依頼した書簡が届くのを待っている、と述べている。さらに、一〇九二年の別の書簡は、これらの書簡のうちの何通かがまだ返却されていないことを明らかにする。それゆえ、われわれはつぎのような明白な証拠から出発する。すなわち、ベック時代の彼は、何通かの書簡に重きを置いたにもかかわらず、それらをまとまった形で手元にはおいてなかったということである。

さらに後、彼が大司教だったときも、一〇九三年から一一〇〇年のあいだは、同様に彼が自分の書簡の保管に無頓着だったことを示す決定的な証拠がある。カンタベリーで彼の書簡を後に収集した者たちは、受取人たちに保管されていた書簡の約半分しか見つけ出すことができなかったからである。けれども、一一〇〇年以降は、彼がリヨンとローマでより能率的な保管の仕組みを経験した結果か、ないし他のいくつかの理由から、彼の書簡の保管が、はるかに徹底してなされたことは明らかである。カンタベリー写本Lの大司教書簡が比較的完全に保管されていることは、このときから習慣が変化したことを雄弁に証しする。この変化がいかなるものだったかに関しては重要な問題だが、未解決のままである。一一〇〇年以降は、それ以前よりも書簡の下書きないし写しの保管にいっそうの注意が払われるようになったというだけのことを意味するのか、それとも、アンセルムスが送った書簡が、彼が受け取った書簡の何通かも含めて、彼の監督下で公式の記録に写されたことも意味するのだろうか。すでに述べたように、これは技術的な問題にとどまらない。もし編纂作業がアンセルムスの監督下でなされたなら、彼が何通かの書簡を故意に省いたということもありうるだろうし、またそれらを省いたことは、つぎの点を示唆するだろう。すなわち、何らかの理由で、彼自身の評判を損なうか、あるいは彼が推進しようとしていた諸事にとって障害となる、と彼が考えたがゆえに、それらを排除したということである。

重要なことは、この問題に関する見解を、あまり厳密に取り過ぎないことである。ごく最近まで、どんな目的で書簡集を作成するにしても、誰もすべての書簡を収録しようとはしなかったものである。たとえアンセルムスが彼自身の書簡集を作成しようとしたとしても、きっと何通かの書簡、ことによると多くの書簡を、取るに足りないものとして省いたことだろう。ここでわれわれが考察している唯一の問題は、一般的に言って、彼が上述のカンタベリー写本Lに残された書簡集を作成したかどうかということである。この問いに対する答が「イエス」しかないとしても、われわれは、後代の書簡収集者たちの手に入らなかっただけであるかもしれない書簡についても、それらが省かれた理由を思い巡らさねばならないだろう。

以下に述べること、またこれらの問題をさらに詳細に取り扱う予定の「付録」でも、私が吟味しようとする証拠は――私の信じるところでは――つぎのことを決定的に示しているのである。すなわち、アンセルムスが責任をもたなかった一つの写本は別として、彼の書簡は、彼の在世中、一一〇〇年以前以後も、草稿のまま個々の写本が束ねられただけの状態で、ベックとカンタベリーの書庫に保管されていたということ、そしてこれらを収集して書物にまとめる作業は、彼の死後、彼の弟子と信奉者によってなされた記念事業だったということである。

（2）　二つの中心的な写本

まず、二つの写本NとLに注意を向けることにする。これらは、アンセルムスの個人的な指示の下で作成された書簡集であると主張されてきた。これらのうち、Nはベックの副院長と修道院長時代の書簡しか含んでいないが、Lは一〇七〇年から一一〇七年までの全期間にわたる書簡を含んでいる。

第一に、Lにおける一〇九三年以前の書簡が、テクストにおいても配列においても、Nにおける同じテクストと、著しく異なる性格をもっていることは、注目されてよかろう。したがって、もしアンセルムスがLに責任をもって関わったとするなら、彼は、以前Nで仕上げた仕事を、忘れてしまったのか、あるいは無視することを選んだことになる。実際、私が提示したいと願っているように、彼はNとLのどちらにも責任をもって関わることはなかったし、また二つの写本における初期の書簡の相違は、アンセルムスがどちらに責任をもって関与したかという点とは無関係であるということから、理解しうるのである。

われわれとしては、まずNから始めるのがよかろう。これは、アンセルムスがベックの副院長と院長だったときの書簡しか含んでいない。この写本の年代が一〇九二年以後まもない時期に設定しうることは一般に同意されている。またアンセルムスがこの時期、彼の書簡を収集していたことを、われわれは知っているので、一見したところ、この初期の年代の書簡集を含む写本は、彼自身の仕事を示しているだろう、と信じる理由は十分にある。それどころか、ほぼ確かなことは、アンセルムスであれ他の人であれ、誰がこの書簡集を作成したにしても、その人物が利用した材料は、アンセルムスが一〇九二年秋にウェストミンスターのギルベルトゥス・クリスピヌスの所に滞在したとき、彼がベックから携えてきた書簡か、あるいは収集した書簡だったということである。

けれども、これらの一致点にもかかわらず、NがアンセルムスのEの知らないところで、あるいは彼の監督なしで、作成されたと考えることのできる非常に有力な理由が複数ある。Nのテクストは不十分で、何通かは草稿であり、それらの書簡の後の完全版がカンタベリーに存在し、Lにおける主要な書簡集に使用されたことである。さらに、Nは彼のかつての生徒マウリティウス宛の書簡を省いているが、これらの書簡をアンセルムスは大司教となる前に取り戻そうとしており、最終的には取り戻すことができたに違いない。それらはLが編纂されたときに、確かにカンタベリーにあったからである。

それゆえ、Nは、アンセルムスがようやくマウリティウスから書簡を取り戻すことができそうなところまできている間に、編纂されたらしい。さらに、Nの不完全な状態は、Nが混乱した順序で書簡を配列する点にも確認される。すなわち、副院長時代の書簡と院長時代の書簡という大雑把な区分は別として、順序は雑然としており、しかも筆記者は何を慌てたのか、同じ手紙を二回書き写しているのである。加えて、Nの元になった素材は、後にカンタベリーに残っており、マームズベリーのウィリアムによって、一一二〇―一一二三年に、そこで発見されたにもかかわらず、ウィリアムは、明らかにNの存在について知らなかった。つまり、Nがカンタベリーにあった形跡は皆無のように思われ、またアンセルムスの文書記録に含められることは決してなかったのである。

これらの分散した情報から引き出される結論として最も妥当な線は、Nは、アンセルムスがウェストミンスターに滞在した一〇九二年から一〇九三年までの数か月間、あるいは遅くとも彼がカンタベリー大司教となって最初の数ヶ月間に、彼が所有していた書簡を材料にして、彼の許可を得ずに書写された写本だということである。彼の所有する書簡を元にした写しが、彼のあずかり知らぬまに作成されたことは、驚くべきことのように思われるとしても、われわれは、他の証拠から、アンセルムスの信奉者たちが許可を得ずに、彼の著作の写しを作成することは珍しくはないこと、そして――彼が反対したにもかかわらず――それを阻止することがまったくできなかったことを知っている(29)。

つぎにLに移ろう。これは、一一〇三年頃から一一〇九年のあいだに、アンセルムス自らの監督下で編纂された、と考えられてきた。それは、より以前のアンセルムスがベック副院長と院長だったときの書簡をかなり十分に収録すると同時に、大司教時代の残存する書簡の大部分を含んでいる。それは、カンタベリーで筆写され、カンタベリーの大聖堂図書館に所蔵されたが、一一二〇―二三年以前には存在しなかった、と考えられるいくつかの理由がある。

第一に、最初にそれを詳細に研究したヴィルマール師が正しく指摘したように、L写本は、一一二〇年代初期の他のカンタベリーの写本と著しい類似性をもっている。(30) さらに重要な点は、マームズベリーのウィリアムが、この頃にカンタベリーでアンセルムスに関する資料を探索し、発見した資料の写しを作成したが、明らかにこのLの存在を知らなかった。実際、アンセルムスがその編纂に責任があることが知られていたとしたら、その存在は非常に驚くべきことだっただろう。ウィリアムは、アンセルムスに関する資料をかなり広範囲に探索したが、しかし、彼が見つけた一巻本の唯一のアンセルムスの書簡集の中の書簡は、一〇〇九年と一一一四年のあいだにエアドメルスが彼の『新時代の歴史』に転写したものであった。これらとは別に、ウィリアムは、かなりの数の未収集の書簡を発見した。そこで彼は、これらの書簡を書き写し、あるいは他の筆記者に命じて書き写させ、数巻にまとめたが、これらがわれわれの探究全体にとって重要なのである。これらの書簡集を理解するために、まずその背景を吟味しなければならない。

(3) マームズベリーのウィリアムの着手の重要性

すでに見たように、マームズベリーのウィリアムが、一一二〇―二三年に史料探索のためにカンタベリーを訪問した、と報告していることは、この年月にカンタベリーにおいて首位権に関する偽造文書が「発見」されたことに関わる重要な証拠を提供する。これらの報告は、われわれにアンセルムスの書簡の状態について語ってくれている点でも、同様に重要である。三つの写本、MFDが残っているが、さらに、現在は失われたもう一つの写本が存在したことが知られており、そこにウィリアム、あるいは彼の協力者たちが、彼の発見した資料を書き写したのである。彼らは、この資料をいろいろな仕方で整理しようと試みた。ウィリアムの発見に由来する写本の一つ(M)では、アンセルムスの書簡の何通がまったく混乱しているが、他の書簡は名宛人ないしその人物の階級に従って配列されている。他の二つの写本（ＤＦ）では、同じ書簡がおおざっぱな年代順に配列されている。さらに、現存しない写本では、教皇文書が抜書きされて、それ自体で一巻をなしていた。アンセルムスの書簡を、分かりやすい順序で、いろいろと配列しようとするさまざまな試みから明らかなことは、ウィリアム自身がカンタベリーでそれらを発見したとき、それらはまったく順不同の状態だったということである。

彼が収集したかなり大部の資料を配列し、出来上がった書簡集を一巻ないし数巻に転写する試みには、何ヶ月もかかっただろうし、いくらかの資料をカンタベリーからマームズベリーに移送することでようやくなしえた、と私は考えている。実際、現存するウィリアムによる三巻の書簡集は、失われた巻と同様に、カンタベリーで作成されたものではないことは明らかである。すなわち、二巻――Ｍと失われた教皇書簡集――が、マームズベリーで作成されたことはほぼ確実である。また他の二巻――ＦＤ――は、それら自体はマームズベリーのものではないが、おそらく、マームズベリーの原本から書き写されたものであろう。

マームズベリーのウィリアムの写本においてアンセルムスの書簡が分散していることは、これらの資料がカンタベリーの修道士たちの同意を得ずに移送されたことを、必ずしも意味するわけではない。それどころか、最終的な書簡集Ｌ――私の判断では――一一二五年頃から一一三〇年のあいだにカンタベリーで作成されたとき、それがマームズベリーのウィリアムと彼が収集し、上述の仕方で配列した資料の助けを得て作成された、と考えるに足るいくつかの理由がある。それゆえ、ウィリアムがカンタベリーの修道士たちと友好的な協力関係を保っていたことはありそうだし、またおそらく、一一二〇年代の初期の探索のさいに彼が持ち去った資料の、少なくともいくらかは、返却したのだろう。その結果として、これらの書簡は、まずマームズベリーのウィリアムによって整理されたうえで、Ｌの編纂に責任をもったカンタベリーの収集者たちの手にも渡り、またこれらの書簡に加えて、ウィリアムの探索後の数年間に他の多くの書簡が出てきたこと、そして、Lの転写が進む中で、これらもまた最後にLの書簡集に付加されたことは明らかである。このことから、Lは、書簡収集と整理の長い経過の最終段階と見なされうる。この経過は、一一〇九年から一一一四年のあいだにテクストが選択され、エアドメルスの『新時代の歴史』に転写されたのを皮切りに、一一二〇年から一一二三年頃まではマームズベリーのウィリアムによる発見と写しの作成によって継続し、Lにおいて頂点に達するが、Lは、ウィリアムが発見した書簡を組み込み、さらに彼が見落とした何通かの書簡を加えたのである。結果として、Lはアンセルムスの大司教時代の書簡の最も完全な集成ということになる。

しかしながら、Lは、それ以前のベック時代のアンセルムスの書簡、あるいは一〇九三年から一一〇〇年に到る大司教時代の初期の書簡の最も完全な集成ではない。これらの書簡に関して、われわれはベックに目を向けなければならず、さらに一一二〇年代におけるカンタベリーとベックの双方における状況の変化を理解することから始めなければならない。

(4) カンタベリーとベックの最終的な書簡集

マームズベリーのウィリアムがアンセルムス関係の資料の集成を作成し始めたとき、アンセルムスの主だった友人と弟子は散り散りになっていた。エアドメルスは、一一一六年から一一一九年まで、アンセルムスの後継者、大司教ラルフと共にノルマンディーにおり、ついでスコットランドにおいて一一二〇年の大部分を費やしてセント・アンドルーズの教区をカンタベリーに従属させようとしたが徒労に終わった。ボソーはアンセルムスの死後ベックに戻り、また大司教の甥、小アンセルムスもまた同じ頃にカンタベリーを離れ、一一一六年から一一二〇年頃まで、教皇特使としてノルマンディーで活動していた。

この時期、アンセルムスの名声はカンタベリー修道士たちのあいだでは振るわなかった。彼がカンタベリーの首位権を守ることに失敗したからである。こうした状況で、アンセルムスの書簡、未完の著作の断簡と彼の談話の報告は、マームズベリーのウィリアムが登場するまで顧みられることはなかった。彼こそが、アンセルムスの最も献身的な信奉者となるべく、それらの探索を開始したのである。私はこれらの探索の結果のあらましを簡潔に述べておいた。だがそののち、マームズベリーのウィリアムが事に着手した後を追いかけるように、アンセルムスの以前からの弟子たちの状況も変化した。エアドメルスは、一一二一年カンタベリーに戻ると、もはやそこを動くことなく、やがて図書館と写本作成にも権限をもつ先唱者（precentor）となる。一一二二年には小アンセルムスもベリーのセント・エドマンズ修道院長となり、それからまもなくボソーもベック修道院長となった。これらの変化によって、アンセルムスの弟子たちが、彼の生涯にわたる活動の二つの中心地において、権限をもった地位に就いたのである。そして、アンセルムスの書簡収集の作業も、マームズベリーのウィリアムによって着手され、ついにはカンタベリーとベックの両方で新たな活力を得て前進することができたのである。カンタベリー、マームズベリー、ベリーのセント・エドマンズに由来する彼の書簡の写本は現在も残っている。またベックの大書簡集は、おそらくボソーの発意の下で着手され、彼の修道院長時代に作業が進められたことは確実であり、現在は破損しているものの、三つの写しが保存されている。これらの写本は、ばらばらになっていた彼の書簡と未完の著作の草稿を何とか救い出そうとする相互的な努力の結果としてみられるときに、理解しうるものとなる。マームズベリーに由来する写本ＭＤＦ、カンタベリーのＬＰ、ＶＣＥのベックの原本は、この活動の証拠である。すべての努力の頂点がベックの写本であり、この写しがＶＣＥ、そしてカンタベリー写本Ｌとその写し

Pである。

この一体となった努力を詳らかにするには、なお多くのことがなされねばならないが、積み重ねられた証拠は、つぎのことを示すのに十分である。すなわち、一一二〇年代のカンタベリーとベックにおけるアンセルムスの信奉者たちの合同の努力が、アンセルムスの書簡集を生み出し、彼の書簡が失われてしまうことを防いだということである。この何ものにも代え難い奉仕を成し遂げるために、彼らが登場したことは、まさしく時宜に適っていた。というのも、次世代ではアンセルムスの書簡への関心がかなり薄れ、彼の記憶が鮮明なときにそれらが収集されなかったなら、大部分が失われてしまっただろう、という可能性があるからである。この一連の過程の中心的な要点はつぎのとおりである。第一にマームズベリーのウィリアムが先駆的な探索を行ない、ついでマームズベリー、カンタベリー、ベックがテクストを交換することで協力し合い、そうすることで、この三つの修道院のそれぞれが所蔵する書簡集を仕上げることが可能になった。これらの主要な段階に伴って、カンタベリーでは継続的に新しい書簡が発見され、これらが最後の最後までLに付け加えられたため、発見されたばかりの資料を収録するために、追加の羊皮紙の数帖（quires）を必要とするほどであった。

これらの書簡集の存在は、カンタベリーおよびベック双方とアンセルムスとの動揺していた関係のドラマに、幸せな終幕を準備し、アンセルムスの弟子たちの名簿にマームズベリーのウィリアムという新しい名前を付け加えることになる。この年月はまた、一一二〇年に予想されたよりも、はるかに幸福な結末への道を、エアドメルスの経歴に準備する。一一二一年、教会の政治家としては挫折してカンタベリーに戻ったにもかかわらず、自分の修道生活の起点に戻ったことによって、彼は、それまで混乱し、やがては失われてしまう運命にあったアンセルムスの書簡の遺稿を、恒久的な形で保存する過程を援助することができたのである。これこそが、アンセルムスの記憶に捧げた彼の最後の奉仕だったが、ここでわれわれとしては、彼の果たした貢献の全体を回顧することにしよう。

第一七章　エアドメルスとアンセルムス

一　弟子の成長

(1)　幸福な年月

アンセルムスの人生および彼の思想と信心の発展に関して、知られうるほとんどすべての事柄は、彼自身の著作ないしエアドメルスの著作に由来する。ただしいくつかの例外が設けられねばならない。ギルベルトゥス・クリスピヌスによるベックの創設者『ヘルルイヌス伝』は、修道院の成長に関するランフランクスの影響、それゆえ、一〇五九年にアンセルムスが到着したときに目にした光景について、いくつかの重要な点を詳らかにする。さらに、およそ四〇年後、カンタベリー修道士アレクサンデルの報告と『例話集』がなければ、アンセルムスの説教と談話に関するわれわれの知識は、一層乏しくなっていただろう。加えて、ランフランクス、ウルバヌス二世、パスカリス二世の書簡が、カンタベリーにおいてアンセルムスの文通の中に保管されており、これらもまた、彼の大司教としての目的に関するわれわれの知識に本質的に役立つ。しかし、他の情報源をすべて斟酌した上でも、たまたま自伝的な要素を含むにすぎないアンセルムス自身の著作は別として、アンセルムスに関するわれわれの知識に、他の誰よりも貢献しているのが、エアドメルスであることに変わりはない。彼は、アンセルムスの日々の同伴者であり、一〇九三年以降の彼の言葉と行動に関する、最も勤勉な報告者であっただけでなく、アオスタを離れる以前のアンセルムスの人生に起きた多くの出来事に関して、彼自身の口から話を聞いていた。エアドメルスが見聞きしたことを、記録として書き留めることさえもアンセルムスが許可していたときは、幸福な時であった。悲しいことに、この許可は取り消され、以後、アンセルムスの在世中には報告の執筆は止まった。だが、エアドメルスは、一計を案じ、記録は生き残った。彼がそれを完成したのはアンセルムスの死後のことである。われわれは、まもなくこの出来事について述べることになろう。

これに加えて、エアドメルスは別の点でもわれわれの注意を喚起する。同時代の背景の中でアンセルムスを理解するためには、彼が同時代の人々にいかなる影響を及ぼしたかを知る必要がある。中世における最も独創的な神学的・霊的著作のいくつかの執筆者であると同時に、卓抜した教師そして話し手であった人物の場合、彼の影響の記録は、その弟子たちの著作に見いだされるのが普通だろう。ところが、この場合、エアドメルスを除くと、そうした記録は——与えられた刺激と比べると——期待はずれとなる。ボソーは、彼の弟子たちの中では知的には最も聡明だったが、何も書き残さなかった。ノージャンのギベールは、アンセルムスに多くを負っていたが、アンセルムスの思想の主要な路線に従ったものは何も書き残さず、反対に、それと対抗するランのアンセルムスを模範とした。ホノリウス・アウグストドゥネンシスもまた、カンタベリーにおいてアンセルムスから最初の刺激を経験したが、彼の以後の人生においては他の人々の模範に従った。ギルベルトゥス・クリスピヌスとロドゥルフスは、アンセルムスから学んだ神学的な論証と瞑想の路線に忠実に留まったが、彼らもまた修道院共同体を治めることに全力で打ち込んだため、著作家として長続きする足跡を残すことはなかった(1)。アンセルムスの信奉者全員の中で、エアドメルス一人が、彼の生涯の仕事を書き記し、さらに、アンセルムスから徹底的に感化された、息の長い重要性をもった諸著作を残したのである。

それらの著作は、それらの価値にふさわしい注目を集めることはなかった。『イングランドの新時代の歴史』(Historia Novorum in Anglia) そして、少し劣るが、『アンセルムス伝』(Vita Anselmi) だけが、歴史家たちの関心を引いた。『新時代の歴史』は、ベーダ以降のイングランドにおける大規模な歴史記述の最初の作品として常に認められてきた。それよりはるかに影は薄いが、『アンセルムス伝』は、アッシャーの『アルフレッド大王伝』以後では、親密な同時代人による最初の伝記として認められてきた。加えて、教理の研究者たちは、最近になって、エアドメルスを、処女マリアの無原罪の御やどりの教理の概要を述べる最初の論考の執筆者として、認めるようになった。彼は、聖人伝、祈祷、瞑想そして聖遺物の説明も執筆したが、それらの存在は、ほとんど知られることもなく、いわんや読まれることもなかった。これらは、不幸にも、一般には別の知識と見なされる分野に属していたのだが、それら相互の関係は、もしエアドメルスの人生とアンセルムスとの交際が理解されうるならば、綿密に研究される必要がある。ここでは、試みにエアドメルスの精神の多様な側面を、手短に概観することしかできないが、常に記憶しておかなければならないことは、アンセルムスとの交際、そして一方の他方への影響が、聖人伝の大きな背景と関係していること、さらに信心に関する著作の伝統の大部分は、中世の霊性の偉大な研究者であったヴィルマール師がこの文学の大部分を忘却から救い出すまで、深く埋もれていたということである。簡単に言うと、エアドメルスが後代のために保存したアンセルムスというものを理解するために、われわれは、エアドメルスの才能と限界、そして彼が具現した伝統も理解しなければならないのである。

このことは簡単ではない。エアドメルスがアンセルムスの伝記を書いたように、エアドメルスの伝記を書いた者はいないからである。われわれがもっぱら依拠しなければならないのは、彼が、別の主題を論じるための著作の中で、ふとしたおりに自分自身についてもらした事柄である。幸いなことに彼は多くの回想を残しており、これによってわれわれは、彼を理解し、また彼をとおしてアンセルムスに関するわれわれの理解を広げることができるのである。

彼は、アンセルムスより三〇歳近く若く、ノルマン征服の数年前に生まれ、子供の頃からカンタベリー大聖堂教会の修道院共同体で育った。彼がわれわれに語ることによると、一〇七〇―七一年には少年であり、一〇七九年には青年になっていたこと、また一〇六七年には、この年に焼失したカンタベリーの古い教会の配置を記憶するのに十分な年頃となっていたことから、彼の生年を一〇六〇年頃としても、それほどずれてはいないだろう。一〇七九年にアンセルムスが最初にカンタベリーを訪れたさい、彼はアンセルムスに出会うが、それは二〇歳頃のことだった。いつもどおり、アンセルムスは主として若者たちに話しかけ、エアドメルスはただちに彼の熱烈な賛美者となった。これは珍しいことではなかった。ボソーもノージャンのギベールも、そしてもちろん他の多くの者たちも、同じ年頃に同じように、アンセルムスの談話のとりこになった。けれども、エアドメルスの賞賛の根拠は、彼らとは異なっていた。彼らは、アンセルムスの中に難解な教理を説明してくれる人、そして知的な探究への刺激を見いだしたのだが、エアドメルスは、彼を外国人、それも彼の回りに腐るほどいた他の外国人とは異なり、古いイングランドの敬虔を理解し、擁護する外国人と見なしたのである。他のイングランドの修道士たちも、アンセルムスに関して同様の発見をすることができたが、エアドメルスだけが、アンセルムスの持続的な影響を自分自身の過去と結びつけ、そしてこの結合を、彼が後に着手することになる仕事すべての基礎としたのである。

エアドメルスの家族に関して、われわれがもつ唯一確かな知識は、姉妹の息子で、ノルマン名をハイモ

(Heimo) という甥がいたことである。彼は一一一五年頃カンタベリーのクライスト・チャーチの修道士であった。その一五年後、われわれは、ヘンリーと呼ばれるもう一人の親戚を見いだす。いくらかの資産家で、修道院の領臣としてカンタベリーの近くに住んでいた。また、エアドメルスが感動的な話としてわれわれに語ることによると、ランフランクスは三〇シリングというかなりの年金を貧しい婦人に施したということだが、この婦人が彼の母親だったということは、大いにありうると思われる。(2)

彼の家族的な背景に関するこれらの乏しい事実が示唆することは、彼が、カンタベリー教会と密接なかかわりをもつ、イングランドのジェントリーの家門出身だったこと、そして征服によって、おそらくは貧困に陥り、間違いなく身分も下がったということである。この背景が彼の思考と感情を支配していた。すなわち、民族の誇り、征服された者の不満、カンタベリーへの愛情、これらすべてが結合して、現在と過去について記していく中で憤りと郷愁の感情を生み出したのである。彼は、彼の国民の没落を見守りながら、自分の記憶を育み、密かな優越感を心に抱いていた。イングランド人を教会の役職から組織的に拒絶したことについて、征服から五〇年後に書き記しながら、彼はつぎのように述べた。

彼らの国民性とは彼らの没落である。もし彼らがイングランド人であれば、いかなる美徳も彼らの昇進には十分ではなかった。もし彼らが外国人であれば、美徳の片鱗でも、彼らの友人たちから保証されるなら、彼らが最高の栄誉に値すると判断されるのに十分だったのである。(3)

征服からほぼ六〇年後、彼は、聖ダンスタンの遺体を所有している——彼らはそれをカンタベリーからくすねたのだが――と主張するグラストンベリーの修道士たちに、つぎのように書き送った。

私は、このような愚かで笑止千万とも言える話、特にそれがイングランド人によってでっち上げられたと言われているような話には、少しも困惑しなかった。何ということだ、なぜ貴兄たちは、誰か外国人――海の向こうから来た経験と知識に富んだ人々のうちの一人――に相談しなかったのだ。彼は、このような重要な問題に関していかにもありそうな嘘をでっち上げただろうし、それを貴兄たちは、買い取ることもできたのだ。(4)

これらは、虐げられた人々の感情であり、エアドメルスがそれを表明することは、そうあることではなかったが、決して消えうせることもなかった。アンセルムスとの長年の友愛も、不満の感情を消し去ることはなかった。それによって、過去に対する彼の長年の郷愁が減退することもなかった。それは、これらの感情に新たな内容を与えただけだが、しかし、島国的な伝統の存続に新たな希望ももたらした。

遺恨の感情それ自体は、さして興味深いことでもなく、創造的な力もない。しかし、これの感情に、カンタベリーの教会の安泰に集中した、共同体の感覚が付け加えられた。これは、不毛な不満でしかないような感情に、方向づけと駆動力を与えた。ランフランクスは、カンタベリーの所領と偉大さを保持するために多くのことを達成した。だが、すでに見たように、修道院の伝統を保存するためには、さらに多くのことがなされねばならず、この伝統に関してランフランクスは、首位権を除くほとんどすべての領域で、それらを脅かし、おとしめたのである。これらの伝統を復興し、保存する仕事は、それ以前のどの世代に必要とされたよりも、さらに記録文書を探索する必要性を呼び起こした。カンタベリーの諸権利、とりわけヨークに関しては、年代記、教皇による特権、司教の宣誓の記録をめくっていく必要があった。それらから、熱心に信じられたこと、実際、真実だと認められたことを抜き出すことができるという希望をもって、探索がなされたが、文書的な証拠を得ることは、ほとんど不可能だった。典礼の慣行と信心の慣習に対する脅威が呼び起こしたのは、聖人たちが生活においてそれらに与えた保証と奇跡の記録を書き記すことにより、それらをよみがえらせ、制定するために集中的な努力を払うことだった。こうしたことは、征服以前には、吟味される必要もほとんどなく、いわんや擁護される必要もなかった問題だった。しかし、いまや、過去を呼び起こす努力こそが、存続のための唯一の道であった。オスベルヌスも、アンセルムスの感化によって、この挑戦に応えた最初の人であった。そして、いくつかの徴候が示すことは、アンセルムスとの恒常的な交際が始まる一〇九三年には、すでにもうエアドメルスは、自分がそれをよりうまく果たせると考えるようになっていたということである。

消滅の危機に瀕した伝統の存続の道は、探索にかかっており、それは想起に始まり、創出に終わった。エアドメルスは、両者の資格を十分に備えていた。幼い頃から彼は（彼自身が言うように）、自分の目に映ったすべての事柄、とりわけ教会の慣習に関わるすべての事柄に深い関心を抱いていた。彼はまた、共同体の伝承の熱心な聞き手でもあった。古老の修道士たちの記憶が伝える伝承は、直接的にはクヌートの時代まで遡ることができ、間接的には一〇世紀中頃のエドガー王の時代まで遡ることができたのである。これらの物語に関して彼は驚くべき記憶力を持っていた。それらの記憶は老年になるまでぼやけることなく、おりにふれて彼の筆先からもれる断片によって、われわれは、征服の百年前のカンタベリーの修道院共同体の生活を、われわれにとって――ほとんどわれわれにとってだけ――最善の形で洞察することができるのである。

一〇八九年と一〇九三年のあいだに、オスベルヌスが聖遺物の秘密の探索の共謀者としてエアドメルスを選んだことを、われわれは知っているが、オスベルヌスは、過去の復興に関して、エアドメルスを自分の後継者にしようと思っていたかもしれない。この頃、エアドメルスが彼の最初の著作、『聖ウィルフリッド伝』（Vita Sancti Wilfridi）を執筆したということはありうる。彼の遺体がカンタベリーの古い教会の主祭壇の下に安置されていたからである。この著作は、海のただ中にある「もう一つの世界」、この世の富と聖なる富に満ち溢れ、それゆえに近隣の民の羨望の的―― caeca dominatrix animi cupiditas ――となった、ブリテンとその過去に関する彼の感情のすべてを表現する最初の機会となった。それゆえ、ブリテンのあらゆる悲嘆、聖人たちの追放ないし殉教――メリトゥス、ユストゥス、ウィルフリッド、ダンスタン、エルフェゲ――誕生から死に到るまで奇跡によって光彩を放つすべての聖人たちの生涯もそうであった。これらの場面にエアドメルスは生命と色彩を注ぎ込んだが、キケロ風の華麗なラテン語で執筆したオスベルヌスには描くことができなかったものであった。対照的にエアドメルスの文体は、常に親しみやすい。彼が描く登場人物たちの口から流れ出る言葉は、自然にくつろいでいるのである。

こうした資質は、アンセルムスが彼の有したこと大司教室の最も親密な一員として彼を選んだときに、新たに役立つことになった。この地位は彼に一六年間の旅行の機会をもたらし、それらは、聖ウィルフリッド以来、われわれの知っているどのイングランド人の旅行よりも、広範囲で長期間の旅行だった。アンセルムスの同行者として、彼は、二度ローマに旅行し、三年間をリヨンで、二か月をクリュニーで過ごし、さらに南イタリアを訪れ、カプアを包囲するノルマン人の軍事行動を目撃し、バーリの教会会議ではギリシア人とラテン人の関係を観察した。これらの旅行において彼は、つかのまではあったが、ヨーロッパにおける教会の主要な人物すべてと面識を得た。最も著名な人物だけを挙げるならば、ウルバヌス二世、パスカリス二世、クリュニー修道院長フーゴー、リヨン大司教フーゴー、ヴィエンヌ大司教グイド（後のカリストゥス二世）である。それは、このカンタベリーの修道士にとってすばらしい経験だった。それまで彼の精神は、もっぱら彼自身の修道院に関わる地域的な問題にこだわっており、またおそらくは、彼が生まれたケント州の外に足を踏み出すことなどはなかっただろうからである。エアドメルスの拡大は、これらの年月に彼が執筆したことすべてに顕著に表れている。

だが、これらの舞台のただなかですら、彼の精神が本能的に戻っていったのはカンタベリーだった。たとえば、バーリの教会会議は、ウルバヌス二世の教皇任期中の重大な教会的出来事の一つであり、エアドメルスはこの場面をいつもどおり鮮明に記述している。彼は、アンセルムスの足もとに座り、興味深く周囲の状況を見渡していた。何がとりわけ彼の目を捉えたかは、彼自身の言葉から推量されよう。

幼い頃から常に私の習慣が、何であれ新たな事柄、特に教会における新たな出来事にまめに注意を払い、記憶することだったので、私の前で繰り広げられた教会会議を慎重に見回した。それまでこんなことは見たこともなかった者のように、知恵よりも好奇心を働かせて、座席の配置、議事の進め方に注目したのだ。そして、私が見ていると、ベネヴェント大司教が――私はこの方をすでによく存じあげていたが――出席者の誰よりも高価なカッパをお召しになっているのが見えた。というのも、教皇は、カッパではなく、カズラ（上祭服）とその上にパリウムをお召しになり、議長をなさっていたからである。大司教のカッパを見つめ、それが他のすべての人々を圧して輝いているのを見ていたとき、私は、少年の頃に、私の教会に古くからいた人々、尊敬すべきエドウィ、ブラックマン、ファーマンそしてその他の人々から聞いたある言葉を思い出した。彼らの口癖は、彼らが年端も行かない子供だったころ、エマ王妃が聖なる使徒バルトロマイの腕で教会を富ませた、ということである。(5)

彼らがエアドメルスに語ったのは、エマ王妃がベネヴェント大司教から聖バルトロマイの腕を購入し、それをカンタベリーに下賜した物語だった。大司教アゼルノースは購入の代金に金糸の刺繍を豊富に施した高価なカッパを加え、それはベネヴェントに運ばれた。エアドメルスはこの物語を長々と語り、つぎのように結ぶ。

他のすべての人々を圧倒して輝くカッパに着飾られたベネヴェント大司教を目にしたとき、私は、それがかつて私の聞いたことのあるカッパだということを確信し、少なからず喜びを覚えた。私は、それをアンセルムスにも指摘し、私が子供のころに聞いたことを彼に語った。教会会議が終了したとき、私はベネヴェントの大司教に近づき、親しく語り合う中で、彼のカッパについてふれ、それについて何も知らないかのように、どこからそれを得たのかと彼に尋ねた。彼は、どのようにして彼の教会がそれをカンタベリーから得たのかを語ってくれたが、その話のすべては、私が今述べたとおりのことだった。(6)

エアドメルスは、他にも重要な多くのことについて書き記しているが、これほどに彼の気に入ったテーマはなかった。この出来事をとりわけ満足のゆくものとしているのは、それが、アンセルムスとエアドメルスが他のどの旅行よりもカンタベリーから離れていたときに起きたということだった。彼らがギリシア世界とローマの接合点であるバーリに滞在していたのは、一〇九八年一一月だった。眼前の最も美しいものは、征服前の時代にカンタベリーから到来したものだった。エアドメルスは世界を足もとに従えたと感じることができたかもしれない。それが長く続いて欲しかった。

（2） 墜落

アンセルムスとエアドメルスは、バーリから教皇に随行してローマに行き、そこでさらにエアドメルスは、枢機卿たちの中にいるアンセルムスと共に、聖ペトロの墳墓に滞在するという経験をした。そして彼らはローマからリヨンに赴いた。ここで彼らは、一〇九九年五月から一一〇〇年九月までの一八か月間、フーゴー大司教の下に留まり、イングランドに戻ることのできる機会を待った。クリュニー訪問、そしておそらくは他の修道院の訪問のさいに、アンセルムスは説教し、エアドメルスは彼の言葉を記録したが、そうしたことを除くと、彼らは共に文筆のための余暇を得た。確かにこのときに執筆されたとおぼしきアンセルムスの唯一の著作は、彼の最も入念にまとめられた最後の瞑想『人間の贖罪について』であり、この中で『神はなぜ人間となったか』の論証が瞑想の形式で書き改められた。しかしまた、バーリの教会会議で行なった彼の演説を最終的に仕上げたということも、ありそうである。これは、『聖霊の発出について』という著作となった。さらに、彼は、『神はなぜ人間となったか』の付録として、『処女懐妊と原罪について』を執筆したか、あるいは草案を書いたと思われる。

エアドメルスはと言えば、彼にも沢山の仕事があった。七年のあいだ、彼は見聞したことをことごとく克明に記録していた。彼の最も重要な覚書は、アンセルムスの過去の生活の思い出に関わるものだった。それは、アオスタでの子供時代に遡り、故郷からの脱出、ベックでの初期の日々、幻視体験そして初期の友人関係などである。これらの修道院における場面に加えて、エアドメルスは、一〇九三年三月のグロスターにおけるアンセルムスの大司教選出、一二月カンタベリーでの聖別、さらに一〇九四年ヘースティングス、一〇九五年ロッキンガム、一〇九七年ウィンチェスターでの王との謁見を書き留めた。以上挙げたのは、エアドメルスがかなり詳細な報告を残した出来事だけである。

これらの覚書を作成するにあたり、それが最終的にどのような形をとるかについて、彼には明確なアイデアがなかったようである。彼は、アンセルムスに関して知りえたすべてのことを記録しようとした。しかし、彼はまた、自分が居合わせた重要な機会、他の人々によって観察された奇跡的な出来事についても書き留め、それらはすべて、場面の生き生きとした印象を伝達するために、重要な細かな点まで配慮を行き届かせて書かれていた。彼の最も偉大な功績の一つは、彼の出来事の見方が他の人と異なっていたことであり、それは、彼の珠玉の小品が既知のどの文学的な形式とも、たやすく合致しない理由の一つだった。自分が書いているものが、カンタベリーの読誦集にあるダンスタン、ウィルフリッド、エルフェゲの伝記に加わりうるような聖人の生涯なのか、それともたんに注目に値する友人にして教師に関する報告であるのか、いまだ決めかねていたように思われる。彼が露ほどの疑いもなく証言できるような、完全に納得のゆく奇跡を、アンセルムスが決して起こさなかったことに、彼は気づいており、明らかにそのことを残念に思っていた。実際、他の人々、その中でもアンセルムスの大司教室の筆頭バルドゥイヌスは、いくつかの奇跡を目撃しており、エアドメルスも当然それらを彼の記録に書き入れた。しかし彼自身が目にしたのは、自然と超自然のあいだの幕を揺り動かすものに過ぎなかった。それは、自分の想像力と献身的な愛情をとりこにした師であり友人である人物について書こうとする者にとっては、十分にすばらしいものではあったが、彼が『聖ウィルフリッド伝』において記録できたような、この世のものとは思われない力の閃光を伴ったものではなかった。

われわれは、後にエアドメルスの伝記作者としての資格を評価するさいに、この当惑に戻らなければならない。目下のところ、アンセルムスは、訪問先のクリュニーおよび他の修道院での説教に忙しく、また『人間の贖罪について』の瞑想の執筆中であり、エアドメルスもまた彼の覚書を書き足し、またそれについて考えることに多くの時間を費やしていたことを、記しておくだけで十分だろう。彼は、これまでの準備のさまざまな段階で、反故となった羊皮紙、蝋板、ほぼ書物の形をとっていた折丁などに、さまざまな出来事の概要を書き留め、それらはかなり堆積していたにちがいない。そこで彼は、蓄えられた覚書から二冊の著作を書こうと決心した。一冊は、アンセルムスの生涯について、もう一冊は、彼が目撃した公的な出来事についての著作である。しかし、彼はもっぱらアンセルムスの伝記にいそしみ、アンセルムスが彼の作業を見たいと言ったとき、彼は、懸念と喜びの両方の感情を抱いた。この話は、彼自身の言葉で語られよう。というのも、ほぼ二〇年間、それを彼自身の胸のうちに隠していたが、最後に、アンセルムスの後継者である大司教ラルフに説得され——あるいは命じられ——それを公表することになったからである。それは、彼に深い悲しみを引き起こした物語である。彼は、以下のように述べる。

私が最初にこの著作〔彼は『アンセルムス伝』のことを言っている〕にとりかかり、蝋板に下書きしておいた大部分を、すでに羊皮紙に転写し終えたとき、アンセルムス師は、ある日、こっそりと私を呼び、私が下書きし、転写したのは何かとお尋ねになった。私が話さずに伏せておこうとする素振りを見て、師は、私が書いたものを見せるか、さもなければそれを断念し、他のことに集中するか、どちらかにするように、と私にお命じになった。そこで、これまでにも私は、しばしば、自分が書いた同様の事柄を彼に見せ、私が間違った順序でそれらの事柄を受け取っていた場合に、師の手助けによってそれらを訂正してきたので、今度も訂正していただけるだろうと期待して、喜んで私が書いたものを師にお見せした。私の期待は裏切られなかった。師が訂正なさった箇所もあれば、削除あるいは変更なさった箇所もあり、また同意なさった箇所もあったからである。私の記録がお墨付きを得たことで、私は喜びに満たされた。実際、得意満面であった。ところが、数日後、彼は、私を呼び、私が書いたもの全部を集めた折丁を破棄するように命じられた。後代に残るような文書記録に自分自身が値するような者ではないと判断なさったからである。私は、すっかり困惑してしまった。私は、正面から彼の命令に背くことはあえてしなかった。しかし、多くの時間を費やしたこの著作を破棄することも耐えがたかった。そこで、私は、まずその内容を他の折丁に転写した後に、この著作が書き付けられていた折丁を破棄することで、形の上で彼の命令に従ったのである。確かに、私の行動は不従順の罪を免れていないわけではない。私は彼の意図を知っていながら、それとは異なる仕方で命令に従ったからである。それゆえに、もし私の著作が喜びを与えるとしたなら、これらの言葉を読む人々に、私のこの罪と他のすべての罪のために、祈って下さることをお願いしたい。私は、何とかしてこの方の生涯と働きを述べようとしたのだが、これらの罪の重圧で、この方のもとに行くことができないかもしれないからである。(7)

この出来事を思い起こすことは、エアドメルスがこれまで直面した中で最も苦痛に満ちた義務だった。彼は、ほぼ二〇年間それを秘密にしてきた末、ついに、この不従順という一大行動をアンセルムスの後継者、大司教ラルフに告白したのである。ラルフは、それを『アンセルムス伝』に記録するように命じた。この頃にはエアドメルスもこの著作を完成しており、われわれはことの経緯を知るに到るのである。だが、エアドメルスのごまかしが『アンセルムス伝』を破棄から救ったにもかかわらず、それは、彼の著作——彼の人生すらも——没落させた。アンセルムスは、これから先も九年生きるが、この間、エアドメルスは出来事の記録を断念しなければならなくなった。それに先立つ七年間は、彼の人生の最も創造的な部分だったのである。『アンセルムス伝』と『新時代の歴史』はともに、新たに加筆されることなく、アンセルムスが死ぬまでそのままにしておかれた。さらに悪いことには、これ以後、彼はアンセルムスの信頼を失った。無慈悲なことだ、非人間的に無慈悲なことだ、と思われるかもしれない。だが、アンセルムスについてわれわれの知るすべてが明らかにしたことは、彼の穏やかな言葉が——実際、慣れ親しんだときにのみ理解できるのだが——完全に一つの目的に合致する、ということだった。もしエアドメルスがただちに彼の覚書をことごとく火に投じたならば、彼らの関係はそれまでどおりに続いただろう、という推測しかできない。だが、エアドメルスは、彼が書いたものを破棄しなかった。おそらく、アンセルムスはこのことに気づいていただろうし、少なくとも、エアドメルスの従順に信頼をおくことができないことは知っていただろう。その結果が、彼らがそれまで住んでいたエデンからの追放だったのである。

われわれは、どのようにしてこのことが分かるのか。『アンセルムス伝』と『新時代の歴史』両方の状態から、いともたやすく知るのである。これらの二つの著作は、アンセルムスが歿してから数年以内にエアドメルスが作成した良好な写本の状態で、今日も存在している。この手稿写本において、『アンセルムス伝』は、一一〇九年にアンセルムスが死んだ年に到るまでで五帖になり、各帖は一六頁である。五帖のうち四帖は、一一〇〇年までの出来事を含む。それらは、子供のころについてアンセルムスが彼に語ったことを満載し、続いて、一一〇〇年までのさまざまな機会におけるアンセルムスの言葉と行動がつぶさに綴られている。対照的に、この一一〇〇年以後の九年間は、たった一帖を占めるだけで、それもアンセルムスの臨終までは、これまでと同様の詳しい報告が一つもなく、さらに臨終の記録がこの一帖全体のほぼ半分を占めているのである。

同様に、『新時代の歴史』も、伝記の個人的な出来事と対照的に公的な出来事を記録したにもかかわらず、一一〇〇年以後は同じような変化をこうむっている。それ以前の七年間については、アンセルムスが出席した会見や議論に関する詳細な記述を満載しているのに対して、一一〇〇年から一一〇九年までの時期は、いくつかの長い空白を伴って、彼の行動に関する極めて簡素な概略だけを記す。しかしながら、この変化は、『新時代の歴史』の場合、『アンセルムス伝』ほど著しくはない。というのも、一一〇〇年以後、エアドメルスは『新時代の歴史』を公式の記録で満たしたからである。統計的に見るならば、一〇九三年から一一〇〇年までの『新時代の歴史』は、四つの記録文書しか含んでいないが、一一〇一年から一一〇九年までは、三七の記録文書を含んでいる。要するに、最後の九年間はまったく別種の記録なのである。

それゆえ、二つの著作は、一一〇〇年の危機を生き延びたが、性格はまったく変わった。『アンセルムス伝』において、一一〇〇年以後すべての個人的な談話は枯渇し、『新時代の歴史』でも同様に、エアドメルスは、アンセルムスの意図についてほとんど知らず、彼が報告することのできるような談話もまったくなかったように思われる。ただ一つ真に活気づく出来事は、特有の叱責を思い起こさせるものだが、それは、エアドメルスが聖プリスカの遺骨のほんの一片しか獲得できなかったことを嘆いたときの出来事だった。また、ある程度の紙面を割いて報告されている唯一の会談は、一一〇三年の教皇との会談である。そのとき、アンセルムスは、キリスト以外の誰かが羊の囲いの戸口であるという印象を与えたくなかったという奇妙な理由で（エアドメルスの報告によると）、何も語らなかったのである。(8)

それゆえ、一一〇〇年から九年間、エアドメルスはアンセルムスの信頼を失い、経過していく出来事を記録することもできず、同様に、それ以前に収集した資料に手をつけることもできなかったように思われる。

(3) 過去をつぎあわせること

二年間、しだいに健康が衰えていった後、一一〇九年四月二一日、アンセルムスはカンタベリーで歿した。彼の死は、過去一六年間の長い旅行の末、エアドメルスが自分の修道院に戻ることを意味した。エアドメルスの人生のこの時点では、アンセルムスが彼の人生を形成するとともに、また駄目にしたようにも思われた。一〇九三年、彼がオスベルヌスから修道院共同体の古来の敬虔を守り、復興する仕事を引き継ごうと準備していたまさにそのとき、アンセルムスは彼をこの共同体から連れ出したのである。それから、新たな経験と刺激に満ちたすばらしい七年が経過した後、さらに八年間、引き続き彼は常にアンセルムスの同行者であり、信頼は失ったが、彼の司祭として曖昧な役割だけを果たしていた。いまや、一一〇九年、彼は、修道院共同体に戻った。役職はなかったが、歴史と伝記の二つの著作を完成するための時間、そして——ついに——自由を得たのである。

これに先立つ九年間、明らかに、彼は中断された仕事をどのように続けたらよいかを、しばしば思い巡らしてきた。『アンセルムス伝』に関する限り、アンセルムスの晩年を描き、いくつかの奇跡と彼の臨終の場面から、できる限りの仕上げをする以上のことはできなかった。これには、さらに別の聖性のしるし——アンセルムスの石棺が奇跡的に大きくなったこと、空っぽのバルサムの小瓶が遺体の保存のために十分なバルサムを供給したこと——が付加された。彼の伝記を、カンタベリーの聖人伝の一角に場を占めることができるような聖人伝に仕上げることができるかどうかという、長年の懸案事項について、エアドメルスの心は、いまや最終的に決まった。

それは聖人伝となるべきだということである。しかし、奇跡の流れは続かなかった。カンタベリーの共同体の人々は、もはやアンセルムスに関心を抱いていないように思われた。それゆえ、エアドメルスは、あまり満足しないままに彼の著作を終わらせざるをえなかったのである。

『新時代の歴史』に関しては、ここでもまた彼は決心した。過去七年間に、彼は一つのテーマを見つけ、それを彼は序文で説明する。この序文は――すべての序文がそうであるように――彼の著作の本文を書き終えた後に、書かれたものである。

この著作の主要な意図は、アンセルムスとイングランド国王とのあいだに生じた不和の原因を記述することであり、この不和によって、彼は王国から追放されたのである。この追放の原因は、われわれの時代の「新しい事」（nova res）であり、ノルマン人がイングランドで支配を開始したときに生じてきたのである。ノルマンディー公ウィリアムが軍事力でこの国土を征服したときから、まず王の臣下となること〔臣従礼を行なうこと〕をせずに、またその司教杖を王から受け取ることで司教職ないし大修道院長職に叙階されることによらず、司教ないし大修道院長となったのはアンセルムスだけであった。ただし、他の二人の司教、ヘルノストゥスとゴンドルフスだけは例外だった〔両者共にロチェスター司教であり、それゆえこの慣行からは免れた〕。

エアドメルスが発見したテーマは、書簡と記録を結びつける問題に対する見事な解決だった。当然のことながら、それは、アンセルムスの若い頃の談話と会談に取って代わることになった。さらに、それは、大司教としてのアンセルムスの政策に一貫性を与えるのに役立ちうるテーマであったし、イングランドにおけるすべての弊害がこの国土を征服した外国人に由来するという、彼の古いテーマを再び取り上げるという利点ももっていた。

エアドメルスは、彼の物語に一貫性と尊厳を与えるテーマの価値を発見し、ささやかなこじつけという、ちょっとした犠牲を払って、それを読者に理解させた最初の――もちろん最後ではない――歴史家ではなかった。彼は、大幅にこじつける必要はなかった。それは単純に、当事者たちの心の中にはなかった諸原則を過去の出来事に持ち込む、という問題だった。いくつかの小さな修正だけで、それ以上は必要なかった。彼は、アンセルムスが王の素手から彼の司教杖を受け取ったのではないことを、真実として主張することすらできた。実際、司教たちが、抵抗する彼の指に柄を押し付けて握らせたのである。また、彼は、当時アンセルムスが王室による叙任に異議を唱えなかったことを、説明する必要があるとは考えなかった。アンセルムスは王に臣従礼を行なわなかった、と彼が主張するとき、彼は真実から離れていた。彼自身の言葉が、それが真実ではないことを示しているからである(9)。だが、幸いなことに、エアドメルスは、彼がルーファスの治世下に収集した資料を修正することに旺盛な人ではなく、また、それ以降の年月については彼が言うべきことをほとんどもっていなかったことから、この新しい原則は、アンセルムスの行動をあてはめるのに好都合な枠組みを提供したのである。

一一一四年には、二つの著作は、アンセルムスの没年まで書き終えられ、その後の出来事に関して短い補遺も加えられた。彼は、ささやかな達成感を抱いて『新時代の歴史』の筆を擱くことすらできた。そこで報告されているアンセルムスの最後の行動は、昨今ヨーク大司教に任命されたばかりのトマスに書簡を送ったことだった。その書簡は、もしトマスがカンタベリーへの従順を宣誓することなくその職に就くなら、彼を破門にすると威嚇していた。エアドメルスは、当然この書簡を『新時代の歴史』に転写し、また一一〇九年のクリスマスに宮廷で大司教トマスがカンタベリーへの従順を宣誓するに到った出来事を記述する数頁を書き加えた。この宣誓は、一〇七二年に作成された文書を綿密に調査した上でなされたものであった。

それゆえ、ヨーク大司教によるカンタベリーへの従順の宣誓は、これまでアンセルムスのあらゆる努力にもかかわらずなされなかったが、ここにきてついに、王と司教たちの古くからの提携によって、さしたる争いもなく達成されたのである。このように比較的明るい調子で、そしてまた、既婚の聖職者に対するアンセルムスの立法が成功をおさめたことに関するいくつかの楽観的な報告を加えることにより、エアドメルスは、彼の『新時代の歴史』を、大団円とは言えないにしても、少なくとも、まずまずというところで終えることができたのである。(10)

(4) 不幸への道

一一一四年、エアドメルスがこの二著に最後の手を入れるとまもなく、ヨーク大司教が歿し、代わってサースタンがその地位に就いた。彼は、宮廷の職において前任者と同様の経歴をもつ人物であったが、性格も視野もまったく異なっていた。大司教として自分の管区の諸権利を熱烈に支持した王室官吏の見本の草分けであった。同年、五年の空位の後に、ようやく、アンセルムスの後任のカンタベリー大司教が任命された。ヨーク大司教は、ただちに、カンタベリーの首位権と闘う決意を公にした。舞台はつぎの闘争の舞台に移され、アンセルムスがあらゆる犠牲を払っても守る構えであった、ブリテン諸島全体に効力をもつ首位権は、取り返しのつかないまでに瓦解した。

カンタベリーの新大司教ラルフは、生来、闘争家ではなく、ランフランクスとアンセルムスの息のかかったベネディクト修道士だったが、大司教としての八年間は、ヨークに対するカンタベリーの首位権のための闘争に振り回された。彼の主要な助言者エアドメルスと共に、彼は、しだいに非現実的になっていく目的を追い求めて、四年間を国外で過ごした。それは絶望感の増していく年月だった。大司教は、主として、従順の宣誓なしにヨーク大司教を聖別しなければならない事態を避けるために、イングランドから離れたと思われるが、しかし、彼に同行したローマへの旅行の途上で、エアドメルスは、もはや、新鮮な精神や昔の輝きを放つ、わくわくさせるような場面に出会うことはなかった。カンタベリーの申し立ては、何らかの目覚しい公式見解もないままに、当初のヴィジョンをもち続けてきたという真相が徐々に明らかとなり、展望はますます暗くなっていった。

こうした状況の中で、エアドメルスは大司教ラルフと共に、一一一六年から一一一九年までのほぼ三年間、国外で過ごしたのである。一一一九年の初めに、彼は健康を損ない、大司教をノルマンディーに残してカンタベリーに戻った。彼は冷淡に出迎えられたように思われる。新な世代の修道士たちが育っていたが、彼らは、ランフランクスの強力で成功した行政を賞賛の念で懐古し、アンセルムスと彼の後継者がカンタベリーの諸権利を主張することに弱腰だったことを嘆いていた。自分を守るために、エアドメルスは、彼の文学的な著作を再び取り上げたが、希望はしだいに失われていった。『アンセルムス伝』に彼が書き加えることができたのは、溺れていたところをアンセルムスに呼びかけることで救助された人たちの二つの奇跡であり、また、全部を破棄するようにというアンセルムスの命令に従わなかった件を、強いられて告白しただけであった。『新時代の歴史』に関して、彼は、長いあいだ失われていた首位権に関する教皇の批准が、一一二〇年の徹底的な調査の末、発見された報せを、やや混乱して書き加えた。

さらに、ほとんど同じ頃、カンタベリーの教会に独自の加勢を与える新たな好機が到来した。スコットランドのアレクサンデル一世がエアドメルスをセント・アンドルーズの司教に招聘したのである。すでにランフランクスが、ダンファームリン（Dunfemline）の大修道院にカンタベリーの修道士たちを移植することによって、スコットランドにおける基礎を整えており、エアドメルスが司教職にふさわしい候補者として浮上したのも、この先を見越した対策の結果だったと思われる。エアドメルスにとってそれは、すべてが失われたわけではないということの天からのしるしと思われたに違いない。スコットランドにおける足がかりは、ヨークの裏をかき、また好機が到来するまで首位権を存続させることだったのだろう。この心構えでエアドメルスは、スコットランドに出発し、新たな戦場でカンタベリーを守る決心をした。彼は、慣例に従ってヨークでセント・アンドルーズ司教として聖別されることではなく、ブリテンの母教会であるカンタベリーで聖別されることを要求した。誰も彼の言うことを真剣に取り上げず、闘争は短期間で終わった。六か月のうちに彼は、聖別されることなく指輪と司教杖を放棄し、一一二一年の初めにカンタベリーに戻った。彼の負けであった。

彼が闘った目的と彼が希望を抱いたすべてのことは、この時点で瓦解したように思われた。ランフランクスとアンセルムス、そしてカンタベリーの他の修道士と共にエアドメルスも抱いたような首位権、そのために彼らが働いた首位権は、いまや絶望的に失われた。『新時代の歴史』は、些細な出来事を細々としたたらせるだけのものになった。『アンセルムス伝』は、四〇年前に二人が初めて出会ったときに、彼の忠誠心と賞賛をとらえた魅力溢れる個性の完全な記録にまで成熟できず、他のカンタベリーの聖人の記録のように承認された地位を獲得することもなかった。スコットランドにおける冒険に失敗してカンタベリーに戻ったとき、過去の栄光の姿は見る影もなく、エアドメルスの経歴は地に墜ちた。

一一二一年の最初の数か月にエアドメルスがカンタベリーに戻ったとき、敗北し信用を失った人物、大司教ラルフもすでに病床にあり、一一二二年一〇月二〇日に息をひきとった。彼は、エアドメルスの最後の保護者であり、以後エアドメルスが公的な事柄で何らかの役割を務めることはなかった。新大司教は、ベネディクト修道士ではなくアウグスティヌス律修参事会員であり、カンタベリーの最後の手段として、教皇庁で偽造文書を提出した。しかし、首位権の崩壊を何らかの形で救い出すには、あまりにも遅すぎた。エアドメルスがそのために働き、そのために闘った理由が一つ一つ失われていった。行路も終わりにきたと思われただろう。彼は、『新時代の歴史』を唐突に力なく終わらせ、あれほど多くの活動的な年月の末に、挫折した共同体の影の薄い一員として身を潜めたのである。

(5) 回復の年月

ところが、まったく予期しなかったことに、彼は、にわかに新たな生産的生活を開始した。それは、おそらく彼が修道院の先唱者となったことによるだろう。彼がこの共同体において初めて得た重要な職務だった。(11) この職務は彼につぎのような仕事を与えた。すなわち、図書館の全般的な管理、新たな書物の筆写を監督する義務、聖務日課のために必要なテクストを供給する義務、とりわけ重要なことは、久しくなおざりにされてきた聖人たちの崇敬のために、それらを供給する義務であったが、新しい教会と拡張する聖人暦は、彼らのために十二分に必要な処置をとったのである。これは彼にとって適任の仕事であり、この晩年に彼は、古来のカンタベリーの聖人たちの祝日のためにテクストを供給する仕事に戻った。彼は、典礼暦において適宜用いるために、初期のカンタベリー大司教ブレグイヌス（Bregwinus）の『伝記』、そして教会の聖遺物を記念するためにいくつかの著作を執筆した。彼の心はしだいに過去へと向いていった。かつて共同体に属した人々に関する詳細も含め、古い教会に関する彼の記述は、彼の生涯のこの時期に生じてくるのだが、それは、聖堂の新たに大拡張された聖歌隊席が

――アンセルムスのもとで着手された――最終的に完成したときであった。(12)

一一三〇年五月四日、新しい聖歌隊席がイングランド王とスコットランド王の臨席のもとに聖別された。古イングランドの聖人たちは、いまや豪華な住まいを与えられた。実際的な首位権は、アンセルムスとエアドメルスがそのために長い時間をかけて闘ったにもかかわらず、失われ、元に戻すことは不可能であった。しかし、結局、古の栄光が戻り、アンセルムスも、地域の聖人たちの中に確固とした地位を確立した。晩年、エアドメルスは、カンタベリーの修道士たちの意識の中に、過去の出来事を復興するために必要なテクストと回想を提供することができた。新たにおかれた静穏さの中で、彼の守護天使が誰であるかを発見したことなどのように、アンセルムスと共に過ごした人生のさまざまな出来事が彼の脳裡に蘇ってきた。そして、かつて失望を味わったにもかかわらず、彼は、死後の奇跡に関する補巻を『アンセルムス伝』に付け加えることができたのである。

この最後の付加は、最終的に『アンセルムス伝』を、カンタベリーの他の聖人たちの『聖人伝』と『奇跡集』の列に加えることになった。新しい豪華な朗読集は、この年月に作成され、その中で、アンセルムスは聖ダンスタンと聖ウィルフリッドに並ぶ位置を占めていた。この立派な朗読集は、今日、断片しか残っていないが、われわれは、一年分の聖人の祝日のためには六巻が必要だったことを知っており、また残存する断片は、カンタベリーにおける書物制作の最も素晴らしい時代の痕跡を残している。それらは、エアドメルスの信心の主要な目的を包含し、またそれらの完成は、彼の経歴にふさわしい掉尾を飾るものとなったことだろう。(13)

この文書活動が新たに迸る中で、エアドメルスは、アンセルムスの文体で瞑想的な祈祷を執筆し、復活したばかりの、聖母マリアの無原罪の御やどりに対する古いイングランドの信心を支持するために、アンセルムス的な論証を用いた。さらに、アンセルムスの書簡のカンタベリーにおける大集成の編集年代に関する私の論証が正しければ、エアドメルスは、アンセルムスの大司教時代を通じて彼の側近であり、彼のベック時代の最初期の思い出話しを聞いていたというだけでなく、先唱者としても、アンセルムスの思い出の記録編集に何らかの形で参加したにちがいない。晩年のエアドメルスは、彼の人生の中でアンセルムスと過ごした実り豊かな年月を思い起こすままに、あらゆる仕方で、中年のときの失敗の埋め合わせをしたのである。彼の心は、しだいにこれらの年月に回帰していったように思われるが、このことについては、われわれが彼の最後の著作を論じるときに、再び思い起こすことになろう。

彼の気持は老年になるに従って穏やかになっていった。彼は、自分がカンタベリーの正当な諸権利と信じたことと一致する条件で、聖アンドルーズの司教職を取り戻すというあらゆる希望を、ただちにあきらめたわけではないし、おそらくは彼の気力が続く限りは、あきらめなかった。にもかかわらず、カンタベリーの要求への自分の熱心さがいくらか無分別だったことを認めることはできた。注目に値することは、最後の著作の一つにおいて、彼がもはや、アンセルムスを「全ブリテンの首席大司教」（primas totius Britanniae）と呼ばず――聖アンドルーズをカンタベリーに服従させようとする彼自身の試みを正当化する誇りある肩書きであったが――「イングランド王国全体の首席大司教」（primas totius regni Anglorum）とだけ呼んだことである。まさしくこのことが、しだいに敵対的になっていく俗界で支持されえたこと、いや実際に支持されたことだが、しかし、それは幸いにも狭まっていく彼の視界を示している。すでに、彼がスコットランドから戻ってまもない一一二一年に、彼は、グラストンベリーの修道士たちに書簡を書き、つぎのように促した。

若者たちのでしゃばりと尊大を制止すること。彼らは、他の人々が純朴さから彼らに耳を傾けるとき、自分たちを一角の人物と考え、いかにも何かを知っていると思われるためだけに口を開き、赴くままにおしゃべりをするのである。私は、このような者たちがいたことを知っているので――おそらく私もその一人だった――以前の私のような者たちが、今もいることを容易に信じることができるのである。しかし、私も白髪の老人となった今では、若いときに重要だと考えた多くのことを、軽んじている(14)。

エアドメルスの没年を確定することは不可能である。カンタベリーにおいて、彼の記念は一月一三日に行なわれたが、没年に関して、われわれは、ほとんど知らない。彼は一一四四年まで存命だったと論じられてきたが、この提案は、『新時代の歴史』の執筆に関する一連のありそうにない推測に基づいていたので、支持されえない。しかしながら、聖オウエンの奇跡に関するエアドメルスの論考の続編の発見は、彼の没年についてより信頼に値する下限を示した。この続編が副修道院長エルマーに言及していることから、それが一一二八年以前に書かれたということはありえない。だが、もしエアドメルスが彼の以前の著作に責任をもって加筆したのであれば、彼は、いつもの心配りで自分の著作に手を入れることをやめてしまったことになる。というのも、それはかなり稚拙に書かれているからである(15)。

エアドメルスは、一一二八年以後も数年間は生きていたかもしれないが、しかし、もはや活動的ではなかった。彼の半生の活動を証言する、彼の著作の自筆写本は、すでに閉じられていた。聖アンドルーズの司教職に対する彼の要求は、カンタベリーへの帰還後も数年は続けられたが、放棄された。カンタベリーとスコットランド王との平和は回復されていた。最終的に、エアドメルスの後継者が聖別された。エアドメルスが関わってきた闘争の場の大部分を制し、ヘンリー一世の治世の晩年は平和な時代だった。外面的には、エアドメルスは実際的な方針においてて失敗したのだが、彼が維持するために働いたアングロ・サクソンとのきずなは、あらゆる予想を越えて強固にされたのである。そうこうするうちに、征服前のイングランドに関係した人々は、静かに舞台から身を引いていった。その中の一人エアドメルスも、ほとんど気づかれることなく、ひっそりと姿を消したのである。

二　エアドメルスの「アンセルムス」——親密な肖像から聖人の『伝記』へ

(1)　親密な肖像

すでに述べたように、エアドメルスの写本の五帖のうち四帖は、彼の『アンセルムス伝』を含んでおり、それらは、実質的には、すでに一一〇〇年に、今日われわれの手元にあるような形で存在しており、また著作全体の伝記的な価値のほぼすべてが、これら四帖のなかにある。[16]

一一〇〇年以後の加筆については、何にもまして興味深いことが序文に記されている。第一に、それは、『アンセルムス伝』と『新時代の歴史』の関係を記す。後者は、アンセルムスとイングランド王との関係に関する報告を内容とし、これについてはいかなる同時代人も知りえなかったことだ、と述べている。しかし、『アンセルムス伝』は、アンセルムスの「個人的な談話」(privata conversatio)、「人柄の特徴」(qualitas morum) そして「奇跡の開陳」(exhibitio miraculorum) について、この順序で語る。奇跡については、エアドメルスが目撃したことはないと思われるので、それを除くと、この著作の主題は、公的な出来事の表面下にある、個人的な歴史であった。

公的な出来事と個人的な出来事とを区別したことに、新しい何かがある。たとえば、ベーダの『教会史』と

『カスバート伝』とのあいだに、われわれは、これと同様の区別をまったく見いださない。これらの両著作は、同じ種類の出来事を取り扱い、これらの出来事の大部分は人間の事柄への超自然的な介入に関係する。エアドメルスによる公的な出来事と個人的な出来事との区別は、アンセルムスがその展開に大いに貢献した区別を示していた。彼の祈祷と瞑想は、主流であった共同体の祈りの長い伝統を破る、個人的な信心の見本だった。彼の神学的な方法は、内省的な瞑想に基礎づけられ、公的に承認された教理の大部を前提とはするが、それに言及することはなかった。エアドメルスは、アンセルムスの生涯における公的な出来事と個人的な出来事とを区別するさいに、この区分をまねているのである。

アンセルムスの中には、新種の親密な伝記的取り扱いに、理想的に当てはまる主題があった。しかし、エアドメルス特有の才能もまた、その主題に、記述における並外れた視覚的な明晰さと親密な知識を与えることに貢献した。これらの特質に加えて、後に彼は、カンタベリーの聖人たちの列に、アンセルムスの席を設けることになる。これらの要素はすべて、今日われわれの手元にあるとおりの著作を生み出すために必要なものであった。しかし、アンセルムスに関する彼の親密な知識が、この著作の最大の価値のすべてにとって基礎となった。アンセルムスが聖人たちの偉大な名簿に属しているという確信は、ゆっくりと湧いてきたのである。

エアドメルスがこの著作に与えた標題―― Vita et Conversatio ――が、彼の観点の新しい親密さのヒントを含んでいるが、しかし、表題それ自体は目新しいものではなかった。それは、それ以前の聖人の『伝記』にもしばしば使用されたが、これらの『伝記』が記述する conversatio は個人的なものではなかった。この語は、彼らが従った、生活の規則のことを指しており、それも通常は共同体の規則であった。ベネディクトゥスの『戒律』において、また一般にベネディクト会の著作家において、この conversatio という語は、規則に拘束された宗教的な共同体の規律全体を包含していた。それゆえ，「序文」においてエアドメルスが「個人的な」(privata) という語を付加し，この付加によって彼は個人的で親密な観点を公言したのだが，この観点は，アンセルムスとの友愛において生活した者たちだけが体験できたものだった。この privata conversatio は，単に語られた言葉だけから成るのではなく，生活の規律全体のことも指していたのである。しかし，アンセルムスに関しては，彼の思想が談話の中にそのまま現われるため，privata conversatio が，まさに会話であることもしばしばあった。われわれは，目撃者によるアンセルムスに関するかなり初期の報告を思い起こすことができよう。それはゴンドルフスによるもので，彼はアンセルムスよりも一年だけ早くベックの修道士になった。後に彼が友人たちにベックでの若い年月について語ったとき，彼はつぎのことを回想した。彼らが一緒にいるときは，アンセルムスが語り，他方，彼――ゴンドルフス――が感動して涙を流すことになる，というのである。ここにわれわれは，アンセルムスの conversatio の両面を見る。彼によって語られた言葉は，彼の霊的な conversatio（規律）を反映しており，この二つが結合することでゴンドルフスを落涙させたのである。この報告は，わずかな言葉でアンセルムスの生活の特質全体を，彼の友人たちの目に映ったとおりに要約している。彼の言葉は，直接的に内的な体験から発しており，これらの言葉がそれを余すところなく表現したのである。

ゴンドルフスは，この体験をした最初の人だった。およそ一五年後，エアドメルスはカンタベリーで，ノージャンのギベールはフライで，同様の体験をした。アンセルムスの談話は，彼らの生活に新たな光をもたらした――それは，彼らが求めていた霊的な世界を体験した者がもつ光であった。こうした理由で，エアドメルスだけでなく，私が上で概観した他の報告者たちも，アンセルムスの談話を彼らの報告の中心部分にしたのである。彼らは，伝統的な手法に従っていたのではなく，独特な体験を記録していたのである。一〇九三年以後，エアドメルスは非常に多くの機会にアンセルムスの談話を聞き、そして一一〇〇年までは、エアドメルスの伝記に個性と内容を与えているのがアンセルムスの談話である。

エアドメルスの報告の中で、彼がいくつかの異なる機会に聞いた言葉をひとまとめにしたこと、[17]また一つの機会に語られた言葉を記録するときですら、彼の用いた言葉が明らかに彼自身の言葉だったということは、証明できよう。しかし、このことは、表面に現れている以上の技巧がエアドメルスにある、ということを言っているにすぎない。伝記作者としての名声に対するエアドメルスの主な資格が、語られた言葉を鮮明かつ自然に記録する技巧に熟達していたという点にあることは、彼による伝記の読者の誰もが疑うことができない。これは、いかなる時代であっても難しい技巧であるが、エアドメルスの時代においてはとりわけ困難であった。著作家たちが、通常、直接話法を、話者の感情を伝達するものとしてではなく、出来事に関する書き手自身の解釈を伝達するための修辞的な潤色として使用していた時代だからである。この種の修辞的な話法は、古代から是認され、エアドメルスの同時代人の著作のいたるところで例証されよう。読者は、欺かれることはなく、これらの話法が修辞的な工夫であることを承知しており、それに応じて判定を下すのである。エアドメルスはそれとはまったく異なっていた。彼が報告した言葉は、語っているのがアンセルムスであるという印象を与えるし、またそうした印象を与えることが意図されていた。これは、著述の技巧を超えることだった。それは、人格の新たな意味のきざしであった。

談話の報告と個人的な書簡の引用は、いかなる親密な伝記においても大きな場所を占めていなければならない。こうした仕方でのみ、われわれは、その人について、出来事や彼が公刊した著作が語りうることよりも、より多くのことを学ぶことができるのである。アンセルムスは、こうした取り扱いにとって理想的な対象だった。彼の初期の書簡は、彼の同時代人の書簡のどれよりも、われわれの私信という考えに近づいており、アベラルドゥスとエロイーズの書簡と比べた場合ですら、はるかに近づいていた。しかし、すでに見たように、まだアンセルムスは、彼の最も内奥の思想と感情を吐露する書簡を、その書簡の受取人のためだけという意味での「個人的な」ものとは見なしていなかった。それらは、もし彼の宗教生活を共有するならば、すべての人が共有することのできる親密さの表現であった。それゆえに、彼は、それらの書簡が広く流布することを望んだのである。それらは、彼の内的な体験から生じたという点では個人的な書簡だが、誰もが共有できる宗教的な生活へと他の人々を刺激しようとした点で公的な書簡だった。エアドメルスが伝記執筆の技巧において主として貢献した点は、アンセルムスの言葉と彼の体験のこの関係を理解したことにあった。

エアドメルスの手順の新しさは、アンセルムスに関する彼の伝記を、同時代の伝記である、マームズベリーのウィリアムによって書かれたウスター司教ウルフスタンの伝記と比べることによって判断できる。ウィリアムはつぎのように述べる。

> 私は、ときおり語られた、あるいは語られたと思われる言葉については述べなかった。真理を危うくしないように、あらゆる点を案じたからである。行為で足りると思われる場合でも、言葉を分かち与えることは、無駄なことをする人のしるしだからである——ただし、実際には、特別な光彩を添えるという理由で、簡潔に言及しなければならない言葉については、いくつかを記した(18)。

ここで、ウィリアムは、歴史家によって報告された言葉の価値が、それらの「特別な光彩」、つまりそれらの修辞的な美点にあり、その言葉を語った当人のありのままを示すことにあるのではないことを、当然のことと見なす。同様の例は、同時代の他の『伝記』、グランモン（Grandmon）の聖ステファヌスのそれにおいても見いだされ、報告された言葉を、伝記作者の埒外のこととして、同じく避けている。この場合に特に印象的なことは、ステファヌスが、アンセルムスと同様に、影響力の強い語り手であって、彼の弟子たちが彼の語った事柄の記憶を保持していたからである。彼の伝記作者は、不本意ながらもそれらを犠牲にした。だが、それでも彼が犠牲にしたのは、やはり原則に従ったからである。

彼が宗教的な規律の遵守、道徳の形成、また何であれ魂の救いに関わることを語ったときに、彼の弟子たちに教えた事柄を、私は沈黙することによって省いた。こうした事柄は、彼の『要録』（Sententiae）に記されている。私が語ったのは、彼の聖性の最も明白なしるしについてである。信頼は、「言葉」よりもこれらの「事跡」に置かれるべきである。神以外に誰が人の思いを知るだろうか。「神こそが彼らの心のすべてを形作り、また彼らの行ないのすべてを理解なさる」のではないか。[19]

エアドメルスの同時代人たちが、彼らの主人公の極めて真正な記録として、談話を記録することを躊躇したのに対し、エアドメルスは思い切ったことをした。すなわち、「もしアンセルムスの行動だけが記され、彼が談話においてどのようだったかについて何も語られなかったとしたら、彼の生き方について十分な理解を得ることは、私には不可能と思われる」[20]と述べたのである。

一二世紀が進行していく中で、手の込んだ心理的な描写への好みがかなり普及し、この時代の文学に深い刻印を残した。誰もが、文学上の登場人物に情熱的で内的な生命を注ぎ込み、また歴史的な人物の思想と言葉を念入りに描写する必要を感じ始めていた。一二世紀末に以前の聖人の『伝記』を改訂した人々は、彼らの主題となる人物たちの内的な思考と動機が省かれていたことに対して、この人物たちにふさわしい言葉を創作し、彼らに語らせることによって補った。ブロワのペトルスがクロウランドの聖グスラク（St Guthlac of Crowland）の古い伝記を改訂した労作は、この種の文学的な苦心によって達成しえたものの好例である。確かに、エアドメルスは、彼の聖ウィルフリッドの『伝記』に当世風の装いを与えるさいに、談話を記録するという点で彼の才能を振るった。しかし、アンセルムスについて記すさい、彼が対象とした人物は、彼がその人の談話を聞いた当の人物であり、彼はそれを生き生きと再現することを目標としたのである。私は、こうしたことが同時代の他の伝記作者についてもあてはまるとは思わない。

（2）　聖人の『伝記』

若い時からエアドメルスが望んでいたことは、自分が聖人の『伝記』を書いているということだったことは、ほとんど疑いえない。しかし、この点で彼はある難題をかかえていた。すでに彼は、あるカンタベリーの聖人の『伝記』を執筆しており、その聖人の遺体はカンタベリーにあった（もしくは、あると考えられていた）。だが、ウィルフリッドの生涯は、他の初期の聖人たちすべてと同様に、誕生から死に到るまで、超自然的な出来事に浸されていた。これらの人々の『伝記』において、奇跡的な出来事は、日常生活の単なる付け足しではなく、それどころか、これが彼らの日常生活だった。かつての規模の奇跡は、実際、一一世紀には望むべくもなかった。しかし、聖性が存在するところではどこでも、数多くの奇跡が起きるだろうという期待は、なお広範囲に残っていた。アンセルムスがカンタベリーにやって来たとき、すでに、彼には奇跡が起き、彼によって奇跡が生じるという人物としての名声が伴っており、エアドメルスも、彼が奇跡だと信じることを一〇九三年に目撃した。それは、ウィンチェスターの火事のさい、バルドゥイヌスの命令で、アンセルムスがそれを鎮火させようと手を差し伸べると、火勢がおさまったという出来事である。(21) これは、彼がイングランドの土に残した最初の奇跡の記録だった。

それゆえ、このときから、初期の聖人たちのモデルがエアドメルスの心にあったかもしれない。それでも、奇跡的な出来事が日常の経験の一部だった古き時代とはまったく異なっていた。エアドメルスが、正当に奇跡と見なされうる事件を知ったのは、ようやく一〇九八年、彼が南イタリアのリベリの村にいたときのことだった。農民が井戸を掘るのに適当な場所を探して必死になっていた。アンセルムスは、訴えを聞き届けたが、彼らに掘るように命じた場所は、水など湧き出てきそうもない場所だった。しかし、数日の作業の後、新鮮な水が岩のあいだから迸り出たのである。(22) 昔の聖人たちに比べると、それは大層なことではなかった。より幸運にもそれを見ることができた人もいたし、あまり正確にそれについて語ることもできない人もいたが、エアドメルスは、喜んで彼らが語ったことを記録した。しかし、彼自身は、彼らが見たことを目撃できなかった。

このエアドメルスの経験と洞察力の特性が、彼の執筆した伝記の性質を決定することに、大いに寄与したのだから、それを強調することは必要である。エアドメルスの叙述に欠落しているある物語を、バルドゥイヌスとアレクサンデルが語っているが、その語り方は両者ともに無味乾燥だった。この違いを知ろうとするなら、われわれとしては、リヨンにおける盲人の癒しに関するアレクサンデルの説明と、クリュニーへの途上で狂女を癒したことに関するエアドメルスの説明を比較するだけでよかろう。アレクサンデルの説明は疑いの余地を残さない。盲人が騒ぎ始める。アンセルムスはわけを知るために人をやる。アレクサンデルはつぎのように報告する。アンセルムスは、その盲人の男に出てくるように言う。彼は十字を切り、男の目に聖水を振りかける。男は完全に視力を取り戻して去ってゆくのである。

エアドメルスの記述方法はまったく違う。彼は、状況の詳細も含めて出来事を報告するが、決定的な結果を見逃すという驚くべき失敗をする。彼とアンセルムスが馬に乗ってクリュニーへ赴く。聖職者が近づいてきて、彼の狂った姉妹を癒してほしいと願う。アンセルムスは彼の涙の嘆願に耳を貸さず、馬に乗る。男は執拗に願う。アンセルムスはなおも彼を追い払う。彼らは、狂った身振りの女を押さえつけている群衆のところにやって来る。群衆はアンセルムスの手綱をつかみ、彼女の上に手を置いてくれと嘆願する。彼はなおも拒む。彼らはアンセルムスをののしる。とうとう、彼は不憫に思い、十字を切ると、嘆きながら頭巾をかぶり、同行者たちを残したまま、すぐに馬で立ち去る。これがエアドメルスの物語の語り方である。真に迫る詳細な描写を行ないながら、しかし、ゆっくりと核心へと近づいてゆく。だが結局、彼は、この女が癒されたかどうかを、語ることができない。彼が語ることができるのは、うわさで聞いたことだけである。彼は、自分が聞いたことを信じたが、いかなる癒しも目撃しなかった。これは、奇跡的な物語の語り方ではなく、現実の生活において物事がどのように起きたのか、ということなのである(23)。

エアドメルスが、紋切り型の奇跡を満載した著作を書くつもりがなかったことは明らかだが、それにもかかわらず数頁の大部分を陳腐な奇跡的事柄で埋めた。そこは、一一〇〇年から一一〇九年までの公式書簡に占められていない頁である。しかし、これらの頁ですら、彼の几帳面な洞察力が保持されており、記された奇跡は、他の人が目撃したもので、彼自身が見たものではない。彼自身が体験した非常に数少ない明確な奇跡的出来事の一つは、アンセルムスの死後、超自然的な仕方でバルサムが補給されたことと、石棺が拡大したことであった。だが、アンセルムスの墓所で奇跡が溢れ出て、彼の聖性を証するようなこともなく、エアドメルスも、死後の豊富な奇跡的出来事を加えることもできずに、彼の著作を終わらせる他はなかった。さらに、一一〇九年と一一一四年のあいだに、二つの小さな奇跡が報告された。彼は、これらを、著作を破棄するようにというアンセルムスの命令に従わなかったことの告白と共に付け加えた。一一一六年にエアドメルスが国外に出たとき、この著作はこうした状態だった。一一一九年に彼がカンタベリーに戻ったとき、彼は、上述のように、『新時代の歴史』の加筆に取り掛かった。だが、一一二二年一〇月の大司教ラルフの死まで、彼が『アンセルムス伝』に何らかの加筆をしたようには見えない。

この頃までに、アンセルムスが聖人として扱われるべきか否かという問題の解決が、しだいに急を要するようになっていった。エアドメルスの言葉によると、「アンセルムスへの愛情がなお赤熱していた」友人たちの数は、しだいに減りつつあった。さらに当惑させることには、彼を大失敗者と考える人々の数が増えつつあった。他方、もどかしいほどにゆっくりとはいえ、記録された奇跡の数も増えていった。エアドメルスは意を決して、アンセルムスの『伝記』がダンスタンやオズワルドの『伝記』に比肩するように、奇跡に関する補遺を付け加えることにした。いまや、彼は人生の最終段階にいた。先唱者として、祈祷書の編纂の責任をもち、また征服以前の日々の共同体を記憶する者たちの最後の者として。もしアンセルムスがカンタベリーの聖人たちの偉大な列に加えられるとしたら、今がそのときだった。

そしてエアドメルスが『アンセルムス伝』に付け加えた『奇跡の書』は、アンセルムスへの彼の最後の奉仕だった。アンセルムスが没して一四年が過ぎ去っていたにもかかわらず、依然として記録に値する奇跡の数はごくわずかだった。いくつかの幻視、アンセルムスの帯によって癒された何人かの人々、ベリーのセント・エドマンズの火災の鎮火が、新たに見つかった奇跡として書き留められた。しかし、それはたいしたことではなかった。アンセルムスの霊的な力に関するカンタベリーの若い修道士たちの疑念は、容易に理解することができた。彼らの中には、エアドメルスが書き過ぎるぐらいに書いたが、あまりにも証明が少ない、と悪口を言いふらす者もいた。しかし、徐々に形勢は変化していった。アンセルムスの墓は、カンタベリーの最も新しい聖人としての彼の助言と助けを求める人々にとって拠り所となっていった。奇跡に関する補遺を書き加え、アンセルムスの『伝記』を一一二五年頃に新たに編纂されたカンタベリー『大朗読集』に入れるにあたり、エアドメルスは、彼の師への崇敬を後世に残るものとするために、もてる力のすべてをふりしぼった。[24] もしそれ以上に何か書き加えられるべきだったとしても、それは彼の手にあまることだった。震える指で何とかペンを動かして記した、と彼が言うとき、それは文字通りのことを意味していただろう。彼にはそれ以上のことはできなかった。彼の達成したことは、カンタベリーの聖人たちの中にアンセルムスの場所を設けることができた、ということであった。

三　アンセルムスの足跡に従って

(1)　模倣が成功した領域

アンセルムスの談話は、彼の聞き手を常に興奮させたが、しかし、彼の思弁的かつ敬虔な革新の宏大な領域の唯一の部分として、彼の弟子たちが後世に残る貢献ができると考えた部分は、彼らの『祈祷』と『瞑想』にあった。この理由を見つけ出すことは難しくはない。アンセルムスの神学において、彼は、厳密な論証の方法を完成した。だがそこに貢献ができるのは、彼に匹敵する明晰さと力をもった知性だけであり、それらの資質が正統信仰の発展の路線に関する明確な理解に結びつけられた場合にのみ、安全になされうることだった。しかし、それは実際には稀有な結合だった。さらに、アンセルムスが顕著な足跡を残した他の領域——彼の友愛の書簡——においてさえ、彼の在世中ですら見られたいくつかの徴候は、彼の言語があまりにも多くの誤解を招きやすいために、模倣されなかったという点である。[25] しかし、『瞑想』と『祈祷』において彼は、多くの模倣者を魅了した鉱脈を掘り当てた。それどころか、主たる弱点は、それがあまりにも簡単すぎて模倣できないということだった。つまり、精神を厳格に集中させなくとも、アンセルムスの文体を模倣することは容易だが、こうした集中を欠くと、アンセルムスの文体は、甘く感傷的であり、ときには、ほとんど幼稚であるとすら思われるのである。[26] もっと後の世代にとって、彼らの作品は、アンセルムス自身の作品と見分けがつかないように思われた。

アンセルムスの友人たちの祈祷と瞑想は、彼を知った人々に彼がもたらした表現の拡大を証しするものとして、彼の伝記にしかるべき場所を占めている。そうした人々とは、とりわけ、征服による略奪を知っていたイングランドの人々と思われる。征服前の修道院共同体には、自分自身を新たな仕方で表現しようとしていた人々がいたことの、いくつかの兆候がある。しかし、彼らは、置かれた環境の諸制約に縛られ、そして後には新しい貴族社会の抑圧に縛られていた。この社会が、俗世であろうと修道院であろうと、容赦なく、古い社会にすっかり取って代わったのである。唯一、視覚芸術においては、アングロ・サクソンの表現の自由が存続したが、少なくとも一世代のあいだに書き言葉は衰退した。アンセルムスが彼の友人たちを新たな語り方に導き入れることによって、新たな生命をもたらしたのは、この点であった。

これらの模倣に成功した者たちの中で、エアドメルスは、主として、彼が常に単なる模倣者以上の者だったことから、高い位置、おそらくは最高の位置を占めている。彼にはわけがあった。すなわち、カンタベリーの偉大な過去の復興である。他のすべての人々と同様に、彼もアンセルムスの知的な理解力と容赦のない自己吟味を欠いていたけれども、彼には、過去に対する感覚、観察眼、そしておそらくアンセルムス以上に、自分自身と他の人々への強い関心があった。アンセルムスがいなかったならば、彼は地方の聖人伝作者となり、古イングランドの聖人たちの記録の溝を埋め、想像力に富んだ歴史的な再構成に著しい才能を発揮し、カンタベリーの教会に関わるすべての事柄に倦むことのない好奇心をもち続けただろう。アンセルムスが、信心の表現に関する新たな世界を、彼に開いたのである。アンセルムスは彼に主題を与えた――あるいはむしろ、つぎの二つの主題を与えた。アンセルムスの周りの人々との関係におけるアンセルムス自身という主題、そして聖人たちの役割という主題である。とりわけ、後者は、贖罪の過程における処女マリアの役割についてである。知ってのとおり、これらのうち最初の主題は、半ばにして乱暴に奪い去られた。しかし、第二の主題は、エアドメルスが、彼の修道院共同体における役職を得て、カンタベリーに再び腰を落ち着けるや否や、再度よみがえったのである。

(2)　エアドメルスの『祈祷』と『瞑想』

アンセルムスの肖像と並んで、エアドメルスは四編の『祈祷』と『瞑想』を執筆し、それらは、彼の公の生活(彼はアンセルムス自身に輪をかけてそれに向いていなかった)が終わり、彼のすべての思考が古い共同体の日々の祈りの循環に再び向けられるや否や、彼に及ぼしたアンセルムスの影響がよみがえってきたことの最良の証拠である。それらが、エアドメルスが自分の名を添えるように配慮した唯一の著作であることは、おそらく偶然ではなかろう。それらは、彼自身の内的な生活の表現であり、またアンセルムスが死んでから一四年間のさまざまな不幸を経て、彼がアンセルムスに立ち返ったことの表現である。最初の著作は、アンセルムスの在世中に書かれたと思われる唯一のものである。他の著作は、どれもエアドメルスの晩年に属している。もはやカンタベリーの広大な野望に巻き込まれることもなく、落ち着いた、おそらくは感傷的な物思いの中で、アンセルムスと過ごした年月を回顧することができた時期であるが、しかし、ある種の新たな独立した見地が伴っていた。自筆写本においで本人が表題を強調していることは、紛れもないことであり、私は、それらの表題全体を脚注に記すことにする。彼の自筆写本の順序に従うと、それらは以下のとおりである。

i 『聖なる処女マリアの卓越性について(27)』

これは、彼の信心の著作の最初期のものであり、おそらくアンセルムスの在世中に執筆され、またその表題だけをとっても、それがアンセルムスのより有名な祈祷に依拠していることを、十分に明言しているだろう。その形式と表題は、アンセルムスが主たる創始者だった情緒的な敬虔の表現として注目すべきであり、さらにその言葉遣いは、アンセルムスの祈祷の言語の影響を明瞭に示している。

それゆえ、私の兄弟たちよ、私たちの精神を呼び覚まし、かくも偉大な処女の高みに達するよう、できる限り、登っていくことにしよう。(Excitemus ergo mentem nostram fratres mei, et enitamur, quantum possumus, ut in celsitudinem tantae Virginis attendamus.)

あるいはまた

集中させなさい、私の兄弟たちよ、私は懇願する、あなた方の精神の目を集中させ、神の威厳による、かくも驚嘆すべき業、世々にわたってこの婦人によってなされた、かくも言い表しがたく、驚くべき恵みと高挙を観想するようにしなさい。（Erigite, obsecro, fratres mei, erigite aciem mentis vestrae ad contemplandam tam miram divinae dignationis operationem, tam ineffabilem et stupendam omni seculo huius mulieris gratiam et exaltationem.）[28]

こうした文章は、この著作の精神を示している。それは、アンセルムスの『祈祷』において周知となった、個人的かつ感情溢れる手法によって書かれた瞑想だった。だが、精神的な高揚を促す言語と訴えはアンセルムス的であるにもかかわらず、聞き手と論証の方法は異なっている。聞き手は、カンタベリー修道士の全共同体である。対照的に、アンセルムスは、自分の小部屋でひっそりと祈りを捧げている。エアドメルスは、歴史的な熱狂に耽り、アンセルムスは熱烈な内省に専心する。だが、言語と思考の両方において、いくつかの驚くべき類似性がある。アンセルムスが受肉そのものの必然性を証明するように、エアドメルスはマリアの生涯における出来事の必然性を証明しようと試みる。両者共に、歴史的な出来事が神の救済の計画の必然的な帰結として理解可能であることを、示そうと試みているのである。実際、後の世代の人々にとっては、エアドメルスの祈祷の口調と内容がそのようにアンセルムス的に見えたからこそ、それらは、中世を通じ、いやほとんどわれわれ自身の時代に到るまで、一般にはアンセルムスの真正の著作として受け入れられてきたのである。

ii　ペトロへの訴え[29]

この長大な瞑想は、アンセルムスの自己吟味の手法を、ペトロの生涯における出来事に関する一連の歴史的な反芻という形に移し変える。それは、アンセルムスのかなり初期の、またはるかに苦悩に満ちた祈祷の展開であり、手法の点ではこれに由来するが、精神の点ではそこから大幅に逸脱している。アンセルムスの痛ましいまでの鋭い自己吟味に代えて、エアドメルスは、ペトロの生涯の出来事の一つ一つを、思いやりのある穏やかな口調でとうとうと述べる。この結果から、アンセルムスの労作の手法が歴史的な観察力をもつ追随者によって、どのように採用されえたのかということ、そして多様な形式への展開を許す自由こそがアンセルムスの祈祷の成功の秘密であることが示される。それらはすべて、さまざまな形で希釈された後代の作品に見いだされるのである。

iii　エアドメルスの守護天使

晩年、エアドメルスの思いは、おのずからアンセルムスと共に過ごした年月に回帰していくことがしばしばあった。彼の回想の一つは、彼らの追放の時期——ことによると、リヨンでの月日だったかもしれない。つまり、アンセルムスの言葉と働きに関するエアドメルスの報告の将来について、彼とアンセルムスが決定的な言葉を交わしたときである。以下は、エアドメルスの回想である。[30]

私が生まれた土地そして故国の人々と友人から遠く離れ、私は、しばしば、机に向かい、心に浮かぶ多くのことを思い巡らした。それらは、はかなく移り行く事柄もあれば——ごくまれではあるが——永遠の事柄もあった。時おり、私の犯した罪の計り知れない大きさに圧倒され、いつまでこれを耐えなければならないのか、神の慈しみは与えられないのかという困惑と不安で、ため息をついた。私は、邪悪な霊の攻撃から私を守るために、神がある善なる守護者を代理として遣わして下さったのを見たような気がした。……このことについてしばしば瞑想するうちに、私は、私の守護者の名前を知りたいと切に願うようになった。そうすれば、できるときには、何らかの敬虔の業によって彼を讃えることができるからである。ある晩、私が眠りに落ちたとき、誰かが私の傍らに立ち、私の祈りが聞き届けられたこと、私が知りたいと願っていた名前をはっきりと知ることができるだろうと告げた――ガブリエルだった。

iv　無原罪の御やどりに関するエアドメルスの瞑想(31)

エアドメルスの最も重要な瞑想の執筆を促した理由は、聖処女マリアの無原罪の御やどりに関する教説だった。それがエアドメルスの心を動かした理由は二つある。第一に、それは、ランフランクスがカンタベリーの教会暦から棄却したアングロ・サクソンの祝日の一つだったことである。第二に、アンセルムスがこの教説を、神学的な根拠に基づいて、支持することができなかったことである。けれども、アンセルムスが沈黙したところで、エアドメルスは語り、まったく予想もしなかった成功を収めたのである。

この問題は、両者の依存関係と独自性を検討するさいに、特別の重要性をもっている。つまり、エアドメルスの最も重要な『瞑想』において、『アンセルムス伝』を萎縮させたアンセルムスとエアドメルスの不和が、ある意味では強められ、別の意味では修復されたのである。それは、アンセルムスが指し示した方向へと教説を擁護したが、しかし、彼が手を引いたところから、それを行なったのである。それどころか、エアドメルスのアンセルムスに対する関係の成り行き全体を再検討すると、この状況への奇妙な適合性がある。エアドメルスは、この著作において、方法の点ではアンセルムスに従ったが、教説の点では彼の先を行った。同じ道に沿って進みながら、アンセルムスが不可とした到着点に達したのである。それは、エアドメルスが彼の弟子であった複雑な期間全体の寓意と言ってもよかろう。

エアドメルスの論証の中身を詳細に吟味することは、この研究の範囲をはるかに超えることになろう。しかし、その概略、この論証を呼び起こした歴史的な状況、まったく予想もできなかった成功については、少なくとも略述されるべきである。

聖ペトロとエアドメルスの守護天使への二つの祈祷と同様、これは、彼の晩年に属する著作であり、カンタベリー教会の諸権利のための闘士としての彼の大望は費え、しだいに瞑想、祈り、そして先唱者としての務めに心を向けつつあったときである。この方向転換は、彼の心をアングロ・サクソンの信心の諸慣習へと回帰させたが、これを守ることこそ、アンセルムスがカンタベリー共同体の繁栄のために果たした貢献の第一の、そして最も成功したことだった。エアドメルス自身の言葉を使うなら、彼はつぎのように回想した。

かつて、神の聖母マリアの御やどりの祝日は、とりわけ純粋な素朴さと神に対する謙虚な信心に溢れた人々によって、かなり広く祝われていた。けれども、その後、知識が加わり、ものごとを問い質そうとする増長した風潮が人々の心を汚染し、高ぶらせたために、貧しい人々の純朴さは蔑まれ、この祝日の祝いは取り除かれ、根拠がないものとして完全に廃止された(32)。

「この廃止を実行したのは、偉大な権威をもつ富んだ人々で、しかも、彼らが行なったことの根拠を提示することができる人々だった」と彼は述べる。彼は、ランフランクスの名こそ挙げてはいないが、こう記したときに、彼の念頭にあったのはランフランクスの名であったに違いない。ことによると、彼がまさしく感じたのは、忠実な弟子が浸ることのできたいくばくかの勝利感であり、アンセルムスですら、彼の驚くべき才能をもってしてもこの問題の理解を得ることができなかった、ということかもしれない。そしていまや、過去の年月のあらゆる失敗にもかかわらず、彼は、アンセルムスから学んだ方法に基づいて、現在の論法に対して過去の純朴さを擁護することにおいて、新たな局面を開いたという手ごたえを感じたのである。それゆえ、彼の人生のまさしく最後、それまで彼がアンセルムスの名において擁護してきた他の事柄があまりにも多く崩壊していくときに、彼は、それまでアングロ・サクソン教会の敬虔を形成し、沈黙していた本来の素質を神学的に擁護するためのアンセルムス的な手法を、発見しつつあったのである。

エアドメルスの信心に関する著作の大部分は、地域的な意義しかもっていなかったが、無原罪の御やどりに関する著作においては、彼は、自分が感じていた以上に、はるかに重大な冒険に乗り出したのである。彼は、自分が地域的な信心を擁護していると考えていた。だが、実際には、彼は、国際的な出来事の発端にいたのである。彼の論考そしてそれが唱導した主張には、彼が予測しえた以上に、重大な将来が待ち構えていたのである。

この復興を取り巻く雰囲気は、到る所で以前よりもはるかに好意的だった。他の教会の修道士たちは、ウェストミンスター、ラムジー、ベリー・セント・エドマンズでも、彼らの古来の敬虔の復興を求めていた。とりわけ、セント・エドマンズでは、いまやアンセルムスの甥が修道院長となっていた。他の復興の兆しの中でも、一二月八日のマリアの御やどりの祝日の再現は、古くからのいくつかのイングランド修道院の典礼暦における顕著な特徴となっていった。エアドメルスの論考がこの復興に何らかの直接的な影響を及ぼしたようには見えない。たぶん、最初は、奇跡物語の収集がしだいに増加していったことのほうがより重要だろう。これらの中の一つに、一〇八五年頃に海上での嵐のさい、ラムジー修道院長エルサイ（Elsi, Elsinus）に聖母マリアが奇跡的に顕現したという物語があった。マリアは、船を救うことを約束し、その代わりに、彼女の御やどりの祝日を祝う慣行を広める務めをエルサイに課した。「エルサイ」という名が、ノルマン人世界では信用を得られるような名ではなかったので、この物語にはより適切な保護者の名が冠せられた。すなわち、同僚の司教たちにこの祝日の慣行を奨励するため、大司教アンセルムスによって執筆された回状として書き直されたのである。誰がこうしたささやかな偽造を考えたのかは不明だが、結局、大成功を収めた。この書簡とエアドメルスの論考は、しだいに有名になった。両者はアンセルムスの名を冠せられ、中世後期において無原罪の御やどりの祝日を支持するさいに、頻繁に引用された[33]。

こうした物語の流布は、ある目的の賛同者を獲得するあらゆる方法の中で、最も容易な方法ではあるが、エアドメルスが選択したのは、異なった方法、つまり神学的な根拠に基づいてこの祝日の祝いを擁護するという、よりアンセルムス的な方法だった。彼の主要な論拠は、アンセルムス自身によって導入された推論の線に従うものだった。それを分かりやすく簡潔に言い換えると以下のようになるだろう。

神がなさるすべてのことは、考えられる最善の仕方で行なわれる。つまり、選択された手段は、目的の卓越性に最もよく合致するものでなければならない。それゆえ、キリストは、この出来事の至高の卓越性に最もよく合致する仕方で誕生しなければならなかった。このことから、キリストは処女から生まれるべきであるということが必然的だったことが帰結した。さらにまた、この処女には罪がないということも必然的である。（もしこのことが可能だったとしたら、彼女自身が罪なくして懐胎されるべきだったということも必然的である）。これらの条件に合致することは神にふさわしいことであるから、それらが合致させられるべきことは必然的だった（それゆえ、マリアが罪なくして懐胎されたことは必然的であった）。

適合性によるこの論証は、アンセルムスの『神はなぜ人間となったか』において、なぜ御子の犠牲以外の他の贖罪の方法が神の完全性と両立できないのかを説明するために、展開された[34]。この論証にエアドメルスが付け加えたことは、罪のないマリアが原罪なしに懐胎されるという仕方とは別の仕方で誕生することは、いかなる仕方であれ、キリストの人間的な完全性の源泉と両立できないということだった。

実際には、われわれも知っているし、またエアドメルスも知っていたに違いないが、アンセルムスは、これを承認しなかっただろう。彼は、いかなる人も、マリアですらも、受肉の厳格な必然性を破壊することなしに、原罪を免れうることはないと考えていたのである。エアドメルス自身も、処女マリアの卓越性に関する彼の初期の『瞑想』の中でこの見解を表明した。しかし、一一二〇年代の終わり頃に、エアドメルスは考えを変更し、その結果がこの新しい『瞑想』だった。それは、エアドメルスの他のどの著作にもまして、彼が心に抱き、達成したことの最大限の複雑さを例証するものである。それは、カンタベリー共同体の古来の慣習の復活に貢献し、やがてヨーロッパ中に広がることになる一地域の敬虔に、最初の神学的な表現を与えた。それは、アンセルムスの仕事をもう一段階進め、そしてアンセルムスの名で、中世教会史における注目すべき陸標となった。世の人々は、それをアンセルムスの著作と呼んだが、——まったくはからずも——それは、アンセルムスの名声の普及に対するエアドメルスの最も偉大な貢献であった。

歴史の奇妙な偶然、それは、アンセルムスとエアドメルスの最終的な一致への補遺として、想起されるだろうが、この偶然によって、われわれは、歴史の重要な契機における同化の過程を観察することができるのである。一三二〇年頃、オックスフォードのカルメル会士ジョン・ベーコンソープ（John Baconthorpe）は、マリアの無原罪の御やどりの教説を「空想的なたぐいの異端」と述べた。しかし、その後、彼は、アンセルムスに帰せられた書物——実際にはエアドメルスの著作——を見つけたと記している。

私は、アンセルムスが、『聖処女マリアの御やどりについて』と題された論考で、彼女が原罪に罹患していなかったと考えていることを見いだしたが、この論考を私は、ケンブリッジのフランシスコ会修道院で発見し、また後にはパリでも一般の書籍商で発見した。(35)

それゆえ、一三二〇年代には、エアドメルスの書物は、広く流布し始めていたのだが、無名の修道士によるものではなく、ようやくその見解と論証の方法が広範囲の議論と同意を呼び起こし始めていた一人の神学者の名前を冠せられて、流布し始めたのである。論争の的となっていた教説にアンセルムスの名が結びつけられたことは、ジョン・ベーコンソープ以外の多くの人々にも再考を迫ったにちがいない。一三二八年、大司教サイモン・メオファム（Simon Meopham）の下で開催されたロンドンの管区会議は、明らかにこの著作の助力を得て、カンタベリー管区の全教会で御やどりの祝日が祝われるべきことを命ずるさいに、アンセルムスの権威を引用した。(36)一世紀後の一四三八年、バーゼル公会議は、この祝日を祝う義務を命ずる中で、アンセルムスの名を冠せられたエアドメルスの著作の一部分が、朝課において朗読されるべきことを規定した。(37)

ヨーロッパ的な影響を及ぼすに到るまで命脈を保ったエアドメルスの一著作が――アンセルムスの影響が著しく強かったとしても――アンセルムスに対立する結論に到ったことは、アンセルムスとエアドメルスの関係、それどころかアンセルムスが彼の弟子たちに与えた影響の複雑な物語にふさわしい結末である。さらにまた、この著作が、重要な点でアンセルムスの考えに反していたにもかかわらず、成功を収めたのは、それがアンセルムス自身によって書かれたという確信によっていた。ことの顛末の曖昧さは、アンセルムスの影響の変わることのない諸特徴の一つを明らかにしている。彼は、最も明晰で断固とした著作家の一人であり、自分が何を意図していたかを正確に知っていたにもかかわらず、正反対の可能性に溢れる多彩なきらめきを、各々の主題の上に投げかけたのである。

第一八章　回　顧

一　彼の時代におけるアンセルムス：二つの世界のあいだに

これまでの章において、以下の諸点でアンセルムスの発展を辿ってきた。すなわち、祈祷と瞑想、友愛、哲学と神学および神学的な論争、大司教としての彼の位置、カンタベリーの修道院共同体における彼の活動、彼の説教と打ち解けた談話の記録、彼の書簡の収集、そして最後に、彼の同行者、弟子、報告者でもあり、また——重要な時機に——造反者となった彼との伝記作者と彼との関係である。

おおざっぱに言うと、われわれは、アンセルムスが一〇五九年にベックに来たときから、彼の発展全体を貫く三本の糸が走っていることを見いだした。第一は、ランフランクスの影響である。ランフランクスは彼に知的な手段を提供し、また彼の経歴のすべての段階で、彼はランフランクスの足跡に従った。第二は、思考と感情の一貫した個人的な表現法である。それは、多分に、彼がアウグスティヌスの言語と思想に浸りきっていたことによるのだが、それらが彼の精神を形成した後に執筆したのが、現在残されている彼の著作である。これらの影響は、彼の初期の『祈祷』と書簡、そして『プロスロギオン』で頂点に達する瞑想にインスピレーションを与えた。

第三に、一〇七八年以後は、修道院外部の世界からの新たな諸影響の下で、多様化する年月である。ベックに寄贈する門閥が繁栄した結果として、ベックの分院の数が増し、このことがアンセルムスの司牧的な責任の領域を拡大した。彼の神学的な探究の領域も拡大されたが、それは、ロスケリヌスによる敵対的な刺激、ギルベルトゥス・クリスピヌスが彼に語ったユダヤ人の論証、そしてボソーによって報告されたランの学校の教説の刺激によるものだった。これらの影響は、一〇七八年の『プロスロギオン』完成から一〇九八年の『神はなぜ人間となったか』の完成に到るまでのアンセルムスの神学の第二の時期に貢献した。

そして最後に、カンタベリー大司教として置かれた状況から、彼は、地域の宗教的な伝統に関する彼の見解を明確にするに到った。また、とりわけリヨンのフーゴーに代表される、教会政治に関するヒルデブラント的な新体制は、カンタベリーの教会の首位権の主張に体現される緩やかな連合体制の教会と、特にグレゴリウス七世に結びつけられた中央集権化された教会組織とのあいだの不安定な均衡に、彼が立つことを余儀なくさせた。そして後者がしだいに広範囲の同意を獲得していくことになる。

明らかに、アンセルムスの成長を呼び起こした張本人は、ランフランクスだった。彼は、アンセルムスが確固とした指導を最も必要としたときに、彼を落ち着かせただけでなく、アンセルムスが四年間ベネディクトゥスの規律とアウグスティヌスの思想に懸命に没頭したのち、ランフランクスはベックを離れることによって、彼に独力で発展する自由を与えたのである。アンセルムスは、新しい世代の修道士たちを訓練する責任を、ランフランクスから引き継いだが、それによって彼は、彼の思想に熱心に耳を傾ける若い人々のグループを獲得した。彼の最も親密な友人の何人かが、早い時期にベックからカンタベリーに移ったことは、彼の最初期の書簡がほとばしり出る直接の引き金となった。そして、これらの書簡は彼の人生に新たな段階を開き、それが『モノロギオン』と『プロスロギオン』という偉大な瞑想で頂点に達したのである。

同様の経過による拡大は、一〇七八年に彼が修道院長に選出された後も続いた。彼の神学的な関心も拡大し、意志と行為との関係を含むようになり、修道生活面での活動も拡大し、ベックと結びついた修道士、寡婦、隠者の小さな共同体の宗教的な生活に関しても責任を負うことになった。最後に、ロスケリヌスとの対決、そしてカンタベリーへの移動によって、彼は、新たな——それ自体としては喜ばしいことでなかったが、結果としては拡大する——体験、つまりこの時代に徐々に増えてきた論争を体験することになったのである。

カンタベリー教会の諸権利とより広い意味での教会の規律を保持するために負った責任は、彼の発展の自然な成り行きを、はじめて現実的に阻止するものだった。だが、ある意味で大司教職は、彼が最も好み、最も才能を発揮できる仕事のための新たな機会も提供した。懇切丁寧な指導の下に修道院共同体に自力で発展する自由を与えることほど彼が得意としたことはなく、豊かだが一風変わった信心の資源をもったカンタベリーの共同体を、共感を抱いて指導したことは、この共同体の後の発展に深い印象を残した。この仕事の過程で、彼自身の信心の革新と古いイングランド教会の敬虔とが複雑かつ実り豊かに混合するということが生じた。したがって、カンタベリーでの最後の日々の弟子と友人が、信心に関する彼の著作と方法を保持し、継承することに最も積極的になったのも、偶然ではなかった。

けれども、対照的に、行政管理の仕事は、彼にとって常に重荷だった。彼には通常の雑務において何が起こりうるかを察知するセンスが欠けていたため、うまくこなすことができなかったのである。政治的な行動において彼が示した振舞いは、一心不乱に打ち込む学者のそれであって、修道生活によって方向づけられた世界観の中に明確な位置づけをもたない諸問題を取り扱うときに、彼がとることのできた振舞いと同じだった。リヨンのフーゴー、そして彼に代表される教皇庁の理論家たちと接触することにより、彼は、外部の世界との関係で教会を組織化する新たな方策と接触することになり、また多少はその方策を採用することにもなった。しかし、それは、彼が決して自分自身の思想の中に吸収することのなかった理想だった。偉大な修道制の過去の生きた証人であるカンタベリーの共同体だけに、彼は忠誠を尽くした。このために、彼はその首位権の要求を保持することに全力を注いだが、この運動は実りのないものであることが明らかとなった。この時代の西欧の発展の主流に反していたからである。

行政管理者としての彼の無能力は、学者にありがちな優柔不断から生じたのではなく、彼の確信の深さに起因した。世俗的な人々の考えや目的は、彼を困惑させることはあっても、彼の関心を呼び起こすことはなかった。どうして天国と地獄を信じる人が、永遠の幸福を犠牲にして、この世の利益を優先するほど鈍感なのかが、彼には理解できなかっただけである。大司教としての彼の世界は、こうした人々に溢れており、彼らに対処するさいに、彼が失敗することは明らかだった。彼らの打算についていくことができないだけでなく、不満を募らせることにすらなったからである。しかし、廉直で自己犠牲的な人が公の場で行動する場合には、当然のことながら、その行動は、しばしば予期せぬ結果をもたらすことがあり、ときには、より攻撃的な政治家の政策以上に実際的な結果をもたらすこともある。彼の二度の長期追放が適例である。それは、何も達成しなかったが、中世史において最も成果をもたらした追放――トマス・ベケットの追放――に模範を提供した。しかし、アンセルムスに関する限り、彼の追放の期間は、明確な目的もなく、結果がどうであれ、それらは偶然の事柄だった。

何らかの大きな目的に照らして結果を評価し、この目的がどれほど達成されたかを問うことは誤りである。彼が自分自身の責任と感じていた唯一の実際的な目的は、ベックとカンタベリーの共同体、そして彼の影響力が及びうる他のすべての場所で、最大限に宗教的な献身が果たされるように、修道生活を保持することだった。この仕事に彼は全力を注いだが、味わったのは失望だった。彼がベックを離れるときに生じた批判と敵意は、彼を大いに苦しめ、そしておそらくは、これが彼の友愛に関する後期の書簡がもつ抑制された調子の原因の一つとなったのだろう。カンタベリーでは、彼の長期の不在、そして彼が望んだほどには十分に共同体の権利を守ることができなかったことが批判も招き、また、おそらく、エアドメルスが彼の『伝記』を棄却するようにという命令に従わなかったことを知り、これらがみな、彼の晩年に影を落とした。しかし、真理と正義の範囲内そして実際的な事柄における彼自身の不十分な対応能力の範囲内では、彼もできるだけのことは果たしたと考えた。

彼はこうした義務を免れたいという願いを頻繁に表明するが、それは文字通りに受け取られるべきである。彼は、公的に注目されることを好むことも望むこともなかった。それにもかかわらず、無理やり押し付けられて受諾した地位は、彼がしたいと望んでいた事柄のいくつかを実現するための新たな機会をもたらした。それらは、彼の神学的な視野を広げ、新たな問題が導き入れられることによって、彼の瞑想の視界を拡大したのである。修道院長として、ついで大司教としての彼の責任は、彼自身の修道院共同体以外の共同体の男女の生活を形成する機会を提供した。ロスケリヌスとの争いそしてユダヤ人との論争や学校での論争がしだいに多くなったことは、彼の偉大な神学的著作に新たな方向を与えた。カンタベリーにおける彼の友人は、彼による信心の革新の視界と影響を拡大し、新たな弟子たちの小さなグループができた。その中には、彼の伝記作者と歴史家がおり、彼の談話と説教を記録し、彼の書簡を保管する役割を主として担ったのも彼らだった。

一〇五九年以降の彼の人生のすべての時期を通して、彼の友人および弟子との関係は、ある意味では、異常なまでに熱烈であるが、しかし厳格な規律と目的に制御され、その一致が天国においてしか完成されえないことを、実際的に証明していた。弟子も友人も彼の思想を導き出すことに重要な役割を担ったが、彼の神学的な論証の方法を卓越した高水準で維持し、彼の死後も存続する伝統を確立するほどに活発な活躍をした者は、カンタベリーにもベックにもいなかった。それどころか、彼の孤独な内省的方法は、いかなる環境であっても、持続的な伝統の源となりえたかどうかは疑わしい。われわれは、一二世紀前半を通じて、彼の弟子たちの執筆の仕方においても、また彼らが執筆した主題においても、ベックとカンタベリーの修道院著作家からなるアンセルムス的な学統の存続をたどることができる。(1) しかし、彼らの類似点は、文体と主題であって、妥協することなく精確さを探求するというアンセルムスの全思想を特徴づける点ではなかった。彼を知る人々が死んでしまうと、彼の持続的な影響の糸は途切れ、彼の思考方法への回帰に適した環境が生じたときに、断続的に復活するだけだった。

同時代の世界の形成に主として影響力をもった学者や宗教界の指導者は、多彩な能力をもち、ヨーロッパの多くの地域に広範囲に及ぶ影響力を行使するのに適した環境の中で活躍した。彼の同時代人の中ではランのアンセルムス、そして後のベルナルドゥス、サン＝ヴィクトルのフーゴー、さらに、その活動はアンセルムスの死後に開始するが、アベラルドゥスがいる。これらの人々にはすべて、ヨーロッパの宗教的な思想と生活の後の発展に重要な意味をもつ貢献を果たす弟子たちがいた。シトー会士あるいは学校の教師として、彼らはみな、同時代の世界において、明確な目的をもち、影響力を及ぼしつつ拡大していくグループに属していた。シトー会の強固な修道院的な団結力、学校における知的な努力の強い衝撃力、ベルナルドゥスの活発な雄弁、アベラルドゥスの活力と伝達力に溢れた弁証論理学、これらはことごとく、彼らの思想と弟子たちが直接的な影響力をもつことを保証するのに役立った。こうした影響力をアンセルムスに求めることはできまい。

アンセルムスの影響が相手を選んで、ゆっくりと及んでいく性質のものであることは、彼の経歴の初期の段階から明白である。彼の影響は個々人に浸透したとはいえ、彼が同世代において、決して精力的な指導者とならなかったのは、彼の性格による部分もあった。彼の時代のヨーロッパの思想と政治を再形成する二つの活力――スコラ的な思想そしてヒルデブラントの改革運動から波及する諸結果――は共に、方法と展望において、彼とはまったく異質なものだった。それゆえ、何よりも重要なことは、彼の信奉者は、彼の記憶を保持しまた遠い将来に息吹を与えるものとしての彼の著作を保持できた少数の気の合った者だけになる、ということである。

ヨーロッパの一連の主だった人物の中に彼を明確に位置づけようとする試みにおいて、かつては「最後の教父にして最初のスコラ学者」と見なす人々もいたし、それは、ある種の魅力的な見解である。だが厄介な問題も引き起こす。彼は、一方でもなければ、他方でもない。彼は、教父の世紀とスコラ学の世紀の中間、最良の呼称として「ベネディクトゥスの世紀」と呼ぶことのできる時代を代表している。この世紀は、知的な伝統が貧弱で目的が単一であるという点で、教父の世界とはまったく異なっていた。教父たちの思想は、徐々にキリスト教が征服していった古代世界の文化との偉大な混合によって形成されていたからである。そして同じくこの世紀は、一二世紀以降の思想と政治が精緻に組織化されていく時代とも異なっていたのである。

アンセルムスの中には、教父たちがもつ内容の豊富さも視野の広さもなく、また素材の蓄積もなかったため、それらが思考と実践の大きなまとまりになることもなかった。これは、スコラ学の世紀を特徴づけることである。彼は、大量の素材を組織化することも、法や政治の新たな手続きを創出することにも関心がなかった。これは一二世紀ないし一三世紀の学校が成し遂げた偉大な功績である。彼の方法は、孤独で平和な観想であり、彼の思想は、反対意見との対決によってではなく、概念の意味を瞑想することによって成長した。彼が目指したのは、強烈な洞察力と結びつけられた厳格な構成だった。

だが、一つの点で彼は後のスコラ神学者と同じだった。実在の全体を記述する単一の方法をもっていたという点である。彼の著作は数も多くはなく、主題もばらばらのように見え、また完結することを求めていないが、そこには本質的な統一性が隠されている。後の神学的な著作家の場合、彼らの体系は外観上のことである。彼らは、神から天使へ、天使から人間へ、そして人間の堕落から秘跡へと筆を進める。アンセルムスの場合、体系は内在的である。一見しただけでは分からないが、確かに存在する。スコラ学との関係で彼が占める位置は、ニュートンから今日に到るまでの科学運動との関係でデカルトが占める位置と同様である。ニュートンと彼の後継者の目からすると、デカルトは、彼の詳細な科学的諸概念の大部分で誤りを犯しているが、物理的な宇宙を記述する単一の方法を探求した点で彼らの先駆者だったのである。これこそ、アンセルムスがキリスト教信仰の理解可能な世界に関して実行したことだった。彼は以下の根本的な問題に答えるために全生活を捧げた。宇宙とはいかなるものか、神とはいかなるものか、創造者に対して十字架上での処刑を求めた被造物にふさわしい行為とはどのようなものか。

アンセルムスの体系、あるいは記録された彼の言葉と行動に、どのような判断が下されようと、それらは、彼に出会った人を刺激する独特な力をもち、今日もなお、この力は損なわれずに保持されている。アンセルムスには、たんにありきたりということが一切ない。状況や彼の周囲の人々の考えしだいで、彼自身の応答がかなり左右されてしまうような領域ですら——たとえばカンタベリーの首位権に関わることはすべてそうだが——彼は、実際の行動に対処する理想の明確な定義を提示した。頭に抱いたこの明確なイメージは、教会政治家としての彼の活動には功を奏しなかったが、観想的な神学者にとっては欠くことのできないものであり、それが彼をいかにも自然な革新者に仕立て上げたのである。彼はいかなる学校も創設せず、またすぐ後の時代は、彼の方法と思想に背を向けた。だが、彼はこの時代の思想、敬虔、政治のあらゆる重要な点に触れ、彼の影響下にあった人々に新たなイメージと新たな思考の路線を与えたのである。

弟子たちに刺激を与える彼の能力は、彼の全生活を通して異彩を放っていたが、思ったほどの実質的な結果をもたらさなかった。弟子たちは、彼の寛大で鋭敏な精神によって行動に駆り立てられ、彼らのうちの二、三人の著作――エアドメルスが卓越し、ギルベルトゥス・クリスピヌスとロチェスター・バトルのロドゥルフスが多少は注目すべき著作を残した――が独創性と実際的な影響力を兼ね備えている。しかし、アンセルムスが将来的に影響を及ぼしたのは、彼らによってではない。彼の神学的な影響は、徐々に浸透し、ときおり湧き上がった。彼の真の人柄は常に賞賛された。だが、彼が最も持続的な影響を及ぼした個人的な祈祷と瞑想の領域において、彼の真正な著作は、おびただしい数の浅薄なまがい物の底に沈んでしまった。これらのまがい物の中には、それなりに良いものもあるが、アンセルムスの初期の作品がもつ激しさ、苦悶を保持するものは、一編たりとてなかった。

彼の弟子たちは、明確な印象を将来に残さなかったが、しかし、彼の書簡の収集と説教、談話の記録によって、彼の影響が生き続けることを手助けし、またこれらの資料に彼らは、自分たち自身の凡庸ではあるが、無視できない付録を加えた。これらの活動すべての中で、エアドメルスが主要な役割を演じ、そして――最も重要なことだが――彼の人格に関する記録を残した。それは、広範囲に枝分かれするアンセルムスの仕事に統一性を与えるものであった。そして、この記録だけで、たとえ他のすべてが失われたとしても、アンセルムスの記憶を新鮮なままで保つために十分だろう。

二　アンセルムスの生活と思想の統一性

他の何よりもアンセルムスの思想を刻印する一つの資質があるとしたら、集中的な瞑想から生じる激しさであった。彼が執筆する場合、すべてのことについて、構想力をもつ中心点から書いた。神について書く場合、彼は神の存在に関する体験から書く。ただし、この体験は、さしあたり、「神」という語の理解という体験にすぎない。彼の論証全体は、この理解から発展した。つまり、この語の意味するものが絶対的な存在としてのみ理解されうることで、この語は、それが表わす対象の存在を保証し、それから先の一連の発見を敷設したのである。この論証を形作るとき、彼はたった一人である。さらに、彼が求めたのは独創性ないし個性に他ならなかった。彼が自分の論証から権威を排除したとしても、それは、彼の見解を権威に置換えるためではなかった。まったく逆に、それは権威を目に見えない、論争のかなたにある基礎に深く組み込むことだった。彼が立証しようとした結論は、すでに権威によって明言されていたものだった。彼の体系の特色は、理性が権威をしのぐこともなく、権威に達することもないということだった。理性の領域と信仰の領域は同一だった。その教義が理性によって確証されたがゆえに、信仰が停止することはなかった。だが、理性が信仰に確実性を付け加えることもなかった。それは、明晰さを付け加えるだけだった。

いくつかの点で、彼の資質は数学者のそれである。数学が、すべての結論は前提に含まれているという一連の同語反復にすぎないとしたら、同じことはアンセルムスの論証についても言いうるだろう。たとえば、神の存在に関する彼の論証において、神の存在は論証の目的ではなく、論証を開始するため、それどころか、「神はいない」と言うことが、何を意味するのか――あるいはそれがどのように無意味か――を理解するために、不可欠の前提であることが判明する。語とその内包の真の理解は、われわれの思考能力にとっても、とにかく必要不可欠である。神の存在の必然的な在り様、人間の贖罪に関するキリストの必然的な在り様のように、何らかの教義の真理を確立するための論証に対するアンセルムスの姿勢は、数学者のそれに類似している。数学者が定理の証明を発見する場合、彼はそれが実際には真であることをすでに知っているが、原理的にそれが真であることを証明しようとするのである。

だが、アンセルムスが執筆活動をしていた時代、数学は死語であった。とはいえ、まもなく復活させられるが、アンセルムスの在世中ではなかった。学芸に従事する同時代の人々からは、それだけで彼を満足させるような種類の推論に関するヒントを、得ることができなかった。彼は、自分の方法を、ベックで過ごした若い頃の厳しい沈黙の修練における内省から会得したのである。

一般的に見れば、この時代がアンセルムスのような知性にとって不都合だったということはまずない。スコラ学を準備する時代――つまり、過去の思想の成果を集め、それらを再評価し、再定義された過去の真理を体系的に組み立てるための時代だった。この仕事は、まさしく、一一世紀の後半に、とりわけ北フランスの諸学校で着手された。しかし、アンセルムスが若き日に三年間フランスを旅したさい、彼は、西欧の思想を再形成し始めていた学校の学生たちと交際するために、足を留めることすらなかった。

このこと自体が驚くべき事実とも言える。ランフランクスが、その三〇年前に、ブルグントからトゥーレーヌ地方、そしてル・マンを経てノルマンディーに向かったとき、これらの地域の学校は、アンセルムスが同様に旅したときのそれらの状態よりも、はるかに発展の度合いは低かった。だが、ランフランクスは、そこに何らかの重要性を見いだし、すべてを棄ててベックの修道士となる前に、それらの学校において名を成したのである。けれども、アンセルムスは、古代のテクストを体系的に抜粋し、比較する仕事には、何らの関心も示さなかった。だが、こうした仕事が、つぎの二百年間にわたる知識のスコラ的な再編成をもたらしたのである。

その代わりに、彼が選択したのは、あるいは他の人に選択してもらったのは、修道生活だった。彼が受動的に受け入れた修道生活の形態は、クリュニーほどに込み入ったものではなかったが、それでも深い神学的な思索には、かなり不向きであることにかわりはなかった。第一に、勉学に割くことが許される時間が、あまりにも少なかった。第二に、熱心に質問し、絶えず入れ替わる、新鮮な知性をもった聴衆がいつもいるわけではなかった。だが何よりも、それは、厳密な知的活動とは異なる目的に向けられていた。聖務日課のくり返しは、神経の集中に不断の努力を払うことを求め、重い負担となり、勉学と睡眠は不都合な時間に中断され、共同生活の規律は守らなければならず、さらに広大な地域に分散する所領の管理もあった。これらのすべての条件が促す知的な労働は、編み物のようにちょっと手をつけることも、やめることもできるようなタイプのものだった。それらは、簡単に中断することもできず、労せずして再び取りかかることもできない、張り詰めた集中を持続させようとする努力に、水を差すものだったのである。

アンセルムスがこれらを拘束と感じ、義務の葛藤に引き裂かれて苦悩したことは確かである。(2) 彼がそれらを克服したのは、第一に、彼の精神の生来の激烈さによるところが大きかった。これによって、彼は、自分が読んだことを、逐一権威に依存する必要を感じることもなく吸収することができた。そして、この能力によって、彼は、大部の学問的な註釈を絶えず参照することもなく、自分の瞑想を行なうことができたのである。彼がアウグスティヌスを引用しなかったのは、その必要がなかったからである。彼は自分の足で立っていたのである。聴講者からの刺激ということに関しては、彼は、それを授業や討論からではなく、彼が気兼ねなく自由に語った一、二人の志を同じくする若者との談話から得た。最初、彼は、同じ時期に修道士となったゴンドルフスと語り合い、ついで、続々とやって来る新しい聞き手と語り合った——大部分の語り合いは、常にこのようだったと思われるのである。

それゆえ、厳格に定められた修道院の日課の中で、彼は、瞑想と対話の方式を発展させることができるようになった。これらは、彼が最も自然に思索し、執筆した二つの形式だった。これらの線に沿って展開された思想にとって、彼の生活の身辺の環境は、思いもよらず快適だった。ベックでの最初の二〇年間、彼には管理上の責任があまりなかった。アウグスティヌスの著作を豊富にもつ図書館があり、何よりも、若い知性から常に刺激を受けた。カンタベリーにおいてすら彼は、行政上の管理を大部分、他の人に任せていた。新しい弟子を惹きつける機会は減ったとしても、彼の古い弟子たちの中でも一番弟子だったボソーを、自分の手助けのためにベックから呼び寄せることもできたのである。追放の時期も彼にとって有益だった。彼を実務から解放し、瞑想のための時間を与えてくれたからである。

彼が好んだ刺激は、若い知性がそばにいることであり、彼の対話は、そうしたことに対する感謝の表われである。若者に関する彼の語録は、エアドメルスが保存した語録の最良のものに属している。彼の教育理論は——彼の穏和な直喩を、かなりおおげさに説明してもよいなら——もっと後代の、あるいはもっと以前の教育理論と類似する。彼が何よりも同時代からかけ離れていた点は、修道院の教師たちが、明らかにこの時代の修道院以外の世界をまねて、自分たちの保護の下にある子どもを残忍な野蛮さで取り扱ったのとは、正反対だったことにある。成長する樹は束縛するよりも自由に伸ばすことを必要とするという直喩にしても、金槌で強く叩くよりも、優しく力を加え、慎重に望ましい形に仕上げる金細工師の直喩にしても、それらは、一九世紀のロマン派の理論においてのみ十全に表現される思想に連なる。そして、なぜ子供や大人よりも青年に一層の注意を払うのかと尋ねた人に、彼が与えた答えは、これらの直喩が未来を見越していたのと同様に、過去を振り返っているようにも思われる。彼の答えは、若者という蜜蝋だけが新たに刻印されるのに適しているというものである。印形を刻印されても消えてしまうほどに柔らかすぎることもなく、刻印できないほどに硬くもないからである。これは、すでにプラトンが、『テアイテトス』において、多少異なる場面で用いた直喩である。

そこで、精神の中に蜜蝋の固まりがあると想定してもらいたい。その大きさも性質も人によって異なる。硬かったり柔らかかったり、また人それぞれに純度も異なる。……この蜜蝋の固まりは、ムーサたちの母であるムネモシュネ（記憶）の贈り物である。われわれが見たものや、聞いたものや、われわれの精神のうちで考えたものを記憶しておきたいときに、われわれは、この蜜蝋をわれわれの諸々の知覚や考えにあてがうと、この蜜蝋は、印形のように、それらの印象をとどめることになる。われわれは、この押し付けられた形象が残っている限り、それらを記憶し、知っているのである。しかし、その形象が拭い去られたり、「印刻」されえなかった場合、われわれはこれを忘却したり、知らなかったりするのである。(3)

アンセルムスが、『テアイテトス』のこの文章や他の文章を知っていたはずはないし、プラトンの対話編『ティマイオス』すら、読んでいたという証拠はない。これは少なくとも部分的にラテン語で広く知られ、ランフランクスもよく知っていた唯一の対話編である。(4) けれども、アンセルムスとプラトンの精神の本質的な類似性から、彼はいくつかの同じ思想とイメージに到達したのである。さらに、プラトンがここで述べているのは瞑想の手続きだったが、それは、アンセルムスの思考すべての根本的な手続きだった。それゆえ、二つの精神は、比喩的な描写だけでなく、思考の手続きにおいても合致した。確かに、プラトンの対話編は、劇的な効果、広い関心、忙しく動き回る世界の息吹をもち、それらはアンセルムスの対話には欠けている。しかし、いかなる反論も答えないままにしておくことなく、各々の質問に彼自身の言葉と彼一流のやり方で答えようと決意した点で、アンセルムスは、他のどの中世の著作家よりも、哲学的な対話の偉大な師に接近しているのである。

三　アンセルムスはヒューマニストではないこと

大きな修道院がしだいに富を増し、社会の柱石となるに従って、それらの修道院長、副院長、有能な修道士たちには、あらゆる点で行政管理上の義務も増加し、聖歌隊席に座る時間が少なくなり、瞑想のための時間はなおさらであった。アンセルムスの時代にも、こうした展開があらゆる種類の宗教的な実践に及ぼす悪影響を認めた人は多くいた。当然、アンセルムスも、これらの成り行きを普通に知ることができたのだから、より純朴な修道生活の形態を追求するように、修道士たちを鼓舞したと思われよう。それが、彼の発展させた瞑想的な霊性にとってより好ましい条件を提供するからである。しかし、そのような形跡はない。宗教的な生活において進歩するに従って、彼は、こうした良いか悪いかの評価が神の前での自己卑下（self-abasement）という本質的な務めからは逸脱する、と考えるようになった。彼の魅力的な文体、柔和さ、情熱的な友愛の表現は、彼の人間性について語っているように見えるが、彼は決してヒューマニストではなかった。では、彼は何者だったのか。この問いに答えようとするなら、彼の自己卑下の実践と理論における三段階を、吟味することが有益だろう。

第一に、彼が骨を折ったのは、彼の友人たちの中で、複雑化しすぎた修道生活の形態から、より素朴な生活に移りたいと望む者たちを、何とか思い止まらせようとしたことだった。これは、霊的な賜物をもった修道士たちのなかで高まっていた関心の一つであり、こうした者たちにとって、慣習や業務が積み重なって負担となること、そしてこの複雑化しすぎた修道生活の形態を維持するために必要な富は、霊的な成長の妨げとなるように思われた。しかし、アンセルムスは、彼らを奨励することはなかった。不満を抱く一人の修道士に、彼はこう書き送った。

修道生活に入った者にふさわしいことは、自分が修道誓願を立てた修道院が悪しきことを不本意にも強制するような所ではないかぎり、全精神を集中して、愛の根をそこに根付かせるように努力し、他の人々の習性やその場所の慣習も、それが神の戒めに背くものでないなら、たとえ有益とは思えなくとも、裁くことは避けるべきです。最後に、不本意ではなく、進んで生涯そこに留まり、他に移りたいという雑念を払うことを決意し、静隠のうちに敬虔な生活を行なうことだけをひたすら熱心に求める自分を見いだしたとき、喜ぶべきです。だがもし霊的熱情によって、今いる修道院の規則が認めているよりも大いなること、有益なことを求めていると思ったなら、自分を吟味して、現在と変わりのないこと、より優れたことではなく、より劣ったことを好んだり、また自分の能力を超えたことをできると思い上がることで欺かれているのではないかと調べるべきです。あるいは、自分はそのようなことを望むに値しない者だと確信すべきです。(5)

これは、修道制の保守主義を支持する議論のように思われるかもしれない。しかし、決してそのようなものではない。外面的な事柄の細かな点で相性が悪くとも、自己卑下を実践するように、という主張である。素朴さを望むことはよいことであるが、従順の実践として厄介なことを耐え忍ぶことはさらによいことだ、というのである。

第二は、彼の『祈祷』と『瞑想』が、個々人に自由の新たな尺度を提供していると思われることである。以下は彼の言葉である。

以下に記す祈祷と瞑想は、読者の精神を神への愛ないし恐れ、あるいは自己吟味へと鼓舞することを目的とする。したがって、これらは、喧騒の中ではなく、静穏の中で読まれるべきである。手早く雑に読まれるべきではなく、ゆっくりと、思いを凝らし、思いを巡らし、瞑想しつつ読まれるべきである。これらのうちのどれかを、全部読み通そうと骨を折ることはない。読者の霊が祈りへとかき立てられるのに充分ないし有益であると感じる限りで読めばよい。最初から読み始める必要はなく、読者が好むところから読み始めればよいのである。(6)

確かに、これは自由であるが、書物は最初から最後まで（per ordinem ex integro）読み通されねばならないというベネディクトゥスの『戒律』の命令（四八・15）からは、かなり離れていた。アンセルムスの言葉には伸び伸びした自由があるが、この自由はすべての者にあてはまる。すなわち、男女を問わず、また世俗的な労苦のただ中にいる者であれ、宗教的な日課のただ中にいる修道士たちであれ、同じである。

しかし、『祈祷』の用い方ではなく、その内容を吟味するならば、彼の唱える自由は、より厳格な自己卑下のための序曲にすぎないことが判明する。彼の祈祷は、内省による宗教的な修練であり、それは、意志の厳格な規律への序曲として、不安をかき立てることから始まる。内省は、自己蔑視（self-contempt）に到る道の始まりにすぎず、自己発見（self-discovery）への旅路となることがあるとしても、それは偶然にすぎない。人間の力の偉大さを発見することへの招きでは毛頭ない。アンセルムスの著作のすべてに、「人間の不屈の精神」における喜びのための余地はない。ここに逆説がある。彼が『プロスロギオン』の冒頭で精神の内に見いだした神の観念は、すべての他の人間が発見した諸価値の総体よりも、さらに偉大な価値をもっているからである。しかし、神の観念は、人間の創意や努力によって到達されるものではない。それは、精神から日常的な世界の瓦礫を一掃し、神がそこに据えたものを発見することによって、見いだされるのである。それゆえ、ここでも、他と同様に、アンセルムスの思考は自己の否定から開始し、祈りという方法における自由は、個人の自由が拡大されることを約束することはない。それは、自己認識を経たより徹底的な自己卑下への序曲にすぎないのである。

ここから、われわれは、自己否定（self-rejection）の必要性に関する第三のそして最も完璧な表現に出会うことになる。それは、ベネディクトゥスが『戒律』で謙遜の一二段階に当てた章で述べた、宗教的な生活の中心的な修練を、アンセルムスが改良した記述に見いだされる。ベネディクトゥスは、いかにも彼らしく、これらの段階を、どちらかと言うならば、行き当たりばったりで並べている。それは、主を畏れることから始まり、ついで、この中心点から、いろいろな方向で世界を見渡す。

1 主への畏れ

2 我意の放棄

3 長上への従順
4 さまざまな侮辱をじっと耐えること
5 邪悪な思いを告白すること
6 取るに足りないもので満足すること
7 自分を下等なものと信じること
8 規則からはずれることは何ごとも行なわないこと
9 沈黙すること
10 笑わないこと
11 言葉少なく、静かにしていること
12 行動と思いにおいて、へりくだっていること(7)

それゆえ、『戒律』は、共同体の人々を一連の踏み石にそって、段々と完徳へと導くのだが、それらは体系的に配列されたものではなく、実際の適用に当たっては、共同体内の個々人それぞれに、ふさわしいと思われる順序に従う。だが、すべての修練が個々人の努力を要求するとはいえ、共同体の存在が、それらのほとんどすべてにとって不可欠である。

しかし、ここで、アンセルムスが彼の教えの中で改良している謙遜の諸段階を考察してみよう。もちろん、彼が『戒律』の諸段階を彼の諸段階に置き換えようとしたのではなく、それらの補完を意図しただけであることを、了解しなければならない。それにしても、彼が導入する姿勢と目的の変更は著しい。『戒律』における穏やかで、組織立ってはいない体験の流れが、厳密に論理的な順序に従った段階に置き換えられ、それによって個々人が完徳へと近づくことができるようになっている。アンセルムスの場合の展開においては、どの段階も順不同ということはありえない。各段階は必ず順序どおりでなければならず、それらはすべて、個々人の魂の中で生じるのである。共同体は、潜在的に敵意をもった批判の源という以外の存在意義はないも同然だが、さらに自己卑下を進めようとするさい、魂の健康のために利用されよう。アンセルムスの述べることは、内省の集中的な努力の結果として生じる内的な発展であり、自己否定を絶えず展開していくことである。この目的へと向かう諸段階を、アンセルムスはつぎのように述べる。

1 あなた自身が軽蔑すべき存在であることを知ること

2 これを知ることによって悲しむこと

3 あなたが軽蔑すべき存在であることを告白すること

4 他の人々があなたを軽蔑すべき存在であると考えるように、彼らを説得すること

5 他の人々が軽蔑をもってあなたを取り扱うことを許すこと

6 そのように取り扱われることに満足すること

7 そのように取り扱われることを喜びとすること

この謙遜の高みに到達する者は、誰であれ、心を乱すあらゆる事柄から解き放たれ、曇りのない明るい光、侵害されることのない静穏のなかで生きることになるのである。(8)

アンセルムスの場合しばしばあることだが、このように軽蔑を愛する点には、精神的な病気の要素があるのではないか、と考えるかもしれない。もちろん、アンセルムスは言うだろう。魂が病んでいるのだから、当然だ、と。だが、これに対してわれわれは応酬する。それは、まぐわで引き裂かれることを楽しんでいる虫のようなも

のだ、と。だが、ここでわれわれは間違いを犯しているかもしれない。このまぐわは、すべて内部にあるのである。アンセルムスの友愛の体験でも見たとおり、「愛すること」の最終段階は、感情ではなく意志の状態に関わり、ここでも、自己のへりくだりが進んでゆく諸段階は、感情の状態ではなく、魂を神の面前での自由と光へと連れて行く存在の状態として考えられるべきである。

謙遜のこれらの七段階は、一一〇〇年におけるエアドメルスと彼との関係の危機に関する厄介な問題にも、何らかの光を投げかけるかもしれない。これは、エアドメルスに不従順の行動をとらせ、以後、それまで享受していた親密な関係から彼を締め出すことになった危機である。私は、この出来事がもたらす暗い結末を述べたが、思うに、アンセルムスの反応は大げさで、有害ですらあり、他方、エアドメルスに関しては、彼が書いたものを破棄するようにというアンセルムスの命令に従う前に、それを密かに書き写し、元通りにしておいたことは、正しいことではないが、少なくとも人間的には許されることだった、と普通は考えられるだろう。

しかし、アンセルムスの謙遜の七段階に照らすと、この事件は別の意味をもっている。自分の過去の記憶を記録するようにエアドメルスを励ました点で、アンセルムスもまたこの世で評判を得たいと望むというわなにはまったのである。もしエアドメルスがすべてを火に投じてしまえば、万事よかった、ということになっただろう。しかし、彼はそれを実行せず、アンセルムスも元通りに彼を信頼することができなくなったのである。確かに、普通の物差しからすると、厳格で、非人間的であるが、しかし、「軽蔑されることを喜びとすること」という最終段階から見ると理解できることなのである。

さらに、この出来事を神学的な背景から判断すると、われわれは、アンセルムスが『神はなぜ人間となったか』を書き終えたばかりだったことを思い起こすことができよう。それは、誰かが神の意志に反する一瞥を投げかけるぐらいなら、全宇宙が消滅するほうがましだ、としていた(9)。もちろん、アンセルムスが自分の命令と神の意志を混同することはなかったが、しかし、この世界、そして修道院の秩序において、修道院長の意志は、それ自体邪悪でなければ、神の意志と同様に従われるべきものだった。明らかに、アンセルムスは、エアドメルスに多くのことを聞かせ、また書き記すことを許したことが、自分自身の弱さだったと考えたのである。しかし、おそらくは生まれつきの好みのようなものだったのだろうが、それが自分自身を讃美することにつながると分かると、彼は、自分が謙遜の七段階のどこに立っているか悩んだに違いない。このように照らして見ると、彼がエアドメルスにすべての仕事を破棄するように命じる決意をしたことは容易に理解できる。そして同じ文脈で、絶対服従が修道士としてのエアドメルスの義務だったことも理解できよう。

それでもなお、どうしようもなく気になることは、ここでアンセルムスがこの世の網に捕らえられたということであり、また自然の成り行きに任せ、エアドメルスによる『伝記』が残るようにするか、そうでなければ、きっぱりと破棄することを厳格に主張すべきだった、ということである。エアドメルスが、この不従順によって重い罪を犯したと信じていたことは疑いないし、またわれわれの知るとおり、彼はそれを、二〇年間、告白しなかった。アンセルムスの後継者である大司教ラルフが、賢明にも、この不従順を大目に見たため、エアドメルスは、破棄するように命じられた著作を広め、さらに正真正銘の聖人の『伝記』として、奇跡について特別に段をもうけて、それを完成したのである。最終的な形態において、それはもはや聖人のごとき友人の記憶を語る著作ではなかった。結局、それは、明らかにエアドメルスが常に望んでいたこと、そしてアンセルムスがそうなることを危惧していたこと、つまり、連綿と続くカンタベリーの聖人たちの『伝記』の掉尾を飾るものとなったのである。

おそらく、これは、アンセルムスの生涯において、最も気がかりなことである。われわれに知られている限り、彼は、行き過ぎたか、行き届かなかったか、どちらかのように思われる。つまり、厳しくはあったが実効性はなかったとも、また、エアドメルスの著作を台無しにし、それどころか、彼の人生をひどく傷つけてしまったけれども、彼が目指した結果を達成しなかったとも思われるのである。一方の側の物語しか分かっていない、こうした微妙な問題に関して、批判的になることは容易である。この物語の要点は明らかであり、アンセルムスにとってこの出来事が謙遜の七段階という文脈の中で何を意味したかを、あらかじめ理解しておかないと、誰も彼の生涯を理解することはできないのである。

四　アンセルムスと永遠

この出来事の個人的な問題という一側面を離れた場合に、われわれが多少とも確信をもって言いうることは、それが修道院史におけるアンセルムスの全般的な位置のディレンマを反映しているということである。彼の教えと例証がもつ全体的な傾向は、修道院における個人的な霊的修練、探究、議論、瞑想を育むことだった。これを実行することにより、彼は、旧い修道制のもつ共同体的な精神から個人の時代に移行していった。だが、彼の目的は、個人を助長することではなく、むしろ、人間の独立した諸力の意識において個人が中心的に現われることを、神との関係で破壊することだった。したがって、できる限り個人を育成するにもかかわらず、彼が処方した薬は、自己の絶対的な放棄だった。後に、アシジのフランチェスコが彼の衣服をことごとく投げ出すことによって象徴化したことを、アンセルムスは、内的な裸の状態、つまり、軽蔑されることを喜ぶ、という最終的な行為において表現するのである。

それゆえ、アンセルムスは、表面的には、後期中世の敬虔の大部分を特徴づける、個人への移行を促進しているように思われるが、彼の意図は正反対だった。彼は、内面を見つめ、自分が見たことに恐れおののき、そして自己から神へと目を転じる必要性を力説した。誤った決定をなすことができない状態を自由とし、それゆえ、神の意志に完全に従うことを自由とする彼の見解は、自尊心のあらゆる徴候を斥ける必要性に関する、彼の見解の一つの帰結なのである。

自己ではなく、神を見いだすために自己の内部を見つめるというプログラムが、『プロスロギオン』の方法である。その論証は、「神」という語の意味を理解する「精神の小部屋」に、神が現存することを証明する。この語を理解する者は誰でも、永遠の命においてのみ完成することになる体験の途上にいる。略図はすでに精神の内にあるが、探求者は、この体験によって拡大されず、あるいはまだ、拡大されていない。それは永遠を体験するための、ほんのかすかな略図にとどまるのである。

同様の状況は、『神はなぜ人間となったか』においても輪郭が描かれる。アンセルムスは、悪魔、つまり、法と秩序の破壊者が人類に対して行使すると考えられてきた合法的な権能を、宇宙から除去した。彼は、この権能に代わって、この世界の内部においては創造者であると同時に被造物である神‐人の権能を、贖罪の手続きにおける唯一の源泉として据える。一定の時のあいだ、この世界を超えるものが、この内部において再創造の源泉として、万物を神へと引き寄せているのである。この強調点の変化は、宇宙における人間性の視野の拡大のように思われるだろうし、後にアベラルドゥスとロバート・グロステストは、アンセルムスの論証を、人間の潜在的な能力を大いに拡大するという線で解釈した。(10) しかし、アンセルムスの場合、唯一拡大されたのは、神の主権だった。人間本性は、その贖罪においては、いかなる貢献もしなかったのである。

われわれは、同様の特徴をアンセルムスの友愛の理想にも観察した。それは、表面的には、人間らしい感受性と熱情に満たされているように思われる。そのとおりである。ただし、どんなに熱くなろうとも、アンセルムスの友愛は、修道生活の規律に自分自身を完全に委ねた者、あるいは委ねようとする者だけに与えられたのである。その外見は燃えるように情熱的だが、そこには自己放棄の刻印が押されており、それによって友愛は永遠のためにふさわしいものとされたのである。要するに、ここでもまた、人間の拡大と思われるものは、この世界を超えた観点から見ないならば、幻想である。

政治においても同様である。アンセルムスが心から献身することができた唯一の理由は、修道院共同体と聖人たちとの結合に由来した。彼らの権利を擁護するさい、共同体の多くの成員は明らかに共同体の威厳を考えていたけれども、アンセルムスは考えていなかった。むろん、彼自身の威厳を考えていたということもない。彼が考えていたのは、聖人たちの権利を守るという、大司教としての変更不可能な義務だけであり、この聖人たちに、さまざまな土地、慣習、カンタベリーの首席大司教の地位が永久に捧げられていたのである。彼が述べたように、彼が恐れたことは、もし彼の時代に大司教として、彼の司牧に委ねられた首席大司教の裁治権に違反した者たちを罰しなかった場合に、神の裁きの前に出るということだった(11)。

この世界に関するアンセルムスの見解のすべては、強度に個人的であると同時に、しかし、時間と永遠を包括する全体の一部を形成している。この世界の諸事物は、永遠の暗示と呼んでもよいものを含んでいる。しかし、これはまた、アンセルムスの思想を記述するには、あまりにも弱いことばである。友愛における個々人の関係、諸権利と裁治権におけるさまざまな共同体の関係は、象徴的に永遠に関連づけられること以上のことであった。それらは真理、愛、正義の永遠の秩序に欠くことのできない部分だったが、この地上における充分な実在性も保持していたのである。

このことが何よりもあてはまるのは、彼が書簡の中で述べ、修道院の談話において実践した友愛であった。友愛が完成されるのは天国においてだが、驚くべきことに、この地上においても、この世との戦闘状態にある所では、充分に体験されうる。この点で、アンセルムスの友愛は、古代の英雄時代に属していた。そこでは、友人たちは死の脅威のさなかでも、互いに自分の命を危険にさらしたのである。この類比は、思われるほど無理なこじつけではない。アンセルムスはつぎのように述べている。「最愛の者よ、貴君は、すでにキリストの軍隊に登録されたのだから、当然、暴力で敵を駆逐するだけでなく、そのために何らかの計略も用いなければならない」。また他の書簡では「これほど偉大な王に仕える騎士となることを恐れてはならない、この方は、いかなる危険においても貴君と共にいて下さるからである」[12]。アンセルムスがいたるところで彼の友人たちに強調する諸徳は、軍隊生活のそれである。すなわち、絶対的な服従、自己の放棄、毅然とした忠誠である。戦闘は霊的な戦闘だが、その諸特徴は、最も英雄的な実戦のそれである。

しかし、ここにも問題がある。もしアンセルムスと彼の友人たちが従事した戦闘が、それほど真に迫るものだったとしたら、規律と厳格な義務に関するより手厳しい言葉のほうが、いかなるときでも、口づけの穏やかな言葉よりも適切であっただろうと思われるし、彼がそうした言葉を脱落した者たちに使うことができたことを、われわれも知っている。彼は脱落した者たちに厳しい言葉を使う方策を良く心得ていたが、なぜ、それらを使わなかったのか。

わたしの考える答えは、彼がすでに疑いと不従順に対する勝利者の立場から書いている、ということである。

『グラマティクスについて』という論理学の教科書を除くと、彼は、勝利が獲得されなければ執筆せず、そのために、常に、達成された勝利の立場から執筆したのである。修道士としての従順の軍務に献身したものは、しっかりとそこに踏みとどまりさえすれば、すでに勝利者である。彼があれほど絶望的にグンヒルダに書簡を書き送ったのも、この理由からであり、彼女とキリストへの奉仕の誓約を交わしていたのである(13)。彼女が勝利の戦場から逃亡したため、勝利を確かにするためには戦場に復帰しさえすればよい、と彼女に言いたかったのである。彼女の立場に関するあらゆる厳しい言葉の下に、恋人の嘆願に似たものがひそんでいる。

われわれは、かつての修道制が親密な友愛あるいは、このように激しい感情、さらに言うならば、思想を奨励することなどはなかったことを知っている。このような体験は、救済を目指して日々の労苦の道を歩む共同体の結束を破ったからである。アンセルムスは、自分自身あるいは友人がこの日々の共同体の努力から逃避したとは考えなかっただろう。彼らはそれを超えた所に立つこともできたのである。彼の友愛の書簡の目的は、忍耐を奨励することと同時に勝利を祝うことだったのである。

勝利を達成するために必要なことは、そこに踏みとどまることだけであり、彼は、この達成された勝利の立場から執筆するという姿勢をならいとした。この姿勢は、なぜアンセルムスの仕事において、政治的な行動がほとんど成功しなかった部分だったかを説明する助けになる。政治的な問題は、成功を確実にするためには、政治的な行動の水準から眺められることが必要である。政治的な行動の主唱者は、彼が促進しようとする目標を永遠の正義と同一化することもできよう。しかし、彼は、この目指す目標を最も容易に達成するための手段を講じ、選択し、この世の水準に立って計画を練り、行動しなければならない。アンセルムスは、常にこの水準に下降することに抵抗した。彼の本領は、内的な活動であり、彼が追い求めた諸目標は、内からのみ達成しうるものだった。

結局、彼の関心は、天の王国を完成するために必要な数の魂を増やすことだけにあった。この数がすでに満たされてしまったなら──多分その日はそれほど遠くない──この世界の歴史は終焉し、万物は永遠の中に包み込まれるであろう。

この目的から離れると、いかなる政治的な綱領も、まったく彼の関心を引かなかった。彼は、二、三通の書簡を除くと、いかなる組織的な綱領にも全面的に参加することはなかった。それらの書簡で彼が用いた借り物の表現は、決して彼の普段の談話の一部になることはなかった。[14] 彼は、この世界のより良い未来のための計画をもたなかった。政治において、彼は、諸体制がそのままに留まることに満足していたのだろうが、教皇の権威によって課せられた正当な教令を実施するという従順には拘束されていた。彼はまた、修道院長としての職務、さらに大司教としての職務にも縛られていた。それは、彼がしぶしぶ体現することになった諸教会のために、寄進者たちが神と聖人たちに献げた贈物を守ることだった。今は天国にいる聖人たちへのこれらの贈物は、損なうことのできない献物であり、すでに超自然的な秩序の部分をなし、教皇によってすらも、減らされてはならないものであった。教皇の教令に関しては、それらもまた超自然的な秩序の一部であり、いったん発令されたら、変更されないことを、彼も望んだであろう。もしパスカリス二世がウルバヌス二世の命じたことを変更しようとしたら、彼が異議を唱えるべきことではなかった。しかし、パスカリス二世がグレゴリウス一世によって認可された諸権利を減らすことを望んだと思われたとき、彼はまさしく異議を唱えた。大司教としての彼にとって、擁護すべき責任があったからである。地上のことであるにもかかわらず、これらの権利は天の王国の部分でもあり、それらについて、彼は妥協できなかったのである。

より一般的に言うと、あらゆる問題を「永遠の相の下に」(sub specie aeternitatis) 見るという点で、彼がプラトン的な傾向をもつあらゆる思想家と共有していたことは、この世界を神と分離することの困難、一人の個人を他の個人と分離することの困難だった。哲学において、彼は、普遍概念に無条件の存在を与える、極端な観念論者だった。彼がロスケリスヌに述べたように、「複数の人間も種においては一人の人間であることを理解しない者は、どのようにして、神のこの上なく神秘で崇高な本性において、複数の位格が、それぞれ完全な神でありながら、一なる神でありうるかを理解できない」(15)のである。ここで彼は、三位における位格間の関係と神の一性に関する論証に適用される論理と同様のことが、一個人と残りの人類に適用される、と考えているように思われる。もし彼がより激しい神学的な論争の時代に生きていたとしたら、このような言葉は厳しい吟味にさらされただろう。ある時期、ロスケリヌスは彼に、この点に関して自分自身の説明をすべきだ、と迫ったように思われる。しかし、この敵意のある侵入にもかかわらず、アンセルムスは、自分が示唆に富むと考えたさまざまなイメージを使用することで、平穏のうちに彼の神学的な説明を展開することができ、論争の中でそれらを引き裂いてしまうこともなかったのである。

彼の思考の道具立ては非常に素朴であり、一世代後の道具立てよりもはるかに素朴だった。彼はさまざまな言葉を非常に真剣に取り上げる。それらは、諸本質の王国への戸口であり、信仰者は、もしこの世界の事物によって盲目にされていないのであれば、その鍵を持っていたのである。それゆえ、彼は、執拗に言葉の分析を押し進めた。アリストテレスの論理学の著作全体が発見される前に生きたことは、彼にとって幸運だった。それらが提起する問題の複雑さは、彼にとって障害としかなりえなかっただろう。だが、彼が自分の自由のために支払った代償は、ある種の哲学的な無邪気（naivety）さだった。同じように、おそらく、この哲学的な無邪気さの持分は、アウグスティヌスやトマス・アクィナスの思想を理解するには障害となるが、彼の思想を理解するためには、大いに助けとなる、と言ってよかろう。

アウグスティヌスの著作は、長い哲学的な伝統に満ち溢れている。アクィナスの著作は、高度に複雑化した形の技術的な熟練の記念建造物である。アウグスティヌスとアクィナスは共に、キリスト教の外の世界がキリスト教徒の世界よりもはるかに大きいと思われていた世界に生きていた。護教家が成功するために見渡さなければならない文献は莫大だった。アンセルムスの時代は、それと比較すると、純真無垢の時代だった。彼の思想は壁に囲まれた修道院の思想であり、周囲には論争の荒れ狂う風の音が聞こえ始めてはいたが、まだ侵入して来ることはなかった。彼は、修道院の中で平穏に思索できたし、何よりも――彼の友人たちが思ったように――おそらく、追放のさいにもそうすることができたであろう。彼の生涯の終わり頃になると、彼はすでに時流に遅れていた。しかし、彼の最良の思想は、時流を超えており、それゆえに、いかなる時代でも取り上げることができ、常に新鮮であると見なすことができるのである。

訳者あとがき

本書は、R. W. Southern, Saint Anselm. A Portrait in a Landscape, Cambridge, 1990 の全訳である。一一世紀という風景の移り変わりの中で、エアドメルスをはじめとして祈りと瞑想の修道生活を共にした親密な友人たちに囲まれて生きた、アンセルムスという稀有な人格の肖像を描く、文学的な香りすらも漂わせる著作である。R・W・サザーンについては、すでに彼の代表的な著作が邦訳されており、改めて紹介するまでもないが、簡単に述べておこう。

サー・リチャード・ウィリアム・サザーン（Sir Richard William Southern）は、一九一二年、イングランド最北部の州ノーサンバーランドのニューカースル・アポン・タイン（Newcastle-upon-Tyne）で材木商の家に生まれる。同地の王立グラマー・スクールを優秀な成績で卒業した後、二九年オックスフォード大学のベイリオル・カレッジに入学。V・H・ガルブレイス（Galbraith 一八八九―一九七六年）、F・M・ポウィック（Powicke 一八七一―一九六三年）のもとで学ぶ。

三三年にはエクセター・カレッジのリサーチ・フェローとなり、中世史研究に取り組むことになる。そして同年から翌年にかけてパリで、さらに三五年にはミュンヘンで学び、三七年には、ベイリオル・カレッジのテュートリアル・フェローとなる。

第二次世界大戦中は、陸軍将校として軍務に就く。しかし、この間に彼は結核を患い、療養期間を経て、研究生活に復帰するのは一九四七年のことである。そして中世史研究においてサザーンの名を一躍有名にしたのが、最初の著作 The Making of the Middle Ages, London, 1953（『中世の形成』森岡敬一郎・池上忠弘訳、みすず書房、一九七八年）である。本書は、一〇世紀後半から一三世紀初期に到る西ヨーロッパの形成を主題とし、その政治、経済、聖俗双方の社会そして思想の変革・発展を、従来の国制史・政治史の方法によらずに、叙述する。二七か国語に訳され、今日も中世史の古典としての意味を失ってはいない。

六一年にチチェーレ記念近代史講座の教授に就任したサザーンが、その四月にハーヴァード大学で行なった、八世紀から一五世紀までのヨーロッパにおけるイスラーム理解に関する一連の講演は、Western Views of Islam in the Middle Ages, Harvard University Press, 1962（『ヨーロッパとイスラム世界』鈴木利章訳、岩波書店、一九八〇年）として出版される。そして、これに引き続いて出版したのが、二つのアンセルムス研究である。

The Life of St Anselm. Archbishop of Canterbury by Eadmer. Edited with Introduction, Notes and Translation by R. W. Southern, Oxford, 1962.

Saint Anselm and his Biographer. A Study of Monastic Life and Thought, c.1059-c.1130, Cambridge, 1963.

前者は、アンセルムスの弟子エアドメルスによる『アンセルムス伝』（Vita Anselmi）の新しい校訂テクストと翻訳、後者は、本訳書の初版となるアンセルムスおよびエアドメルスに関する研究である。

本訳書の序文に書かれているとおり、サザーンのアンセルムス研究は、一九三四年のパリ留学時代に遡る。彼は、アンセルムスの書簡の校訂版を出版する計画をもっていたが、ベネディクト会修道士F・S・シュミット（Franciscus Salesius Schmitt OSB 一八九四—一九七二年）が校訂作業を進めていた『アンセルムス全集』（S. Anselmi Cantuariensis archiepiscopi Opera Omnia, Seckau- Rom- Edinburgh, 1938-61）に書簡も収録予定であることを知り、この計画を断念する。しかし、アンセルムスに関する研究そのものを中止したわけではなく、結核療養中にはエアドメルスの『アンセルムス伝』の翻訳を進め、講義でも取り上げるとともに、以下の論文を発表する。"St Anselm and his English Pupils," MARS 1(1941), pp. 3-34 ; "Lanfranc of Bec and Berenger of Tours," in Studies in Medieval History Presented to F. M. Powicke, ed. R. W. Hunt, W. A. Pantin, and R. W. Southern, Oxford, 1948, pp. 27-48; "St Anselm and Gilbert Crispin, Abbot of Westminster," MARS 3 (1954), pp. 78-115

こうした三〇年近くの研究を踏まえて出版されたのが、上記の二冊である。

サザーンの『アンセルムスとその伝記作者』以前に、アンセルムスの伝記がなかったわけではない。アンセルムスの生涯と神学を包括的に論じたF. R. Hasse, Anselm von Canterbury, 2 Bände Leipzig, 1843, 1852 そしてM. Rule, The Life and Times of St Anselm, 2vols, London, 1883 があった。M・ルールがRerum Britannicarum Medii Ævi Scriptores (Rolls Series) に、エアドメルスの『新時代の歴史』『アンセルムス伝』を収録（一八八四年）していることは、周知のとおりである。また小著ではあるがR. W. Church, Saint Anselm, London, 1870, 1877; J.M. Rigg, St Anselm. A Chapter in the History of Religion, London,1896 などがあった。ちなみに、日本で最初にアンセルムスをまとまって紹介した、竹村清『聖アンセルムス傳及贖罪論　附瞑想録』新生堂、一九三〇（昭和五）年は、このチャーチを参考としている。しかし、どれも一九世紀に書かれたものであり、ベネディクト会修道士A・ヴィルマール（A. Wilmart OSB 一九四一年歿）によるアンセルムスの祈祷、瞑想に関する一連の画期的な研究、アンセルムスの神学と神の存在証明に独特な解釈を提示したK・バルトの研究、そして何よりもF・S・シュミットの『アンセルムス全集』などが出版される以前のものであった。いずれにせよ、一九世紀のアンセルムス伝は、サザーンの研究が出版されてから後、もはや文献表に記載されることもなくなった。

六九年、サザーンは、セント・ジョーンズ・カレッジの学寮長、王立歴史協会（Royal Historical Society）の会長（―七三年）に就任する。

この年サザーンは、F・S・シュミットと共同で、アンセルムスに関する三番目の研究を出版する。『アンセルムス全集』には収録されなかったアンセルムスの談話、哲学的な断片等のテクストを編纂したMemorials of Saint Anselm. Edited by R. W. Southern and F. S. Schmitt, London, 1969である。本書の出版によって、アンセルムス研究に不可欠のテクストが、ほぼ揃うことになった。すなわち、彼の神学的・哲学的な著作、書簡、談話、断片さらにエアドメルスの『アンセルムス伝』である（『新時代の歴史』はいまだに新版が出ていない）。そして翌年、サザーンは、七〇〇年頃から一五二〇年までの中世の教会を社会的・歴史的な現象として捉えた画期的な教会史Western Society and the Church in the Middle Ages, Penguin Books Ltd, 1970（『西欧中世の社会と教会――教会史から中世を読む』上條敏子訳、八坂書房、二〇〇七年）を出版、またこの時代における個人と知的な歴史の諸側面を取り扱った一二の小論から成る論文集Medieval Humanism and Other Studies, Blackwell, 1970を出版する。この二つの著作と、七一―七二年に行なったグラスゴー大学ギフォード講座での一連の講義は、彼の最晩年の著作を生み出すことになる。さらに、王立歴史協会会長として行なった一連の講演は"Aspects of European Tradition of Historical Writing,"Transactions of the Royal Historical Society, 5th Series, vols. 20-23, 1970-73（『歴史叙述のヨーロッパ的伝統』大江・佐藤・平田・渡部共訳、創文社、一九七七年）として印刷される（History and Historians. Selected Papers of R. W. Southern. Ed., by R. J. Bartlett, Blackwell, 2004に再録）。

セント・ジョーンズ学寮長の職を退いた後、最初にサザーンが出版したのは、一三世紀の神学者、自然学者で、オックスフォードの初代学長・リンカン司教そして「イングランドの精神」ロバート・グロステスト（一一七〇頃―一二五三年）に関する研究Robert Grosseteste. The Growth of an English Mind in Medieval Europe, Oxford, 1986

である。さらに、『アンセルムスとその伝記作者』の改訂版に取り組み、Saint Anselm. A Portrait in a Landscape, Cambridge, 1990として出版される。前著が二部・一〇章から構成されるのに対し、本書は四部・一八章から構成される。分量という点では、一頁の単語数・行数が異なるため正確には言えないが、前著が付録も含め三七四頁であるのに対し、本書は付録も含め四八一頁である。単に付加がなされたというのではない。著者自身が「序文」で述べるとおり、「かつての著作から、著者が望むものを自由に採用し、残りを捨て」、新たな著作として誕生したのが本書である（それゆえ、前著もいまだに出版されている）。前著との内容的な違いについて、主要な点は「序文」に記されており、ここで屋上屋を架すことはすまい。とはいえ、本書において、サザーンが歴史家としての立場を守りつつも、アンセルムスの神学・霊性について、より詳細な対話・議論を展開していることは指摘しておいてもよかろう。本書の出版後も、サザーンはアンセルムスに関して、一点の論文を執筆し、講演も行なうが、著作を執筆することはない。これが五六年に及ぶアンセルムス研究に関する彼の「最後の著作」である。

もちろん、これで彼の歴史家としての仕事が終わったわけではない。九二年にグロステスト研究の第二版を出版するとともに、新たな著作に取りかかるのである。『西欧中世の社会と教会』および論文集『中世のヒューマニズム』執筆後、サザーンにとって、一二、一三世紀における知的な創造（スコラ的なプログラム）と組織的な創造の結びつきを詳細に吟味することが、ヨーロッパ的な秩序の基礎の理解に不可欠であることが明らかとなった。そこで、上述のギフォード講座での講義を土台にして計画されたのが、三巻から成るScholastic Humanism and the Unification of Europeである。その第一巻『基礎』（The Foundations）が一九九五年、第二巻『英雄の時代』（The Heroic Age）が二〇〇一年に出版される（Blackwell）。これらは、一一―一二世紀における修道院と都市の学校における知的な創造とそれを担った個々人に関する最も優れた研究と言えよう。しかし、第三巻が出版されることはなかった。

全体を振り返ってみよう。最初の著作『中世の形成』は、西ヨーロッパの形成と発展を、『西欧中世の社会と教会』は、中世の教会を社会との関係で叙述するものであった。それと同時に、サザーンは、この中世における知的な展開・ヒューマニズムの展開とそれを担った個々人にも注目する。その一人が一一世紀のアンセルムスであり、もう一人が一三世紀のロバート・グロステストである。彼らは、イングランドの知的な伝統を担った者たちでもあった。そして一二世紀の知的な展開を叙述するのが『スコラ的なヒューマニズムとヨーロッパの統一』である。むろん、イスラーム理解の展開を視野に入れることも忘れてはいない。サザーンが描いた中世ヨーロッパという風景の中には、そこに生きた人々の肖像も丁寧に描き込まれているのである。そして、この風景は、現在と断絶してはいない。

サザーンは、上述の講演『歴史叙述のヨーロッパ的伝統』において、現代の歴史家の目標とは「過去のもろもろの思想や経験を、社会関係や物質資源ならびに知的資源の全体的な環境の中に位置づけて再構成すること」であり、「そのような思想や経験を理解するということは、過去と現在の絆を創り出す行為」である、「そのためには、過去の意味を注意深く慎重に耕し求めることが必要である」（邦訳一二六―七頁）と述べる。これは、彼の最初の著作から、EUによるヨーロッパ統合が進む中で出版された最後の著作に到るまで、サザーンが一貫して達成しようと努めた目標であった。彼は、この同じ講演において「歴史家の第一の任務は、芸術作品を作成すること」であり「小説家や詩人と同じように、情緒的・知的欲求を満足させることを目指さねばならない」（同六頁）とも述べる。このことも彼の著作を魅力あるものにしている理由であろう。

R・W・サザーンは、二〇〇一年二月八日、八八歳で亡くなる。彼の業績すべてについては、上述のHistory

and Historians, pp. 260-270 を参照されたい。

サザーンのアンセルムス伝とK・バルトのアンセルムス研究の二冊を、アンセルムス研究の基本的な書物として、自分なりに訳しておこうと考えたのは九年前である。サザーンは五年ほど前に、バルトも三年ほど前に一応の訳稿ができあがったが、その後手を入れるのに思わぬ時間がかかってしまった。バルトの訳稿は、まだかなり手を入れねばならない。この間、家族には多大な負担をかけてしまったと思う。本書に収録された図版は、息子新太郎が作成してくれた。

最後に、昨今の出版事情にも関わらず、本書の出版をお引き受け下さった知泉書館の小山光夫社長には、心より御礼を申し上げる。小山社長と初めてお会いしたのは、訳者がまだ大学院生の時であった。それからすでに三〇年もの歳月が流れている。あいもかわらぬ怠惰と浅学菲才を恥じるばかりである。

二〇一五年一月

矢内義顕

図2　アンセルムスの書簡の伝達

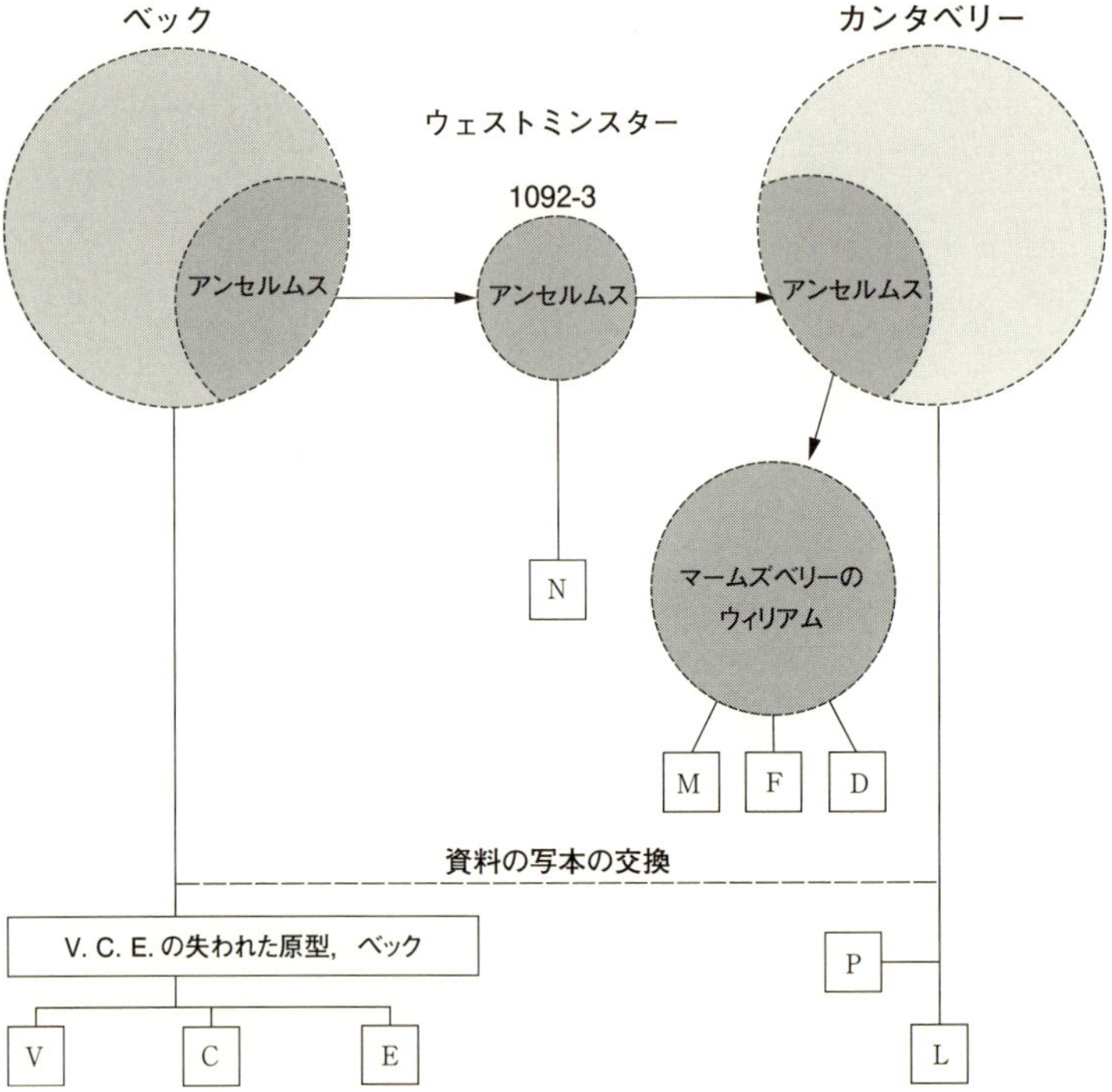

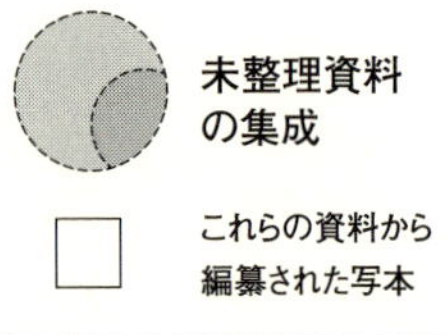

略号

BL.	British Library London
BN	Bibliothèque Nationale, Paris
CCCC	Corpus Christi College Cambridge

主要な写本

N	BL Cotton Nero A vii
M	Lambeth Palace 224
F	BL Royal 5F ix
D	CCCC 299
V	BN lat. 14762
C	BL Cotton Claudius A xi
E	CCCC 135
L	Lambeth Palace 59
P	BN lat. 2478

矢内 義顕（やうち・よしあき）

1957年生まれ。現在早稲田大学商学学術院教授。

〔業績〕監修『中世思想原典集成10　修道院神学』（平凡社, 1997), 八巻・矢内編『境界に立つクザーヌス』（知泉書館, 2002), J・ルクレール『修道院文化入門—学問への愛と神への希求』(共訳, 知泉書館, 2004), J・グニルカ『聖書とコーラン—どこが同じで, どこが違うか』（訳, 教文館, 2012),「カンタベリーのアンセルムスにおけるスピリチュアリティ」(宗教史学論叢『スピリチュアリティの宗教史　下巻』鶴岡・深澤編, LITHON, 2012),「カンタベリーのアンセルムスにおける信仰と理性」(『中世における信仰と知』上智大学中世思想研究所編, 知泉書館, 2013), K. フラッシュ『ニコラウス・クザーヌスとその時代』（訳, 知泉書館, 2014）他。

〔カンタベリーのアンセルムス〕　ISBN978-4-86285-207-6

2015年3月20日　第1刷印刷
2015年3月25日　第1刷発行

著者　矢内義顕
発行者　小山光夫
製版　ジャット

発行所　〒113-0033 東京都文京区本郷1-13-2
電話03(3814)6161 振替00120-6-117170
http://www.chisen.co.jp
株式会社　知泉書館

Printed in Japan　印刷・製本／藤原印刷

人名索引

ア　行

アウグスティヌス（Aurelius Augustinus, 354–430）　44, 51f., 247, 286, 318, 514, 519, 543, 623, 639f.
　――とアンセルムス　80, 91, 96, 99–123, 161–6, 170–4, 180ff., 190–3, 611f., 622
　――とランフランクス　60f., 73–80
アウグスティヌス，カンタベリーの（604歿）　432f., 443, 462, 490, 494, 537
アグネス（Agnes，皇后，ハインリッヒ3世の寡婦）　128f.
アゼルノース（Aethelnoth, カンタベリー大司教, 在位 1030–8）　570
アダム（Adam, アンセルムスの従者）　346
アデラ（Adela, ブロワ伯夫人，ヘンリー1世の姉）　420
アデレード（Adelaide, 征服王ウィリアムの娘）
　――と『祈祷』　128ff., 138f., 144, 149
アベラルドゥス (Petrus Abaelardus, 1079–1142)　7, 616
　――とエロイーズ　371
　――と『神はなぜ人間となったか』　293–7, 305, 634
　――とロスケリヌス　248f.
アラン（Alan Niger, アラン・ルーファスの兄弟）　369
アラン・ルーファス（Alan Rufus）　366ff., 370
アリストテレス（Aristoteles）　115, 176, 224, 286, 639
　『カテゴリー論』　62–9, 81, 85f., 90
　『命題論』　90f.
アルクイヌス（Alcuinus, 730 頃 –804）　133ff., 512
アルヌルフ，モンゴメリーの（Arnulf of Montgomery）　469–71
アルノスト（Arnost）→ヘルノストゥス
アレクサンデル（Alexander, カンタベリー修道士）　343f., 346, 509f.
　アンセルムスの書簡の保管　344
　アンセルムスの談話と説教の記録者　511, 538f.
アレクサンデル1世（スコットランド王，在位 1107–24）　581
アレクサンデル2世（教皇, 在位 1061–73）　432f., 441f., 491f., 499
アレクサンデル，ヘールズの（de Hales, 1185 頃 –1245）　513
アンセルムス
　――とアウグスティヌス　99–123
　――とアベラルドゥス　291–5, 305, 634
　――とウィリアム2世（ルーファス）　365–88
　――とエアドメルス　第Ⅲ部第17章
　――とカンタベリーの首位権　第Ⅱ部第14章
　――とカンタベリーの修道院共同体　第Ⅱ部第13章
　――と教会法　360f., 373–6
　――とグレゴリウス1世　330–33, 331f., 535–7
　――と十字軍　239f., 355
　――と叙任権闘争　第Ⅱ部第10章, 第12章　→教会の自由（libertas ecclesiae）
　――と聖書　96f.
　――とヒューマニズム　625–33
　――とベック修道院　17ff., 41–5, 93–6, 159ff., 225–8, 268–73, 350ff., 414f., 623ff.

アンセルムス，ランの（Anselmus Laudunensis, 1050頃-1117）　7, 286, 516, 524, 528, 560, 614　→ロドゥルフス，ランの
アンセルムス一族（Aselmid family）　11f.
アンソー（Anseau）　286　→ランのアンセルムス
イヴォ，ランの（Ivo, シャルトル司教, 在位1090-1115）　53, 215, 362f., 395f., 480
ヴァルテルス（Walterus, アルバノ枢機卿・大司教）　378
ヴィクトリア（Victoria, 女王，在位1837-1901）　354
ウィリアム1世（William I, ノルマンディー公，イングランド王，在位1066-87）　7f., 121, 265, 377, 403
——とランフランクス　30-40, 82, 578
ウィリアム2世（イングランド王，在位1087-1100）　334, 341, 366　→ルーファス
ウィリアム・ギファード（William Giffard, ヘンリー1世の尚書，ウィンチェスター司教）　409
ウィリアム，コルベイユの（カンタベリー大司教，在位1123-36）　583
ウィリアム，マームズベリーの（William of Malmesbury, 1080/90-1143）　26, 342f., 348f., 415, 443, 453, 500f., 575f., 553f., 591f.
——とアンセルムスの書簡収集　554-8, 付録
ウィリアム，ワーレルワストの（William of Warelwast）　415ff, . 426
ウィリス（Willis, R.）　454n.32
ヴィルマール（Wilmart, Dom André）　127n.1, 154n.23, 353n.18, 553f., 563
ヴォーン（Vaughn, S）　227n.26, 261n.23, 267n.32, 268n.34, 367n.8, 421n.29
ウルバヌス2世（Urbanus II, 教皇，在位1088-99）　265, 333, 358, 361f., 376ff., 393, 402, 414f., 453, 463, 561, 569, 638
——とクレルモン教会会議　285, 359
——とバーリ教会会議　568-71
——と叙任権闘争　394-9
ウルフスタン（Wulfstan, ウスター司教）　591f.
エアドメルス（Eadmerus, 1130頃歿）　9ff., 26, 42ff., 94-8, 163f., 214, 257-60, 265-9, 331, 340-50, 353f., 383, 387f., 393f., 414f., 419-22, 425-8, 437-40, 444-53, 467, 472, 497f., 500f., 510f., 529-39, 545, 559, 556f., 561-609, 615, 619, 623, 631ff.
——と無原罪の御やどり　603-9
——の著作　587-609
『アンセルムス伝』（Vita Anselmi）　573-97
『新時代の歴史』（Historia Novorum）　348ff., 499ff., 576-83
『祈祷』と『瞑想』　599-609
エウラリア（Eulalia, シャフツベリー女子修道院長）　372
エゼルベルト（Ethelbert, 王，616歿）　433
エルサイ（Aelsi, Elsi, Elsinus, ラムジー修道院長）　606
エルヌルフス（Elnulfus, カンタベリーのクライスト・チャーチ副修道院長）　450ff.
エルフェゲ（Elphege, Elphegus, カンタベリー大司教，在位1006-12）　59, 441ff., 449, 452, 454, 459f., 529, 568, 572
エルマー（Elmer, カンタベリーのクライスト・チャーチ副修道院長）　510f., 586
エルメンベルガ（Ermenberga, アンセルムスの母）　11　→ゴンドルフス
オウエン（St Ouen）　334f.
オスベルヌス（Osbernus, アンセルムスの弟子）　205f.
オスベルヌス（カンタベリー修道士）　222, 446-9, 453, 496, 567, 577
——とアングロ・サクソンの伝統の復興

439f., 443ff., 448f., 568
――の音楽的な才能　443
――の『聖ダンスタン伝』　443
オズマンド（Osmund，ソールズベリー司教，在位 1078–99）　334f.
オディロ（Odilo，クリュニー大修道院長，在位 994–1049）　5
オルデリクス・ヴィターリス（Ordericus Vitalis，1075–1142 頃）　91n.36, 132

カ　行

ガウニロ（Gaunilo, マルムーティエ修道士）　159, 250
カッシアヌス（Cassianus, 360 頃 -430/35）　51f.
――の友愛論　197f.
カリストゥス 2 世（Calixtus II，教皇，在位 1119–24）　497–9, 531, 569
ギブソン（Gibson, Dr. Margaret）　24, 38, 46, 50, 60, 494n.28
ギベール，ノージャンの（Guibert de Nogent, 1055 頃 -1124）　167, 234, 542f., 562, 564, 589
ギヨーム，ジュミエージュの（Guillaume de Jumièges）　36n.11
グイゴ，カルトゥジア会の（Guigo, 1083–1136）　535
グイド（Guido, ヴィエンヌ大司教，1090–1121）　465, 567　→カリストゥス 2 世
クヌート（Cnut，デンマーク王，995–1035）　334, 567
グラッドストーン（Gladstone, 1809–98）　354
クリスピヌス，ギルベルトゥス（Gilbertus Crispinus，ベック修道士，ウェストミンスター修道院長，1055 頃 -1117）　206f., 261, 266, 361, 438, 514f., 519f., 527, 552, 562, 619
――と『神はなぜ人間となったか』　278–84
――と『プロスロギオン』　192
――の『ヘルルイヌス伝』　42n.17, 55n.1, 561
クリスピヌス，ミロ（Milo Crispinus）　37
グレゴリウス 1 世（Gregorius I, 教皇，在位 590–604）　387, 493, 498, 638
『司牧規則』（Regula Pastoralis）　330–33，430
――の叙階の祝日　331f., 535–7
グレゴリウス 3 世（教皇，在位 731–41）　491, 503
グレゴリウス 7 世（教皇，在位 1073–85）　7f., 121, 377, 456, 612　→ヒルデブラント
――と叙任権闘争　373f., 389f.
――とリヨン大司教フーゴー　395f., 400f., 404
グロステスト，ロバート（Robert Grosseteste, 1170 頃 -1253）　504, 513, 634
グンヒルダ（Gunhilda, ハロルド王の娘）　368–71, 637
ゴットシャルク，オルベの（Gottschalk de Orbaix, 806/8–70 以前）　57
ゴンドルフス（Gondulfus，アンセルムスの父）　11
ゴンドルフス（Gondulfus, ベック修道士，ロチェスター司教，1024 頃 -1108）　43f., 517, 578, 622
――とアンセルムスの『祈祷』　150
――とアンセルムスの『書簡』　203–9, 438
――とアンセルムスの談話　167f., 589
コンラート（Conrad，クライスト・チャーチ副院長）　451
コンラート 2 世（皇帝，在位 1024–39）　5f., 11

サ　行

サースタン（Thurstan, ヨーク大司教，在位 1114–40）　501, 580
サムソン（Samson，ウスター司教，在位

1096–1112） 479f., 482
ジェラード（Gerard，ヘレフォード司教，ヨーク大司教，在位 1100–8） 474ff.
シゲベルトゥス，ジャンブルーの（Sigebertus de Gembloux） 25, 56
シャルルマーニュ（Charlemagne，在位 768–814） 133, 138
シュミット（Schmitt, F. S.） 96, 101, 517, 361n.4
小アンセルムス →アンセルムスの甥
小ランフランクス →ランフランクスの甥
ステファヌス（St Stephanus, 使徒） 124
ステファヌス，グランモンの（Stephanus de Grandmont） 592
セネカ（Seneca） 183
セルギウス 1 世（Sergius I, 教皇，在位 687–701） 491, 493, 503

タ・ナ 行

ダンスタン（Dunstan, カンタベリー大司教，909–88） 346, 434, 440f., 443, 454, 490f., 565–8, 572, 584, 596
テオドリクス（Theodoricus, ランフランクスの弟子） 61n.7
テオバルドゥス（Theobaldus, カンタベリー大司教，在位 1138–61） 239, 308
デカルト（Descartes, 1596–1650） 186, 193, 618
ドゥンス・スコトゥス（Duns Scotus, 1265/66–1308） 123, 513
トマス・アクィナス（Thomas Aquinas, 1225–74） 123, 318, 540f.
トマス 1 世（ヨーク大司教，在位 1070–1100） 198f., 473f., 479f.
トマス 2 世（ヨーク大司教，在位 1108–14） 476–80
トマス・ベケット（Tomas Becket，カンタベリー大司教，在位 1162–70） 217, 452, 503f., 614

ニコラウス（St Nicolaus） 155f., 263
ニコラウス 2 世（Nicolaus II, 教皇，在位 1058–61） 26–34, 45f., 55, 74, 80, 88
——のランフランクス宛書簡 29–34, 45f.
ニューマン（Newman, Cardinal） 93, 307, 527
ノルマン（Norman，礼拝堂付き司祭） 346

ハ 行

ハイモ（Haimo, アンセルムスの親戚） 13f., 221f. →ライナルドゥス
ハーヴィー（Hervey, バンゴール大司教，在位 1092–1109） 469
パスカリス 2 世（Paschalis II，教皇，在位 1099–1118） 6, 402, 561, 569, 638
——と叙任権，臣従礼，首位権 407, 412, 414, 423, 467, 474
ハーバート・ローズィンガ（Herbert Losinga, ノリッジ司教，在位 1090–1119） 335
バルドゥイヌス（Baldwin） 339–46, 367, 572, 594
バルトロマイ，使徒 446, 570
ヒエロニュムス（Hieronymus, 347–419/20） 57, 77, 79
ピカール（Picard, J.） 361n.4
ビショッフ，ベルンハルト（Bernhard Bischoff） 47
ヒュギヌス（教皇，在位 139 頃 -42） 361f.
ヒルデブラント（Hildebrand） 372, 387, 413, 496, 505, 617 →グレゴリウス 7 世
——的 248, 409, 480, 612
——派 403f., 464
ヒルデベルトゥス（Hildebertus, トゥール大司教） 25
フォルケラルドゥス（Folceraldus，アンセルムスの従兄弟） 13
フーゴー（Hugo, クリュニー大修道院長，1049–1109） 530f., 569
フーゴー，サン＝ヴィクトルの（1096 頃

-1141)　47f., 172f., 616
フーゴー（チェスター伯）　233, 265, 409, 469
フーゴー（ディー司教，リヨン大司教，在位 1083-1106）　352, 389-91, 399-406, 417-22, 424　→グレゴリウス７世
フーゴー（ヨークの聖歌隊長，年代記者）　464, 474, 501
プラエィエクトゥス（Praeiectus）　481
プラトン（Platon）　116, 162, 190, 241, 543, 624f., 638
——主義　116, 190
フランチェスコ，アシジの（Francesco, 1240/50-1302/3）　633
ブルカルドゥス（Burchardus，ヴィエンヌ大司教，1030 歿）　12
ブルカルドゥス（ウォルムス大司教，965 頃 -1025）　212, 362
ブルグンディウス（Burgundius，アンセルムスの義弟）　14
ブレグイヌス（Bregwinus，カンタベリー大司教，764 歿）　583
フンベルトゥス（Humbertus, 枢機卿, 1061 歿）　34-8
フンベルトゥス（Hunbert Whitehands, サヴォワ伯，980 頃 -1047/8）　11ff.
ベーコンソープ（John Baconthorpe）　608
ベーダ（Beda Venerabilis, 673/4-735）　52, 432, 463, 492-7, 563, 587
ペトロ（St Petros, 使徒）　28, 394, 462 502, 571
——への祈祷（アンセルムス）　134f., 140-3, 151
——への祈祷（エアドメルス）　602, 604
ベネディクトゥス, ヌルシアの（Benedictus, 480 頃 -547/60 頃）→『戒律』
ヘルノストゥス（Hernostus, ベック修道士, ロチェスター司教）　438, 578
ヘルルイヌス（Herluinus，ベック修道院の創設者，1078 歿）　235, 259, 265
『ヘルルイヌス伝』　42n.17, 55n.1, 561
→クリスピヌス
ベレンガリウス, トゥールの（Berengarius, 1005 頃 -88）　12, 29, 32-40, 61-77, 82, 159f., 249f.
——とアンセルムス　63ff.
——とランフランクス　61-77
——の聖餐論　62-5
——の断罪　36-9
ヘンリー１世（Henry I, イングランド王, 在位 1100-35）　331, 341, 365, 403ff., 427, 429, 466, 474, 536f., 586
——とアンセルムス　406-30
——とアンセルムスの追放　414-7
——とノルマンディー公ロベール　408-11, 421, 536f.
——の破門　356
ヘンリクス（Henricus, カンタベリーのクライスト・チャーチ副修道院長，バトル修道院長）　438ff., 444, 450
——とアンセルムスの書簡　211ff., 237f., 438, 448f.
ボズウェル（J. Boswell）　210-4
ボソー（Boso, ベック修道士・修道院長）　53, 284-8, 344ff., 359, 509f., 514f., 556ff., 562, 564, 612, 623
——と『神はなぜ人間となったか』　284-8, 304, 310, 342
——とアンセルムスの『書簡集』の編纂　556-9
——と『例話集』　531
——と「アンセルムス遺稿」　344f.
——とクレルモン公会議　285, 359
ボナヴェントゥラ（Bonaventura, 1217/21-74）　513
ホノリウス１世（Honorius, 教皇，在位 625-38）　491, 502f.
ホノリウス・アウグストドゥネンシス（Honorius Augustodunensis, 1080 頃 -1157 頃）　515, 521-28
『教えの手引き』（Elucidarium）　521f.
『聖母マリアのしるし』（Sigillum Sanctae Mariae）　522f.

『不可避のこと』（Inevitabile）　523

マ　行

マウリティウス（Mauritius, ベック修道士）　549f., 552f.
マウリリウス（Maurilius, ルーアン大司教, 在位 1055–67）　43f., 136ff., 259, 333
マクドナルド（Macdonald, A. J.）　439
マッキンタイア（McIntyre, J）　512
マティルダ（Matilda，マルカム 3 世の娘，イングランド王妃 1100–18）　365–8, 405
マティルダ（トスカナ伯夫人）　138, 157, 231n.30
マティルダ，フランダースの　30ff.
マリア，聖母　105, 132, 136ff., 149–54, 603–10　→無原罪の御やどり
マルカム 3 世（Malcolm III，スコットランド王，在位 1058–93）　365ff.　→マティルダ
メオファム（Meopham, Simon, カンタベリー大司教，在位 1327–31）　608
メールハルタッハ（Muircheartach, high King，アイルランド上王）　471
モーゼス（Moses，カンタベリー修道士）　222f.
モンクロ（Montclos, J.）　39, 62n.8

ヤ・ラ　行

ヨハネス，ソールズベリーの（Johannes Saresberiensis, 1115/20–80）　103, 635
ヨハネス，フェカンの（Johannes Fiscannensis, 1078 歿）　128
ヨハンネス 12 世（教皇，在位 955–63）　490

ライナルドゥス（Rainaldus, アンセルムスの親戚）　13f., 219f.　→ハイモ
ラッセル（Russell, Bertrand）　181
ラルフ（Ralph d' Escures, カンタベリー大司教，在位 1108–14）　337, 491, 522f., 556, 596
——とエアドメルス　573f., 581f., 632
——と首位権　496–501, 505
ラルフ　→ロドゥルフス
ランフランクス（Lanfrancus，1010 頃–89）　18, 21f., 40, 55f. 621
——とアリストテレス　60f., 67ff.
——とアンセルムス　55–86, 611f.
——とイングランドの伝統　441–45
——とカンタベリーの修道院共同体　431–40
——と自由学芸　25f, 55–9
——と首位権　473, 493–6
——と聖餐論争　35–40, 61–73
——とニコラウス 2 世　27–35, 45f.
——とノルマンディー公ウィリアム　29–35
——とローマ教会会議（1059）　38ff
——の偽造　489–92
——の教会法集成　29, 35, 50, 74–7, 360
——の書籍収集　74–81
——の著作
『パウロ書簡註解』　46–50, 56–61
『主の体と血について』（De Corpore et Sanguine Domini）　61–81　→等値命題
その他の著作　26n.6
ランフランクス（ランフランクスの甥）　260f., 271
ランベール（Lambert, サン＝ベルタン修道院長）　530
リケザ（Richeza，アンセルムスの妹）　11, 14
リチャード，クレアの（Richard of Clare, イーリー修道院長）　409
リチャード 1 世（イングランド王，在位 1189–99）　217
リーバーマン（Liebermann, F.）　399f.
ルーファス（Rufus，イングランド王ウィリアム 2 世）　215, 266, 334, 348, 352–6, 365–8, 377–88, 391f., 406f., 429f., 451, 476　→ウィリアム 2 世

レオ9世（Leo IX, 教皇，在位 1049–54）
27f., 30, 481
レギノ，プリュムの（Regino of Prüm, 840 頃 -915） 212n.14
ロジャー（Roger，ソールズベリー司教）
485
ロスケリヌス（Roscelinus，1050 頃 -1120/25） 73, 162, 174f., 190, 247–56, 263, 277f., 284, 286, 321, 326, 332, 612, 639
——とアンセルムス 247–56
ロドゥルフス（カンタベリー修道士，バトル修道院長） 516–21, 527, 619
ロドゥルフス，ランの（Rodulfus）
284–8, 516
ロベール（Robert，ノルマンディー公）
379, 387, 421
——のイングランド侵攻 408, 410–11, 536f.
ロベール（ムラン Meulan 伯） 419
ロベルトゥス（セント・エドマンズ修道院長） 409
ロベルトゥス，トゥムバレナの（Robertus de Tombelaine） 217f.
ロベルトゥス，ムランの 465n.9

地名索引

アオスタ（Aosta）　5, 9, 13, 15ff., 22, 24, 562, 571
アスプル・シュル・ビュエック（Aspres-sur-Buech）　340
ヴィエンヌ（Vienne）　12, 16f., 393, 467, 531, 569
ウィルトン（Wilton）　353, 365-71
ウェストミンスター（Westminster）　266f., 278, 553 →クリスピヌス
——修道院　206, 267, 278, 528, 605
ウォーターフォード（Waterford）　471
エルサレム　14, 239
アンセルムスのエルサレム観　239f.

カーン（Caen）　35f., 40, 61, 74, 80, 95, 203, 228, 247, 434, 438f., 447, 453, 517
カンタベリー　→クライスト・チャーチ，セント・オーガスティン
グロスター（Gloucester）　267
の会談（1093年）　366f., 571

サヴォワ（Savoy）　11ff.
シャフツベリー（Shaftesbury）　372
セント・アンドルーズ（St Andrews）　472, 536, 556, 581f.
セント・デーヴィス（St Davis）　469

ダブリン（Dublin）　470f.
チェスター（Chester）　265f.

パリ（Paris）　17, 47, 608
バーリ（Bari）
——と聖ニコラウス　155
——教会会議　279, 392ff., 568-71
バンゴール（Bangor, 司教区）　469
ベック　→ベック修道院

マルシニー（Marcigny）　14
マンツィケルト（Manzikert）　239

ヨーク（York）　471-82, 499-503

ランダフ（Llandaff）　469
リーグル（L'Aigle）　420, 422
リベリ（Liberi）　392f., 594
リメリック（Limerick）　471
リヨン（Lyon）　12, 16f., 192, 391ff., 400-405, 416-21, 431, 456, 464, 512, 550, 568, 571, 594, 602
ルッカ（Lucca）　394f.
ロッキンガム（Rockingham）　377, 572
ローマ（Roma）　14, 32-5, 37, 41, 157, 192, 334, 341, 344, 361, 390, 392-6, 401, 411, 414ff., 419f., 422f., 501, 544f., 568, 570f., 581
——教会会議（1059）　31-40, 360
——教会会議（1078）　484n.27
——教会会議（1099）　39n.16, 394-9, 409-13, 418f., 422-5, 426ff.
ロンドン（London）　266, 278f., 282, 326, 406, 608

事項索引 / ラテン語索引

タ・ナ行

ハ　行

マ〜ラ行

書簡索引

（カッコ内はPL版）

原　註

第Ⅰ部　誕生から再生まで　1033―70 年

第 1 章　監禁からの逃亡

1）　ギルベルトゥス・クリスピヌスは，彼の『ヘルルイヌス伝』（*Vita Herluini*, in Gilbert Crispin, *Works*, p. 204）において，アンセルムスがアオスタの教会の聖職者（clericus ecclesiae Augustensis）だったと記しているが，アンセルムスに最も近い友人の一人として，彼はこのことを知る立場にあった。

2）　*VA* II, xxx.

3）　*VA* I, ii.

4）　*VA* II, xiv.

5）　See Southern, 1958ii, pp.213-16.

6）　*VA* I, i.

7）　See *Ep*. 268 (iii, 67)，ここでアンセルムスはリケザに，「私はあなたのたった一人の兄だから」（ego enim sum unicus frater vester）と記している。もちろん，死んだ他の兄弟がいたという可能性もある。

8）　*Ep*. 262 (iii, 65).

9）　この地域の封建的な抗争に関しては，Prévité-Orton, 1912 参照。

10）　Prévité-Orton, pp.10-11,19-21,27,67-8.

11）　*Epp*. 55 (i, 46), 56 (i, 47), 110 (ii, 20), 111 (ii, 21), 209 (iii, 25).

12）　*Ep*. 120 (ii, 28).

13）　*Ep*. 258 (iii, 63).

14）　*Epp*. 264 (iii, 66), 268 (iii, 67).

15）　*Ep*, 328 (iv, 114).

16）　*VA*, II, xxix.

17）　*Ep*, 90 (iv, 31). まったく同じ助言が，後に彼に宛てた書簡においても繰り返されている：*Ep*. 328 (iv, 114).

18）　この祝日を広めた，アンセルムスの弟子たちの影響については，以下の pp. 601-7 を参照。

19）　彼の経歴に関しては，Southern 1958ii, pp.90-1, 198-200 および Williamson, 1929, pp.192-200 参照。

20）　以下のことについては，*VA* I, v and p.7n 参照。

21）　アンセルムスがアヴランシュに来たという証拠はわずかだが，しかし，確かな資

料に由来する。それは，エアドメルスの『アンセルムス伝』の写本にベックで加えられた明らかに信頼できる初期の書き込みである。*VA* I,v, pp. xiv, 8 を参照。

第２章　決断の年

1）　アンセルムスのベック到着の年代およびランフランクスの彼への影響の説明に関しては，*VA* I, vii and p. 12n 参照。

2）　Margaret Gibson, 1971 and 1978 参照。以下の頁の概略的な論証は，'Lanfranc of Bec and Berengar of Tours', Southern, 1948 で簡潔に素描された。私は，今ここで，ギブソン博士の著作のお陰で，多くのより詳細な事柄と新たな強調点を付け加えることにする。

3）　これらに関する詳細は，*VA* I, iii-iv. 専制的な教師に関する彼の若いときの体験の説明が，ベックの *VA* の校訂版に付加されており pp. 172-3，*VA* I, xxii の記述は，確かにその反映である。

4）　F. シュルツ（F. Schulz）は，40 年前この問題について私に多くの助けを与えてくれた。確固とした証拠はわずかであるにもかかわらず，彼は，ランフランクスの「テモテへの手紙一」5 章 4 節に関する註釈 "in mundana lege 'parens parenti per gradum et parentelam' succedere iubetur" が，ロンバルド－ローマ法に関する彼の知識の明白な証拠であることを指摘した。詳細は，Southern, 1948, p.29n 参照。印刷されたランフランクスの註釈（*PL* 150, col. 355）は意味をなしていないことが指摘されるべきである。私は，Vatican MS lat. 143, f. 142v から引用した。

5）　これらの判断に結びつけられる資料と重要性に関しては，Southern, 1948, pp. 29-32 参照。ニコラウス二世の書簡に関しては，次節を参照。

6）　ランフランクスに帰せられる，これらの失われた著作に関しては G. Becker, 1885 参照。すなわち，*Questiones Lanfranci* は，ベルナルドゥスという名の 11 世紀の学校教師の所有する弁証論理学の著作の中に含まれ（p. 138），*Lanfrancus de dialectica* は 1084 年以前にトゥールの図書館に存在した（p. 154）。Gibson, 1978, pp. 42-3, 49 は，これらの著者を，われわれのランフランクスと見なすことができるのかどうかを疑う。その根拠は，彼がアウグスティヌスに帰せられた *De decem Categoriis* を未だに使用しており，「このテクストが，根本的にボエティウス論理学と調和せず……もしランフランクスが *De decem Categoriis* を認める準備があったとしたら，彼を旧論理学（logica vetus）の開拓者と見なすことはほとんど不可能になる」ということである。しかし，ランフランクスが偽アウグスティヌスの *De decem Categoriis* の論理学的な教説を「認めた」という証拠はない。彼の時代における他のすべての学者同様に，彼はこの著作を知っていたにちがいないが，彼がそれを利用したという唯一の証拠は，12 世紀後期のカンタベリー修道士の収集した文書の中の，「教師ランフランクスは，つぎのように語った。主の名は言表不可能である。というのも，第四等級の言葉は，その下の三つの等級の存在を包含しており，それゆえ，この言葉の場合に

は，意味はあり得ず，また意味を表示する語でもあり得ない」(Magister Lanfrancus [sic] d(ixit), Nomen domini ineffabile, quia littere que quartum gradum tenent tres indicant esse primos aput quos ergo tante rei non est, nec vox esse potuit intellectum significans.) という一文である。(この一節に関しては，Hunt, 1943, p.208 および解説に関しては，Gibson, 1978, loc. cit. 参照)。この文は，その意味はどうであれ，論理学者としてのランフランクスに関する不利な見解を支持するものではない。ギブソン博士がランフランクスの文法学に関する専門的知識を強調することは十分に正当化されるが，しかし，それが示していることは自由学芸の三学科の統一であって，論理学に対して文法学を優先させたということではない。

7）教皇選挙の教令，および1059年以降，南イタリアのノルマン人に対する教皇の政策の変遷という主題は，1879年，教皇選挙の教令のテクストと意味が初めて真剣に調査されるようになってから，非常に膨大かつ重要な文献の主題である。この文献の精密さが最高点に達したのは，Anton Michel, 1936, 1939; R. Holtzmann, 1938; H-G. Krause, 1960 の貢献による。ミヒェルとクラウゼは，選挙の教令の劇的な衝撃と意図の縮小を論証した。ホルツマンはその反対を論証した。私の知る限り，これらの学者の誰も，あるいはこの論争に関心をもった学者の誰も，このニコラウス二世の書簡を考慮してこなかった。これを私は検討することにしよう。この書簡に関して，私の提案しようとする解釈が正しければ，教皇選挙の教令とそれが必要とした政策に関する劇的な見解を支持する方向になろう。

8）この書簡の，一般に入手しうるテクストは，*PL* 143, cols. 1349-50 だが，いくつかの細かい点で不完全である。正確な版が存在しないので，以下の pp. 45-6 に印刷しておく。

9）ランフランクスの教会法集成（Trinity College, Cambridge, MS B. 16. 44）におけるこの書簡の全般的な脈絡については，Brooke, 1931, 74-6 参照。加えて，以下の点も注意されるべきである。彼の写本における教会会議教令の項の最後に，ランフランクスは以下の文書を挿入した。すなわち，1059年の復活祭教会会議の諸決定を記録した，ニコラウス二世の回勅書簡（*PL* 143, cols. 1315-16）；教会会議の諸決定に関する教皇の公布の説明（*PL* 143, cols. 1314-5）；lecto et perlecto sponte subscripsi という締めくくりの定式をもってなされたベレンガリウスの宣誓；ニコラウス二世のランフランクス宛書簡。それゆえ，簡単に言うと，ランフランクスは，教会会議に関連する文書の中に，彼に宛てられた教皇の個人的な書簡も含めて一まとめにしたのである。

10）これらの文書に関しては，*PL* 143, cols. 1314-22.

11）ウィリアム公の結婚に関しては，Douglas, 1964, pp. 75-80 参照。ジュミエージュのギヨーム（Willam of Jumièges), pp. 127-8 は，この結婚について記述しているが，法的な難点については触れていない。確かに，それらは存在したのだが，どのような性質のものかは不明である。

12）*PL* 150, col. 37. 1059年の復活祭教会会議におけるベレンガリウス訴訟について

記した後，ミロは，つぎのように言葉を続ける。「つまり，ランフランクスは，これらの出来事［ベレンガリウスに対する訴訟］に関与した。というのも，彼がローマに来たのはこの裁判のためであり，またノルマンディー公とその妻のために使徒座で交渉を行なうためであった。上述のように，この件のために，彼はそこに行ったのだ」（His enim gestis Lanfrancus interfuit, qui causae huius litis Romam venerat et ut ageret pro duce Normannorum et uxore eius apud apostolum, pro qua re, sicut diximus, illuc perrexerat.）。

13）*PL 150*, cols. 409B-C, 411D.

14）*DSC* pp. 25-26. ベレンガリウスの言葉は，Manu, quod mendaciter ad te pervenit, non subscripsi, nam ut de consensu pronunciarem meo nullus exegit; tantum timore presentis iam mortis scriptum illud, absque ulla conscientia mea iam factum, manibus accepi. である。

15）Montclos, 1971 pp. 43-4; Gibson, 1978, p. 69.

16）ソールズベリーのヨハネスは，1148年の訴訟の目撃者であり，鮮やかな報告をその『教皇史』（*Historia Pontificalis* ed. Marjorie Chibnall, 1956; and R. L. Poole, Oxford, 1927, pp. xxxvi-xlvi, 16-27）に残した。しかし，いくつかの点で，彼は，何が起きていたかを知らなかった。エアドメルスも1099年のサン・ピエトロ教会会議の説明において，混乱があまりにも大きかったため，いかなる決定がなされたかを知ることができなかった。これについては，pp. 392-4を参照。

17）ギルベルトゥス・クリスピヌスは，彼の『ヘルルイヌス伝』（*Works*, pp. 194-7）において，ベックの初期の困窮そしてランフランクスの学校の成功がもたらした結果として財政が劇的に改善されたことに関する最良の報告を提供している。この報告は，ミロ・クリスピヌスの『ランフランクス伝』（*PL* 150, cols. 29-39）によって補足されている。

18）ベックにおけるアンセルムスの最初の年に関するエアドメルスの報告については，*VA* I, v, p. 8参照。詳細は，アンセルムス自身の口からのみ出て来たことであろう。「日夜，学問に没頭し，彼が望んだ書物についてランフランクスから手ほどきを受け，また請われれば熱心に他の人々を教えた。とある深夜，勉学で身体も凍え，空腹で疲れ切ったとき，彼の心に浮かんできたことは，もし，自分がかつて志したように，どこかで修道士になっていたとしたなら，今忍耐していることより厳しいことを耐える必要はなかったのではないか，ということだった」（Occupatur die noctuque in litterarum studio, non solum quae volebat a Lanfranco legendo, sed et alios quae rogabatur studiose docendo. Propter quae studia, cum corpus vigiliis, frigore et inedia fatigaret, venit ei in mentem quia si aliquo monachus ut olim proposuerat esset, acriora quam patiebatur eum pati non oporteret.）。アンセルムスが写本を訂正したことについては，*VA* I, viii, pp. 14-15参照。「霊的な助言のためには，一日中費やしても足りないことがあったが，加えて夜の大部分もこれに費やされた。さらに，この頃までに各地から集まってい

た本の数多くの誤りを訂正することもした」(Totius dies in dandis consiliis saepissime non sufficiebat, addebatur ad hoc pars maxima noctis. Praeterea libros qui ante id temporis nimis corrupti ubique terrarum erant nocte corrigebat.)。アンセルムスが，彼の若い頃の生活の詳細をエアドメルスに打ち明けたことについては，本書 pp. 570-2 参照。

19) *VA* I, vi, pp. 10-11. アンセルムスは，ヨーロッパで最も有名な修道院の過剰な日課に対して反発した最初の人物だったように思われる。50 年後にこの批判は普及したが，その頃まで，アンセルムスの忠告はまったく忍耐に関するものだった。つまり，彼は，後に，自分の若い頃の見解を，名声への始末におえない欲求をもった勝手気ままな精神の焦りだったと回顧しているからである。

20) これらの運動については，Leyser, 1984 および，そこに引用されている文献参照。

21) 上述のように，ランフランクスはこの書簡を彼の教会法集成（TCC MS B. 16. 44, p. 211）に付け加えた。その欄外に，「彼は，ベック修道士の時に，この書簡を受け取った」(Hanc epistolam accepit cum Becci monachus esset.）と注記がある。

22) *Ep*. 66（I, 57）参照。

23) 本書付録参照。

24) Bibliothèque Nationale 所蔵の写本の記述については，何よりも N. R. Ker と Mlle. Marthe Dulong のお蔭をこうむっている。前者は，1937 年にベック写本を吟味し，後者は，1939 年の夏に再度それらを私のために吟味してくれた。Ker は Bnl 12211 がカンタベリー写本と区別できないように思われるということを報告してくれた。このささやかな注記が，過ぎた年月の友情のよすがとなることを願う。

第3章　アンセルムスとランフランクス

1) ベックの初期の歴史家，ギルベルトゥス・クリスピヌスは，特に「修道院外部の」学校と修道院の経済的な繁栄との関係を強調する。「聖職者，諸侯の子弟，ラテン世界の学校の著名な教師たちが急ぎやって来た。権勢のある俗人，多くの高貴な人々が彼に対する愛情からその教会のために多くの土地を譲渡した。ただちに，ベックの地は設備，不動産，高貴な栄誉ある人々に恵まれた。内では敬虔と知が大いに増し加わり，外では必要なすべてのものが供給され溢れんばかりになり始めた。」(Accurrunt clerici, ducum filii, nominatissimi scholarum Latinitatis magistri. Laici potentes, alta nobilitate viri multi, pro ipsius amore multas eidem ecclesie terras contulere. Ditatur ilico Beccensis locus ornamentis, possessionibus, personis nobilibus et honestis. Interius religio atque eruditio multum accrescere, exterius rerum omnium necessariarum subministratio coepit ad plenum abundare.)（Gilbert Crispin, *Vita Herluini*, c. 62. Works, p. 197.）

2) Sigebert of Gembloux, *Liber de eccl. scriptoribus*, *PL* 160, cols. 582-3: Paulum apostolum exposuit Lanfrancus, et ubicumque opportunitas locorum occurit, secundum leges dialecticae proponit, assumit, concludit. ‘proponit, assumit, concludit’ という語は，弁証論理学の専門用語であり，たとえば，Gottschalk of Orbaix, *Opuscula theologica*

ed. C. Lambot, *Spicilegium Sacrum Lovaniense*, xx, 1945, pp. 85, 101, 206-7 に，パウロの論証との関連で，繰り返し見いだされる。ランフランクスがゴットシャルクの例からヒントを得た可能性はある。

3）本書 pp. 46-50 参照。

4）ヒエロニュムスの見解については，彼の『ガラテヤの信徒への手紙註解』（*PL* 26, cols. 346, 371-2）を参照。

5）「ローマの信徒への手紙」3 章 4 節の「あなたは，言葉を述べるとき，正しいとされ」（ut iustificeris in sermonibus）という文言に対するランフランクスの註釈，また「真理とは言葉における正義である」（iusutitia enim sermonum est veritas）ということに関しては，*PL* 150, col. 115 参照。反対に，アンセルムスは後に，正義とは行為における真理であることを論証した。これに関しては，本書の pp. 243,440 を参照。

6）この見解を述べたのはギブソン博士である。Gibson, 1978, p. 56 参照。関連箇所として，ランフランクスについては *PL* 150, col. 115, アンセルムスについては，*De Veritate*, c. xii。このテーマの取扱いにおけるランフランクスとアンセルムスのつながりについてさらに知りたい場合には，Southern, 1948, pp. 42-43 参照。このテーマを聖エルフェゲに適用したことについては，*VA* I, xxx 参照。

7）ランフランクスの『主の体と血について』（*De Corpore et Sanguine Domimi*）の執筆については，さまざまな日付が提案されてきた。私の見解では，Macdonald, 1926, p. 51 が，その大部分が 1060-63 年頃に書かれたと考えている点で正しい。モンクロ（pp. 196, 249）は 1063-68 年という年代を提示するが，その根拠は，主としてランフランクスがそれをベレンガリウスに送付した時点で，彼がカーン修道院長だったこと，ランフランクスの弟子でドイツ人のテオドリクスが，ランフランクスがすでにカーンにいるときに送った書簡の中で，ランフランクスに本書を執筆するように促したのは自分だと主張しているという点である（*PL* 147, col. 334）。しかし，たとえテオドリクスの主張が正しいとしても，彼が述べていることの中で，ランフランクスがまだベックにいたときに，テオドリクスがその弟子だったという可能性を排除するものは何もない。それどころか，この可能性はかなり高い。ベックを離れた後に，ランフランクスがカーンで修道院外部の学校を継続したという証拠はまったくないからである。

8）ベレンガリウスは，聖体におけるキリストの体と血の実在性を受け入れていたことを終始主張した。たとえば，「パンとぶどう酒は，聖別によって祭壇の上でキリストの真の体の血に変化するということは，私の見解でも，貴兄の見解でもなく，福音と使徒の見解であると同時に，真正な著作家たち――彼らに異を唱えることがあってはならない――の見解でもある。」（Panem et Vinum per consecrationem converti in altari in verum Christi corpus et sanguinem, non mea, non tua, sed evangelica apostolicaque simul autenticarum scripturarum, quibus contraria fas non sit, est sententia.）*DSC*, p. 57 また pp. 56-7, 67-8 も参照。

9）　以上の言葉は，P. Meyvaert, ‘Berenger de Tours contre Alberic du Mont-Cassin’, *RB*, 70, 1960, pp. 324-32 に印刷された，ベレンガリウスが彼の論敵に対し非常に説得的に諭す言葉から取られている。

10）　彼の弁明の唯一残る，そして今後もこれだけだろうと思われる写しについては，R. B. C. Huygens, ‘À propos de Bérenger et son traité de l’Eucharistie’, *RB*, 76, 1966, pp. 133-9 参照。

11）「主の体と血を受けるための祈り」（Oratio ad accipiendum corpus domini et sanguinem. Schmitt, iii, p. 10, *Or*. no. 3）。この祈りは，アンセルムスの祈祷の最初期に属するものの一つではない。これは，1093 年と 1100 年のあいだに付加されたと思われる。祈祷集の成長と執筆のさいに想定された読者に関する詳細は，本書 p. 155-7 参照。聖体に関するアンセルムスの唯一別の言葉――それもかなり後だが――は，種なしのパンに関する，ニュルンベルク司教ヴァレラムヌスからの質問への返答の中にある（Schmitt, ii, pp. 223-42.）。

12）　本書 pp. 87-91 参照

13）　詳細な論及は，Southern, 1948, pp. 43-6 参照。ベレンガリウスの論証は，論争の経過において少しずつ異なった，さまざまな仕方で述べられる。その最初に現れた形は，「部分が損なわれれば，全称肯定は成り立ちえないだろう」（Non enim constare poterit affirmatio omnis, parte subruta. Lanfranc, *DCSD*, c. 7.）というものだった。

14）　Corpus et sanguinem ... non solum sacramento, sed in veritate manibus sacerdotum tractari, frangi et fidelium dentibus atteri. *PL* 150, col. 411. 注意されるべきことは，ミーニュ版のテクストにおいて，これに続く信仰宣言は，これらの語が省略されており，ランフランクスの著作の一部分ではないということである。それは 1079 年に同意された信仰宣言を報告する後代の挿入である。

15）　残存する写本の目録については，*Categoriae vel Praedicamenta*, ed. L. Minio-Paluello, Aristoteles Latinus, i, 1961 参照。ベックに写しが存在したこと，それもおそらく一つ以上であったことは，アンセルムスの著作から推定されうる。これについては本書 pp. 87-91 参照。

16）　実体と偶有性の関係についてのランフランクスの関心の興味深い記憶が，R. W. ハントによって，12 世紀シャルトルの写本におけるプリスキアヌス欄外註の中に見いだされた。編集者は，動詞 ‘sum’ の使用に関するさまざまな見解を引用している。たとえば，教師グイドは，‘sum’ が神に関して用いられる場合にのみ行為を示し，他の場合には受動的であると考える。しかし，ランフランクスは，Homo est という場合のように，実体に用いられる場合には行為を示すが，Albedo est のように偶有性に用いられる場合には受動的であると考える。これについて，編集者は，「教師グイドは神と被造物との関係に注目し，ランフランクスは実体と偶有性の関係に注目している」（Wido inter deum et creaturas attendit, hoc Lanfrancus inter substantias et accidentia.）と注記する（*MARS*, 1, part 2, 1943, 224.）

17） このことが明確にされる基本的な一節は，*DCSD* c. 7, *PL* 150, col. 418 である。すなわち「神は，事物そのものを principales ac secundae essentiae によって造り，これらが真なる命題と偽なる命題の原因となるように計らった。」（Deus condidit res ipsas in principalibus ac secundis essentiis, easque tam verarum quam falsarum propositionum causas esse disposuit.）この文の principales ac secundae essentiae は，アリストテレスの『カテゴリー論』の primae et secundae substantiae 以外にはありえない。したがって，聖体において変化をこうむる principales essentiae は，パンとぶどう酒の primae substantiae である。モンクロは，このランフランクスの定式とアリストテレスの『カテゴリー論』のそれらを結びつけることを拒絶する。しかし，彼はそれに代わる説明を与えていない。私としては，Southern, 1948, pp. 40-1 で示したランフランクスの言葉の説明を拒否するという点で，彼に従うことはできなかった。

18） ランフランクスは，ベレンガリウスの立場をつぎのように述べた。「パンとぶどう酒は，質料的な変化をせず，pristinae essentiae のうちに留まる……パンとぶどう酒は本質的に変化させられることはない……パンとぶどう酒は principales essentiae に留まる」（panem vinumque ... sine materiali mutatione in pristinis essentiis remanere ... panem vinumque essentialiter non mutari ... panem et vimum in principalibus essentiis permanere.）。これに対して，ランフランクスはつぎのように主張した。「われわれは，この地上の実体が主の肉の essentia に変化することを信じる」（Credimus terrenas substantias ... converti in essentiam dominici carnis ）。「教会は，パンとぶどう酒が肉と血の実体に変化すると告白する；パンとぶどう酒は肉と血の実体に変化する；（そしてさらに強調して）interior essentia に従って変化する」（Confitetur ecclesia ... panem et vinum ... in substantiam carnis et sanguinis commutari ; panem et et vinum ... in substantiam carnis et sanguinis commutari. ;commutari secundum interiorem essentiam.）。ランフランクスにおけるこれらの文については，*PL* 150，cols. 415, 417, 418, 419, 420, 430 を参照。これらの文において，ランフランクスが essentia と substantia を互換的に使用していることは注意されるべきである。

19） *CDH*, II, 17 (Schmitt, ii, p. 125) 参照。

20） ベレンガリウス *DSC*, p. 101 参照。これは，論争全体におけるいくつかの文の一つだが，「高貴な」という形容詞が相応しいと思われる。正しいか間違っているかはともかく，ここでベレンガリウスは，人間にとって神の似像に創られたことが何を意味するかを情熱的に説明するために，論争の世界の外に足を踏み出している。

21） *PL* 150, col. 417A.

22） このパウロのテクストは，「コリントの信徒への手紙一」7 章 29-31 節である。この一節の論証を分析するさいに，ランフランクスが「等値」という語を使用している箇所は，*PL* 150, col. 178.

23） TCC MS. B. 16. 44. 大司教時代に，ランフランクスがこの集成を活用したこと，またイングランドの司教区に広くこれを配布させた証拠については，Brooke, 1931,

pp. 57-105参照。ベック時代にアンセルムスがこれを使用したことについては，*Ep*. 65 (i, 56) および本書 p. 358 参照。大司教時代に，アンセルムスがそこから引用した唯一の例が，ギルベルトゥス・クリスピヌスからの借用であることの証拠については，Southern, 1954, pp. 89-91 参照。

24）ベックからカンタベリーに送られた書物に関しては，アンセルムスの *Epp*. 23, 25, 26, 66 (iv, 122; i, 19, 75) 参照：カンタベリーからベックに供給された書物に関しては，同じく *Epp*. 39, 42, 43, 60 (i, 47, 50, 51, 69) 参照。これらの書簡はすべて，1070年と1078年のあいだに書かれた。――つまり，ランフランクスが図書館の建設を優先したことを示している。詳細については，pp. 433-6参照。

25）ベックとカンタベリーの図書館計画が同一であることは，断片的にしか証明されえない。しかし，残っているいくつかの証拠は，以下に述べられるランフランクスの読書習慣と共に，重要である。C. R. Dodwell, *The Canterbury School of Illumination, 1066-1200*, 1954, pp. 6-20 および Ker, 1961, pp. 25-31; M. R. James, *The Ancient Libraries of Canterbury and Dover*, 1903, pp. xxix-xxxv を参照のこと。

26）ランフランクスの引用を列挙するには，あまりにも数が多すぎるが，それらは *PL* 150, cols. 421-41 に簡単に見いだすことができる。以下の諸例は，彼が引用の典拠を示す方法を十分に例証する。たとえば，アウグスティヌスの『詩編註解』の場合は，以下のとおりである。「詩編註解の第一部において……また同じところで……この著作の第三部で……同じところで。詩編33編の……その後で……詩編44編の……詩編65編の……詩編98編の，少し後で，……少し間をおいて……等など」（In prima expositionis Psalmorum parte ... Item in eadem ... in tertia eiusdem operas parte ... in eadem ... In *Ps*. 33 ... et post aliqua ... in *Ps*. 44 ... in Ps. 65 ... in *Ps*. 98, et paulo post, ... et paucis intermissis ... etc.）。アウグスティヌスの『キリスト教の教え』の場合には，「いくつかの写本において，上述の文は別の言葉で書かれている。……本書においては，（アウグスティヌスは）この命題およびこれに類似した命題についてどこかで言及することはない」（In quibusdam codicibus prefata sententia verbis aliis invenitur ... In hoc opere nec huius propositionis nec alicuius eius similis aliquo in loco mentionem fecit.）。

アウグスティヌスの『ボニファティウス宛の書簡』の場合には，「本書において，（アウグスティヌスは）他の秘跡と同様に，この秘跡についても語った」（In eo libro non magis loquebatur de hoc sacramento quam de ceteris.）。これらの語句と類似の語句を全体としてみると，ランフランクスが彼の蔵書に関してかなり詳細な知識をもっていたことが分かる。

27）たとえば，*DSCD*, c. 12参照。ベレンガリウスがアウグスティヌスの *DCD* (l. 10, c. 5) を引用したところ，ランフランクスはつぎのように応酬する。「アウグスティヌスは，『神の国』で，唐突に，秘跡は聖なるしるしであると定義するが，それは貴兄の言うようなものではない。実際，彼は，その箇所で主の体と血について，何も述べなかったのである」（Augustinus in libro De Civitate Dei non ita abrupte, ut tu dicis,

sacramentum sacrum esse signum deffinivit. Nihil vero eo in loco de Corpore et Sanguine Domini loquebatur.）。

28） *DCSD* における『神の国』からのランフランクスの引用に加えて，広く流布した彼の註釈に関しては，Gibson, 1971, pp. 435-50 参照。その中の一つは，彼がプラトンの『ティマイオス』に関する詳しい知識をもっていたことを示す。

29） アウグスティヌスの『告白』の残存する写本の調査に関しては，A. Wilmart, 1931 iii, pp. 251-68 参照。ヴィルマールは，11 世紀の写本を 14 挙げており，その一つにジュミェージュの写本も含まれる。征服以前のイングランドの写本は一つもないが，1100 年以前にはカンタベリー関連の二つの写本がある。

30） *Ep*. 57 (i, 48). この言い回しは，以下のランフランクス宛書簡でも使用される。*Epp*. 23, 25, 27, 32, 49, 66 (i. 31, 33, 35, 40, 58, 69); しかし，後の *Epp*. 72, 77, 89, 90, 103, 124 (i. 80, 86; ii, 1, 2, 13, 53) にも，また『モノロギオン』の序文となる書簡にも見いだされない。

31） 「巨大な糸杉」は，ホラティウスの『詩論』（*Ars Poetica*）19-21 行を引合いに出している。彼の書簡の : in fronte pictum praeferant（冒頭に……銘を記すことにしております）という言い回しには，おそらく，ウェルギリウスの『牧歌』6, 22: sanguineis frontem moris et tempora pingit（額とこめかみを桑の実の深紅色で彩る）が反響している。アンセルムスが古典著作家を引き合いに出すことは非常にまれだが，決まりきった引用句ではない。それらは，彼が主要な詩人たちに十分に親しんでいたことを示唆する。ホラティウスとウェルギリウスに関しては，*Ep*. 2 (i, 2)；ルカヌスに関しては，*Ep*. 115 (ii. 25)；また『神はなぜ人間となったか』II,xvi は，可能性としてテレンティウスを想起させる。ホラティウスの重要性に関しては，本書原註 p. 39,4）参照。

32） *PL* 64, cols. 264-83 参照。アリストテレス『カテゴリー論』の「対立について」の章は，ボエティウスによる議論と共に，11 世紀に大いになされた議論の土台を形成した。この主題に関する論争が人気を博したことについては，アベラルドゥスの『カテゴリー論註釈』（in *Peter Abelards Philosophische Schriften*, ed. B. Geyer, *BGPTMA*, xxi, 1933, p. 260）参照。アリストテレスの「対立について」の章に関する註解は，初期の弁証論理学の授業で大きな場所を占めており，さまざまな学校で異なる語彙を発展させたように思われる。これについては，幾分初期の，Gerlandus, *Dialectica*, ed. L. M. de Rijk, 1959, pp. 108-9 参照。それよりも早い時期のランフランクスの *De Dialectica* において，この主題が論じられただろうことは疑いない。いずれにせよ，アンセルムスの幾分うんざりさせる冗談は，彼とランフランクスの両者が，これらの区別に精通していたことを示唆する。

33） アンセルムスがこの著作に与えた書名は，「グラマティクスは，どのように実体であり質であるか」（Quomodo grammaticus sit substantia et qualitas）である。後に，彼はこの著作に一度だけ言及するさいに，その最初の語 *De Grammatico* を用いたた

め，これが一般に書名として受け入れられるようになった。

34）『グラマティクスについて』において，これらの言い回しを中心とした入念な議論については，特に，Schmitt, i. p. 149, lines 27-30; p. 151, lines 5-30; and pp. 152-3 参照。

35）執筆年代について，われわれは，エアドメルスが本書を，1080 年と 1085 年のあいだにアンセルムスが執筆した著作群に置いていることに，欺かれてはならない。エアドメルスがそうしているのは，アンセルムスがこれらの著作と一括して本書に言及しているからに過ぎない。ただし，これらの著作も各々異なった時期に執筆された。

36）この墓碑銘は *PL* 158, cols. 1049-50 に収録されている。それは，Vat. MS. Reiginensis 499 にのみ保存されており，この写本は，ベックに由来する，修道院長などの伝記の重要な集成である。これが Ordericus Vitalis, iii, 309 によって言及されているものであることは，ほぼ確実である。すなわち，「ベックのアンセルムスは，上述の同郷人の思い出を，悲しみつつ，聖なる人々の伝記に付け加えた」（Beccensis autem Anselmus suprascriptam compatriotae sui memoriam heroico carmine volumini lacrymabiliter indidit.）とある。おそらく，オルデリクスは，他の人についてそうしたように，この墓碑銘のテクストを，彼の『歴史』に記そうとしたが，何らかの理由で，それができなかったのであろう。墓碑銘の中で，教師としてのランフランクスについて記した一行は，「世界の大部分が，彼の学識を認めた」（Huius doctrinam pars maxima senserat orbis.）である。

第４章　沈黙の年月

1）この理論に関しては，*VA* I, xi；その実践に関しては，*VA* I, x, xxii, xxix, xxxiv, pp. 6-17, 20-1, 37-9, 50, 60-1 参照。詳しい議論に関しては，本書 pp. 621-3 参照。

2）*VA* I, vii, x, pp. 12-13, 18.

3）ベック共同体の成長に関して，かなり信頼のおける算定が可能であるのは，修道院の最初期からの誓願の順序に従った，修道士の名簿が残っているためである。これは，Porée, 1901, ii, pp. 629-31 に印刷されている。大部分は，知られていない人々の名前であるが，司教ないし修道院長となった人々にはその肩書きが付加され，ベックにおいて修道院長の交代があった場合も同様である。結果として，以下の数字はかなり信頼のおけるものとして受け取ってよかろう。1042-1060 年には 34 人，1060-1078 年には 70 人，1078-1093 年には 160 人の新入会者がいた。Gibson, 1978, p. 201 の図表も参照のこと。

4）エアドメルスの報告に関しては，*VA* I, xxviii, pp. 46-8 参照；財政の危機的な状況に関しては，少なくとも一部は，アンセルムスの無能に起因するが，これについては，ランフランクス宛のアンセルムスの書簡 nos. 89, 90 (ii, 1, 2) 参照。

5）1073 年頃と 1077 年のカンタベリーにおけるイングランド修道士に関するアンセルムスの見解は，*Epp.* 35 (i, 27), 80 (i, 71) 参照。ここで彼はカンタベリーにおけるイン

グランド修道士を barbari（未開の人々）と記している。この語は，直接的には，理解できないイングランドの言語を指しているが，文化的な含みもある。

6）彼の書簡の保存の説明に関しては，本書 pp. 544-56, 付録参照。

7）*VA* I, vii, pp. 12-13.

8）*Ep*. 77 (i, 68). 彼が canonica dicta に類似する言い回しを使用する書簡は，*Epp*. 206 (iii, 166), 427(iii, 142), 442(iii, 183), 443(iii, 149) である。アウグスティヌスが聖書とその解釈者という意味で類似の語句を使用しているのは，*DCD*, xviii, 36 であり，アンセルムスもここでそのような意味で使っていると思われる。[訳者注：アウグスティヌスが『神の国』のこの箇所で canonicae と呼んでいるのは，現行の日本聖書協会訳で，旧約聖書続編と呼ばれる諸書のことであり，サザーンが言うように，「聖書の解釈者」という意味は含まれていないように思われる。]

9）アウグスティヌスとアンセルムスに関しては，K. Polheim, *Die lateinische Reimprosa*, Berlin, 1925, pp. 236, 422-3 の評言が読むに値するが，アンセルムスに関しては，今日偽作と見なされている祈祷を使用しているという欠点がある。

10）*Or*. 12, Schmitt, iii, p. 47. これは，アンセルムスの最初期に属する祈祷の一つであり，彼がアデレードに 1070-72 年に送ったものである。この状況と日付に関しては，本書 pp. 128-30 および *Ep*. 10 (iv, 121) 参照。

11）*Or*. 7, Schmitt, iii, p. 22 および *Ep*. 28 (i, 20)；1074 年頃執筆，を参照。

12）A. Regnier, *De la latinité des sermons de S. Augustin*, Paris, 1886. アウグスティヌスの文体を例証する説教については，Hans Liezmann, *Ausgewälte Predigten*, ii, *Kleine Texte f. Theologischen Vorlesung und Übungen*, xiiii, Bonn, 1905. E. Norden, *Die Antike Kunstprosa*, Leipzig, 1909, ii, 621-3 は，アウグスティヌスの文体的な慣用に関して有益な観察を行なっている。

13）*PL* 38, col. 995. レニェ（Regnier）によって引用された一節は，類韻，意味と響きの対照に富んだ一節の一つである。それは，説教 199, *De Temporibus*, *PL* 28, col. 1028 から引用されている。クリスマスの季節のためのアウグスティヌスの説教 nos. 194-9 は，とりわけこうした対照的な韻とリズムに富んでいる。

14）本書 pp. 531-3 参照。天国における 14 の至福に関する彼の説教のさまざまな形に関しては，*Memorials*, 特に pp. 31-4, 272-91 参照。

15）アウグスティヌスにおける cogitatio/meditatio に関しては，*De Trinitate*, IX, iii; X, v, vii, viii, x; XIV, vi-viii; XV, xii-xvi; *Corpus Christianorum*, 50, 1968, i, pp. 295-6, 320-9; ii, pp. 430-5, 409-501; *Confessiones*, VII, iv; VIII, v-vi; IX, ii; XIII, xi. また，R. G. Gassert, 'The meaning of *Cogitatio* in St. Augustine', *The Modern Schoolman*, 25, 1948, 238-45; A. C. Pegis, 'The mind of St Augustine', *Medieval Studies*, 6, 1944, 1-61; F. Cayré, La *Contemplation Augustinienne*, Paris, 1927 参照。

16）Augustine, *Soliloquia*, II, i, 1 および，アンセルムスの「謙遜の七段階」*Memorials*, p. 81 参照。これについては，pp. 本書 627-8 参照。

17）*DCD*, xxii, 5: Incredibile est, homines tam ignobiles, infimos, paucissimos, imperitos, rem tam incredibile tam efficaciter mundo, et in illo etiam doctis, persuadere potuisse.

18）Possidius, *Vita Augustini*, xxviii, 12, (*PL* 32, col. 58 ; or ed. Pellegrino, 1955, p. 154) 参照。アウグスティヌスが引用したといわれる一節は，プロティノス『エネアデス』i, 4, 7 である。

19）この一節に関しては，『祈祷』6, 8, 12, 13, 15, 16, 17, 18 (Schmitt, iii, pp. 15, 26, 49, 50, 63, 66, 68, 72) 参照。

20）これと同類の警告に関しては，*Epp*. 2 (i, 2), 16 (i, 14), 51 (i, 43), 65 (i, 56), 167 (iii, 18, 184 参照。

21）本書 pp. 301-2, 623-30 参照。

22）Augustinus, *In Pss*. 25, ii, *PL* 36, col. 194.

第Ⅱ部　輝きを放つ年月　1070—93 年

第５章　アンセルムスの新たな出発

1）『祈祷』と『瞑想』の写本の複雑にもつれた糸を解きほぐす大変な作業は，A・ヴィルマール師の一連の論文においてなされた。その最も重要な論文は，彼の *Auteurs spirituels et textes dévots du moyen âge latin*, Paris, 1932 に収録されている。'Méditations et prières de S Anselme', tr. A. Castel, intr. A. Wilmart, *Collection Pax*, xi, Paris, 1923 における問題の状況に関する彼の最初の説明は，なおざりにされるべきではない。テクストに関する限り，これらの研究の成果は，Schmitt, iii, pp. 3-91 に見いだされる。しかし，『祈祷』と『瞑想』が，12 世紀からほぼ今日に到るまでの多数の読者層に，どのように映ったかを知りたい場合には，古い刊本に戻らなければならない。非常に便利なのは，*PL* 150, cols. 710-1016 である。[新しい刊本として，*Anima mea: Prières privée et texts de devotion du Moyen Age latin*, par Jean François Cotter, Turnhout, Belgium, 2001 がある]

2）*Ep*. 10 (iv, 121). アデレード宛のアンセルムスの書簡は，彼女を domina venerabilis regia nobilitate と記す。これは，彼女をウィリアム一世の娘と同定するに十分である。Ordericus Vitalis v, 11 (Chibnall, iii, p. 114) が述べることによると，彼女は，ボーモンのロジャー（Roger of Beaumon）の庇護のもとで宗教的な生活に入った。彼の所領の中心が，ベックに近いリスル（Risle）渓谷にあったからである。

3）フェカンのヨハネスの文集については，Leclercq, 1946, esp. pp. 211-17 参照。

4）詩編の章句の抜粋集としてよく知られたものは，（誤って）ヒエロニュムスに帰せられた。それは，半ば教養のある隠遁者にちょうどよい祈りの書を準備した。そして数年後，その写しは，友人の手から海賊上がりの商人フィンチェルのゴトリック（Godric of Finchale）に渡された。彼は 1100 年頃，隠遁し，カーライル（Carlisle）ないしその近郊で宗教的生活を始めた（*Vita S. Godrici*, ed. J. Stevenson, Surtees

Society, Durham, 1847, c. 9)。ベーダに帰せられる詩編章句の抜粋集については，Wilmart, 1940, pp. 143-59 参照。

5) *Ep*. 10 (iv, 121).

6) これについては，Wilmart, 1923, pp. xxvi-xxvii 参照。しかし，「聖ニコラスへの祈り」（*Or*. 14）がこのグループに属するという彼の提案は，確かに間違っている。それは（後述するように）アンセルムスが最後に彼の祈祷集に付け加えたものだからである。

7) 『ベネディクトゥスの戒律』における瞑想の意味については，*Regula S. Benedicti*, ed. B. Linderbauer, Metten, 1933, pp. 49, 228 参照。もちろん，『戒律』の現代の諸刊本，特に実際の使用のために出版されたものは，この語により拡張された意味を与えている。たとえば，アメリカのベネディクト会版（ed. T. Fry and others, Minnesota, 1981, pp. 446-8）を参照。しかし，これは本来の意図とは関係ない。

8) これらの活動に関しては，オルデリクス自身の著作のほかに，Chibnall, 1984 も参照。

9) *PL* 101, cols, 465-6, and cf. 509-10. アルフレッド王の祈祷書に関しては，Asser's *Life of King Alfred*, ed. W. H. Stevenson, Oxford, 1904, pp. 21, 73.［アッサー『アルフレッド大王伝』小田卓爾訳 , 中公文庫 , 1995 年 , pp. 78-79, 122］。

10) アンセルムス以前の時代のテクストの主要部分は，以下に訳された一部も含め，Joseph Bianchini, *Venerabilis J, M. Thomasii Opera*, 476-96, 518-39 に印刷されている。写本については，A. Wilmart 1929, 370-2; 1936, 283-4 を参照。これに，以下で論じられる，モワサックのクリュニー系修道院に由来する Bodleian MS D'Orville 45 が加えられるべきである。

11) これらは，A. B. Kuypers, The Book of Cerne, Cambridge, 1902, pp. 154-98 の初期イングランド－アイルランドの祈祷集と対照されよう。

12) 私が念頭においている写本は，1067 年頃に書き写された Bodleian MS D'Orville 45 である。

13) Wilmart, 1940, p. 140.

14) *PL* 158, col. 946. 著者については，Wilmart, 1932, pp. 480-1 参照。

15) *Or*. 9 (Schmitt, iii, p. 30)

16) *Or*. 9 (Schmitt, iii, p. 31)

17) 本書 pp. 627-9 参照。

18) *Ep*. 10 (iv, 121).

19) *Med*. II (Schmitt, iii, p. 80).

20) Schmitt, iii, p. 82.

21) 中世そして 20 世紀までアンセルムスの名で流布した『祈祷』の集成には，聖母マリアに向けられた祈祷が少なくとも 18 編あった（*PL* 158, cols. 942-68）。これらのうち，われわれが今吟味している 3 編だけが真正の作品である。さらに，そして何よ

りも，無原罪の御やどりの祝日を推進するざまざまな文書も，誤って彼に帰せられた（*PL* 159, cols. 301-26）。これらの点に関する詳細な議論については，本書 pp. 601-7 参照。

22）マリアへの祈祷を執筆しようと三度試みたことに関する彼の説明については *Ep* 28(i. 20) 参照。彼は 3 編すべてを保存しており，それらは，作成順に，*Or*. 5, 6, 7(Schmitt, iii, pp. 13-25) である。彼が第三回目の試作品を改善するために，数年間，手を加え続けた証拠に関しては，次注を参照。

23）この三番目の祈祷のさまざまな発展段階は，最初にヴィルマール（1931ii, 189-204）によって解明された。しかし，ヴィルマールの詳細な調査ですら，多くの改訂版を尽くしてはいない。St John's College, Oxford, MS 165 は，最終的なテクストに加えて，ヴィルマール師が挙げたどのテクストよりも初期に属すると思われる版を含んでいる。

24）*Or*. 4 (Schmitt, iii, pp. 11-12). これは，トロアーン（Troarn）に由来する 1085 年頃の『祈祷』と『瞑想』の最初期の写本の最後に付加されている。コンフランの出来事に関しては，Mabillon, *AA. SS. O. S. B.*, iv, ii, 527 参照。またその説明に関しては，Gibson, 1978, p. 28 参照。

25）聖ニコラウスの聖骨のベック到着に関連したテクストについては，*Bibl. Hag. Lat*., no. 6207 参照。アンセルムスの祈祷は，MS Evreux 96（ヴィルマールが考えたように，これはベックの原本からの転写である）に，この設定で見いだされ，「神と至福なる証聖者ニコラウスへの祈祷あるいはむしろ瞑想」（Oratio seu potius Meditatio ad Deum et ad beatissimum confessorem Nicholaum）という表題が付されている。聖ニコラウスへの祈祷と他の未完の著作の送付を，ベック修道士に依頼する書簡は，*Ep*. 147 (ii, 51)。これについては，本書 p. 263 参照。

26）マティルダ伯夫人に贈った集成に関しては，Wilmart, 1932, pp. 162-72 および本章 n. 27 参照。

27）マティルダ伯夫人に贈られた集成の最良の複製写本は，Admont Stiftsbibliothek, MS 289 である。その彩飾とそれらのイングランドにおける背景の説明については，O. Pächt, 1956, 68-95 参照。最も注目すべき彩飾は，アンセルムスが彼の祈祷を修道士たちに与え，抜粋ないし要約が記された巻物の形で，それらをマティルダに献呈しているものである。このモティーフは，ノルマン征服前後の，11 世紀のカンタベリー写本のいくつかに見いだされる。たとえば，C. R. Dodwell, *The Canterbury School of Illumination, 1066-1200*, Cambridge, 1954, pp. 4-5, and Plates 2a and 2b, 3a and 3b, 12b 参照。これらの類似性は，アドモント写本が，マティルダに献呈するために，カンタベリー修道士によって独自に作製された彩飾写本の複製であるとする，技巧的な根拠に関するペヒトの示唆を支持する。

第６章　偉大な瞑想

1）　もちろん，彼の『神はなぜ人間となったか』は，ランの教師たちの教説が否定されているにもかかわらず，対話の形式をとっている。しかし，否定された教説は，討論の材料ではなかった。二人の論者は，出発点でこれを否定することに同意した上で，以後の対話の目的は，その否定の諸根拠を明確にすることだった。本書 pp. 285-6 参照。

2）　*Prosl*., c. 1. 注意すべきは，この「方法」が上に引用され，また *Ep*. 16 (I, 14) でも引用されている「マタイ福音書」6: 6「自分の小部屋に入って戸を閉め，祈れ……」（Intra in cubiculum tuum, et clauso ostio ora etc.）の拡張であり，また目的は「詩編」26[27], 8-9「主よ，私はあなたの御顔を尋ね求める」（vultum tuum domine requiram）に定められていることである。

3）　*VA* I, xix, pp. 29-30.

4）　*Monol*., c. 1:「神と神の被造物について必然的にわれわれが信じている多くの事柄を，耳にしていないかあるいは信じていないがゆえに知らない者たちも，その大部分については，凡庸な知性の持ち主でありさえすれば，少なくとも理性的推論のみで納得できる，と私は考える」（Si quis ... perplura, quae de deo sive de eius creatura necessarie credimus, aut non audiendo aut non credendo ignorat, puto quia ea ipsa ex magna parte, si vel mediocris ingenii est, potest ipse sibi saltem sola ratione persuadere.）

5）　*Monol*. Prol.

6）　Thomson, 1977, p. 30. ここで引用された『ゴンドルフス伝』は，同時代のロチェスターの修道士によって書かれたが，彼はこの話題を知っていた。[最後の引用については，cf. Horatius, *Ars Poetica*, 304.]

7）　リヨン大司教フーゴー宛 *Epp*. 100 (ii, 11), 109 (ii, 7)，一通目はこの著作の写しを要望するフーゴーへの返信，二通目は書名の変更。本書 p. 399 参照。

8）　*Didascalicon*, iii, 10 (Buttimer, 1939, p. 59). また Taylor, 1961, pp. 214-15 の翻訳と注を参照のこと。

9）　*Ep*. 136 (ii, 41).

10）　アンセルムスは，最初このイメージを，1090 年頃に書かれた，ロスケリヌスへの彼の返答の下書きで用いた。Schmitt, I, p. 284 参照。

11）　ランフランクスの書簡に対するアンセルムスの反応に関しては，本書 pp. 83-4, 169-71 参照。

12）　Bertrand Russell, ‘My mental development’, in P. A. Schilpp, *The Philosophy of Bertrand Russell*, Evanston and Chicago, 1944, p. 10.

13）　*VA* I, xix.

14）　Augustinus, *De Doctrina Christiana* I, vi-vii: Deus...ita cogitatur ut aliquid quo nihil melius sit atque sublimius illa cogitatio conetur attingere. (*PL* 34, col. 22)

15）　*L. Annaei Senecae Naturalium Quaestionum libri viii*, ed. Alfred Gercke, Stuttgart,

1907 (reprinted 1970), p. 5.（この引用に関しては，Scmitt, i, p. 102n に負っている）。ベックの写本に関しては，Becker 1885, p. 266.

16）*De Grammatico* c. iv, Schmitt, i, pp. 148-9. ベレンガリウスが，「これは私の体である」（Hoc est corpus meum）という文に関して同様の点を主張した。すなわち，文の冒頭にある「これ」（Hoc）は，何であれ，文が意味をもつためには，その末尾においても，なお存在しなければならないとした。本書 pp. 64-5 参照。

17）カルキディウスによる注釈つきの『ティマイオス』がランフランクスによく知られていたことの証拠については，本書原註 p. 24, 28）参照。

第７章　友愛の本性と重要性

1）詳細に関しては，本書 pp. 347-54 参照。

2）Cassian, *Collationes*, xvi, *De Amicitia*, ed. Petschening, CSEL, xiii, 1886, pp. 437-62.

3）Gibson, 1979, Letter 23. ギブソン博士は，おそらくランフランクスが参照したと思われる出典として，Augustinus, *Ep*. 147 (*CSEL*, xliv, 1904, pp. 317-18) を指摘する。

4）*Ep*. 4 (i, 4). かっこ内の語句は，ウルガタ版の詩編 136[137]: 6 から変更を加えて借用されている。すなわち：Adhaereat lingua mea faucibus meis si non meminero tui; si non proposuero Jerusalem in principio laetitiae meae.（もしも，あなたを思い起こさないことがあるなら，私の舌は上顎にはり付くがよい。もしも，エルサレムを私の最大のよろこびとしないなら）。これらの聖書的なこだまは，アンセルムスの著作のいたるところに数多く見いだされるため，それらの一節を解釈するさいには留意されるべきである。

4）*Ep*. 5 (i, 5).

5）*Ep*. 16 (i, 14). またこの表現を『モノロギオン』49 章；『プロスロギオン』1 章における瞑想の第一段階と比較せよ。

7）*Ep*. 11 (i, 9).

8）*Ep*. 130 (i, 26).

9）本書原註 p. 36,32)，付録参照。

10）*Proslogion*, c. 1; *Ep*. 16 (i, 14).

11）John Boswell, *Christianity, Social Tolerance and Homosexuality: Gay People in Western Europe from the Beginning of the Christian Era to the Fourteenth Century*, Chicago, 1980.［邦訳は，ジョン・ボズウェル『キリスト教と同性愛――1 ～ 14 世紀西欧のゲイ・ピープル』大越愛子・下田立行訳，国文社，1990 年］

12）この二箇所は，Boswell, pp. 204, 218［邦訳 pp. 213-4, 225］を参照。

13）この点については，アンセルムスの *Ep*. 414 (iii, 133) および *Memorials*, pp. 269-70 に収録されたこの書簡の独立に流布した部分を参照。その冒頭に，「すべて賞賛される行ないあるいは非難される行ないは，意志から生じ，賞賛もしくは非難を受ける。つまり，私たちの力の内にある行ないのすべての根ないし根源は意志に

ある……」（Omnis actio laudabilis sive repre-hensibilis ex voluntate habet laudem vel reprehensionem. Ex voluntate namque est radix et principium omunium actionem quae sunt in nostra potestate ...）とある。

14） アンセルムス以前の贖罪規定の例としては，かなり広範囲に分布した，プリュムのレギノ（Regino of Prüm,840 頃–915 年）の *Libri duo de synodalibus causis et disciplina ecclesiastica* の De adulteriies et fornicationibus（ed. F. G. A. Wasserschleben, Leibzig, 1840, pp. 251-317）の節を参照。ソドミーに関しては，c. 255 (p. 313) 参照。「ソドミーについて：ソドムの人々のような淫行を行なった者については，10 年の（贖罪）を科す人もいれば，7 年を科す人もおり，また 1 年，少年の場合は 100 日を科す人もいる。さらに，常習となっている場合には，俗人は 5 年，下級聖職者は 7 年，副助祭と修道士は 8 年，助祭は 10 年，司祭は 12 年，司教は 14 年の贖罪を科す人もいる。」（De sodomitis: Qui fornicatus fuerit sicut sodomitae, quidem iudicaverunt decem annos (poenitentiae), quidam septem; alii unus; pueri centum dies. Item: alii iudicaverunt, si consuetudine est, laicus annos quinque ; clericus septem ; subdiaconus et monachus, octo ; diaconus decem ; presbyter duodecim ; episcopus quattuordecim poeniteat.）これと，先行する条項を比較せよ。「獣姦について：家畜と罪を犯した者については，10 年を科す人もいれば，7 年，3 年を科す人もおり，また個々人の性質に応じて 100 日の贖罪を科す人もいる」（De quadrupedum fornicatione: Qui cum pecude peccat, quidam iudicant annos decem, quidam septem, quidam tres, quidam centum dies iuxta qualitatem personae poenitere.）ソドミーと獣姦を結びつける同様の例は，ウォルムスのブルヒャルト（Burchard of Worms, 965-1025 年）にも見いだされる（*PL* 140, col. 925）。ボズウェルは，1059 年のローマ教会会議によって公布された聖職者の独身制に関する厳重な新規定において，ソドミーが省略されていることは，寛容の度合いを含意していると考えている。だがこれは誤りである。1059 年の教会会議は，より差し迫った議題を抱えていた。いずれにしても，ソドミーは教皇レオ九世により 1049 年のランス教会会議で断罪されていた（Uta Renate Blumenthal, ‘Eine neuer Text für das Reimser Konzil Leos IX (1049)’, *DA*, 32, 1976, p. 32）。

15） 天国の喜びにおける友愛の位置に関しては，*Memorials*, pp. 60-1; 186-7; 282 参照。

16） 試みに修道誓願に向けて準備を始めた後に結婚することに関する，ランフランクスとアンセルムスの相違点に関しては，*HN*, pp. 123-5 参照。また既婚の聖職者に関する，両者の異なる姿勢に関しては，*Councils*, I, p. 619 参照。

17） *Ep*. 257 (iii, 62). アンセルムスのすぐ後の時代における，ソドミーに関する法のテクストに関しては，シャルトルのイヴォの *Decretum* ix, 105-6 (*PL* 161, cols. 684-5) およびグラティアヌス（C. 32, q. 7, c. 13）を参照。両者はアウグスティヌス *Confessiones*, iii, 8 を引用する。そこでアウグスティヌスは，ソドミーを自然本性に背く行為に位置づけ，「いかなる場所，いかなる時でも，嫌悪され処罰されるべきである」（quae ubique et semper detestanda atque punienda sunt.）と述べている。この箇

所は，この主題に関する基本的なテクストであり，アンセルムスも知っていただろう。

18）　*PL* 150, col. 1364.

19）　*Memorials*, pp. 60-1:「至福の九番目の部分は友愛である」（Nona pars beatitudinis est amicitia）; および pp. 186-7, 282 参照。

20）　*Ep*. 120 (ii, 28).

21）　*Ep*. 120 (ii, 28).

22）　*Ep*. 5 (i, 5). この書簡に関しては，本書 pp. 237-8 参照。

23）　*Ep*. 66 (i, 57) ランフランクス宛。

24）　*Ep*. 140 (ii, 45).

25）　この件に関しては，本書 pp. 366-9 参照。

26）　*Ep*. 165 (iii, 16). Vaughn, 1987, pp. 11-13 and passim は，この一節に政治的な解釈を施したが，これに関する私の意見は *Albion*, 20, 1988, 188-91 で述べた。

27）　アンセルムスは，相互的な愛による膠着のイメージを，初期の書簡の何通かで使用した。その中で彼は，このイメージを，友愛による個々人の一致から天の王国における天使および人間の魂と神との結合にまで拡張した。*Epp*. 11 (i, 9), 39 (i, 47), 55 (i, 64), 112 (ii, 22), 121 (ii, 39) 参照。最後に彼はこのイメージをベック修道士への二通の別れの書簡で用いた。*Epp*. 165 (ii, 16), 166 (iii, 17).

28）　マタイ 22, 14: *Epp*. 2 (i, 2); 51 (i, 43); 167 (iii, 18); 164 (*PL* には欠). シラ書 19, 1: *Epp*. 183 (iv, 105); 185 (iii, 30); 203 (iii, 54); 230 (iv, 110); 231 (iii, 50); 403 (iii, 125); 450 (iii, 151). ルカ 9, 62: *Epp*. (i, 2); 17 (i, 15); 51 (i, 43); 101 (ii, 12); 162 (iii, 13); 418 (iii, 137).

29）　*Liber Anselmi de humanis moribus*, c. 84, *Similitudo inter monachorum et arborem*, in *Memorials*, pp. 73-74 ; および *VA* I, xi, pp. 73-8 と注を参照。

30）　*Ep*. 325 (iv, 37) のトスカナ伯夫人マティルダへの彼の助言を参照 :「しかし，私はあえてつぎのことを勧めます。もし，何らかの死の危機が間近に迫っていることを察知したなら（神がそれを除いてくださるように），この世を去る前に，貴女はすべてを神にお返し下さい。そして，このことのために，日頃から準備をしておいたヴェールを密かにいつも携えておくようにして下さい。」（Hoc tamen praesumo consulere ut, si certum mortis periculum interim（quod Deus avertat）senseritis imminere, prius vos omnino reddatis quam de hac vita exeatis; et ad hoc velum semper paratum secrete penes vos habeatis.）

31）　これらの言葉や同様の言い回しに関しては，*Epp*. 117 (ii, 19); 137 (ii, 42); 157 (iii, 2); 169 (*PL* には欠); 188 (iii, 33); 290 (iv, 31); 309 (iv, 52) 参照。

32）　*Ep*. 405 (iii, 127).

33）　このことに関する証言は，ノージャンのギベール *De vita sua*, i, c, 16 (*PL* 156, col. 874) 参照。

第８章　喜ばしいことではないが，拡大していく世界

1）ノルマンディーの境界内およびその周囲の新たな分院に関する優れた研究は，Baudot 1989; イングランドの分院については，Morgan, 1946 および Chibnall 1959, pp. 521-50 参照。

2）エアドメルスによると（*VA* I, xxix），アンセルムスの第一回イングランド旅行は，修道院長となった最初の年，つまり 1079 年に行なわれた。この訪問は，エアドメルスの生涯における画期的な出来事だった。したがって，彼がこの点に関して間違いを犯したということはありそうにないと思われる。さらに，ベックからの修道士がハンティンドンシャーのセント・ニオッツ（St Neots）に新たに計画した分院の創設のために，おそらく準備を整える必要があったのだろう。記録に残るアンセルムスの第二回イングランド旅行は，1081 年に行なわれたと思われるが，これについてわれわれが知っていることは，彼がつぎの訪問（1086 年）のあいだに執筆した書簡に言及されたことだけである。その中で，彼は，イングランド訪問のためベックを二度留守したさい，新しい志願者がベックに訪れた件を記している（*Ep*. 117, (ii, 19)）。この短い滞在は，セント・ニオッツの新たな共同体設立を視察する必要から，なされたように思われる。1079 年と 1081 年の訪問と対照的に，つぎの 1086 年における訪問は，彼の書簡に豊富な記録が残された。この旅行のさいに残された書簡の数から判断すると，かなり長期の訪問だったに違いない（*Epp*. 116-21）。彼は，ウェストミンスターのギルベルトゥス・クリスピヌスのもとにしばらく滞在したが，このおりカンタベリーに行くことはなかった。この訪問の目的は，おそらく，広範囲に渡る地所と教会を検分するためであり，これらは，近年，ベック修道院と密接な関係をもついくつかの一族のグループの寄進によって修道院を豊かにしてきたものだった。それらは，不恰好にまとまった二つの小さな地所，数区画の狭い土地，24 の教会，そしてデボンからエセックスまたハンプシャーからオックスフォードシャーに及ぶ 14 州における 10 分の 1 税のさまざまな割り当てから成っていた。この訪問の結果は，イングランドに散在したベックの財産に関する王室の承認が得られたことである（Salter 1925）。1092 年秋の二度目の訪問の目的は，病の床にあるチェスター伯を見舞い，彼の新しい修道院の設立を視察することとは別に，おそらく，新王からベックのイングランドにおける財産の承認を得るためだったろう。その帰結に関しては，後に扱わなければならない（本書 pp. 263-73 参照）

3）*Ep*. 17 (i, 15).

4）Ibid. ここで引用された一節に関しては，Schmitt, iii, p. 123, lines 15-25 参照。

5）*Ep*. 117 (ii, 19).

6）Ibid. lines 55-6.

7）『プロスロギオン』c. 25 で，彼は，天国における自由を，「何ものも妨害することのできない肉体の自由」（libertas corporis cui nihil obsistere possit）として述べている。これは，記録された彼の説教の中で多くの機会に展開されたテーマだった。

Memorials, pp. 59, 277, 299 参照。

8）薬剤に関する興味については，*Epp*. 32 (i, 24), 34 (i, 25), 36 (i, 28), 39 (i, 31), 43 (i, 35), 44 (i, 36), 60 (i, 51) 参照。

9）『真理について』の冒頭の言葉はヨハネ 14, 6 である。『選択の自由について』において，繰り返し表明されるテーマは，「罪を犯すことのできる者は，罪の奴隷でありうる。というのも，『罪を犯す者は誰でも罪の奴隷である』」（qui potest peccare, servus potest esse peccati, quoniam ‘omnis qui fecit peccatum, servus est peccati’）であり，ヨハネ 8, 34 が引用される。『悪魔の堕落について』は，1 コリント 4, 7 からの引用（「いったいあなたの持っているもので，いただかなかったものがあるでしょうか」Quid habes quod non accepisti?）が議論の出発点となる。

10）*De Veritate*, cc. 11, 12, pp. 191, 194.

11）*Epistola de Sacramentis Ecclesiae*, c. I, Schmitt, ii, p. 240.

12）*Ep*. 136 (ii, 41).

13）これらは，『言の受肉に関する書簡』初稿（Schmitt, i, p. 282）で引用された，ロスケリヌスの主張した言葉である。

14）*Ep*. 136 (ii, 41).

15）Schmitt, i, pp. 281-290; ii, pp. 3-35; また Schmitt, 1939, pp. 277-90 参照。

16）『言の受肉に関する書簡』初稿（Schmitt, i, p. 283）。

17）『言の受肉に関する書簡』初稿（Schmitt, i, p. 284）。これは，後の改訂稿すべてにおいて繰り返された。

18）Ibid. Schmitt, i, p. 285. これも後の改訂稿で繰り返された。

19）Ibid. c. 10, Schmitt, ii, p. 25:「すなわち，もし聖霊が受肉したとするなら，神の三位一体に 二人の子がいることになる。すなわち，神の子と人間の子である」（Nempe si spiritus sanctus incarnatus esset ... essent duo filii in trinitate dei, filius sicilicet dei et filius hominis.）。豊富な異読が注記されていることは，アンセルムスが満足の行く定式化に到達するのに難渋したことを証しする。いかにして「適合すること」を神にあてはめるかということに関する最も完結した議論は *CDH* I, c. 12 でなされる。またこの聖書的な起源は，ヘブル 2 : 10.

20）*VA* I, pp. 27-8; II, pp. 8, 12-15 は，世俗の業務に関する彼の姿勢を理解するために根本的に重要である。*HN*, pp. 32-5, 84-7; *Epp*. 159 (iii, 10), 183 (iv, 105), 206 (iii, 166) も参照。

21）アンセルムスの個人的な魅力に関しては，特に，*VA* II, 32 を参照。また *PL* 158, cols. 135-42 の追悼詩も参照。これについては，R. Sharp, 1985, 266-79 の批判版も無視されるべきではない。

22）*VA* I, xxvi, p. 44.

23）*Epp*. 89 (ii, 1), 90 (ii, 2); 彼の行き当たりばったりの管理に関しては，*VA* I, xxviii, pp. 46-8. 管理者としてのアンセルムスの能力に関する異なった見解については，

Vaughn, 1987, pp. 58-67，またわれわれの意見の交換については，*Albion*, 20, 1988, 181-220 参照。[本文中，著者が「新しい印璽」(a new seal) と述べている点は，*Ep*. 89 に照らす限り，「新しい鐘」の誤りと思われる]

24） 特に，*VA* I, xxviii, p. 47 の表現に富んだ一節を参照。そこでは，アンセルムスの修道院長時代のベックにおける，貧しくとも何かがある状態（poverty）とほとんど何もない状態（destitution）との見事な釣り合いが魅力的に描かれている。

25） *Ep*. 156 (iii, 7) (Schmitt, iv, p. 22, lines 144-6).

26） 1066 年以降におけるノルマン修道院のイングランド修道院への寄付に関しては，D. Matthew, 1962, pp. 26-71 参照。

27） *Epp*. 103 (ii, 13), 129 (ii, 35), 132 (ii, 38) 参照。

28） 空位の大司教職および修道院長職からルーファスが得た収入に関する綿密な説明は，Barlow, 1983, pp. 134-62 にあるが，ルーファスの財源としてこれが加わることの重要性を，あまりにも低く見積もっているかもしれない。非常時には，かなりわずかな増収でも，特にそれが厳しく取り立てれば可能となる場合には，大きな違いとなりうるからである。

29） *HN*, pp. 27-9; *VA* II, i.

30） チェスターに行く途中でアンセルムスが王に謁見したことは，*VA* II, i 参照。

31） チェスターの新修道院創設にアンセルムスが積極的に関与したことについては，*Cartulary of St Werburgh's Abbey, Chester*, Chetham Society, NS, 79, 1920, ed. J. Tait, pp. 15-22, 38-9 参照。創設勅許状は，この出来事の後しばらくして作成された，さまざまな要素を含む文書だが，その詳細は，*Testimonium Amselmi archiepiscopi* によって裏付けられる。後者は，彼がまだベック修道院長だったあいだに，さまざまな準備を整えたことを記録している。

32） *Ep*. 147 (ii, 51). Vaughn, 1987, p. 125 は，この書簡の日付を 1092 年のクリスマス以降に置く。だが，アンセルムスの言葉そして自分の書簡を送るよう求めていることなどから，彼が帰還するまでにかなりのあいだがあったことを示唆するので，書簡の日付は 1092 年秋としたほうがよいと思われる。もし，使者がクリスマス後にウェストミンスターを発ったとするなら，1093 年 3 月 2 日に四旬節が始まる前に，ベックから未完の著作を携えて到着するには，ほんのわずかしか時間がなかっただろう。アンセルムスは，それまでにはベックに戻っている，と述べているからである。

33） この詳細に関しては，*HN*, pp. 31-7 参照。

34） アンセルムスの言明に関しては，ベック修道士宛 *Epp*. 148 (iii, 1), 156 (ii, 7)，エヴロー司教宛 159 (iii, 2)，ボーヴェー司教宛 160 (iii, 11)，ウルバヌス二世宛 206 (iii, 166) 参照。この中で，彼は「過酷な鎖」(de vinculo tantae servitutis) から解放され，「神に仕えるための自由」(libertatem serviendi Deo) が回復されることを願っている。別の解釈に関しては，Vaughn, 1986, pp. 129-135 参照。

35） *Gregorii VII Registrum*, pp. 400-3: 1078 年 9 月の教会会議の教令 c.8.

36)　*Ep*. 155 (iii, 6).

37)　小ランフランクスが修道院長となるためにベック共同体を離れる許可を，アンセルムスが拒んだことに関しては，*Epp*. 137 (ii, 42); 138 (ii, 43) 参照。

38)　*Epp*. 52 (iii, 115), 61 (i, 52), 78 (i, 69), 80 (i, 71), 88（アンセルムス宛の書簡で，昇進に関する彼自身の保留の文言 [*Ep*. 61] を引用している), 106 (ii, 16), 137 (ii, 42), 144 (ii, 49) 参照。これらの書簡は，すべてこの問題に関わっている。ただし，アンセルムスが友人の「昇進」に祝辞を書き送る場合であっても，常に彼は，その昇進によって必要とされる犠牲に関しても言及する。

39)　本書 pp. 355-62 参照。

第9章　アンセルムスと人間の状態

1)　*Ep. De Incarn. Verbi*, c. I, Schmitt, ii, p. 6; および *CDH* I, c. I, Schmitt, ii, p. 48.

2)　この問題に関して，私は，1070-71年のギフォード・レクチャーでさらに詳細な解明を試みた。「スコラ的なキリスト教の出現」(The Rise of Scholastic Christendom)，いつかこれが印刷されることを私は希望している。

3)　ギルベルトゥスの著作の進み具合がどの段階にあったか，またそれらの年代に関する議論については，Gilbert Crispin *Works*, pp. xxvii-xxx を参照のこと。またより詳細な点に関しては，Southern, 1954, pp. 81-8 および 1963, p. 91n. を参照のこと。

4)　ベリル・スモーリーは，*The Study of the Bible in the Middle Ages*, Oxford, 3rd edition, 1983, c. 4 において，サン＝ヴィクトルのアンドレアスおよびボシャム（Bosham）のヘルベルトゥスに光を当てた。

5)　*CDH* I, c. 3, Schmitt, ii, pp. 50-1.

6)　*CDH* I, cc. 3-6 は，不信仰者たちの異議に対するこの最初の論証によって占められている。ギルベルトゥス・クリスピヌスの *Disputatio* における，この論証のユダヤ人による定式化に関しては，*Works*, p. 27；初期の参照文献に関しては，B. Blumenkranz, 1956 を参照のこと。アンセルムスが「適合性」に与えた重要性に関しては，*Prosl*., c. 10 および *CDH* I, c. 12 を参照のこと。

7)　アンセルムスの友人たちの中におけるボソーの位置に関しては，本書 pp. 507-8 を参照のこと。また『処女懐妊と原罪について』(*Coceptu Virginali et de originali peccato*) におけるボソーへのアンセルムスの賛辞は以下のとおりである：「『神はなぜ人間となったか』という書物に関しては，貴君は他の誰よりも，それを執筆するようにと私に要請した」(librum ‘Cur Deus Homo’ tu maxime inter alios me impulisti ut ederem. Schmitt, ii, p. 139)。ボソーの初期の生活と才能，また1095年，アンセルムスの代理としてクレルモン公会議に派遣されたことに関しては，*Vita Bosonis* in *PL*, 150, col. 725-6 を参照のこと。

8)　われわれがここで関心をもつ，ランのアンセルムスの著作におけるこの部分に関する最良の入門は，Lottin, 1959, pp. 9-188 である。『神はなぜ人間となったか』にとっ

て直接的に興味深い一節は，pp. 185-6 (no. 232) にある。また pp. 44-7 (nos.47-8) も参照。以下で，ランのアンセルムスと聖アンセルムスを区別するために，筆者は，前者を教師アンセルムスと呼ぶことにする。

9） *CDH* の一節とロッタンによって印刷されたランの学校の『命題集』（1950, no. 232）との関連に最初に注目したのは，J. リヴィエールである（1936, pp. 344-6）。リヴィエールは，ラドルフスが *CDH* から引用したのであって，その逆ではないと想定した。しかし，ラドルフスが支持した教説は，ロッタンによって印刷されたいくつかの『命題集』から分かるように，ランの学校全体に共通の教説であった。したがって，ラドルフスにとって，この教説を否定する著作の中にそれを求める必要はなかった。対照的に，ボソーが同時代のよく知られた学校の教説を引用し，それに関する彼の疑問を表明し，論点を明確することをアンセルムスに頼んだということは，たやすく理解できることである。詳細については，Southern 1963, pp. 357-61 およびこの教説の展開については，Rivière 1934 を参照。

10） *Commentaria in Ep. Pauli ad Romanos*, ed. E. M. Buytaert, *CC*, 1969, pp. 117-18 (*PL* 178, col. 836).

11） 「美」（pulchritudo） と「秩序」（ordo） のテーマは，*CDH* I, c. 15(Schmitt, ii, pp. 72-4) において，十二分に詳述される。

12） *Prosl.*, c. 9 (Schmitt, i, p. 108).

13） *CDH* II, c. 16 (Schmitt, ii, p. 118).

14） *Epp.* 2 (i, 2), 51 (i, 43), 167(iii, 18), 184 参照。

15） *CDH* II, c. 21 (Schmitt, ii, p. 132).

16） *CDH* II, c. 19 (Schmitt, ii, p. 131).

17） *Reg. S. Ben.*, c. 5; アンセルムスが書簡で従順について言及している箇所は豊富だが，彼の見解の要約としては，*Epp.* 73 (i, 64), 156 (iii, 7), 196 (iv, 109) を挙げるだけで十分だろう。*CDH* における最も重要な一節は，I, c. 9 だが，この著作全体が従順に関する註釈である。

18） *CDH* I, c. 21; and Cardinal Newman, *Lectures on certain difficulties felt by Anglicans in submitting to the Catholic Church*, Dublin, 1857, p. 190.

19） 本書 pp. 238-9,242-7 参照。

20） *De Veritate*, c. 12 (Schmitt, i, pp. 191-6) は，アンセルムスの思想における自由，正しさ，正義の関係を不変的に確定した定義を述べる，最も重要な源泉である。従順は，書簡において常に顕著であるが，上述のように，*CDH* における彼の体系的な思索に入ってくるだけである。

21） *Memorials,* p. 75, cc. 85-7: *Similitudo inter matronam et divinam voluntatem.*

22） *CDH* I, cc. 13-15 (特に 14).

23） J. McIntyre, 1954.

24） *Ep.* 17 (I, 15) および本書 pp. 237-8 参照。

25） *Memorials*, pp. 73-4, *Similitudo inter monachum et arborem.*

26） *Memorials*, pp. 66-7, *Similitudo de regno et villa et castello et dungione* ; および，上の pp. 238-9 論じられた *Ep.* 117 (ii, 19) 参照。

27） *VA* II, xxi, pp. 93-7.

28） *CDH* I, c. II (Schmitt, ii, p. 68).

29） *CDH* I, cc. 10, 14 (Schmitt, ii, pp. 66, 72).

30） 'Magna Carta', 1212, c. 20（W. Stubbs, *Selected Charters and other illustrations of English Constitutional History*, 9th edition, Oxford, 1929, pp. 295-6）参照。

第10章 「この奴隷状態から私の魂を解き放って下さい」

1） この言葉は，1079年にアンセルムスがイングランドを離れた後，ウルバヌス二世に送った書簡で，大司教としての最初の5年間を振り返って述べた中にある。テクストと状況に関しては，*Ep.* 183 (iv, 105) および本書 pp. 390-1 参照。また *Ep.* 183 (iv, 105) も参照。これは，シャフツベリーの女子修道院長と修道女に宛てた書簡である。そこには「大司教としての私は，まったく哀れなもので，実際――こう言うと罪を犯さざるを得ないのですが――このように生きるよりは，いっそこの生を放棄したいのです」(Tam male enim sum in archiepiscopatu ut certe, si sine culpa dicere possum, malim de hac vita exire quam sic vivere.）とある。

2） *Regula Pastoralis*, II, v. *PL* 77, cols. 32-4.

3） 本書 pp. 531-5 参照。

4） この考えは，彼が大司教となる以前も以後も，彼の書簡を一本の糸のように貫いている *Ep.* 161 (iii, 12)。また cf. *Epp.* 37 (i, 29) と 140 (ii, 45)。しっかりと港に停泊するというイメージは，ホラティウス『歌唱』(Carminum)I, 14「しっかりと港に停泊せよ」(fortiter occupa portum）を模倣したと思われる。Cf. *Ep.* 414 (iii, 133)「あなた方の精神を，かの（邪悪な雑念）が消え去るまで，しっかりと留めておきなさい」(mentem vestram, donec illae (perversae cogitationes) evanescent, fortiter occupate.)。

5） バルドゥイヌスの若い頃に関する主要な情報源は，トゥルネーのヘルマヌスによる *De Restauratione S. Martini Tornacensis, MGH, SS*, xiv, pp. 278-81 である。修道院長および大司教としてのアンセルムスの大司教室における彼の活動について，以下のパラグラフで述べられることの詳細に関しては，*HN*, pp. 67, 95, 171; *VA* II, xvi, xxiv, xxviii, lvii; *Epp.* 124 (ii, 53), 151 (iii, 4), 338 (iv, 47), 339 (iv, 48), 349 (iv, 55), 462 (iv, 94) 参照。

6） *HN*, pp. 386, 417; *VA* II, xxiv, lxvii.

7） エアドメルスが1094年の2月にヘースティングズにいたことについては *HN*, p.52 参照。また，アンセルムスの大司教室におけるエアドメルスの経歴を想起させるものに関しては，本書 pp. 566-75 参照。

8） これに関する詳細は，*VA* II, xiii; William of Malmesbury, *GP*, p. 122 参照。アンセルムスの説教に関するエアドメルスの報告については，本書 pp. 531-5 参照。

9） アレクサンデルに関しては，*HN*, p. 132; *Ep*. 325 (iv, 37); *Memorials*, pp. 19-30, 105-270 および本書 pp. 535-43 参照。

10） この証言に関しては，*Vita Bosonis*, *PL* 150, col. 726 参照。

11） 彼の書簡に関しては，*Bnl*. 16, 713, f. 160; 他の「アンセルムス遺稿」（Anselmiana）に関しては，本書 pp. 554-7, 付録参照。

12） この二つの出来事に関しては，*VA* I, xxxiii および pp. 172-3 参照。

13） *VA* II, xlvii, *Memorials of St Dunstan*, p. 246.[Eadmer of Canterbury, *Lives and Miracles of Saints Oda, Dunstan, and Oswald*, ed. and tr. by A. J. Turner and B. J. Muir, Oxford, 2006, pp. 204-205.]

14） *GP*, p. 74.

15） *VA*, Praefatio. この conversatio という語は，修道生活全体を記述するために頻繁に使用される；cf. 聖書の用例としては，「フィリピの信徒への手紙」三章 20 節「私たちの生活は天にある」（Nostra conversatio in celis est.）である。

16） アンセルムスの書簡の伝承の問題全体は，アンセルムス自身が書簡集の編纂を指示したという仮定に基づいた説明を考慮することが極めて重要な点になるが，この再検討に関しては，本書 pp. 544-57, 付録参照。

17） *Ep*. 176 (iii, 24).

18） *Ep*. 177. 同じグループに属する本書簡および他の書簡は，ヴィルマールによって初めて発見され，公刊された（Wilmart, 1931i, pp. 38-54）。エアドメルスによる対照的な報告に関しては，*HN*, pp. 48-52 参照。

19） *Ep*. 190.1095 年にしだいに険悪になっていく政治的状況に関するエアドメルスの報告に関しては，*HN*, pp. 52-67 参照。

20） *Ep*. 191 (iii, 35).

21） *Ep*. 195 (iii, 85). シュミットは，この書簡の年代設定を 1095 年としている。しかし，それが執筆されたのは，クレルモン教会会議以後のことにちがいなく，王がノルマンディーにいて，イングランドを不在にしていた 1096 年 9 月－ 1097 年 4 月のあいだのことである。さらに，この書簡では，ウスター司教が存命していることになっているため，ウルフスタン司教が没した 1095 年 1 月以前か，彼の後継者として王室の聖職者サムソンが任命された 1096 年 6 月以降のどちらかにちがいない。明らかに，1095 年以前ではなく，それゆえ，1096 年 6 月以降でなければならない。

22） *Ep*. 206 (iii, 166) 参照。「私が閣下の下に参ろうといたしました目的は，何としてもつぎのことを嘆願いたしたいからです。すなわち，神が私の魂のものであり，私の魂が神のものであることを閣下が望んでおられますように，閣下の御心のうちに住まう父としてまた教皇としての慈愛によって，私の魂をこのような奴隷の鎖から解き放ち，静穏の内で神に奉仕する自由を返して下さるようにということなのです。」（haec est summa supplicationis meae, propter quam ad vos ire volebam, ut, sicut deum animae meae et animam meam deo desideratis, per paternam et apostolicam pietatem, quae cor

vestrum inhabitat, animam meam de vinculo tantae servitutis absolvatis, eique libertatem serviendi deo in tranquillitate reddatis…）1098年10月のバリ教会会議においてなされた，ルーファスが破門されるべきでないというアンセルムスの弁明に関しては，*HN*, p. 107；またヘンリー一世を破門すると脅したことに関しては，本書 pp. 417-9 参照。

23）本書 pp. 464-5 参照。

第11章　新大司教の従順に関する問題

1）*Epp*. 161 (iii, 12), 162 (iii, 13). 上の引用は，二通目の書簡からである（Schmitt, iv, p. 35）。

2）*Ep*. 65 (i, 56). アンセルムスの返信は，その趣旨からすると，同時代の教会法の編纂物よりも，むしろ13世紀の告解の手引書に属する。後代の著作家，また大グレゴリウスと同様に，彼の関心は，司牧的な解説にあって，諸権威を列挙することにはなかった。

3）*Ep*. 162 (iii, 13) における教会法の引用の出典に関しては，Southern, 1954, pp. 102-3 参照。彼が本書簡およびその対になる *Ep*. 161 (iii, 12) を執筆したとき，彼はウェストミンスターに滞在していたと思われる。

4）*Ep*. iii, 159. シュミットは，この書簡が初期の刊本すべてに見いだされるにもかかわらず，これを省いた。これが収録されている写本が見つからなかったからである。にもかかわらず，この書簡は，宛名はないが，「祭壇の移動に関する大司教アンセルムスの言葉」（Sententia Anselmi archiepiscopi de motione altaris）という表題を付して12世紀の写本に残されている。それらの写本とは，各々ヘレフォードとサイレンセスターに由来する Hereford Cathedral, O. 1, vi, f. 43 および Oxford, Bodleian Library, Digby 158, (f. 91) である。最初の編集者J・ピカール（J. Picard）は，これを彼の1612年の刊本に入れたが，おそらく，未確認のパリ写本でそれを見つけたのであろう。しかし，この書簡が独立に残され，歴史的にも存続しているという点で，その真正性については疑う余地がない。

5）シャルトルのイヴォ *Epp*. 73 と 80. *PL* 162, cols. 92 and 101 参照。イヴォは，彼の *Decretum*, iii, 13, 14 (*PL* 161, col. 202) にブルカルドゥスからの引用も収録し，そこから，グラティアヌスの *Decretum*, III, i. 19 にも引用されることになった。

6）*ASC*, A. D. 1093.

7）バルドゥイヌスがトゥルネーにある旧知の修道院を訪問中に，そこで語ったことは，トゥルネーのヘルマヌスによって記録された（*De Restauratione S. Martini Tornacensis*, MGH, SS, xiv, 278-81）。

8）1100年，ヘンリー一世の花嫁として——アンセルムスはしぶしぶこれに同意した——彼女が再登場することに関しては，*HN*, pp. 121-6 参照。彼女が後に献身的な愛情を表明したことに対して，アンセルムスが冷淡に受け取ったことに関しては，Southern 1963, pp. 190-3; cf. Vaughn 1987, pp. 76-7.

9） この二通の書簡は *Epp*. 168, 169 (Schmitt, iv, pp. 43-50) である。これらは，アンセルムスの通常の書簡集には決して収録されなかった。これらの伝承は，いくつかの未解決の問題を提起する（これに関しては Schmitt, iv, pp. 43, 46 および Wilmart, 1926, pp. 331-4; 1928, pp. 319-32 参照）。

10） *Ep*. 183 (iv, 105).

11） 1078 年の教令に関しては，*Gregorii VII Registrum*, p. 403, 'Decreta in eadem synodo facta', no. 3 参照。また，回顧的にこれらの出来事を再解釈し，アンセルムスが王による叙任を受けなかった征服後の最初の司教だったとする，エアドメルスの後代の主張に関しては，*HN* pp. 1-2 参照。

12） 本書 pp. 272-3 参照。

13） アンセルムスの臣従礼に関しては，*HN*, p. 41 参照；後に，エアドメルスは，「序文」（p. 2）で，アンセルムスが，彼のすぐ前の前任者たちと対照的に，「王の臣下」となったのではないことを暗示するが，しかし，これこそが，1100 年以降の彼の観点の変化の一例である。アンセルムスの臣従礼の証拠に関しては，*Regesta*, i, nos. 336, 337 of September 1093 at Winchester 参照；特に後者の日付の末尾に「翌日，この贈物がなされ，アンセルムスは私の臣下となった」（hoc donum factum est crastima qua Anselmus archiepiscopus meus ligeus homo factus est）とある。

14） 特使の非難に対するアンセルムスの反論に関しては *Ep*. 192 (iii, 36) 参照；アンセルムスが特使と協力して教会会議を開催することを拒絶したことに関しては *Ep*. 191 (iii, 35) 参照。

15） *Ep*. 89 (ii, 1)；本書 pp. 258-60 参照。

16） *Ep*. 176 (iii, 24)

17） *HN*, pp. 43-5 参照。

18） *HN*, pp. 75 参照。

19） *HN*, pp. 48-9 参照。

20） *Ep*. 191 (iii, 35).

21） *HN*, pp. 79-80.

22） *VA* II, xxi, p. 93.「教会の自由」（libertas ecclesiae）という概念については，本書 pp. 396-403 でさらに論じられる。

第 12 章　教会の自由

1） *Ep*. 206 (iii, 166). エアドメルスによって報告された，アンセルムスの旅程および書簡のテクストに関しては，*HN*, pp. 89-93 参照

2） *VA* II, xxx-xxxi, pp. 106-9. ちょうど 40 年前，エアドメルスの記した辺を歩いたさいのリベリの教区司祭の親切なもてなしを，感謝をもって思い起こすことは喜びである。しかしながら，現在アンセルムスの名をもった井戸の位置は，エアドメルスの記述と一致しない。

3） *HN*, pp. 106-7. この出来事は，いくつかの手続き上の困難を引き起こす。したがって，アンセルムスないし彼の伝記作者が，教皇のしようとしたことを誤解した可能性がある。しかし，思い起こされるべきことは，教皇たちが，教会法を学ぶ時間があった現代の学者たちのように，教会法上の手続きを必ずしも熟知していなかったという点である。

4） *HN*, p. 114.

5） 特に，シャルトルのイヴォ *Ep*. 60, *PL* 163, cols. 70-5 参照。もちろん，この主題とこの書簡の解釈については多くの文献がある。しかし，ここでは，王による叙任は何らかの秘跡的な力を授けるわけではないから，教会法上の選出に先立って行なわれたとしても，それがどれほど決定的かどうかを知ることはできない，と彼が明言していることに注意を引いておくだけで十分だろう。

6） *Gregorii VII Registrum*, ix, 5, p. 579.

7） アンセルムスの主張が，「鋤に手をかけて，後ろを顧みる者は，天の王国にふさわしくない」（ルカ 9: 62）という純朴な原則に基づいていることについては，*Epp*. 17 (i, 15), 101 (ii, 12), 162 (iii, 13) および本書 pp. 363-9 で述べられたケースを参照。

8） Liebermann, 1886, pp. 156-203.

9） ディー司教としてのフーゴーの聖別を宣言する，1074 年のディー伯へのグレゴリウス七世の書簡は，つぎのような言葉を含んでいる。「われわれは，注意深く彼（フーゴー）に忠告しておいた。すなわち，彼の司教区の聖職者を聖別する場合，また聖別された者たちが神の礼拝を行なうことを許可する場合，まず彼らが世俗の手から解放され，教会法に則って，その権利と監督の務めに復帰させられていないのであれば，彼はそうしてはならない，ということである」（Nos…eum sollicite ammonuimus, ut…ecclesias sue parrochie non prius consecraret nec consecrates aliter divinum officium celebrare permitteret nisi prius absolute a laicorum manibus, sicut canonicum est, suo iuri et episcopali eius providentie redderentur. *Gregorii VII Registrum*, i, 69, pp. 99-100.）。[H. E. J. Cowdrey, *The Register of Pope Gregory VII 1073-1085: An English Translation*, Oxford, 2002, p. 72.]

10） フーゴーが送るように命じた著作を（de scriptis nostris quod iussistis），アンセルムスがフーゴーに送ったことに関して，*Ep*. 100 (ii, 11) 参照。また，二著作のタイトルを『モノロギオン』と『プロスロギオン』に変更するという決意をフーゴーに告げる *Ep*. 109 (ii, 17) も参照。アンセルムスのフーゴー宛のつぎの書簡（1094 年）は，本書 pp. 378-9 で検討された。グレゴリウスが 1085 年頃にはアンセルムスの著作を知っていたことに関しては *Ep*. 102 (ii, 31) 参照。

11） *Ep*. 210 (iii, 40).

12） この表現が登場する書簡（およその年代を記す）：1101-2 年 235 (iv, 9) エルサレム王ボードワン宛；248（iv, 13）フランダース伯ロベール宛；280（iii, 73）パスカリス二世宛；1104 年 338（iv, 47）パスカリス二世宛； 339（iv, 48）二人の枢機卿宛；

1105年364（iii, 110），カンタベリー副院長および修道士宛；388（iv, 73）パスカリス一世宛；389（iii, 123），リヨンのフーゴー宛；1106年402（iv, 82）ヘンリー一世宛。上述のように，エアドメルスは，アンセルムスが1097年にカンタベリーの修道士たちへの別れの言葉の中でこの表現を使ったと述べている。もしそれが正しければ，アンセルムスがこの表現の新たな意味を追放中に初めて知ったという私の指摘は，もちろん放棄されねばならない。しかし，私の考えでは，ここでも他の場所でも，エアドメルスが，追放中に彼らに知られるようになった政策を，追放以前の時代に遡って読み込んでいるということは大いにありうる。

13） *Ep*. 321 (iii, 97).

14） ウィンチェスターに関しては，*ASC* A. D. 1100；*Annales Monastici*, *RS*. ed. H. R. Luard, 1864-66, ii, 40-1 参照；イーリーに関しては，*Liber Eliensis*, ed. E. O. Blake, R. Hist. S. Camden 3rd Series, xcii, 1962, p. 225；ベリー・セント・エドマンズに関しては，Liebermann 1879, pp. 131-2 および *Memorials of St Edmund's Abbey*, *RS*, ed. T. Arnold, 1891, I, 353 参照。これらの配属に関わった有力な名家とアンセルムスの関係については *VA* I, xviii, p. 27n. 参照。

15） *HN*, pp. 128-131; *Ep*. 216.

16） *HN*, p. 131. エアドメルスは，ヘンリーの手管がいまや，彼自身のもともとの支持者とアンセルムスに反感を抱くロベール（ロベール自身も含め）の支持者たちを，一つにすることに成功したことに注目している。

17） *Epp*. 222 (iii, 44), 223 (iii, 45). これらの書簡の厳格さにもかかわらず，王の使者は，教皇による口頭の譲歩を報告したが，教皇は後にこれを否定した。エアドメルスの *HN*, p. 135 の教皇書簡 *Ep*. 222 (iii, 44) のテクストと他の写本のテクストとのあいだに，一つの著しい相違があることは注目すべきであるし，意味のあることだろう。すなわち，エアドメルスのテクストは，1102年のラテラノ教会会議が俗権による叙任を禁じたと述べているが，俗人への聖職者の臣従礼に関する言及は省略している。後に見るように，臣従礼の問題は，それが世俗の統治に実際に損害を与えるものであったし，教皇も後にこれを撤回した。エアドメルスが，この撤回の徴候がすでに示された教皇書簡の真正のテクストに従っているのか，それとも，後の展開に照らしてこの条項を省略したのかは，目下のところ決めることはできない。

18） *Ep*. 281 (iii, 74). アンセルムスは，この書簡の開封を，彼がイングランドを離れるまで，延期した。彼の理由については，*HN*, pp. 148-9 および以下の註を参照。

19） アンセルムスのこの行動を判断する場合，思い起こすべきことは，書簡の受け取り手は，書かれた言葉の権威を，彼らの面前で語られた言葉と同等のレベルにあると見なさなかったということである。この区別をすることは，もっともなことだった。アンセルムスの受け取った教皇の書簡は，遠隔地の出来事に無知のまま，数週間前に書かれており，テクストそれ自体も崩れていた。他の書簡についてアンセルムスが同様の処置をしたことについては本書 pp. 415-6 を参照。

20）　*HN*, p. 153.
21）　本書 pp. 473-4 参照。
22）　*Ep*. 305 (*HN*, p. 155)
23）　*Ep*. 315 (iv, 46).
24）　*Ep*. 311 (iii, 90).
25）　この知らせをアンセルムスに告げる教皇書簡の日付は，大きな混乱を引き起こした。日付は，vii Kal. Aprilis つまり 3 月 26 日と記されているが，王の使者が到着しないままに復活祭が過ぎてしまったことに言及している。だが，1105 年の復活祭は 4 月 9 日だった。したがって，もし書簡の日付が正確なら，これは前年のことに言及していることになり，教皇はまる 1 年間も辛抱強く使者を待っていたことを，表わすことになろう。しかし，これはおかしなことである。最もありそうな説明は，vii Kal. Aprilis という日付が vii Kal. Maii の誤りだとすることである――もちろん vii Kal. Maii は 4 月 25 日であるから，比較的容易に起きる混同である。いずれにせよ，アンセルムスは，教皇からの書簡を 1105 年の 4 月半ばに受け取った。
26）　*HN*, p. 164.
27）　*HN*, p. 165.
28）　*HN*, p. 166.
29）　これらの出来事におけるアンセルムスの動機を高度に政治化して説明することについて，Vaughn, 1986, pp. 272-94 参照。アンセルムスに関する限り，私は，それを正当化する証拠を見つけることができない。
30）　この裂け目が生じた状況とその帰結に関しては，本書 pp. 571-5 参照。
31）　*Ep*. 397 (iv, 77).
32）　*HN*, p. 153.

第 13 章　修道院共同体の自由

1）　アレクサンデル二世の書簡については，*HN*, pp. 19-21 参照。ボニファティウス四世のテクストと写本に関しては，H と S, iii, pp. 65-6; Birch, i, p. 16; および Levison, 1946, pp. 202-4 参照。さらなる議論は，本書 pp. 488-90 参照。
2）　*Memorials of St Dunstan*, pp. 142, 231 参照。
3）　*Regularis Concordia*, p. liv 参照。
4）　資料に関しては，*Lanfranc's Constitutions*, pp. xi-xiii 参照。
5）　*Memorials of St Dunstan*, pp. 231 参照。
6）　Ibid. p. 229.
7）　蔵書について現在どの程度分かっているかを，学問的かつ妥当な線で説明したものとして，Brooks, 1984, pp. 266-78 参照。
8）　彼の姿勢は，アンセルムス宛の書簡に見事に要約されている。「私どものいる国は，かくも多くの艱難によって日々苦しめられ，姦通を始めとする他の不潔な行為の数々

によって汚されているため，自分の魂の配慮をする者，神へと進んでいくための健全な教えに耳を傾けようと願う者など，どの身分の者たちにもほとんどもおりません。」（Tot enim tantisque tribulationibus terra ipsa in qua sumus cotidie quatitur, tot adulteriis aliisque spurcitiis inquinatur, ut nullus fere hominum ordo sit qui vel animae suae consultat vel proficiendi in deum salutarem doctrinam saltem audire concupiscat.）アンセルムス書簡集 *Ep*. 30 (i, 22)；no. 18 in Gibson, 1979.

9） Brooke, 1931, pp. 231-5；および本書 pp. 51-3 参照。

10） *Memorials of St Dunstan*, pp. 237-8 参照。

11） *Memorials of St Dunstan*, pp. 149-51（オスベルヌスによる）pp. 234-8（エアドメルスによる）参照。

12） オスベルヌスについてのマームズベリーのウィリアムの説明 *GR*, i, p. 166, ii, p. 389; *GP*, pp. 24-5, 33, 148-9 を参照のこと。

13） *Ep*. 39 (i, 31). アンセルムスの後の報告に関しては *Epp*. 66, 67 (i, 57, 58) および本書 pp. 220-2 参照。

14） いくつかの点で訂正が必要ではあるが，復興のプロセスを辿る最良の記述は，E. Bishop and A. Gasquet, *The Bosworth Psalter*, London, 1908, pp. 32-3, 63-4 に見いだされる。

15） この事件については，本書 pp. 58-9 および *VA* I, xxx 参照。

16） *Lanfranc's Constitutions*, p. 59 参照。

17） *Anglia Sacra*, ii, pp. 134-7.

18） 設立認可状においてランフランクスは，聖グレゴリウスが授けた「われわれ以前にキリストの教会を指導した聖なる大司教たちの聖遺物の多くの部分を」（plurimam partem de reliquiis sanctorum pontificum qui ante nos ecclesie Christi prefuere）を与えた。Woodcok, 1956, p. 1 参照。

19） このエアドメルスの報告は，彼が記述する出来事から多くの年月を経て書き留められ，Wilmart, 1935, pp. 367-9 に印刷されている。聖遺物は，聖オウエン（St Ouen/Audoenus 600 頃 -84 年）のものだった。エアドメルスは続けて，オスベルヌスの死後，彼がアンセルムスと共に追放されている間に，その当時の聖具係が新たな調査をし，その聖遺物が聖堂の栄誉ある場所に置かれたと述べている。

20） *Epp*. 149 (iii, 2), 152 (iii, 5).

21） 征服以前のイングランドにおける，イングランド出身の有力な聖人たちの 89 の「墓所」の主なリストは，F. Liebermann, *Die Heiligen Englands*, Hanover, 1889 に印刷されている。その内容と後代の伝播に関する重要な研究は，D. W. Rollason, in *Anglo-Saxon England*, vii, 1978, 61-93 である。

22） エアドメルスに関しては，Wilmart, 1935, pp. 365-6；また彼の *Vita S. Breguini, PL* 159, cols. 757-8；オスベルヌスの *Historia de Translatione coropris S Elphege*, in *Anglia Sacra*, ii, pp. 143-7 参照。

23） *Ep*. 182 (iii, 29).

24） たとえば，ランフランクスの『慣習規則』は聖ダンスタンの祝日について言及せず，第三ランクの祝日の中にすら入っていない

25） このことは，バトル修道院の年代記記者によって報告されている（Searle, 1980, pp. 100-3）。彼は，ヘンリクスが，彼の助言者としてカンタベリーから彼自身の修道士たちを連れてきたことも報告している。

26） アングロ・サクソンの過去に対するエルヌルフスの関心を，明瞭にまとめたものとしては，F. Liebermann, 'Notes on the *Textus Roffensis*' in *Archeologia Cantiana: Transactions of the Kent Archeological Society*, 23, London, 1898, pp. 101-12. エルヌルフスの *Textus Roffensis* との関係については，*Early English Manuscripts in Facsimile*, vii, Copenhagen and Baltimore, 1957, ed. Peter Sawyer, pp. 18-19 も参照。

27） *Ep*. 331 (iv, 41).

28） *HN*, p. 75.

29） Liebermann, 1879, p. 5.

30） 修道士の数とその証拠については Knowles, 1940, p. 714 参照。

31） クリュニーからカンタベリーに導入されたと思われることの中で，主な特徴は，二重のトランセプト（翼廊）である（本書横組末尾の図1- Ⅲ参照）。これに関しては，A. W. Clapham, *English Romanesque Architecture after the Conquest*, Oxford, 1934, pp. 71, 74 参照。マームズベリーのウィリアムの批評に関しては，*GP*, p. 138 参照。アンセルムスが任命した副院長たちが付加した装飾については，*Anglia Sacra*, i, p. 137 参照。これには，鳴らすのに63人の人手を必要とした五つの大きな鐘，金糸の縫い取りがなされ，宝石をちりばめ，銀メッキを施された140に小さな鈴で飾られ，100ポンドはかかるコープ（法衣）が含まれている。さらに細かいことに関しては，Southern, 1963, p. 261n 参照。

32） 1066年から1130年までの大聖堂の発展を図解する平面図は Southern, 1963, p. 264-5 から再録した（本書横組末尾の図1）。これは，R. Willis, *The Architectural History of Canterbury Cathedral*, London, 1845 の平面図によるものである。私はそれらに変更を加えなかった。しかし，H. M. Taylor, 'The Anglo-Saxon Cathedral Church at Canterbury', *Archeological Journal*, 126, 1969, pp. 101-30 で提示されたアングロ・サクソン時代の大聖堂の平面図には，非常に徹底した証拠の研究によって，いくつかの変更が加えられ，Francis Woodman, *The Architectural History of Canterbury Cathedral*, London and Boston, 1981, p. 30 が提示するランフランクスの大聖堂の西端にも，いくつかの変更がなされている。彼らの提案は正しいであろうが，しかし，三つの理由から，私のもともとの平面図に変更を加えないままにした。第一は，物証が欠如しているため，提案された再構成は仮説的である。第二に，さまざまな提案は，建物の発展の主要な輪郭を変更するものではなく，細部に関わるに過ぎないということである。もちろん，その中でも，アングロ・サクソン時代の洗礼堂の位置と図は最も重要であ

る。第三に，これは最も重要なことだが，新たな提案は，聖人たちの遺体と祭壇の置かれている場所を実質的に変更するものではなく，ランフランクスが忘却の淵に棄ててしまったアングロ・サクソンの聖人たちが再登場してくる物語に変更を加えるものではない。これらは，この年月における計画の発展を多分に決定した要素だった。私として付け加えたいことは，ウィリスの著書は，建築史のパイオニアによる傑作として今日も読むに価するということである。彼は建築の詳細だけでなく，その後の建築の変遷を引き起こした，より広い目的をも理解していたからである。

第 14 章　古い自由

1） *Ep*. 89 (ii, 1).

2） *Ep*. 452 (iii, 153).

3） *HN*, p. 277 参照 . ここでエアドメルスは，1120 年に大司教ラルフが教皇に書き送った首位権の論拠を要約し，つぎのように付け加える。「聖グレゴリウスが聖アウグスティヌス自身に与えた権能と尊厳を，聖アウグスティヌスの後継者から取り上げようとする者たちは，もしそれをあえてするならば，聖にして正義の主がペトロ自身にお与えになった権能と尊厳を聖ペトロの後継者から奪い取ることになるだろう。というのも，主が彼の使徒ペトロに語ることで，他の者たちについても語られたのと同様に，グレゴリウスも，彼の弟子であるアウグスティヌスに語ることで，他の者たちについても語ったからである。」（Qui ergo privare nituntur successores sancti Augustini potestate et dignitate quam ipsi Augustino concessit beatus Gregorius, privent si audent successores beati Petri potestate et dignitate quam ipsi Petro concessit sanctus et iustus dominus. Eodem enim modo quo Dominus loctus est aliis in apostolo suo Petro, loctus est Gregorius successoribus eius in discipulo suo Augustino.）12 世紀末のカンタベリー修道士たちの脅しとも比較してみよう。彼らは，もし教皇が彼らに不利な裁定を下した場合，より上級の裁判所に訴えることになる。*Chronicles and Memorials of the Reign of Richard I*, ed. Stubbs, *RS*, ii, p. 63.

4） これは *Ep*. 451 (iii, 152) におけるアンセルムスの脅しだった。本書 p. 475 参照。

5） この点については，C. Erdmann, *Forschungen zur politischen Ideenwelt des Frühmittelalters*, Berlin, 1951, pp. 8-11, 38-43 参照。

6） *VA* II, xxix and p. 105n.

7） Beda, *Hist. Eccl*. Bk. II, cc. viii, xviii.

8） ウィリアム一世治下のハンバー北部における，スカンジナヴィア系の分離王国の脅威に関しては，F. M. Stenton, 'York in the eleventh century', *York Minster Historical Tracts*, 8, 1927 参照。Hugh the Chanter, p. 3 における報告，すなわち，将来，デーン人，ノルウェー人あるいはスコットランド人が，ヨーク大司教から戴冠された王をいただくヨーク独立王国を設立しようとした場合に，その試みを挫折させる方途として，ランフランクスがカンタベリーの首位権を促進したというのは，おそらく空想で

あろう。しかし，北部におけるスカンジナヴィア系の分離王国の現実的な可能性は，この世紀の終りまであった。

9) 詳細については，本書 pp. 487-504 参照。書かれた言葉よりも，生きた証人によって語られた証言が優先されることは，修道院共同体に限られたことではなかった。それは学校の原則でもあった。たとえば，ムランのロベルトゥスは，彼の師であったアベラルドゥスとサン＝ヴィクトルのフーゴーに言及して，自分が彼ら自身の口から「より信頼の置ける，より真実な仕方で」（tanto fidelius, tantoque verius）彼らの教えを受けたこと，またこのことは彼らの著作から教えを受けるよりも，好ましいことだったと述べている。著作は彼らの意図を不完全な形で反映しているものに過ぎないからである。すなわち「書かれたものは，書き手自身の意図の幻影または不明瞭な影にほかならないのではないか」（Quid enim scriptura alius est quam imago et obscura figura voluntatis ipsius scriptoris?）と言うのである。*Oeuvres de Robert de Melun*, iii, *Sententiae*, (*Spicilegium sacrum Lovaniense; Études et Documents*, fasc. 21) ed. R. M. Martin, Louvain, 1947, p. 47 参照。

10) *Ep*. 214 (iv, 2). この書簡は，1101年にパスカリス二世に宛てられたものだが，アンセルムスが記しているのは，1099年にウルバヌス二世に語った言葉である。

11) *HN*, p. 126; *Ep*. 222 (iii, 44). ウィーンのガイの訪問の日付に関しては，Brett, 1975, pp. 35-6: および *Councils*, i, 655 参照。エアドメルスの話の筋におけるこの訪問の位置づけからすると，それが行なわれたのは，1100年11月11日（王の結婚の日付）と1101年の復活節のあいだだったことを示唆する。

12) *Ep*. 175 (iii, 23); *HN*, p. 72.

13) *VA* II, lxix および n.

14) *Ep*. 198 (iv, 116).

15) *Epp*. 277 (iii, 27), 278 (iii, 72), 427 (iii, 142), 429 (iii, 143), 435 (iii, 147). 11世紀末と12世紀初期におけるカンタベリーとアイルランド教会の関係については，Aubrey Gwynn, 'The origins of the See of Dublin', *Irish Ecclesiastical Record*, 57, 1941, pp. 40-55, 97-112; 'Lanfranc and the Irish Church', ibid. pp. 481-500; 58, 1941, 1-15; 'St. Anselm and the Irish Church', ibid. 59, 1942, pp. 1-14; 'The origins of the See of Waterford', ibid. pp. 289-96; 'Bishop Samuel of Dublin', ibid. 60, 1942, pp. 81-8. けれども，グウィン師は，ランフランクスとアンセルムスの下でのカンタベリーの主張の一貫性に，十分に重要性を与えていないように，私には思われる。

16) 「ブリテンと呼ばれる島全体が，一なるわれわれの教会の一なる管区である（裁治権の内にある）ことは周知のことである（totam hanc quam vocant Britannicam insulam unam unius nostrae ecclesiae constat esse parrochiam）という明白な主張については，ランフランクスの *Ep*. 47 (Gibson, 1979, p. 152) 参照。この書簡全体が首位権のもつ裁治権の意味を，明確かつ十分な証拠によって説明している。

17) エアドメルス（*HN*, p. 42）は，大司教トマスが異議を唱えた，聖別式の成句が

「全ブリテン島の管区大司教」(totius Britanniae metropolitana）であり，彼が許容しうると見なした成句が「全ブリテン島の首席大司教」(totius Britanniae primas）という成句だったと述べているが，これは信じがたい。というのも，後者の成句は，カンタベリーの大司教たちがそれまでずっと使用し，ヨークの大司教たちが，異議を唱え続けてきた成句だからである。どうして「首席大司教」(primas）が「管区大司教」(metropolitana）よりも異議が少ないと考えられえたのかは，理解しがたい。ヨークの著者（see *Hugh the Chanter*, p. 8）によると，ヨークによって異議を唱えられた語は「首席大司教」(primas）であり，最終的に合意され，聖別式で用いられた肩書きは「カンタベリー管区大司教」(metropolitana Cantuariensis）だった。これは，ヨーク大司教にも許容できる肩書きだった。彼もまた管区大司教であり，「カンタベリー管区大司教」(metropolitana Cantuariensis）という肩書きは，ヨークに対するカンタベリーの優位を含意していなかったからである。それは，カンタベリーの修道士たちにも，まさしく受け入れうるものだっただろう。カンタベリーの管区大司教としての地位は，ヨークに対する首席大司教としての権威を含んでいたからである。それゆえ，いくつかの理由から，ヨークの著者の説明のほうが正しいように思われる。われわれには，アンセルムスがこの件についてどのように考えたかを知るすべがない。エアドメルスの報告によると，彼はこの議論に加わらなかったからである。確かなことは，後のアンセルムスの発言と行動において，彼は，ヨークに対して首席大司教としての権威を有しているという確信を表明することを，決してやめなかったということである。

18）教皇のこれらの書簡については，*Epp*. 222 (iii, 44), 283 (iii, 131), 303 (iii, 169), 304.

19）本書 pp. 487-504 参照。

20）*Ep*. 222 (iii, 44).

21）*HN*, p. 187.

22）*Ep*. 451 (iii, 152).

23）*Epp*. 471, 472 (iii, 155).

24）*Ep*. 465 (iv, 97).

25）このアンセルムスの物語に関しては，*Memorials*, pp. 249-53.

26）ソールズベリーのヨハネス，*Vita Anselmi*, *PL 199*, col. 1035; Biffi, 1988, p. 106. これは，エアドメルスの中には見いだされず，ソールズベリーのヨハネスの著作の中に見いだされる，いくつかの詳細な点の一つである。

27）この教令の衝撃を緩和しようとした司教へのアンセルムスの「メッセージ」に関しては，以下のアンセルムスの書簡を参照。セットフォード司教ヘルベルトゥス宛 *Ep*. 254 (iv. 113)，さらに，ヨーク大司教宛 *Ep*. 256 (iv. 16) およびカンタベリーの大助祭宛 *Ep*. 257 (iii, 62) の同様の文言が付け加えられよう。1102 年の教会会議に関わる *HN* とアンセルムスの書簡からの抜粋は，他の関係文書と同様に，*Councils*, 1981, pp. 672-88 に見事に編集されている。アンセルムスが *Ep*. 253 (iv, 15) において *Capitula*

（条項集）をその解説（expositiones）とは別にする意味は，グレゴリウス七世による 1078 年の教会会議（*Gregorii VII Registrum*, pp. 401-6）を参照することで明らかにされる。そこでは，要項集（*Capitula* と呼ばれた）と本文全体が別々にされているからである。アンセルムスが約束した本文を執筆したか否かはまったく不明である。教令のいくつかの条項は保持されたように思われるが，おそらく，ずっと条項（capitula）の形のままだっただろう。教皇による批准は *HN*, p. 141 で言及されている。

28）付加がなされた書簡をランフランクスに帰し，1070-72 年に年代を設定する基本的な研究は，Böhmer, 1902 である。Brooke, 1931, pp. 118-28 は，ベーマーの年代設定に同意するが，偽造の責任は，ランフランクスではなくカンタベリーの修道士たちにあるとする。Levison, 1946, pp. 199-204 も同意するが，中心点は偽造の源泉と方法に関する重要な所見にある。Gibson, 1978, pp. 231-7 も，早い年代設定を受け入れるが，それらの書簡を修道院共同体に帰し，主としてその動機をカンタベリーのセント・オーガスチン教会との競争に見いだす。1120 年頃という年代設定の主たる支持者は，Macdonald, 1926, Appendix I, and Southern 1958i である。

29）混交しないテクストが偶然残ったことについては，Levison, 1946, p. 201n 参照。

30）本書 pp. 429-31 参照。1072 年にランフランクスが首位権の主張の根拠として言及した教皇書簡の中の一通が，教皇ボニファティウスの書簡である。しかし，ここで彼が引き合いに出したのは，以下に（p. 500）に抜粋が引用される，ボニファティウス五世がカンタベリー大司教ユストゥスに宛てた書簡であり，ボニファティウス四世がエゼルベルト王に宛てた書簡（p. 431 参照）ではない。これは，カンタベリーの司教座大聖堂に修道院共同体が永続的に存在することを許可したもので，首位権の主張とは関係がない。

31）Ultimum quasi robur totiusque causae firmamentum prolata sunt antecessorum vestrorum Gregorii, Bonifacii, Honorii, Vitaliani, Sergii, item Gregorii, Leonis, item ultimi Leonis privilegia et scripta, quae Dorobernensis aecclesiae presulibus Anglorumque regibus aliis atque aliis temporibus variis de causis sunt data aut transmissae. ランフランクスの書簡のテクストについては，Gibson, 1979, pp. 48-56.

32）1093 年に関しては，オスベルヌスからアンセルムスへの書簡，*Ep.* 149 (iii, 2) また 1109 年の吟味作業に関しては，*HN*, p. 208 参照。〔このテクストの一部と英訳は，J. Truax, *Archbishops Ralph d'Escures, William of Corbeil and Theobald of Bec. Heirs of Anselm and Ancestors of Becket*. Ashgate 2012 pp. 205-211 に収録されている〕

33）このテクストは，*HCY*, ii, pp. 228-51 に印刷されている。

34）*Papsturkunden in England*, I, nos. 10 and 11.

35）彼が執筆していたときに明るみに出た新史料に関しては，*GR*, ii, pp. 346-53 参照。また *HN*, pp. 261-76 とは独立に書き写された，すべてのテクストに関しては，*GP*, pp. 46-62 参照。

36）1121 年に偽造文書から引用された一節が読み上げられたことについては，*HN*, p.

291 および *Hugh the Chanter*, p. 105 参照；1123 年のローマでの対決については *Hugh the Chanter*, pp. 114-15 参照。

37） 1120 年の記録文書におけるこれらの文言の文脈に関しては，*HN*, pp. 263, 264, 268, 269 参照。

38） 聖トマスによる，いわゆるカンタベリーのためのマグナ・カルタの状態と諸事情は，C. R. Cheney, *Medieval Texts and Studies*, Oxford, 1973, pp. 78-110 に採録された彼の論文によって明らかにされた。私は，*The Monks of Canterbury and the Murder of Archbishop Becket*, Canterbury, William Urry Memorial Trust, 1985 において，修道院的な夢と野心という文脈で，この出来事全体を説明した。

第Ⅳ部　友人たちと弟子たちの収穫期

第 15 章　アンセルムスの初期の神学的な弟子たち

1） この証言に関しては，*Vita Bosonis*, *PL* 150, col. 726 参照。

2） 本書 p. 343 および pp. 555, 付録参照。

3） これらの二つの出来事に関しては，*VA* II, xxxiii および pp. 172-3 参照。

4） *Ep*. 20 (i, 16).

5） 死の床で，アンセルムスは，魂の起源について書き終えるまでは生きていたいという願いを表明した。というのも（彼の言ったところでは），自分が死んでしまったら誰がこの問題を解くか分からないからである。表面的には，この問題はランの学校で大いに議論されたが（Lottin, 1959, pp. 119-20, 124, 244-5 参照），私の知る限り，もし個々の魂が新たに神によって創造され，親から子に伝達されるのでないとしたら，原罪はどのように受け継がれるのかという問題を論じた者は，ランには誰一人いなかった。ギルベルトゥスの論考は，主としてこの問いを論じ，また，それがアンセルムスの『神はなぜ人間となったか』およびその後の著作と思われる『処女懐妊と原罪について』を引用していることから，アンセルムスの晩年ないし彼の死後に執筆されたに違いない。ギルベルトゥスがこの論考を執筆し始めたとき，おそらく彼には，この問題に答えることができるし，アンセルムスもそう考えていただろうという希望があったと思われる。けれども，この論考の末尾の言葉――「（この問題は）今まだ係争中である」（adhuc sub iudice lis est）――は，彼がうまくいかなかったことを示している。ギルベルトゥスが死んで一世代後における，彼の神学者としての名声については，ソールズベリーのヨハネス *Historia Pontificalis*, c. 8 (ed. Chibnall, p. 19; ed. R. L. Poole, 1927, p. 20) 参照。

6） Southern, 1941, pp. 14-19, 24-29 において，私は誤って，彼を，カンタベリー大司教としてアンセルムスの後継者だったエスキュールのラルフと同一視した。私はこの誤りを Southern, 1963, p. 206-7 で訂正した。ロドゥルフスの経歴と著作に関しては，*The Chronicle of Battle Abbey*, ed. E. Searle, Oxford, 1980, pp. 116, 118, 130, 132 参照。

ベックの誓願者名簿のロドゥルフスに関しては，Porée, 1901, ii, p. 629 参照。

7）アンセルムスの『祈祷』と『瞑想』に付加がなされ，13 世紀以降に流布した大きな集成となる過程については，なお研究を要する。さしあたり提案しておきたいことは，後にアンセルムスの集成に一連の付加（*Med.* 19 と 5; *Or.* 3; *Med.* 4; *Or.* 4 と 6; *Or.* 25-28 と 15）がなされていくことになる出発点は，ロドゥルフスの瞑想を取り入れたことにあるということである。もしこれが正しければ，この拡大過程の第一段階は，アンセルムスの死後の世代，つまりアンセルムスの弟子たちが彼の書簡を収集していた時点に，さかのぼることができよう。書簡のほうは，第一世代ののち，極めて少数の読者しかいなかったのに対し，『祈祷』と『瞑想』の集成は，広範囲の要求に応え，偽作の付加によってどんどん膨れ上がり，その数は，14 世紀頃には，総計でおよそ 100 までに達した。だがその内，9 編の『祈祷』と 3 編の『瞑想』だけが真正の著作である。この問題をさらに研究する場合に基本的な出発点は，いぜんとして Wilmart, 1924 および 1932, pp. 173-201, 'Les méditations réunites sous le nom de saint Anselme' である。12 世紀における集成の拡大に関しては，Bestul, 1977 および 1978 参照。

8）簡単な分析に関しては，Southern, 1941, pp. 14-19 参照。

9）ホノリウスに関する近代の最初の本格的な研究は，J. A. Endres, 1906 である。以来，彼の人と著作の両方について，多方面にわたる議論がなされたが，一番新しくかつ十分な検討は，I. J. Flint が多くの論文で行ない，それらは，Flint, 1988 にまとめてリプリントされた。以下のページで触れられるテクストはすべて *PL* 172 に収録されているが，欠陥の多いテクストである。これらの著作の最近のより良質な版については，特に，*Imago Mundi*, ed. V. I. J. Flint, *AHDLMA*, 1982, pp. 7-153; *Das Inevitabile des Honorius Augustodunensis*, ed. F. Baeumker, *BGPTMA*, xiii, 1914; 'L' Elucidarium et les Lucidaires', ed. Y.Lefèvre, *Bibl. Des écoles françaises d'Athènes et de Rome*, clxx, 1954 がある。だがルフェーヴルのテクストは，イングランドの写本を利用しなかったため，かなりの難点があり，また著者自身にさかのぼると思われる，テクスト欄外に引用されている典拠に触れていない。Southern, 1963, pp. 215-6 において，私は，彼の初期の経歴の諸段階について論じ，彼がアイルランド出身だったこと，アウグストドゥネンシス（Augustodunensis：アウグストゥス［皇帝］の）が，オータン（Autun）を意味していないことは確実で，「王たちの丘」を意味するアイルランドの Cashel（キャシェル）を暗号化しているのではないか，と考えるいくつかの理由を提示した。

10）M. Förster in *An English Miscellany presented to Dr F. J. Furnivall*, Oxford, 1901, pp. 88-101 および *Archiv f. das Studium der neueren Sprachen*, 114, 1902, pp. 312-14 参照。

11）*Elucidarium*, III, 4, 5, 19 (*PL* 172, cols, 1160-1, 1163.)

12）*Elucidarium*, I, 15 (*PL* 172, col. 1120.)

13）本書 pp. 304-5 参照。

第 16 章　アンセルムスの言葉と書簡の収集者

1）　Guibert, *De Vita Sua*, Bk. I, c. 16; *PL* 156, col. 874.

2）　*MGH, SS*, xv, 949.

3）　Gio, *Vita S. Hugonis*, ed. A. L'Huillier, *Vie de St Hugues, abbé de Cluny*, Solesmes, 1888, pp. 588-9.

4）　Southern 1958, pp. 188-90, 205-11 参照。

5）　*VA* II, vi, xviii, xix, xxi.

6）　*VA* II, ix.

7）　テクストの拡大については，*Memorials*, pp. 273-91 参照；*PL* 159, cols. 587-606 は最終的なテクストである。

8）　*PL* 184, cols. 353-64. この著作の大失策の込み入った歴史については，Wilmart, 1935, pp. 248-59 においてようやく解きほぐされた。

9）　テクストに関しては，Wilmart, 1935, pp. 207-19 参照。

10）　Southern 1941, p. 6 参照。

11）　詳細については，A. Gasquet and Bishop, *The Bosworth Psalter*, London, 1908, pp. 33-4, 84, 104-6 参照。9 月 3 日の祝日は，12 世紀初頭，MS. Arundel 115 の教会暦に付け加えられた祝日の一つである。より古い日付は，証拠となる根拠が今は失われているが，おそらく，グレゴリウスの司祭への叙階の日付を保存していたのだろう。新しい日付は，間違いなく，彼が教皇となった日付であり，これは，ベーダの提供した情報から簡単に算出されえた。

12）　Eia fratres – forte enim aliqui de gente illa haec me dicentem presentes auscultant, - eia, inquam, vos Angli, fratres nobis in Christiana fide effecti, vobis a deo predestinatum et missum beatum Gregorium pro apostolo suscepistis. Wilmart, 1935, pp. 212-13.

13）　Wilmart, 1935, p. 212：「それゆえ，天国へと先に赴いた彼（グレゴリウス）の足跡に従おうと願う者は，この最高の導き手自身の出発点を崇敬することを拒むことがあってはならない。確かに，それらを敬虔に重んじようとしない者たちは，彼を指導者とすることを避けていることを，自ら証しするのである。というのも，こうしたことは，人間の習慣からもまた聖なる歴史からも十分に明らかであり，われわれは，そこから，多くのことを引き出してくることは余計なことだと考えた。これらから集められうることをここで述べようとは思わないが，もし語るとしたら，この指導者に依り頼むことを拒絶する者たちが，その役割を果たした指導者に依り頼むことを避け，それゆえ，彼を群れの指導者として定められたキリストによる叙階に同意しようとしないことは，多くの人々の欲求と，著しくそぐわないことを示しているように私には思われる」（Qui igitur eum (Gregorium) praevium ad caelestia sequi desiderant, ducatus ipsius primordia venerari non abnuant. Nam qui ea sua devotione amplecti nolunt, ipsi sibi testes sunt quod eum ductorem habere refugiunt. Hoc quoniam humana consuetudine et ex divina historia satis patet, plura inde ducere supervacuum existimavimus. Quid etiam

ex his colligi possit inferre nolo, ne, si dixero, illos qui eo duce niti renuunt, eo cuius vice funcutus est niti duce subterfugere, et iccirco Christi qui eum suis ovibus ducem instituit nolle ordinationi adquiescere, videar nimis aliena multorum voluntati proponere.）

14）詳細に関しては，本書 pp. 417-18 参照。

15）アンセルムスが著者であることをさらに示すものとして，この説教の中で，完全な人間を正方形の石で表わすというアンセルムスの好みのイメージの一つが使われていることも指摘されるだろう。このイメージの他の使用例に関しては，*Memorials*, pp. 146-7, 195, 305, 314-16 参照。

16）これらの特許状に関しては，*Regesta* ii, nos. 544, 547 を参照：この出来事に関しては，*HN*, p. 131 参照。

17）本書 pp. 570-5 参照。

18）これらの報告については，*Memorials*, pp. 19-30, 105-95, 269-70 参照。

19）さまざまな繰り返しの明白な例は，*Memorials*, pp. 31-4, 271-91 参照。

20）マームズベリーのウィリアムがアンセルムスの書簡をどのように取り扱ったかについては，本書 pp. 402-3, 470-3 参照。グレゴリウス七世に関する二つの物語は，アレクサンデルの『語録』（Dicta）およびマームズベリーのウィリアムに見いだされるが，これに関しては，*Memorials*, pp. 212-14 および *GR*, ii, pp. 322-4 参照。

21）『例話集』（De Similitudinibus）のテクストに関して，またその性格，著者そして源泉に関しては，*Memorials*, pp. 4-18, 37-104 参照。これらの箇所が執筆された時点で，シュミット師も私も，マームズベリーのウィリアムがカンタベリーの保管するアンセルムスの書簡の転写と抜き取り（現時点では私にはありそうなことと思われる）に，どれだけ関わったかということに気づかなかった。『例話集』の編纂の問題全体は，はなはだ込み入ったままだが，この著作のテクストの歴史に関するいくつかの特徴――カンタベリー以外の中心からどのように普及したかというような点――は，この編纂がマームズベリーのウィリアムが明らかに所有していたアンセルムスの資料の集成と関連づけられるならば，説明されただろう。しかしながら，注意すべきことは，この『例話集』がアンセルムスの集成の中にしだいにそれ自体の位置を獲得していくにさいして，その初期の写本の分布はマームズベリーが中心ではなかったことを示している点である。この点については，*Memorials*, pp. 15-18 参照。

22）*Memorials*, p. 174; and cf. p. 308.

23）Guibert, *De Vita Sua*, *PL* 156, col. 874.

24）これらの下位区分については *Memorials*, pp. 41-50 参照。

25）*Ep*. 285 (iii, 75).

26）以下の記述において，私は全般的な背景と要約的な結論を述べることにして，それに関する証拠の詳細は，付録およびそこで引用された文献において示される。

27）*Ep*. 336 (iii, 103):「私は貴君に勧めますが，ランゾー師がまだ修練士だったときに，私が彼に書いた書簡を探してください」（Consulo tibi ut quaeras epistolam quam

ego feci domino Lanzoni quando novitius erat.）この書簡とは *Ep*. 37 (i. 29) のことを指す。

28） *Epp*. 104 (ii, 14) および 147(ii, 51) 参照。

29） この点については，付録で引用される証拠を参照。

30） 本書付録を参照。

第 17 章　エアドメルスとアンセルムス

1） 本書 pp. 513-8。

2） *HN*, pp. 13-14. この物語の寡婦がエアドメルスの母親だろうということを最初に提案したのは Knowles, 1940, p. 109 だが，これはかなりありそうなことである。というのも，そうでなければ，エアドメルスが彼の述べている詳細のすべてを，どのように知ることができたのか，ということが分かり難いからである。

3） *HN*, p. 224.

4） *PL* 159, col. 803B.

5） *HN*, p. 107.

6） *HN*, pp. 107-10.

7） *VA* II, lxxii, pp. 150-1.

8） これらのうち最初の出来事は，*VA* II, lv，第二の出来事は，*HN*, pp. 152-3 を参照。

9） *HN*, p. 41:「この世の慣習に従って王の臣下となった」（pro usu terrae homo regis factus est）および pp. 267-8 参照。

10） *HN*, p. 41. 本書は，本来，ルカ福音書 14: 22 を引用し，この頁の末尾で終わっていた。この引用は，すでに報告された（p. 43）アンセルムスの聖別のさいの予言（sortilegium）を想起するためのものであった。pp. 214-16 の加筆は 1119 年になされた。Ⅴ巻とⅥ巻の加筆はさらに後代のものである。

11） エアドメルスの先唱者職について唯一の明確な証拠は，Gervase of Canterbury, *Historical Works*, ed. W. Stubbs, *RS*, ii, 1880, p. 374 にある。ジャーベイズ（1120 頃没）は，カンタベリーの共同体の歴史家としてエアドメルスの後継者であった。彼は，エアドメルスが歿してからおよそ 60 年後に執筆したが，この点については正確だったらしい。この証拠に加えて，彼が著作家として突然再開した活動の全般的な範囲は，先唱者の職務と一致する。

12） ランフランクスの『慣習律』p. 82 によると，先唱者は，聖歌隊席における歌唱と朗読に全般的な責任をもつことに加えて，修道院のすべての書物を受け持った。この時期のエアドメルスの著作に関しては，本書の以下の記述を参照；新たな聖歌隊席における聖遺物の場所に関しては，本書横組末尾の図 1- Ⅲを参照。1130 年に奉献された新しいクリプトの南東に大天使ガブリエルのために礼拝堂を準備したことは，エアドメルスがガブリエルを彼の守護天使と信じていたことから，エアドメルスの影響を反映しているかもしれない。

13）N. R. ケア（Ker）のお陰で，BL MSS Cotton Nero C vii, Harleian 315 と 624，また Canterbury Cathedral MS E. 42 にある断片が，この大朗読集のものと同定された。Harleian 315 の断片は，1123 年の直後に書かれたに違いない *VA* のテクストを含んでいる。朗読集は，聖オウエンの聖遺物にまつわる奇跡に関するエアドメルスの著作も含み，それは 1128 年以後，別の人の手で書き継がれている。それゆえ，こうした企て全体が，1123 年から 1130 年のあいだのエアドメルスの活動の証拠を提供している。この時に，アンセルムスの書簡の Canterbury MS（L，これに関しては本書付録を参照）の主要部分も編集されたのである。さらに，ソールズベリーのヨハネスが，1163 年に列聖の手続きのため *VA* の要約を作成するさい，この写本を使用したことはありそうである。というのも，彼は，さらに知りたいという読者に，彼が作成した要約の元になった「大きな書物」（grandia volumina）を指示しているからである。*PL* 190, col. 1038; Biffi, 1988, p. 116 参照。

14）*Memorials of St Dunstan*, p. 421.

15）アンセルムスの書簡のカンタベリー大集成（L）も雑多な追加がなされて終わっているという事実を，付け加えてもよかろう。もしこの追加もエアドメルスの先唱者時代に属していたとするなら，その最後の数頁の状態は，彼の力の衰えを示す別の兆候となりえただろう。

16）写本の詳細な記述に関しては，Southern 1963, pp. 367-74 参照。

17）この明確な例に関しては，*Memorials*, pp. 271-91 および本書 pp. 531-2 参照。

18）*Vita Wulfstani*, ed. R. R. Darlington, *R. Hist. Soc., Camen 3rd Series*, 1928, p. 2.

19）*Vita S. Stephani Grandimontensis*, c. 25, *PL* 204, col. 1019.

20）*VA* I, xxi.

21）*VA* II, ii, および本書 p. 338 参照。

22）*VA* II, xxxi, pp. 107-9.

23）*VA* II, xlii, p. 120 参照。

24）*VA*, pp. 152-71；および写本に関しては，pp. xxii-xxiv 参照。これらの補遺の頁は，カンタベリー以外ではほとんど流布しなかった。

25）1093 年におけるベックの修道士たちとの決裂の後，（もし彼の書簡集に関する私の説明が正しければ）彼が初期の書簡の収集作業を再開しなかったことは，彼がこの事実を自覚していたことを示唆するかもしれない。ただし，1105 年にベックの書庫にあった草稿を整理するさいには，いくらか関わっただろう（本書付録を参照）。

26）私は，ここで「幼稚である」（childish）という語を使うが，これは，アンセルムスの初期の書簡における問題の重要性と彼の文体の「幼稚さ」（childishness）との対照性に関して，エドワルト・フレンケル（Eduard Fraenkel）が私に寄せたコメントで用いられた語である。

27）CCCCMS 371, pp. 190-212 は，つぎのような表題を伴っている。すなわち「神の最も栄光ある処女なる母の卓越性に関して，神の罪人にして貧者であるエアドメル

スの考察」（Consideratio Edmeri peccatoris et pauperis Dei de excellentia gloriosissimae Virginis Matris Dei. *PL* 159, cols. 557-80.）である。

28） *PL* 159, cols. 558D, 564A; cf. Anselm, *Or*. 7, Schmitt, iii, p. 18.

29） CCCC MS 371, pp. 425-40:「天の門番である聖ペトロの慈悲にすがるべく，自らを呼び起こすために，罪人エアドメルスによって執筆されたもの」（Scriptum Edmeri peccatoris ad commovendam super se misericordiam beati Petri ianitoris caelestis.）テクストについては，Wilmart, 1935, pp. 192-205 参照。

30）「神の配剤によってなされた，大罪人エアドメルスによる未熟な一考察：至福の大天使ガブリエルについて」（Insipida quaedam divinae dispensationis consideratio ab Eadmero magno peccatore de beatissimo Gabriele archangelo.）テクストは，Wilmart, 1935, pp. 371-9 参照。

31） CCCC MS 371, pp. 395-415,「修道士にして大罪人エアドメルスによって執筆された聖母マリアの御やどりについて」（De Conceptione Sanctae Mariae editum ab Eadmero monacho mango peccatore.）この著作は，後に，中世だけでなく 20 世紀まで，一般にはアンセルムスに帰された（e. g. in *PL* 159, cols. 301-18）。サーストン（H. Thurston）とソールター（T. Salter）が彼らの刊本 Freiburg i. Br., 1904 で依拠したのは，エアドメルスの自筆写本であり，これによって原作者が彼であることが最終的に確定した。

32） *PL* 159, col. 301.

33） エルサイのまぼろしに関する書簡は，*PL* 159, cols. 323-6 に収録されているが，アンセルムスの名は付せられていない。

34） 特に，*CDH* I, xii 参照；第二巻はこの論証を彫琢する。

35） I. Brady, *Franciscan Studies*, 15, 1955, p. 196n の引用に拠る

36） D. Wilkins, *Concilia Magnae Britanniae et Hiberniae*, 1737, II, 552.

37） この教令は，主としてスペインの圧力により，1438 年 9 月 17 日に通過した。セコビアのフアンは，エアドメルス——もちろんアンセルムスに帰せられていたが——の『御やどり』からの引用文を伴った聖務日課を起草した。

第 18 章　回　　顧

1） カンタベリーにおけるこの伝統に関しては，本書 pp.448-55 および Leclercq, 1953, 45-117, 141-73 参照。

2） *VA* I, xix, pp. 29-30 参照。

3） *VA* I, xi.『テアイテトス』191c-d. 私は，*The Dialogues of Plato*, translated by B. Jowett, 4th ed., Oxford, 1953, iii, pp. 294-5 の翻訳に若干の手を加えた。

4） アウグスティヌスによって言及されている『ティマイオス』の一節に関するランフランクスの議論については，Gibson, 1971, pp. 435-50 参照。

5） *Ep*. 37 (i, 29). エアドメルスは，*VA* I, xx において，この書簡の大部分を引用した。

アンセルムスも，カンタベリーの修練士に，この書簡を探し出して読むよう助言した（本書 p. 545 参照）。

6) *Orationes sive Meditationes*, *Prologus*, Schmitt, iii, p. 3.

7)　*Reg. S. Bene*., c. vii.

8)　*Memorials*, pp. 81, 110-16, 308-9 参照。この主題に関するアンセルムスの言葉を伝える報告には，さまざまな版があるが，それらみな同じ枠組みである。

9)　本書 pp. 302-6 参照。

10)　アベラルドゥスに関しては，本書 pp. 293-5 参照。グロステストに関しては，R. W. Southern, 1986, pp. 219-25 および D. J. Ungar, 'Robert Grosseteste and the reason for the Incarnation', *Franciscan Studies*, 16, 1956, 1-3 参照。

11)　この恐怖の記憶は，カンタベリーの修道士たちによって保存され，ソールズベリーのヨハネスが，アンセルムスの死後 50 年経って，エアドメルスの『アンセルムス伝』の要約版を執筆したとき，彼に報告された。*PL* 199, col. 1035 および Biffi 1988, p. 106 参照。それ自体としては，これは良質の証拠ではないが，しかし，このことは，アンセルムスの死の直前に，ヨーク大司教に宛てられた，彼の最後の書簡から明らかである。本書 pp.474-7 参照。

12)　*Epp*.37 (i, 29), 38 (i, 30); 117 (ii, 19).

13)　本書 pp. 366-9 参照。

14)　本書原註 p. 43, 12）参照。

15)　*Ep. De Incarn. Verbi*, c. 1 (Schmitt, ii, p. 10). 本書 p. 253 参照。

付録　アンセルムスの書簡の歴史のために

1)　*Memorials*, 1969, p. 333 のわれわれの共同執筆による注を参照。しかし，1968 年版の *Prolegomena*, p. 239 においてシュミット神父がそれ以前の見解を繰り返していることを，フローリッヒ博士が私に指摘してくれた。

2)　Cantor 1958, pp. 169-70; Fröhlich 1984, pp. 58-71; Vaughn 1987, pp. 132, 135, 137-8, 139-40, 225, 293-4, 295n., 297; Southern and Vaughn 1988, pp. 192-220 参照。

3)　本書 pp. 547-8 参照。

4)　本書 pp. 263, 266 参照。

5)　N にあるマウリティウス宛の書簡は，*Ep*. 51（マウリティウス並びに他の修道士たち宛）と *Ep*. 97（草稿）である。N は，マウリティウスだけに宛てられた 8 通の他の書簡（*Epp*. 42, 43, 47, 60, 64, 69, 74, 79）を省くが，それらは，カンタベリーで作成された最終的な書簡集の一部となった。

6)　*De Veritate*, Pref.「これらが完成される前に，急いで書き写した者たちがいるならば　……」(a quibusdam festinantibus…transcripti antequam perfecti essent.)；*De Incarn. Verbi*「ある修友たちが，私の知らないうちに，書き写し，他の者たちにも読むようにと渡した」(quidam fratres me nesciente transcripserunt atque aliis legendam

tradiderunt.）これ以外の不正な転写については，*Epp*. 250 (iii, 60)；253(iv, 15) 参照。

7） Nの内容をLと比べると，Lに含まれている以下の書簡がNでは省かれている：9, 10, 19, 42-43, 47, 52, 59（全文テクスト），60, 69-70, 72-75, 77, 79, 96, 97（全文テクスト), 102, 112-113, 120-121, 123-132, 134-144, 146-147。だが，Lは，Nに含まれている以下の書簡を省く：18, 26, 27, 65。

8） カンタベリーにおけるティデリクス，あるいはテオドルスの役割に関しては，Southern 1988, pp. 194-200 参照。

9） エアドメルスは，以下のアンセルムスの往復書簡を『新時代の歴史』に挿入した。*Epp*. 154, 171, 201, 206, 216*, 222, 224*, 226*, 282*, 283*, 303, 305*, 308, 310*, 353, 365*, 367*, 368, 369, 397, 398*, 401, 422, 430, 441, 442*, 443-5, 451, 452, 455, 456*, 470*, 472. * がついた書簡は，Lに収録されていない。

10） エアドメルスの『新時代の歴史』に引用された書簡に関しては，M. Rule, 1882年版，pp. 38,46,76, 91, 128, 134-6, 139, 149-51, 154-7, 160-62, 163, 167, 169-71, 173-79, 184-86, 191, 195-6, 199-206, 216を参照

11） マームズベリーのウィリアムのカンタベリー訪問に関しては，R. M. Thomson, 1987, p. 73 参照。彼がエアドメルスの『新時代の歴史』からアンセルムスの書簡を引用したことに関しては，*GR*, ii, pp. 489-92 参照。アンセルムスの『語録』の記録が失われたことに関するアレクサンデルの不満に関しては，本書 p. 536 参照。

12） 残っていた資料に関するマームズベリーのウィリアムの報告は，以下のとおりである。*GP*. p. 113：「教皇から王とアンセルムス宛，アンセルムスから王宛，王からアンセルムス宛の一連の書簡は，膨大な数に達するので，本書には編入しないことにした。これらを読みたいと思う人々には，エアドメルスの書物が便利である。この人は，誰も彼が偽りを言っていると非難することがないように，また彼自身の言うことに揺るぎのない確実性を与えるために，これらの書簡を収録したのである。彼は，アンセルムスの事績だけを詳述しようとしたので，時間が十分にあった。しかし，私は，より大きな仕事に着手し，多くの事績を語ろうと思うので，やむを得ず要点に触れるだけにするが，読者のお許しを願うしだいである。」(Epistolarum seriem, quae in immensum porrigitur, apostoli ad regem et Anselmum, et Anselmi ad regem, et regis ad Anselmum, hic non placuit intexere. Volentibus legere liber Eadmeri copiam faciet, quas ideo vir ille apposuit ut nullus eum mendacii carperet et ut ipse invictum robur dictorum assumeret. Effluebat enim otio, utpote solius Anselmi gestis enucleandi intentus. Ego maius opus moveo et in multorum gesta conor, ideoque necessaria tantum libans, fastidio lectorum mederi meditor.）以下で述べられる写本に加えて，ウィリアムの論考『聖マリアの功績と奇跡』(*De laudibus et miraculis sanctae Mariae*) は，アンセルムス的な響きがあり，またカンタベリー修道士アレクサンデルがアンセルムスから聞いた話を，アレクサンデルから聞いて報告していることから，その書き始めは 1120-23 年のカンタベリー訪問の頃だっただろう。J. M. Canal の版 (*Claretanium*, viii, Rome, 1968

所収）の特に pp. 116-20, 157-9, 192 参照。

13）　ボソーの派遣と病気については，本書原註 p. 37, 7）参照。

14）　L の最後の数葉に記されたアンセルムスの雑文に関する記述については，*Memorials*, pp. 333-352 および F. S. Schmitt, 1936 参照。

15）　Wilmart 1931, p. 39：「私はこれを 1120 年頃に位置づけておこう」(je le daterais vers 1120) 参照。ことによると，彼は，MS BL Cotton Cleopatra E I と同じ筆跡という点で，1120 年代初期という年代設定も付け加えるかもしれない。

16）　ほぼ確実に真正な *Ep*. iii, 159 をシュミットが除いたことに関しては，本書原註 p. 41，4）参照。彼が MS Trinity College Cambridge, MS 35 から印刷した短い書簡（*RB*, 1931, 224-238 所収）も省いたことは，もっともだが，いくらか首尾一貫性に欠ける。

参考文献

AA. SS. OSB. J. Mabillon, *Acta Sanctorum Ordinis Sancti Benedicti*, 9vols., 1668-1701, Paris

AHDLMA Archives d'histoire doctrinaire et littéraire du moyen âge

Anglia Sacra Henry Wharton, *Anglia Sacra sive Collectio historiarum ... de archiepiscopis et episcopis Angliae*, 2 vols., London, 1961

ASC Anglo-Saxon Chronicle (G. N. Garmonsway による便利な翻訳が Everyman Library で収録されている）

Baeumker, 1914 *Das Inevitabile des Honorius Augustodunensis*, ed. F. Baeumker, *BGPTMA*, xiii

Barlow, 1983 Frank Barlow, *William Rufus*, London

Baudot, 1989 Marcel Baudot, 'Les prieurés du Bec-Hellouin', in *Les Amis du Bec-Hellouin*, 86, 1989, pp. 5-15（美しい地図が添付されている）

Becker, 1885 Gustav Becker, *Catalogi Bibliothecarum antiqui*, Bonn.

Bede, *Hist. Eccl.* Bede, *Ecclesiastical History of the English People*, ed. B. Colgrave and R. A. B. Mynors, Oxford, 1969.

Bestul, 1977 T. H. Bestul, 'St Anselm and the continuity of Anglo-Saxon devotional traditions', *Annuale médiévale*, 21, pp. 167-70.

1978 'A collection of Anselm's Prayers in BLMS Cotton Vespasian D. xxvi, *Medium Aevum*, Oxford, 47, pp. 1-5

BGPTMA Beiträge zur Geschichte der Philosophie u. Theologie des Mittelalters: Texte u. Untersuchungen, begründet von C. Baeumker, Münster

Bibl. Hag. Lat. Bibliotheca hagiographica latina antiquae et mediae aetatis ed. Socii Bollandiani (2 vols. 1891-1901; Suppl. 1911)

Biffi, 1988 Inos Biffi, *Giovanni di Salisbury, Vita di Anselmo*, Milan.

Biffi-Marabelli, 1988 Inos Biffi and C. Marabelli, *Anselmo d'Aosta*, *Opere*, i: Lettere, di priore e abbate del Bec, Milan

Birch W. de Gray Birch, *Cartularium Saxonicum*, 3 vols., London, 1885-93

Blumenkranz, 1956 B. Blumenkranz, ed. *Gilberti Crispini, Disputatio Iudaei et Christiani, Stromata patristica et mediaevalia*, iii, Utrecht

Böhmer, 1902 H. Böhmer, *Die Falschungen Lanfrancs*, Lepzig

Brett, 1975 Martin Brett, *The English Church under Henry I,* Oxford

Brooke, 1931 Z. N. Brooke, *The English Church and the Papacy from the Conquest to the Reign of John*, Cambridge

Brooks, 1984 Nicholas Brooks, *The Early History of the Church of Canterbury*, Leicester

Buttimer, 1939 C. H. Buttimer, ed., *Hugh of St Victor, Didascalicon de studio legendi*, Washington

Cantor, 1958 Norman F. Cantor, *Church, Kingship and Lay Investiture in England, 1089-1135*, Princeton

CC *Corpus Christianorum, series Latina*, Thurnhout, 1953-

CDH St Anselm, *Cur Deus Homo*, Schmitt ii, 38-133

Charlesworth, 1965 M. J. Charlesworth, *St Anselm's* Proslogion, *transl. with introduction and commentary*, Oxford

Chibnall, 1956 Marjorie Chibnall, ed., John of Salisbury, *Historia Pontificalis*, Oxford

1959 Marjorie Chibnall, 'The relations of St Anselm with English dependencies of the abbey of Bec', *Spicilegium Beccense*, i. 521-50

1984 Marjorie Chibnall, *The World of the Works of Ordericus Vitalis*, Oxford (see also: Morgan; *Ordericus Vitalis*)

Concordance A Concordance to the Works of St Anselm, ed. G. R. Evans, 4 vols., New York

Councils, 1981 *Councils and Synods with Other Documents Relating to the English Church*, i, 871-1204, ed. D. Whitelock, M. Brett, and C. N. L. Brooke, 1981

CSEL *Corpus Scriptorum ecclesiasticorum Latinorum*, Vienna

DA *Deutsches Archiv für Geschichte des Mittelalters*, (fomerly Neues Archiv), 1937-

DCD St Augustine, *De Civitate Dei*, *PL*, 41

DCSD Lanfranc, *Liber de corpore et sanguine Domini, PL*, 150, cols, 404-42

DSC Berengarius Turonensis, *De Sacra Coena adversus Lanfrancum*, ed. A. F. et F. Th. Vischer, Berlin, 1824

DTC *Dictionnaire de théologie catholique*, ed. A. Vacant, E. Mangenot, and E. Amann, 1903-50, Paris

Douglas, 1964 D. C. Douglas, *William the Conqueror: the Norman Impact upon England*, London

EHR *English Historical Review*

Endres, 1906 J. A. *Endres, Honorius Augustodunensis: Beitrag zur Geschichte des geistigen Lebens im xii. Jahrhundert*, Kempten-Munich

Ep. (*Epp*.) St Anselm *Epistola* (*Epistolae*). 二種類の番号が記載されている。最初の番号はシュミット版の番号で，二番目が *PL*, 158-9 の番号である。これらの一方が省略されている場合，その書簡はシュミット版か *PL* 版で省略されている。

Ep. De incarn. Verbi St Anselm, *Epistola de Incarnatione Verbi, Schmitt* i, 281-290 (1st recension) ii, 3-41 (2nd recension)

Evans, 1978 G. R. Evans, *Anselm and Talking about God*, Oxford

1980 *Anselm and a New Generation*, Oxford

Fiske, 1961 F. Fiske, 'St Anselm and friendship', *Studia Monastica*, 3, pp. 259-90, Montserrat (Barcelona)

Flint, 1988 Valerie I. J. Flint, *Ideas in the Medieval West: Texts and their Context*, Variorum Reprints, London

Fröhlich, 1980 Walter Fröhlich, 'Die Entstehung der Briefsammlung Anselms von Canterbury', *Historisches Jahrbuch*, 100, 457-66.

1983 'The letters omitted from Anselm's collection of letters', *Anglo-Norman Studies*, 6, *Proceedings of the Battle Conference*, 1983, (pr. 1984), 58-71

1984 'The genesis of Anselm's collection of letters', *American Benedictine Review*, 35, 249-66

Gibson, 1971 Margaret Gibson, 'Lanfranc's Commentary on the Pauline Epistles', and 'Lanfranc's Notes on Patristic texts', *JTS*, NS, 22, pp. 86-112, 435-50

1978 *Lanfranc of Bec*, Oxford

1979 *The Letters of Lanfranc, Archbishop of Canterbury,* ed. and translated by Helen Clover and Margaret Gibson, Oxford Medieval Texts

Gilbert Crispin, *Works The Works of Gilbert Crispin, Abbot of Westminster,* ed. A. S. Abulafia and G. R. Evans, *Auctores Britannici Medii Aevi*, viii, 1986

GP William of Malmesbury, *Gesta Pontificum*, ed. N. E. S. A. Hamilton 1870

GR William of Malmesbury, *Gesta Regum*, ed. W. Stubbs, 2vols, *RS*, 1887-9

Gratian *Decretum Magistri Gratiani*, in *Corpus Iuris Canonici*, i, 1879, ed. E.Friedberg

Gregorii VII Registrum Das Register Gregors VII, ed. E. Caspar, *MGH Ep. Sel.* 1920

H and S i - iii A. W. Hadden and W. Stubbs, *Councils and Ecclesiastical Documents relating to Great Britain and Ireland*, 3 vols, Oxford, 1869-71

HCY Historians of the Church of York and its Archbishops, ed. J. Raine, *RS*, 3vols, 1879-94

Henry, 1964 D. P. Henry, *The De Grammatico of St Anselm*, Notre Dame

1967 D. P. Henry, *The Logic of Saint Anselm*, Oxford

HJ Historisches Jahrbuch, Cologne

HN Eadmer, *Historia Novorum in Anglia*, ed. M. Rule, RS, 1884

HN, 1964 *Eadmer's History of Recent Events*, transl. by G. Bonsanquet, London

Holzmann, 1938 R. *Holzmann, Zur Papstwahldekret von 1059, ZRG, KA*

Hopkins, 1972 Jasper Hopkins, *A Companion to the Study of St Anselm*, Minneapolis

1974-6 J. Hopkins and H. Richardson, *Anselm of Canterbury*, (translations of all Anselm's treatises), 4vols. Toronto and New York

Hugh the Chanter Hugh the Chanter, *History of the Church of York, 1066-1127*, ed. and transl. Charles Johnson, 1961, Edinburg and Oxford

Hunt, 1943, 1950 R. W. Hunt, 'Studies on Priscian in the 12th century' *MARS*, 1, Pt 2, 1943, 194-231; 2, 1950, 1-56

In Pss St Augustine, *Enarrationes in Psalmos, PL*, 36-37
JWCI Journal of the Warburg and Courtauld Institutes
JTS Journal of Theological Studies
Ker, 1960 N. R. Ker, *English manuscripts in the Century after the Conquest*, Oxford
Kohlenberger, 1972 Helmut Kohlenberger, *Similitudo und Ratio: Überlegungen zur Methode bei Anselm von Canterbury*, Bonn
Knowles, 1940 David Knowles, *The Monastic Order in England, 943-1216*, Cambridge
Krause, 1960 Hans-Georg Krause, *Das Papstwahldekret von 1059 und seine Rolle im Investiturstreit, Studi Gregoriani,* vii, Rome
Lanfranc's Constitutions The Monastic Constitutions of Lanfranc, ed. D. Knowles, 1951, Edinburgh and Oxford
Leclercq, 1946 Jean Leclercq and J. Bonnes, *Un Maître de la vie spirituelle au xi siècle: Jean de Fécamp*, Paris
1953 *Studia Anselmiana*, 2e série, xxxi: 'Ecrits spirituels d'Elmer de Cantorbéry', pp. 45-117 ; 'La lettrre de Gilbert Crispin sur la vie monastique', pp. 118-23 ; 'Les lettres familières d'un moine du Bec', pp. 141-73.
Lefèvre, 1954 Y. Lefèvre, *L'Elucidarium et les Lucidaires, Bibliothèque des écoles françaises d'Athènes et de Rome*, clxx
Levison, 1946 W. Levison, *England and the Continent in the Eighth Century*, Oxford
Leyser, 1984 Henrietta Leyser, *Hermits and the New Monasticism: A Study of Religious Communities in Western Europe, 1100-1150*, London
Liebermann, 1879 F. Liebermann, *Ungedrückte Anglo-Normannische Geschichtsquellen*, Strasburg
1886 'Anselm v. Canterbury u. Hugo von Lyon', *Hist. Aufsätze dem Andenken G. Waitz gewidmet*, pp. 156-203
Lottin, 1959 O. Lottin, *Psychologie et morale au XIIe et XIIIe siècles*, 5: *L'école d'Anselme de Laon et de Guillaume de Champeaux*
Mabillon, *AA SS OSB* Jean Mabillon, *Acta Sanctorum Ordinis S. Benedicti*, 9 vols., 1668-1701, Paris
Macdonald, 1926 A. J. Macdonald, *Lanfranc: A Study of his Life, Works and Writing*, Oxford
McIntyre, 1954 J. McIntyre, *St Anselm and his Critics: A Reinterpretation of the Cur Deus Homo*, Edinburgh
McGuire, 1988 B. P. McGuire, *Friendship and Community: The Monastic Experience, 350-1250*, Kalamazoo
MARS Medieval and Renaissance Studies, ed. R. W. Hunt and R. Klibansky, 1-6, London, 1941-68
Matthew, 1962 Donald Matthew, *The Norman Monasteries and their English Possessions*,

Oxford
Med. St. Anselm, *Meditationes*, Schmitt, iii, 76-91
Memorials Memorials of St Anselm, ed. R. W. Southern and F. S. Schmitt, *Auctores Britannici Medii Aevi*, I, 1969
Memorials of St Dunstan ed. W. Stubbs, *RS*, 1874
MGH, SS Monumenta Germaniae Historica, Scriptores in Folio
MGH, Ep. Sel. Monumenta Germaniae Historica, Epistolae Selectae
Michel, 1936 Anton Michel, *Papstwahl und Königsrecht: das Papstwahlkonkordat von 1059*, Munich
1939 'Das Papstwahlpactum von 1059' , *HJ*, 59, 291-351
Montclos, 1971 J. Montclos, *Lanfranc et Bérenger, Spicilegium Sacrum Lovaniense*, xxxvii, Louvain-Paris
Monol. St Anselm, *Monologion*, Schmitt,i
Morgan, 1946 Marjorie Morgan, *The English Lands of the Abbey of Bec,* Oxford (see also Chibnall)
Or. St Anselm, *Orationes*, Schmitt, iii, 1-75
Ordericus Vitalis, i-vi Ordericus Vitalis, *The Ecclesiastical History*, ed. and transl. by Marjorie Chibnall, i- vi, *Oxford Medieval Texts* 1968-80
Pächt, 1956 Otto Pächt, 'The illustrations of Anselm's Prayers and Meditations', *JWCI*, 19, pp. 68-83
PUE Papsturkunden in England ed. W. Holtzmann, 3vols., *Abhandlungen der Gesellschaft der Wissenschaften in Göttingen*, 1930-52
PL J. P. Migne, *Patrologia Latina*, 221 vols., Paris, 1844-64
Porée, 1901 A. A. Porée, *Histoire de l'abbaye du Bec*, 2vols, Evreux
Prévité-Orton, 1912 C. W. Prévité-Orton, *The Early History of the House of Savoy 1000-1233*, Cambridge
Prosl. St Anselm, *Proslogion*, Schmitt, i
RB Revue Bénédictine
Regesta Regesta Regum Anglo- Normannorum: i. 1066-1100, ed. H. W. C. Davis, 1913, Oxford; ii. 1100-1135, ed. H. A. Cronne and R. H. C. Davis, 1968, Oxford
Regularis Concordia Regularis Concordia Anglicae nationis monachorum et sanctimonialium, ed. Thomas Symons, 1953, Edinburgh and Oxford
Reg. S. Ben. Regula S. Benedicti
R. Hist. S Royal Historical Society, London
Rivière, 1934 Jean Rivière, *Le Dogme de la Redemption au début du Moyen Âge, Bibliothèque Thomiste,* xix, Paris
1936 'D'un singulière emprunt à S. Anselme chez Raoul de Laon', *Revue des sciences*

religieuses, 16, pp. 344-6
Roques, 1963 René Roques, *Anselme de Canterbéry: Pourquoi Dieu s'est fait Homme, Sources chrétiennes*, 91, Paris
RS Rolls Series, 99vols., London, 1858-96
RTAM Revue de théologie ancienne et médiévale
Salter, 1925 H. E. Salter, 'Two deeds about the Abbey of Bec', *EHR*, 40, 73-6
Schmitt i-vi F. S. Schmitt, ed. *S. Anselmi Opera Omnia*, i, Seckau, 1938; i (repr.) – vi, Edinburgh, 1946-61
1932 'Zur Chronologie der Werke des hl. Anselm', *RB*, 44, pp. 322-50
1936 ed. Ein neues unvollendetes Werk des hl. Anselm von Canterbury, *BGPTMA*, xxiii, 3
1939 'Cinq recensions de l'Epistola de Incarnatione Verbi de S. Anselme', *RB*, 51, pp. 275-90
1954 'Geschichte u. Beurteilung der früheren Anselmausgaben', *Studien u. Mitteilungen zur Geschichte des Benediktinerordens*, pp. 90-114
1955 'Die unter Anselm veranstaltete Ausgabe seiner Werke u. Briefe: die Codices Bodley 271 u. Lambeth 59', *Scriptorium*, 9, pp. 64-75
Searle, 1980 Eleanor Searle, ed. and transl. *The Chronicle of Battle Abbey*, Oxford
Sharpe, 1985 Richard Sharpe, 'Two contemporary poems on St Anselm attributed to William of Chester', *RB*, 95, pp. 266-79
Southern, 1941 R. W. Southern, 'St Anselm and his English pupils', *MARS* 1. pp. 3-34
1948 'Lanfranc of Bec and Berenger of Tours', in *Studies in Medieval History presented to F. M. Powicke*, ed. R. W. Hunt, W. A. Pantin and R. W. Southern, Oxford, pp. 27-48
1954 'St Anselm and Gilbert Crispin, Abbot of Westminster', *MARS* 3, pp. 78-115
1958i 'The Canterbury forgeries' *EHR* 73, pp. 193-226
1958ii 'The English origins of the Miracles of the Virgin', *MARS* 4, pp. 176-216
1963i *St Anselm and his Biographer*, Cambridge
1963ii ed. *The Life of St Anselm by Eadmer*, Oxford
1986 *Robert Grosseteste: The Growth of an English Mind in Medieval Europe*, Oxford
1988 'Sally Vaughn's Anselm: an examination of the foundations'; *Albion* 20, pp. 181-204
H. M. Taylor, 1969 'The Anglo-Saxon cathedral church at Canterbury', *Archeological Journal*, 126, pp. 101-30, London
J. Taylor, 1961 Jerome Taylor ed. and transl. *The Didascalicon of Hugh of St Victor: A Medieval Guide to the Arts*, New York and London
Thomson, 1977 R. M. Thomson, ed., *The Life of Gundulf*, Toronto
1987 R. M. Thomson, ed., *William of Malmesbury*, Woodbridge
VA Eadmer, *Vita Anselmi, PL* 158. cols. 49-120 ; 註の参照頁は Southern, 1963ii に拠る。
Vaughn, 1987 Sally N. Vaughn, *Anselm of Bec and Robert of Meulan, the Innocence of the*

Dove and the Wisdom of the Serpent, University of California Press

1988 ‘Anselm: saint and statesman’, *Albion*, 20, 205-20

William of Jumièges Guillaume de Jumiège, *Gesta Normannorum ducum*, ed. J. Marx, Société de l’histoire de Normandie, 1914

Williamson, 1929 E. W. Williamson, ed., *The Letters of Osbert of Clare,* Oxford

Wilmart, 1923 *Le Recueil des Prières de St Anselme*, intro. by A. Wilmart, ed. A. Castel, *Collection Pax*, Paris

1924 ‘La tradition des prières de S. Anselme: Tables et Notes’, *RB*, 36, pp. 52-71

1926 ‘La destinataire de la lettre de S. Anselme sur l’état et les vœux de religion’, RB, 38, pp. 310-20

1928 ‘Une lettre inédite de S. Anselme à une moniale inconstante’, *RB*, 40, pp. 319-32

1929 ‘Les prières envoyées par S. Anselme à la comtesse Mathilde en 1104’, *RB*, 41, pp. 368-415

1931i ‘La tradition des lettres de S. Anselme: lettres inédites de S.Anselme et ses correspondants’, *RB*, 43, pp. 38-54

1931ii ‘Les propres corrections de S. Anselme dans sa grande prière à la Vierge Marie’, *RTAM*, 2, pp. 189-204

1931iii ‘La tradition des grands ouvrages de S. Augustin’, *Miscellanea Agostiniana*, ii, pp. 257-315, Rome

1932 *Auteurs spirituels et textes dévotes de moyen âge latin*, Paris

1935 ‘Edmeri Cantuariensis cantoris nova opuscula de sanctorum veneratione et observatione’, *Revue des sciences religieuses,* 15, pp. 184-219, 354-79

1936 *Le manuel de prières de S. Jean Gualbert, RB*, 48, pp. 259-99

1940 ‘Precum Libelli quattuor aevi Karolini, prior pars’, ed. A. Wilmart, *Ephemerides Liturgicae*, Rome

Woodcock, 1956 Audrey M. Woodcock, ed. *The Cartulary of St Gregry,* Canterbury, Camden third series, lxxxviii, R. Hist. S

ZRG, *KA Zeitschrift der Savigny-Stiftung für Rechtgeschichte: Kanonistische Abteilung,* Weimar.

（付記） 本書において，ベレンガリウスの著作に関しては，この文献表で挙げられた *DSC* の頁数に従っているが，これに代っては，新版 R. B. C. Huygens, Berengarius Turonensis, *Rescriptum contra Lanfrannum*, in *C. C. Continuatio Medievalis*, Turnhout, vol. 84, 1988 が出版された。ホイヘンスの版は，他の多くの点でも優れているが，Vischer 版の頁数も記しており，新版でも後者の頁を容易に参照できるため，本書でも参照頁を変更しなかった。

年表　アンセルムスの生涯と著作および列聖

1033 年	アオスタに生まれる。
1047 年頃	修道士になることを望むが，世俗に引き返す。
1050 年頃	母親の死
1056 年	父親との確執から家を離れる。モン・スニ峠を越え，ローヌ渓谷に入る。
1056-59 年	ブルグントとフランスを旅し，ノルマンディーに行く。
1059 年	ベックに到着：ランフランクスの下で学び始め，教授活動も始める。
1060 年	ベックの修道士となる。
1060-63 年	おそらく，『グラマティクスについて』（De Grammatico）を執筆する。
1063 年	ランフランクスがカーンに移り，アンセルムスはベック副修道院長となる。
1070 年	ランフランクスがカンタベリー大司教となる。アンセルムスの書簡が始まる。
1070-75 年	アンセルムスの最初の『祈祷』と『瞑想』が執筆される。
1075-76 年	『モノロギオン』（Monologion）を執筆する。
1077-78 年	『プロスロギオン』（Proslogion）を執筆する。
1078 年 9 月	ベックの修道院長に選出される。
1079 年	最初のイングランド訪問：カンタベリーの修道士たちと懇談する。
1080 年	2 度目のイングランド訪問。
1086 年	『真理について』（De Veritate）『自由選択について』（De Libertate Arbitrii）『悪魔の堕落について』（De Casu Diaboli）を執筆する。
1086 年	3 度目のイングランド訪問
1086-92 年	彼の書簡の収集が始まる。ロスケリヌスと論争。
1092 年	4 度目のイングランド訪問。
9 月 7-8 日	カンタベリー
9 月 -10 月	チェスター
10 月 - ？ 12/2 月	ウェストミンスターでギルベルトゥス・クリスピヌスのもとに滞在。
1093 年 3 月 6 日	グロスターでカンタベリー大司教に叙任。

9月	カンタベリーの所領に関して王に臣従礼を行なう。
9月25日	カンタベリー大司教に就任。
12月4日	カンタベリーで聖別。
1094年2月-3月	ヘースティングズで王と同席。
	『言の受肉に関する書簡』（Epistola de Incarnatione Verbi）を完成。
1095年1月-2月	ウルバヌス2世の承認に関する論争。
2月-3月	ウィリアム王は秘密裡にウルバヌス2世を承認する。
5月初頭	アンセルムスが知らぬまに，教皇使節がパリウムを携えて到着。
5月27日	アンセルムスはカンタベリーでパリウムを受領。
6月-7月	アンセルムスは，王室の同意なしに，教皇使節と教会会議を開催することを拒絶する。
1095-98年	『神はなぜ人間となったか』（Cur Deus Homo）を執筆。
	カンタベリーの封臣たちの騎士奉仕に関して王と新たな論争が開始。
10月	アンセルムスはローマへ行く許可を王から得る。
10月25日	アンセルムスはカンタベリーの修道士に別れの挨拶をする。
11月8日	イングランドを出立。
12月23日	エアドメルス，バルドゥイヌスを連れてクリュニーに到着。
	大司教フーゴーがアンセルムスをリヨンに滞在するよう招く。
1098年1月1日頃-3月16日	リヨン滞在
4月	ローマ到着
6月-11月	カプーア近郊のリベリに滞在，『神はなぜ人間となったか』を完成。
11月3-10日	バーリ教会会議でラテン教会の教義を擁護；教皇と共にローマに戻る。
1099年1月-4月	ローマで教皇のもとに滞在。
4月25日頃	叙任権と聖職者の臣従礼に関する教令を聞く。翌日ローマを出立。
1099年5月- 1100年8月	リヨンの大司教フーゴーのもとに滞在，『処女の懐胎と原罪について』（De conceptu virginali et de peccato originali）および『人間の贖罪に関する瞑想』（Mediatio de humana Redemptione）を執筆。
	（7月29日：ウルバヌス2世歿；8月13日：パスカリス2世が教皇に選出）
1100年	（8月2日：ウィリアム2世歿）
8月31日頃	アンセルムスは，ヘンリー1世からイングランドに戻るよう要

	請される。
9月23日	ドーバー着
9月29日	ヘンリー1世と会見，王は，臣従礼の更新と彼が叙任した新しい司教たちの聖別を要求する；これに対してアンセルムスは，1099年の教皇の教令を根拠として引き合いに出し，拒絶する。
11月11日	ヘンリー1世とマティルダの結婚式を挙行。
1101年	ノルマンディー公ロベールのイングランド侵攻；アンセルムスはヘンリーを援助する。
9月2日	おそらく，聖グレゴリウスの祝日に説教をする。
1102年9月29日頃	ウェストミンスターで首席大司教教会会議を開催。『聖霊の発出について』(De Processione Sancti Spiritus）を完成。
1103年4月27日	叙任権と臣従礼に関して教皇の指導を仰ぐためにイングランドを出立。
5月-8月	ベックに滞在，シャルトルも訪問。
10月-11月	ローマに滞在。
11月	ピアチェンツァでトスカナ伯夫人マティルダと会見。
12月	リヨン到着；ヘンリー1世は，彼がイングランドに戻ることを禁じ，アンセルムスの所領と歳入を没収する。
1103年12月-1105年5月	アンセルムスはリヨンに滞在し，ヘンリー1世の破門手続きを進める。
1105年5月	ヘンリー1世の破門を宣告するためにリヨンを出立。
7月22日	レーグルでヘンリー1世と会見：カンタベリーの所領を回復することに関して合意を得る；論争の拡大に決着をつけるためにローマに使者を派遣。
1105年8月-1106年8月	まる1年ベックに滞在，ルーアンとジュミエージュも訪問。
1106年8月	イングランドに帰還。
1107年4月	ウィンザーの宮廷に滞在：ベリーのセント・エドマンズで病に倒れ，6月まで滞在。
8月1-3日	ウェストミンスターで行なわれた叙任権論争に関する王と司教たちとの議論にアンセルムスは欠席，しかし，合意に達したときに彼らと合流。
1107-8年	アンセルムスは『自由選択と神の予知，予定，恩恵との調和について』(De Concordia Praescientiae et Praedestinotionis et Gratiae Dei cum Libero Arbitrio）を完成。
1108年5月28日	アンセルムスはロンドンで第2回目の首席大司教教会会議を開催。

7月	ボシャム（Bosham）の荘園で病に倒れるが，回復。
1109年1月-4月	カンタベリーで病の床に就く。
4月21日	アンセルムス歿する。
1109-1114年	エアドメルス『アンセルムス伝』（Vita Anselmi）『新時代の歴史』（Historia Novorum）を完成。
1122-25年	エアドメルスは『アンセルムス伝』に奇跡集を追加。
1163年5月	大司教トマス・ベケットは，トゥールの教会会議で，アンセルムスの列聖を嘆願するために，ソールズベリーのヨハンネスの『アンセルムス伝』（Vita Anselmi）を教皇アレクサンデル3世に献呈：教皇はこの問題をイングランドの司教会議に差し戻す。公式の決定に関する記録はないが，これ以後，アンセルムスはカンタベリーと他の場所で聖人の列に加えられ，彼の遺体はカンタベリー大聖堂の聖アンセルムス礼拝堂に移された*)。

＊） 1163年の発議の結果またアンセルムスの列聖のために1492-4年に国王ヘンリー8世によって，1720年にジェームズ3世（the Old Pretender）によって，教皇になされた後の嘆願の結果の詳細については，Southern 1963, pp. 336-43；Biffi, 1988, pp. 16-17; 137-8参照。また，公式の許可なしにアンセルムスを教会博士と見なされる人々の中に含めることに関しては，Prosperus de Lambertinis（後の教皇ベネディクトゥス14世），*De servorum Dei Beatificatione et beatorum Canonizatione,* 1734-38, lib. iv, pars 2, c. xii, 9参照。アンセルムスの列聖の問題全体は複雑であり，あらゆる新しい昇進にしり込みするこの人にふさわしく，不確定である。[この点については，B. Ward, SLG, *Anselm of Canterbury: His Life and Legacy*, London, 2009, pp. 72-80も参照。]

付録　アンセルムスの書簡の歴史のために

I　主要な写本

手始めに，主要な写本のリストおよびシュミット師が彼の刊本で用いた記号を記しておくと便利であろう。以下の記述において，写本はこれらの記号で示されるからである。Nを除くと，このリストの中のすべての写本は，1070年から1109年に到るすべての年代の書簡を含んでいるが，書簡の数も配列もさまざまである。

N　London BL MS Cotton Nero A vii　おそらく1092–1100年。　アンセルムスの書簡の最初期の写本，ベック副院長および院長時代の書簡だけを含む—ことによると，ロチェスターに由来。

L　London Lambeth Palace MS 59　カンタベリーのクライスト・チャーチに由来——1125–30年頃。年代設定については以下を参照。1070年から1109年までのアンセルムスの書簡の中心的な書簡集。

P　Paris BN MS lat. 2478　最終的な付加がなされる前のLの写し。

M　Lambeth Palace MS 224　マームズベリーのウィリアムが，おそらく1120–22年にカンタベリーで収集した資料を部分的に写したもので，収集後まもなく，選択されてこの写本に書き写された。

F　London BL Royal MS 5 F ix　マームズベリーのウィリアムの資料の別の写しで，より多くのテクストを含み，配列も異なる。年代設定：おそらく12世紀の25–50年頃で，出所は不明。

D　Cambridge, Corpus Christi College, MS 299　同じ資料群の別の写しで，いくつかのテクストはMないしFに収録されておらず，配列はFに類似する——1200年頃。

V　Paris BN MS lat 14762　13世紀。

C　London BL MS Cotton Claudius A xi　13 世紀。

E　Cambridge Corpus Christi College MS 135　12 世紀の 25–50 年，ベリーのセント・エドマンズに由来。

この写本群（VCE）は，おそらく L が完成する少し前にベックで作成され，失われた写本に遡る。これらの 3 つの写本のうち，V が失われた原本に最も近い。

Ⅱ　諸問題とそれらの重要性

なぜアンセルムスの往復書簡の伝承史がいつの日か書かれることになるのか，またなぜそれが重要なのかということについては，いくつかの理由がある。さらに，それが将来的には書かれる可能性は十分にあるが，今はまだそこまでできないのはなぜかということについても，いくつかの理由がある。重要性と言うのは，この伝承史が，アンセルムスの往復書簡に対する彼の態度と彼の弟子たちのそれとを明らかにするだろうし，また収集者が誰であり，その目的は何だったかを示すだろうということである。これらの問題のいくつかは――特に書簡集作成におけるアンセルムス自身の役割――は，私が考えるところ，すぐに解決されうる。他の問題，特に主要な書簡集の作成の年代とそれに関わった人物，つまり彼らがそれらを作成した年代の決定の問題については，おそらく概括的には解決されうるだろう。けれども，彼の弟子たちの役割に関する諸問題は，いまだに十分には解決されえない。というのも，資料は著しく豊富であり，また書簡集作成の主要な段階はかなり明確であるにもかかわらず，現在のところ説明できない多くの詳細な事柄があるからである。これらの細部を解釈するには，数限りない緻密な観察を重ね，写本の知識に精通しなければならない。以下の観察結果は，極めて不完全であり，また多くの点で訂正され補完されねばならないことを，私は疑わないが，しかし，いくつかの目的のためには十分だろうと思うし，他の目的のためにはかなりの労力を省き，ことによると誤りを除くことにもなろう。

実際，解釈上の重要な間違いが明らかになったことが，私がこの仕事に再び着手した原因だった。私がこの仕事を 55 年前に放棄した理由は，シュミット師が当時彼の計画していたアンセルムスの著作集に書簡も収録するつもりであること

を，知ったからである。シュミット師と私とは非常に折り合いよく仕事をしたけれども，彼は，Lの年代決定については間違いを犯し（私は，彼がこの点に同意した，と信じた[1]），それが他の研究者たちにいくつかの誤った結論を引き出させることになった。私は，本書の第1版の脚注でこの間違いに触れておいた。しかし，脚注ではまったく不十分であったため，同じテーマに関して，まずノーマン・カントールの手で，ついでヴァルター・フローリッヒ，そしてサリー・ヴォーンの非常に十分かつ詳細な労作において間違いが増幅していった。私は，『アルビオン』（Albion）の論文においてこれらの労作に応えたが，それに対してヴォーンが応酬した[2]。しかし，この全体像を完成するには，さらに多くのことが必要であることが明らかなので，ここで私としては，この件に関して私が本質的な点と信じていることの概略を，準備段階として示すことにしたい。

ここで私が行なおうとすることは，アンセルムスの書簡集編纂の問題に正しい解決を与えると私が信じていることの主要な要素を列挙するだけで，私の諸結論を吟味し，敷衍しあるいは修正する仕事は，他の人の手に委ねることにする。だが第一に明確にされねばならないことは，どの書簡集に取り掛かるにしても，問われなければならないいくつかの問題があり，それらがすべて解決されて，はじめてわれわれは書簡集の詳細を理解できるということである。これらのうち最も重要な問題は以下のとおりである。どのような資料からその書簡集が作成されたか。いかなる目的で作成され，またいかなる原則で書簡が選択され，配列されたか。誰が，いつ，それを作成したか。以上の点である。私が長年にわたって温めてきたさまざまな所見の一端をこの付録で述べたのは，これらの問題に十分な答を出すためである。細部のさまざまな分類には間違いが入り込んだに違いないが，ご容赦願いたい。

Ⅲ　ベック修道院の副院長そして院長時代のアンセルムスの書簡

誰がそれを作成したのかという問題について，われわれが出発点にすべきことは，1085年と1092年のあいだの文通から知られる，書簡の収集に関するアンセルムスの意図である。彼の意図が何であったにしろ，彼がそうしなければならなかったという事実は，彼が重要だと考えていた書簡の写しを保管しそびれたことについて，何らかのことをわれわれに語っている。われわれは，彼が何通かの書

簡を保存していたことを知っている。というのも，彼は，それらのうちの一通の内容を必要に応じて使い回し，またある修練士にそれを読むよう助言したからである。さらに，彼の書簡の多くは，かなり文体上の配慮をもって書かれており，またそれらの多くは，彼が大切だと考えた修道生活に関する訓戒と内省とを含んでいた。したがって，当然そうしていたと思われるほどには，彼がそれらの保管に気をつけていなかったことは，奇妙である。にもかかわらず，彼がそれらを保管するための適切な手立てをもっていなかったという事実は，否定できないと思われる。

彼がこの事実に気づいたのは，修道院長となってかなり後，おそらく，1086年頃だと思われる。われわれの知るところでは，この頃，彼は，最も親密な初期の弟子たちのうちの一人，マウリティウスという修道士の手元にあった書簡を，返却してもらおうとした[3)]。彼が返却を指示した書簡がすべてマウリティウス宛の書簡だったのか，あるいはマウリティウスがアンセルムスの秘書でその書簡の管理者だったのかは，明らかではない。両方であった可能性もある。どちらの場合でも，マウリティウスが軽率だったことは明らかであると思われる。アンセルムスが，1092年でもまだ彼の書簡を返却させようとしていたからである。

ある意味で，マウリティウスの軽率さが，われわれには有利に働く。マウリティウスがそれらの書簡の返却を怠ったことを証拠立てるアンセルムスの2通の書簡は，アンセルムスが相変わらず彼の書簡を収集しようとしていたことについて，われわれがもっている唯一の証拠を提供するからである。それらはまた，彼が1092年まではどうしようもできなかったことも示している。にもかかわらず，たとえアンセルムスがマウリティウスから一通の書簡も受け取らなかったとしても，彼は，確かに，1092年までには，自分の手元にあった書簡の何通かの草稿，良質の写しそして元のテクストをもっていたのである。このことをわれわれは，彼が1092年の秋にウェストミンスターに滞在していたさい，ベックの副院長に書き送った書簡から知っている。その中で彼は，マウリティウスが彼に送ることを怠った書簡を，送ってくれるように依頼しているからである[4)]。そして，写本Nがこの日付よりかなり後に作成されたものではありえないこと，それが1070年から1092年までの書簡を収録し，それ以降の書簡は収録していないことを見るとき，われわれは，この写本がこの時期アンセルムスによってなされた書簡収集の活動と何らかの関係があるということに，かなりの確信を抱くことができる。しかし，それ以上にわれわれが確信を抱くことができるのは，この写本が

アンセルムスの監督下で作成されたのではないということである。この結論に関する諸理由は以下のとおりである。

（1）　アンセルムスの副院長時代に属する書簡と院長時代に属する書簡とを分けている点を別にすると，この区分の中での書簡の順序は，年代順に並べようとする何らかの試みは示しているものの，混乱している。

（2）　Nは，およそ20通の初期の書簡を省くが，それらは，以下で述べられる，ベックとカンタベリーで後に作成された書簡集に現われる。確かに，この写本の最後の帖は失われている。しかし，失われた書簡の何通かがアンセルムスの副院長時代に属していた以上，Nの編纂者がそれらを入手できなかったために，省かれたことは明らかである。

（3）　失われた書簡の中には，アンセルムスがマウリティウスに宛てた書簡全部が含まれるが，一通の草稿と，マウリティウスと並んで他の幾人かの修道士に宛てて書かれたもう一通の書簡のテクストは例外である。これらのうち，草稿はアンセルムスの手元にあっただろうし，数人の修道士に宛てた書簡のほうは，マウリティウス以外の受取人の一人から受け取った可能性がある[5)]。

（4）　テクストとしては省略された不完全な草稿の状態でNに見いだされる書簡の何通かは，後にカンタベリーの文書庫により良好なテクストの状態で保管され，ついで，われわれがまもなく取り扱うLに編入された。

（5）　Nは，その他のアンセルムスの遺稿に混じってカンタベリーで保管されていたようには思われない。それは，Lの編纂者（たち）に利用されず，また，このLがカンタベリーの編纂であることは確実だからである。さらに，マームズベリーのウィリアム（彼の活動については，以下を参照）は，Nの中のいくつかのテクストを知っていたにもかかわらず，それらをNから取ってはいないし，Nの順序で並べることもない。

要するに，われわれとしては，このように不完全で，順不同で，テクストも欠陥だらけの書簡集は，アンセルムス自身の責任ではないことを確信できるのである。信奉者の誰かが無許可で作成したとするほうが，はるかに可能性として高く，その人物は，アンセルムスの文書の荷物にこっそりと――これについて彼は一度ならず嘆いた――近づいたのである[6)]。

Nがイングランドで書き写されたことは，ほとんど確実であり，おそらくカンタベリーと関係のあった修道士によるものであろうが，カンタベリーそれ自体よ

りもロチェスターと関係のあった者である可能性が強い。そう考える理由は以下のとおりである。

（1） Nにおけるアンセルムスの書簡のうち初期の日付の部分は――ことによると本来の構想がそうだったのだろうが――ランフランクスの書簡集と合本されており，しかも後者はカンタベリーにしかなかった。

（2） Nのアンセルムスの部分が編纂されるときに用いられた草稿と写しは，1120年頃にカンタベリーにあり，（後に見るように）マームズベリーのウィリアムは同じ資料を利用し，Nを利用することはなかった。

（3） Nの内容は，1202年のロチェスターの図書館の写本と一致し，Nがこの原本であるということはありそうである。

まとめるとつぎのようになる。Nの編纂者が利用した資料は，アンセルムスが草稿と写しの収集を終える前の不完全な状態のものであり，しかも，アンセルムスがその収集を継続した形跡はないということである。それゆえ，Nはこの未完の試みの唯一の記念碑であり，Nの内容のリストを作成し，後にベック（VCE）とカンタベリー（LP）で作成された書簡集の内容と比較することは有益だろう。

1　Nの内容

Ⅰ　副院長時代のアンセルムスの書簡　1, 3, 4-8, 16, 38, 14-15, 12-13, 11, 17-18, 20-22, 29, 23, 25, 28, 24, 32-4, 36, 35, 6（重複），51, 50, 44, 41, 40, 38-9, 66, 45, 2, 61, 49, 58, 68, 46, 26, 59, 27, 48, 54-6, 71, 57, 76, 62, 67, 37, 78, 53, 80-85, 65, 86-7.

Ⅱ　院長時代のアンセルムスの書簡　89（草稿），90-95, 117, 99, 101, 97（草稿），100, 103, 106, 108, 110-111, 105, 114-15, 98, 104, 116, 107, 118-9, 109, 122, 133.（未完　ここで写本が終わる）

この内容をシュミット版の順序で並べ替えると，以下のようになる。

Ⅰ　1-8, 11-18, 20-29, 32-41, 44-46, 48-51, 53-59, 61-2, 65-8, 71, 76, 78, 80-87.

Ⅱ　89（草稿），90-95, 97（草稿），98-101, 103-111, 114-119, 122, 133･･･

2　Vにおける大司教時代以前の書簡

もしこのリストを，Vによって最善の形で代表される，ベックでなされた最終的な編纂の内容と比較するならば，われわれは，アンセルムスの副院長時代およ

び院長時代の書簡を収集するさいの二つの試みを見いだす。一つの試みは以下のとおりである。

1, 3, 4 からの抜粋　ついで 5-6, 8-9, 16-17, 20-22, 25, 28, 30-31, 35, 37-8, 44-5, 49-51, 53, 59-61, 65 の全文テクスト。この 65 の真ん中で，連続が突然途切れる。

そこから第二の連続が始まるが，それは，N と同様に，副院長時代の書簡を含む系列と院長時代の書簡を含む系列の二つに分けられる。この系列は以下のとおりである。

Ⅰ　副院長時代のアンセルムスの書簡　1-8, 11-17, 20-22, 25, 28-51, 53-86.

Ⅱ　院長時代のアンセルムスの書簡　89-94, 96-101, 103-106, 109, 116-117, 110-115, 118-122, 102, 125-7, 129-134, 136-144, 146-147. 続いて 123 と 124 が続くが , これは後代の付加で，そのさい，以下の注記が記された。Duae istae epistolae in superioribus scribi debuissent.（この 2 通は，もっと前の部分に書き入れられるべきだろう）。

このリストを一見しただけで，つぎのことが十分に明らかだろう。まず V は，アンセルムスの初期の書簡集を作成するさいの二つの試みを含んでおり，その二つ目の試みは，N よりもはるかに完璧であること，そして（それ以上に重要なことは）それが達成した年代順の配列は，現代の学問もほとんど改善の余地がないということである。これは，誰がこの書簡集を配列したにしろ，その人物が 1070 年以降のベックの状況を熟知していたことを示唆し，そこから，アンセルムス自身がこの配列に何らかの形で関わったかどうかという問題が生じる。私はその可能性があると考える。というのも，彼は，1105 年に数か月をベックで過ごし，修道院の文書庫でなされていた彼の書簡の整理に関心をもつこともできたからである。これは一つの可能性に過ぎない。というのも，整理の作業を遂行するに十分な，この時期の状況に関する知識を持ち合わせていたと思われる修道士たちが，他にもベックにいたからである。それでもやはり，アンセルムス自身がこの配列に責任をもって関わったということは魅力的な可能性である。しかし，たとえ彼が大司教になる前の書簡の配列に責任をもって関わったとしても，V の後半の部分に関しては責任をもつことはできなかった。というのも（後で見るように）これは，1120 年代のカンタベリーの収集家の協力に負うところが大だからである。

3　Lにおける大司教時代以前の書簡

Lにおける大司教以前の時代の書簡は以下のとおりである。

1, 3, 2, 12, 4-11, 13-17, 19-25, 28-43, 61, 44-51, 58, 68, 53, 60, 54, 66-7, 59, 69-71, 62, 55-7, 72-86, 89-94, 96-101, 103-6, 109, 116-7, 110-15, 118-22, 102, 125, 128-34, 136-44, 146-7, 107-8, 149, 153-4. 書簡 52, 87, 95, 135 は，この系列から除外されているが，より後の 1106 年の書簡の中に登場する。

このリストが吟味されるなら，書簡の順序に関して，全体的には，Nよりもはるかに良好な年代順の配列が達成されているが，Vほどではないことが分かるだろう[7)]。内容に関しては，Lは，Vにある以下の書簡を省いている。63,64,65,123,124,126, さらに，52,87,95,135 と同様に 127 も省くが，これらは，書簡集の作成の後の段階になって，ようやくLの編纂者が入手できたものである。しかし，対照的にLは，Vにはない何通かの書簡を含んでいる。すなわち9,10,19,23,24,52,87,95,107,108, 128,135 である。

これらの相違から，目下のところ引き出すことのできる唯一の結論は，二つの主要な書簡集であるVとLが，一致した一つの努力を体現しているのではなく，別々の二つの努力を現わしているに違いないということである。だが――大司教時代に関するこれらの書簡集に見られるように――アンセルムスの残された文通の完全な書簡集を作ろうとする試みとしては，重なり合っているのである。

これまでのことを要約する。LとVは共にNよりもより完璧であり，この二つの成果における配列は，年代順の配列という点でNよりもはるかに成功していることが明白である。しかし，NからVへ，NからLへ，あるいはVからLへという系統的な発展はない。

Ⅳ　アンセルムスの大司教時代の往復書簡

1　書簡の保管

残存するアンセルムスの往復書簡の中で断然占める割合が大きいのが，カンタベリー大司教時代，人生の最後の 16 年間に書かれた書簡である。1070 年から 1093 年までの期間で残っている書簡が 147 通しかないのに対して，1093 年から 1109 年までの 16 年間では二倍以上の数の書簡が残っている。もちろん，これに驚く必要はない。業務の増加といくつかの重要な記録を保管する必要が生じたこ

とが，多数の書簡が残された理由を十分に説明する。

しかし，さらに別の区別がなされねばならない。1093 年から 1100 年の 8 年間の書簡は 64 通しか残っていない。だが，1101 年から 1109 年までの 8 年間の書簡は 260 通が残っている。

さらに，1093 年から 1100 年までの書簡で残存する 64 通のうち，32 通だけがアンセルムスないし彼の事務官によって保管され，他は，受取人たち，特にベック修道士たちによって保管された。対照的に，後年の 1100 年から 1109 年までの書簡は，それらのほとんどがもっぱらアンセルムスとカンタベリーの彼の事務官によって保管された。それゆえ，大司教となったアンセルムスの最初の 8 年間の書簡のうち保管されたものの数は，大司教となる前の同等の期間の書簡と変わらず，しかも，それらのうちで彼自身は約半数しか保管していなかった。このことから，われわれはつぎのように結論できよう。すなわち，カンタベリーにおける最初の年月の彼の実務的な習慣は，ベックにいた年月そのままに未熟だったこと，しかし，それが 1100 年以後，本質的に変化したということである。ことによると，それは彼の最初の追放の結果かもしれない。この追放によって，彼は，教皇庁におけるより広大な教会行政および教皇特使リヨンの大司教フーゴの官邸と接触したからである。

さらに，1100 年以後，彼が数年間に及ぶさまざまな交渉に従事したことは，これまで以上に多くの書簡を保存する十分な理由となった。確かに，この変化に関する満足のゆく説明を与えるためには，他のいくつかの要因を考慮する必要があるだろうが，われわれの目下の目的のためにはこれで十分だろう。

2　書簡の保管方法

ここで，もう 1 つのより重要な問題が生じる。1100 年以後，アンセルムスは以前よりも多くの書簡を保管し始めたにもかかわらず，このことは，それらが何らかの体系的な順序で保存されたことを意味するわけではない。いわんや，重要な教説ないし大事件の恒久的な記録として役立つように，それらが一巻に転写されたことを意味するのでもない。書簡収集に関するあらゆる議論において，本質的なことは，保管と書簡集として冊子化されることとの大きな違いを理解することである。前者は，記録保管（この記録保管 archival という語をあまりに大仰にとらないなら）の仕事であり，往信の草稿と写しを，返信といっしょにし，束にして戸棚に入れておくだけのことで，年月を重ねると，それらは雑多になるだろ

う。保管とはこれだけのことで，中世後期の絵画にふんだんに見られるように，こうした状態が中世におけるどのような執務室でも普通の光景だっただろう。けれども，これらの同じ書簡を収集し，順番に整理して一巻にするには，忍耐，学識を必要とし，また乱雑な資料を配列し，注意深く筆写して一巻にまとめるためには不断の努力を必要とする。

この二番目の作業が，われわれが主として関心のある事柄である。というのも，少数の特許状を除くと，アンセルムスのどのような書簡であれ，このまとめられた形態でのみ残ったからである。書簡を数巻にまとめるために必要とされた膨大な作業と経費を理解するためには，まとめられていない状態の資料のさまざまな種類を想起する必要がある。すなわち，最初の草稿，往信の正確な写し，受け取った返信の「原本」である。この資料が順番どおりに保存されていないなら（多くの点がそうではなかったことを示唆する），約 20 年のあいだをおいて，それを順序良く並べる困難は，かなりのことだった。

すでに見たように，アンセルムスが以前，ベックの副院長と院長時代の書簡集を作成する意図をもっていたことが，結果として，草稿から最終的な写しに到るまでのすべての段階において混乱した不完全な書簡集を生み，それは最終的にカンタベリーに預けられた。この書簡集に加えて，ベックの修道士たちも 1093 年以前の書簡の多くを保存していたが，これらは決してアンセルムスのもとに送られることなく，それゆえ，カンタベリーに来ることもなかった。

そのままの状況が 1093 年後にも生じた。カンタベリーにおけるアンセルムスの職員たちは，往信の草稿をいくらかは保存していた。他方，ベックの修道士たちは，アンセルムスからの書簡の何通かを保存していたが，それらは，彼の職員が写しを保存しなかったか，あるいは保存しておいた写しを紛失してしまったものであった。同様に，他の受取人たちも，彼らが受け取った書簡を保存していたが，それらはアンセルムスの事務官たちによって保存されなかったか，あるいは保存されたが失われたものであった。カンタベリーがアンセルムスの現存する文通書簡の大部分を保管する場所となったのは，1100 年以後のことでしかない。

書簡が生き残る仕組みとはこのようなものなのである。われわれは，今から，これらの分散した資料を数巻にまとめていく作業の過程を，吟味しなければならない。

3　書簡を数巻にまとめる作業

i）　アンセルムスは大司教時代の彼の書簡集を作成したか。

ここでつぎのような問いが浮上する。ことによるとアンセルムスは，彼の初期の書簡を何とかしようと計画を立て，失敗に終わったと思われるのだが，それと同じように，大司教時代の文通書簡の収集のために何らかの計画を立て，それを実行したのだろうか。主要な証拠は，アンセルムスがカンタベリーの書記ティデリクス（Thidericus）に書き送った書簡である。これは，1105 年頃リヨンで書かれ，その内容は，ヘンリー 1 世が教皇に書き送った一通の書簡（あるいは数通の書簡）の写しの送付を，ティデリクスが依頼したことへの返信である。これについてアンセルムスは，「もしそれらが保管されるとしても，役に立つとは思わない」（non intelligo utile esse si serventur）と返答した。われわれは，アンセルムスのそれ以前の書簡から，ティデリクスがアンセルムスの著作の写しの作成に従事した書記（彼も修道士であるかどうかは不明である）だったことを知っており，また上記の書簡は，彼がアンセルムスの命で書簡集の作成に従事していたことを示すものとして解釈されてきた。さらにまた，彼が作成した書簡集が，事実上カンタベリー写本 L だったと主張されている。

私は，別のところでかなり頁を割いてつぎの諸点を論じた。第一に，たとえ彼がこうした書簡集を作成したとしても，それは L ではありえないということである。その理由は，L が 1120 年にカンタベリーになかったことが確実であり，また L は，それが 1123 年から 1130 年のあいだに未収集の書簡および草稿から編纂された形跡をことごとく示しているからである。第二に，ティデリクス宛の書簡は，推測を立てる根拠としては弱いということである。確かに，カンタベリー共同体は，臣従礼と聖職叙任に関して，教皇，大司教，王の三者間の交渉の成り行きに強い関心を持っていたことは事実であり，またティデリクスがこの問題に関係する記録を収集していた可能性は高い。しかし，リヨンのアンセルムスが彼の書簡集の決定版を編纂するための助手としてカンタベリーのティデリクスを使い，どの書簡を省き，どの書簡を収録するかを指示したはずだ，という可能性はこの上なく低い。L こそはティデリクスがアンセルムスの指揮のもとに作成に従事した写本だという指摘に関して言うならば，以下で提示される L の存在と構成に関する証拠が，その作成年代は 1123 年頃と 1130 年のあいだであることを決定的に指し示しているのである[8)]。

ii） 現存する書簡集がどのように作成されたか。

私は，まもなくLの証拠に辿りつくことになろう。しかし最初に，アンセルムスが死んでから数年のあいだに弟子たちと信奉者たちが彼の書簡を収集するために踏んだ諸段階を述べることにしよう。この調査からつぎのような結論が現れてくるだろう。すなわち，彼の文通書簡集の主要部分は，1120年から1130年までの10年間にカンタベリーとベックの修道士たちの手で収集され，そのさい，歴史家で学者でもあったマームズベリーのウィリアムから何らかの強力な援助を得たということである。彼らがどのようにこの作業に着手したのかを示すことにしよう。

この問題に取りかかる前に，もう一つの問題を手短に述べておく必要がある。すべての残された草稿，写し，原本を集める問題とは別に，書簡集をまとめようとする者にとって必要なことは，集まった書簡がどのように配列されるべきかを決定することである。主として四つの可能性から選ぶことになるが，われわれは，現在残っているアンセルムスの書簡集の写本が作成される過程で，この四つのうち三つが試みられたことを見いだすだろう。第一の方法は，それぞれの書簡が書かれるきっかけとなった出来事の説明の中に書簡を組み込むことである。第二は，主題別に書簡を配列する方法である。そして第三は，文通の相手によって配列する方法，第四は，年代順に配列する方法である。一つを除いてこれらの方法のうちすべてが，アンセルムスの書簡について試みられた。

この一連の作業は，エアドメルスが，彼の『新時代の歴史』にアンセルムスの文通の中から42通を挿入したことから始まった。この方法が他の方法に優っている点は，それぞれの書簡が書かれたり受け取られたりした文脈に置かれるということだった。しかし，この方法では，アンセルムスの膨大な書簡のわずかな部分しか取り込むことができなかった[9]。

もっと多くの書簡を収録できる別の配列方法は，主題別に配列するか，文通の相手によって配列するかであった。この二つの可能性のうち，前者は，主題があまりに多様で，分類を拒んでいたため，排除された。文通相手による配列は，より魅力的で容易ではあった。教皇から始め，ついで皇帝ないし王というように身分で配列することは，深く染み込んだ位階的な直観に訴えるものであった。この方法は，一つの写本（以下のF参照）で試みられたが，身分の定まらない文通相手があまりにも多すぎて，上流階級を除くと，満足のゆく分類をすることができなかった。それは，この方法を試みた唯一の写本から見て取ることができると

おりである。

第四の可能性は時代順の配列であるが，もしこれが達成されうるならば最善の方法である。これは，事情に精通した収集者でもしばしば不可能であり，完全に成功することはありえない。けれども，アンセルムスの場合は可能だった。というのも，書簡集を作成した者たちの何人かは，彼の在世中，身近におり，大部分の書簡についてそれらの状況を知っていたからである。それゆえ，最終的には，時代順の配列が，すべての主要な写本で採用された方法だった。間違いが起きることは避けられなかった。新しい書簡が出て来ては，年代決定を狂わせたのである。だが，間違いも難点もあったにもかかわらず，現存する写本は，事情に十分に精通した人々によって収集がなされ，かなり信頼のおける時代順の配列が可能になったことを証明している。そこからつぎのような問いが浮上する。この人々とは誰か，彼らはいつ，どこで書簡集を作成したのか，そして彼らはどのようにしてうまくいったのか。

4　書簡の収集者たち

i）　エアドメルス，1109-15 年

まずエアドメルスから始めよう。すでに見たように，1100 年頃，アンセルムスは，彼の談話に関する覚書の収集を続行することをエアドメルスに禁じた。だが，アンセルムスの死後，彼は『アンセルムス伝』を完成し，また上に挙げた 42 通の完全なテクストを付加することで『新時代の歴史』も完成した[10)]。彼は，この作業を 1109 年から 1115 年のあいだに行ない，それが大司教時代のアンセルムスの書簡を一巻にまとめる最初の段階を意味した。それは，実際，ささやかな一歩だったが，それに続くすべての段階の序曲となった。

ii）　マームズベリーのウィリアム，1120-23 年

1115 年から 1119 年のあいだ，エアドメルスは，再度カンタベリーを離れ，アンセルムスの後継者となった大司教ラルフの随行員となった。この 5 年間とその後の何年かのあいだに，マームズベリーのウィリアムは，別個の二冊の歴史を執筆するために資料の収集に精を出していた。一つは『王たちの事績』（Gesta Regnum），もう一つは『司教たちの事績』（Gesta Pontificum）である。これらの著作の準備段階で，彼は，自分の仕事に役立ちそうな記録をもっている修道院を訪れた。――その一つに，当然，カンタベリー大聖堂の修道院があった。ここで

彼は，エアドメルスの『新時代の歴史』と『アンセルムス伝』，またアレクサンデルによって編纂されたアンセルムスの談話集を発見した[11)]。ここでは，われわれの関心は，彼がアレクサンデルの『アンセルムス語録』（Dicta Anselmi）を利用したことではなく，エアドメルスの『新時代の歴史』を利用したことについてだけであり，何よりも，それによって大量のアンセルムスの文通書簡が残っていたことが彼に明らかになったことである。『司教たちの事績』において，彼は，エアドメルスが『新時代の歴史』に収録した何通かの書簡を転写することで，エアドメルスの著作を広範囲に利用した。さらに『司教たちの事績』を『王たちの事績』より少し後に完成するが，その中で彼は，カンタベリーにあったアンセルムスの大量の書簡に言及する[12)]。さらに彼は，アンセルムスの書簡を閲覧したい人にはエアドメルスの『新時代の歴史』を読むようにと勧めたが，彼もまたアンセルムスの熱烈な学徒になったと思われる。そして彼がカンタベリーで見つけたアンセルムス関係の資料の重要性を周知させることに心を奪われた。この熱意の結果として，上述の書簡あるいは彼の二つの「歴史書」に引用された書簡に加えて，彼は，アンセルムスの文通書簡を大量に収集し，それが配列は異なるが三巻に分けられて残った。彼は，教皇の書簡を収録した別の一巻についても述べているが，現在は失われている。この資料が残された写本（MFD）の概略については，今のところ，つぎのように述べることができよう。

M. この写本のかなりの部分はマームズベリーのウィリアムの自筆であり，彼の収集した資料が残された三つの写本のうちで，最も重要である。それは，200通以上のアンセルムスの書簡を，以下のように二つの別個の系列で収録する。

Ⅰ　フォリオ 121v.-155 は，ベックおよびカンタベリーにおけるアンセルムスの生涯の全期間に及ぶ 104 通の書簡を順不同で収録する。これらのテクストのいくつかは独特である。例えば，それは，アンセルムスの『言葉の受肉に関する書簡』の，他では知られていない草稿を含んでおり，おそらくこれは，1092 年秋にベックからアンセルムスに送付された草稿だろう。M における他の初期の書簡は，N のそれと近い関係を示している。もちろん，ウィリアムが N を写していないことは明らかである。M の書簡の順序が N とは全く異なっているだけでなく，M は N にない書簡を含んでいるからである。

Ⅱ　最初の系列の書簡は，フォリオ 155 で終り，引き続いて新しい系列が始まるが，そこにも 105 通の書簡が含まれ，フォリオ 155-172 を占めている。この部分の書簡はすべて，1093 年以降の期間に属する。それらの大部分は，後に

カンタベリーで編纂されたLにも見いだされるが，数通は独特である。Mのすべてのテクストは，著しく省略されており，全体として自由に処理されているが，こうしたことは，ウィリアムがテクストを取り扱うすべての場合に特徴的なことである。しかし，一つの重要な新しい特色もある。彼は，書簡の受取人に従って整理を試みているのである。それゆえ，最初の系列がまったく順不同であるのに対して，われわれは，新しい（アンセルムスの書簡にとって）独特な整理の形態をもつのである。例えば，Ⅱの最後の60通は，以下のような順序で配列されている。

fol. 162v-165：王妃マティルダとの往復書簡—288, 317, 320, 321, 329, 346, 347, 384, 385, 406.

fol. 165v-9: アンセルムスの追放期間におけるカンタベリー修道士たち・行政官たちとの往復書簡—330, 286, 289, 292, 293, 291, 299, 312, 311, 313, 314, 316, 327, 336, 328, 332, 333, 349, 355, 356, 357, 364, 374, 380, 431.

fol. 169v-71: 主としてノルマンディーないしフランスの修道士・聖職者宛の書簡—468, 421, 407, 345, 343, 302, 335, 285, 298, 375, 383, 434, 418, 410.

fol. 171v：修道女宛の書簡—403, 405, 414, 420.

ウィリアムがすでに何らかの仕方で，彼がカンタベリーで収集した資料を整理しようとしていた別の重要な徴候は，教皇の書簡のテクストの取り扱い方である。Mには，上書きしかなく，「教皇の勅書集を見よ」（Require in decretis pontificum）という注記が記されている。それゆえ，明らかに彼は，すでに教皇の書簡を分類し，別に一巻としてまとめていたのだが，それは現存しない。

さらに，Mがカンタベリーの文書庫で彼が収集したしたすべての資料を含んでいるわけではないということを示す別の徴候がある。他の二つの写本（FとD）は，Mに見いだされる資料の多くの写しを保持し，Mにはないアンセルムスの書簡も含んでいるが，Mと同様の編集の特徴を示している。何よりも重要なことは，MとDの受取人に従った配列に代わって，Fは，時代順に配列された書簡を含んでいることであり，これは，後に，カンタベリーの最終的な書簡集Lで採用された順序と同じである。

すでにMにおける最後の60通の配列は示したので，つぎに示すのはFの最後の60通の配列である。

319, 321, 329, 332-3, 343, 336, 345-7, 349-50, 353, 355-7, 361, 391, 364, 372, 374-5, (368), 380, 383, 382, 384-5, 387-90, 403-7, 410, 283, 413-4, 418-21, 430,

397, 422, 425, 431, 434, 443, 445, (222-3), 467-8, 471-2.

Fのこれらの書簡は，カンタベリーの大写本Lにもある。しかし，一つの重要な違いがある。すなわち，書簡の順序は両写本で同じであるにもかかわらず，LはFにない書簡をもっている。この所見は，書簡集の発展を全体として理解するために，重要な諸帰結をもつ。それは，大司教時代の書簡を時代順に並べる試みが，Mにはその形跡がないけれども，Mの姉妹編Fではすでに開始していたことを示しており，またその試みがLにおいて継続され拡張されたことを示しているのである。このことが，マームズベリーのウィリアムとLのカンタベリーの編纂者たちとのあいだの，ある程度の協力関係を示していると言うことは早計だが，偶然によっては起こりえないような一致を，最も単純に説明するように思われる。

この点に関して真実はどうあれ，われわれとしては，収集と配列の過程の発展を想像し始めることができよう。マームズベリーのウィリアムが1120年頃から23年にカンタベリーの文書庫でアンセルムス関係の資料を調査した直後の数年間に，書簡の数はしだいに増加し，それらは漸次まとめられ，大まかな時代順に並べられた。そしてこの過程は，最終的にLの編纂に辿り着く。今や，われわれはこの件に戻らなければならない。

iii）カンタベリーの大書簡集L，1123頃-30年

最終的にLを産み出した過程は，数年を要したと思われ，しばしば作業が中断したことも疑いない。またLが完成したと思われたときですら，新たに数通が発見されることによって，追加の帖が必要となり，ときには，もしそれらがもっと早く発見されていたなら，当然，配置されることになっただろう場所を指摘する注意書きを付すこともあった。この過程に関して，なお不明確なことは多くあるが，おそらく何人かの助手の協力を得て5，6年以上この収集と配列の作業が行なわれたことは，証拠の示すところである。

このLが作成された道のりについては，これまでの議論のなかで，ある混乱を引き起こした。そこで，まず私が説明しておかなければならないことは，Lの書簡集の主要部分は20帖に書写されており，各帖は8葉からなるが，例外としてno.7帖は七葉しかない。それゆえ，20帖はf.159v.で終り，全帖が8葉ずつだった場合のように，f.160vで終わるのではない。書記が20帖の終りに達した時，彼は書簡469の中頃であり，あと2通の書簡（471と472）を書き写すだけ

だった。そこで（多分，羊皮紙を節約するために），彼は，まっさらの帖に書き始める代わりに，書簡 471 と 472 を古い帖の白紙部分に書き付けた。その帖は，すでに fols. 2 以下にアンセルムス関係の雑多な資料を含んでいたが，冒頭の白紙部分に加えて，なおいくらかの余白があった。冒頭の白紙部分は 471 と 472 の 2 通を書き入れるのに十分であった。これらは，アンセルムスの生涯で最後の書簡であり，書簡集全体にとって自然な締めくくりとなったのである。

しかし，その後，新たな数通の書簡が手に入った。その最初のものは，1095 年に教皇に送られた書簡（193）で，アンセルムスがパリウムを受領してまもなくの時であった。意外な特徴は，L の編纂者がそれをカンタベリーで手に入れることができなかったにもかかわらず，それが写本群 VCE では適正な位置に見いだされることであり，しかもこれらの原本がベックの書簡集だということである。考えられる理由として，この書簡は，ボソーによってクレルモン教会会議の教皇の下に届けられたのだが，（記憶されていると思うが）その任務の途中で彼が病気になり，療養のためにベックに立ち寄ったことを挙げることができるかもしれない[13]。私は，試みに提案しているだけだが，もし研究が進んでこのことが確証されるなら，L の編纂におけるこの後期の段階で，ベックとカンタベリーのあいだで協力関係があったことを示す一つの形跡となろう。そしてこの協力によって，1120 年代後半に両方の場所でなされた書簡集の作成の後期の諸段階において，両修道院のあいだで資料の交換がなされたことになる。

さらに，「書簡 193」が付加された後，また新たに数通の書簡がカンタベリーの手に入り，それらもまた上記の追加された帖の余白に書き加えられ，そして――他の半端な文書も書き入れるために――作成の後期段階で，さらにアンセルムスの『雑録』（Miscellanea）のための二帖が L に付加された[14]。これらの付加の結果，L は最終的に，アンセルムスの大司教時代の書簡の主要なまとまりを含むことになった。それは以下のとおりである。

156-8, 160-2, 180, 182, 185-89, 191-2, 194, 196-99, 206, 210, 213, 211, 214, 222-3, 227, 170-1, 217-8, 228, 219, 220, 229-38, 240-41, 203, 242, 244, 243, 245-54, 256-9, 201, 260-77, 474, 278-81, 285-90, 292-6, 291, 297-302, 306, 308-9, 312, 311, 313-4, 316-25, 354, 326-8, 307, 303, 334, 329, 332-3, 335, 336, 315, 338-47, 349-50, 353, 355-8, 360, 359, 361, 391-2, 364, 368-72, 374-8, 52, 135, 95, 87, 379-81, 383, 382, 384-90, 395, 394, 393, 399-400, 396, 403-10, 283, 412, 401-2, 413-21, 430, 397, 422-9, 431-6, 443-5, 441, 446-50, 455, 451-

2, 461-9, 471-2.

これは，最初期の形の書簡集を含んでいた。しかしその後，さまざまな付加がいろいろな時に補遺の帖になされ，それは以下のとおりである。

193, 411 ついで 1102 年のアンセルムスによる教会会議の教令，そしてこの会議に関するアンセルムスとヨーク大司教トマスの共同書簡，さらに 331,212, 255,202,200,440,207,471（これは 2 度目だが，今回は冒頭が不完全である），472,469,475. これらの新たに付加されたものは，アンセルムスの大司教時代の全期間に由来しており，彼が残した文書類が 20 年近く混乱したままだったことを証しする。

これらの事実からはっきりすることは，L が生み出される全過程は，その付加もすべて含めて，5，6 年に及んだことである。明らかに中断もあったし，写本の正確な内容についてはかなり不確かな点もあり，そのため，例えば「書簡 471」のような重複も生じたのである。それはそれとしても，閲読者ないし改訂者の中には，新たに見つかった書簡の精確な位置づけを知っている者もおり，もしそれらがもっと早くに入手されたならば，どこに置かれたかを指示する注記を加えたのも彼らである。

ここで，これまでの探究の結果をまとめることにしよう。アンセルムスの書簡を収集し書簡集にするための出発点が，1120 年よりも早かったということはありえない。というのも，マームズベリーのウィリアムの資料収集，そして『王たちの事績』と『司教たちの事績』における資料の状況に関する簡単な報告は，1120 年の時点でアンセルムスの残した諸文書が混乱していたことについて決定的な証拠を提供するからである。

それゆえ，われわれは，マームズベリーのウィリアムによる資料収集とカンタベリーの新たな活動とのあいだに，いくらかの時間の経過を認めなければならないし，また後者の活動は前者の例に何らかの恩恵を受けたのである。それゆえ，全体として見ると，1123 年頃から 1130 年までの期間が，さまざまな補遺も含めて L の作成の期間の範囲である可能性が，最も高いと思われる。さらに，付け加えてよければ，このことが L の主要部分の筆記の年代に関するヴィルマールの独自の所見を確証するのである[15]。

この極めて複雑な書簡集の作成に関して十分に記述するためには，私が提示することのできる論述よりもはるかに専門的な論述が必要だろう。にもかかわら

ず，私が詳しく述べたことは，書簡集の編纂者たちが直面した困難と，彼らがどの程度それを克服したかを例証するために十分だろう。第一に，書簡を発見するだけの過程が，それほどの困難をもたらしたとは，信じ難いように思われる。しかし，写本が筆写されているあいだにも，新たな発見がなされたことについて，写本が十分な証拠を提示している。それはまた，20 年の時間が経過した後に，書簡を年代順に並べることの難しさを証明している。L の編纂者たちがどれほど成功したかについては，上述の書簡の番号の順番を見て，シュミット神父が試みた年代順の番号の順番を思い起こすことで，判断されよう。もしわれわれが，ささいな置き違えと後からの発見を無視するならば，L の編纂者たちはかなりの成功を収めたことが，ただちに見て取れるだろう。

iv）　ベックの大書簡集 V（112 五年頃）

残るは，L の編纂が進んでいた時期に，ベックで作成された書簡集について述べることだけである。すでに述べたように，1093 年以前のアンセルムスの書簡集のベック版は，数においても配列においても，L の編纂の元になったカンタベリーの書簡集よりも優れていた。L がカンタベリーでまとめられていた時期に，平行した編纂工程がベックでも進行中だったと思われる。私は，カンタベリーの新たな推進力を，アンセルムスを熱愛した二人の修道士，すなわち，エアドメルスとマームズベリーのウィリアムに結びつけた。中世のベックの図書館が壊滅したことが，ベックで平行して行なわれた作業の推進者について何らかの確信をもって語ることを不可能にしたが，しかし，ことによると重要な一つの事実は言及されてもよかろう。すなわち，ボソーは，1094 年から 1097 年までカンタベリーでアンセルムスと数年を過ごしたが，さらに 1106 年から 1109 年まで再びそこにおり，1124 年にベックの修道院長となったという事実である。

これから詳述する V 写本は，現在は失われたベック写本の写しとして理解することが，最善だろう。ベック写本は，ベックの文書庫にあった草稿と書簡を含んでおり，それらの一部はカンタベリーに知られていなかった。だが，ベック写本は，カンタベリーに由来する大司教時代の資料も組み込んでいた。他方で，ベックのいくつかの資料は，L の編纂の後期で L に組み込まれたと思われる――推定としては，この年代を 1125 年頃から 1130 年のあいだに設定してよいだろう。ベック写本の作成が 1124 年のボソーの修道院長選出に直接結び付けられるか否かについては，明言できない。しかし，われわれは，V がそのベックの原本

に厳密に従っていると考えることのできる理由をもっており，そのＶが示す証拠は，このような提案と一致するだろう。

アンセルムスの書簡のベック写本は，ベック図書館の目録に記載されており，12 世紀中頃には確かに存在していたが，失われてしまった。にもかかわらず，われわれは，上に挙げた現存する 3 つの写し，V，C，E から，その内容について十分に見当をつけることができる。これらの写本のうち，最も興味深いのはＶであり，これは，その原本に由来すると思われるいくつかの奇妙な特徴を見事に保存している。とりわけ，それは，最終的に満足のゆく配列が達成される前に，資料を整理するためのいくつかの試みがなされたことを示している。例えば，Ｖは，大司教以前のアンセルムスの書簡をまとめるさいに，上に挙げた（p. 81）二つの試みから始める。さらに，これらの書簡の後に，1093 年以降の二系列の書簡が続く。その系列は以下のとおりである。

（Ⅰ）148-52, 155-164　ついで，短い空白：165-7, 170, 172-6, 209, 178-180.

この系列は，それ以前の二通の書簡 123 と 124 が挿入され，それらがアンセルムスの院長時代の書簡に含まれるべきことが注記されることで，つぎの系列からは切り離される。この挿入の後，大司教時代の書簡の第二系列が始まり，これが写本の残りを占めている。

（Ⅱ）156-8, 160-2, 180, 182, 185-89, 191-3, 197, 199, 210, 212, 213, 211, 222-3, 227, 218, 220, 231, 233, 236, 238, 240, 203, 242, 244, 243, 247, 249-50, 252, 257-8, 260, 262, 264, 268, 271-2, 276, 474, 278, 280-1, 285-6, 289, 293-6, 291, 297-9, 301-2, 308, 312, 311, 313-4, 317-23, 327, 332-5, 343-5, 347, 355, 391, 364, 368, 374-5, 378, 52, 95, 380, 382, 384-7, 389-90, 403-7, 410, 283, 413-18, 420-21, 397, 425, 427, 429, 431, 433-6, 443, 446, 450, 455, 451-2, 468, 472, 193, 212, 205.

このリストの第一に最も目立った特徴は，カンタベリー写本Ｌに欠落している 1093 年から 1100 年までの資料が非常に豊富だということである。上に述べたように，Ｌは，1093 年から 1100 年までの書簡で現存する 64 通のうち 23 通しか収録していない。同じ時期に関して，Ｖは，44 通を収録しているのである。われわれは，これらの書簡がベックで保存されていたと確信することができるし，そこでは二組に分けられて保管されていたと思われる。一組は，彼が正式にベック修道院長を辞め，大司教として聖別された時点で終わり，もう一組は彼の後継者を修道院長として聖別した時点で終わる。というのも，この区別は，Ｖが

書き写したベックの原本に慎重に注記されていたからである。これらの書簡は，現存するアンセルムスの文通書簡に関してVが果たした最も重要な貢献である。

しかしながら，1100年以降の期間に関しては，ベックの編纂者は，ほとんど完全にカンタベリーの資料に依拠した。われわれは，このことを主としてつぎの事実から推定することができる。すなわち，上の（Ⅰ）の系列は，カンタベリーからまったく独立しているのに対し，（Ⅱ）の系列は，Lの書簡を再録しているだけでなく，順序もLと同じである――しかし多くの空白はある。簡単に言うと，ちょうどFが，かなり多くの空白があっても，Lと同じ順序であるように，VもLと同じ順序であり，空白もあるが，Fよりは少ないということになる。要するに，Vは，Lの作成の後期段階におけるカンタベリーの資料の写しであり，書き写されたのもMとFよりは遅く，Lの最終的な写しよりは前のものであると思われる。

アンセルムスの書簡の収集，整理の過程と現存する書簡集におけるその諸段階の記録とのあいだの関係を理解するために，重要なことは，Vの原型の書記がLよりも早い段階でカンタベリーの資料を利用した，ということを認めることである。このことは，ある程度はVの空白からも明らかとなるが，Vの収録する異文のテクスト（証拠として，例えば，「書簡318」）からも明らかとなる。これらのテクストが示すことは，Vの原型がLから書き写されたものではありえず，おそらく，両写本が由来する原本は，それらから独立した写しだということである。また，Vにおける3通の書簡（193，212，205）の体裁からも明らかとなるが，それらは，Lにはその本来の状態で収録されていないからである。結論的に言うと，VとLの全般的な一致を認める一方で，それらの相違も考慮する必要があるということである。

Vの原型の資料となった，カンタベリー書簡集の発展に関しては，つぎのように言うことができよう。すなわち，マームズベリーのウィリアムによって収集された資料は，Lに収録された大司教時代の書簡の約三分の一を含んでいたが，他方，Vにおける同じ時代の書簡はLの三分の二であり，実質的にはLと同じ順序で収録されている。Lのどの書簡がVにないかを知りたい人には，簡単に知る方法がある。アンセルムスの著作のジェルブロン版を復刻したミーニュ版の第四巻に収録された最初の101通はP，つまりLの写しにあって，Vにはない書簡である。対照的に，ジェルブロン版の第三巻に収録されたほとんどすべての書簡，つまり43から188まではVにある。

このことは，ベックにいたVの原型の収集者が，大司教時代の書簡のうち150通近くを，カンタベリーにいたLの編纂者たちに負っていたことを意味する。しかし，Lにおける大司教時代の書簡には，ばらばらになっていたものがあり，さらに約100通がVには収録されていない。もちろん，ベックの編纂者が何らかの理由で意図的にこれらの書簡を省いた，という提案もなされうるだろう。しかし，Lが示す内的な証拠は，Lが書き写されているあいだにも新しい書簡が発見されたことを明らかにしており，それから考えると，ベック写本でこれほど多数の書簡の省略されたことの説明としては，それらがまだ発見されていなかったとするほうが可能性としては高いだろう。この全体は，非常に込み入っているように見えるだろう。しかし，この複雑さは，草稿と写しのままで保存されていた膨大な数の書簡を収録する書簡集を作成するときの困難を反映しているのである。これらの草稿と写しは，ベックとカンタベリーにおいて――マームズベリーのウィリアムが介入した後には――マームズベリーでも，発見されねばならなかったし，しかも，これらの三つの中心のあいだには断続的で，不完全な連絡しかなかったのである。

V　書簡集の伝承

これらの三つの書簡集は，それぞれ，マームズベリーのウィリアムの1120年ないしその前後におけるカンタベリー訪問，1125年頃のベックの収集者，そして1123年頃から1130年までのカンタベリーの収集者ないし収集者たちと結び付けられ，中世において，後世に残る書簡集という形でアンセルムスの書簡の収集と伝承のために費やされた主要な努力を表わしている。これらは，アンセルムスの死後の世代にも，彼が影響を及ぼし続けたことの証左である。

しかし，最後に付け加えられねばならないことは，アンセルムスの書簡が彼の著作にとって不可欠な部分となったことは決してなく，その上，1150年以降，書簡集の写しはほんのわずかしか作成されなかったということである。それらが記録した政治的な事件は，すぐに関心が失われ，それらが表明した霊性は，聖ベルナルドゥスの書簡に表明された霊性と張り合うにはあまりにも精妙であるように思われたからである。そして，中世を通じて広範囲に流布し続けたのは後者だった。

いくつかのアンセルムスの書簡の選集が全書簡集よりも成功を収め，アンセルムス著作集の最初期の印刷版（ニュルンベルク，1491 年）は，『励ましの書簡』（Epistolae Hortatoriae）という書簡選集（書簡 101，112，121，168 その他数通）を収録している。これらは，中世後期のアンセルムス著作集のうち，ドイツの写本で流布したものである。アンセルムスの著作の正式の部分として書簡を収録したのは，1612 年の J. ピカール版が最初である。ピカールは，パリのサン＝ヴィクトール聖堂参事会員であり，それゆえ，V を彼の版の底本としたため，結果的に多くの書簡を省くことになった。つぎの編集者は，G. ジェルブロンである。彼は，パリのサン＝ジェルマンの修道士であり，P 写本を手に入れた。これは，L の写しで，彼は，ここから彼の刊本の第四巻に印刷された書簡の大部分を集めた。その結果，ジェルブロン版の第三巻は V の内容を再現しており，これをジェルブロンは彼の前任者ピカールから引き継いだのである。さらに第四巻は，L の付加的な資料を，その初期の写しである P に保存されたとおりに再現する。それゆえ，彼の 1675 年版は，筋の通らない配列がなされてはいるけれども，最初のかなり完全な書簡の刊本であった。F. S. シュミット師はこれに，彼とヴィルマール師が L の追加頁と他のイングランドの写本で発見した断片（それらのいくつかは非常に興味深い）を，さらに付け加えたのである。

Ⅵ　要　　約

以上の議論をまとめることにする。最初になされるべきことは，保管と収集の過程を明確に区別することである。保管は，主としてベックとカンタベリーで行なわれたが，結果的には，おそらく，きちんと整理された資料群というよりは，書簡の束の雑多な集まりになっていたのだろう。将来の読者に供するために，収集そして書簡集として整理する過程は，おそらく，1120 年頃，マームズベリーのウィリアムがカンタベリーで資料を調査したことに始まり，つぎの 10 年間継続され，完結したが，これにはエアドメルスが重要な役割を果たしたことだろう。同じ時期にベックで平行してなされた努力は，アンセルムスの親密な友人ボソーが修道院長として選出されたことに結び付けられよう。こうしたさまざまな発端が，結果として，マームズベリーでは M，ベックでは V，カンタベリーでは L という三つの主要な書簡集になったのである。これらの写本およびこれら

に関連する写本の内容を吟味することによって判明することは，主要な書簡集の作成がなされていく全期間を通じて，新たな書簡が発見されていったこと，またLが書き写されているあいだも，さらにはそれが完成したと考えられた後ですら，なおも新たな書簡が見つけ出されたということである。発見，整理，転写そして最終的な訂正の全過程は，おそらく，1120年から1130年まで及んだであろう。

アンセルムスの生涯の期間を振り返って見ると，保管の過程は，とりわけ，アンセルムスの大司教時代の最初の8年間がベックにおいては重要であり，カンタベリーでは1100年のアンセルムスの最初の追放からの帰還後が重要であった。ベックにあった1093–95年の書簡，カンタベリーにあった1100–09年の書簡は，シュミット師の版まで一連にまとめられることはなかったのである[16)]。

図1　カンタベリーの教会堂　1066-1130

Ⅰ　征服以前の教会堂

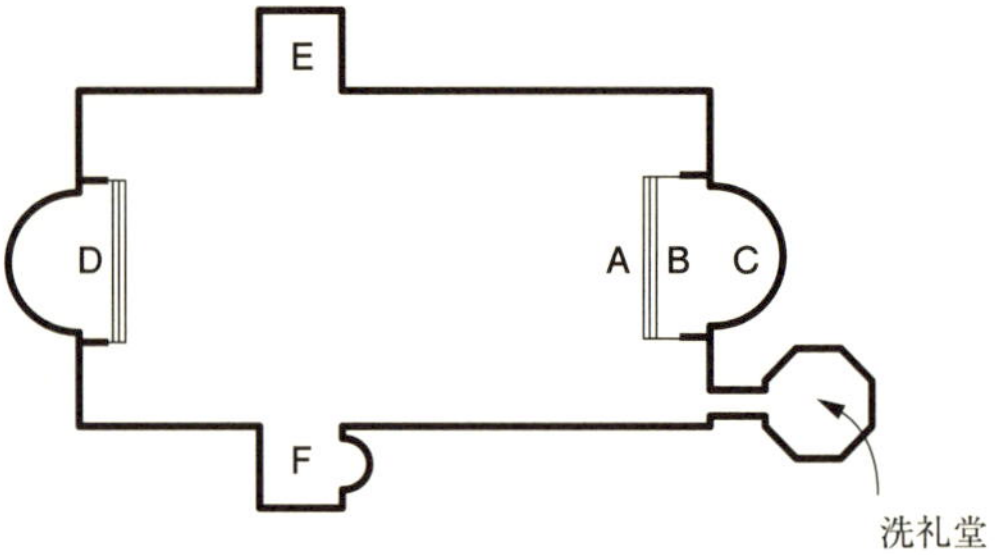

聖人の遺体および彼らに関係する大司教の遺体が安置された祭壇

教会堂		クリプト	
祭壇	聖遺物と墓	祭壇	聖遺物
A. 朝課の祭壇	聖ダンスタン		
B. キリストの祭壇	聖スゥイジンの頭とその他の聖遺物；近くにエルフェゲおよびオーダ		
C. 中央祭壇	聖ウィルフリド	C. 祭壇	聖フルシウスの頭
D. 聖母マリア	聖アウストロベルタ		
E. 聖マルティヌス			
F. 聖グレゴリウス			

（洗礼堂：ここには，いくつかの例外を除き聖カスバート（740-60）以降の大司教の遺体が置かれた。その中で教会堂に安置されたオーダ，エルフェゲ，ダンスタンは中心だった。建物の正確な位置と形は推測によるしかない。）

Ⅱ　ランフランクスの教会堂

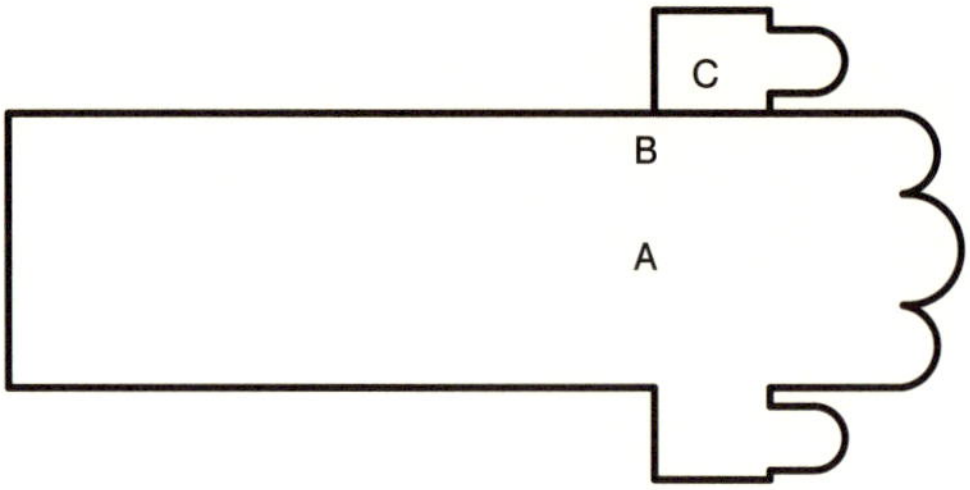

（ランフランクスの教会の配置に関する情報は極めて不完全である）

A. 聖十字架の祭壇（その上に，聖母マリアと聖ヨハネの像を刻んだランフランクスの司教杖：その前には，大司教ランフランクスとアンセルムスの最初の墓所）

B. 聖母マリアの祭壇

C. 初期の大司教の遺体の回廊

Ⅲ　アンセルムスの教会堂

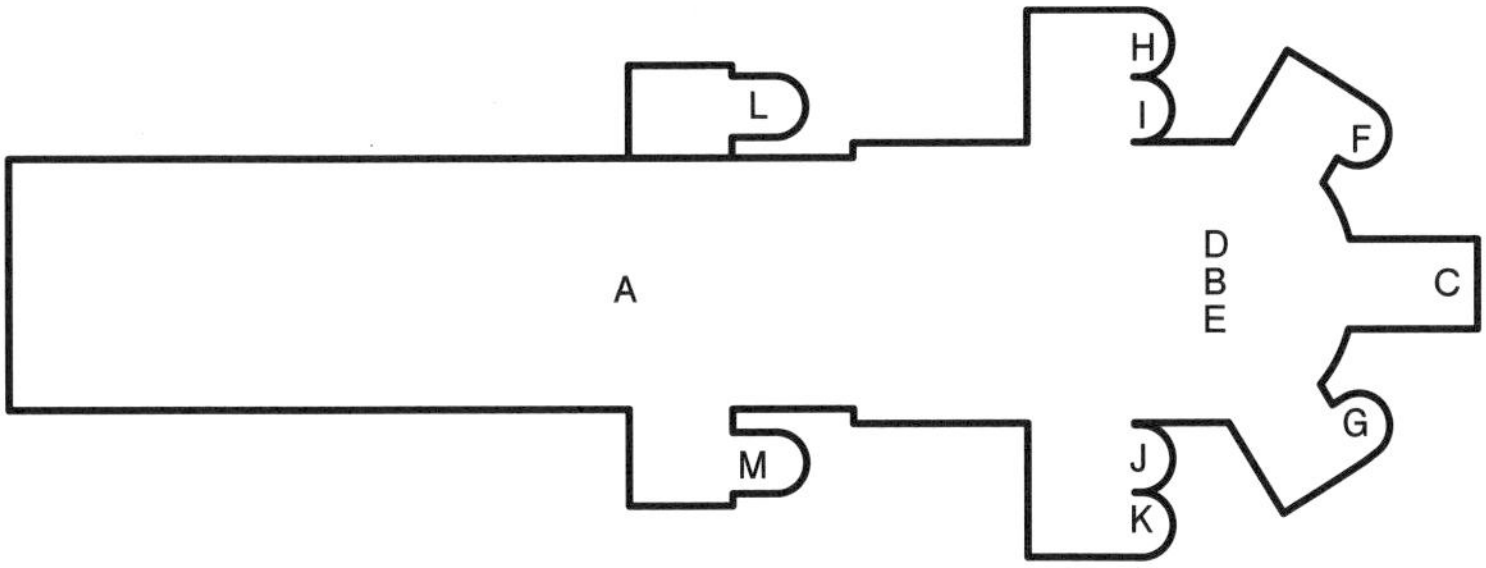

1130年の聖別の時点での聖人と大司教の遺体が安置された祭壇

教会堂 祭壇	教会堂 聖遺物と墓	クリプト 祭壇	クリプト 聖遺物と墓
A. 聖十字架（ランフランクスの司教杖）			
B. 中央祭壇（その上には，聖ダンスタンとエルフェゲが側面に立つ栄光のキリスト像および七つの聖遺物箱を伴った梁）		B. 聖母マリア	
C. 聖三位一体	聖ウィルフレッド 大司教オーダ，ランフランクスとアンセルムス *	C.1. 聖アウグスティヌス 2. 洗礼者聖ヨハネ	大司教エゼルレッド 大司教エアドシック
D. 聖エルフェゲ	聖エルフェゲ		
E. 聖ダンスタン	聖ダンスタン		
F. 聖アンデレ		F. 罪なき嬰児	
G. 聖ペトロと聖パウロ（後に聖アンセルムス）		G. 大天使ガブリエル	
H. 聖マルティヌス	大司教ウィルフリドとリビング	H. 聖マグダラのマリア	
I. 聖ステファノ	大司教エゼルヘルドとカスバート	I. 聖ニコラウス	
J. 福音書記者聖ヨハネ	大司教エゼルガルとアエルフリック	J. 聖パウリヌス	大司教シゲリック
K. 聖グレゴリウス	大司教ブレグウィンとプレグムンド **	K.1. 聖オウエン 2. 聖カタリナ	
L.（上部）聖ブレーズ （下部）聖ミカエル	大司教エゼルヘルム エゼルノース，ウルフヘルムケオルノース，ラルフ		
M.（上部）すべての聖人 （下部）聖ミカエル	聖シブルギスと大司教フェオロギルド		

注）*1125年より前にここに移される。** 両者ともに1123年にここに移される。